U0828152

一个人，遇见一本书

蠹书客

陈杰——著

めいじいしん

明治维新

陕西新华出版传媒集团
陕西人民出版社

图书在版编目（CIP）数据

明治维新 / 陈杰著 . —西安：陕西人民出版社，2018
ISBN 978-7-224-12829-1

Ⅰ. ①明… Ⅱ. ①陈… Ⅲ. ①明治维新（1868）—研究
Ⅳ. ①K313.41

中国版本图书馆CIP数据核字（2018）第155413号

出 品 人：宋亚萍
总 策 划：刘景巍
出版统筹：关 宁 韩 琳
策划编辑：王 倩 张启阳
责任编辑：王 凌 晏 藜
封面设计：侣哲峰
内文设计：朵云文化 · 蒲梦雅

微信扫一扫
关注饕书客

明治维新

作　　者　陈杰
出版发行　陕西新华出版传媒集团　陕西人民出版社
　　　　　（西安北大街147号　邮编：710003）
印　　刷　陕西金和印务有限公司
开　　本　787毫米×1092毫米　1/16
印　　张　33.5
字　　数　550千字
版　　次　2020年2月第1版
印　　次　2020年2月第1次印刷
书　　号　ISBN 978-7-224-12829-1
定　　价　79.90元

序

PREFACE

对于一些仅把历史当作“热闹”来看的人而言，世界历史的发展过程恐怕从来都是难以理解的。

以近、现代日本史为例——一切转折好像都是“突如其来”的，甚至“不合逻辑”的：

比如从军事史上来看，自中日甲午战争、日俄战争，以至九一八事变（抗战爆发）、七七事变（抗战全面爆发），直到太平洋战争初期，日军一路似乎都是高歌猛进，少有挫折的。可最终结果，却是1945年8月15日日本的投降。

再比如从经济史上来看，第二次世界大战结束后，在废墟上恢复起来的日本经济，借助朝鲜战争所带来的需求而得到了复兴。但这“复兴”却并未就此止步。此后，特别是在1954年12月到1973年11月间的“高度经济成长期”，日本的经济发生了飞跃式的成长。同战前日本经济的一般状况相比，经济危机爆发的频度下降，高速成长维持的时间变长。当时，人们简直唯有以“奇迹”来形容日本战后的经济发展才合适了……可到了1991年之后，日本人所面对的，却又变成了“失去的十年”、“失去的二十年”（甚至可能将是“失去的三十年”），即自1991年3月开始的长期经济低迷了。

而明治维新，在这些人看来，只怕一样是“突如其来”，甚至“不合逻辑”的吧？

果真如此吗？

当然不。

这个世界上的历史事件，笼统而言，无非三种情况：

一、完全，或者几乎完全偶然的历史事件；

二、带有一定偶然性的同时，又有着一些必然因素在起作用的历史事件；

三、有着深厚的、错综复杂的原因和背景的历史事件，其中大部分决定性的肇因，可能早在相当长时间之前就已经埋下了。

纵观人类历史，在越是微观层面的、越是小规模的历史事件，尤其是个体的事件之中，属于第一种情况的就会越多；而在越是宏观层面的、越是大规模的历史事件之中，属于第三种情况的就会越多。

“明治维新”这一事件本身，作为日本历史上一个重要转折性的历史事件，无疑属于第三种。

其实，只要我们不把视线局限于这一单一的历史事件，而是拓展至纵向（如上溯至江户时代后期的天保年间）与横向（如将同时期欧美列强各自所面临的局势纳入考量）的各种历史线索之上。也就是说，不再把明治维新视为日本历史上的一个重要转折“点”，而进一步将其视为日本历史上的一个重要转折“时期”。那么，即便明治维新时期是一个再怎样“混乱”的时期，最后您总还是能看个明白的。

尤其是在本书的帮助下——

陈杰的这部《明治维新》，此次得以修订再版，一个相当主要的原因，恰恰是由于它能够很好地帮助读者们在一个较长的历史时间跨度之下，来了解明治维新的具体过程，了解是哪些因素导致了明治维新的发生和成功，以及明治维新又深刻影响了之后的哪些历史进程与发展。

而当您读完本书后，应该也就更能体会到人类世界为什么不是既成事物的集合体，而是过程的集合体了。

肇　英

2018 年 7 月 22 日

目录

CONTENTS

下编 明治时代

引言

《武士道》
——明治时代日本人想要告诉世界的话

1853年，闭关锁国的日本突然受到了一股外力的冲击，这次被称为“黑船来航”的事件开启了日本历史上的一个新时期——幕末和维新的时期。习惯上，我们谈论日本史上著名的明治维新时，往往就从这一事件开始谈起。

幕末维新是日本历史上一个混乱的时期，但“混乱”两个字，不仅仅适用于当时的日本，恐怕也适用于当时面临内忧外患的近代中国，适用于当时众多在殖民者威胁下处于水深火热之中的亚洲国家，不过这种混乱中却蕴藏着某种秩序。明治维新前后的日本人，从乍遇开国时的迷惘、惶恐到盲目排外的疯狂、错乱，最终实现了觉醒，维新就在这种混乱中杀出了一条通往近代化的血路。许多历史学家都在总结和反思：为什么维新在日本能成功而在中国却以失败告终？这一话题无论在中国，还是日本，甚至西方，都在不断地被争论和探讨。因为，明治维新这场大变革，不仅仅对日本，而且对于近现代中国的发展，对于西方社会和整个世界现代史的演进都有着深远的影响，就像一枚石子掉入了湖水中，泛起的涟漪至今不绝。

在带各位进入19世纪末的世界之前，我首先要推荐一本有关日本文化的经典著作——新渡户稻造的《武士道》。

新渡户稻造是生活在明治时代的一位学者，他早年皈依基督教，于1884年出国，前往美国、德国留学深造，接受了西方近代文化的熏陶。可以说，新渡户稻造是明治时代一位典型的日本知识分子，在他的身体里，既流淌着日本传统文化的血液，也活跃着西方先进文化的细胞。新渡户稻造娶了美国女子玛丽为妻，在他们婚后的生活中，妻子向他提出许多有关日本文化的疑问，新渡户稻造将这些疑问一一解答并结集成书，于是就有了这本《武士道》。

这本书最早是用英文撰写的，目的就是以被告人的身份为日本人做自我辩护。作者站在被告的角度上，使用西方的古希腊罗马神话、基督教哲学、人文主义哲学等因素来解释日本的武士道精神以及与之相关的种种现象，例如切腹、茶道、剑道、礼节、男女关系等等。由于作者对日本文化和西方文化都有着深刻的理解，因此，他能把西方文化因子浑然地融入日本的传统文化之中。

在我国，由于历史的原因，国人对于武士道精神总有一种天生的抗拒感，认为这是一种邪恶的、不人道的精神，是日本军国主义侵略的工具。诚然，新渡户稻造作为一个日本人，极力想为武士道披上一层华美的外衣，这使他的辩护在许多方面失之偏颇。在此，笔者也并不主张诸位全盘接受新渡户稻造的思想，但认为这本书仍有其价值：它真实地反映了明治时代日本人的精神世界，表达了那个时代的日本人想要告诉世界的话。

明治时代是日本走向世界的时代，一个以往不为世界瞩目的民族以亚洲强国的姿态赫然出现在国际政治格局之中，它所带来的震撼是可想而知的。当世界尤其是西方世界用好奇的眼光打量着这个新兴的国家时，日本人希望世界怎样看待他们呢？在这本书中，我们可以找到答案。

新渡户稻造在书中重点阐述的就是“武士道”。诸位应该注意：从12世纪源平之争开始，到19世纪末明治维新为止，武士作为日本统治者的时间长达700年。700年的漫长历史不仅孕育和完善了“武士道”，也足以使“武士道”在每个日本人心中留下深刻的烙印。正如新渡户稻造在书的开头所说的：

> 武士道，如同它的象征樱花一样，是日本土地上固有的花朵。它并不是保存在我国历史的植物标本集里面已干枯了的古代美德的标本，它现在仍然是我们中间的力量与美的活生生的对象。它虽然没有采取任何能够用手触摸着的形态，但它却使道德的氛围发出芬芳，使我们自觉到今天仍然处于它的强有力的支配之下。诞生并抚育它的社会形态业已消失很久，但正如那些往昔存在而现在已经消失的遥远的星辰仍然在我们头上放射其光芒一样，作为封建制度之子的武士道的光辉，在其生母的制度业已死亡之后却还活着，现在还在照耀着我们的道德之路。①

所以，我们要了解明治维新，要了解日本史，要了解日本这个民族，对“武士道”这三个字，恐怕就无法抱着虚无主义的态度嗤之以鼻，而是要正视它的存在，通过它去窥视日本人在明治维新那个波澜壮阔的时代中的民族心态和民族行为。

正是因为如此，这本书在西方世界广受关注，甚至连美国总统西奥多·罗斯福和他的朋友都通过这本书来了解这个新生的资本主义强国。在我看来，大家不妨读一读《武士道》，一个有着西方文化背景的日本人看自己的祖国，或许会比一个“槛外之人”要看得深刻得多。

最后，笔者可以套用一下威廉·伊利奥特·格里菲斯所写的《武士道》序言中的一段话来概括明治维新：“当日本正处于‘走向世界’（这是我们对佩里和哈里斯以来各种急剧的影响和事件所加上的称呼）与封建制度发生冲突的时候，武士道决不是一具涂上了防腐剂的木乃伊，它还有着活生生的魂灵，那是实实在在的人类活力的精神。此时，小国从大国那里受到祝福。日本遵循日本自己的高贵的先例，在不放弃本国的历史和文明中最美好的东西的同时，采纳了世界所提供的最美好的东西，并将它同化了。”② 武士道是近代日本变革和对外扩张的精神源泉，明治维新的思想动力就要从这里去寻找。现在我们把时钟回拨一个半世纪，从 19 世纪中叶的日本开始这段“维新之旅”吧。

①[日]新渡户稻造著，张俊彦译：《武士道》，第 13 页，商务印书馆 1993 年版。
②[日]新渡户稻造著，张俊彦译：《武士道》，第 13 页，商务印书馆 1993 年版。

上编

幕末风云

明治维新

楔子 旅宿境遇

过去的日本乃是武士之所赐，他们不仅是国民之花，而且还是其根，所有上天美好的惠赐，都是经过他们而流传下来的。他们摆出一副社会地位超出于民众之上的姿态，但却为人们树立了道义的标准，并用自己的榜样来加以指导。我承认武士道中有对内的和对外的教诲。后者是谋求社会的安宁和幸福的福利性的，前者则是强调为德行而积德的纯粹道德性的。

——《武士道》第 15 章《武士道的熏陶》

18 世纪，统治日本的江户幕府陷入了前所未有的统治危机中，当时的一位著名学者荻生徂徕在他的政论文《政谈》中把这一危机概括为“旅宿境遇”四个字①。他说：

首先，武士们在江户城中居住的是“旅宿”。各地大名们的家臣随从住在藩国的首府地。相对于江户城来说，这些武士尚没有离开主家大名的知行所，但只要不是生活在他本人的知行所内，那也还是身处“旅宿境遇”。之所以这样说，是因为这些武士在衣食住各方面的用品，哪怕是一根筷子，都要花钱买来，所以他们的处境依然是“旅宿境遇”。当武士们到江户城生活的时候，

① 所谓“旅宿境遇”，意思就是武士因为制度原因长期不能归于“土著”状态，总跟着大名在参勤的旅途中。整个社会人口流动也跟着加速，农民拥进城市，社会秩序动摇。这是商品经济逐渐发展造成的必然趋势。荻生徂徕提出的解决办法是：使“人附于地”，抑制商品经济的发展。参见 [日] 升味准之辅著，董果良译：《日本政治史》，第 20—26 页，商务印书馆 1997 年版。

◇ 荻生徂徕（1666—1728），名双松，字茂卿，江户时代中期著名思想家、儒学学者、文献学家

他们要卖掉自己整年的“知行米”，用这些钱来购置日用。因为他们要在一年之内把这些东西消费完，他们殚精竭虑，奉公敬上得来的俸禄全都让住在江户城的町人得了利益。靠这些利润，町人们势力壮大起来，世界逐渐变小，物价不断上升，武士的贫困状况到现在已无可救药。[1]

这样的后果是什么呢？荻生徂徕痛心疾首地指出：

町人习气和倾城町、野郎町的风气影响到武士阶层，风气变坏。消遣娱乐的地方增多了，武士们研修文武之道的兴趣减少；长期居住在江户城中混得很熟成了油子，对官府也不放在心上，恐上之心淡薄；把重视作风礼节的人斥为软弱；皇室人员、高贵的女性也不拘礼仪狂放无忌，形同标新立异的城中侠士。这些都是社会风气变化造成的。[2]

不仅如此，农村也是一团糟。荻生徂徕认为由于武士不着于地，所以导致农村缺乏管理，农民抛荒严重，趋利而行，一遇灾荒，小偷盗贼便在乡间横行。

要理解荻生徂徕所说的“旅宿境遇”，首先还得从江户幕府的体制开始说起。

江户时代在日本历史分期中属于“近世”，意即：它是中世纪日本向近代日本转变的一个过渡时期。江户时代始于庆长八年（1603）[3]，是年德川家康就任征

①［日］荻生徂徕著，龚颖译：《政谈》，第41—42页，中央编译出版社2004年版。

②［日］荻生徂徕著，龚颖译：《政谈》，第42页，中央编译出版社2004年版。

③说明：在本书中，除引用文献外，凡是日本年号纪年和日本旧历月日使用汉字数字，公元纪年和公历月日使用阿拉伯数字。日本从平安时代开始一直使用中国唐朝的“宣明历”，江户时代的贞享二年（1685）开始使用自制的“贞享历”；宝历五年（1755）改用“宝历历”；宽政十年（1798）改用“宽政历”；天保十五年（1844）改用“天保历”，到明治六年（1873）废除旧历行用公历。

夷大将军，正式建立江户幕府；结束于庆应三年（1867），江户幕府末代将军德川庆喜“大政奉还”。在这长达两个半世纪的时间中，日本处于一种相对稳定的缓慢发展局面中。

江户幕府是建立在日本战国时代以来的变革基础之上的。首先在政治体系上，江户时代采用的是幕藩体系。事实上，幕藩体系就来源于战国时代。许多的战国大名将自己的家臣集中到城下町居住，通过“分国法”的形式维系与家臣之间的关系，家臣向大名效忠并提供军役。这种制度又以“检地”为基础。中古日本的“庄园公领制”在战国时期逐渐被破坏，大名为了实现对领地的完全统治，纷纷进行“检地”，括出隐田，确立收税依据，同时奠定了将田地分封给家臣的基础。这种方式被江户幕府所总结、使用。通过丰臣政权时期的“太阁检地”和江户初期的大规模检地，全国的土地被统一进江户幕府的政治经济体系中。同时，江户幕府通过各种武家法度规定了大名的权利义务。中央的幕府和地方的藩成为江户政治的两极，这两极通过检地分封和武家法度统一到一起。幕府针对大名制定了“参勤交代”制度，规定全国大名中除了水户藩等靠近江户的部分大名外，关东大名每年中有半年必须住在江户，其余大名每两年中应有一年住到江户，往来的差旅费用和在江户的居住费用由大名自理。另外，大名的妻子和儿子必须居住在江户作为人质。一些大名前往江户时，为显示威风，极尽铺张之能事。幕府还规定，当幕府有建设工程需要时，大名必须承担费用，大名还必须负担军役等费用。幕府用这些措施削弱大名的经济实力，达到防范叛乱的目的。

其次，战国时代留给江户幕府的另一份遗产就是身份制度。在中古日本，虽然采取武家政治，但武士和农民之间的界限相对而言是模糊的。到了战国时代，大名发现，为了适应战争的需要，建立起一支专业的职业军队非常重要。丰臣政权建立以后，在全国推行“刀狩令”，剥夺了武士以外的人带刀的权利。丰臣政权“刀狩”之后，日本形成了“士农工商”四级制度。武士作为统治阶层，相对脱离生产，处于社会金字塔的最高层，原本在战国时期逐渐转向职业化的步兵——足轻，成为武士阶层的最底层，但他们和农民仍然有区别。农民是国家生产的主体力量，被束缚在土地上，承担纳税的义务。其下则是手工业者和商人。另有贱民阶层（秽多、非人），他们是社会的最底层，承担垃圾清扫、处理死尸等“脏活”。

江户时代的经济与其政治架构有着密切关系。德川家康在统一全国后，推行

◇ 东京皇居，原为德川幕府的将军居所——江户城

"重农"的经济政策，原因很简单，幕藩体系下的土地分封和大名的收入都是以大米作为计量单位的，可以说，大米是当时的一种硬通货。因此，幕府大力鼓励"新田开发"，开垦新土地，提高原有土地的产量。所谓"重农"，是相对于"抑商"而言的，幕府禁止农民弃田从商，并将商人列为四等级的最末等，表示幕府对农业的重视。

但江户时代初期农业生产的繁荣不可避免地带动了商业经济的发展，农业产量的提高使农村有了更多的富余劳动力。到了江户时代中期，特别是元禄年间（1688—1704）以后，日本的商业经济有了很大的发展。农村大量土地被用来种植桑、漆、红花、桧等经济作物，同时，制酒、制盐、纺织等手工业也开始走入兴盛期。

在江户时代，德川幕府继承织田信长的"乐市乐座"政策，大力发展城下町。日本商业经济的特点就是城市经济的繁荣，最突出的表现是江户和大坂[①]两城的繁

① 大坂即今天的大阪古称，明治元年（1868）改称大阪。然而直到1889年左右，两种写法依然在混用。

荣。江户是日本的政治中心，且由于幕府制定了大名参勤交代制度，故而不但推动了以江户为中心的全国交通网的发展，也带动了江户城下町的繁荣。而大坂则是日本的商业中心，大名往往在这里设立“藏屋敷”，每年都将领地内的物资运送到这里，通过商业贸易交换必需品或者牟利。到江户时代中期，除了城下町以外，以道路旅店为核心发展的宿场町，以神社寺院为核心发展的门前町、鸟居前町，以港口为核心发展的港町也如雨后春笋一般崛起。江户时代中期，幕府还一度采取重商主义政策，进一步促进了商业的繁荣。

随着商业经济的繁荣，幕府所控制的矿山（金山、银山）大量生产，但到 18 世纪前后，这些矿山的资源逐渐枯竭，幕府因此陷入了经济危机。同时，由于商品经济的发展，农村不可避免地被卷入了商业化浪潮，许多商人结成商业垄断机构“株仲间”，这种商业团体后来获得了官方的认可。商人通过垄断控制了财权，实际地位上升。同时由于作为硬通货的米价格下跌，处于统治阶层的武士陷入了贫困的境地。米价的下跌还进一步导致了农民的贫困，江户时代后期，许多农民破产。农村的贫富差距拉大，导致农村的暴乱“一揆”此起彼伏。

所以，所谓的“旅宿境遇”，实际上是商业经济自然发展导致的一种社会现象。武士、农民、商人都在社会经济的浪潮中身不由己，奔波起来，而幕府的政治体制落后于经济发展的趋势，因此不免会面临统治危机。

包括荻生徂徕在内，曾经有许多人将这种社会混乱局面归咎于第四代将军德川家纲时代开始的“文治政治”。所谓“文治政治”是相对于幕府初期“武断政治”而言的。从第四代将军开始，德川幕府的统治趋于稳定，基本停止了前三代将军统治期间频繁地限制和压缩地方大名的举措。同时，由于幕府开始偏向“文治”，奢靡之风盛行，增加了财政支出，从而导致了幕府的统治危机。在“文治政治”风气最盛的元禄时期，商品经济快速发展，这带给社会极大的冲击。由于商品经济的繁荣，商人的社会地位大大提高，进而直接威胁到了江户幕府统治的基础——身份等级制。由于商业投机的不断扩大，米价的下跌成为普遍的趋势。许多武士由于贫穷而陷入困境，农民或因贫困失去土地而破产，或因对财富趋之若鹜而弃耕，纷纷进入城市谋求机遇。城市人口在 1700 年前后达到了一个高峰期。到 1700 年，日本有 300 万人居住在人口超过 1 万的城镇中，约占日本当时总人口的 10%，其中江户人口多达 100 万，是当时世界上最大的城市之一。京都和大坂的人口也有

◇ 参勤交代时，大名往往大摆排场，在前往江户或返回本藩的路上，有绵延不断的行列。图为园部藩的大名行列图（局部），该藩在今天京都一带

约 35 万。[①] 学术的繁荣和自由也让人对幕府封建统治的思想基础产生了种种疑问。这是一种历史发展的必然趋势。特别是第五代将军德川纲吉统治时期，幕府因为将军的个人喜好而将大量资金投入到无益于民生的事业中，使贫富差距进一步拉大，社会动荡加剧，这些都迫使幕府去寻求继续维持统治、延长政治生命的药方。

这个药方就是“复古”，由“文治政治”再一次向“武断政治”恢复，概括地来说，就是“一切按德川家康的意思办”。

幕府改革的第一次尝试就是第八代将军德川吉宗推行的“享保改革”。

享保元年（1716），年方八岁的第七代将军德川家继去世，纪州藩主德川吉宗继任将军。在六代将军家宣和七代将军家继统治期间，延续了德川纲吉的亲信政治。家宣宠信猿乐演员出身的侧用人间部诠房和儒学者出身的侍讲新井白石两人，而幼冲之年的家继统治时期，这两个人成为江户实际上的主人（电影版《大奥》中就有描述）。“将军命令先由诠房与诸老中商议，众议既决后再下达。申报将军之事，亦由诸老中与诠房商议，议决后施行”[②]。所以，德川吉宗上任后做的第一件事情，就是将间部诠房和新井白石二人罢斥，提拔三河冈崎藩的谱代大名水野忠之为老中，改变了亲信政治局面，迈出享保改革的第一步。

①[美]安德鲁·戈登著，李朝津译：《日本的起起落落——从德川幕府到现代》，第 28 页，广西师范大学出版社 2008 年版。

②[日]新井白石著，周一良译：《折焚柴记》，第 192 页，北京大学出版社 1998 年版。

享保改革的核心就是恢复武家的传统，具体而言为：提倡俭约，反对奢靡；提倡尚武，反对文弱；解决财政困难，恢复武家秩序。为推行改革，德川吉宗设置了一个“目安箱”用来收集民间的意见，体现了这位将军开明的作风。

改革的第一条就是整顿纲纪。吉宗恢复了废止已久的“鹰狩”，这种放鹰狩猎的活动原本是保持武士尚武精神的重要一环，但在长期的“文治政治”中已经被废弃，此次重拾，就是为了提振武士的战斗力和尚武精神。幕府还颁布俭约令，要求厉行节俭，排斥奢靡作风。俭约令并不仅仅是一个原则上的规定，而是对武士、市民等阶层从衣食住行等方面做出的一系列制度规约。在幕政方面，规定了“足高制”，即年禄低的人在担任高职位时，按高职位标准享受禄米。这有助于幕府提拔一些地位低但有能耐的人才加入幕府官僚阶层。为保护武士的经济权益，幕府还颁布“相对济令”，规定不再受理有关金银债务的诉讼。这一命令对那些欠债累累的武士而言，无疑是福音，但却导致了大量金融坏账的产生。

享保改革的重头戏就是整顿财政。是时，造成幕府财政困境的主要原因，就在于米价下跌但其他商品价格暴涨。众所周知，幕府统治的经济基础是建立在“纳米年贡制”上的，米价的下跌导致许多武士陷入贫困，而幕府的财政收入也大大缩水。因此，幕府的改革政策必然围绕着提高米价来进行。一方面，幕府在享保六年（1721）设立勘定奉行 1 人、组头 2 人、勘定 5 人组成的新田开发机构，鼓励民间特别是商人进行新田开发，提高产量。与之相配合，幕府大力建设农田水

◇ 弘化年间（1844—1848）的江户地图

利工程，引进甘薯推广种植以应对灾年，还鼓励种植经济作物。另一方面，通过经济手段平抑物价，组织商人结成同业工会对物价进行控制，奖励新田开发，保护农民的土地所有权，鼓励棉花、油料、草药、甘薯等各种特产品的开发和种植等等。同时，幕府还提高贡租率，一度施行“上米之制”。该法令规定，大名可以通过交纳米来换取参勤交代时间的削减，每 1 万石俸禄交纳 100 石米就可以将居住江户的时间由一年减少为半年，如此便能确保幕府手里有更多的米去调整米价。但市场上的米仍然供大于求，米价依然处在低迷的状态。

万般无奈之下，幕府只好求诸货币政策。元文元年（1736）正式改铸“元文小判”，以市面上流通的享保金和庆长金 100 两对应新货币 165 两的比价兑换改铸，用降低货币含金量的手段去制造通货膨胀，从而抬高米价。通过通货贬值来促使米价上涨其实是一种没有办法的办法，因为与此同时，其他商品价格也跟着上扬了，从而幕府对米价的控制宣告失败。

德川吉宗因这次改革而被称为江户幕府的“中兴之祖”。他打着“复古”的旗号改革，在幕府看来，是挽救幕府统治危机的功臣。但他的“复古”改革却没有起到预期的作用，在商业经济不断发展的过程中，幕藩体系被不断破坏之势已经无可挽回。但吉宗的政策被他的后任继承下来，于是，“挽救”式的改革和改革的失败就构成了江户时代后半期的主旋律。

德川幕府的第二次改革，则是与享保改革背道而驰的。它的主持者，是德川幕府时期一位罕见的经济专家——田沼意次。

田沼意次是第九代将军德川家重的侍童，家重继任将军后被提拔为大名，进而在第十代将军德川家治时期成为老中，掌握了幕府的实权。因此，这一时期又被称为“田沼时代”。田沼意次认为，要解决财政危机，必须从重商主义入手。

他的商业政策首先体现在对株仲间的认可和鼓励上。株仲间类似于中世纪欧洲的行会，是一种卡特尔组织，同一行业的商人彼此之间达成协议，对商品的价格、生产数量、运输贩卖等方面进行统一的规划，是现代日本各类商业同业协会的雏形。在江户幕府时期，幕府怕控制了流通领域的商人利用这样的组织反幕府，便于庆安元年（1648）到宽文十年（1670）接连发布了六道解散株仲间的命令。但田沼意次不但不禁，反而大力提倡株仲间，其目的就在于收税。田沼意次用株仲间把商人和各行从业者统一管理起来，通过株仲间向商人群体征收冥加金和运上金，

◇ 德川吉宗（1684—1751），江户幕府第八代将军，主持了享保改革

甚至征收流通税。同时，捍卫商人利用幕府所拥有的各种资源获利的权利，帮助商人扩大业务，从而达到幕府增收的目的。不得不说这一方法比德川吉宗那些孜孜于“米”的办法高明了许多。

田沼意次还推动货币改革。江户时代的日本实行的是金银本位制，关东地区一般使用金，而西国地区一般使用银，由于幕府之前货币体系的混乱，导致了金银的比价不稳定。金是定量货币，银则是秤量货币，每一枚银铸造成不规则的条状，在使用的时候根据重量和成色定价。田沼则发行定量银币，促使西日本开始由“秤量”转为“计数”，逐渐接受新货币，确保了整个市场的通货稳定。

同时，田沼鼓励海外贸易，推动对西方学问的研究。在日本江户时代，田沼时代是一个少有的风气开放的时代。

然而，田沼的政策由于违反“祖制”而遭人诟病，他本人的贪婪敛财作风也成为他受人攻击的一个标靶。

天明六年（1786），德川家治急病而死，田沼很快失势。德川家齐入继德川宗家得以继承将军之位，时年15岁。在此时，从天明二年（1782）开始，日本又陷入了一场大饥荒，这场饥荒虽然是由气候变化和火山喷发导致农作物歉收所引起的，但田沼的重商政策也难辞其咎。因米价暴涨而出现的大量饥民，冲进米行抢夺粮食，引发了骚乱。为处理田沼时代的遗留问题，德川御三家通过合议，推选白河藩主松平定信为老中，开始了新一轮的改革。

从天明七年（1787）开始到宽政五年（1793），为了平抑米价，复兴农村，松平定信颁布了一系列命令。幕府的政策由“重商”重新变为“重农”。首先，幕府要把农民送回到土地上，便发布命令限制农民外出务工，而以《旧里归农令》鼓励农民返乡务农。其次，幕府为维系武士统治，不惜牺牲商人的利益，发布《弃捐令》，将商人给旗本的贷款凡六年以上者一笔勾销。同时责令各藩建设义仓囤米，连江户都必须拿出七成收入用于积蓄。解散一部分同业公会，并管制商业。这些严厉而粗暴的措施虽然暂时起到了保护武家的作用，却使幕府的政策显得更为倒退和反动。

更让人难以忍受的是一场名为“宽政异学之禁”的文化运动。此时幕府放弃了德川吉宗时期开始的“松弛学术”政策，宣布朱子学为官学。虽然未能对民间学术加以限制，但禁止了对幕府进行批判，禁止“扰乱风俗”的古学与兰学在官方层面的传播，在思想上起到了禁锢风气的作用。

18世纪末，幕府正面临前所未有的挑战，幕藩体系的根基在一点一点被撼动。改革，不过是在千疮百孔的堤坝上做着补救。江户幕府，像一艘迷途的大船，在太平洋的风浪上，艰难前行。

而主持改革的松平定信，却在此后的一次礼仪争论中，得罪了将军德川家齐，被赶下了台。松平信明、牧野忠精等“宽政之遗老”继续主导幕政，延续宽政政策。但这一体系不久即宣告崩溃。将军德川家齐重新引入亲信政治，并且开始过奢侈荒淫的生活。家齐疯狂纳妾，挥金如土，让本已紧张的幕府财政显得更为窘迫。天保八年（1837），家齐把将军之位让给儿子德川家庆，以“大御所”的身份继续掌握幕政，开启了“大御所时代”。就在前一年，大坂发生了著名的“大盐平八郎之乱”。

大盐平八郎本是大坂奉行所的一名与力[①]，也是一名著名的阳明学者。天保四年（1833），日本又一次爆发了全国性的饥荒，大坂城内米价疯涨。如果米价低迷，受伤的是武士阶层，而米价高昂，则又不利于社会的稳定，所以幕府竭力将米价维持在一个可以接受的水平上。同时商人在此时又开始囤积居奇，使粮食更为紧缺，大盐平八郎向町奉行建议赈济灾民，开仓放粮，奉行所却告知米必须被送往江户为新任将军德川家庆的就职做准备。愤怒的大盐平八郎立刻卖掉自己的藏书，以书款救济灾民，获得了广大群众的认可和支持。他购买大炮等“大规模杀伤性武器”，招募饥饿的百姓参加起义军。由于叛徒告密，起义被迫提前，起义民众从大盐的宅第向大坂城下聚集，一路放火烧毁富商宅院。大坂奉行花了半天时间就镇压了

① 与力：协助奉行处理刑事案件等事务的役职。

◇ 水野忠邦（1794—1851），江户时代后期大名、老中，天保改革的主持者

这群乌合之众，但这场发生在全国商业中心的以学者为首领的起义还是带给幕府极大的震动。

通过这场起义，幕府再次看到了改革的必要性。天保十二年（1841），穷奢极欲的德川家齐死去，幕府的老中水野忠邦终于可以大展拳脚，施展他的改革方针。他延续了享保宽政的改革措施：整顿风气、提倡俭约。幕府再度重申，要求农民返回土地从事农业生产，禁止农民从事副业，并限制农民外出务工。在商业上，幕府为调剂物价，做出了解散株仲间等同业公会的决定，废除商业垄断，希望通过这种种措施来限制商品经济的进一步扩大。但改革未能收到预期的效果，反而导致了商业市场的混乱。水野忠邦在一片抱怨声中被迫辞职。

天保改革是幕府维系统治的最后一根救命稻草。这场改革的失败标志着江户体系已经无可避免地走向崩溃，此时的日本，已经与同时代的中国清王朝一样，处于崩溃的临界点。唯一能维持这一平衡的原因是其社会相对封闭。如果有一种外力将他们赖以维系的保护膜扒去，幕府统治体系很快就会万劫不复。自享保以来，商业经济不断发展，对幕藩体系进行着一次又一次的残酷冲击，社会的混乱和无序日益加深，幕府一次又一次地通过改革做着挽救的努力，而结局却一次又一次地让幕府失望透顶。正是在这种情况下，一股强大的、充满新时代气息的外力袭来了，打破了这种摇摇欲坠的平衡。

第一章 黑船来航

这才是武士道所教导的——以忍耐和正确的良心来抗御一切灾祸、困难，并且要忍受住它。这正如孟子所说的："故天将降大任于斯人也，必先苦其心志，劳其筋骨，饿其体肤，空乏其身，行拂乱其所为，所以动心忍性，曾益其所不能。"真正的名誉是执行天之所命，为此而招致死亡，也绝非不名誉。反之，为了回避天之所授而死去则完全是卑怯的！

——《武士道》第 12 章《自杀及复仇的制度》

第一节 佩里舰队

一、山雨欲来

18 世纪末 19 世纪初，在西方殖民者纷纷东来的大背景下，亚洲各国皆无法独善其身。印度在一点一点被蚕食。中国则在乾隆五十八年（1793）接待了英国的马戛尔尼（Macartney，1737—1806）使团。英国人提出了四项要求：第一，开放舟山、宁波、天津为通商口岸，英国派员常驻北京，管理该国买卖；第二，割让舟山附近一小岛和广州附近一处，作为英国商人居住和贮藏货物的地方；第三，要求中国对英国进入内地的货物给予减税或免税的待遇；第四，要求英国教士在内地自由传教。这四条要求为乾隆皇帝所拒绝。不甘心的英国人在二十余年后又派出了阿美士德（William Pitt Amherst，1773—1857）使团来华，却在礼仪问题上与清朝官方发生争议，没能获得嘉庆皇帝的接见，一无所获。自此以后，英国人

◇ 日本画家笔下的俄国船及俄国兵

的测绘船开始频繁地出现在中国沿海。

日本亦不能例外，作为一个四面环海的岛国，日本所要面临的外来压力可能来自国土的各个方向。最早来到日本沿海骚扰的是近在咫尺的沙皇俄国。宽政四年（1792），俄国的拉克斯曼（Adam Laxman）借送还日本漂流民大黑屋光太夫等六人，携带国书和方物，在虾夷（北海道）的根室登陆，要求通商。幕府要求他前往松前，并告知其日后来日本，须经长崎。拉克斯曼接受了幕府的长崎入港许可证后却起锚回国。主持幕府事务的松平定信因此意识到了海防的重要，指示加强江户湾的防御，将谱代大名和旗本调集到伊豆、安房、上总、下总四国，建设要塞，提出兵备计划。这些计划牵扯到旗本和谱代大名的领地改易，威胁到他们的经济和政治利益，因此遭到了旗本与谱代的激烈反对，松平定信因此而被迫下台。

文化元年（1804），俄国人又一次出现在日本，这一次，俄国方面的主角是烈扎诺夫（Nikolai Petrovich Rezanov，1764—1807），他奉命前来日本长崎，要求通商。幕府告知其锁国的政策，拒绝了他的通商要求。烈扎诺夫却并非拉克斯曼那样“好说话”的人，他立刻指示手下人以劫掠和骚扰的方式进行武力威胁。俄国人在其后的两年里，不断骚扰日本北方诸岛，警惕的日本幕府决定将虾夷纳入直接管辖范围，并派人考察北方四岛和库页岛，以防备俄国入侵。幸运的是，俄国的注意力很快被西面崛起的拿破仑帝国所吸引，因此放弃了侵略日本的打算。

一波刚平，一波又起，19 世纪早期的日本注定不得安宁，因为正在欧洲与拿破仑作战的英国人把战场开辟到了亚洲地区。由于荷兰已经被拿破仑统治下的法国所占领，因此，在亚洲的荷兰人也成为大英帝国打击的对象。文化五年（1808），一艘英国军舰“费顿”号（Phaeton）开进了长崎，它的目标是出岛的荷兰商馆。这艘挂着荷兰旗帜做伪装的英国军舰骗过了日本守军轻松进入港口内，荷兰商馆误以为其为荷兰船，派出两名馆员接待，结果被扣为人质。“费顿”号此时撕下伪装，要求日本长崎奉行所给予燃料、水和食物。遇见这样的劫持犯，长崎的荷兰商馆和奉行所束手无策，只能提供了英国人所需要的东西后，眼睁睁地看着他们扬长而去。事后，长崎奉行松平康英因有辱国体而切腹，同时遭到惩罚的还有负责长崎警备工作的佐贺藩。藩主锅岛齐直被责令闭门思过，数名家老被责令切腹。

文化十年（1813），英国船又一次到达日本，闯进了出岛，宣称由于荷兰已是法国的一部分，而英法在欧洲处于交战状态，因此要求接管出岛的荷兰商馆。这一要求被荷兰人拒绝。英国的捕鲸船也频繁在日本沿海活动，并时常登陆骚扰和劫掠。英国人的再次到来，令日本幕府不胜其烦。

◇ 长崎出岛，为锁国时期日本唯一对外的窗口，荷兰商馆被幕府迁移到这一区域集中管制

◇ “莫礼逊”号

文政八年（1825），幕府颁布了一项重要法令:《异国船打拂令》。该法令规定:凡接近日本沿海的异国船只，不论其目的如何，一律炮击驱赶。这是锁国中的日本为保护自身而做出的一项自保性的决策。

但是，这项法令也从根本上切断了日本与外面世界的联系，而且这种不分青红皂白的“打拂令”往往会引起外交争端，进而授人以口实。天保八年（1837），一艘美国船“莫礼逊”号（Morrison）来到江户湾，送还日本漂流民七人，并要求通商，被日本幕府一顿炮击轰走。“莫礼逊”号转向萨摩，请求登陆送还漂流民，也遭到了炮火侍候。不得已，美国船离开了日本。这个时代的日本，就像一只狂暴的刺猬，攻击接近它的任何一个人，而不论此人的来意为何。幕府的野蛮行为遭到了民间有识之士的抗议。渡边华山、高野长英等人纷纷撰文批判幕府的政策，被幕府逮捕监禁。

促使幕府改变政策的契机，是天保十三年（1842）传来的一条惊人的消息——大清帝国在鸦片战争中被英国人击败。当时，幕府是通过出岛的荷兰商馆提供的《和兰风说书》以及中国人提供的《唐风说书》了解到这场战争的始末的。在细节上可能有所出入，但日本人还是知道了这场战争的来龙去脉：中国拒绝通商，英国人试图以鸦片打入中国市场失败，进而采取武力手段，迫使清政府签订《南京条约》，割让香港岛，开放沿海五个港口，支付巨额赔款。这场战争对日本的震动很大。庞大的清帝国被远道而来的英国“蛮夷”打得割地赔款，这无疑是一种前车之鉴。幕府终于开始改变刺猬政策，主持天保改革的水野忠邦颁布《天保薪水给与令》，允许向停靠日本的外国船只提供燃料、水和食物。另一方面，幕府也开始未雨绸缪，命令江川英龙和高岛秋帆研究引入西洋炮术。水野忠邦要求对江户、大坂等重要地点外国船只来袭的可能性做出评估，提出防御措施，并颁布了《上知令》。水野忠邦的《上知令》与松平定信的海防政策一样，因为牵扯到旗本、大名的领地问题，尤其是他要求将江户和大坂附近十里内所有领地上缴，遭到了旗本和大名的激烈抗议。水野忠邦也被迫下台。天保改革最终失败，幕府对国内的经济失去了最后的控制力。

继任的老中阿部正弘虽然并不是一个保守封闭的人物，但是幕府在惯性上保持着以往的锁国政策。日本在获得鸦片战争的信息以后，只是制定了一些“薪水给与”的缓和政策，对西方殖民者东来仍然没有足够的防御和应对措施。荷兰国王威廉二世在天保十五年（1844）给日本写来了一封信，告诫日本千万不要停留在“薪水给与”这样的层面，否则可能会遭遇和中国在鸦片战争中一样的结局。但幕府仍然固守祖训，维系锁国体制。嘉永五年（1852），荷兰人再一次来信，这一次荷兰人带来的是一条坏消息：美国人的一支舰队即将到达日本。封闭中的日本即将经受面向世界开放的考验。

二、“黑船”来航

嘉永六年（1853）六月，在江户湾的门户浦贺港外的海面上，出现了四艘艨艟巨舰，它们以黑洞洞的炮口对准海岸。这对日本人来说，无疑是看到了传说中的修罗魔鬼，他们惊恐地称呼这四艘全身涂抹着玄色的船为“黑船”。如果我们看一下这四艘船的状况，就不难理解日本人为什么会惊恐失色了：

旗舰：“萨斯奎那”号（USS Susquehanna），明轮帆船，以蒸汽机为辅助动力，载重量2450吨，长257英尺，速度10节，装备2门150磅火炮、12门9英寸滑膛炮与1门12磅炮。

“密西西比”号（USS Mississippi），明轮帆船，以蒸汽机为辅助动力，载重量1692吨，长229英尺，速度8节，装备2门10英寸炮与8门8英寸炮。

“萨拉托加”号（USS Saratoga），帆船，载重量882吨，长146英尺4英寸，装备4门8英寸炮与18门32磅炮。

“朴利茅斯”号（USS Plymouth），帆船，载重量989吨，长147英尺6英寸，装备4门8英寸炮与18门32磅炮。

日本在德川家康时代，在英国人三浦按针（William Adams，1564—1620）的

◇ 马休・佩里

主持下，试制过120吨的小帆船，此后，锁国中的日本根本没有建造过如此的庞然大物，特别是两艘上千吨的蒸汽帆船，在日本人眼里简直就是天狗下凡。上到幕府，下到百姓，其惊讶和恐惧是可想而知的。

这个舰队的指挥官是美国海军准将马休・佩里（Matthew Calbraith Perry，1794—1858，又译柏利）。休・佩里出生于美国的一个海军世家，其父克里斯托弗・雷蒙德・佩里（Christopher Raymond Perry，1761—1818）是美国海军的一位军官，他的儿子全部效力于美国海军。马休・佩里的哥哥奥利弗・佩里（Oliver Hazard Perry，1785—1819）是1812年美英战争中的英雄。马休・佩里是美国海军的一位奠基式人物，他极力推进海军的蒸汽化，主张海军当以蒸汽船只为主力，这个富有前瞻性的建议对美国海军的发展起到了指导性的作用，他因此而被称为“蒸汽船海军之父”。

马休・佩里在1852年就任美国东印度舰队司令。在此前的1846年，美国发动了美墨战争，根据1847年美国与墨西哥签署的停战协定，美国获得了太平洋沿岸的加利福尼亚，并在1850年将之变为美国联邦中的一个州。这件事对于美国而言意义重大，原本美国船只只能自东海岸出发，绕非洲南端或南美南端前往亚洲，加利福尼亚的取得使美国船只可以从西海岸出发横渡太平洋前往亚洲，这使美国成为前往东亚地区交通最为便利的国家。

因此，在此以后，美国的捕鲸船频繁出现在亚洲北部的捕鲸区鄂霍次克海。捕鲸是近代的一项新兴产业，目的是为了获得鲸油，这种用鲸鱼的皮下组织或内脏熬炼而得到的油脂在近代是照明和工业用油脂的主要来源，在制革、炼钢、化工等产业应用广泛。因此，捕鲸对于正在进行工业化的美国来说，意义重大。如

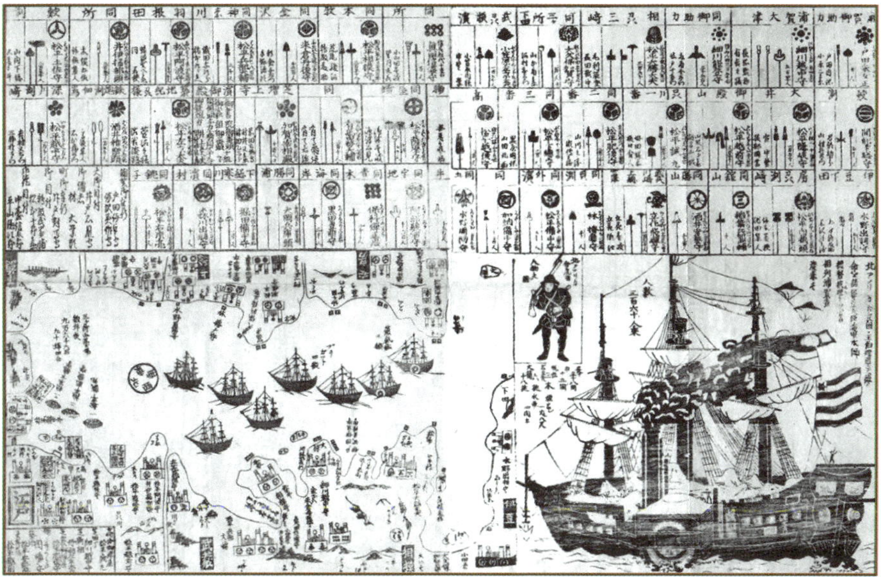

◇ 1854 年日本印制的关于佩里来航的印刷品

何为活动在东北亚的美国捕鲸船提供一个避风港，以获得食物、水、煤的补给并进行船只修理，这成为美国在太平洋上的战略重点。事实上，当时在北太平洋的美国捕鲸船时常因风暴漂流到日本，美国要保护这些漂流民，所以希望在日本建立起“治外法权”，通过缔结条约建立永久关系。①

当然，美国也有更多的考量，美国希望能够在通向庞大的中国市场的路上寻找一个合适的中转站。在航空业尚未产生的 19 世纪中叶，在浩瀚的太平洋上拥有一个蒸汽船装煤站以及补给站，对于横跨太平洋的美国商船、军舰来说，是生死攸关的大事，而日本恰恰能为美国提供这样一个中转站。

因此，佩里提议：希望由“未与日本发生过可以引起不愉快联想的接触”的美国来打开这个封闭国家的大门。这个建议被美国官方所接受。美国总统米勒德·菲尔莫尔（Millard Fillmore，1800—1874）写了一封亲笔信，国务卿爱德华·埃弗斯特（Edward Everett，1794—1865）就此行的目的做了详细指示，他指令佩里向日

① 参见：［日］加藤祐三著，蒋丰译：《日本开国小史——来自柏利的挑战》，第 38—39 页，中国社会科学出版社 1992 年版。

本提出三项要求：其一，为给在日本列岛周围因海难而进入日本港口避难的美国船只和船员提供避风港；其二，为美国船只提供粮食、水和燃料以及船只修理，日本应开放一个或数个港口，并设立装煤站；其三，为美国船只与日本进行贸易交流，日本当开放一个或数个港口。[①] 从中可见，佩里此行，就是要让幕府改变原本的锁国政策，将日本的港口和市场开放给美国人。

带着这些要求，佩里于 1852 年 11 月从诺福克出发，越过大西洋，绕过非洲南端的好望角，于次年 4 月抵达中国香港，在上海短暂停泊后，就于 5 月下旬到达琉球（今冲绳），对琉球和小笠原群岛进行了测量与调查。1853 年 7 月（日本嘉永六年六月），佩里舰队出现在江户湾（今东京湾）的浦贺，并摆出了战斗阵列。

幕府并非无法预见"黑船"的到来，早在弘化三年（1846），美国人比德尔（James Biddle，1783—1848）曾来到浦贺，要求开港，遭到幕府的拒绝。就在佩里舰队出发的那一年，荷兰人也通过出岛的商馆向幕府发出了警告信。但幕府的掌权者首席老中阿部正弘认为：这不过是一种虚声恫吓。阿部正弘见多识广，看惯了外国人的大小船只如同苍蝇一样在日本周边骚扰，对于这一次的警告，他没有充分地重视。"黑船"也不同于以往那些有限武装的商船，佩里的强硬态度也有别于以往前来日本骚扰的其他外国人。所以当幕府接到"黑船"到达消息的时候，竟然乱成一团。因承平日久，刀枪入库，甲胄生锈，武士们在危机面前毫无准备。一部分江户的居民风闻危机到来，忙着藏匿家产，准备迁居，而另一群胆大的人就像发现新大陆一样，甚至操着渔船靠近美舰，像看西洋景一样向里窥探。

首先与美国人接触的浦贺奉行所委派的两名手下，一位是担任浦贺奉行与力的中岛三郎助，他在美舰"莫礼逊"号来访的时候，曾经是一位炮手，参与了开炮轰赶美舰的行动，因此还受到过褒奖，讽刺的是，这一次他却成了与美国人交涉的代表。另一位则是浦贺的一名通词（翻译，也作通事）堀达之助，他是一名荷兰语翻译，日方通过他与美舰上通晓荷兰语的人进行交流。

中岛三郎助靠近美舰的时候，美国人摆出了傲慢的姿态，提出他们只和当地的最高负责人谈话，中岛三郎助急中生智，声称自己是浦贺的副奉行，因此才得以登上美舰。佩里派人与中岛三郎助谈判，美国人首先说明了自己的来意：要求

---

① 参见：［日］升味准之辅著，董果良译：《日本政治史》（一），第 51 页，商务印书馆 1997 年版。

◇ 佩里在久里浜登陆

递交美国总统的国书，并要求就通商开国进行交涉。中岛三郎助依据日本以往的惯例，要求美国人前往长崎交涉，但没想到的是，美国人的脸瞬间阴沉下来，拒绝前往长崎，表示就在江户湾口坐等，如果日本方面不给予满意的答复，美舰就将诉诸武力。

遭到美国人武力恫吓的中岛三郎助悻悻地离开了美舰，随后他立刻将交涉结果上报给他的上司浦贺奉行户田氏荣。户田身为幕臣，职务不过是浦贺奉行，自然做不了任何决定。无奈之下，他立刻把事发经过写成报告，上报给幕府。幕府在接到这份报告以后，发生了激烈的争论，顽固派和稳健派之间就开国不开国、接受不接受国书吵得面红耳赤。黑船来航的信息也随着这份报告不胫而走，加上路人的道听途说和添油加醋，一时间传遍了日本。这时，佩里已经失去耐心，摆出了动武的架势。幕府终于决定屈服。由于佩里坚持与最高长官交涉，浦贺奉行不得不再次派出中岛三郎助与香山荣左卫门两人与美国人讨价还价。最终，日本方面屈服于美国人的压力。嘉永六年六月九日（1853 年 7 月 14 日），佩里带着他手下 300 多名官兵，趾高气扬地踏上了日本国土，在幕府一方指定的久里浜登陆，把美国总统的国书递交给了日方代表浦贺奉行户田氏荣与井户弘道。在国书里，美国人提出开放港口，为美国捕鲸船提供食物、水和救助等要求。佩里很有“耐心”地表示，他明年将再度前来，听取日本方面的答复。同时，他下令手下人着手勘测江户湾的地形，然后起锚向琉球的那霸港驶去。

在一阵忙乱以后，总算将佩里舰队打发走了，幕府上下就如同送走瘟神一样长吁了一口气。然而，问题随之出现：是否接受佩里提出的开国请求？佩里的“一年之约”恐怕不会是“虚声恫吓”。不愿承担责任的幕府把这个皮球抛了出去，如同将一枚石子投进了平静的水池，激起一阵阵涟漪。

第二节　困兽犹斗

一、藩政改革

在“黑船来航”前，幕府的统治已经陷入了困境，特别是享保改革以后，作为封建体系基础阶层的农民日益贫困，社会两极分化十分严重。一方面，由于限制土地分割，自耕农的土地往往由长子继承，而其他儿子无法获得土地，只能成为一穷二白的游民或佃农。另一方面，自享保改革以后，幕府财政的困境迫使官方不断提高税收，战国时代开始的“四公六民”（土地收成的四成归公，六成自用）变成了“五公五民”甚至更高，农民有时还要预缴数年的税收。这一切都令农民不断陷入困境。他们有些不得不离乡背井，有些则直接拿起武器反抗。农民的贫困也导致了武士阶层的贫困。相反，商人阶层却不断富有起来，作为“四级身份制”的最低一层反而拥有最强大的经济实力，这对于江户幕府的统治是一个根本性的冲击。幕府虽然一次又一次进行改革试图摆脱这种困局，但收效一次比一次不尽如人意。

◇ 岛津齐彬（1809—1858），萨摩藩主

与幕府一样，各藩也陷入了经济危机。大名一方面要承担参勤交代等义务带来的庞大开销，另一方面也在承受商品经济冲击造成的财政困难，因此不得不采取一系列的措施自救。而这场藩政改革既关系到幕府中央与地方之间的实力对比，也关系到幕府对地方强藩是否有足够的控制能力，对幕末政局的发展影响重大。

在享保改革之后，一部分藩开始仿效中央进行藩政改革，包括佐竹义和领导下的秋田藩（久保田藩）、上杉鹰山领导下的米泽藩、细川重贤领导下的熊本藩、真田幸弘领导下的松代藩等。各藩改革的方式与中央享保改革大同小异：一方面提倡俭约，厉行节支，另一方面则推行殖产兴业来挽救财政危局。典型的如熊本藩的细川重贤，他在熊本加强藩专卖制，对当地特产品实行统购，再通过加岛屋商人出售而获取大量利润，使熊本藩摆脱了财政困境。此外，他还设立了藩校时习馆。在改革中，他极力主张“唤起武士的精神”，提倡俭约尚武的精神。不过细川重贤最值得后人纪念的，是他推动藩的司法改革，制定了一部成文刑法。他引入中国明清法制的部分理念，实行徒刑制度，取消了黥面等酷刑而代之以剃眉，方便犯罪者重归社会。熊本藩的法律改革成为明治时代法律改革的蓝本。值得注意的一点是：在各藩藩政改革过程中，都设立了藩校，如秋田藩的明德馆、米泽

◇ 调所广乡（1776—1849）

藩的兴让馆、熊本藩的时习馆、松代藩的文学馆等。藩校强制藩士的子弟入学，其中有些向平民的子弟开放。藩校为各藩培养了大批的人才，其中的许多人成为后来日本变革的中坚力量。

天保改革直至“黑船来航”期间众多的藩为自救都进行了财政改革，而这一次，大家不约而同地将改革的目标定在了藩的专卖制上。

作为这一阶段改革先驱的是水户藩，藩主德川齐昭仿效水野忠邦的改革，实行全领检地，设立藩校弘道馆，实行特产品的专卖制。改革相对而言取得了成功，使水户藩的财政状况有了很大的改善。

在此之后，两大外样大名[①]——萨摩藩和长州藩也进行了藩政改革。

萨摩藩位于今鹿儿岛县，为战国大名岛津家转化而来。领地经济以农业为主，但生产条件低下，特别是江户中期以来，由于农民流离失所，使藩财政收入锐减，故不得不向商人举债。文政十年（1827），萨摩藩的债务达到了可怕的500万两之多，而当时整个萨摩藩的年收入不过12万—14万两。如此庞大的财政赤字迫使掌握藩政大权的岛津重豪（时任藩主岛津齐兴的祖父）不得不采取措施进行改革。他果断提拔了茶道师出身的调所广乡担任改革的主持者。调所广乡在接到命令以后雷厉风行地实行了一系列措施。首先是要解决藩的债务问题，调所广乡的办法就是“按揭”：把所有债务分割为250年的偿还期，这实际上与赖账无异。解决了这500万两的欠账后，调所广乡开始筹措资金。他一方面奖励农产品开发以鼓励农民务本，

① 江户幕府的大名分为亲藩、谱代、外样。亲藩是德川氏的同宗，最重要的是“御三家”和“御三卿”，尾张、纪州、水户三家并称“御三家”；第八代将军德川吉宗设立的田安、一桥、清水是为“御三卿”。“御三家”和“御三卿”在将军绝嗣的时候可以被选择入嗣。谱代大名指的是1600年关原之战以前就服侍德川家的大名。根据跟随德川家康的时间的不同，谱代大名分为三河众、近国众和关东众。幕府最重要的役职基本都从谱代大名中选任，因此，谱代大名有左右幕政的能力。外样大名指的是关原大战以后才归服德川家的大名。外样大名一般具有广大的领地，他们不担任幕府的役职，在江户幕府初期还受到幕府的严厉监视。重要的外样大名有加贺藩前田家、长州藩毛利氏、萨摩藩岛津氏、仙台藩伊达氏、土佐藩山内氏等。

改良农业技术；另一方面，他对奄美诸岛的砂糖实行专卖制，由藩政府统购统销，从中获得了大量的利润，同时又暗中与琉球进行官方走私贸易。通过这些措施，萨摩藩一举扭亏为盈，成为江户时代晚期最有经济实力的藩之一。

◇ 锅岛直正（1815—1871），肥前佐贺藩主

在改革初有成效之时，萨摩藩发生了一起重大事件——由罗骚动。由罗为萨摩藩主岛津齐兴的侧室，江户町民出身。她希望自己的儿子岛津久光能继任藩主。正好岛津齐兴对其嫡子岛津齐彬有诸多不满。岛津齐彬是一个崇尚洋学的人，齐兴认为这样一个人如果继任藩主，一旦采取欧化政策，会让刚刚重新构筑起来的藩财政体系再度崩溃。而岛津齐彬在嘉永元年（1848）年已不惑，他对于父亲迟迟不传位也愤愤不平，认为是主导改革的调所广乡与由罗勾结从中作梗，于是将萨摩藩走私贸易一事密告给幕府老中阿部正弘。调所广乡因此被迫自尽，岛津齐兴则发现了岛津齐彬一派的夺位阴谋。嘉永二年（1849）十二月，岛津齐兴下令逮捕齐彬派的近藤隆左卫门、山田清安与高崎五郎右卫门三人，指控其策动谋杀由罗与岛津久光，责令他们切腹。第二年，又责令家老岛津久武隐居并切腹。事发以后，大批齐彬派人士逃到福冈藩，通过藩主黑田长溥上告幕府。在幕府的干预下，岛津齐兴隐居，岛津齐彬于嘉永四年（1851）如愿以偿地获得了藩主之位，并开始引导萨摩藩进行近代化改革。

长州藩的改革是在藩主毛利敬亲统治时代开始进行的。和萨摩一样，长州藩的财政也赤字累累。自藩校明伦馆毕业的村田清风成为改革的领导者。清风采取了和萨摩藩不同的改革方式，他取消了藩的专卖制，改而由商人自由经营，同时通过收取“运上银”和“口钱”等商业税的方式增加收入，并提拔商人在长州藩的下关主持经营官办的金融和仓库业。这些措施也帮助长州藩扭转了亏损局面。表面上，长州藩是废除了专卖制，实际上，却通过对商品流通环节的控制，加强了对藩产商品的统制，这是一种变相的专卖制。

清风在改革中途中风病倒，将改革的主导权交给坪井九右卫门。坪井与家老周布政之助继续推进清风改革，他们采取各种措施抑制商人势力，维护藩体制。而清风的政敌椋梨藤太及其势力在此后的抬头，使长州藩陷入了改革派与保守派之间的纷争。改革派即为清风的势力，称长州“正义派”，而保守派则被称为“俗论派”。在两派的互相争论之中，长州的改革断断续续地进行，两派在是否维护幕府体系的问题上也针锋相对，最终产生了近代历史上颇有影响的“尊攘派”。

另一个推行改革较为成功的藩则是锅岛直正领导下的肥前藩（佐贺藩）。锅岛直正是一个颇能接受外界新事物的藩主，在他的领导下，肥前藩采取特产品（陶瓷器、石炭）的专卖制，并精简藩的编制，从而使藩财政得以重建。肥前藩在此后也得以跻身强藩之列。

藩政改革是江户后期一条独特的风景线，各藩改革的初衷只是为了摆脱财政困境，但它们的成功却改变了幕府中央与地方的实力对比状况。尤其是萨摩、长州、肥前这样的外样大名因藩政改革而获得强大的经济实力，与幕府的困境形成鲜明对比，这对幕藩体系产生了根本上的冲击。而水户、萨摩、长州、肥前这些藩在改革中的成就，也决定了它们在近代日本政坛将要扮演重要的角色。

二、病弱将军

佩里来日前后，幕府又处于一种什么样的状况呢？在天保改革夭折以后，幕府统治的沉沦已经成为不可避免的趋势，而两代幕府将军在这一时期的身体状况似乎也在昭示着幕府不祥的命运。

第12代将军德川家庆统治的早期是在其父德川家齐的阴影下度过的。德川家庆于天保八年（1837）接任将军，而在此后的四年里，德川家齐以“大御所”的身份把持幕政，一直到天保十二年（1841）死去。此时的德川家庆已经48岁，他任用老中水野忠邦主持幕政。正是在水野忠邦的协助下，德川家庆排除了其父家齐残余势力的影响。

但德川家齐的奢靡作风已经给幕府统治带来了极大的危害，幕府的财政几近崩溃，同时民变四起，社会动荡。水野忠邦试图再度以“复古”改革维系幕府的统治，于是幕府重新回到了厉行俭约的道路上，同时压制货币经济和商人势力。但这场天保改革却无力对抗商品经济发展的历史大潮流。天保十四年（1843），水野忠邦发布了一条《上知令》，要求将江户和大坂两城周边的土地收回作为幕府直辖领，这个命令遭到了大名、旗本、豪商乃至农民的激烈反对。水野忠邦因为这个失败的命令而被迫下台，他的改革也最终夭折。《上知令》的失败是一个警示，可见幕府已无法像早期三代将军一样随心所欲地调整领地，甚至在幕府的领国以内也是如此。这充分说明了幕府控制力的下降，不过当时幕府并没有意识到这一点。

◇ 德川家定（1824—1858），江户幕府第 13 代将军

事实上，从享保改革开始，幕府的改革就是在和商品经济的发展潮流做着一次又一次的斗争。原因很简单，幕府体制是建立在自然经济基础之上的。在以米作为硬通货的“石高制”之上确立起来的幕藩体系，一旦受到商品经济的冲击，米价波动，就会给幕府的统治带来根本性的影响。而商品经济的发展所造成的另一个后果，就是社会两极分化日益严重。就农民阶层而言，自耕农中的一部分成为富农后，转向依靠放高利贷和经营商业积聚财富，并不断兼并土地。另一方面，众多的农民破产，沦为雇农或少地无地的贫农，被村吏、地主盘剥，受幕府沉重的贡租压迫。在农民陷入困境的情况下，一遇灾荒，情状更为严重。享保、天明、天保年间，连续三次大饥馑导致了赤地千里的恶果。在地狭人多的日本，一旦发生大饥荒，带来的往往是毁灭性的社会混乱，如 1459—1461 年的长禄・宽正大饥馑，便是其后应仁之乱及战国乱世的一大直接原因。农村的动荡不安，威胁着幕府统治的基础。就整个社会而言，处于“士农工商”四级金字塔最底层的商人阶层在商业发展的大潮中是最大受益者，他们获得了大量的财富，武士、农民为货币所累，不得不在经济上仰仗商人，从而形成了政治地位和经济实力“倒挂”的局面。幕府要维系封建体系，就不得不一再和财力雄厚的商人做斗争，而货币经济的强大力量令幕府的希望一再破灭。最后，“人穷志短”的幕府也不得不拜倒在货币面前，幕藩体系的崩溃遂不可挽回。

为何幕府的改革最终失败，而藩政改革却获得了成功呢？一方面恐怕和幕府与藩两者所背负的包袱大小有关。幕府一旦推行改革，其反对力量来自地方大名、旗本、幕阁之中的政敌，乃至将军的大奥之中，其关系之错综复杂令人叹为观止。在这种情况下，如德川吉宗这样的将军能依靠自己的权威来推行改革，但一旦将军病故，政局风向就随之偏转。至于松平定信、水野忠邦这样的老中，他们的权威和影响力不如将军，所遇见的阻力就更大，一旦出现问题，只能遭遇黯然下台的命运。藩政改革获得成功的藩基本上是外样大名，如萨摩、长州都是由战国大名转而成为江户体系下的近世大名的，他们对自己的一亩三分地的控制能力绝非统治全国的幕府所能比拟的，而他们在改革中所遇见的问题、遭遇的反对势力也要小于幕府，这使他们能比较轻松地推行自己的政策。另一方面，藩政改革很识时务地利用了商品经济发展的成果。无论是萨摩还是长州，他们都能从商业规律中去寻找解决财政危局的方式，但幕府无法做到这一点。幕府一旦顺应商业规律发展，其下场就如田沼改革一样，不但要被扣上“违反祖制”的帽子，还会危及一大群人的切身利益，这也是幕府改革无可奈何的一处软肋。

在嘉永六年（1853）六月，佩里舰队第一次出现在江户湾的海面上时，将军德川家庆已经病入膏肓，在病床上的他只能把政务完全交给老中阿部正弘。六月二十二日（1853 年 7 月 27 日），在佩里来航后不过半个月，德川家庆死于中暑引发的心脏衰竭。

继承将军之位的是德川家庆的四子德川家定。然而，这位德川幕府的第 13 代将军竟然是一个病人。通常的说法是这位将军患了“大脑功能障碍”，这种疾病或者会造成四肢麻痹、感官失调，或者会导致认知障碍。不管德川家定是哪一种症状，可以肯定的是：这一疾病让这位将军无法正常地履行他作为幕府最高统治者的职权。因此阿部正弘继续掌握着幕政。

在遭遇统治危机的情况下，上台了这样一位将军，对于江户幕府来说，实在是大不幸。因为这个时候幕府显然需要一位有魄力、有能力的领导者来重树权威，但德川家定的病弱状况却进一步削弱了幕府控制力。身为老中的阿部正弘并非一个平庸无能的官僚，他在佩里来航以后，主持了幕府的西化改革。但他作为一名老中，无法对政局施加足够的影响力，也害怕承担过多的责任，就这样幕末政治风波的源头就在德川家定将军的病体之上萌发了。

三、纷至沓来

佩里舰队到来的消息不但传遍了日本，也引起近邻一个大国的注意，这个大国早就对日本虎视眈眈，希望能打开这个封闭岛国的大门。嘉永六年七月十八日（1853 年 8 月 22 日），在送走佩里舰队后不到一个月，日本人再次遭遇了一场惊吓，俄罗斯帝国派遣使节普提雅廷（Yevfimy Vasilyevich Putyatin，1803—1883）率领四艘船来到了日本。

当时的俄国正处在命运的十字路口。在西亚，俄国正在向奥斯曼帝国施加压力，希望能获得达达尼尔海峡和博斯普鲁斯海峡的控制权。这两个海峡位于当时的奥斯曼帝国首都伊斯坦布尔附近，是亚洲与欧洲之间的分界线，也是连接黑海与地中海的通道。一旦控制了这两个海峡，俄罗斯军舰就能畅通无阻地进入地中海。当然，英国和法国并不希望俄国的图谋得逞在东南欧与西亚的势力坐大，威胁到他们在奥斯曼帝国的利益。尤其是对于英国来说，自己从地中海经由埃及前往印度的道路上出现任何威胁都是不可忍受的。因此，在 1854 年前后，英法与俄国之间的关系日益紧张。在西面局势如此不稳定的情况下，俄国还是派普提雅廷舰队前往日本，希望在佩里以后分得一杯羹，足可见其野心。

◇ 普提雅廷舰队在长崎

到达日本以后，普提雅廷很有“风度”地根据日本的国策，在长崎向日本人提出交涉，要求划定日俄之间的边界，并提出开国通商要求。日本幕府方面又一次拿出“拖”字诀，回复说考虑以后再做答复。这

◇ 日本人笔下的佩里使节团

一次，幕府倒是押对了宝。普提雅廷并没有耐心和日本人耗时间，克里米亚的紧张局势使他这支处于远东英法海军活动区域的舰队的处境变得十分危险，因此，他不得不于十月起锚退出长崎。是月，奥斯曼帝国向俄国宣战，克里米亚战争正式爆发，普提雅廷舰队向中国上海撤退。但在当年十二月五日（1854年1月3日），普提雅廷的舰队又一次出现在日本，要求幕府立刻给予答复。幕府的回答是：正在考虑美国人的请求，目前不可能开国，但可在给予他国通商待遇后，即给予俄国同样待遇。得到这一答复的普提雅廷在次年一月匆匆离开了日本。

此时，马休·佩里正带着他的舰队在中国游弋。清咸丰元年（1851），中国广西爆发了太平天国起义，起义迅速席卷南方，太平军于咸丰三年（1853）三月攻占南京，占据了中国的半壁江山。为了保护美国人的在华利益，佩里舰队负责在中国沿海的通商口岸护卫侨民。在接到俄国普提雅廷舰队前往日本的消息以后，马休·佩里心急如焚，他唯恐即将获得的权益为俄国人侵吞，于是在日本嘉永七年一月十六日（1854 年 2 月 13 日）再一次率领舰队来到江户湾口。这一次，佩里手下除了“萨斯奎那”号和“密西西比”号两艘蒸汽帆船以外，还有一艘载重量达 2415 吨的明轮帆船“波瓦坦”号（USS Powhatan）以及另外四艘帆船，这些船组成了一支大舰队。二月，“萨拉托加”号和“朴利茅斯”号两艘帆船也到达了江户湾。佩里手里握有九艘“黑船”，这大大超过其第一次来航时所率舰队的规模，于是他借势杀气腾腾地提出了开国要求。

幕府对佩里的第二次来航是有心理准备的，但当时的情报不是很准确：

> 当时日本赖有兰人（荷兰人）得知海外情事，能读兰书者及素与兰人接，闻知一二外交机密者，略通于欧美列国之形势。其余则皆无识异邦人之情伪。其稍识外情者，亦不解外交为何，或谓美国使节已去，其国远在数千里之外，曰明年再来，其来否固未可知。[①]

可见幕府没算到佩里来得如此之快，刚刚度过新年以后就又来了。此时，幕府就佩里的要求正在广征意见，这些要求被发到各个阶层，对象从幕府的旗本、谱代一直到外样大名甚至基层民众，这是德川幕府建立以来破天荒的第一次，连以往在政务上没有多少发言权的外样大名这一次也被要求发表意见。这一举动令人大惑不解：是否接受美国人的要求不是应该取决于幕府的乾纲独断吗？如果幕府表明接受，相信不会有任何人提出异议吧。

原来在佩里来航之前，朝廷于弘化三年（1846）曾经下诏要求幕府整顿海防，而在佩里来航以后，幕府也立刻把这一事件上奏给朝廷。朝幕关系的变动是显示幕府控制力的晴雨表，一旦朝廷在政务上处于强势地位，就意味着幕府影响力的削弱。所以，幕府控制局面能力的减退是幕府发起大讨论的一个深层原因。

而直接原因则是佩里来航后幕府发生的内部变动：作为老中的阿部正弘成为幕府的掌权者，他不敢承担“变更祖制”的责任，于是想通过大讨论的方式让更多的人帮他分担责任。

---

①［日］岛田三郎：《开国事历》，载大隈重信编：《日本开国五十年史》，第 97 页，上海社会科学院出版社 2007 年影印版。

◇ 日本人笔下的“黑船”，当时，远洋船只多在船身涂抹防水沥青，因此呈现黑色

在这一次的大讨论中出现了两种截然不同的意见。一种意见是“现状维持”，这种意见占了大多数。他们主张维持德川幕府的祖制，如果美国人强行要求通商，就给予“粉碎”。如主持江户湾相模方面海防任务的川越藩就提出在江户湾构筑三道防御线，抵御美国人。当然，他没有考虑到这种大规模计划在财政上是否可行，以及时间上是否允许等等问题。这一主张无非是过去海防论的翻版，持此意见的以地方大名为主，他们害怕与外国通商会给日本国内的经济带来灾难。也有人提出些胡闹的主意，比如建议向“黑船”赠送酒食，趁美国人争夺酒食的时候点燃火药炸沉敌舰，这当然不能为幕府所接受。

另一种意见是主张开国。持此观点的人以幕府中的老中、奉行为代表，认为日本和美国的军备实力相差太远，不如先和美国人建立关系，极力避免战争。其中更有一些人，如幕府技术官僚江川英龙、高岛秋帆，以及谱代大名井伊直弼等，提出在开国的同时还必须加强军备的积极主张。这一派逐渐占据了上风。①

马休·佩里的第二次出现结束了这次大讨论，九艘“黑船”将黑洞洞的炮口对准了江户湾。江户是日本的心脏，心脏受到威胁，幕府的态度立刻软化。同时，佩里还进行赤裸裸的武力威胁，他虚声恫吓说：一旦开战，美国近海有 50 艘军舰将会驶来，加利福尼亚也有 50 艘军舰可以立刻赶到。深知不敌的幕府无法再次使用“拖”字诀。嘉永七年三月三日（1854 年 3 月 31 日），佩里率领 500 人，在神奈川的横滨（今横滨市）上陆，与幕府方签订了《日美和亲条约》（《神奈川条约》）。条约规定：日本为向美国船只提供燃料、水、食物等补给品而开放下田、箱馆（今函馆）二港；日方须对美方的遇难漂流船只给予救助，并将船员交还美方；允许美方派员驻在下田；给予美国片面最惠国待遇（一旦日本给予其他国家某种权益，美国可无条件享受该权益）。

《日美和亲条约》的签订标志着日本实行了 200 年的锁国体制的崩溃，日本的国门因佩里的炮舰威胁而打开。得其所需的佩里满意地离开了日本。

然而幕府的噩梦并没有结束。在送走佩里以后，同年八月，英国人詹姆斯·斯特林（Sir James Stirling，1791—1865）也率领英国远东舰队来到了日本长崎。英国人仿效佩里的做法，同样用武力相威胁。已成惊弓之鸟的幕府许可长崎奉行水野

① 参见：［日］加藤祐三著，蒋丰译：《日本开国小史——来自柏利的挑战》，第 48—60 页，中国社会科学出版社 1992 年版。

忠德立刻与英国人谈判并签订了《日英和亲条约》，除了下田、箱馆外，日本又开放了长崎，并给予英国人治外法权和最惠国待遇。

十二月，俄国人普提雅廷也卷土重来。就在这一年里，英国和法国向俄国宣战，使克里米亚战争演变为一场国际战争，英法联军进入黑海，围攻塞瓦斯托波尔要塞。即使在这样的紧张局势下，普提雅廷还是“抽出时间”回到日本。十二月二十一日（1855 年 2 月 7 日），幕府方代表筒井政宪、川路圣谟与普提雅廷在伊豆下田的长乐寺签署了《日俄和亲条约》，规定日俄北部边界在得抚岛和择捉岛之间，桦太岛（即库页岛）的归属问题待定，同时俄国也获得了和美英两国同样的权益。

在次年的十二月，日本幕府又和荷兰之间签订了和亲条约，结束之前荷兰的特殊待遇，荷兰也获得了和英美俄等国同样的权益。

在一次又一次的“黑船来航”事件中，幕府被折磨得精疲力竭，应对不暇。时人用一句狂歌揶揄幕府的窘迫景况：“泰平の眠りをさます上喜撰たつた四杯で夜も寝られず。”这句话的字面意思是说：“上喜撰（一种高级绿茶）四杯落肚，则不得做太平之梦矣。”这句狂歌用了“谐音”的手法，“上喜撰”（じょうきせん）的日文读音与“蒸汽船”（じょうきせん）相同，“四杯”则与佩里初次来航的船数相同，因此，这句话隐藏的意思是：“四艘蒸汽船，惊醒太平梦。”（按：佩里来航的四艘船并非全是蒸汽船，此处为艺术化的虚指。）“黑船”的确打破了江户幕府的太平梦。此前的日本，就像保鲜膜隔离下的食物，是佩里将保鲜膜揭开，使之暴露在空气下。开国以后，江户幕府赫然发现，它已经彻底失去了对局势的控制能力，日本自此进入了混乱的“幕末时代”。

第二章 西学东渐

武士道轻视上述那样的知识，认为知识本身不应该作为目的去探求，它应该作为获得睿智的一种手段去探求。因此，那些没有达到这个目的的人，便被看作只是一架能够遵照要求吟出诗歌、名句的方便机器。所以，知识被看成要与生活中的实践躬行相一致。而这个苏格拉底的教诲，在中国哲学家王阳明那里找到其最伟大的解说者。他孜孜不倦地一再重复：知行合一。

——《武士道》第 2 章《武士道的渊源》

第一节 芝兰芬芳

一、黑暗中的曙光

江户幕府统治的思想理论基础是儒学，确切地说是朱子学。“朱子”即为中国宋朝的大儒朱熹。朱子学在中国被称为“理学”或“程朱学”，清代的儒家称之为“宋学”。朱子学很早就传播到了日本，一般认为是在正治元年（1199）由来华的真言宗僧人俊芿传入日本的。镰仓时代，朱子学尚未在日本产生很大的影响，只是在京都五山的僧人中流行。正安元年（1299），经出使日本的元朝僧人一山一宁的注解，朱子学在日本才得到了大发展。

将朱子学按日本现实的需要改造为近世儒学的鼻祖，是战国时代晚期的儒学大家藤原惺窝。他和他的弟子将朱子学从僧侣学问中独立出来，并将朱子学日本化。藤原惺窝出身于公家，入寺为僧，接受了良好的儒学教育，后为专门的儒学学者。

◇ 林罗山（1583—1657），江户时代初期儒学学者

他作为一名朱子学者，主张“儒释不二”，强烈攻击佛学来凸显儒学的独立性。他的弟子以林罗山最为著名。林罗山作为德川家康的顾问，对幕府的内政外交皆有很大的影响，正是这位历仕四代将军的学者奠定了朱子学作为官方学说的基础。德川家康之所以支持朱子学，一方面是因为朱子学能够通过“道德教化”来为刚刚结束战国乱世的江户幕府提供一种统治手段，以“转换战国的杀伐之心”；另一方面，朱子学的伦理纲常和名分论，能为江户幕府的统治提供合法性依据。[①] 林罗山及其后人林鹅峰、林凤冈等人，代代服务于幕府，朱子学也在林家的努力下，成为幕府教化政策的基础。

藤原惺窝为江户时代儒学“京学”之始祖，其弟子除林罗山外，那波活所、松永尺五、堀杏庵三人亦颇为知名，四人并称藤原门下的“四天王”。在“四天王”之后，松永尺五的弟子木下顺庵开创了顺庵一系，与幕府的林家分庭抗礼。顺庵门下的新井白石成为第六代将军德川家宣的亲信，他于日本历史、地理学、政治制度等方面多有创见。朱子学不仅为一种官学，还在江户时代渗透到了整个社会的思想体系中，幕府的统治能维持260余年，朱子学起到了重要作用。

日本阳明学在17世纪早期开始兴起，其开创者为中江藤树。王阳明心学在日本是和朱子学对立的学说，它在江户时期往往被用来对体制进行批判。特别是用它的“知行合一”的思想，鼓励人们通过行动去改变现实。藤树之弟子熊泽蕃山就因批判幕府体制而遭到朱子学者的尖锐反击，最终被幽禁于下总古河。而作为阳明学者的大盐平八郎是江户时代更为著名的一位“革命者”。日本近代历史上的风云人物吉田松阴、佐久间象山、高山晋作等，无不受到阳明学的深刻影响。

享保改革时期的荻生徂徕的学说也在当时颇为流行。他从根本上反对宋学，

①[日]丸山真男著，王中江译：《日本政治思想史研究》，第8—9页，三联书店2000年版。

提倡文必秦汉而诗必盛唐，认为朱子学为臆测虚妄之说。他认为，要了解先儒之学，必先学习古文辞，“先王之道”就存在于《六经》之中。当然荻生徂徕最大的贡献在于他的“经世论”，他的《政谈》成为幕府享保改革的政治文献。伊藤仁斋的古义学与其思想类似。伊藤同样反对朱子学，他的思想受孟子影响很大，主张以仁义为先，反对宋儒将佛道思维杂糅入儒学的倾向。

◇ 新井白石（1657—1725），江户时代中期政治家

阳明学、徂徕学和古义学的兴起是江户中期学说研究多样化的前奏。特别是在享保改革时，将军德川吉宗放松了思想控制，一时间形成了百花齐放的局面。同时，幕府还在江户等地开设了学校，其后各藩纷纷仿效。在藩政改革中，各藩都开设藩校，民间的私塾以及作为初等教育设施的寺子屋也大量出现，这在江户中期带动了学术的繁荣。这一时期涌现的杰出学者和学派有：片山兼山等在批判徂徕学基础上创立的注重考据的折中学派；以佐藤一斋为代表的阳明学；以紫野栗山、古贺精里为代表的朱子学等。而本居宣长、伴信友、平田笃胤等学者则在日本的古典主义文学和古代历史中汲取营养，大大发展了以研究日本国史和日本国文为主要任务的“国学”。他们以“国学”对抗外来的儒学，以古讽今，否定作为封建制度基础的儒学，起到了解放思想的作用。特别是水户藩进行藩政改革后出现的“水户学”，鼓吹“维持君臣名分”，是为日本近代尊王攘夷论的源头。

当然，享保年间及其后在思想上最为醒目的成就当数“兰学”的兴盛。

“兰学”即指由荷兰所传来之学问。在日本锁国期间，长崎出岛的荷兰商馆成为日本了解外界的唯一窗口，因此，这一时期从出岛传入的西方科学知识就被冠以“兰学”之名。在江户时代中期，已有一部分学者陆续接触西方的知识，新井白石就是其中之一。新井白石并非是一个死读书的腐儒，他在正德元年（1711）

的一篇论改元的文章中旁征博引道：

> 余遇意多礼亚（意大利）、喝兰地亚（荷兰）等国人，曾详询各国之事，用年号之国不过二三。其余自天地开辟几千几百几十年来，无所谓年号之事。自二十余年前以来，西洋欧逻巴诸国，其君死后因继嗣问题而国乱者不少。据云去冬今春战死者不少。①

所谓西洋诸国“因继嗣问题而国乱者”指的是1701—1714年发生的西班牙王位继承战争。对于欧洲的时事都如此了解，新井白石的学识可见一斑。

宝永五年（1708），意大利传教士西多蒂（Giovanni Battista Sidotti,1668—1714）奉罗马教廷之命，不顾日本的锁国禁教令，冒险在屋久岛登陆，遭捕后被送至江户。新井白石作为幕府将军德川家宣的亲信，主持了对其的审问。在审问中，西多蒂向新井白石介绍了许多有关西方世界和天主教的知识。新井白石在这一次谈话中大有获益，于是投桃报李，建议幕府对西多蒂采取监禁的处理方式，救了这位疯狂的传教士一命。接着，他利用西多蒂介绍的那些知识写成了《西洋纪闻》和《采览异言》两书。《西洋纪闻》记载了西洋诸国的风土文化、历史地理等方面的知识，《采览异言》则采用利玛窦的《坤舆万国全图》等资料，介绍世界地理。虽然这是两本利用“道听途说”来的材料编辑成的书，但在江户时代第一次详细地介绍了西方知识，开了风气之先。

长崎的荷兰通事（翻译）是“兰学”的源头。生活在17世纪后期到18世纪早期的西川如见就从长崎的荷兰人那里获取了不少西方知识，他根据见闻写成了一本《华夷通商考》。另外，他还潜心研究天文学，将中国传统天文学和西方天文学糅合起来，著有《华夷通称考天义论》等天文学著作。因此，他晚年被幕府将军德川吉宗聘为天文学顾问。这位“兰学先驱者”的后人也服务于幕府的历法机构“天文方”。

新井白石和西川如见因对西方知识的探索和总结成为“兰学”兴盛的先驱，而他们的努力也影响到了幕府将军德川吉宗，这位主持享保改革的统治者在思想

①［日］新井白石著，周一良译：《折焚柴记》，第143页，北京大学出版社1998年版。

上采取了相对开明的政策。他决定取消“汉译兰书”进口的禁令，允许与传教无关的西方著作进入日本，兰学就因为这一丝自由的空气而进入了一个大发展时期。

二、雨后春笋

享保年间是江户的一个转折时代，这不仅体现在将军德川吉宗所推行的改革上，也体现在此后的兰学兴盛上。将军德川吉宗不但开放了“汉译兰书”之禁，而且身体力行。他对荷兰的文献抱有浓厚的兴趣，在他的支持下，幕府派出青木昆阳和野吕元丈两人学习荷兰语，为翻译“兰书”做准备。无心插柳柳成荫，正是这两位“官派学生”开拓了兰学的大发展之路。

青木昆阳和野吕元丈两人都是有着丰富实践经验的学者。青木昆阳是儒学者，但同时又精通植物学，他在享保年间的饥荒中，奉幕府之命研究推广“萨摩芋”的栽培，取得了相当不俗的成就。野吕元丈则是一位药物学家，在草药学方面颇有建树。这两个人在获得幕府的准许以后，就如饥似渴地学起了荷兰语。“每和兰（即荷兰）船将抵江户，二人辄亲听其语言，介通事索解其义，亹亹不倦。”特别是青木昆阳，他到长崎学习几年后，“记日常语言约四百余字，字体、声音及语法等”[①]。在学会荷兰语后，两人又对西方医学产生了兴趣，著《阿兰陀本草和解》一书。这一段学习经历对两人来说如虎添翼，也使兰学首先在医学方面取得了突破性的进展。

◇ 青木昆阳（1698—1769），江户时代中期兰学学者

宝历四年（1754），若狭小浜藩的医生杉田玄白和他的朋友山胁东洋两人得到了京都所司代的允许，用犯罪者尸体进行了一次人体解剖实验。实验的结果是两人认为西方医学更好地解释了人体内的实际情况，他们对传统医学中的“五脏六腑”

①[日]浮田和民著：《民间教育事业》，载大隈重信编：《日本开国五十年史》，第525—526页，上海社会科学院出版社2007年影印版。

◇ 杉田玄白（1733—1817），江户时代兰学学者、医学家

说产生了怀疑。杉田玄白后试图从长崎的荷兰通事处学习荷兰语，但通事回复说“学习荷兰语并不容易”，这一说辞使他打了退堂鼓，他转而与师从青木昆阳学过荷兰语的前野良泽合作。前野良泽继承了青木昆阳和野吕元丈两名前辈的衣钵，47 岁的时候才开始学习荷兰语，但他广为搜求，所得颇多。他和杉田玄白两人以及另一名学者中川淳庵共同在小塚原的刑场考察人体解剖，皆惊叹于“兰书”的准确，他们认为：

> 今日之实验最可骇异，前未之知，耻莫大焉。吾辈以医食君禄者，不知医道之大本，人体之真状，殆无面目见人，今幸获此次验考，略通人体理法，庶可以医立而无愧也。①

在他们三人和桂川甫周的共同努力下，花费近四年的漫长时间，终于将 1722 年刊行的荷兰语解剖书《Anatomische Tabellen》（Johann Adam Kulmus 著）翻译完成，以《解体新书》的名字于安永八年（1779）出版。就当时而言，前野良泽等人能使用他们仅有的荷兰语知识翻译出如此专业的书籍，可以说是一个奇迹。而书中的一些译文如“神经”“软骨”等，甚至传到了中国，成为被普遍接受的解剖学词汇。

《解体新书》是兰学发展中的一盏明灯，它是第一本被翻译成日文并出版发行的荷兰语书籍。医学也随之成为兰学中发展最快的一门分支，医生成为推动兰学发展的核心力量。参与人体解剖实验的山胁东洋在宝历九年（1759）出版了《脏志》，批驳“五脏六腑”说。曾协助翻译《解体新书》的外科名医桂川甫周，在

①［日］浮田和民著：《民间教育事业》，载大隈重信编：《日本开国五十年史》，第 528 页，上海社会科学院出版社 2007 年影印版。

此后将显微镜介绍进日本，并尝试制作人体模型。内科医学研究者宇田川玄随在前野良泽等人的影响下也转向研究西洋医学，著有《西说内科撰要》等书。“兰方医学”在此时十分兴盛，甚至压倒了传统的汉方医学，日本医学界出现了一股兰学热。

与此同时，天文学、地理学也获得极大发展，这得益于将军德川吉宗的大力支持。宽政七年（1795），高桥至时被幕府的天文方聘用。高桥至时曾师事天文学者麻田刚立，后者吸取了西洋天文学成就，使用并改良了望远镜等天文观测器械。高桥至时与他的同门间重富一起承担了幕府修正历法的任务，他们引进西方先进的历法理念，于宽政九年（1797）完成新历法的制订。高桥的弟子伊能忠敬和儿子高桥景保则在幕府的支持下进行了全国性的测量工作，于文政四年（1821）绘制成了相当精密的《大日本沿海舆地全图》。文化七年（1810），高桥景保还完成了《新订万国全图》。西方地理学在日本的发展极大地开拓了日本人的视野。

在物理化学方面，则不得不提到两大奠基性著作：其一为“日本物理学之父”青地林宗的《气海观澜》，这是日本第一本系统介绍西方物理学的著作。青地林宗原本从事医学工作，后师从幕府的通事学习荷兰语，并被招入天文方从事荷兰语翻译工作。在此过程中，他接触到了许多西方物理学书籍。《气海观澜》于文政十年（1827）出版，由于略显简略，后来又有不少兰学学者在该书基础上进行补充，其中小森宗二的《气海观澜纪闻》和川本幸民的《气海观澜广义》比较有影响。其二为宇田川榕庵的《舍密开宗》，这是日本第一本介绍近代化学的书籍。宇田川榕庵为前述内科医学研究者宇田川玄随的养子，他家学渊源，曾与养父共著《远西医方名物考》，从中所获的医学知识和兰学知识帮助他成为日本最早接触西方化学的人之一。宇田川榕庵将荷兰语中的“化学”（Chemie）一词音译为“舍密”（せいみ）。他在诸多荷兰语化学著

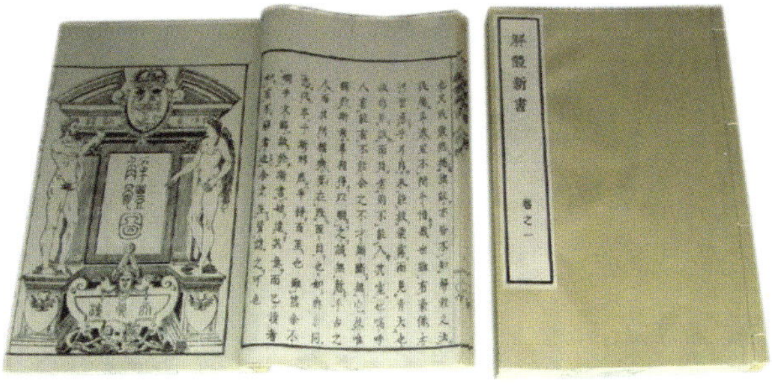

◇《解体新书》

◇ 《大日本沿海舆地全图》（武藏、下总、相模部分）

作的基础上，加以自身的实验验证，著成《舍密开宗》一书，系统介绍西方化学。值得一提的是，今天我们在化学课上所说的“细胞”“还原”“溶解”“元素”等术语，都是出自宇田川榕庵的著作。

为了更便于进行兰学研究，还有学者着手编著荷兰语辞典。杉田玄白的门人大槻玄泽于天明八年（1788）出版了上下两卷的《兰学阶梯》，这部书是为了给人们提供“攀登兰学的梯子”而写成的，为有志于兰学的人提供了一个门径。在上卷中，作者介绍了日荷两国的通商贸易史以及兰学兴起的过程，下卷则介绍了荷兰语的语法。作者的老师杉田玄白给予这本书很高的评价：“天生斯人，遂出如此之书，此其所以助成我志者也！”[1] 大槻玄泽的弟子稻村三伯在研习兰学的过程中，深切感受到荷兰语辞典的重要，于是他继承其师的成就，与同门宇田川玄随、

①[日]浮田和民著：《民间教育事业》，载大隈重信编：《日本开国五十年史》，第531页，上海社会科学院出版社2007年影印版。

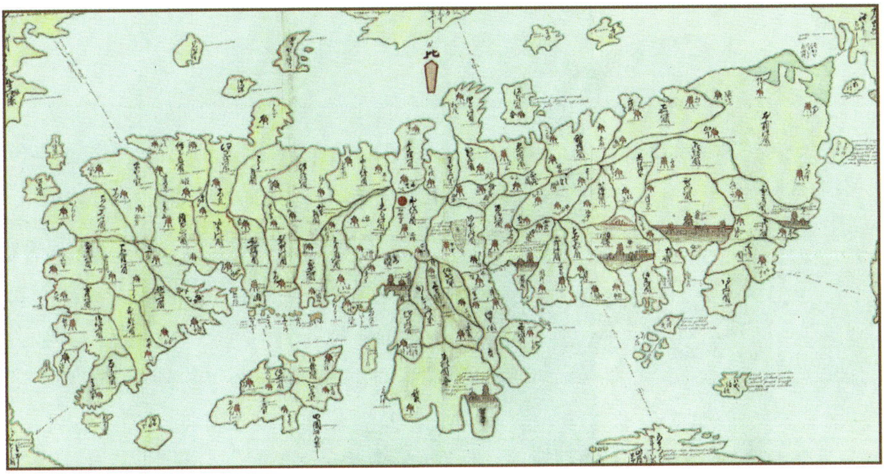

◇ 大黑屋光太夫所绘日本地图

冈田甫说等人一起，以弗兰索瓦·海耳玛（Fran·ois Halma）的《兰仏辞书》（荷兰语—法语辞典）为蓝本，编写出版了一本荷日辞典《波留麻和解》（《ハルマ和解》），于宽政十年（1798）正式刊行。这本辞典内收词条64035条，能基木满足荷兰语学习的需要。同时，幕府也在长崎组织当地的荷兰语通事，以荷兰人海德里克·道富（Hendrik Doeff，1777—1835）的辞典作为蓝本，丁天保四年（1833）完成一本被称为《道富ハルマ》的辞典。

天明二年（1782），日本人大黑屋光太夫等人在海上遇险，船只漂流到俄国。宽政四年（1792），俄国人拉克斯曼来日，在根室登陆，将大黑屋光太夫等人送还。兰学学者桂川甫周将大黑屋光太夫等人在俄的实地见闻整理出来，写成了一本《北槎闻略》，介绍俄国的政治、经济、文化、风俗、文字等知识。这标志着兰学发展的新趋势：已经从“荷兰之学”进而发展成为普遍研究西方科学文化的学科。

从享保的开禁到宽政、天保年间，在这短短的一个世纪中，兰学取得了显著的成就。通过西方科学文化知识的传播，封闭的岛国接收到了外面世界的信息，开国的思想、自由的风气就在这潜移默化的过程中诞生了。如果说江户时代中后期“国学”的兴起是否定封建制度，为“破”做准备，那么兰学的兴盛就是为建设新日本，为“立”打基础。维新思想的萌芽就是在这一时期产生的。

◇ 西博尔德

三、蛮社之狱

自 18 世纪开始兴盛的兰学并非处于一种无序发展的状况。虽然在短短一个世纪中如雨后春笋般出现了许多兰学学者和兰学著作，但是他们都在相互影响、相互融合、相互传承。就学科而言，兰学的发展是由医学发端，渐及其他学科。就学者而言，最早习学荷兰语的青木昆阳和野吕元丈两人可谓兰学学者的先驱，接着是翻译出版《解体新书》的前野良泽和杉田玄白两人，他们通过传道授业的形式将兰学的火种传播出去。最能体现这种传承关系的就是兰学塾。

兰学塾的首创者是《解体新书》的作者杉田玄白。他在翻译《解体新书》的过程中，意识到了将兰学传授给世人的重大意义，便以自己的私塾“天真楼”作为教授兰学的基地。随着《解体新书》的出版，杉田玄白之名不胫而走，许多人慕名前来，其中就包括大槻玄泽等人。

第一所真正形成教学体系的兰学塾为大槻玄泽所创的芝兰堂。大槻玄泽是杉田玄白的学生，曾师从长崎的通事学习荷兰语。天明八年（1788），大槻玄泽的《兰学阶梯》出版，从而奠定了他在兰学界的宗师地位，上门求学者不计其数。大槻玄泽继承了老师“传道授业”的理想，在江户开设芝兰堂。“芝兰”一词不但取“兰学”之意，而且与古籍中“与善人居，如入芝兰之室”一语切合。在芝兰堂求学的弟子中，以宇田川玄真、稻村三伯、桥本宗吉、三村才助四人成就最为突出，并称为玄泽门下之“四天王”。

江户后期的著名学者绪方洪庵则师从于玄泽的弟子宇田川玄随、中天游等。他于天保九年（1838）在大坂开设适塾，幕末维新的杰出人物福泽谕吉、桥本左内等人皆出自其门下。

适塾推崇的学习方法是抄写原著进行“会读”。当时在适塾求学的福泽谕吉有如下的记载：

> 当时江户这个地方翻印过两部荷兰文法书，一部叫《加兰玛奇卡》，另一部叫《森塔基斯》。对初学者教《加兰玛奇卡》，一边教他们念，一边为他们讲解。读完这一部以后，再以同样的方式方法教《森塔基斯》。总之，这两部文法能够理解了，然后再叫他们“会读”。学生“会读”时的人数有时是10个人，有时是15个人，其中有一个主持者，负责掌握“会读”的情况，按照是否能回答问题而画个白圈或黑点。等两部文法读、讲、“会读”都完成以后，就让学生自己去独立研究了。“会读”书中有不明白的地方，哪怕是一字半句也不许去问别人……谈到绪方书塾的藏书情况，那里只有物理学和医学这两类书，把这些书集中起来也不足十部，当然都是从荷兰进口的原著。每种只有一部，因此学完文法的同学必须抄写原著。人人都要抄写，并且按照抄本每月进行六次“会读”。①

除了日本学者以外，在日本唯一的开放口岸长崎，德国人西博尔德（Philipp Franz Balthasar von Siebold，1796—1866）也开设学校教授学生。西博尔德出生于德国的医学世家，1815年就读于维尔茨堡大学，主攻医学，兼及动物学、植物学和地理学等。文政六年（1823）到达出岛，当地的长崎奉行未见过德国人，称之为“山地荷兰人”。次年，西博尔德就在长崎开设鸣泷塾，为医馆兼学塾，将西洋医学大量地介绍进日本，同时也收集日本的草药加以科学研究。他培养了高野长英、二宫敬作等一大批杰出学者。

◇ 渡边华山（1793—1841），江户时代后期学者

①［日］福泽谕吉著，马斌译：《福泽谕吉自传》，第68页，商务印书馆1980年版。

正是这个西博尔德，在文政十一年（1828）归国时引发了一场大风波。西博尔德曾随荷兰商馆馆长前往江户觐见将军德川家齐，因此得以结识幕府天文方中的学者。他与幕府天文方的笔头兼书物奉行高桥景保有着非常密切的关系，他们在交流地理学知识时结下了深厚的友谊，高桥景保用伊能忠敬所绘的《大日本沿海舆地全图》的缩图与西博尔德交换部分地理学资料。西博尔德还因为搜集日本虾夷地的植物而与探险家间宫林藏（曾以考察库页岛而闻名）交往，向他致以书信一封和礼物一份。而间宫林藏是幕府的兼职密探，他并没有拆开礼物，而是立刻将二人交往的情况密告给幕府。在当时，日本地图为禁止流出物，高桥景保因私自与外国人赠答违禁品而被捕，并死于狱中。西博尔德则被驱逐出境，并被禁止再度入境。

事实上，在松平定信执政期间，自宽政二年（1790）开始，幕府就已加强了思想控制。在这场“宽政异学之禁”中，朱子学被认定为官方学说，禁止在官方学校传授朱子学以外的学说，特别是阳明学、古学等“扰乱风俗之学”，兰学自然也在被压制之列。虽然这次禁学的影响仅限在官方，但对享保改革以来形成的相对自由的学术氛围仍然造成了一定的负面影响。此后，幕府开始日益重视思想禁锢。天保十年（1839），在大盐平八郎之乱后神经高度敏感的幕府便制造了一起思想压制冤案——蛮社之狱。

“蛮社”指的是兰学学者所结成的尚齿会，这一团体被当时的“国学”学者蔑称为“兰学的野蛮结社”，故称“蛮社”。其主干人物大多出自西博尔德的鸣泷塾，如高野长英、小关三英、渡边华山等。

事情之起因是天保年间的美舰“莫礼逊”号事件。“莫礼逊”号因《异国船打拂令》而在靠近日本时遭到了粗暴对待。事发后，幕府老中水野忠邦派遣幕府目付[①]鸟居耀藏和兰学学者江川英龙测量江户湾，为加强海防做准备。鸟居耀藏是朱子学者，他对那些满身洋气的兰学学者充满厌恶。在测量过程中，顽固的鸟居耀藏与江川英龙发生了激烈冲突，江川英龙将对方告到了幕府，鸟居耀藏因此而被水野忠邦申斥。心胸狭窄的鸟居耀藏自此后就把尚齿会的兰学学者视为政敌，必欲除之而后快，并捏造罪名，向水野忠邦告密。于是，一场镇压学者的文字狱开始了。天

① 目付：江户时代直属于若年寄的役职，主要任务是监视幕府的直属家臣旗本和御家人，一般定员10名。

保十年（1839）五月，渡边华山被捕，在他的家中搜出了一些批评幕府消极的有关海防政策的著作，尤其是一本名为《慎机论》的著作，用大量过激的笔墨批评幕府的《异国船打拂令》。渡边华山遂被定罪。两年后，他写下一句“不忠不孝渡边登”（华山别名渡边登）后，愤然自戕。与此同时，高野长英投案自首，后在弘化元年（1844）趁监狱火灾而越狱，嘉永三年（1850）被抓后遭遇暴力对待，在押送途中自戕。而小关三英在案发后听闻华山与长英二人入狱，畏罪自戕。这场血腥的文字狱发端于幕府中争权夺利的斗争，但最后演变为对兰学学者的疯狂迫害与思想禁锢，这恐怕与幕府当时遭遇的景况有着密切关系。

◇ 高野长英（1804—1850），江户时代后期学者、医学家

在蛮社之狱发生后两个月，即天保十年（1839）七月，幕府天文方的涉川敬直向老中水野忠邦建议：除了直接上递幕府的荷兰风说书以外，禁止一切与国外情报相关的资料、文献、书籍流传，并加强对荷兰语翻译著作的出版审查。这一建议被幕府采纳。幕府下令取缔除天文方和兰方医以外的一切兰学著作，实行兰学著作出版的町奉行审查制，后又将审查权限收归天文方，涉川敬直于是得以垄断兰学。

天保改革失败后，这一禁令一度松弛。但在嘉永二年（1849），由于汉方医学和兰方医学的尖锐对立，幕府再度厉行禁令，规定在幕府任职的医生必须使用汉方，开业医生必须通晓汉方。翌年则发布《兰书翻译取缔令》，严格限制荷兰语翻译著作出版，并规定由长崎奉行审查进口的外国书籍。就是在这样的沉闷风气下，新出现的大批兰学著作被禁止刊行。

自蛮社之狱发生以来的兰学禁令最终被“黑船”所打破，幕府在佩里的压力下被迫开国，但开国以后的日本发现原本的兰学已成为落后于时代的东西。受到“黑船”刺激的日本人在开国以后，开始如饥似渴地学习“洋学”，再度掀起了“西学东渐”的风潮。

第二节 洋学兴盛

一、“兰癖”大名

兰学在日本流传了一个世纪，影响深远，但其传播的范围并没有想象中那么大。一般而言，能够接受兰学教育和兰学知识的人仅限于一些学者、医生、幕府旗本与大名、藩士等，广大的普通民众还是以接受传统教育为主。这一部分接受过兰学知识的人反而成为当时人眼中的异类，他们被称为有“兰癖”的人。

“兰癖”大名在当时尤为显眼。早在战国时代，已经有一部分大名受到西方文化的熏陶，甚至皈依了天主教，成为“切支丹大名”，诸如高山右近、有马晴信、大友宗麟等人。而“兰癖”大名则是江户时代中后期在学术自由风影响下出现的另一道风景线。他们在自己的藩中推行西方科学文化成果，在满足自己“兰癖”的同时，也改变了藩的面貌。

有趣的是，最早实施藩政改革的大名当中，有许多恰恰就是最早的“兰癖”大名。典型的人物有熊本藩的细川重贤和久保田藩的藩主佐竹义敦。佐竹义敦是一位有名的“兰癖”大名，他的“兰癖”体现在对西洋画的爱好上。他的绘画技艺传自久保田藩士、画家小田野直武。他和小田野直武切磋画法时，对西洋画的理念产生了浓厚的兴趣，因此在画作中大量融入西洋画风，并撰写了《画法纲领》《画图理解》等介绍西洋画法的著作。他的长子义和就是领导久保田藩改革的藩主。

◇ 黑田长溥（1811—1887），福冈藩主，著名“兰癖”大名

对后世影响最为深刻的“兰癖”大名是萨摩藩的岛津重豪。这位大名是一位富有传奇色彩的人物。他自宝历五年（1755）继任藩主开始，到天保四年（1833）以 89 岁高龄去世，主导藩政长达 70 余年，在萨摩藩打下

了自己深刻的烙印。近代萨摩藩的基础就是在他掌权时期奠定的。岛津重豪在“兰癖”方面比上述另外两位大名走得更远。他在青年时期就和出岛的荷兰商人有着往来，乘坐过荷兰船，会说荷兰话，可以说是一位满身洋气的人物。在萨摩，他除了设立藩校以外，还在安永三年（1774）设立医学馆，安永八年（1779）设立天文馆（明时馆），以藩财政支持兰学事业的发展。

岛津重豪的“兰癖”让后人对这位“品味独特”的大名褒贬不一。一种意见认为他是萨摩藩走入财政困境的元凶，他的“兰癖”造就了一种崇尚奢靡的风气。另一种意见认为他是近代化的先驱人物，在他的影响下，他的子孙也纷纷成为“兰癖”者。

中津藩主奥平昌高是岛津重豪的次子。在生父的影响下，奥平昌高与长崎的荷兰商人相交匪浅，他花重金从长崎购买大量的外国商品，同时大力支持荷兰语翻译著作在中津藩出版，成为兰学发展的有力支持者。

在“兰癖”方面举措频频的，还有福冈藩的黑田长溥和萨摩藩的岛津齐彬。

福冈藩主黑田长溥亦为岛津重豪之子。他于天保五年（1834）接任藩主后，就极力推行近代化，引进西方的先进科技。福冈藩位于九州筑后，这里在古代就是外贸港口，在对外交流方面有着得天独厚的优势。黑田长溥派遣大批人才前往出岛学习荷兰的科技文化，并在博多建设精炼所，建造西式的反射炉试图炼铁。同时开设医馆种牛痘、开发矿山等。除了在本藩开办这些实业以外，黑田长溥还是一个有着远见卓识的政治家。他在鸦片战争爆发后，以敏锐的政治眼光看到幕府消极海防政策的危险性。嘉永五年（1852）十二月，他主动向幕府提出要加强海防，并推荐中滨万次郎（ジョン万次郎）作为经营海防事业的主持者。中滨万次郎是土佐人，他在天保十二年（1841）出海时遭遇海难，为美国捕鲸船所救助，遂到了美国。出国以后的中滨万次郎在美国接受了西方科技文化教育，也接受了众多的西方先进理念，并在嘉永五年（1852）结束了十年的漂泊生涯回到日本。他还因此而受到长崎奉行所的严密诘问，最终被萨摩藩雇为藩校的英语教师。黑田长溥主动推荐这样一位喝过洋墨水的人主持海防，的确是有着深谋远虑，可惜幕府最终没能重视他的主张。仅仅半年后，佩里舰队就让幕府尝到了苦果。

在“由罗骚动”以后上台执政的萨摩藩主岛津齐彬，在日本近代史上也是一位赫赫有名的人物。他深受曾祖父岛津重豪的影响，因此其父亲岛津齐兴认为他

◇ 集成馆事业

会因大兴洋务而使藩财政再度崩溃。在就任藩主以后，岛津齐彬提出了一个响亮的口号："殖产兴业，富国强兵。"萨摩藩从战国时代开始就是一个富有进取心的地区，其领主岛津氏一直雄心勃勃。在江户时代，萨摩藩还南侵琉球，将之征服，并利用当地地理环境优势与中国开展贸易。1840 年鸦片战争的消息也最早经由琉球传播到了萨摩藩。岛津齐彬深刻认识到了日本即将遭遇西方殖民侵略，才提出这样一个极具前瞻性的口号。正是在这样的危机感之下，萨摩藩先行一步，在嘉永四年（1851）岛津齐彬就任藩主后，便着手在今鹿儿岛市规划了一片近代工业试验区——集成馆。在这里，萨摩藩广泛引进西方科技，发展锻冶、造船、纺织等近代工业，试制炼铁用的反射炉、熔矿炉，玻璃、瓦斯灯、水雷等近代工业产品。在兴办实业的同时，岛津齐彬还注重洋学教育。他主动保护自美国归来的中滨万次郎，并将其聘为藩设的洋学校开成馆的英语教师，在开成馆中培养大批的西学人才，甚至派遣人才前往西方留学。

在岛津齐彬的协助下，肥前佐贺藩的锅岛直正也在本藩内推行殖产兴业政策，发展锻冶、军火等产业，并与萨摩藩一样试制蒸汽机与蒸汽船，取得了不俗的成就。

集成馆事业是日本第一处大规模近代工业基地，其经验为明治维新的殖产兴业提供了范例。"兰癖"大名们在西学上的成就作为藩政改革的重要部分，可以视为明治维新的先声。但必须注意的是：这种藩设的工业基地，并没有从根本上改变藩体制，也没有触动原有的经济基础。藩政改革和藩办工场的最大贡献，就是大大加强了西南强藩的经济实力，使它们最终在幕末的政治舞台上占据了主导地位。而在这些改革中逐渐崛起的各藩中下层武士，在接受西学以后，为各藩所重用，成为幕末变革的中坚力量。

二、经营海防

经营海防之事，在江户时代中后期一直是幕府反复争论的内容。类似松平定信、水野忠邦等有识之士也曾经做过加强海防的努力，但因涉及各方面的利益甚广，尤其是海防措施干预到了幕府旗本与谱代大名的利益，故而不了了之。松平定信和水野忠邦都是在海防政策上失足而下台的，这对幕府的执政者来说是一个前车之鉴。在这种情况下，幕府不得不采取消极的防御政策，先以《异国船打拂令》野蛮排外，后转向以《薪水给与令》为缓兵之计。这种消极防御的办法遭到了许多人的诟病。但无论是出岛荷兰人的警告，还是日本内部一些有见地的外样大名的劝说，都没有引起幕府的充分重视。直到佩里舰队打开国门以后，幕府才开始亡羊补牢进行补救。

然而，幕府在兰学方面早已落后于西南强藩。在佩里来航前，萨摩等强藩已经热火朝天地做起了殖产兴业的工作，幕府却仍然停留在洋书翻译和天文学研究的水平上。不过，在现代化进程方面，幕府也不是全无发展。在水野忠邦执政时期，有一名日本人在长崎学习了西洋的炮术，他就是高岛秋帆。作为长崎当地官员之子，他自幼就耳濡目染，深知荷兰人的火炮较之日本先进数倍。因此他发愤图强，自学荷兰语并向荷兰人虚心求教，于天保五年（1834）创造了“高岛流炮术”。他向幕府提出经营海防的重要性，引起了幕府的重视。经过一番实地的炮术比试，高岛秋帆用事实向幕府证明了西洋军事学的先进性，遂得到幕府的重用，被聘为炮术教师。

◇ 阿部正弘（1819—1857），备后福山藩主，江户时代末期任老中首座

高岛秋帆的炮术因此而成名，引起日本兰学界有名的尚齿会的关注。尚齿会的江川英龙经由渡边华山得知高岛秋帆的出色成就，萌发了向高岛求学的愿望。不幸的是，在天保十年（1839），尚齿会卷入了蛮社之狱，

高岛秋帆也遭到牵连入狱。江川英龙因为才华出众而得到老中水野忠邦的赏识，才幸免于难。此后，他在水野忠邦的主持下，正式以高岛为师。这是水野忠邦为实践自己的海防政策而刻意培养人才的一步举措。

高岛秋帆和江川英龙也成为日本最早接触西方先进军事科学的人才。在水野忠邦黯然下台后，幕府的海防政策又归于消极，但西南强藩对海防事业的认识却远超幕府，他们纷纷派遣学生向高岛和江川两人学习，造就了一批近代军事人才。

佩里来航以后，幕府在老中阿部正弘的主持下，才真正走上了大规模经营海防的道路。阿部正弘并不是一个因循守旧的官僚，他在弘化二年（1845）决定将“海岸防御御用掛”的役职由非常设改为常设，由他自己和牧野忠雅、大冈忠固、本多忠德一同担任，并且提拔了幕府的旗本川路圣谟、水野忠德等以及江川英龙、中滨万次郎等一大批熟悉西方科学文化的专业技术人才。他还积极支持江川英龙建设韮山反射炉。作为备后福山藩主的阿部正弘还将藩校诚之馆改为教授西学的学校，为幕府培养西学人才。

阿部正弘所做的另一件影响深远的大事就是他打破了传统的幕府政治格局。在佩里舰队出现后，他发起了大讨论，广征意见。因此，一些“兰癖”大名如黑田长溥、锅岛直正、岛津齐彬等人趁机再一次向幕府提出了整顿海防的重要性。黑田长溥在他的意见书中谆谆告诫幕府要建设一支以蒸汽船为主力的海军以与西方抗衡。而岛津齐彬则将这种建议化为实践，他领导的萨摩藩是最早建造西洋式军舰的藩。早在嘉永五年（1852）十二月，岛津齐彬就向幕府提出建造“琉大炮船”的申请，此时，佩里尚未来到日本，幕府也还没有放开造大船的禁令。萨摩藩提出申请的理由是：为了保护从江户初期就置于萨摩藩“保护”下的琉球王国。幕府在次年四月批准了这一申请。五月二十九日，位于萨摩樱岛濑户村的造船所正式开工。萨摩藩的造船技术来自中滨万次郎。岛津齐彬曾经在中滨登陆后，亲自向他询问西洋情况，并且派遣藩士田原直助率领造船工人向他学习造船术和操船术。在制作了双桅帆船和捕鲸船模型的基础上，田原等人造出了小型的双桅木帆船，称为“越通船”。其长约为14.5米、宽约2.7米，形式为“和洋折中”，在日本船的基础上融入西洋双桅帆船的元素。“越通船”成为后来萨摩藩建造的西洋军舰的基础。在这一经验支撑下，田原直助设计建造了日本第一艘西洋军舰。

在安政元年（1854）幕府允许诸藩造船以后，萨摩藩于十二月十二日建成了

◇ 俄国船在下田冲损坏沉没，给了日本直接学习西洋船建造技术的机会

一艘名为“昇平丸”的西洋帆船。由于在此前的五月，比萨摩藩财力更雄厚的幕府已经完成了一艘西洋军舰的建造，因此，昇平丸只能憾居第二。鉴于开国后的严峻海防形势，萨摩藩在安政二年（1855）八月十三日将此船献给幕府，作为幕府新设立的长崎海军传习所的练习船。该船在江户湾航行时，试乘的汉学学者大槻磐溪兴奋不已，作了一首汉诗赞叹道：“四海三檣我一檣，惊看新造拟西洋。只应直笔传千载，日本军舰是滥觞。”

建造西洋军舰的同时，萨摩藩也开始大胆地尝试建造蒸汽船。萨摩藩的蒸汽船研究始于嘉永元年（1848），当时其购入了荷兰人出版于1837年的蒸汽机技术书籍，并委托兰学学者箕作阮甫翻译，定名为《水蒸船略说》。嘉永四年（1851），岛津齐彬下令根据这本书试制蒸汽机。根据一本书闭门造车，其难度可想而知，一直到黑船来航时萨摩藩也没有研制出蒸汽机来。开国后，幕府从荷兰人手里得到了一艘名为“观光丸”的蒸汽船，萨摩人跑到长崎去亲身体验了一把实物，这才让他们的研制进度有所突破。安政二年（1855）七月三日，萨摩藩在藩邸举行了蒸汽机的公开试运行演示，标志着萨摩藩的蒸汽机制造实验已经取得实质性成果。接着，萨摩藩调用了一艘“越通船”，给其装上蒸汽机进行实验，并将这艘船命名为“云行丸”。这艘船于是成为日本第一艘自制的蒸汽船。

但这艘“日本第一”却极不靠谱。安政二年（1855）八月，“云行丸”在江户初次试航，安政四年（1857），又在萨摩第二次试航。两次成功试航后，该船就出现了许多问题。蒸汽机蒸汽泄漏问题尤其严重，导致这艘船只能发挥两成的设计动力，仅可以4—5节的龟速前进，完全没有蒸汽船横行海上的风范。从这点来说，这艘用土法研制的蒸汽船实际上是个半失败品。但萨摩人仅凭着简图和书

◇ “咸临丸”

中基本原理鼓捣出蒸汽机的精神着实令人赞叹，堪称“坂上之云”精神的集中体现。这艘蒸汽船后来也成为幕末及明治时代制作和操作蒸汽机的范例。

萨摩藩还在安政元年（1854）建造了西式大船“大元丸”和“承天丸”，又建造了长达20间（36米）的西洋船“凤瑞丸”和“万年丸”。“大元丸”和“凤瑞丸”后来出售给了幕府。造船业的初步成形加强了萨摩藩的实力。

与此同时，一部分对洋人深恶痛绝的大名也极力主张加强海防，其中最为坚决的是深受“水户学”影响的水户藩主德川齐昭。

“兰癖”大名锅岛直正（号闲叟）和萨摩藩一样热衷于蒸汽船的建造。锅岛直正是九州肥前佐贺藩主。在他的领导下，佐贺藩也完成了藩政改革开始西化，并致力于建立近代海军。在“黑船”来航后的第二年，也就是1854年，佐贺藩决定集中力量主攻蒸汽军舰的国产化。安政五年（1858），佐贺藩投入10万美元从荷兰买进了一艘木制蒸汽船，命名为“电流丸”。由佐贺藩下属的三重津海军所对其进行研究。文久三年（1863）三月，佐贺藩开始建造蒸汽船，新船于庆应元年（1865）竣工，名为“凌风丸”。相比萨摩藩几年前试制的并不靠谱的试验品“云行丸”，这艘船比较成熟，所以夺得了日本第一艘实用型蒸汽船的称号。地方大名的意见和实践影响了幕府的决策，幕府终于决定要“师夷之长技以制夷”。

但下定决心的幕府却在技术上遭遇到了无法突破的瓶颈。经过百年锁国，幕府对西洋的造船科技几乎一无所知。不过在和佩里舰队交涉的时候，幕府方面的代表中岛三郎助与香山荣左卫门做了有心人，他们在美舰上眼看心记，暗暗摸清了西洋船只的船体结构、蒸汽机、火炮设置等细节。根据他们获得的有限信息，幕府在浦贺奉行所开始建造第一艘西洋帆船“凤凰丸”，并在安政元年（1854）

七月完工下水。“凤凰丸”是日本建造的第一艘西洋军舰。根据最初的设计，“凤凰丸”是一艘双桅帆船，后在建造中改为三桅帆船，前两桅为横帆，尾桅是纵帆，船体采用西洋式龙骨建造法并饰以红漆，船首有凤凰头的雕像，和船尾刻的凤尾雕遥相呼应，船上装备有大炮10门，并备有西洋小铳50支。建造完毕后，“凤凰丸”在安政二年二月三十日（1855年4月18日）接受幕府要人的验收，获得了一致好评。但幕府并不满足于此。巧的是，俄国人普提雅廷来日，其乘坐的船只在下田冲停泊的时候被海底地震损坏，随即遭遇海啸侵袭而沉没。普提雅廷向幕府提出由日本方面提供人手，俄国人提供技术，在户田村重造船只，这正中日本人下怀。幕府方面将之看作天上掉下来的馅饼，立刻派出技工和江川英龙等专业技术人才前往观摩学习。俄国人手把手地将西洋造船技术传授给了日本人，凭借这些技术，幕府开始自行建造西洋帆船。

◇ “凌风丸”

这只是第一步，幕府下一步的梦想是拥有佩里舰队那样的蒸汽船只。这个梦想在日本人的“老朋友”荷兰人的帮助下得以实现。安政元年（1854），幕府的“海岸防御御用掛”大久保忠宽接受了幕府旗本胜海舟的建议，向幕府上书，提出购买军舰加强海防，因为以日本现有的技术，建造蒸汽船只是一种不切实际的幻想。次年，荷兰人为了在开国后的日本维护自己的传统利益，慷慨地将一艘蒸汽船作为国王的礼物赠送给幕府。这便是日本第一艘蒸汽船“观光丸”。

日本的第二艘和第三艘蒸汽船也是舶来品。安政元年（1854），幕府为建立海军传习所培养海军人才，决定向荷兰订购两艘蒸汽船，两船在荷兰的金德代克（Kinderdijk，也译“小孩堤防”）造船所开工。安政四年（1857），第一艘船“咸临丸”完工并在同年交付日本，次年，“朝阳丸”也抵达长崎。而另一艘成为幕府海军主力的蒸汽船“蟠龙丸”则是英国货。该船是在安政五年（1858）《日英

◇ 长崎海军传习所

修好通商条约》订立时，英国人以维多利亚女王的名义赠送给幕府的，最初是一艘民船，后被幕府改成军舰。

荷兰海军还派出了 22 名教官帮助幕府开设海军学校。在荷兰人的协助下，安政二年（1855），日本在长崎开设长崎海军传习所。“咸临丸”“朝阳丸”等军舰在抵达日本后，就成为长崎海军传习所的练习舰。安政二年（1855）和安政四年（1857），荷兰人根据其与幕府的协议，两次分别派遣 22 人和 37 人的海军教官团来到长崎。幕府以及佐贺、熊本、萨摩、福冈、长州、土佐等诸藩派遣的 200 人以上的学员参加了 1855—1859 年之间长达 5 年的学习。所学基础科目是荷兰语、算术、物理、化学、地理等，在此基础上修习航海术、造船术、炮术、测量学等海军实用技术。传习所为日本海军培养出了第一批人才。长崎海军传习所总共招收了 3 期学生，其中幕府传习生分别为 37 人、12 人、26 人，各藩陆续派遣的学员达 128 人。在这批人中，有胜麟太郎（胜海舟，幕臣）、榎本釜次郎（榎本武扬，幕臣）、肥田浜五郎（幕臣）、五代才助（萨摩）、川村纯义（萨摩）、中牟田仓之助（佐贺）、北条源藏（长州）等优秀人才。之后，幕府和诸藩又引进了荷兰、英国等先进国家的海军教官，继续培养人才。庆应二年（1866），因幕府在前一年新从美国购买回了千吨级大型蒸汽船“富士山丸”，为培养舰员，聘请法国海军士官 4 人于当年 1—4 月进行舰上教学。庆应三年（1867），幕府又招聘英国海军教官团 12 人，为 80 名海军学员授课。

安政四年（1857），幕府挑选了长崎海军传习所中的部分优秀生，包括佐佐仓桐太郎、岩田平作、山本金次郎、小野友五郎等人作为“教授方”，在江户的筑地开设海军教育部门，称“筑地军舰操练所”。原长崎海军传习所的一部分学生也和军舰“观光丸”一并移转到江户。在 1859 年长崎海军传习所关闭以后，这里就成为幕府的海军教育中枢，教育对象最初限定为幕府的旗本和御家人及其子弟，教育内容为长崎海军传习所中学员自荷兰教官处学到的各类知识和技术。元治元年（1864）五月，幕府的军舰奉行、长崎海军传习所一期生胜海舟建议幕府设立一个海军士官培养机构，并设立附属海军工厂。最终，这个学校选址神户，带动了神户这个小渔村向近代港口城市的发展。这所学校就是著名的“神户海军操练所”。其教育对象是关西方面的幕臣以及四国、九州和中国地区（本州最西部的山口、鸟取等地）的诸藩士，以肥田浜五郎、佐藤与之助、赤松左京等人为教官，有大约 200 名学员。不过这所学校只开设了一年，最终因为长州、土佐学员的反幕府倾向而宣告关闭。这所学校中有一名学员后来成为日本海军的重要人物，那就是在甲午战争中担任联合舰队司令长官的伊东祐亨。

长崎海军传习所是日本近现代海军的源头。文久二年（1862），在海军传习所第一期毕业生小野友五郎、春山弁藏、肥田浜五郎等人的主持下，幕府开工建造第一艘国产蒸汽船。设计师小野友五郎，早年出仕幕府的天文方，跟随洋学学者江川英龙学习炮术、军学、荷兰语。安政二年（1855）进入海军传习所，学习 16 个月后成为筑地军舰操练所的教授方。万延元年（1860），他参与了“咸临丸”横渡太平洋赴美的航行，担任相当于航海长的“测量方兼运用方”，也就是说，“咸临丸”渡美的海上路线测量和军舰航海操作实际上是由小野友五郎主持的。文久元年（1861）他又参加了幕府组织的江户湾和小笠原群岛测量工作，担任“咸临丸”的舰长，可以说是一个有丰富的蒸汽军舰理论知识和实际操作能力的技术人才。船体构造负责人春山弁藏是长崎海军传习所的第一期学生，参与过“凤凰丸”的设计工作。蒸汽引擎设计师肥田浜五郎，出自长崎海军传习所二期，主攻机关学，“咸临丸”渡美时，他是“蒸汽方”（机关长）。大炮设计师泽太郎左卫门，长崎海军传习所二期生，筑地军舰操练所教授方，担任海军炮术教授。蒸汽船船身由石川岛造船所建造，蒸汽机由长崎制铁所制造，锅炉由佐贺藩负责，备炮由关口制造所制造。这艘集幕府海军人才集体智慧和工业成就于一体的蒸汽船，于庆应二年（1866）竣工下水，比“凌风丸”晚了一年，很遗憾未能夺取“日本第一”的称号。但这是幕府量产蒸汽船第一个成功的产品，幕府将之命名为“千代田形”。在其下水服役两年后，倒幕的戊辰战争爆发了，因此，其后继同型舰随之化为泡影，这艘“千代田形”也成为幕府国产蒸汽船的“独苗”。

同年，幕府还提出了一个建造370艘船只的大计划，这个计划由于幕府走向穷途末路而宣告夭折。幕末早期幕府的主要船只如下表①：

船名	船型	建造地	建造年代	备注
凤凰丸	帆船	浦贺	1854年	
君泽形	纵帆式	下田	1855年	
昇平丸	帆船	萨摩	1855年	萨摩藩缴纳给幕府
旭日丸	帆船	横滨	1856年	水户藩建造，缴纳给幕府
凤瑞丸	帆船	萨摩	1856年	萨摩藩缴纳给幕府
观光丸	蒸汽船	荷兰	1850年	1855年荷兰国王赠送
咸临丸	蒸汽船	荷兰	1856年	1857年从荷兰购入
蟠龙丸	蒸汽船	英国	1856年	1858年英国女王赠送
朝阳丸	蒸汽船	荷兰	1856年	1858年从荷兰购入

在经营海防的同时，幕府又在江户设立讲武所，操演近代化武器，聘请西学学者和胜海舟等人训练专业的军事人才。同时，在安政四年（1857）将原本天文方的洋书翻译机构“蛮书和解御用”发展为“藩书调所”，后进一步发展为“开成所”，招收学员培养西学人才。“开成所”以及其后的“开成学校”就是今天东京大学的前身。

幕府经营海防之策可以说是因佩里舰队的刺激而生。在西方殖民者纷至沓来的情况下，幕府不得不采取一定的措施来保证海防安全，这是幕府在世界殖民大潮中一种本能的自救行为。但同时也要看到的是，在佩里来航以后，幕府发现自身的控制力和影响力日益减弱。这种筹备海防、加强军备的行为，既是未雨绸缪

①[日]加藤祐三著，蒋丰译：《日本开国小史——来自柏利的挑战》，第143页，中国社会科学出版社1992年版。

的防备措施，也是做给国内持“攘夷论”的强藩看的一种姿态。

三、作育英才

安政元年（1854），佩里舰队第二次出现在江户湾浦贺外的海面上。一天深夜，美国水兵发现了一艘偷偷靠近的小船，船上的两个日本人试图接近并爬上美国战舰。最终他们得以登上美舰。这两个日本人向美国舰队司令佩里提出了一个大胆的请求：希望能随舰队前往美国去学习访问。

这两个胆大包天的日本人都是长州藩的藩士，一个叫吉田松阴，另一个叫金子重辅，这已经不是他们第一次违反幕府“禁止日本人出国”的命令了。他们怀着对西方文明的无限向往，冒着生命危险做出了这样的惊人之举。

佩里刚刚和日本幕府签订了《日美和亲条约》，他不愿意得罪日本官方，害怕有损美国在日本已经获得的权益，因此，这两名日本人被佩里送回了岸上。吉田松阴回去以后，立刻向奉行所自首，被幕府下令逮捕。因此事被连坐逮捕的还有他的老师佐久间象山，这位杰出的学者是人称“二十一回猛士”的冒险者吉田松阴的启蒙导师。

佐久间象山本为一位著名的儒学学者，文化八年（1811）出生于信浓国松代藩的一个藩士家庭。天保四年（1833），22岁的佐久间象山出游江户，投身于当时的儒学大家佐藤一斋的门下。佐藤一斋在朱子学和阳明学方面皆有很高造诣，素有“阳朱阴王”之说，其门下弟子除象山之外，还有渡边华山、横井小楠等幕末名士。象山在他门下，得儒学熏陶颇深，因此在出师后，于江户自开私塾“象山书院”，招收弟子，课书授徒。

◇ 吉田松阴（1830—1859），长州藩士，江户时代后期著名思想家、教育家

佐久间象山生活在藩政改革风潮风靡一时的时代。松代藩的藩主真田幸贯本为幕府老中松平定信次子，被出继给松代真田家。文政六年（1823）继承藩主之位后，就着手进行藩政改革，推行殖产兴业政策，佐久间象山因此得到了重用。在协助藩主推行改革

◇ 佐久间象山（1811—1864），松代藩士，江户时代后期著名思想家、教育家

的过程中，他深深感受到西学知识的重要性，作为深受阳明学“知行合一”思想影响的儒学学者，他很快就接受了实践性更强的西方科学技术。他拜江川英龙为师学习军事学，又以高岛秋帆为师学习炮术，大有所成。除了学习西学外，象山还发扬“知行合一”之精神，独立思考，努力研究，开发地震探测器，进行大炮实验，终于成为一名杰出的西学学者。藩主真田幸贯在天保十二年（1841）被提拔为幕府老中，负责幕府的海防事务，佐久间象山由于熟悉西学，更是如鱼得水。他写就了一份《海防八策》，得到真田幸贯的高度评价。

个人的成功毕竟只能影响一时，而佐久间象山一生最大的成功是其培养了许多像吉田松阴这样的学生。

吉田松阴，本名吉田寅次郎，字义卿，号松阴，出生于长州藩的一个藩士家庭。童年时期，他在其叔父玉木文之进的私塾“松下村塾”中接受启蒙教育，学习的是传统的“山鹿流”兵法。当时的吉田松阴应该是怀着成为一名兵法家的志向努力发奋的，并很快在藩校明伦馆谋得了一个兵法教授的职位。

长州位于日本本州的最西部，交通便利，因此鸦片战争的消息很早就传到了这里。清朝在日本人看来是一个庞然大物，但如此庞然大物却被一个远道而来的西夷用坚船利炮所击败，签订了城下之盟，这对日本人而言，既觉得不可思议，又深受震撼。吉田松阴因此对自己所学的传统兵法产生了怀疑，他发现自己多年来努力的成果在西方人的枪炮面前不堪一击。如果西洋人以坚船利炮攻打日本，日本将以何阻挡？使用武士刀劈砍，还是命令骑兵冲锋？吉田松阴顿时感到昔日所得的一切知识都毫无意义，心中油然而生一种悲凉感。他猛然觉醒，抛弃了以往的学业，前往九州游学，最终以学习西学为目的，拜在佐久间象山门下。他如饥似渴地学习着西洋科技文化，又主张“读万卷书，行万里路”，与友人结伴前往东北的会津藩旅行，因未带藩的许可而被视为“脱藩”，还因此被判决入狱。

在偷渡事件后，吉田松阴再度遭遇牢狱之灾，幕府将之送回长州，交由野山狱囚禁。在狱中，吉田松阴反思自己的思想，写下了一部《幽囚录》。

安政二年（1855），吉田松阴获准出狱。他继承了叔父的松下村塾，将之作为授业的场所，许多长州藩的下级武士成为他的学生。吉田松阴以全新的方式授业。他在课堂上并非单纯地讲授，而是让老师和学生共同讨论，最终达成一致的意见。这种方式在当时的西学教育中颇为流行。熊本藩士横井小楠开设的私塾“四时轩”，同样主张“讲习讨论”和“朋友讲学”，认为师徒之间必须以平等的身份自由讨论，在学术的范围内没有高低贵贱之分。他进而主张在国家之中，也要淡化身份界限，人人参与到公共政治之中。这种自由的观点，恰是对幕藩执政体系下身份制度的挑战。吉田松阴鼓励学生拥有独立之精神和自由之思想，并以登山、游泳等活动强健体魄，“知行合一”。松下村塾也因此声名远扬，成为幕末长州藩的新学传播基地。

佐久间象山、吉田松阴、横井小楠等人的努力让大批的中下级武士接受了西方先进思想的启蒙，进而发展成为维新革命的主力军。从他们的私塾中，走出了一个又一个站在时代潮头的弄潮儿。

对于明治维新的志士来说，佐久间象山和吉田松阴是教父、是导师、是旗手、是精神领袖，他们的精神和思想对幕末和明治时代的政治人物产生过非同一般的影响。象山门下的胜海舟、坂本龙马、小林虎三郎、河井继之助，松阴门下的木户孝允、高山晋作、伊藤博文、山县有朋、久坂玄瑞……这一个个名字都闪耀在明治维新的历史上。

清末著名思想家梁启超对吉田松阴有过一段评价：

> 日本维新之首功，西乡乎？木户乎？大久保乎？曰唯唯否否。伊藤乎？大隈乎？井上乎？后藤乎？板垣乎？曰唯唯诺诺。诸子皆以成为成者也。若以败为成者，则吉田松阴其人是也。吉田诸先辈造其因，而明治诸元勋收其果。无因则无果，故松阴辈当为功首也。①

在梁启超看来，吉田松阴偷渡国外、策划倒幕都遭到了失败。但他一生中最为成功的一件事情——作育英才，足以使他成为维新第一功臣。他的学生能完成“倾幕府，成维新”的大业，与松阴的言传身教密切相关。所以梁启超赞叹他是“败于今而成于后，败于己而成于人”。

---

①〔清〕梁启超：《自由书》，载《梁启超全集》第二卷《瓜分危言》，第 337 页，北京出版社 1999 年版。

第三章 尊王攘夷

封建道德中的其他各种德行是同其他的伦理体系或其他的阶级的人们所共通的，但这个德行——对长上的服从和忠诚——则构成截然独具的特点。我知道，个人的忠诚是存在于各色各样的种类和境遇的人们之间的道德的纽带——一个小偷集团也要对费金效忠。然而，只是在武士的名誉训条中，忠诚才获得至高无上的重要性。

——《武士道》第 9 章《忠义》

第一节 大老井伊直弼

一、混乱的开始

佩里舰队是使日本陷入混乱的催化剂，它不但打开了日本的国门，而且使日本原有体系中的种种矛盾暴露在光天化日之下，封建制度的内部危机因为外夷的入侵而不断被激化。1853 年前后的日本，究竟潜伏着多少不稳定的因素，我们将一一加以分析。

首先是位于社会金字塔顶层的武士阶层。武士是统治阶层，他们领取禄米，对他的领主承担义务。在丰臣秀吉推行“兵农分离”以后，武士就成为脱离生产的剥削阶级，凌驾于其他社会阶层之上。在德川家康征服大坂消灭丰臣政权，实现“元和偃武”后的二百年和平年代中，武士阶层的战斗意志被逐渐消磨，最终成为社会的寄生阶层。随着商品经济的不断侵袭，米价下跌，以米为收入的武士为货币所累，他们能够获得的生活必需品越来越少。同时由于幕府的削弱政策，使各藩财政遭遇危机，导致下层的武士由于米价的波动和禄米被克扣，怨言满腹。一部分人不得不以糊灯笼、做竹编等手工业维持生活，另一部分人则课书为业，进而学习西方的科技文化。这些中下层武士最希望改变现状，对幕府的体制充满了不信任感。

◇ 幕府时期的武士和町民

农民是四阶层的第二等级，但同样境遇凄惨。德川家康有一句很著名的话："对于农民就是不要让他们活，也不要让他们死！"幕府一般采取"四公六民"的税率，但地方上，有些藩往往以"七公三民"的沉重税收压榨农民。因为藩财政实在是太紧张了，所以不得不从农民身上苛取，加上场屋税、专卖税、道路税等种种苛捐杂税以及官吏和村吏的盘剥渔利，一旦遭遇天灾，大批的农民立刻宣告破产。他们或者以溺婴、拥进城市等幕府屡禁不止的方式消极对抗，或者干脆举起武器造反。另有一批富农在有钱以后，开始经营高利贷，这是一种更快的发家方式。诸多贫农因为无法负担农业生产的巨大开支，被迫借高利贷，并以土地为抵押，一旦无法偿还，土地的永佃权旋即丧失。幕府三令五申的"田畑永代壳買禁止令"，在商品经济侵入农村的大潮中，往往成为一纸空文。农民在这种悲惨遭遇中，一批又一批地被迫铤而走险。

而居住在城市（町）的"町人"，在身份上处于社会金字塔的最底层，但由于商品经济的繁荣，他们的腰包一天天鼓了起来。他们在政治上没有任何权利，甚至连衣食住行都要受种种的限制，因为"没有一个封建贵族比德川的道德家和立法者对赢利和赢利者更加厌恶了"[①]。的确，德川幕府体系下，町人处于社会最底层，但他们也在很多方面得益于这种体系。比如参勤交代制度使商业繁荣，城

①[加]诺曼·赫伯特著，姚曾廙译：《日本维新史》，第15页，吉林出版集团有限责任公司2008年版。

◇ 德川光圀（1628—1701），水户藩第二代藩主，通称“水户黄门”，德川家康之孙

市扩展，大名和武士日益困顿，这让他们不断依赖于经济实力雄厚的町人。许多富有的商人因收养关系而成为武士，也有许多武士为生计所迫甘愿厕身商家。这些状况对德川幕府的身份制度产生了极大的冲击。到了江户时代后期，一些藩中甚至出现了以武士身份换取债务免除的现象，等级森严的身份制度至此已经难以维系。藩政改革推行的专卖制是对于这种融合趋势的又一次促进。众多的大名将本藩的特产品输送到大坂这样的商业中心统一出售来获取利润，在此过程中就必须依靠大坂商人组成的代理机构。这种藩的专卖制与大坂的商业垄断相结合，使武士与町民之间的经济联系更为巩固。

也正是因为如此，下层武士与町民在政治上结成了同盟。他们对现有体系的束缚都十分厌恶，町民可为武士提供金钱的支持，而武士则为町民冲锋陷阵，由此形成了幕末一股最为强大的政治力量。

这股政治力量的精神支柱是江户时代中期以来因学术繁荣而不断发展的国学与兰学。本居宣长等学者鼓吹恢复古道，宣扬忠诚于皇室而崇尚日本传统之学问，造就了国学的兴盛。而国学的发扬光大则是在水户藩，水户藩素来有“尊王”的传统，第二代藩主德川光圀就对南北朝时期忠于南朝天皇政权的楠木正成推崇备至，为之树碑并亲笔书“呜呼忠臣楠氏之墓”。他所主编的《大日本史》也提倡“南朝正统论”。日本南北朝时代，南朝为天皇政权，北朝为室町幕府政权，另立天皇。所以主张“南朝正统论”意味着主张“天皇正统”。这本书在德川光圀死后由水户藩不断续修，在水户藩的藩学界引起了很大的反响。在藩主德川齐昭的支持下，水户藩的藩校弘道馆中兴起了一股研究日本传统文化的热潮，他们从《古事记》《日本书纪》中搜到了“皇权神授”的理论来源，并将之演绎为“尊王”思想。宽永三年（1791），水户藩的藤田幽谷发表《正名论》，宣称“君臣上下名义之严格维持，乃社会安定之必要条件”，成为“尊王论”的开端。

长州藩是“尊王论”的另一个发源地，发端者为吉田松阴。这位杰出的学者提出了“一君万民论”，主张“天下者乃一人之天下也”，言下之意：天下当由天皇来支配，天皇之下，庶民皆平等。这种思想从松下村塾中萌芽，在长州中下级武士的心中发展。

◇ 日本皇居前的楠木正成像，在维新以后，楠木正成成为“拱卫皇室”的象征

就是在“尊王”思想的主导下，当外夷入侵的时候，这些中下层武士才极力地从兰学和西学中寻找使日本不断强大的秘方，希望保护日本的独立自主和“神国”的“权威”。这种民族意识的觉醒推动形成了“攘夷论”，“尊王”和“攘夷”结合起来，就发展成为一种精神力量。如果武士们发现幕府在这方面无法满足他们的要求，他们的斗争怒火就会毫不犹豫地转向幕府。

反观幕府，在幕末时代还死死地把住朱子学的领导地位，竭力希望从朱子学中找到维持统治的根据。不过朱子学恰恰强调忠诚，这种忠诚不但是武家的下对上的忠诚，也是对天皇皇室的忠诚。但现实是：天皇被幽禁于京都，政务由将军处理。在这样的情况下，幕府对于“尊王攘夷”一论，无法做出辩驳，任何辩驳都等于自己打自己的嘴巴。按德川家康的理论来说：

> 德川家任国家之重，由根柢观之，尊王与崇霸（佐幕）二义无所抵触。[①]

在这种封建制度陷入泥潭的情况下，外夷出现了，从而使幕府的无能得以暴露无遗。“秦失其鹿而天下共逐之”，混乱就在这一刻开始了。

---

①［日］大隈重信：《德川庆喜公回顾录》，载大隈重信编：《日本开国五十年史》，第 63 页，上海社会科学院出版社 2007 年影印版。

二、日美博弈

安政三年（1856）七月，日本又迎来了一位不速之客，美国领事汤森・哈里斯（Townsend Harris，1804—1878）带着美国第14任总统富兰克林・皮尔斯（Franklin Pierce，1804—1869）的国书来到了日本下关。对于哈里斯的到来，《日美和亲条约》第11条的规定的日文版是这样写的：

> 兩國政府に於て無據儀有之候時は模様に寄り合衆國官吏の者下田に差置候儀も可有之尤約定調印より十八箇月後に無之候ては不及其儀候事（两国政府认为有需要时，美国政府得派遣其官吏在本条约签订后十八个月内驻节下田）

而英文版的原文是这样的：

There shall be appointed, by the Government of the United States, Consuls or Agents to reside in Simoda, at any time after the expiration of eighteen months from the date of the signing of this treaty, provided that either of the two Governments deem such arrangement necessary.

◇ 汤森・哈里斯

值得注意的是："两国政府认为……"这一句，日文版中写的是"兩國政府に"，可以理解为"美国派遣领事须经两国政府共同同意"，而英文版中的表述为"either of the two Governments"。"either of"在英语里代表的是"选择"，意即"两国政府中的任何一方"。在签订《日美和亲条约》的时候，并未规定按哪个文本为准。狡猾的美国人就在这里设了个文字陷阱，对于外交事务一窍不通的幕府被佩里耍了一次。美国人于是就依据英文版规定，在日本政府没有同意的情况下，派出了哈里斯。

日本人对于哈里斯的到来完全没有心理准备，他们起先拒绝哈里斯入港，后不得不做出让步，决定在下田的玉泉寺为美国人建立领事馆。但哈里斯在没有征得幕府同意的情况下，就自作主张搬进了玉泉寺，升起星条旗开始办公。

不过哈里斯并未满足于此，他此行还有一个重要任务：与日本签订一项通商条约。因此哈里斯在驻节下田以后，得寸进尺地提出要求，希望前往江户递交美国总统的国书。这个要求遭到了幕府上下的一致反对，力主“攘夷”的水户藩主德川齐昭的态度尤其激烈。不过哈里斯仍然在安政四年（1857）十月抵达了江户，他不无得意地写道：

> 我是这个将军驻地迎来的最初的外国代表。我拟进行的谈判，不管成败，都将作为一个重大的事实永远深刻地留在人们的记忆之中。因为我在后来的谈判中使这个奇异的国家确认了外交使节的职权，我又为我能从伊豆半岛的南端到江户市中的江户城的日本土地上举着美国国旗前进，而感到相当大的自豪。①

哈里斯拒绝采用日本的礼节，他以外交使节之礼拜会了幕府将军德川家定，同时他开始劝诱幕府与之订立通商条约。当时，英国和法国由于与中国清政府的“换约”之争，分别借口“亚罗号”事件和马神父事件组成联军发动了第二次鸦片战争，美国迫切希望能在英法都将注意力集中在中国的时候，抢先与日本通商，获得商业优势。因此，哈里斯摇唇鼓舌，极力说明订立通商条约的好处：

> 对贸易适当课税，很快会给日本带来很大的收益，由此可以维持强大的海军，而如果自由的贸易活动使日本的资源得到开发，则将带来莫大的交换价值。②

与此同时，他为达到目的，还恐吓说：

①②［美］哈里斯：《哈里斯日记》（下），转引自［日］升味准之辅著，董果良译：《日本政治史》，第58页，商务印书馆1997年版。

◇ 下田玉泉寺（1861年摄影）

> 各外国将争先恐后向日本派遣强大的舰队要求日本开国，日本不是屈服，就是要遭受战争的惨苦。即使不发生战争，日本也一定要不断受到外国大舰队来航的威胁。即使想做出某些让步，也要有适当的时机。舰队所要求的条件，决不如我这样地位的人所要求的温和。①

他为了增强恐吓的力度，还特别把鸦片战争的范例拿出来敲打日本幕府，告诫日本人要吸取中国人被炮舰轰开国门的教训。

哈里斯是商人出身，办过教育，对于谈判桌上的那一套烂熟于心，知道怎么样威逼利诱，怎么样实现利益的最大化。他在鸦片战争后曾做过驻宁波的领事，对于东方人的处世哲学也略有所知，他知道对于日本这样一个崇拜强者的国家，采取强硬的态度和恐吓加利诱的方式最能实现自己的目的。

在慑服了幕府的官吏后，哈里斯从容地提出了美国方面的要求：一、希望日美两国能不经由官方中介而自由贸易；二、希望美国公使能进驻江户；三、希望日本方面增加开放通商口岸。

经过两三个月的艰难谈判和讨价还价，幕府与哈里斯初步达成一致意见。安政五年（1858）一月，幕府与哈里斯商定了通商条约的内容：

> 1. 开放神奈川、长崎、箱馆、兵库、新潟五个港口和大坂、江户两市（原本的下田港关闭）；
> 2. 承认美国拥有领事裁判权；
> 3. 允许日美双方人民自由贸易；

①［美］哈里斯：《哈里斯日记》（下），转引自［日］升味准之辅著，董果良译：《日本政治史》，第58页，商务印书馆1997年版。

◇ 1856年时的下田

4. 订立关税协定；

5. 议定货币兑换比率。

当时的日本幕府，特别缺乏应对像哈里斯这样的外交老手的经验。类似领事裁判权、最惠国待遇、放弃关税自主权等问题，幕府都没有认识到其严重性，当然，最大的问题就出在议定货币兑换比率一项上。

一直以来，日本国内的金银比价是1 ∶ 4.65，而国际市场上流行的金银比价是1 ∶ 15。哈里斯正是看中了这两者间的巨额差价，才提出在议定货币兑换比率时采用银本位制。对国际金融市场缺乏了解的幕府最终采纳了哈里斯的主张，造成的后果是外国商人纷纷在日本以银兑换金，并在国际市场上利用差价赚钱，导致日本的黄金疯狂外流，幕府不得不一再将铸币中的含金量减少，日本经济在一夜之间陷入了崩溃。黄金外流还导致通货膨胀，物价疯狂上涨，手中有米的武士能在市场上换得的东西更少了。因幕府还必须为海防工程、对外交流等一系列大开支埋单，所以只得增加税收。这让受到压榨的农民和商人及武士联合起来，他们追根溯源，把自己的悲惨遭遇归咎于外国人和外国资本的入侵，“攘夷”遂成为这一时代最为响亮的口号。

三、继嗣之争

安政五年（1858）议定的日美通商条约并没有立刻生效，在条约议定之后幕府告诉哈里斯“这一条约必须有待天皇的敕准才能签字”。哈里斯觉得非常不可思议，他所接触的幕府官僚在谈到天皇的时候毫无尊重，据他所知天皇不过是个一无所有的傀儡。然而这样一个傀儡竟然握有对此事的最终决定权，哈里斯觉得这简直是一个天方夜谭式的政治玩笑。

事实上，幕府也很无奈。原本幕府完全可以自行决定是否签署条约，根本不需要知会天皇，因为天皇向来“必须以读书为第一要务”，不能干预政事。但佩里来航以后，老中阿部正弘迫于压力，将外国人出现的消息上奏给了天皇，这可是江户时代二百年来破天荒的事，自此便激活了天皇沉浸多年的政坛影响力。而阿部正弘发动的大讨论又将全国的大名也拉到了政治舞台上，他们也希望借天皇来干预幕府的决策。从任何一个角度来看，幕府在这个时候都无法忽视天皇的存在。

不过幕府仍然有着一定程度的自信，认为二百年间担任傀儡的天皇应该会很容易批准这项条约，所以，幕府在哈里斯面前打了保票，说报天皇敕准不过就是走个形式，根本不存在任何问题。何况幕府还带去了大量金钱，用金钱攻势拿下穷困的天皇和公卿是轻而易举的。

但是幕府还是太过托大了，此时政局之混乱已经远超他们的想象：

> 总之当时日本幕府和各藩的情形，已经是到了穷极思变的时代。即使没有外来的种种原因，幕府的权力和各藩的地位，已经要动摇起来了。恰好这时欧美的势力，很猛烈地压迫了来，青年的武士们，只要看见外国人跋扈，幕府退让，恨得不得了，就标榜一个“尊王攘夷”的旗号去反对幕府。[①]

幕臣、大名与公卿在这件事情上也各怀鬼胎。安政二年（1855），老中阿部正弘辞职，继他之后出任首席老中的堀田正睦也是一个有“兰癖”的人，史载他“虽

① 戴季陶：《日本论》，第46—47页，九州出版社2005年版。

◇ 京都御所

不能读兰书，令家臣多讲读兰书，自听其说，得通于海外情事”[①]。他和一些谱代大名关系密切。包括彦根藩主井伊直弼在内的一部分谱代大名以及一些幕臣深知盲目地“攘夷”是不切实际的，因为以日本的实力完全无法与美国对抗，所以，他们想通过天皇的权威来彰显幕府决策的正确性。同时，他们还对阿部正弘提拔非门阀的幕臣大为不满，认为幕府的对内政策太软弱，希望经由天皇这一次的立威，将失去的权力从非门阀人士以及雄藩手中夺回来。而水户藩的德川齐昭等强硬“攘夷”派却不这样想，他们抨击幕府的对外政策，要求与外夷一战以振奋人心，但又觉得所谓的“开战”对于日本来说实在是一种空想，于是希望借天皇来实现他们的愿望。朝廷的一些公卿也希望将自己形形色色的政治意见通过天皇来加诸幕府，甚至希望给幕府一个下马威。

事实上，“攘夷”派正幸灾乐祸地看着上京要求敕准的堀田正睦，他们早就云集在京都，利用各种关系散布攘夷的舆论，而且也和幕府一样以金钱攻势上下活动。京都的天皇与公卿经长期的软禁生涯，对外界的事物一无所知，他们的脑

①[日] 岛田三郎：《开国事历》，载大隈重信编：《日本开国五十年史》，第104页，上海社会科学院出版社2007年影印版。

◇ 天璋院笃姬（1836—1883），出身于岛津氏今和泉家，被岛津齐彬收为养女后，又以公卿近卫忠熙养女的身份成为将军的正室

子里只有根深蒂固的“神国思想”，故88名公卿联名上奏要求天皇拒绝敕准。一如中国清朝的皇帝一样，孝明天皇也把日本视为“上国”，认为那些“低劣”的外夷不应该登上“神国”的土地来污染人心。堀田正睦兴冲冲上京，最终拿到的却是这样一条敕文：“犹应令将军饬令（御）三家以下诸大名众议后再奏。”这是天皇的一种委婉的拒绝方式，但幕府还是可以从中读懂天皇的意思。

在幕府寻求敕准的时候，另外一个问题也浮出了水面：幕府将军德川家定是一个病秧子，也没有生育能力。因此，如何为他挑选一名合适的继承人就成为所有人关注的焦点。继承人选主要有两个，其一是德川齐昭之子，出嗣“御三卿”中的一桥家的德川庆喜（一桥庆喜），他被推选的理由是：足够英明。在时局纷乱的情况下，应该拥立一位英明的将军来主持大局。企图压制谱代重臣专制的幕府一门与外样大名都站在这一方，在他们之中，既有德川齐昭这样的“攘夷派”，也有岛津齐彬这样的“开国派”，但他们在变革幕政上的观点却趋于一致，都希望在德川庆喜成为将军以后获取利益。幕府的老中阿部正弘生前也十分赞同庆喜继位，但阿部正弘去世后，这一派便失去了在幕阁中的靠山。其二是纪伊藩的藩主德川庆福，他得到了幕府的大奥以及井伊直弼为代表的谱代大名，还有现任老中堀田正睦的支持，他们认为德川庆福与将军血缘最近，是最合适的人选。但这位德川庆福还是一个乳臭未干的孩子，在一些雄藩大名看来，让这样一个孩子成为将军简直就是灾难，在一个病弱将军之后，继以一名孺子，德川幕府还如何能控制这越来越纷乱的局势，如何领导日本与外夷对抗？

因此，在将军继嗣问题上，拥立德川庆喜的“一桥派”和拥立德川庆福的“南纪派”争夺不休，这实际上是新兴势力和外样雄藩与幕藩体系内部的传统掌权势力谱代幕臣之间的明争暗斗，前者希望巩固自外夷入侵以后自身参与政权的既成结果，后者则希望恢复原本的政治格局。两派之间的实力相差无几，因此，将军德川家定和朝廷这两个关键因素就成为两派激烈争夺的对象。

在这种情况下，“一桥派”抢先行动起来，岛津齐彬首先把突破点放在德川家定身上，希望由家定来指名德川庆喜继位，他决定通过控制大奥来达到这一目的，为此甚至不惜牺牲养女笃姬的终身幸福。嘉永六年（1853），岛津齐彬让养女笃姬成为京都公卿右大臣近卫忠熙的养女，并以公卿女儿的身份成功入主大奥成为将军的正室。不过这一步棋收效甚微，德川家定对继嗣问题并未表现出太多关心，所以有学者认为这次政治联姻纯粹是岛津家为延续其与将军的亲缘关系而进行的（德川家齐的正室广大院为岛津重豪之女），与继嗣问题并无多大关系。关键在于，家定本人似乎对德川庆喜并无多大好感，他自己身体虚弱，外形不佳，对于“皎皎美男”德川庆喜有着一种发自内心的嫉妒。

在将军路线走不通的情况下，“一桥派”转而向朝廷求助。原本朝廷在幕府将军继嗣问题上是无权置喙的，但在佩里来航以后，朝廷的权威大为提高，成为各方面争取的对象，昔日冷清的京都公卿宅第也开始热闹起来。越前藩主松平庆永和萨摩藩主岛津齐彬分别派出了他们的代理人桥本左内和西乡隆盛前往京都活动。桥本左内为绪方洪庵的学生，有名的兰学学者，他与幕末的著名学者横井小楠等也多有交往。越前藩主松平庆永本为“攘夷论”者，后在阿部正弘的影响下，转而秉持“开国”思想，主张以西方科技改革幕政。西乡隆盛既是岛津齐彬的心腹，也是桥本左内的朋友，他和另一位友人僧月照也奉命在京都活动。他们此行的目的就是希望由天皇出面指定庆喜为继承人。而“南纪派”也派出井伊直弼的心腹长野主膳来到京都，做针对性的工作。

◇ 松平庆永（1828—1890），号春岳，越前藩主

朝廷本身对将军的继承问题并不感兴趣，孝明天皇本人是一个安于现状的人，根本没有改变二百年来既定的朝幕关系的欲望，但朝廷此刻正处于漩涡的中心，已经不可避免地被卷进了幕臣

与雄藩之间的争斗。许多公卿虽然对开国一事深恶痛绝，但也觉得幕府应该有一个贤明的将军，这样至少可以保证幕府有实力领导“攘夷”。在这些人的影响下，朝廷开始倾向于“一桥派”，恰好此时老中堀田正睦上京要求敕准条约，朝廷公卿便通过堀田正睦向幕府施加压力。在这种情况下，堀田正睦也开始改变策略，他希望以自己在继嗣问题上对公卿们的让步，来换取后者对条约敕准的支持。整个政治风向此时压倒性地转向了“一桥派”，雄藩大名们感到胜利在望。

但是“一桥派”失算了，当他们在京都上下活动的时候，江户的局势已经发生了重大变化。安政五年（1858）四月，在老中松平正固和纪州藩家老水野忠央的活动下，“南纪派”的代表人物彦根藩主井伊直弼被将军德川家定任命为大老。大老是幕臣的最高职位，非常设，在幕府当中相当于宰执。井伊直弼就任大老，意味着“南纪派”掌握了幕府权力，而被“一桥派”寄予厚望的天皇此时仍然态度暧昧，“一桥派”的失败似乎已成定局。

四、安政大狱

彦根藩的第一任藩主井伊直政是追随德川家康打天下的“德川四天王”之一，在德川灭掉甲斐武田家以后，井伊直政成为德川家仿效武田组建的“赤备”军的领袖，这支“井伊之赤备”成为德川家最精锐的部队。作为德川家的老臣被封于近江国彦根的井伊家在谱代重臣中具有举足轻重的地位，其领地后增至35万石，为谱代中封地最多的一个。藩主井伊直弼在少年时接受了良好的教育，在茶道、和歌、武术、佛学、国学、儒学等方面都有着很高的造诣，是当时一位不可多得的综合型人才，更难能可贵的是，井伊直弼是一位开国论者，他认为开国以富国强兵才是日本的生存之道。

成为大老以后，井伊直弼首先要面对的一个问题就是日美通商条约的签约问题。哈里斯也一直在焦急地等待着幕府方面的回音。因为在安政五年（1858）六月，一个小道消息到处流传：英国和法国已经迫使大清帝国投降，并签订了《天津条约》，在摆平清帝国后，英法舰队正掉头向日本驶来。这当然只是一条假新闻，因为英法联军与清朝在此后很快又重启战端。但哈里斯听到以后心急如焚，唯恐美国丧失捷足先登的优势，于是他趁美国蒸汽船“波瓦坦”号来日的机会，再度恐吓幕府。他告诉幕府，必须在期限到来之前签订“禁止鸦片输入”的“公平”条约。幕府是时左右为难：

> 上则有不娴政务之朝廷，下则有不通外情变迁之诸侯。上下守旧，处士横议，咸集矢于幕府。幕府武力衰颓，欲镇压国论，不能制也。内有此情势，外则欧美诸邦频来促幕府，欲确定其假订之约章，且令开诸港。其间幕府外交官接遇外人愈多，而愈觉开国不可已。①

◇ 井伊直弼（1815—1860），彦根藩主，幕府大老，谱代大名

井伊直弼最终下定了决心，他不再等待天皇的敕准，而是自行决定签约。安政五年六月十九日（1858 年 7 月 29 日），幕府代表井上清直、岩濑忠震和哈里斯在"波瓦坦"号上正式签署了《日美修好通商条约》。七月，日本又与荷兰、俄国、英国签订修好通商条约，九月，和法国签订了修好通商条约，这些条约皆以日美条约为蓝本，被统称为"安政五国条约"。

"违敕签约"是井伊直弼施政的第一步。他认为，要恢复原本的幕藩体系，挽救幕府"武力倾颓"的局面，就必须在施政中重树幕府的权威，外交一事，无论是强藩还是朝廷，都是无权干涉的，幕府应当首先做出姿态，表明自身的独断权。在签约以后，井伊直弼立刻进行整肃，他罢免堀田正睦，提拔太田资始、间部诠胜和松平乘全三名新任老中，并下令压制"攘夷派"。

井伊直弼的上台引起了"一桥派"的不满，七月，萨摩藩的岛津齐彬决定拥兵上京。经过藩政改革和殖产兴业的萨摩藩，经济和军事实力在各藩之中首屈一指，它拥有全国最强大的陆军以及一支规模庞大的海军。不幸的是，岛津齐彬在七月十六日（1858 年 8 月 24 日）突然病死于鹿儿岛，起兵之事由是告寝。"一桥派"

①［日］岛田三郎：《开国事历》，载大隈重信编：《日本开国五十年史》，第 103 页，上海社会科学院出版社 2007 年影印版。

◇ 德川齐昭（1800—1860），水户藩主，其子德川庆喜为末代将军

再次遭遇重大打击。

水户藩的前任藩主德川齐昭是“一桥派”中影响最大的政坛要人，他是一个坚定的“攘夷派”，但他不是一个盲目排外者：

> 卿之倡锁港攘夷，意在自主开锁之权，当自裁断之。苟有武力可以一战，则开国锁国方能如吾本志。卿即欲行是大道而已，故讲究西洋战法亦极笃。密遣近臣至长崎，使求新智识，为开发文明之先声。①

德川齐昭在签约问题上是持坚决反对态度的，他反对的理由是：锁国开国应该自主决定，而不应受外人逼迫。这一方面是因为他的“攘夷”观点，另一方面还是出于和井伊直弼等谱代大名唱反调的私心。

不甘心失败的德川齐昭等人决定牢牢抓住“违敕签约”这一把柄，来攻击井伊直弼。在条约签订以后的第五天，即六月二十四日（1858 年 8 月 3 日），德川齐昭与其子德川庆笃（现任藩主）、尾张藩主德川庆恕（后改名庆胜）、越前藩主松平庆永以及德川庆喜等“失意者”在没有获得幕府许可的情况下，登上了江户城。双方见面后，德川齐昭等人言辞激烈，一直将矛头对准井伊直弼，责问其为何不经天皇敕准而擅自签约，并要求立刻将德川庆喜立为继承人。而井伊直弼“舌战群儒”，对于这些亲藩大名的要求一概予以强硬拒绝。在打发走了这些亲藩大名后，为避免夜长梦多，第二天，幕府在井伊直弼的主持下，强行宣布立德川庆福为将军继承人，“一桥派”最终失败。

但事情并没有结束，本想以“违敕签约”的名义抓住井伊直弼小辫子的亲藩大名们这一次却反被井伊直弼抓住了把柄——他们违反幕府对大名的规定，在定期登城日以外的时间内私自登上江户城。就是这个“不时登城”的罪名为井伊直

①[日]大隈重信：《德川庆喜公回顾录》，载大隈重信编：《日本开国五十年史》，第 62 页，上海社会科学院出版社 2007 年影印版。

弼提供了一个将“一桥派”大老们一网打尽的借口。七月五日（1858年8月13日），井伊直弼发布处分令：水户藩前藩主德川齐昭永蛰居谨慎（禁止外出）；水户藩主德川庆笃与德川庆喜登城停止（暂时取消登江户议政伺候资格）；尾张藩主德川庆恕、越前藩主松平庆永责令隐居谨慎。第二天，将军德川家定死，德川庆福被井伊直弼拥立为将军，改名德川家茂。这一次的处理牵涉到了数名亲藩，且力度之大、范围之广为江户幕府二百年来首见。井伊直弼希望以这样的强硬姿态杀鸡儆猴，将幕府体制扳回到佩里来航前的轨迹上运行。

不过井伊直弼并没有将朝廷和强藩吓住，八月八日（1858年9月14日），天皇颁布了一道《戊午密敕》，这道敕文大致意思如下：

要求幕府说明为何不经敕准而擅自签署《日美修好通商条约》。

要求幕府与御三家、御三卿合力推进幕府改革，共同攘夷（意即幕府不当处置亲藩大名）。

朝廷在下达这道敕文的时候，是由水户藩在京都的“留守居役”鹈饲吉左卫门传达到水户藩，交到藩主德川庆笃手里，再由水户藩代表向御三家、御三卿、一门等各藩传达的。而幕府是在几天以后，才从京都町奉行大久保一翁处获得的消息。井伊直弼勃然大怒，朝廷不经由幕府将密敕下达给水户藩，这显然是大大违反江户幕府规制的行为，可以视为对井伊直弼整肃行为的挑战。同时，天皇还命令给予亲幕府的关白九条尚忠“内览职权停止”（停职）处分，这更是对幕府的公开宣战，井伊直弼因此决定进行更大范围的“大清洗”。

◇ 樱田门外之变，明治初年浮世绘师月冈芳年绘

井伊直弼派出老中间部诠胜前往京都，间部诠胜此行一方面是奉幕府之命向朝廷解释“违敕签约”一事，代表幕府告知天皇：幕府签约为外夷压力下的无奈之举，如军备充足，幕府将立刻实行攘夷，希望获得天皇的谅解。孝明天皇的态度终于缓和下来，表示可以接受暂缓攘夷。另一方面，间部诠胜开始在京都大肆搜捕。幕府首先逮捕了近藤茂左卫门、梅田云浜等“攘夷派”，梁川星岩和山本贞一郎等人在逮捕前已死。逮捕范围很快扩大到与“一桥派”和尊攘运动有关的人，包括吉田松阴、桥本左内等。

安政五年（1858），主张尊攘的僧人月照被萨摩藩指派西乡隆盛、平野国臣“押送日向国”，萨摩藩恐怕幕府追及此事，于是果断决定丢卒保帅，向平野国臣等暗中下达了就地将其处死的命令。但西乡隆盛却不忍心杀死这位志同道合的友人。十一月十六日（1858 年 12 月 20 日）船至锦江湾，西乡隆盛抱着月照共同赴水，平野国臣闻水声而来相救，西乡隆盛捡回一命，为逃避追捕隐居不出，而月照则已为志向而殉身。

安政六年十月七日（1859 年 11 月 1 日），桥本左内被处死于小塚原刑场，享年 26 岁。

吉田松阴试图暗杀间部诠胜，计划失败以后向长州藩自首。安政六年十月二十七日（1859 年 11 月 21 日），根据井伊直弼的命令，吉田松阴被处死，他遗下了一首绝命诗：

身はたとひ 武蔵の野辺に朽ちぬとも 留め置かまし 大和魂

（此身朽灭武藏野，留世不朽大和魂）

其他被处死或瘐死的人还有儒学者赖三树三郎、水户藩家老安岛带刀、水户藩家臣鹈饲吉左卫门、鹈饲幸吉、茅根伊豫之介、尊攘志士梅田云浜等人。

幕阁中遭到了大清洗，原本被阿部正弘所提拔的非门阀幕臣岩濑忠震、川路圣谟、永井尚志等一批人都被削职，并被责令隐居谨慎。

公卿也不能幸免，为惩罚公卿们支持“一桥派”，幕府下令：青莲院宫尊融入道亲王隐居、谨慎、永蛰居；内大臣一条忠香谨慎十日；左大臣近卫忠熙、右大臣鹰司辅熙辞官、落饰（剃发）；前关白鹰司政通、前内大臣三条实万隐居、落饰；权大纳言二条齐敬谨慎十日，前权大纳言万里小路正房谨慎三十日，权中纳言正亲町三条实爱谨慎十日。朝堂为之一空。

“安政大狱”这场大规模的整肃是以井伊直弼为代表的幕府内部的“保守派”（井伊直弼在对外政策上并不保守，他的“保守”是就对内政策而言的）为恢复原本的幕藩体系而进行的一次血腥反扑。这一次反扑行动带着井伊直弼个人性格的烙印。这位刚愎自用的大老性格率直，傲气十足，因此在处理事务时十分自负，手段激烈，态度强硬，他和他的爪牙间部诠胜被反对派称为“赤鬼井伊”和“青鬼间部”。平心而论，井伊直弼的确是幕末一名杰出的政治人才，他希望凭借一己之力挽救摇摇欲坠的幕府统治，但是他采取的是“安政大狱”这样的“苛政”手段，借此不但不能实现逆历史潮流挽救幕府的目的，反而使原本的各种矛盾更为激化，也直接给他带来了杀身之祸。

安政七年三月三日（1860年3月24日，是年改元万延），时近早春的江户城反常地下起了大雪。这一天也是大名入城的日子，凌晨，井伊直弼坐着轿子离开宅第前往江户城，随行的人员身穿蓑衣，为了防雪，将刀剑藏在布包之中。轿子抵达江户城的樱田门外时，水户藩的一名藩士森五六郎突然出现在路中央拦轿鸣冤，就在这一刹那，路边响起了一阵火枪声，子弹贯穿轿子，打中了井伊直弼的腰部和大腿。黑泽忠三郎的枪声就是暗杀的信号，枪声一响，一名水户藩士和一名萨摩藩士跳了出来，向轿子杀去，轿夫一哄而散。猝不及防的护卫者连拔刀的时间都没有，只好用刀鞘抵抗，很多人被当场切去了手指。而轿子中的井伊大老已经被火枪射中失去了行动能力。在激斗中，唯一一名萨摩藩士有村次左卫门接近轿子，砍倒护卫后从轿中揪着井伊直弼的头发将其拉出，一刀取下了首级。

大老井伊直弼的死使幕府的血腥反扑宣告结束。同时，这江户时代第一起针对幕府高级官员的暗杀活动也使尊王攘夷运动开始走上暗杀与恐怖袭击的道路。井伊直弼的“安政大狱”成为局势进一步动荡的催化剂。

五、腥风血雨

“樱田门外之变”是井伊直弼自己种下的苦果，他以血腥暴力的手段对付以“尊攘”为志向的水户藩，埋下了仇恨的种子。安政五年（1858）八月，在朝廷下达《戊午密敕》以后，井伊直弼要求水户藩立刻上交密敕。对于是否上交的问题，水户

◇ 1860 年时的东禅寺

藩内部发生了激烈的争执。

水户藩改革派与保守派之争，其根源可以追溯到宽政年间，在修撰《大日本史》这一问题上，“尊王攘夷”论的始祖藤田幽谷和他的师傅立原翠轩由于理念不同而反目，而且两人对时任藩主德川治保的藩政改革以及对外事务都有着不同的看法。学术之争和政见之争遂演变为派系之争，以藤田为首的改革派与以立原为首的保守派在各种问题上针锋相对。藤田幽谷之子藤田东湖作为当时一位有影响力的水户学者，一度期望弥合两派的分歧，但在安政二年十月二日（1855年11月11日）的大地震中，藤田东湖为救母而被落下的房梁砸中，不幸身亡，两派的矛盾遂不可调和。

在这一次有关是否交敕的论争中，保守派主张慎重行事，应当上交密敕，以免引起幕府与水户藩之间的更大冲突，因此他们成为“镇派”。而改革派则主张按密敕行事，拒绝上交，他们成为“激派”。最终，水户藩的知名学者会泽正志斋为调和矛盾而提出了折中意见：将密敕不经幕府而直接返还给朝廷。这个意见最终成为藩论而付诸实施。

但“激派”却并不服从这一次的定论，他们仍然希望借朝廷向强硬的幕府施加压力，而与此同时，井伊直弼以“不时登城”的罪名下令处分水户藩两任藩主，水户藩不得不搬出军队来镇压“激派”，这使矛盾更为激化。安政六年（1859），高桥多一郎、金子孙二郎等“激派”人士在水户藩的长冈宿召集群众，试图阻止密敕返还，被幕府下令强行解散。高桥多一郎等人愤然决定脱藩，他们与萨摩藩的激进分子联合，试图拥萨摩兵上京，挟持天皇反幕府。萨摩藩自岛津齐彬去世后，由继任藩主岛津忠义的生父岛津久光掌握实权。岛津久光是岛津齐彬的庶兄，他拒绝了藩内要求出兵的意见，认为当前不应“轻举妄动”。

屡遭失败的水户藩“激派”被迫走上了最后一条道路——暗杀井伊直弼。于是就有了樱田门外那一幕。

暗杀事件发生后，取得井伊直弼首级的萨摩藩士有村次左卫门在逃亡中受了重伤，自刃身亡，包括他在内直接参与袭击的“樱田十八士”中，除了增子金八和海后磋矶之介两人逃亡以外，其他人或在激斗中丧生，或重伤后自戕，或被捕、自首后被处死。与之相关联的高桥多一郎、金子孙二郎等人也未能逃脱死亡的厄运。幕府再度以暴力手段对付暴力行为，最终只会导致局势更加紧张。

幕府和彦根藩极力掩盖井伊直弼的真实死因，他们想方设法换回了井伊直弼的首级，并对外宣称井伊大老得了急病，不治身故，但樱田门外的众多目击者和满地的血迹使这种辩白变得苍白无力。“好事不出门，坏事传千里”，这次暗杀事件很快传遍了整个日本，尊王攘夷志士大为振奋，他们纷纷以水户藩士为榜样，大肆以暗杀手段袭击他们的政敌和他们眼中的异见分子。“尊王攘夷”运动由原本和平的政治斗争方式转向暴力抗争。

“尊王攘夷”的暴力行为首先针对的是外国人。早在安政六年（1859），尊攘派在横滨开港（《日美修好通商条约》中规定开放的神奈川、兵库后确定为横滨、神户两港）之际，就在当地袭击俄国的军官和水兵。在“樱田门外之变”发生后，这种针对外国人的袭击进一步升级。万延元年十二月四日（1861年1月14日），美国领事哈里斯的秘书兼翻译霍斯肯（Henry Conrad Joannes Heusken，1832—1861）被萨摩藩的攘夷志士伊牟田尚平和樋渡八兵卫袭击，伤重而死，幕府为此付出了巨额的赔偿，同时加强了对外国使领馆与外国人士的保护。但幕府的保护无法完全阻止尊攘派人士的袭击行动，文久元年（1861）五月，14名水户藩的尊攘志士袭击了位

◇ 和宫亲子内亲王（1846—1877），孝明天皇的异母妹妹，幼名和宫，讳亲子，将军德川家茂正室

◇ 德川家茂（1846—1866），江户幕府第 14 代将军

于今东京都港区东禅寺的英国公使馆，被英国公使阿尔科克（Rutherford Alcock，1809—1897，曾任驻华公使，汉名阿礼国）率使馆职员击退，长崎领事与一名使馆职员受伤。这些针对外国人的频繁袭击事件引起了各国公使的激烈抗议，幕府因此而焦头烂额。

事实上，“尊王攘夷”运动的不断暴力化，与开国后的经济崩溃有着密切关系。开国以后，由于外国人不断以白银套换黄金，导致黄金大量外流，引发通货膨胀，继而物价飞涨。与此同时，外国商人还大肆收购日本的生丝，地方商人为利益驱动，将生丝运到港口出售给外国人，这就使日本国内的纺织业陷入原料匮乏的窘迫境地。再者，出于镇压太平天国运动的需要，杂粮、蜡等军需原料的出口需求也暴涨，结果导致日本国内市场流通商品减少。为平抑物价，幕府在万延元年（1860）发布了一道“五品江户回送令”，规定生丝、杂粮、蜡、液体油、服料这五种商品必须先统一运至江户，在满足江户需要后方能分配至其他市场。这种统制的方式因外国方面的压力而收效甚微，商人继续我行我素。这样，破产的中小武士、商人、雇农和小生产者将仇恨的怒火都发泄到外国人和主持开国的幕府身上。他们不断袭击外国人，让幕府一次一次为他们的暴力行为埋单，他们也乐见这种一箭双雕的成果并引以为快。

井伊直弼的死使幕府又一次失去了主心骨，威信更为降低，老中安藤信睦（后改名信正）和久世广周成为新的掌权者，他们都不敢再度执行井伊直弼那样的强硬政策，而是极力缓和朝幕关系，使朝廷“公家”和幕府“武家”相和睦，借天皇的威信来压制“尊王攘夷”运动中的“倒幕”倾向。①

① 日本学者井上清就指出：尊王有两层含义，一是通过尊王来抬高幕府，一是为反幕而尊王，反幕的武士为寻求根据，就提倡向天皇尽忠的理论，相反，想以尊王加强幕府权威的就推崇“公武合体”。参见：［日］井上清、铃木正四著，杨辉译：《日本近代史》，第 51 页，商务印书馆 1972 年版。

万延元年（1860），在井伊直弼死后不久，幕府命令京都所司代酒井忠义通过关白九条尚忠向朝廷建议，希望孝明天皇的异母妹妹和宫亲子内亲王下嫁给将军德川家茂，走出了“公武合体”的第一步。

孝明天皇在接到这个请求以后顾虑重重，一方面，这位公主已经在嘉永四年（1851）与有栖川宫炽仁亲王缔结了婚约，现在因幕府的请求而解除这一婚约是否明智，这是天皇首先要考虑的问题。何况和宫公主本人并不希望解除这一婚约，皇室对于年方 14 岁的公主远嫁江户也有颇多顾虑。另一方面，皇室公主下嫁将军罕有前例，在江户时代，只有第七代将军德川家继与灵元天皇之女八十宫吉子内亲王有过婚约，但德川家继早逝，这纸婚约并未履行。现在幕府提出公武联姻，一旦成功，可是江户时期破天荒的事。

孝明天皇的侍从岩仓具视为幕府做了说客，他向天皇极力阐明公武联姻的好处，他抓住天皇厌恶外国人的心理，建议天皇将联姻作为条件要求幕府攘夷。孝明天皇很是心动，他回复幕府：“实行破约攘夷、恢复锁国体系，然后公主下嫁可也！”幕府为了实现“公武合体”，立刻同意：“十年左右，当破约攘夷，复行锁国。”天皇大喜，决定同意幕府的求婚，他逼迫和宫公主解除了婚约，并指示岩仓具视等人要提醒幕府老中，“莫忘攘夷之誓约”。文久元年（1861），和宫亲子内亲王起程前往江户，下嫁给将军德川家茂。

消息传出以后，攘夷派人士愤愤不平，在他们的眼中，幕府已经毫无信义可言，他们认定幕府欺骗了天皇，和宫公主只是幕府的政略工具。一时间，攘夷派要袭击出嫁队伍的消息四处风传。提心吊胆的幕府决定加强警备，命令 12 个藩负责出嫁队伍的安全，出动了约3万人，在京都到江户的29个藩沿路警备，道上禁止居民通行，甚至禁止寺院鸣钟。在草木皆兵的气氛中，和宫安然抵达江户与德川家茂完婚。

对于和宫下嫁一事愤怒不已的攘夷派将怒火发泄到了决策和操纵此事的幕府老中安藤信睦身上。文久二年（1862）正月，安藤信睦于登城日前往江户城中议政，在坂下门外，水户藩的浪士又上演了拦轿鸣冤的老把戏，袭击者川本杜太郎向轿中射击，未能射中安藤，平山兵介、小田彦三郎、黑泽五郎、高畑総次郎、河野显三五名浪士一拥而上，安藤信睦从轿中逃出，背部被平山兵介砍伤，拼命地逃进江户城，才免遭噩运。惊魂甫定的安藤信睦在三个月后辞职隐居。幕府再度因暗杀事件而威名扫地。

第二节 萨长争衡

一、公武合体

在“安政大狱”之中，以水户藩为代表的亲藩遭到沉重的打击，德川齐昭也在万延元年（1860）八月死去，水户藩陷入了分裂和内斗，政治地位大大下降。取而代之的是在幕末藩政改革中获益最多、实力雄厚的几个外样雄藩，他们在“安政大狱”中受到的打击最小，因此在“樱田门外之变”后登上了政治舞台。

长州藩一马当先，希望在幕府推进的“公武合体”的进程中占据主动。为配合这种趋势，长州藩将藩主毛利敬亲的心腹长井雅乐提出的“航海远略策”作为“藩是”，付诸实施。

应该说明的是：“开国”和“攘夷”是当时日本对外界的两种基本态度，对于这两种态度，不能单纯地去评价孰是孰非。有人认为，幕府主张“开国”，签订不平等条约，所以“开国”等于“卖国”，而“攘夷”是为了维护国家的主权，所以“攘夷”等于“爱国”。这种简单贴标签的方式恰恰是解读历史的大忌。就“攘夷”来说，类似孝明天皇和一部分过激的攘夷人士希望将外国的一切驱逐出去，使日本回到锁国时期故步自封的状态，这当然是逆时代潮流的行为。当然也有人主张充实军备，师夷长技，改变日本落后挨打的局面，这是积极的攘夷。可惜在当时，许多人都被“攘夷”的激情所蒙蔽，盲目排外，他们攻击外国人，攻击与外国有关的一切东西，也攻击洋学者，一时间造成社会混乱。当时的学者福泽谕吉记载说：

◇ 毛利敬亲（1819—1871），长州藩主

最初只不过是由于刚刚开港，人民讨厌外国人，这并没有什么深刻的意义。当时就全体国民的风气来说，都认为外国人很污秽，决不能叫他们践踏日本的土地。其中武家不但腰佩双刀，而且还有气力，

> 因此经常发生血气方刚的少壮武士暗算外国人的事件。可是那些少壮武士当然不会恨日本人，所以像我这样的人即便在当时是个洋学书生也不会招致灾祸。……可是以后不久，排外的气氛忽然进一步紧张起来，杀人的方法变得更加周密，步骤分明，地区扩大，更加与政治上的意义配合在一起，遂在万延元年（1860）井伊大老被刺事件发生以后，社会上总是令人感觉杀气腾腾的。据说手塚律藏、东条礼藏就因为是洋学者的缘故而遭到长州人的袭击；塙二郎作为一个“国学者”而因背叛君主遂被某某人所杀；江户城内的洋货铺据说贩卖外国货有损国家因而吃了苦头。这股风气的到来就是“尊王攘夷”的开端。①

就“开国”而言，也有积极与消极两派之分。幕府受到西方列强的压力，被迫开国，但在开国之后，如果坐观西方人不断对日本进行经济文化的侵略，这当然是消极的。不过幕府中也不乏头脑清醒的人，他们主张积极地面对开国，主动走出去，学习西方科学技术，与世界各国开展贸易，富国强兵，这显然是积极的策略。而长井雅乐的“航海远略策”正是一种积极的“开国论”。

长井雅乐认为，所谓的破约攘夷，乃逆世界之大势而行，如真要付诸执行，必然要与狡黠的“蛮夷”一战，论当前日本之国力，实非外夷之敌。况且锁国之策，自岛原之乱以来，已近300年，本非“皇国之旧法”。所以于今之计，不如以航海之术积极通商，发展国力，“振皇威于海外”，以压倒世界各国，使之来贡日本。故朝廷当早撤破约攘夷之命，授权幕府广布威信于海外，以上下同心，海内一和可也。

从这个论述来看，长井雅乐的“航海远略策”是符合时代潮流的论点，体现着积极开拓的进取精神。文久元年（1861）三月，长井雅乐把他的“航海远略策”进献给藩主毛利敬亲，毛利敬亲是一个雄心勃勃的政治家，他看中了这一观点中“朝幕修睦”的因素，认为这是迎合幕府当前政策的一个很好的建言。在“航海远略策”被定为藩是以后，毛利敬亲派长井雅乐在当年五月将此方案进献京都朝廷，同时也向江户的幕府建议。长州藩主的密函为幕府的掌权者安藤信睦和久世广周所接受，毛利敬亲还亲自出马，动用自己的威信帮长井雅乐上下奔走。

①［日］福泽谕吉著，马斌译：《福泽谕吉自传》，第189页，商务印书馆1980年版。

◇ 岛津久光（1817—1887），岛津齐彬的庶兄，因其子岛津忠义继承了齐彬的藩主之位，成为萨摩藩的实质掌权人

不过对于长井雅乐的观点，长州藩内部也有诸多反对的声音，其中反对声最高的是吉田松阴门下的桂小五郎（即后来的木户孝允）和久坂玄瑞等人。文久元年（1861）七月，当长井雅乐来到江户为“公武合体”开国论上下游说时，江户的长州藩邸中一片反对声浪，他们强烈主张“破约攘夷”。当然这些人之中也有为争夺藩政主导权而存有私心的，他们不希望藩主近侍出身的长井雅乐成为本藩政坛上的风云人物，便和长州藩中的强硬攘夷派联合起来，破坏长井雅乐为“公武合体”所做的努力。是年十一月，应长井雅乐之邀到江户参与幕府“公武合体”讨论的藩主毛利敬亲在出发时就感受到了藩内周布政之助等元老的激烈态度，他们力阻毛利敬亲前往江户。到达江户以后，毛利敬亲又亲身体会到了江户的藩邸内弥漫的反对气息。这些压力让他对长井雅乐的“公武合体”开国论的热情大为减退。

和宫下嫁是“公武合体”取得的第一步成果，但这件婚事却直接导致老中安藤信睦遇刺。“坂下门外之变”以后，受伤的老中安藤信睦不得不缠着绷带接见外国使节，此事立刻成为保守的幕臣们的把柄，他们群起而攻击他“有失武士体面”。安藤老中被迫黯然辞职，长井雅乐又失去了一个有力支持者。在朝廷上，因为大多公卿持攘夷论，对于开国论不感兴趣，所以长井雅乐的游说也收效甚微。

在长州藩的“航海远略策”遭遇瓶颈时，另一个雄藩萨摩也加入到了“公武合体”的阵营中。萨摩藩主岛津齐彬死后，继任者岛津忠义的父亲岛津久光成为藩政的主导者，他任用小松带刀和大久保一藏（即大久保利通）等人主持藩政，大量提拔以大久保一藏为核心的由中下级武士组成的“精忠组”的成员，包括伊地知贞馨、吉井友实、岩下方平等人。但久光并不赞同藩内中下级武士所持的“攘夷”论，他对过激的攘夷倾向予以坚决的压制。因此，在“樱田门外之变”发生前夕，萨摩藩内的部分志士希望由本藩举兵的计划为久光所阻止。

这一次，岛津久光对“公武合体”表现出了非同寻常的兴趣，他手下的诸多藩士也跃跃欲试，想要抓住这一实现政治抱负的机遇。大久保一藏奉命前往京都，获得了朝廷要求萨摩藩领兵上京的敕令。岛津久光以这道诏书为依据，突破了幕府“藩兵无令不得外调”的禁令，文久二年（1862）三月，岛津久光率领藩兵1000余人，从鹿儿岛出发前往京都。同时，在精忠组的建议下，他召回了西乡隆盛，命令其在下关等候。西乡隆盛在获得命令以后，立刻从流放地出发抵达下关。他从平野国臣口中知道了京都和大坂两地局势紧张，攘夷派过激分子大肆烧杀劫掠的消息，便立刻在村田新八、森山新藏等人的陪同下前往京都。当岛津久光抵达下关时，西乡隆盛已经先行到达。此时，岛津久光又获知了一个小道消息：京都攘夷浪士的过激行为是西乡隆盛煽动的。久光素知西乡隆盛主张尊王攘夷，所以对于这一消息深信不疑，他立刻下达命令，将西乡隆盛、村田新八、森山新藏三人逮捕并遣返鹿儿岛。

由此可见，岛津久光是坚定的“公武合体”派，他并不同意西乡隆盛等人“尊王倒幕攘夷”的观点，而是认为应该建立以朝廷为主而幕府为辅的政权体系，通过朝廷要求幕府进行幕政改革。他还极力反对过激的攘夷倒幕行为并以强制手段予以镇压。

岛津久光的政策也间接改变了长州藩内的政治风向，原本长州藩想通过推动长井雅乐提出的“公武合体”获得政权的主导权，但“公武合体”论的话语权目前显然为萨摩藩所夺取，长州藩不得不考虑改变既定的藩是，以和萨摩藩争夺在京都和江户的主导权。正是在这种私心的驱使下，长州藩日益倾向于“攘夷”。藩主毛利敬亲看到本藩内攘夷论占据了主流，为了不引起分裂和人才流失，也果断决定停止支持长井雅乐。攘夷派趁机落井下石，对长井雅乐群起而攻之，因为在“安政大狱”中，长井雅乐作为藩的直目付[①]，曾逮捕吉田松阴送交幕府，所以松阴门下对其恨之入骨，用“姑息养奸”“欺骗朝廷”“弄权奸臣”这一顶顶帽子将长井雅乐压得喘不过气来。文久三年二月六日（1863年3月24日），长井雅乐被长州藩下令切腹自尽。

二、文久改革

文久二年（1862）四月，为推进“公武合体”，岛津久光率领萨摩藩兵抵达了京都，

① 直目付：直属于藩主的监察役职。

◇ 万延元年渡美使节团在华盛顿海军工厂留影。前排就座的右起第二人开始分别为使节团监察小栗忠顺、正使新见正兴、副使村垣范正

他敏锐地感觉到空气中弥漫着一股“攘夷”的味道。而这股味道除了来自水户、长州以外，还来自他的萨摩藩。许多过激派人士误读了岛津久光的行动，认为久光上京是一种“尊王”的体现，他们希望岛津久光拥立天皇，推翻幕府，然后主持“攘夷”大计。遗憾的是，岛津久光并没有那么“远大”的理想，他此次上京，不过是希望通过天皇促成幕政改革，实现“公武合体”而已，对推翻幕府这项“危险”的工作根本没有兴趣。不过萨摩藩过激派人士准备将岛津久光强行绑架到“尊王倒幕”的战车上，这便迫使岛津久光不得不采取行动来表明自己的立场。

文久二年四月二十三日（1862 年 5 月 29 日），有马新七等萨摩藩过激派人士在京都伏见的萨摩藩宿屋寺田屋集会，谋划袭击亲幕府的关白九条尚忠与京都所司代酒井忠义。岛津久光听说以后，立刻挑选大山纲良、奈良原繁、道岛五郎兵卫等一批剑法出众的藩士为镇抚使，包围了寺田屋，在交涉失败后，道岛五郎兵卫首先出手，与有马新七斗在一起，接着岛津久光派出的藩士纷纷拔刀，大肆砍杀过激派分子。有马新七、柴山爱次郎、桥口壮介、西田直五郎、弟子丸龙助、桥口伝藏六名过激派人士死亡，田中谦助、森山新五左卫门重伤，后被责令切腹，其余被迫投降，而镇抚使一方的道岛五郎兵卫也与有马新七同归于尽。

“寺田屋事件”终于使“尊王攘夷”派人士“醒悟”过来，原来岛津久光并不是他们能“寄予厚望”的领袖人物。此后，众多的攘夷派转而投奔长州藩。

岛津久光对这一事件果断而血腥的处理方式获得了朝廷的欣赏，孝明天皇虽然主张攘夷，却不希望成为“倒幕”的旗帜，在这一点上，他与岛津久光的观点是一致的。原本朝廷对于岛津久光这样的外样大名（何况岛津久光并非大名，而是大名之父）来京并不十分热衷，但通过这次事件他们看到了这位手握雄兵的外样藩大名的非凡魄力。在权大纳言近卫忠房（近卫家与岛津家有着姻亲关系）、议奏中山忠能、正亲町三条实爱三名公卿的运作下，岛津久光终于获得了朝廷的支持。他向朝廷建议向幕府下达幕政改革的诏书。岛津久光建议：全面赦免“安政大狱”中受迫害的人士，由前任越前藩主松平庆永出任大老，德川庆喜成为将军后见职（即将军辅佐者），实现“一桥派”的全面复辟。朝廷接受了他的建议，派敕使大原重德陪同岛津久光一同前往江户向幕府下达改革的诏令。

对于幕府来说，一个外样大名借朝廷之名跑到江户来指手画脚，是又一次破天荒的事件，标志着幕府的权威进一步失坠。幕府对于这一次的“被迫”改革十分不情愿，但朝廷权威的上升和幕府权威的下降这一不争事实却使幕府不得不重视这一次的诏书。诏书中向幕府下达了“三事策”：

幕府将军德川家茂上京与朝廷共商国是（此意见来自长州藩）；

根据岩仓具视的意见，设置五大老备询国策，由萨摩、长州、土佐、仙台、加贺五大沿海雄藩担任；

以德川庆喜为将军后见职，以松平庆永为大老。

幕府在接到“三事策”后，被迫全盘接受，从文久二年（1862）开始，幕府正式进行“文久改革”：

1. 新设三要职：任命德川庆喜为将军后见职，任命松平庆永为政事总裁职（这是亲藩大名首次主持幕政），任命会津藩主松平容保为京都守护职（负责京都治安，镇压尊攘派过激分子）；

2. 筹备将军德川家茂进京觐见，与各大名共商国是；

3. 改革参勤交代制度，改参觐期间为三年一次，大名在江户的停留时间缩短为100天，允许大名在京人质回本藩；

4. 推进西学研究，建立西洋兵制，派遣出国留学生。

“文久改革”在政治层面上体现了幕府对朝廷和外样大名的一种妥协，但这种政治架构上的变革有“敷衍”和“阳奉阴违”的意味，比如对于将军后见职和政事总裁职这两个新要职有多大的职权，权力如何分配，以及他们与幕府传统政治体系中的大老、老中之间的关系如何，幕府皆含糊其词。至于京都守护职，幕府将原本京都所司代、京都町奉行的职务统合到其下，一则是为加强京都治安，二则，应该也有通过这一职务的设置来达到进一步控制京都局势的目的，毕竟幕府不希望再出现外样大名狐假虎威来到江户指手画脚的尴尬事件了。

从内容来看，这一次改革虽然是在朝廷的压力下进行的，却仍然有着进步的一面，至少在推进西学研究、引用西洋兵制、派遣留学生等方面，体现了幕府内部一些人的开明和远见。幕府甚至还废弃了以往的礼服，代之以简约实用的服饰，这不能不说是一次较大的变革。

事实上，幕府在对西方世界的了解和仿效上，一直比朝廷走得更快。早在井伊直弼“违敕签约”以后，幕府就通过井上清直和岩濑忠震两名代表提出由日本方面派遣使节团赴美国举行条约交换仪式。万延元年（1860），幕府派出使节团，以新见正兴、村垣范正为正副使。这一次横渡太平洋前往美国的除了美国海军的“波瓦坦”号外，幕府海军的蒸汽船“咸临丸”也随同出发，由幕府的军舰奉行木村芥舟为主官，长崎海军传习所的毕业生胜海舟等人为舰组成员。幕府希望通过这一次航行，考验长崎海军传习所的教学成果。在经过37天的海上颠簸后，深受晕船之苦的使节团终于顺利抵达美国旧金山。福泽谕吉等人对美

◇ 美国总统布坎南（James Buchanan，1791—1868）接见使节团

国的一切都充满好奇，还在饭店里闹了笑话：

> 一走到房里，马上就端出酒来，打开瓶子，立刻发出一阵吓人的声音，先还觉得很奇怪，原来是香槟酒。也不知道酒杯里浮起的是什么东西，我们并没想到在三四月间天气暖和的时候还会有冰。每个人的面前都摆上酒杯，饮酒的时候出了洋相。在座的日本人当中，有的人先把酒杯中浮起来的东西吞到嘴里，随着大吃一惊，又都喷了出来，有的人没有喷出而嘎吱嘎吱地咀嚼起来。后来才知道，原来里面放进了冰块。[①]

这一次，日本人带着学习的心态看到了美国近代化社会的方方面面。按福泽谕吉自己的话说，“就好像一个新娘出嫁到一个自己毫不了解的人家里去”[②]。同年冬天，幕府考虑到国内攘夷派活动引起的混乱，为推迟开放兵库、新潟两港口以及江户、大坂两城市，又一次派出了遣欧使节团，由竹内保德任正使，访问法国、英国、荷兰、俄国等国，与各国商定推迟五年开放两港两市。而福泽谕吉、福地源一郎、箕作秋坪等人同样为欧洲的文明程度惊叹不已，他们考察得十分细致，秉着打破砂锅问到底的精神不停地去探究：

> 例如在欧洲有所谓医院这种设施，然而它的开支怎样解决？由谁负担？还有所谓银行这种机构，它的金钱收入与支付如何办理？邮政法也在实行，然而该法的趣旨如何？法国厉行征兵令，而英国没有颁布征兵令，那么征兵令的目的究竟何在？……这些事情的由来是一点一点了解的，遇到复杂的原因，要费五天或十天的工夫才能弄清楚，这就是这次赴欧的收获。[③]

这正是日本后来改革成功的一大秘诀，因为他们有一批如饥似渴地学习西方一切成功经验的人才，且不局限于机械式的照搬照抄，而是去探究事物的原理，搞清事物的本质，进而判断该采取何种措施。这种精神是难能可贵的。

①[日]福泽谕吉著，马斌译：《福泽谕吉自传》，第96页，商务印书馆1980年版。
②[日]福泽谕吉著，马斌译：《福泽谕吉自传》，第96页，商务印书馆1980年版。
③[日]福泽谕吉著，马斌译：《福泽谕吉自传》，第113—114页，商务印书馆1980年版。

文久改革中决定的“派遣留学生”一事也很快付诸行动。文久二年（1862），幕府派遣了第一批留学生前往荷兰留学，在这批人之中，有后来的幕府海军领导人榎本武扬、著名的启蒙思想家西周和津田真道等。

幕府派遣留学生是一种表率，许多西南强藩纷纷效仿，长州藩的井上馨首先向本藩提出留学请求，得到了藩执政周布政之助的同意。由于幕府尚未解除日本人出国的禁令，井上馨、远藤谨助、山尾庸三、伊藤博文（当时名伊藤俊辅）、井上胜、野村弥吉这六人，在英国领事和横滨英国商馆的帮助下，于文久三年（1863）四月偷偷乘坐船只抵达上海，又从上海转往英国伦敦，于当年的十一月作为旁听生进入伦敦大学学习。尽管一路上经历了风浪、疾病，但学习西方科技文化的坚定信念支持着他们一直走到最后，成为长州藩最早的一批留学生。

萨摩藩则根据五代友厚的建议，从藩校开成所中选拔了一批具有西洋知识功底的人才，派遣至英国留学，这批人中，包括启蒙思想家森有礼等，人数大大超过了长州藩。

岛津久光完成了在江户的任务以后，心满意足地返回京都，在他看来，至少幕府在朝廷的压力下做出了让步。能够在江户的历史上第一次就政治问题干预幕府的政策，这使他获得了心理上的优越感。但是回到京都以后，岛津久光却暴跳如雷，拂袖而去，返回了鹿儿岛。原来在他上江户的那一段时间里，京都的政治风向又一次转向了长州藩，“尊王攘夷”再度取代“公武合体”，成为政坛的主旋律。

三、天诛

岛津久光在前往江户的那段时间里，没有继续对京都施加压力，实在是一种失策。长井雅乐死后，在长州藩，尊王攘夷论取代“航海远略策”成为藩是，松阴门下的高杉晋作、桂小五郎、久坂玄瑞等人开始获得藩政的主导权。攘夷派甚至提出了“毁约攘夷”的口号，他们不但要赶走外国人，还要求废弃所有的条约，回到锁国状态。这种幼稚的盲目排外观念不可谓不爱国，但过于理想化，特别是高杉晋作和久坂玄瑞，他们计划在外国公使游览武藏国的时候发动暗杀，被藩主继承人毛利定广（元德）阻止，高杉晋作等人被下令谨慎。不过高杉晋作等人并没有反省，他们纠集一帮同志，组成御楯组，以推进攘夷运动。文久二年十二月十二日（1863年1月31日），高杉晋作与久坂玄瑞等人再度行动，烧毁了正在建设的品川御殿山的英国公使馆。长州藩为了不刺激幕府，不得不将高杉晋作等人从江户召回。

◇ 京都三条大桥

高杉晋作等人不过是尊攘派的冰山一角，这些人闹事最为激烈的地方就是京都。自开国以来，随着朝廷政治影响力的上升，京都汇集了形形色色的各派人士，他们之中，有浪人剑客，有学者宿儒，有贩夫走卒，有破产农民，有町民商人，人人都希望到京都来实现各自的梦想，这使京都成为开国以来人员构成最复杂的地区。

在这个鱼龙混杂的地方，云集于此的长州、萨摩、水户的尊攘志士，人微言轻，无法通过合法的方式向朝廷施加压力，只能采用一些特殊的方法。自“樱田门外之变”以来，暗杀和恐怖活动已经被认为是一种行之有效的方式，这种方式为这一时期尊攘派下层武士所乐于采用，他们把这种针对政治要人的暗杀行为称为“天诛”，意为“代天行诛”，针对的对象往往是亲幕府的公卿、武士、学者。这让京都的气氛十分紧张。

文久二年（1862）七月，在京都木屋町发生了一起震惊朝野的暗杀事件，被杀者岛田左近，是亲幕府派的关白九条尚忠的家臣，在井伊直弼执政期间，他一力促成九条尚忠转向亲幕立场，并为德川家茂就任将军和“安政大狱”上下活动。据说他收下了幕府的一万两贿赂，因此成为许多尊攘倒幕派人士的眼中钉。文久二年七月二十日（1862年8月15日），岛田左近在京都木屋町的住宅中被田中新兵卫等三名武士袭击，惊慌的岛田左近试图越墙逃跑，被追杀者一刀砍中臀部，落了下来。田中新兵卫不由分说就割下了他的脑袋。第二天，他的首级出现在京都的贺茂川原。

岛田左近被杀揭开了京都地区“天诛”闹剧的序幕，田中新兵卫因此而成名，许多人纷纷以他为榜样。最为著名的就是土佐藩勤王党的冈田以藏，他在这一时期成为京都最恐怖的杀手，被冠以“杀人者以藏”（人斬り以蔵）的称号。

冈田以藏曾跟随土佐藩勤王党的盟主武市半平太学习剑术，并成为其门下的刺客。武市半平太堪称当时“天诛”刺客们的“教父”。文久二年（1862）四月，他派出刺客那须信吾等人暗杀了当时土佐藩积极主张开国和“公武合体”的政治家吉田东洋。土佐藩的下横目（负责治安的下级役职）井上佐一郎负责调查这一事件，武市半平太又派出了冈田以藏等四名刺客埋伏在大坂心斋桥上，在井上佐一郎经过时将之砍杀，弃尸于桥下的道顿堀川中。

冈田以藏后来为土佐藩勤王党人所排挤，但他仍然不时接受武市的命令，被看作是武市的杀人工具。

文久二年（1862）闰八月，岛田左近被杀后一个月，九条尚忠的另一家臣宇乡玄蕃头为躲避追杀而藏在京都河原町的九条家房屋中，不过他仍然没有逃脱“天诛”，一群刺客冲进屋子里，将他和他的儿子一起砍杀，他的脑袋和罪状被挑在枪尖上，置于贺茂川原示众。这群刺客中，据说就有冈田以藏。

八天以后，冈田以藏又一次出手，此次的目标是猿之文吉，这个家伙是帮岛田左近放高利贷的爪牙，也是“安政大狱”中的告密者。因此他不但为尊攘志士所仇恨，也是京都百姓眼里的恶霸。冈田以藏非常了解群众心理，在勒死文吉以后，还扒光了他的衣服，用竹棒从肛门插入直贯到脑袋，将他的尸体穿起来示众。

这种频频针对亲幕派和开国派人士的暗杀活动引起了京都的一片恐慌，因此，在岛津久光上江户活动时，京都的“公武合体”派被暗杀活动吓得噤若寒蝉，长州藩所持的“毁约攘夷”主张占据了上风，朝廷中以三条实美、姉小路公知为代表的尊攘派公卿也极力支持攘夷，他们要求朝廷向幕府下达攘夷的诏令。岛津久光在是年闰八月回到京都以后，京都已经成为尊攘派活动的大本营，在失望之余，岛津久光离开京都返回萨摩。

岛津久光的离开并没有使恐怖行动停止，九月，“天诛”刺客们将目标锁定为幕府的京都奉行所。奉行所的四名与力渡边金三郎、森孙六、大河原重藏、上田助之丞也是“安政大狱”的相关人物，幕府为保护他们，决定将他们调任江户，在路上夜宿时，来自土佐、萨摩、长州、久留米四个藩的 12 名刺客将他们包围，乱刀砍杀。据说冈田以藏又参加了这次行动。

十一月，包括冈田以藏在内的长州和土佐两藩的20名刺客袭入长野主膳的妾侍村山加寿江的屋子。长野主膳是井伊直弼的心腹，也是“安政大狱”的中心人物，当时已死于彦根藩的政治内斗中，但“天诛”刺客仍然不肯放过他的小妾和儿子。村山加寿江因为是女人得以免死，但被绑在京都三条大桥上挂了整整三天三夜，她的儿子多田带刀就没那么幸运了，被砍下脑袋示众。

◇ 武市半平太（1829—1865），讳小楯，号瑞山，土佐藩勤王党领袖

文久三年（1863）一月，正值新年，又一个倒霉蛋死在了刺客的刀下，但这一次死的却是一个“无辜”的人：儒学者池内大学。他本为“安政大狱”受迫害者之一，因为畏罪而向井伊直弼自首，因此被从轻发落，赦免释放。但他万万没想到的是，自己逃出了井伊大老的屠刀，却被认为是“叛变者”而遭到“杀人者以藏”的追杀，他死后首级被挂在大坂的难波桥。冈田以藏还将他的耳朵割了下来，分别附上一封恐吓信，送到了“公武合体”派公卿中山忠能和正亲町三条实爱两人的家里，两名文质彬彬的公卿被血淋淋的人耳朵吓得魂飞魄散，不久便提出辞职在家避难。

仅仅过了七天，京都又发生了一起暗杀案，被杀的是公卿千种有文的家臣贺川肇，他在自己家里被刺客追杀，仓皇逃到二楼躲避，不幸的是，他的儿子此时正好归来，被刺客们抓住拷问，得知了他的藏身之处后，刺客将他搜出斩首。这一事件的凶手，按一般的说法，正是田中新兵卫。

田中新兵卫和冈田以藏两人只是众多“天诛”者的代表，换言之，他们都不是一个人在战斗，在他们行动的鼓舞下，更多的人加入“天诛”的行列中，“樱田十八士”的灵魂在他们身上附体。

一时间，死亡的恐怖笼罩着京都、江户、大坂等城市，人心惶惶，福泽谕吉记载说：

> 大概从“维新”以前文久二、三年到维新后明治六、七年这十二三年时间，是社会上最动荡不安的一个时期。这一时期，我住在东京。晚上决不敢外出，不得已需到外地去的时候也要化名，甚至连行李上都不敢写“福泽”二字。那种偷偷来悄悄去的样子宛如逃亡者躲避旁人耳目、窃贼到处乱窜一样，实在扫兴……如果我这真名实姓“福泽”一旦暴露，那只有吃一颗子弹。①

不断发生的“天诛”震惊了幕府，幕府在“文久改革”中设置京都守护职，恰恰就是针对京都日益复杂化的局势的重要举措。京都守护职下辖京都所司代和京都町奉行（后又设置京都见迴役），负责京都二条城、皇居的警备工作以及京都町的治安，这个职务看似是一个天子脚下风光无限的肥差，但却是一个又花钱（担任该职的藩主必须从本藩抽调资源，为京都治安提供财政和人力支持）又不讨好的烫手山芋，人人避之唯恐不及。幕府欲将此职务授予会津藩主松平容保，但松平容保却一再推辞，最后不得不让政事总裁职松平庆永出面，搬出了会津藩“守护将军家”的祖训，才说服了这位藩主，在上任的时候，这位可怜的藩主竟然如丧考妣，在家抱头痛哭。

四、将军上京

松平容保在上任以后，十分小心谨慎，尽量不触动那些过激派人士，他主张“广开言路”，多一事不如少一事。文久三年（1863），江户发布了将军德川家茂将在三月上京的消息，就在将军上京前夕的二月二十二日（1863 年 4 月 9 日），“天诛”浪士又做出了一件惊人的事情：倒幕攘夷志士三轮田元纲、师冈正胤等人闯进了京都的等持院。等持院是由室町幕府的初代将军足利尊氏所建立的一所寺院，至今仍保留有足利尊氏的坟墓。这群大胆的攘夷派浪士把寺内供奉的一、二、三代将军足利尊氏、足利义诠、足利义满木像的脑袋切了下来，连同他们的牌位丢到贺茂川原上示众。

这一事件非常严重，一则它发生在将军上京的前夕，带有威胁和恐吓意味；

---

①［日］福泽谕吉著，马斌译：《福泽谕吉自传》，第 190—191 页，商务印书馆 1980 年版。

◇ 京都翠红馆：文久三年（1863）正月，土佐的武市半平太和长州的久坂玄瑞等人在此聚会，策划攘夷一事，这里成为后来将军上京、孝明天皇大和行幸、八月十八日政变等重要事件的策划地。

◇ 京都二条城：将军德川家茂上京时的居所

二则它并非是单纯地杀人，而是借古讽今，直接宣示倒幕的主张。松平容保此时再也不能坐视不管了，他下令将这些胆大妄为之徒统统逮捕，并决心以武力手段维护京都的治安，迎接将军上京。

在将军上京前夕，京都本就已经热闹非凡，根据尊攘派公卿的建议，朝廷召来了土佐藩的前任藩主山内容堂和长州藩的继承人毛利定广。在吉田东洋被杀后，以武市半平太为代表的激进攘夷派控制了土佐藩藩政，土佐和长州站在了同一阵线上，他们共同建议朝廷派出敕使要求幕府攘夷。文久二年（1862）十月朝廷应其所求派出三条实美为敕使，由山内容堂和毛利定广陪同前往江户。幕府又一次见到了两个外样大名陪同的天皇使节，其郁闷可想而知。三条实美向幕府转达了朝廷督促攘夷的要求，而幕府则告知他们，来年将军上京时再议。各藩大名和藩士闻讯，纷纷到京都来看热闹，70 余家藩主以及众多的旗本聚集在京都，导致旅馆、寺院、民居全部爆满，大家都在等着一件事情：将军上京。

将军上京之所以演变成一场“赶集”，是因为这毕竟是 200 多年都没有发生过的盛事了。幕府将军上一次上京，还要追溯到第三代将军德川家光统治的宽永十二年（1635）。这 200 年一见的盛事，自然招来了大批围观者。

◇ 二条城的“唐门”

文久三年(1683)三月,将军德川家茂正式进京晋见孝明天皇。在他到达京都前,作为将军后见职的德川庆喜已经先行抵达,并立刻成为尊攘派施加压力的对象。下级武士用“天诛”暗杀来恐吓他,朝廷则逼迫庆喜代表幕府定一个攘夷的具体时间。朝廷的态度很激进,他们要求毁弃所有的修好通商条约,回到开国前的状态,这对于幕府来说简直是天方夜谭。但当初朝廷将和宫公主下嫁时,幕府就答应要攘夷,却迟迟不行动。此时,其再也无法回避朝廷的询问,否则就是言而无信,欺骗朝廷,正好被那些反对者抓到口实。德川庆喜迫于压力,只好含糊答应在四月中旬进行攘夷。

不过德川庆喜也不是省油的灯,他代表幕府向朝廷提出了一个要求:由天皇颁布敕令,宣布将大政委任于幕府。德川庆喜的目的昭然若揭,他是想结束目前的二元政局。所谓“天皇委政幕府”其实在江户时代不过是一种既定的事实,幕府在早年搬出这一套只是用以证明自己独揽权力的合法性,事实上,在幕府眼中朝廷不过就是一个傀儡,连将军的继承更换都从来不需要经过天皇的批准,又何谈“委政”?现在时移世易,德川庆喜想通过“委政”,使幕府再一次独占权力,从而压制朝廷的影响力。不过因为尊攘派的人在幕后帮忙出谋划策,幕末的朝廷显然聪明多了。孝明天皇下了一道让德川庆喜哭笑不得的圣旨：征夷大将军可获得朝廷的委政，但必须以攘夷为条件，至于国事中涉及诸藩的，交与诸藩处理。至此，幕府不但没有获得完全的委政，还被迫背上了“攘夷”的包袱。德川庆喜弄巧成拙，讨来了一个令幕府难堪的“委政敕令”。

根据尊王攘夷派的策划，天皇还将在将军上京期间，于三月行幸贺茂上社下社祈祷攘夷成功，将军德川家茂也不得不一同前往。到了四月，以长州藩为代表的尊攘派再出新花样，他们建议天皇行幸石清水八幡宫祈祷攘夷成功。这一次，他们甚至希望将行幸变成天皇的亲征攘夷。幕府方面觉察到了攘夷派的计划，将军德川家茂便声称自己得了病，由将军后见职德川庆喜代为前往，才得以平安无事。

随同天皇行幸不过是小事，令幕府真正头疼的是德川庆喜在重重压力下不得不许诺下的“攘夷”日期，且这个日期定得实在过早：四月中旬，距离将军上京不过一个月时间。期限一到，朝廷立刻派人催促幕府进行攘夷。通过这一事件也可以看出孝明天皇的意图：他主张攘夷，但不主张倒幕，认为攘夷必须通过幕府进行。但对幕府来说“攘夷”就像个“紧箍”。虽然朝廷不断催促，幕府却压根儿拿不出任何可行有效的方案。德川庆喜当时就指出，幕府中没有一人拿得出一个“实际之论”：

> 攘夷之为论，要在讲国防，不由外取屈辱。然其政策如之何，无一人有定见者，惟口唱“攘夷”，以炫其强勇而已。开国之说，谓和平以交于外国，是当然，然其次序纲要如何，又无一人抱其筹略者，惟言开诸港，广商卖，适于时宜而已。①

在这种情况下，幕府只好搬出了“拖”字诀，要求朝廷把攘夷日期推迟到五月十日。

四月中旬到五月十日，幕府争取到了二十余天的时间，当朝廷再一次“提醒”幕府履行承诺时，幕府觉得再也没法推托了，于是，向各藩下达了一个明显带有敷衍塞责意味的命令：“各藩大名在此日期（即文久三年五月十日，1863 年 6 月

①［日］大隈重信：《德川庆喜公回顾录》，载大隈重信编：《日本开国五十年史》，第 74 页，上海社会科学院出版社 2007 年影印版。

25日）以后，凡西洋各国有攻击行为，可当即击退之。”这个命令不知是出自何人之手，措辞非常巧妙，它给“攘夷”设置了一个前提：人不犯我，我不犯人。这样既达到了应付朝廷的目的，也避免承担“攘夷”的风险，实在是一举两得。可惜幕府忽视了一个重要问题：再好的政策也是由人来执行的。攘夷热情高涨的长州藩在接到这个命令以后如获至宝，马上制定出政策：人未犯我，我先犯人！

第三节 攘夷之殇

一、炮打长州

事实上，攘夷论兴起的原因归根到底无非以下五点：

一、德川幕府本身的腐败；

二、幕府和各藩财政难，幕府武士的生活难；

三、外国势力压迫渐烈，于是激起国民“攘夷倒幕”的感情；

四、有力的雄藩，如长、萨等，向来不满于幕府，久存待时而动的念头，又兼地理上和海外及京都的交通便利，所以成了“尊王攘夷”的重地。

五、德川执政以后，受古学派的神权王权思想普及，和汉学发达的影响。[①]

长州藩是由战国时代的中国地区（日本称今天的广岛、冈山、山口、岛根、鸟取数县为中国地区）的大名毛利家发展而来。毛利家在战国时代中后期逐渐强大，控制了中国地区和北九州的一部分，包括安艺、周防、长门、备后、出云、石见、隐岐七国以及备中、伯耆的一部分，约计120万石的领地。毛利家的家督毛利辉元是丰臣政权的“五大老”之一，有着崇高的威望。丰臣秀吉死后，石田三成等人与德川家康决裂，他们将毛利辉元奉为“西军”的领袖，与德川家康领导的“东军”抗衡。虽然毛利家在关原大战中一直按兵不动，但在战后仍然被德川惩罚，领地缩水四分之三，仅剩下周防与长门两国。毛利与德川的宿怨是长州藩在幕末如此桀骜不驯的原因。所以，当幕府发布所谓“攘夷令”的时候，持激进“攘夷”

① 戴季陶：《日本论》，第45页，九州出版社2005年版。

观点的长州藩我行我素地采取行动也不足为奇了。

◇ 美舰炮击长州团

文久三年五月十日（1863 年 6 月 25 日），就是幕府规定的“攘夷令”生效的当天，长州藩已经采取行动，出动了丙辰丸、庚申丸两艘帆船和壬戌丸、癸亥丸两艘蒸汽船，配合海岸上的炮台封锁了下关海峡。下关海峡位于本州和九州岛之间，是日本海通向濑户内海以及太平洋的交通要道，平时船来船往，热闹非凡。封锁当天，长州藩就发现一艘悬挂美国国旗的船只彭布鲁克号（Pembroke）停泊在海峡，当地的奉行毛利元周尚在犹豫，但久坂玄瑞等攘夷派激进人士已经跃跃欲试，他们极力主张发起攻击。于是，下关海峡的炮台与长州藩的海军舰队一起开炮，彭布鲁克号是一艘无武装的商船，遭到炮击以后仓皇逃走，长州藩“初战告捷”。

长州藩因此士气大振。次日，一艘法国海军蒸汽船建昌号（Kien-Chang）欲通过下关海峡，法国人并未得悉彭布鲁克号一事，所以他们懵懵懂懂地驶进了长州藩的地盘，也遭到一阵炮火袭击。被打得狼狈不堪的法国人派出一名书记官登陆要求交涉，岸上的藩兵不由分说就给了登岸的法国使者一顿子弹，导致书记官受伤，四名水兵死亡。眼见无法说理，法国人只好开着严重破损的船只勉强逃到了长崎。

建昌号事件可说是前车之鉴，不过偏偏有人不信邪。数日后，荷兰船梅杜萨号（Medusa）大摇大摆地通过下关海峡。荷兰人虽然知道建昌号的遭遇，但他们有充分的自信，认为凭着自己和日本人百年来的“老交情”，应该会被区别对待。不过长州藩并不这么想。梅杜萨号也遭到了炮火“招待”，船体严重受损。

长州藩攘夷的“光辉事迹”很快传遍了日本，对外国人深恶痛绝的朝廷对此十分欣赏，天皇特别下诏表彰，表示“朕心甚喜”。然而，幕府的反应却完全相反，

◇ 法舰炮击长州并派遣海军陆战队登陆

他们对于长州藩的违命行为非常愤慨，很不赞同这种不分青红皂白胡乱攻击外国船只的鲁莽行为，并立刻派出使者质问长州藩为何违反幕府的命令私自行动。有了朝廷“撑腰”的长州藩也态度强硬，竟然斩了幕府的使者以示决裂，表明了“攘夷”的坚定决心。

对外夷缺乏认识，单凭血性胡乱行动的长州藩很快遭到了西方列强的报复。美国派遣军舰怀俄明号（USS Wyoming）到亚洲应对此事。应美国公使的要求，怀俄明号于六月驶入下关海峡，舰上装备的火炮射程远远超过长州藩炮台所装备的旧式火炮。怀俄明号行驶在长州藩炮台火炮射程以外，轰击长州藩的炮台阵地。长州藩立刻派出海军反击，但藩属海军的旧式船只在性能上也不是美国船的对手，蒸汽船壬戌丸被击沉，庚申丸和癸亥丸前往救援，结果一沉一重伤。美国人占据了压倒性的优势，在给了长州人足够的教训后，满意地走了。

在美国人走后数日，法国人也跑来为他们的建昌号和水兵复仇，派出海军军舰杜布雷号（Dupleix）与唐克雷特号（Tancr è de）闯进下关海峡。他们比美国人下手更狠，不但用军舰轰击炮台，还派出海军陆战队占领了岸上的炮台，摧毁民房、毁坏火炮以后扬长而去。

被外国人打得灰头土脸的长州藩不得不将高杉晋作请出来收拾局面。

高杉晋作是长州藩尊王攘夷派的宗师吉田松阴门下弟子，他和久坂玄瑞两人被称为“松阴门下双璧”。吉田松阴晚年转向倒幕派，他曾经试图暗杀幕府的老中间部诠胜，失败后在“安政大狱”中被杀。松阴持“一君万民论”，他创办的松下村塾有教无类，各阶层的人都能够成为他的弟子。高杉晋作正是其中的佼佼者。

高杉晋作本人也是一名激进的攘夷派分子，他与久坂玄瑞、桂小五郎等人在江户和京都积极宣传尊王攘夷思想，甚至策划袭击外国公使，火烧英国公使馆。

文久二年（1862）五月，高杉晋作奉长州藩命，由长崎出发前往中国上海。

中国比日本更早被西方殖民者打开了国门，中国在鸦片战争前后的一系列遭遇为日本提供了经验和教训。当时对日本影响最大的一位中国近代思想家是魏源，他在著作《海国图志》中响亮地喊出了“师夷之长技以制夷”的口号。这本划时代的著作很快传入日本，一时间洛阳纸贵，人们纷纷传阅，成为近代日本思想启蒙的源流之一。高杉晋作则幸运地能亲自了解当时中国的情况。上海自1842年因《南京条约》开市以来，已经成为各国商人、冒险家、投机客、外交官、传教士云集的灯红酒绿之地。高杉晋作在上海的目之所见与耳之所闻，使他大有感触，他既感叹于西方文明的先进和神奇，也为日本未来有可能会走上中国的半殖民地半封建道路而忧心忡忡。他在中国期间，还亲眼看到如火如荼的太平天国运动席卷了大半个中国，这场震惊中外朝野的农民起义使他联想到他的老师吉田松阴所主张的“草莽崛起论”。

吉田松阴并不将日本崛起的希望寄托在幕府或朝廷身上，他认为，起于“草莽”的人，也就是那些中下级武士、农民、商人等才是能够指望的对象，他们对现实不满，所以才能起来反抗封建制度，小则可以维持本藩，大则可以反抗外国侵略，拯救日本。这种思想被他的学生继承和发展。久坂玄端提出“草莽横断结合论”，主张各藩的草莽之士应联合起来，高杉晋作进而提出了“草莽武装论”，主张将草莽之士武装起来，这一方面是受了他从吉田松阴处所学到的西洋征召兵制思想的影响，另一方面恐怕是他在亲身感受过太平天国的巨大威力后受到启发。

高杉晋作在接手长州藩的防务工作后，立刻决定将“草莽武装论”付诸实践，他将武士以外的农民、僧侣、商人等也吸收到军队之中，和藩士混杂组成了一支“奇兵队”，以和武士组成的“撰锋队”相区别。这是日本近代军制史上的一次大变革。

在江户时代以前，武士和平民之间的界限是很模糊的，农民常常拿起刀来作战。战国时代四国地区大名长宗我部家推行的“一领具足”制，就规定其领地中所有有兵役义务的人都必须自备“一领具足”，在接到战斗命令后，要能将自己装备完毕，转为军人上战场。但随着战争的激烈化，大名们日益发现拥有一支专业化军队非常必要，原本临时征召的步兵——“足轻”从无纪律的散兵游勇逐渐演变为经过专业训练的职业军人，出现了铁炮足轻、弓足轻和长枪足轻，这些人事实上已经职业化和武士化。因为，没有经过专业训练的农民在冷兵器时代往往会成

◇ 高杉晋作（1839—1867），中坐者

为累赘，所以在战国时代，大名动员领民，并非让他们直接参加战斗，而是让他们从事后勤、地方治安等有偿（免年贡等）劳动。自丰臣秀吉实行“刀狩”以来，非武士阶层被剥夺了带刀的权利。江户时代则实行彻底的“兵农分离”制度，禁止武士改行务农，也禁止农民弃田为兵。这样一来，农民兼职军人这样的事就不复存在了，农民在战场上，只能作为劳工存在，不能拿起武器参与战斗。足轻成为武士阶层的最低层，遵从“御贷具足”制，装备由领主提供，作为一支职业军队而存在。

事实上，早在江户幕府初期，军事家长沼澹齐、山鹿素行等人就提出了以“农兵”补充武士军队之不足的想法。到 19 世纪初，随着封建制度弊端的日益显露，蒲生君平、赤井东海等人提出了裁减武士，组织农民、商人来担负国防任务以减轻人民负担的主张。后来，幕府的军事学者江川英龙又进一步主张把农兵组织起来经营海防①。随着佩里来航，民族危机加深，农兵论越来越有市场。而高杉晋作的“奇兵队”就是把这些思想付诸了实践，从表面看，这似乎是一种复古，实际上却是革新。随着时代的变化，冷兵器逐渐退出了历史舞台，枪炮等热兵器逐渐成为战场上的主流，科技的发展使杀人和战争变得更为容易。在这种情况下，武士的职业技能越来越不被需要，加上西洋的征召兵制开始传入日本，高杉晋作认为要在新形势下打赢战争，必须抛弃等级观念，将更多的人组织起来，对他们进行军事训练。从这个意义上来说，日本的封建身份等级制度，也是被火药所埋葬的。

正是因为如此，“奇兵队”和武士组成的“撰锋队”也就代表着新旧两种势力。文久三年（1863）八月，在下关教法寺发生了“奇兵队”和“撰锋队”的火并事件，

① 参见：［日］井上清著，姜晚成译：《日本军国主义》（一），第 40—46 页，商务印书馆 1983 年版。

两队先是对骂，继而起了武装冲突。长州藩在平定事态后，决定将高杉晋作解职。但高杉晋作的军事思想继续被长州藩所用，继“奇兵队”以后，“八幡队”“游击队”等新式军队纷纷出现，构成了倒幕攘夷的中坚力量。

二、萨英战争

在长州藩激烈攘夷的同时，主张“公武合体”的萨摩藩也被卷入到了轰轰烈烈的“攘夷运动”中，其缘由还得追溯到一年前，即文久二年（1862）的八月，萨摩藩主之父岛津久光陪同朝廷敕使前往江户宣敕后返回京都的路上，发生了一起“生麦事件”。

武藏国橘树郡生麦村位于今天神奈川县横滨市鹤见区，这是一个以捕鱼为业的小村落。文久二年八月二十一日（1862年9月14日），自江户返回京都的岛津久光的仪仗队出现在这个小村落的道路上。岛津久光虽然不是大名，但是作为萨摩藩的实权人物，他的仪仗队仍然有着非同一般的排场，700人的队伍前呼后拥，将这条相对狭窄的道路挤得严严实实。萨摩藩的武士们腰里别着刀，手中拿着枪，趾高气扬地行进着。

就在同一时刻，同一条道路上，几个英国人迎着萨摩藩的队伍走来，他们一共四人：从上海来日观光的商人查尔斯·理查德森（Charles Lennox Richardson）、在横滨居住的店员查尔斯·克拉克（Charles Clark）、横滨的生丝商人威廉·马歇尔（William Marshall）和一位居于香港的英国商人之妻玛格丽特·博雷达尔（Mrs. Margaret Watson Borradaile，马歇尔的妹妹）。

按日本的规定，当平民遇见大名的仪仗时，必须退到路边，伏首请大名先行经过。不过四名英国人显然并不懂这一规矩，因为来自当时称霸全球的“日不落帝国”，一种天生的优越感让他们不会将自己视同日本的平民，所以，他们无视萨摩藩前驱的警告，迎面闯进了仪仗队中。萨摩藩的武士断喝：“放肆！”接着有数名藩士拔出刀来。四名英国人这才意识到危险，惊慌失措。距离萨摩藩士最近的查尔斯·理查德森首当其冲，被奈良原喜左卫门一刀砍中，重伤之后拨转马头逃跑，不幸落马，由于他肠流满地，萨摩藩士为减轻他的痛苦，将之砍杀。克拉克和马歇尔也身受重伤，拼命地向神奈川方向逃跑，才得以幸免。玛格丽特·博雷达尔被削去一缕头发，保住了性命。

对这一事件并不能简单地判断孰对孰错。在近代，随着全球化趋势的加强，无数西方人来到东方。他们大致可以分为两类，一类对东方文化和东方人抱着积极学习的态度，希望能促进东西文化的交流。这些人大多受过良好的教育，包括一些传教士、学者、政府官员等，他们中有许多“中国通”“日本通”，往往能入乡随俗，和当地人融为一体，如来到日本的三浦按针，来到中国的利玛窦、汤若望等人。另一部分人则是受商业利润、好奇心或冒险主义的驱使来到东方，他们对东方缺乏了解，有些甚至抱着西方中心主义，对东方的文化传统持蔑视态度，不屑去了解。这些人在东方社会中往往会因文化的差异而引发冲突，中国近代以来频繁发生的“教案”就是典型的例子。这起“生麦事件”也正是这种冲突的体现。从英国人的角度看，他们不知道日本的规矩，所以才会有直闯大名仪仗的行为，不知者不为罪；而从日本人的角度看，武士作为江户时代的最高阶层，有权砍杀任何侵犯他们权威的人，根据这条规定，在这一事件中，萨摩藩士的行为并无过错，问题就在于其砍杀的对象并非日本人，而是英国人。

在事情发生以后，“攘夷”派异常兴奋，他们把这一事件看作是萨摩藩也转向己方的标志，许多人大肆赞颂岛津久光大人砍杀外国人的“丰功伟绩”。

不过在外国人眼中，这位英气凛凛的岛津久光大人可就不那么可爱了。英国代理驻日公使约翰·尼尔（Edward St. John Neale）第一时间向幕府提出交涉，因为在当年五月已经发生了一起松本藩士伊藤军兵卫冲击英国公使馆（东禅寺）造成英国士兵受伤的事件，所以这一事件使英日关系陷入了更加尴尬的境地。约翰·尼尔要求幕府给予一个可接受的善后方案，并将事件经过向本国外交大臣约翰·罗素（John Russell，1792—1878）做了汇报。根据罗素的指示，英国方面提出了惩办凶手和支付赔款的要求。法国

◇ 生麦村，位于今天的神奈川县横滨市鹤见区

也趁火打劫，由公使向日本政府发出照会，“表示他们对这次事件的看法与英国完全一样，扬言要在战争一旦爆发的时候，立即派军舰同英国一道在品川附近海面上进行骚扰”①。幕府很快在文久三年（1863）支付了10万英镑的赔偿金。英国人继而要求萨摩藩交出凶手，并支付2.5万英镑的赔偿金，遭到萨摩藩的拒绝。自开国以后影响力日渐式微的幕府对萨摩藩根本无可奈何。所以英国人决心自行以军事手段来索取凶手。

文久三年（1863）六月，英国派出七艘军舰抵达鹿儿岛城下，提出了赔款和交出凶手的要求。由于翻译福泽谕吉表达不清，萨摩藩误以为英国人要追究岛津久光的责任，他们的回答是“生麦事件我方并无责任”，甚至有一部分萨摩藩士试图偷袭英国船只。英军在七月一日（8月14日）发出了最后通牒，但谈判最终破裂。萨摩藩将藩主和岛津久光转移以后，以80门岸防炮发起了攻击，“当时英国的旗舰还以为岸上不会开炮，因此就没有起锚。忽然岸上开始攻击，英舰这才想起锚，可是这时偏巧又刮起了暴风，再加上海水过深，简直来不及了，英舰遂砍断锚链以后才开动起来，这就是众所周知的英国军舰的铁锚落入萨摩藩之手的由来。岸上发的炮打得很准，集中火力专来轰击旗舰，命中率很高”②。巧合的是，英国舰队停泊的地方，恰好是萨摩藩海军的靶场，因此，被熟门熟路的萨摩人打得措手不及。次日，英国舰队发起反击，他们扣留了萨摩的三艘蒸汽船，并将之凿沉。与长州事件一样，英国人的火炮在射程上占有极大的优势，使萨摩藩沿岸的炮台损失惨重。鹿儿岛城防设施、城下的民居、武士住宅等都遭到炮火的凌虐。而建在近海的萨摩藩近代工业基地集成馆事业也在炮击中化为乌有。英国人的旗舰尤瑞阿勒斯号（HMS Euryalus）遭到重创，死亡13人。至七月四日，英国人撤往横滨，萨英战争仅仅两天就宣告结束。

在这次战争中，英国虽然没有占到便宜，但萨摩一方也付出了惨痛的代价。萨摩藩能拿出“白凤丸”“天佑丸”“青鹰丸”三艘蒸汽船参战，虽然不足以与英国的坚船利炮对抗，但可以看出其改革已经初见成效了。同时，英国人火炮的射程、威力以及英国舰队的配合度、训练水平也给萨摩人留下了深刻的印象，让他们进一步认识到，要实现日本的复兴，非学习西方的先进科技文化不可。要“攘

①[日]福泽谕吉著，马斌译：《福泽谕吉自传》，第122—123页，商务印书馆1980年版。
②[日]福泽谕吉著，马斌译：《福泽谕吉自传》，第124—126页，商务印书馆1980年版。

◇ 萨英战争

夷”必先“开国”，这就是经历过这两天战争的萨摩人用鲜血换来的深刻教训。

于是，萨摩人决定与英国寻求和解，但英国代理公使约翰·尼尔摆出强硬的态度，威胁说：“英国方面已从印度洋增调军舰，几千名士兵正在整装待发，根本谈不上暂时停战延缓时间的问题。”①眼见事态严重，萨摩藩只好接受英国的要求。文久三年十月五日（1863 年 11 月 15 日），在幕府的调停下，双方在横滨达成了和解协议。萨摩藩同意赔偿英国 2.5 万英镑，这笔赔款由幕府代为支付（一直到江户幕府倒台，萨摩藩还是没有将这笔钱还给幕府）。对于凶手，萨摩藩以一句“凶手已逃逸”便轻描淡写地搪塞了过去。经过两天的对抗，萨摩藩和英国人互相有了更深一层的认识，英国人至此对积极进取的萨摩人生出几分佩服和尊重，双方不打不相识，开始互相接近，最终成为一对合作伙伴。

三、八月十八日政变

萨摩藩在文久三年（1863）七月那场历时两天的战争中幡然醒悟，而长州藩却仍在执着地进行着他们所信仰的“尊王攘夷”，在长州藩，那种一味蛮干的“攘夷”大有市场。然而，“尊王攘夷”论一度占据上风的京都，此时的局势却悄悄地发生了变化，文久三年五月二十日（1863 年 7 月 5 日），京都发生的一起扑朔迷离的暗杀事件，似乎就在预示这种变化。

一天上午，尊攘派公卿姉小路公知参加完朝会，从皇宫西面的宜秋门出来，向北绕过皇城向自家宅第行去，在经过朔平门时，于“猿之十字路口”（猿ヶ辻）遭到三名刺客的袭击，姉小路公知当场重伤，被抬回自家宅第后不治身亡。

由于暗杀现场位于禁里的范围内，朝廷对此案异常重视，立刻通过武家传奏

①［日］福泽谕吉著，马斌译：《福泽谕吉自传》，第 128 页，商务印书馆 1980 年版。

告知将军德川家茂和京都守护职松平容保，要求彻查此案。松平容保组织人手勘测现场，发现了凶手留下的刀子。两天后，根据土佐藩士那须信吾的爆料，官方很快将嫌疑人锁定为著名的尊攘派暗杀分子田中新兵卫，因为据目击者称此刀正属于田中新兵卫所有。在获得这一消息后，京都守护职松平容保所属的会津藩立刻组织人手突袭了田中新兵卫的住宅，将之当场抓获，并押送至京都町奉行所看管收押。但田中新兵卫趁看守不备在狱中自杀身亡，由于主要嫌疑人死亡，这一事件遂成为一桩无头案。

被害人姉小路公知和三条实美两人是朝廷少壮派公卿的代表，也是众所周知的攘夷激进派。他们在内政上希望建立天皇的一元化政治体系，反对“公武合体”，外交上则希望“毁约攘夷”，恢复锁国体系。长州藩在朝廷的代言人正是这两个人。既然如此，那田中新兵卫为什么会去刺杀这样一位与他志同道合的公卿呢？犯罪动机让人百思不得其解。

所以，也有人把犯罪者锁定为主张“公武合体”的萨摩藩人。的确，如果凶手来自萨摩，那么犯罪动机确实可以成立。在事发后，作为京都守护职的原会津藩主松平容保为了不触动萨摩藩，在调查中始终投鼠忌器，小心谨慎。萨摩藩也第一时间出面澄清，表示和凶手没有任何关系，有关凶手是萨摩藩人这一说法也在随后被调查案件的京都守护职否定。

最后，人们只好将视线集中在姉小路公知本人身上。据说姉小路公知在和幕府的海军将领胜海舟会谈并实地考察以后，逐渐转变了原本顽固的攘夷观念，转向支持积极开国，这使他成为攘夷派眼里的“叛徒”，所以，攘夷派决定在他彻底“叛变”前，先让他闭嘴。这样，田中新兵卫的犯罪动机就可以得到合理解释了。

◇ 松平容保（1836—1893），时任京都守护职，会津藩主

不论怎样，姉小路公知当时也被公认为是尊攘派在京都的旗手，他的死使京都公卿中的尊攘派势力大大减弱，而“公武

◇ 京都灵山神社中的天诛组墓

合体”派的影响力再度抬升。这让以长州藩为代表的尊攘派感觉到了压力，他们准备利用当时萨摩藩卷入战争，无暇分身，而攘夷之风正盛的机会，将朝廷和天皇引到“讨幕”的路线上。在长州藩的建议下，由三条实美向天皇提出在文久三年（1863）的八月巡幸大和，参拜神武天皇的陵墓和春日神社。攘夷派打算在天皇巡幸过程中，要求天皇亲征讨幕。但对外宣称天皇在巡幸以后将召开亲征攘夷的军事会议，并在其后巡幸伊势神宫。

攘夷派正以咄咄逼人之势将朝廷引向倒幕的道路，却没有考虑到孝明天皇本人的意愿。天皇很少在政治上公开发表意见，但他本人并不想改变现有的政治格局，而是主张采用“公武合体”这一团结的方式达到自主外交和攘夷的目的，这就决定了他虽然同意为祈祷攘夷成功而巡幸大和，但绝对不会同意亲征倒幕。

与此同时，一部分激进攘夷派开始以军事行动配合大和巡幸。文久三年（1863）八月，天皇发布了巡幸大和的诏书。三条实美等公卿立刻与攘夷派接触，决定以出奔长州的攘夷派公卿中山忠光为主将，以土佐藩脱藩浪士吉村寅太郎以及松本奎堂、藤本铁石等攘夷志士为骨干，组成“天诛组”，作为大和巡幸的倒幕先锋队。“天诛组”大部分成员为土佐、久留米等藩的脱藩者，尊攘派大地主古东领左卫门资助他们召集了约千人的军队。文久三年八月十五日（1863年9月27日），“天诛组”自堺登陆，两天以后，向幕府的直辖领地五条进发，他们要求管理当地的代官所降服，遭到拒绝以后，便发起了攻击，将代官所付之一炬，并将代官铃木源内枭首示众。获得胜利的“天诛组”在当地建立起了政权“五条御政府”，以天皇的名义责成附近的高取藩降服，并满怀希望地准备迎接天皇的巡幸，然后讨伐幕府。

不料孝明天皇不能容忍这样的行为。在长州藩主导政权以后，游离在京都权力核心以外的萨摩藩也时刻想夺回政权。萨摩藩与会津藩探知了尊攘派的意图，他们通过京都“公武合体”派的公卿中川宫朝彦亲王和孝明天皇取得了联系。在弄清孝明天皇的本意后，中川宫朝彦亲王立刻与萨摩、会津两藩取得联系。文久三年八月十八日（1863年9月30日），中川宫朝彦亲王、近卫忠熙和近卫忠房三名公卿进宫面见孝明天皇，会津与萨摩两藩的藩兵同时迅速接管了禁宫的九门，阻止尊攘派的公卿进见。经过御前会议讨论后，朝廷发布决议，指出尊攘派公卿三条实美等勾结长州藩，歪曲睿虑，决定立刻将三条实美、三条西季知、四条隆謌、东久世通禧、壬生基修、锦小路赖德、泽宣嘉七名公卿驱逐出京都。七人在长州藩的帮助下逃往长州。与此同时，长州藩的藩兵也被解除了护卫京都御门的职权。

八月十八日政变使京都的权力又一次回到了“公武合体”派的手中。尊攘派这一次失败的根本原因就在于他们没能获得天皇的认可，因为孝明天皇不同意倒幕，所以，所谓的“尊王倒幕”变成了一次“歪曲睿虑”的行动。

八月十八日政变的结局也让“天诛组”陷入了极其尴尬的境地，他们从“尊王志士”变成了叛贼。在政变后的第二天，朝廷将“天诛组”的行为定性为谋反，幕府立刻派出讨伐军进行讨伐。原本对“天诛组”的“五条御政府”表示支持的高取藩也转变了态度。

事实上，“天诛组”内部也充满着矛盾，一些人虽然加入其中，但态度并不坚定，在天皇宣布“天诛组”非法以后，这一部分人是最早离开的。而作为“天诛组”最高领导的中山忠光的个人能力也很有限，在得知高取藩态度变化以后，竟然做出了不切实际的“攻打高取城”的决策，这种硬攻蛮干的行为近乎自残。高取藩虽然是个小藩，但是依托城池，自保有余。在付出巨大代价以后，“天诛组”不得不放弃这一计划，退向十之辻。经此一役，又有一部分人失去信心脱离队伍。

蛮攻高取城不但造成了“天诛组”的损失，也浪费了他们的转移时间，九月，朝廷发布命令征讨“天诛组”，幕府责成纪州藩、津藩、彦根藩、郡山藩组成讨伐军，浩浩荡荡杀来，而中山忠光低下的军事指挥能力使“天诛组”在幕府的精兵强将面前显得更为弱小。越来越多的人脱离了“天诛组”。穷途末路的中山忠光被迫退向十津川乡，但当地也接到了天皇的旨意：中山忠光等人为“逆贼”！走投无路的中山忠光不得不放弃抵抗，宣布解散“天诛组”。那须信吾、藤本铁石等核心成员在突围时阵亡，吉村寅太郎在鹫家谷被津藩的藩兵发现并射杀，“天诛组”覆灭。

但其成员平野国臣不甘心失败，在“天诛组”覆灭前离开并到达了生野，试

◇ 孝明天皇（1846—1867），讳统仁，日本第 121 代天皇

图找机会反击。生野位于但马国，当地除了部分小藩以外，多为幕府直辖领，由于银矿资源逐渐枯竭，当地百姓生活困苦。平野国臣与主张“农兵论”的北垣晋太郎合作，并吸引了长州藩的河上弥市等尊攘派浪士加入进来，在听说“天诛组”覆灭的消息后，河上弥市等人立刻要求为之复仇，他们很快拿下了生野的代官所，以公卿泽宣嘉的名义发布文告，征召农民为兵。幕府立刻命令姬路、出石、丰冈等藩出兵镇压，主将泽宣嘉等人提前出逃，河上弥市阵亡。被招募的农民虽反戈一击，但仍然以失败告终，平野国臣被俘获，其他人或死或逃，这场“生野之变”很快被镇压了下去。

“天诛组”的失败给了倒幕派一个深刻的教训，他们充分认识到，仅仅凭借中下级武士的单薄力量是无法与幕府相对抗的。在未获得天皇支持的前提下，“倒幕”成为不可能完成的任务。尊攘派至此抛弃了这种通过浪士集团发起的倒幕活动，转而更为重视实力雄厚的西南雄藩的作用，借助他们的力量，倒幕或许还有成功的希望。

四、京都政局

八月十八日的政变使朝廷和幕府的关系再度走向亲密。尊攘派占据上风时，朝廷处在倒幕运动的风口浪尖，与幕府的关系日渐恶劣，而“公武合体”论的抬头，促使幕府开始与朝廷修复关系。特别是政变以后，孝明天皇立刻公布敕旨，表示政变后的政治局面符合其本意，要求朝野上下“公武携手，和睦治国”。

政变以后朝廷立刻还召萨摩的岛津久光上京，同时被宣召的还有将军后见职德川庆喜、政事总裁职松平庆永、会津藩的松平容保、土佐藩的山内容堂、宇和岛藩的伊达宗城这五人。这六名诸侯在文久三年（1863）的十二月全部到达京都。根据萨摩藩的建议，朝廷准许由这六名诸侯组成了一个六人“参预会议”，作为参与朝政的咨询和议事机关。

“参预会议”制度，实质上沿袭的是文久二年（1862）朝廷向幕府提出的“三事策”中的“五大老”体系。这一体系最早是由“公武合体”派的公卿岩仓具视提出的，它一方面可以保证这些外样大名能够在新的体系中得到参与政治的机会，另一方面，可以防止某一外样大名一家独大。因此，这一体系为朝廷所接受，但幕府对此却并不欣赏，因为幕府不希望这些诸侯公开参与朝政，这样会削弱其在“公武合体”体系中的作用。

元治元年（1864），将军德川家茂再次进京。在“公武合体”派的运作下，将军在当年四月获得了将全部民政委托幕府管理的敕令，同时朝廷还勉励幕府依靠强大的诸侯，与朝廷同心协力共襄攘夷盛举。表面上看，双方似乎又变得亲密无间，但实际上，幕府与朝廷仍然存在着巨大的分歧。

因为在“公武合体”派中，也存在“朝主幕从”和“幕主朝从”的争论。萨摩藩当然是主张“朝主幕从”的，因为只有朝廷占据主导地位，萨摩这样的外样大名才可能有政治发言权。而幕府自然主张“幕主朝从”，这意味着要像过去一样，朝廷将政务全部“委任”给幕府，不得干涉。幕府的老中水野忠精就对“参预会议”这一体系深恶痛绝，他说：“参预会议者，乃天下之大害，当废之而后快也。”幕府在得到“委政”后，又希望加强参勤交代体制，以挽回幕权，这肯定不是萨摩藩等外样大名所乐见的。

即使是“参预会议”内部，也存在着重重的矛盾，六位大名在如何处理长州藩和如何处理开国的问题上吵得不可开交。特别是在横滨锁港的问题上争议更大。孝明天皇是一个攘夷派，他厌恶外国人，德川庆喜曾记载了有关这位天皇的一些逸事：

◇ 山内容堂（1827—1872），讳丰信，号容堂，土佐藩藩主

先帝（引者按：指孝明天皇）说，至今他一直听说外国人是禽兽之类的东西，但只是耳闻，所以一听说这些东西要来，就感到讨厌。先帝说，总而言之，同猫狗在一起，令人讨厌，别的倒没有什么。先

◇ 伊达宗城（1818—1892），宇和岛藩藩主

帝又说，希望大家想个办法把这些东西撵走，但由此打仗也令人讨厌，还是想个办法把它们撵走为好。

这是因为那些向天皇进言的人什么也不懂。我最初进京时曾对鹰司关白（引者按：指时任关白的鹰司政通）说过，外国当时能造轮船、大炮等等。他说真的吗，好像大致明白了。但在他好像大致明白了以后，再进一步深入解释时，他却说决不要怕，因为日本有大和魂。真不知他明白了还是没有明白。然而，就是这样的人在向陛下奏报外国事情。①

但幕府认为废约攘夷是不可能的，只能暂时在横滨锁港和兵库开港中止（原定在1868年开港）这两个问题上向朝廷做出让步，换取朝廷“委政”。幕府的代表德川庆喜于是提出“有限攘夷”，顺应天皇的意愿而封锁横滨港，取消兵库的开港，但这一主张遭到岛津久光、松平庆永和伊达宗城等开国派的反对，双方发生了激烈的争吵。德川庆喜在酒醉后，大骂三人是“天下之大愚、大奸之人”。最后，岛津久光等人虽然做出了让步，但六名诸侯仍不欢而散。元治元年（1864）三月，“参预会议”在运作了短短两个月后，就宣告解体。

“参预会议”的解体标志着萨摩藩“公武合体”路线的再度破产，岛津久光在失望之余再一次拂袖而去，萨摩藩由原本的支持朝幕和谐，渐渐地转向倒幕。

而另一方面，幕府的核心体系也面临着一次洗牌。“参预会议”解体后，德川庆喜辞去了将军后见职，转而担任禁里御守卫总督和摄海防御指挥这两个新职，担任政事总裁职的松平庆永也在文久三年（1863）三月被迫去职，这一职务在次年六月被废止。幕府在“文久改革”中确立起来的“三要职”体系崩溃。唯一保留下来的一个职务就是松平容保所担任的京都守护职，他的弟弟桑名藩主松平定

①[日]涉泽荣一编，大久保利谦校订：《昔梦会笔记——德川庆喜公回想谈》，转引自[日]升味准之辅著，董果良译：《日本政治史》（一），第73页，商务印书馆1997年版。

敬也于元治元年（1864）被任命为京都所司代。京都的政局遂出现了由一桥（禁里御守卫总督德川庆喜）、会津（京都守护职松平容保）、桑名（京都所司代松平定敬）三家主导的局面，称“一会桑”体系。

“一会桑”体系的主要任务就是维护京都地区的治安，恢复京都的秩序。京都的局势在八月十八日政变以后一直处于紧张状态，尊攘派的暗杀活动还在持续。元治元年（1864）四月，松平容保设立京都见迴役，任命浅尾藩主莳田广孝和旗本松平康正两人担任主官。在京都见迴役之下，由幕府的旗本和御家人组成京都见迴组，由武士阶层构成，主要负责御所、二条城周围的官厅街的治安，肃清反幕府势力。

而另一支归京都守护职管辖的京都治安队伍就是文久三年（1863）组成的“壬生浪士组”。

文久二年（1862），为筹备将军德川家茂上京事宜，幕府根据庄内藩的清河八郎的建议，组织浪士队护卫将军。接受幕府的命令后，清河八郎在次年二月召集了约 200 人，但他是尊王攘夷派，将浪士召集起来后，就提出要带领他们作为攘夷的先锋，这一行动后来被幕府阻止。清河八郎也在四月被幕府派出的刺客佐佐木只三郎等人暗杀。浪士队被要求回到江户，但其中有一部分人主张留在京都护卫将军，这些人在京都的壬生村集合，讨论未来的去向问题。

这批浪士组成员分成三派，第一派是以近藤勇为首的试卫馆派。近藤勇原为武藏国多摩郡的农民出身，本名宫川胜五郎，后投身当时的剑术流派天然理心流的道场试卫馆，成为天然理心流的传人近藤周助的养子，因此继承了他的剑术与试卫馆。他这一派大多为试卫馆门徒或与之有人脉关系者，包括土方岁三、冲田总司、山南敬助、永仓新八、原田左之助、井上源三郎、藤堂平助、斋藤一、阿比类锐三郎等人。第二派是以芹泽鸭为首的水户派。芹泽鸭出身于水户藩，曾为水户藩激进改革派的一员，并因此被卷进了“安政大狱”，获释以后

◇ 担任禁里御守卫总督时的德川庆喜

◇ 近藤勇（1834—1868），新选组局长

加入了浪士组。他这一派均为水户藩出身者，包括新见锦、平山五郎等人。第三派则是以殿内义雄和家里次郎为首的殿内·家里派，也包括根岸友三等人，他们主张返回江户城。殿内义雄因与近藤勇、芹泽鸭等留京派意见相左而被暗杀于京都的四条大桥，家里次郎被迫切腹，根岸友三等人在四月借口参访伊势而前往江户。最终这批浪士以试卫馆派和水户派两派合作的方式组成了“壬生浪士组”，由芹泽鸭、近藤勇、新见锦三人担任局长，芹泽鸭出任职务最高的笔头局长，隶属京都守护职，负责京都町人町、欢乐街等地的治安。

“壬生浪士组”在八月十八日政变中表现突出，得到了会津藩和朝廷的一致肯定，还被授予了一个新名字：“新选组”（新選组，或称新撰组）。这个名字随着众多的小说、电影、电视和动漫作品广为流传，变得家喻户晓，成为幕末最富传奇色彩的组织。

五、乱象纷呈

文久四年（1864）二月，朝廷改元“元治”。这一年号是由幕府方面建议的，取《周易》“乾元用九，天下治也”之意。不过元治元年却并未呈现出一种“天下治也”的迹象。在改元后的三月，就发生了一起倒幕战乱，战乱的主角是幕末著名的“刺儿头”——水户藩。

水户藩的内部争斗由来已久，在安政年间，对于是否上交天皇密敕一事，改革派和保守派就发生了激烈的争论（参见本章第一节第五目：腥风血雨），这一争论遭幕府干预，从而引发了“安政大狱”。改革派在这一次清洗中损失惨重，亲幕府的保守派此后占据了上风。改革派中的一部分人后来走上了暗杀之路，直接导致“樱田门外之变”的发生。

作为德川亲藩的水户藩何以成为“尊王攘夷”的大本营，倒是一个有趣的课题。从水户历史来看，可能与其特殊的地位有关。作为将军的“辅佐役”，水户藩藩主常住江户，有“天下之副将军”之称，但作为“御三家”之一，水户却是三家中家格最低的藩，领地也只有其他两家的一半，可以说是“御三家”中的“二等公民”（原则上，将军选继承人时首先会考虑家格更高、谱系更近的尾张和纪州）。在德川光圀时代，水户藩维持“御三家”的体面已经有些困难，进而引发了家臣冲突，德川光圀因此提出修《大日本史》，想以宋儒的“名分”思想整合家臣。在这一过程中，水户藩和皇族、公家建立起了特殊关系。后来，藤田幽谷等人便把朱子学名分论中的“华夷之分”扩展为“攘夷”思想。本质上，所谓“攘夷”是希望阻止因开国而造成的商品经济大发展对传统幕藩体系的破坏，也带有维护国家主权的进步思想。在幕府主张开国以后，水户藩的“尊王攘夷”思想就“同反对幕府的强藩所着手的，争取国家统一的动向结合起来了”。[①]

这起战乱的缘起乃是“参预会议”中所讨论的横滨锁港等问题。在水户藩中，“攘夷”思想一直有着不小的市场，“樱田门外之变”以后，水户藩主德川庆笃不得不录用改革派的代表人物武田耕云斋以稳定人心，但耕云斋却无法将各派各系的人统统约束住。就在各方就横滨锁港问题仍在激辩时，水户藩的激进分子已经坐不住了，以藤田东湖的儿子藤田小四郎为首的部分人认为，幕府在对外事务上表现得如此软弱，不如由他们代为“攘夷”。于是，元治元年三月二十七日（1864年5月2日），水户藩的激进派在筑波山集结，他们打出“攘夷”的旗号，吸引了诸多町人、农民、僧侣和下级武士参与，这群人自称“天狗党”（一般认为，这个名字来自水户藩上层武士组成的保守派对以下级武士为主的改革派的蔑称，改革派以此自况）。

水户藩内对天狗党有两种截然不同的态度，留守水户城的大多为保守派，他们以市川三左卫门为首，组成“诸生党”，将“天狗党”的行为视为叛乱，要求讨伐，并立刻联络幕府，得到了幕府的支持。而正在京都的藩主德川庆笃却对“天狗党”表示支持，但他也不希望“天狗党”的过激行为将水户藩再一次推向风口浪尖，于是派出水户的支藩宍户藩主松平赖德回藩整顿秩序。另一方面，武田耕云斋也试图做藤田小四郎等人的说服工作。但作为改革派领袖的武田耕云斋在说服失败后，也加入了藤田等人的行列，反而成为“天狗党”人的领袖。

①［日］永田广志著，陈应年、姜晚成、尚永清等译：《日本哲学思想史》，第245—246页，商务印书馆1992年版。

◇ 天狗党之乱

"天狗党"在拥有了武田耕云斋这位有名望的领导以后，士气大振，开始向水户城进军，但城中的"诸生党"却坚决拒绝"天狗党"进城。松平赖德以藩主代表的身份左右奔走，要求水户城接受"天狗党"，据此也可以看出藩主德川庆笃的态度。"诸生党"人索性将松平赖德和"天狗党"一并视为敌人，对他们的入城要求一概拒绝。松平赖德因同情"天狗党"，被幕府责令切腹。

应"诸生党"的要求，幕府以若年寄田沼意尊为总大将，发出了征讨"天狗党"的命令。"天狗党"人在屡次攻打水户城失败的情况下，转而通过中山道向京都方向进军，他们想直接与藩主庆笃和水户出身的德川庆喜交涉。

"天狗党"人在上野、信浓突破了高崎、高岛、松本等藩的围追堵截，元治元年（1864）十一月到达了美浓。幕府方面紧急命令附近的彦根、桑名、尾张、犬山等藩集结军队围剿，通往京都的道路被封，"天狗党"人被迫放弃自中山道走琵琶湖前往京都的打算，转而取道越前积着厚厚的雪的险峻山岭。元治元年十二月十一日（1865 年 1 月 8 日），"天狗党"人终于到达越前新保，然而幕府军已经提前等候在此，七天后，武田耕云斋等"天狗党"领袖宣布投降，这一场远征彻底失败。

次年二月，"天狗党"的主要领袖武田耕云斋、藤田小四郎等人被幕府判决斩首，幕府还判决了"天狗党"中的 300 多名骨干分子死刑，其余被捕成员则被处以流放等刑罚。同时，这些骨干分子的家人也遭遇了"清洗"的厄运。水户藩在此后遂成为坚定的佐幕派。而"天狗党"中的残余分子则隐藏在京都，组成"本国寺党"，暗中配合"攘夷倒幕"最为坚定的长州藩。

水户藩激进的"尊王攘夷"思想影响了整整几代人，新选组的首任局长芹泽鸭就曾经是"天狗党"前身"玉造组"的一员，被"诸生党"关押过，在赦免"安政大狱"罪犯时才得以出狱。在新选组归属会津藩指挥以后，松平容保对芹泽鸭这样的"尊攘派"自然不甚喜欢，何况芹泽鸭是一个桀骜不驯的人，他在京都四处闹事，甚至为了一个艺妓而在酒店中大打出手。在水户藩局势陷入空前紧张时，新选组内部也经历了一场清洗，在松平容保的授意下，组内的"试卫馆派"开始排斥"水户派"夺取主导权。文久三年（1863）九月，新选组副长新见锦被责令切腹，罪名是"乱暴狼藉"（意为行为不端，破坏社会治安），这让芹泽鸭失去了一位心腹大将。

九月十六日（1863年10月28日，一说为九月十八日）夜，“试卫馆派”的四名刺客（一般认为是土方岁三、山南敬助、冲田总司和原田左之助四人）杀进了芹泽鸭的住宅，当时住宿在芹泽宅中的“水户派”平山五郎首先遭难，芹泽鸭应声摸刀而起，最终被刺客追及杀死。“水户派”从此出局，组内形成了以近藤勇为局长的“试卫馆派”一支独大的局面。这也标志着新选组正式成为幕府的一支非正规编制的武装组织，他们担负着清除倒幕势力，维护京都治安的任务，成为坚定的维护幕府体系的急先锋。

六、禁门之变

八月十八日政变将以长州藩为代表的尊攘派排除出了京都政治体系，长州藩因此内忧外患交加，幕府和朝廷都对长州藩不抱好感，甚至视之为仇敌，而外国人也对长州藩的“攘夷”行为大为不满，将其作为重点教训的对象。为了扭转这种劣势，夺回对京都政局的主导权便成为长州藩最为迫切的要求。他们指出八月十八日政变是由中川宫朝彦亲王和“萨贼会奸”策划出的阴谋。与此同时，桂小五郎等激进攘夷派人士在元治元年（1864）云集京都，决心要掀起一场大风浪，所采用的正是尊攘激进派惯用的、被证明是行之有效的方式：暗杀与恐怖袭击。

元治元年（1864）五月，新选组的诸士调役兼监察（负责情报收集和队员动向的新选组成员）山崎蒸和岛田魁两人得到了一个消息：尊攘派成员、熊本藩士宫部鼎藏秘密藏身在京都四条小桥的一家名为“枡屋”的商人宅中，宅主古高俊三郎也是一名尊攘派人士。六月五日（1864年7月8日），新选组突袭了枡屋，将古高俊三郎抓获。土方岁三立刻对古高俊三郎进行刑讯逼供，从他的口中挖出了一个惊天大秘密：长州藩的尊攘派在桂小五郎的领导下，正在筹划一场京都暴动。

按照长州藩的计划，尊攘派将在六月下旬前，找一个风大的日子，在京都的御所放火制造混乱，趁大家的注意力都被御所大火吸引时，尊攘派人士将分头采取行动，囚禁亲幕派的公卿中川宫朝彦亲王，暗杀“一会桑”体制的主导者德川庆喜、松平容保等人，最终控制京都并挟持天皇前往长州。这个计划一旦成功，长州藩就能达到控制朝廷的目的，甚至能挟天子以令诸侯，发动全国性的讨幕。

获知这个消息的新选组不敢等闲视之，立刻向上司松平容保汇报，要求负责京都治安的会津、桑名两藩紧急派人援助。另一方面，尊攘派也得知了古高俊三郎被逮捕的消息，他们决定当晚聚集于京都三条木屋町的旅馆池田屋，商讨下一步行动计划。

◇ 京都御苑的蛤御门

焦急的新选组局长近藤勇在会津、桑名两藩的支援未到之前，抢先命令新选组进行全城搜索，当天午夜时分，新选组获得了尊攘志士在池田屋的消息。近藤勇和土方岁三立刻率队前往，在池田屋的斗室中，双方展开了激烈的殴斗。尊攘派的剑术自然不敌作为幕府杀手集团的新选组，宫部鼎藏、大高又次郎、杉山松助、石川润次郎、吉田稔麿等数名尊攘派志士丧生，桂小五郎见机提前脱逃。新选组也损失了三人。

“池田屋事件”发生次日，会津和桑名两藩的支援抵达，并立刻在京都展开全城搜捕，欲肃清池田屋的残党和长州派的浪士，为此还发生了误伤事件。

“池田屋事件”后，京都的治安相对改善，虽然尊攘派的“天诛”暗杀活动仍在继续，部分人士因“池田屋事件”进行报复，还在执着地使用暗杀手段惩罚他们眼中的异见分子，但已不像以往那么猖獗。

元治元年七月十一日（1864 年 8 月 12 日），幕末著名的思想家佐久间象山被德川庆喜召到京都商讨政务，在京都的三条木屋町被尊攘派刺客所杀，享年 54 岁，刺客在刺杀他之前，还给他发去了“除奸状”。刺客中有幕末著名的刺客河上彦斋，这一次刺杀使他一举成名，得以和田中新兵卫、冈田以藏等人齐名，获得了“杀人者彦斋”（人斬り彦斎）的称号（值得一提的是，这位河上彦斋正是著名的动漫《浪客剑心》的主角绯村剑心的原型）。

幕府方面对付这些尊攘派的方针是“以暴制暴”，他们同样指派京都见廻组、新选组等组织进行暗杀和袭击。元治元年（1864）五月，新选组派出了冲田总司、永仓新八等刺客四人，在大坂将大坂西町奉行所的与力内山彦次郎暗杀，他被认为与倒幕派有勾结。九月，新选组调查得知楠小十郎等人为长州藩桂小五郎派出

◇ 蛤御门上禁门之变时留下的弹痕清晰可见

的“潜伏”内奸，近藤勇立刻派出了原田左之助等人将其刺杀。

有关“池田屋事件”的消息很快传到了长州，激起了其中的愤激情绪。桂小五郎、高杉晋作等人主张的“慎重行事”被人无视。以国司亲相、福原越后、益田右卫门介三名家老为代表的激进派叫嚷着要上京“为藩主向天子诉冤”（在八月十八日政变后，毛利敬亲父子被朝廷判定有罪，被责令闭门思过），久坂玄瑞、真木和泉等人也极力支持这一主张。真木和泉曾有《义举三策》，详细分析劝诸侯举事得失、假诸侯兵举事得失、义徒举事得失三策略，他认为“劝诸侯举事”为上策：

大诸侯若出兵九千，必将成事，其时势必甚炽，天下诸侯若速为应之，而天下士民赖其成事，必有人气之勃起也。

对于“义徒举事”，他分析说：

义徒之所有，唯义勇也，然其人无资粮，无器械，……然则其人较诸侯之举五倍十倍。

他最后总结说：

右三策者，可称上中下三策，下策（引者按：指“义徒举事”）者必乃危策也，万不得已不可用之，中策（引者按：指“假诸侯兵举事”）者，成就者十之八九，若用上策（引者按：指“劝诸侯举事”），必将成功，无须疑虑者也。

以此可见，长州藩的攘夷派坚信一旦“诸侯起事”，必然出现天下响应、人心振奋的局面，他们的目的也一定会达到。在这种乐观情绪的驱使下，长州藩的三名家老以及久坂玄瑞、真木和泉等人联袂上京。

长州兵云集京都的消息传来后，京都的萨摩、土佐等藩立刻向朝廷提出了阻止其进京的动议。当朝廷和幕府正在就此事商议对策时，长州兵已经逼近御所。元治元年七月十九日（1864 年 8 月 20 日），长州兵和桑名、会津兵在京都的蛤御门发生激战，一度攻入了禁里，枪弹不断射入禁门之内，在皇宫留下了弹痕。直到守备京都的萨摩藩兵前来援助，才将长州兵击退，久坂玄瑞在战斗中负伤，自刃身亡，真木和泉亦在天王山长州兵阵地自戕。“禁门之变”以长州藩的失败而告终。其夺取中央政权的最后努力也随之破产，同时意味着“尊王攘夷”路线在内政层面上完全失败，更为糟糕的是，由于长州藩轻率地发起对京都的攻击，甚至将枪弹射向了皇宫，使之无可避免地被指为“朝敌”，进而陷入了空前的孤立状况之中。

七、下关战争

“禁门之变”带给长州藩的麻烦不是一点点，因为被指为朝敌，长州藩即将面临朝廷发起的讨伐。而且对于幕府来说，长州藩就是一个桀骜不驯、到处惹麻烦的祸端，如今竟敢挑战幕府的权威，甚至和他们对着干，这是幕府绝对不能容忍的。但在幕府的讨伐军尚未到达的时候，外国人却抢先对长州藩动手了。

外国人对长州藩的怨恨绝对不亚于幕府，因为自长州藩从文久三年五月十日（1863 年 6 月 25 日）开始“攘夷”以后，其控制的下关海峡就一直处于封锁状态。下关海峡对外国人来说至关重要，它是日本海与濑户内海、太平洋之间的通道，外国商船如果不能通过这个海峡，就要绕过九州岛，在航程上吃亏不少，会因此遭受巨大的经济损失。特别是通商口岸长崎受到的影响尤其大。

元治元年（1864），英国公使阿尔科克结束休假从英国返回日本，他此行有两个重要的任务，其一是和幕府商议提前实现兵库、新潟、大坂、江户等地的开市（根据幕府与英法等国的协议，兵库、新潟两港与大坂、江户两市推迟五年即 1868 年开放），同时解除幕府对贸易的垄断，实现外国与日本各藩的自由贸易；其二是仿效萨英战争，希望通过“文明国家”的武力，促使“攘夷”最为激烈的长州藩认识到“攘夷”实际上是不可能的，逼迫其改变目前的敌对态度，并解决下关海

◇ 英国驻日公使阿尔科克

峡的问题。

为达到惩罚长州藩的目的，阿尔科克联络了美国、荷兰、法国三国的驻日公使。元治元年（1864）四月，英、法、美、荷四国组成的联合舰队抵达下关，四国与长州藩的战争一触即发。

就在战争迫在眉睫时，有两名斡旋者出现了。长州藩派往英国伦敦留学的伊藤博文和井上馨因为偶然的机会，在《泰晤士报》上读到了长州藩炮击外国人、美法舰队报复以及萨英战争的消息。在那个时代，信息的延迟往往会误事，伊藤博文和井上馨两人深知当自己获悉这个消息时，日本的局势一定早已天翻地覆，于是他们心急如焚地踏上了回国的船只，并幸运地在这一年的六月抵达了横滨。作为留学生，他们在目睹了西方文明以后，深知以现时长州藩的实力，万万不是英国人的对手。在横滨听说四国舰队聚集的消息后，他们立刻要求面见英国公使阿尔科克，并提出由他们回本藩求见藩主毛利敬亲，阻止“攘夷”活动的建议，这提议得到了阿尔科克的许可。

伊藤博文和井上馨回到阔别多年的故乡，他们以自己的见闻为论据，恳切地向藩主毛利敬亲阐述过激攘夷、盲目排外的弊端，但长州藩中的攘夷强硬派仍然占据着上风，作为藩主的毛利敬亲对这些人也毫无办法，两人的劝说并没有起到改变“藩是”的作用。

在伊藤博文与井上馨调解无效的情况下，四国联合舰队决定亲自出手教训长州藩。元治元年（1864）八月，四国舰队自横滨出发抵达下关，战舰总数为 17 艘，其中英国 9 艘、法国 3 艘、荷兰 4 艘、美国 1 艘，炮 280 余门，军队 5000 多人，旗舰为参加过萨英战争的英国海军尤瑞阿勒斯号（HMS Euryalus），由英国海军中将奥古斯都·库珀（Augustus Leopold Kuper，1809—1885）任统帅。伊藤博文此时仍未放弃，还想从中斡旋，但失去了耐心的阿尔科克已经拒绝再等待，联合舰队开始对长州藩下关炮台发起炮击。

长州藩的军队刚刚在“禁门之变”中损失惨重，守护下关的奇兵队无论是装备还是人员数量都处于劣势，四国联合舰队的炮弹像雨点一样打在下关炮台的阵地上，许多阵地当即化为乌有。在炮火掩护下，四国舰队将海军陆战队送上了岸。长州兵用旧式的鸟铳甚至弓箭刀枪与装备最新式西洋火器的四国陆战队战斗，结果不出所料，呈现出一边倒的局面，除了山县有朋所率的部分奇兵队给四国舰队制造了一点儿麻烦以外，其余的长州兵基本未能组织起像样的抵抗，下关海峡的炮台尽数被毁。四国舰队的海军陆战队甚至一路打到了下关市街上。

被外国人打得灰头土脸的长州藩不得不请人来收拾残局，在“教法寺事件”后被解除职务的高杉晋作再一次被请出来作为谈判使者，他匆匆赶往下关，登上四国舰队的旗舰尤瑞阿勒斯号与舰队司令奥古斯都·库珀谈判。

长州藩是幸运的，交战的四国都不希望和日本发生全面战争。首先因为英国公使阿尔科克“先斩后奏”，在未得到国内的准许之前就集结舰队发起了攻击，当阿尔科克的报告抵达英国时，已是数月之后，英国内阁对阿尔科克擅自挑起战争的行为很不满，于是决定撤换驻日公使。法国皇帝拿破仑三世对与日本作战兴趣不大，他的全部精力都集中在侵略墨西哥上。美国正处在南北战争之中，无论

◇ 联军占领下关炮台

是南方还是北方都把主要的精力放在内战上。荷兰人与日本素来保持着相对友好的关系，也不希望因为一次战争而交恶，影响其商业利益。谈判因此而变得比较容易。

高杉晋作的姿态虽然傲慢，但长州藩已经无力再战。在西方人“炮舰外交”的胁迫下，长州藩最终同意了五个条件：

1. 解除下关海峡的封锁，允许各国船只自由通行；

2. 长州藩应向外国船只出售燃料、水、食物等必需品；

3. 下关炮台一律拆除；

4. 外国船只可在天气恶劣情况下登陆下关；

5. 赔偿四国 300 万美元。

300 万美元对于长州藩来说是一笔无法支付的巨款，和萨英战争一样，这笔赔款被转嫁给了幕府，幕府再一次做了“冤大头”。不断为各藩的过激攘夷行动埋单，这让幕府难以招架，不得不重申前说，让各藩不得擅自违令，对外国人发起挑衅。

至此，“尊王攘夷”的路线从内外两方面都宣告失败。而幕府在这一阶段和长州、萨摩两强藩的关系也逐渐疏远。长州藩在八月十八日政变中被驱逐出中央政权，幕长关系完全破裂；萨摩藩原本是“公武合体”派的有力支持者，但在推行“公武合体”的过程中，与幕府有着很大的分歧，“参预会议”的解散使幕萨关系也陷入僵局。长州和萨摩在接受了西方人的武力教训以后，幡然醒悟，放弃攘夷而走上了“割据富国”的道路，不断通过殖产兴业增强藩的实力，对幕府不满的人士日益集中到了这两个藩中，幕末的历史进入了最后阶段。

第四节　征伐长州

一、朝敌长州

在付出巨大代价解决了四国舰队炮击下关的事件后，长州藩还将面对幕府的讨伐军。这一次，幕府师出有名——奉天皇的御命，讨伐犯下攻击御所罪行的“朝敌”长州藩。

幕府兵在元治元年（1864）七月“禁门之变”发生后，奉天皇令集结，前尾张藩主德川庆胜为征长军总督，越前藩主松平茂昭为征长军副总督，共集合 36 个藩约 15 万人的军队，预定在当年十一月对长州发起总攻。

在强敌面前，长州藩还在内讧。四国舰队炮击下关后，藩内保守派与改革派的争论发展到了白热化的阶段，以周布政之助、桂小五郎为首的改革派（“正义派”）与以椋梨藤太为首的保守派（“俗论派”）就如何应对幕府讨伐的问题发生了激烈的争吵。前者要求加强武备，对幕府采取强硬的态度，而后者则主张佐幕恭顺，两方相持不下。

作为征长军总督的德川庆胜也不想轻易地发起攻击，他认为在当前的局势下，如果能与长州藩和平解决问题，对各方而言，都是皆大欢喜的结局。德川庆胜曾经是“一桥派”的骨干，在“安政大狱”中被井伊直弼责令隐居谨慎，因此，他与昔日“战友”萨摩藩的关系一直良好。萨摩藩的西乡隆盛也因此成为征长军的参谋。接受任命之前，西乡隆盛在大坂会见了幕府海军将领胜海舟，在胜海舟的建议下，西乡隆盛决定负起斡旋的责任，促成这次事件的和平解决。

与此同时，长州藩内的政局也在悄悄发生着变化。长井雅乐死后，长州正义派一直占据上风。正义派的四处出击给长州藩带来了很大的麻烦，“禁门之变”和四国舰队炮击下关事件使长州面临着很大的挑战，在这种情况下，以长州藩上层为主的俗论派趁机攻击正义派的错误，并夺取了对政权的主导权。此后俗论派领袖椋梨藤太开始以暴力手段肃清政敌，正义派首领周布政之助在同年九月被勒令切腹。桂小五郎、高杉晋作、伊藤博文等正义派骨干分子遭到追捕，而井上馨则被俗论派分子袭击，身负重伤，赖有名医救助才捡回一命。

得到德川庆胜的授权后，西乡隆盛会见了长州藩派出的代表，双方就和平解决问题的方式达成共识，长州藩“弃卒保帅”，避免了幕府追究藩主毛利敬亲的责任。成为牺牲品的自然是发动“禁门之变”的三名家老：国司亲相、福原越后、益田右卫门介，他们被责令切腹谢罪。同时，长州藩还同意拆毁山口城的防御设施，并将八月十八日政变后流亡至长州的公卿三条实美等人驱逐出境。

在得到了三名家老的首级以及长州藩主毛利敬亲父子的恭顺书后，西乡隆盛还报副总督松平茂昭，这一最终议案被德川庆胜接受。十二月，德川庆胜发布了解散征长军的命令，一场兵燹之祸就这样消弭于无形了。

不过，结局并没有如德川庆胜所想的那样“皆大欢喜”，相反地，德川庆胜

◇ 德川庆胜（1824—1883），尾张藩主，征长军总督

的苦心孤诣反而遭到了各方的白眼。幕府方面，对于本次征长军的“无疾而终”很是不满，幕府好不容易才抓到了长州藩的小辫子，自然是希望借这个机会好好地教训一下素来桀骜不驯的长州人，制造“杀鸡给猴看”的效果，让所有蠢蠢欲动的大名都知道，违抗幕府的命令，对政务指手画脚的下场是什么。进而幕府便可以重建参勤交代体系，恢复传统的幕藩关系，最终再度实现对全国的完全控制。但代表幕府出征的德川庆胜将板子高高举起，却轻轻放下，不痛不痒地放过了长州藩，明显违背了幕府的初衷。

在长州藩内部，对这样的结局也有颇多不满，这些不满自然主要来自正义派，他们认为这样无原则的屈服投降是一种软弱的表现。不过这些正义派人士此时正受到压制甚至生命威胁，高杉晋作也被迫潜伏在福冈的女尊攘派人士野村望东尼的山庄中，他决心以武力手段推翻俗论派在长州藩的统治，重新夺回政权。

高杉晋作手中握有武装起义的资本，那就是他一手创建的“奇兵队”，这支军队的成员身份十分复杂，突破了传统的界限。日本学者升味准之辅曾统计过被确认为奇兵队员的 622 人的身份，其中身份不明的有 10%，藩士有 44%，农民有 38%，僧侣有 4%。[①] 这一特点使这支队伍成为封建身份制度崩溃的先驱。事实上，连幕府也无法不响应这种趋势的发展，新选组的形成就是一个明显的例子。

在征长军和长州藩达成妥协协议后，元治元年十二月十五日（1865 年 1 月 12 日），高杉晋作率领奇兵队在下关的功山寺集合，讨伐俗论派。他们打出的“人民安堵”的旗号使正义派得到了长州藩濑户内海地区的富农、豪商的财力支持，伊藤博文和石川小五郎等人也率领力士队、游击队等诸队前来加盟。一时之间奇兵队声势大震，很快夺取了下关和长州的海军局。井上馨、品川弥二郎、河上彦斋、山县有朋等人纷纷起兵响应，正义派的“杂牌”军队击败了前来讨伐的俗论派控

①［日］升味准之辅著，董果良译：《日本政治史》（一），第 76 页，商务印书馆 1997 年版。

制的正规藩兵。元治二年（1865 年，是年四月改元庆应）二月，正义派夺取了长州藩政。庆应元年（1865）五月，俗论派的领袖椋梨藤太被捕，随后遭到处决。

正义派提出了一个新的藩是："武备恭顺。"这个藩是应分别看待，从长州藩后来的发展来看，所谓"武备"是长久之计，"恭顺"是权宜之策，而"武备"是为了破弃"恭顺"。从此长州藩开始走向"大割据"，正义派极力扩充军备，改革藩政，准备应对幕府的讨伐。

奇兵队成为长州藩新兵制的范例，正义派此后采用西洋兵制。高杉晋作聘请曾经担任幕府讲武所教授的大村益次郎前来主导军制改革，将本藩的藩兵、支藩军队、家臣军队、农兵和各种杂牌部队统一起来，用西洋兵制加以改造。在经历了四国舰队炮击下关事件后，正义派也摈弃了以往的盲目排外倾向，深深体会到利用西洋科技加强武备的重要性。他们还利用下关海峡得天独厚的地理条件，在幕府垄断对外贸易的情况下，通过上海—长崎—下关这条走私路线在下关经营走私贸易，购买军火，同时加强藩专卖制，培养政商，设立藩营工厂等，以增强经济实力。

长州藩的军事政治改革在日本近代史上具有特殊的地位，可以被视为后来明治维新的先声和试验，诺曼·赫伯特在《日本维新史》中对长州奇兵队有着颇高的评价，他说：

> 这支奇兵队首先证明了武士并非日本国内唯一知兵善战的人物，这是根本否定前代历史和传统的一种观念。就这个意义来讲，奇兵队确是 1873 年所制定的普遍征兵制的先驱。其次，奇兵队给了商人、富农等各级平民以施展的机会，从而争取到他们的效忠和为购买现代武器而迫切需要的经济援助。奇兵队也创造出现代日本军事官僚的一个实例。长州奇兵队所创始的军事改革的效果是有助于理解日本的军事官僚阶级的功能和历史的。由贫穷武士、浪人、农民和町人所组成，以市民的充分财力为后盾，以武士的下层——少壮武士为领导的这支长州平民军队，呈现出成为明治日本的政府和社会之特征的那种社会糅掺交错和相互关系的一幅缩影。[①]

①［加］诺曼·赫伯特著，姚曾廙译：《日本维新史》，第 56—57 页，吉林出版有限责任公司 2008 年版。

◇ 奇兵队

基于以上各方面因素，他在总结长州藩打倒俗论派，进行军事改革的意义时说：

> 维新前夕在长州藩内所展开的开明党对俗论党的斗争，事实上我们可以说是维新之际以西化和现代化的新兴势力为一方和以保守主义及孤立主义的势力为另一方展开的全国规模的斗争的一次预习。开明党在长州的胜利乃是同样势力在1867—1868年以及以后数年间在全国舞台上胜利的一个先声。[①]

采用西洋兵制，至此成为一种必然的趋势。山县有朋在所撰《陆军史》中披露了幕府按西洋兵制建设军队的过程：

> 文久二年（1862），幕府按洋式编成三兵队，步兵八千三百零六人，骑兵一千零六十八人，野战炮兵八百人，要塞炮兵二千零四十五人，将士一千四百零六人，共计一万三千六百二十五人。且仿洋制而定陆海军将校之等级，由驻留之外国兵传习其教练法，复派人至西邦考察其制度。当时外交压迫益急而物论沸腾。元治元年（1864）有京都之变，幕府征讨长州，是役长兵轻装运动自如，而幕军尚有擐甲胄者，遂兵出无功，幕府益悟兵制之不能不改善。[②]

①[加]诺曼·赫伯特著，姚曾廙译：《日本维新史》，第57页，吉林出版有限责任公司2008年版。

②[日]山县有朋：《陆军史》，载大隈重信编：《日本开国五十年史》，第183—184页，上海社会科学院出版社2007年影印版。

奇兵队地位之重要，由此可见一斑。

二、外交插曲

对于第一次征伐长州以后长州发生的改变，幕府是极为不悦的，特别是长州藩走私军火的行为更是幕府所不能容忍的。因此幕府开始酝酿第二次讨伐战争。庆应元年（1865）五月，将军德川家茂亲自到达大坂城督阵，幕长战争一触即发。

就在此时，外国公使却抢先发难了。庆应元年（1865）闰五月，英国新任公使哈里·史密斯·帕克斯（Sir Harry Smith Parkes，1828—1885）到达日本。这位新公使曾经在中国履职，提起他的中文名巴夏礼，恐怕许多读者都不会陌生。

巴夏礼是英国在亚洲殖民侵略政策的忠实履行者，他在1841年10月就来到澳门，在澳门，他学会了中文，并在第一次鸦片战争中作为英国代表之一，成为《南京条约》签署的见证人。此后，巴夏礼走上了外交之路，他自香港总督璞鼎查（Sir Henry Eldred Curwen Pottinger，1789—1856）的随员开始做起，一路升迁，1854年成为驻厦门领事。1856年，巴夏礼代理驻广州领事时，制造了“亚罗号”事件，为英国再一次发起侵华战争提供了口实。在第二次鸦片战争中，他又一手促成了九龙的割让。此人专横跋扈，心机深刻，且通晓东方人情世故，因此被英国人视为其在亚洲的最佳代表。这一次，他是挟着英法联军攻克北京、火烧圆明园的“余威”来到日本的，希望在这个新职务上大展拳脚。

◇ 巴夏礼

以巴夏礼为代表的外国公使们在与日本官方打了多年的交道后，对日本人的政治局面有了更深一层的认识。他们认为，朝廷和幕府之间这种两极对立体制对于他们的利益有着极大的损害。最主要的一个表现就是安政五年（1858）所签订的那些修好通商条约在经过长达五年的时间后，仍然没有得到朝廷的敕准（井伊直弼采取的是“违敕签约”的方式），这使得这些条约在一定程度上有失法律效力。同时，由于朝廷和幕府之间关

◇ 大坂城

于“开国”还是“攘夷”的意见不统一，使兵库、新潟两港口和大坂、江户两城市迟迟得不到开放。英国方面甚至曾做出让步，同意将上述城市的开放时间推迟到1868年。但巴夏礼不想再等，他认为可以仿效萨英战争和炮击长州的先例，通过“炮舰外交”的方式迫使日本屈服，实现条约敕准和兵库提前开港的目的。

此时，法国正在以援助幕府进行军备建设的方式换取幕府的生丝出口，达到垄断生丝贸易的目的，这和英国主张的“自由贸易”原则是相违背的。英国在萨英战争以后，看到了强藩的力量，便有心扶植一个强藩主导政府，取代幕府。巴夏礼正是为此任务而来。所以他认为在这一问题上向幕府施加压力，有利于削弱幕府的实力，阻碍幕府对西南强藩采取行动。而法国认为一旦天皇敕准条约，反而可以巩固幕府的地位，为了牵制巴夏礼的独断专行，法国也决定共同行动。①

庆应元年（1865）九月，英、法、荷、美四国公使来到大坂，和当时坐镇大坂城的将军德川家茂直接交涉，要求敕准条约，兵库提前开港。他们还带了九艘军舰来到兵库湾，将黑洞洞的炮口对准了近在咫尺的大坂，对幕府将军进行直接恐吓。幕府内部因外国公使的要求又发生了激烈的争吵，两名老中阿部正外和松前崇广提出：不需待朝廷敕准，立刻由幕府自行决定兵库开港。德川庆喜闻讯赶到大坂，极力劝说将军德川家茂一定要慎重。他认为以目前幕府的权威来看，如果不待敕准而自行决定开港，一定又会引起一场轩然大波，最终还会发生类似“樱田门外之变”的事情。德川庆喜并不想重蹈井伊直弼的覆辙，所以他主张向朝廷报告此事，尽力取得朝廷的谅解和支持。双方在将军面前吵得面红耳赤。

朝廷很快得到了这一消息，对于老中阿部正外和松前崇广的意见，孝明天皇

① 参见：［日］信夫清三郎编，天津社会科学院日本问题研究所译：《日本外交史》，第105—106页，商务印书馆1980年版。

极为不满，他立刻表明了朝廷的强硬态度，下令将阿部正外和松前崇广两人革职。这是朝廷首次干预江户的人事问题，引起了很大的震动。将军德川家茂则以辞去征夷大将军之职相威胁，抗议朝廷干预幕府人事。孝明天皇和将军最终互相妥协，幕府下令将两名老中撤职，给予隐居谨慎的处分，而朝廷则同意不再干预幕府的人事。

德川庆喜的意见最终得到了将军的同意。幕府派他去向朝廷说明情况，他先连哄带吓地说服了那些冥顽的公卿同意开国，最终孝明天皇在是年十月也接受了他的建议，正式敕准条约。在过了五年有余后，安政五国条约终于得到了天皇的认可。但天皇仍然拒绝敕准兵库的提前开港。

无奈之下，幕府只好再一次和四国公使讨价还价，最终双方达成一致意见，幕府将进口税从 20% 降到 5%，从而换取兵库不提前开港。逃过一劫的幕府终于长吁了一口气，但他们却没有想到关税问题会带给日本如此大的困扰，由于关税降低，外国货物得以廉价地大量涌进日本市场，给日本国内的传统工业造成了极大的损害。

巴夏礼则与各国公使击掌相庆，他们对"炮舰外交"更为迷信，巴夏礼得意地宣称：如果没有九艘军舰在兵库湾耀武扬威，是不可能取得这样的成果的。他们认为，对于日本这样一个国家，只要通过这种方式，将恐惧和敬畏深深植入人心，那么所要求的都能得到。不过恰恰是这种恐惧和敬畏之心，促使日本国内的有识之士奋发而起，开始探索学习西方、建设强国的道路。

在获得了想要的权益后，英国和法国就开始从幕府与长州之间的争夺中渔利。元治元年（1864）到任的第二任法国驻日公使莱昂·罗歇（Michel Jules Marie L é on Roches，1809—1900）把宝押在了幕府一方，在他的运作下，幕法关系开始亲密起来。幕府此时正在军舰奉行胜海舟的建议下，大力推行海军强国策略。元治元年（1864）五月，幕府在神户设立神户海军操练所。胜海舟在十一月遭保守派攻击而被罢免，主张幕权振兴论的小栗忠顺出任军舰奉行。庆应元年（1865）十一月，在法国人的建议下，幕府在横须贺建设横须贺制铁所，由法国技师弗朗西斯·莱昂纳斯·维尼（Franois L é once Verny，1837—1908）任总指导。这座制铁所后来又被扩建为造船所、海军工厂，在第二次世界大战中，横须贺海军工厂建造了"翔鹤""信浓"等多艘航空母舰，在近现代日本海军史上占有特殊地位。

横须贺制铁所及其周边的企业是"幕法提携"进程中投资最大的一项工程，

◇ 莱昂·罗歇

围绕这一工程，幕府和法国还在多方面展开广泛合作，如设立横滨法兰西语传习所，招收学生学习法语等。在罗歇的建议下，幕府采取了一系列孤立长州的措施，禁止英、美、荷三国与长州进行走私贸易。同时，罗歇建议英、法、美、荷四国约定，在日本发生内战的情况下，各国严守中立。在法国方面看来，幕府的实力明显在长州藩之上，所以“中立”政策肯定对幕府更为有利。

就在幕府和法国接近的同时，萨摩和长州两藩和英国的关系也更加密切。巴夏礼支持萨长两藩的决定很大程度上受他的通事萨托（Sir Ernest Mason Satow，1843—1929）影响。萨托是一个日本通，甚至有一个日文名字叫佐藤爱之助，他认为英国应该协助萨摩和长州推进日本的政治改革，实现雄藩联合的政治体制。因此，巴夏礼竭力在促成此事。

一直以来长州藩都在通过对外走私贸易牟取利润，并获得军械武器。幕府禁止走私对长州来说是一个重大打击，不过“上有政策，下有对策”，当年资助长州五杰前往英国留学的英国商人汤姆斯·格洛弗（Thomas Blake Glover，1838—1911）与土佐藩的坂本龙马、中冈慎太郎三人从中穿针引线，促使萨摩和长州达成了间接走私协议。长州藩的井上馨、伊藤博文等人委托萨摩藩代购武器和军舰，由坂本龙马等人设立的商社“龟山社中”负责武器中转。长州藩和萨摩藩开始在这场秘密的走私贸易中相互接近，原本恶劣的关系为之一变。

就这样，幕府的背后有了法国的支持，而萨摩长州两藩的背后有了英国的推动，幕末历史的最后阶段多了一层国际关系因素，变得更为错综复杂。

三、萨长同盟

萨摩藩与长州藩在幕末时代一直是一对冤家对头，萨摩藩是“公武合体”开国论最有力的支持者，而长州藩则是“尊王攘夷”论的急先锋。两者为各自的政治主张明争暗斗了多年，甚至到了兵戎相见的地步（禁门之变）。而历史的发展，却最终让两藩殊途同归，“度尽劫波兄弟在，相逢一笑泯恩仇”。

萨摩其实与长州有着相似的经历，萨摩的大名岛津家在关原大战中也加入了石田三成的西军，但在整个作战过程中，岛津家一直按兵不动，直到战争结束时，岛津军才从东军阵地中硬生生撕开一道口子突围出去。不过萨摩人的善战给德川家康留下了很深刻的印象，因萨摩地处九州的南端，在家康看来是一个边远之地，所以他最终决定保证岛津家对其所占的萨摩、大隅等地的所有权，萨摩藩遂成为一个外样大名。

在德川幕藩体系下，外样大名往往要受幕府的压制。宝历三年（1753），萨摩藩受命承担了木曾三川的治水工程，不但花费了大量金钱，导致藩财政陷入了空前的困境，还因治水工程病死 33 人，又有包括家老平田靱负在内的 51 名藩士因承担责任而自戕。因而在萨摩藩的藩士中，不乏对幕府怀有深刻仇恨的人。

不过，萨摩和长州在幕末的接近，还得益于土佐藩的两名脱藩浪人坂本龙马和中冈慎太郎的调停。

坂本龙马是幕末的一位传奇人物，他出生于下级武士家庭，早年丧母，师从北辰一刀流学习剑道，后又投身于佐久间象山门下，成为一名有见地有才智的人物。文久元年（1861），土佐发生了上级武士与“乡士”因口角而引发的“井口村刃伤事件”，作为“乡士”的坂本龙马与中冈慎太郎一起加入了是年成立的由武市半平太任盟主的“土佐勤王党”。龙马为抗议本藩的上级武士集团，第一次宣布脱藩。武市半平太以暗杀手段夺取了土佐藩政后，土佐勤王党一时间风光无限。而坂本龙马却与土佐勤王党中的那些过激派分子大为不同，他四处游历，接触了胜海舟等人，还参与了神户海军操练所的建立，进一步开阔了视野。

有关坂本龙马，还流传着这样一个故事：当时土佐藩士佩长刀蔚然成风，坂本龙马见到一名旧时同志时说：“实战之中，长刀抽取不便，不如使用短刀。”数年后，他与这位朋友再次见面，见朋友佩着短刀，他又说：“如今之世，短刀防身不如使用手枪。”朋友听了他的话，购买了一把手枪。但当坂本龙马第三次遇见这位朋友时，却拿出一本《万国公法》，说：“若不知世界，无以防身。”这个表现坂本龙马“与时俱进”的故事未必真是史实，但也可以从中窥见当时人们对这位有着出众见识的传奇人物的赞颂之情。

◇ 坂本龙马（1836—1867），土佐藩乡士，幕末著名政治家

在八月十八日政变以后，原本因“安政大狱”被责令隐居的土佐藩前藩主山内容堂再一次主导了藩政。主张“公武合体”的山内容堂对尊攘派并无好感，他下令镇压土佐勤王党。元治元年（1864），武市半平太手下的杀手冈田以藏被抓获，他招认了自己的暗杀经历，于庆应元年（1865）被处斩，武市半平太也在该年闰五月被责令切腹，土佐勤王党的血腥历史宣告结束。坂本龙马作为这个组织的一员，再度脱藩，他与中冈慎太郎等脱藩人士共同组织了“龟山社中”，开始在萨摩和长州之间从事军火走私活动。

也正是因为如此，坂本龙马得以结识了萨摩与长州二藩的主要人物，包括萨摩的大久保利通、西乡隆盛、小松带刀，长州的伊藤博文、井上馨、桂小五郎等。所以由他来做两藩的中介人是最合适不过的。

庆应元年（1865）九月，幕府得到了朝廷“再征长州”的敕命。原本对长州深恶痛绝的萨摩这一次出人意料地站在了长州一边。萨摩藩态度的转变为萨长联合提供了可能，加上坂本龙马受到大久保利通和西乡隆盛的委托，于是全力促成了此事。

庆应元年（1865），萨长两藩的巨头在长州藩重臣福永喜助的住宅中举行了第一次会谈，次年一月，双方又在萨摩藩小松带刀的住宅中进行会谈。萨摩藩的小松带刀、大久保利通、西乡隆盛和长州藩的桂小五郎最终达成一致意见，双方签订了六条协议：

一、一旦开战，双方要迅即派兵两千余名进京，与现今在京之兵会合，并在浪华（大坂的古称）陈兵千名左右，以加强京坂两地之防卫。

二、当战况出现我必胜利之局面时，双方一定要立即向朝廷奏之。

三、万一战局不利于我，也决不会在一年或半年之内溃败，在此期间双方一定要尽力而为之。

四、当幕兵由此而东归时，双方要立即向朝廷（为长州）申冤，尽力请求酌情不予处分。

五、兵士进京之后，桥会桑（一桥、会津、桑名）等人即使像现在这样不知改悔，双方也要为拥护朝廷和伸张正义而尽力说服他们，而当此路行不通时，只有与之决战。

六、申冤而获赦免之后，双方要诚心合作，为皇国粉身碎骨而在所不惜。因此，不管通过什么途径，自今日起，双方就一定要为皇国尽诚心，出全力，以耀皇威，使之恢复昔日之光辉。

萨摩藩和长州藩，这两个幕末实力最为雄厚的西南强藩，终于在共同利益的驱使下走到了一起。长州藩得到了萨摩藩的支持，在对抗幕府的军事威胁时就有了坚强的后盾。在幕末的最后阶段，萨长两藩共同发出了“尊王倒幕”的最强音。

第四章 倒幕运动

武士道和亚里士多德以及近代的几位社会学家一样，认为由于国家是先于个人而存在的，个人是作为国家的一部分及其中的一分子而诞生出来的，因而个人就应该为国家，或者为它的合法的掌权者，去生去死。看过《克力同》的读者，大概会记得苏格拉底所叙述的，关于他的逃亡问题，国法同他争辩的议论吧。其中，他扮演国法或国家说了这样的话："你本是在我的卵翼下诞生、抚养，而且受到教育的，而你竟敢说，你和你的祖先都不是我们的儿子和仆人吗？"这样的话对我国国民来说，不会产生任何不正常的感觉。因为同样的话很久以前就挂在武士道的嘴上了，而其差别只不过是，国法和国家在我国则是通过具体的人来表现罢了。忠就是从这个政治原理产生的伦理。

——《武士道》第9章《忠义》

第一节 末代将军

一、再伐长州

庆应元年（1865）九月，幕府从天皇手中得到了再次征伐长州的敕命。幕府还要求天皇御驾亲征，以表示朝廷对幕府方面的支持，但孝明天皇拒绝了这一要求。

何以幕府对于讨伐长州一事如此热衷？其原因有二，一是幕府要一举端掉素来最不听话最爱惹麻烦的长州藩，给其他各藩以威慑；二是幕府想通过讨伐长州，来检验各藩对幕府还有多大忠诚度，如果发现有长州藩这样不听命的，可以一并解决，对于听命的藩，也大可借这次战争的机会达到削弱其财政和军事实力的目的，最终完全控制全国，恢复幕府的权威。

消息一出，各藩明显分为两个阵营：彦根、纪州等亲藩和谱代藩站在了幕府一边，参加了征长军，而宇和岛、艺州等藩则不支持幕府的征伐行为，他们回绝了幕府的动员令。幕府派出老中板仓胜静与萨摩藩交涉，要求萨摩藩执行朝廷的敕令，协助讨伐长州。如果在以前，这当然是萨摩藩求之不得的好事，但这一次，萨摩藩拒绝了。庆应二年（1866）四月，大久保利通代表萨摩藩向幕府表示，萨摩不出兵参与这一次行动。

与幕府关系密切的法国对征长一事也非常热心，法国公使罗歇在这一敏感时期四处忙碌，在他的运作下，法国经济使节团于庆应二年（1866）访问日本，承诺为幕府提供大量的贷款和军火援助。这让幕府获胜的信心更强了，他们认为在法国的军事支持下，一旦扫平长州，完全可以乘胜压服萨摩等藩。

不过幕府的乐观情绪并没有持续太久，因为在大坂城下集结征长军引起了很大的麻烦：参与征长的藩和旗本带着大批军队集中到了大坂城，就地大肆收购粮食和军需品，导致大坂一地物价飞涨。同时，各藩在本藩内增加粮食储备，但因长州藩控制着下关海峡，使国内的物流通道不畅，导致全国的米价也在短时间内飞涨数倍。另外为战争而征的战争税收和徭役不断增加，让老百姓的忍耐度到了极限。

在江户时代中后期，农民中流传着佐仓宗吾的传说：

> 在下总地方佐仓藩的领地公津村里，有个名叫宗吾（一作惣吾）的名主（幕府时代在农村负责村政的地方小吏，多为武士或上层农民出任），因侵吞租税罪被处死刑，而这是全无实据的诬陷，因此，宗吾的冤魂在堀田家作祟。①

传说中的佐仓宗吾是江户初期的人物，他因向将军告发藩主堀田正信的残酷剥削，被诬陷论死，但他也因此成为农民心目中的代言人和农民运动的旗帜。幕末的农民运动从安政六年（1859）开始兴起，运动的组织者四处宣传佐仓宗吾的

①［日］井上清等著，松筠、高锡译：《日本农民运动史》，第2页，三联书店1957年版。

◇ 德川庆喜，约摄于庆应三年（1867）

故事来发动群众，到了庆应二年（1866），农民运动达到了最高潮。[①]

庆应二年（1866）五月，在将军驻扎的大坂城下，从西宫（今兵库县西宫市）开始，农民和町民纷纷暴动，砸烂了囤积居奇的米店，暴乱迅速向周边的奈良、兵库等地扩散。几乎在同一时间，江户的农民和町民也因米价暴涨而发动了城市骚乱。到了六月，关东武藏和上野两地区的农民也纷纷拿起武器，捣毁豪商和村役人的住宅，动乱一直波及横滨等开放港口。在幕府的直辖地陆奥国的伊达、信夫两郡，农民占领了幕府的代官所，抗议幕府的经济政策。一时间，全国狼烟四起，幕府发起的这场战争最终把自己拖进了泥潭之中。

此时，法国的援助还未抵达，幕府在“世直し一揆”（改变世道之暴乱）四起的情况下，被迫采取速战速决的战略方针。庆应二年（1866）六月，幕府命舰队炮击周防大岛，拉开了第二次征长战争的序幕。幕府军从周防、安艺、石见、小仓四个方向向长州藩扑去，战况一度十分激烈。长州虽然在人数上处于劣势，但军队经过近代化改编，装备着西式武器，接受过西式训练，而幕府军中很多人甚至还在使用刀枪剑戟等冷兵器，胜利天平逐渐向长州一方倾斜。

在周防大岛，幕府海军遭遇了高杉晋作率领的奇兵队的袭击，被迫放弃大岛败退。在其他各个战场上，幕府军也遭到长州的激烈抵抗，损失惨重。加上幕府没有得到越前、尾张等有实力的大藩的支持，法援也迟迟不到，此起彼伏的战事也使幕府军资金捉襟见肘，士气萎靡不振。而此时，幕府方面又传来了一个噩耗——将军德川家茂去世。

长期以来，这位将军的体质就不怎么好，在长州激战正酣时，大坂城中就传出了德川家茂病重的消息，这一消息对幕府军的士气造成了沉重的打击。庆应二

① 参见：［日］井上清等著，松筠、高锡译：《日本农民运动史》，第16—18页，三联书店1957年版。

年七月二十日（1866年8月29日），德川家茂病死于大坂城中，享年21岁。死因据说是脚气病攻心。

是时的幕府，正因为发起征长战争处在骑虎难下的境地，如果承认征长失败，对于幕府而言绝对是一个难堪的结局。德川家茂的死正好让幕府有了一个撤兵的理由，以一种体面的方式结束战争。

法国和英国也从各自的利益出发，不希望战争继续下去。法国方面认为，幕府在准备不充分的情况下发起战争，极为不明智，希望停战给幕府以更多的准备时间，而英国公使巴夏礼则希望趁幕府与长州实现对等和平的机会，推进强藩联合把持政局。双方各有打算，却又殊途同归。萨摩等藩从支持长州的立场出发，也建议幕府停战，并要求朝廷赦免长州，改革政体。最终在德川庆喜的主持下，幕府决定接受多方面的意见，以将军去世为理由，由朝廷敕准下令中止征长，并在十月撤军。在德川庆喜的授权下，幕府方的胜海舟与长州藩代表广泽真臣、井上馨在宫岛达成了停战协议。

再征长州从各个方面来看都是幕府的一大失败，在这次战争中，幕府耗尽了最后一点威信，面对的是国内一揆四起、众叛亲离的局面。农民、町人、武士、强藩等各个阶层对幕府完全失望，发起这场战争，为幕府树立了大批的敌人，也让越来越多的人加入倒幕的行列之中。

德川家茂的死使幕府失去了主心骨，幕府需要一名新的将军，但又有谁有能力接这个烂摊子呢？此时，大家不约而同地想到了一个人——德川庆喜。

德川庆喜不是笨蛋，他清醒地看到，征夷大将军这个以往人人想坐而不得的位置，如今已经成了烫手山芋，坐在上面就如同坐于火炉之上。万不得已，幕府的老中们演出了一场“请神”戏。明治时代的日本首相大隈重信在《德川庆喜公回顾录》中绘声绘色地叙述了当时的情景：

> 庆应二年（1866）八月家茂公薨于大坂城，时幕府出师征长州，未奏功而将军早殂。于是老中板仓胜静等至一桥庆喜卿之门，请其入继宗家。庆喜卿喻以其旨曰：“时势如今日，不复须袭将军职，德川家宜将政权奉还天朝，万乘天子亲裁万机，举国同心，以救时艰，始可免覆灭。”板仓等恐惧，则曰：“政权惟君所裁断，臣等请继德川家而已。”……是岁十二月五日，天朝宣

命以卿任征夷大将军。[①]

德川庆喜是个精明人，他知道以幕府当前的情况，若不做变革，必将走上绝路，但一旦进行变革，这群顽固的老中就是最大的阻力。所以他审时度势，提出了不继将军，政权奉还天皇的建议。对于“政权奉还天朝，万乘天子亲裁万机”这个建议，恐怕素来支持幕府的孝明天皇也不会同意。所以德川庆喜这一句话可以看作是以退为进，他眼看不能推辞将军一职，希望就继任将军一事提出条件，将来在推进变革的时候，可以少一些阻力。果然，他得到了想要的一句承诺：“政权惟君所裁断。”

二、挽救危局

许多学者一直在谈论德川庆喜接位的时机问题，的确，德川庆喜在八年前的安政五年（1858）曾经有继位的机会（如果一桥派在当时获得胜利的话）。一些学者认为如果当时幕府选择的是庆喜的话，或许就有了一面变革的旗帜，幕末的政治局势将大为不同。可是历史没有如果，所以，对于这种说法，我们也无法评价。

不过德川庆喜的才华和智慧确实是被当时每一个人所承认的，即使是他的政敌倒幕派一方也对他赞誉有加，称之为“权现（德川家康）之再生”。大隈重信是这样描述这位末代将军的：

> 然当时国家之大变革，渐扬其波。公操楫于汹涛之上，履非常之艰难而渡之，苟联想其情，则亦不无津津之滋味焉。……公接人温和，襟度英爽，已老尚然，可以想其壮时，神姿儁厉，眼光射人，有不可犯之概。喜怒不形而叙述事情、剖析事理，言语明晰，能令人服。故处至险至难之际而不失其名望，终结幕府之局以开维新之昌运，非偶然也。[②]

德川庆喜就任将军后二十天，就收到了他的第一份“礼物”：天皇驾崩。

---

①[日]大隈重信：《德川庆喜公回顾录》，载大隈重信编：《日本开国五十年史》，第65页，上海社会科学院出版社2007年影印版。

②[日]大隈重信：《德川庆喜公回顾录》，载大隈重信编：《日本开国五十年史》，第75—76页，上海社会科学院出版社2007年影印版。

◇ 岩仓具视（1825—1883）

孝明天皇无疑是幕府的一大支持者，他一直在推进“公武合体”。可以说，如果孝明天皇在位，倒幕派的主张就是“违反睿虑”的行为，名不正言不顺。这点从庆应二年（1866）八月发生的“廷臣二十二卿列参事件”中可见一二。这起事件的幕后策划者是隐居中的岩仓具视。岩仓具视本为公卿中的“公武合体”派，在尊王攘夷运动最为白热化的时候，岩仓具视被三条实美等政敌弹劾，从此开始了隐居生涯，但他在隐居中一直和萨摩藩保持着秘密往来，因此逐渐转向倒幕派。正是在这一年，将军德川家茂去世，岩仓具视和萨摩藩便决定联合一部分倒幕派的公卿向天皇上奏，要求改革政局，召开雄藩联合会议，同时赦免尊攘运动中被流放的公卿。隐居中的岩仓具视没有晋见天皇的权利，便发动22名公卿联名上书。孝明天皇接到奏章以后龙颜大怒，在亲幕派公卿的建议下，这22名公卿受到谨慎处分。朝廷在十二月任命德川庆喜为新将军。

然而，在是年的十二月二十五日（1867年1月30日），宫中传来了孝明天皇驾崩的消息，对外宣称的死因是天花。

这一消息在坊间引起了诸多的猜测，因为天皇死得实在是太过突然了。从20世纪开始，许多人就在不断探讨着一种新的说法——孝明天皇是被毒死的。许多医学研究者发表的论文著作表明孝明天皇的死因应该是砷中毒。持“毒杀说”的学者们将“凶手”锁定为岩仓具视，因为他既有动机（政见被拒绝），也有执行的条件（妹妹堀河纪子为宫中女官）。不论是毒杀还是病故，孝明天皇的驾崩对于幕府而言绝对是不利的，幕府至此失去了朝廷中最有力的支持者。庆应三年（1867）一月，年方14岁的明治天皇即位。

德川庆喜上任后继续推进“幕法提携”，法国与日本幕府关系的密切，实缘

◇ 接受法国训练的幕府军

自法国皇帝拿破仑三世的支持。拿破仑三世虽没有他的伯父拿破仑·波拿巴那样出色的才能，却有着和他伯父一样的野心。在亚洲，拿破仑三世觊觎印度支那，并希望能在日本也获得优势地位。更重要的是，拿破仑三世希望在不挑起直接冲突的前提下，与英国进行全球范围内的殖民争夺。拿破仑三世统治时期，英法两国在很多时候有着合作，如在克里米亚战争、第二次鸦片战争中，都出现了英法并肩作战的情况，但这并不等于英法之间没有分歧。就欧洲大陆而言，英国的“欧陆均势政策”和法国的“欧陆称霸政策”就是格格不入的；从世界范围而言，英法在非洲、东南亚、中国等地都存在着竞争关系，在日本也是如此，英国在暗中支持萨摩、长州，而法国则支持幕府与之抗衡。

在征长战争中，幕府充分认识到了建设新式陆军的重要性。于是德川庆喜接受法国公使罗歇提出的改革方案，决定进行陆军改革。庆应三年（1867），法国派遣以查尔斯·夏诺安（Charles Sulpice Jules Chanoine，1835—1915）为首的军事顾问团来到日本，指导幕府建立起由骑兵、炮兵和步兵组成的完备的陆军建制，并由法国军事顾问团对其进行近代化训练。同时幕府将谱代大名的军队统一调集到江户进行训练和统一装备。为筹集兵饷，幕府还和法国签订了借款协议，并改革以往的年贡米制度，将贡米换成了货币，以现金支付俸禄，并向商人课税。

幕府对政治结构也进行了改革，废除了以往老中轮番值班的制度，设置陆军总裁、海军总裁、会计总裁、国内事务总裁和外国事务总裁。这是为了应付萨摩等强藩提出“强藩联合”之政局而做出的变革。这种新的政治架构已经接近于后世的责任内阁制。这一次的改革使幕府的政治面貌为之一新。

为显示幕法关系的特殊性，德川庆喜还在庆应二年（1866）派遣他的弟弟德川昭武作为全权代表，率团参加巴黎万国博览会。德川昭武遂带着大批的留学生和商人远赴法国，在万国博览会结束后，他还代表幕府考察了英国、荷兰、普鲁士等欧洲国家。作为清水德川家的家督，德川昭武可谓是当时幕府中地位最高的留学生。

对德川庆喜而言最为麻烦的一件事当数兵库的开港问题。

此事由来已久，英法等国在庆应元年（1865）曾进行过一次大坂“逼宫”，却没有达到目的，其根本原因就在于朝廷的阻力过大。德川庆喜在此时接受法国公使罗歇的建议重新提出这个问题，主要是为了将外交主动权掌握到幕府的手中。诸位一定没有忘记在“参预会议”上围绕横滨锁港和兵库开港所发生的激烈争吵。萨摩藩正是在这个问题上和幕府产生了隔阂和争议。幕府的保守做派一定程度上成为西南强藩倒幕的口实。所以一旦幕府促成了兵库开港，那么至少能够获得西方各国对幕府的好感甚至支持，倒幕派也将失去讨幕的一个借口。从这个意义上讲，兵库开港问题，不但是一个外交问题，更大程度上是一个国内政治问题，是德川庆喜为重整国内政局所下的一步妙棋。

庆应三年（1867）三月，德川庆喜亲自接见了各国的公使，他以征夷大将军的身份向各国公使保证，将极力促成兵库港的提前开放。然后，德川庆喜立刻召集公卿朝议，和顽固派公卿进行激烈的辩论，强行要求实现兵库的开港。

萨摩藩当然不能坐视幕府抢走外交主导权，是年四月，岛津久光率领700余名藩兵来到京都，同时，他派西乡隆盛邀请了当年“参预会议”的几位参加者，土佐藩前任藩主山内容堂、宇和岛藩前任藩主伊达宗城一同来京，与正在京都的前越前藩主松平庆永四人组成了“四侯会议”。这一次的“四侯会议”提出了与当年“参预会议”完全相反的主张。

当年，岛津久光极力主张严厉处分长州藩，但在这次会议上，岛津久光却极力为长州开脱，要求幕府取消对长州的处分，恢复毛利敬亲父子的官职。

在兵库开港问题上，岛津久光在“参预会议”中持开国论，与德川庆喜对立，而这一次，他又和德川庆喜唱起了反调，搬出“先帝（孝明天皇）的御遗志”这个富丽堂皇的理由，坚决反对兵库开港。

这种看来莫名其妙的变化其实颇耐人寻味。也充分证明，就兵库港是否开放而引发的关于“开国”和“攘夷”的论争，已经演变成以萨摩藩为代表的强藩和幕府为了各自的利益而进行的一场政治斗争。可以说，在这场政治斗争中，“没有永久的政见，只有永久的利益”。

◇ 幕府聘请的法国军事顾问团

德川庆喜以及亲幕派的摄政二条齐敬与四大强藩激辩了两天两夜。双方最终失去了耐心，于是朝议决定，将两个问题同时提交给天皇敕准。五月，明治天皇敕准兵库开港，在长州的问题上，朝廷的态度是含糊其词。这一次，德川庆喜得到了他想要的结果，“四侯会议”则几乎一无所得。可以说，德川庆喜大获全胜。

遭遇失败的岛津久光再一次拂袖离开京都，他终于对幕府彻底失望了。萨摩藩自此也坚定地转向了倒幕。

至少在庆应三年（1867）五月前，德川庆喜的努力是颇有成效的，他使倒幕派也看到了幕府仍然具有相当强大的力量。不过，面对幕府的危局，作为“权现之再现”的德川庆喜真的能力挽狂澜吗？恐怕他自己心中也没有底，因为面对这样的危局，别说是“权现之再现”，恐怕连“权现”大人本人都会心力交瘁的。

三、穷途末路

庆应三年（1867），这一年正是日本传统中六十年一度的参拜伊势神宫（お蔭参り）的年份。伊势神宫位于今天的三重县伊势市，分为内外两宫，内宫称“皇大神宫”，供奉天照大神（又称“天照大御神”，《日本书纪》《古事记》所记载传说中的太阳神，日本天皇的始祖），外宫为“丰受大神宫”，供奉“丰受大御神”（日本神道教中的粮食神）。所以每过 60 年，许多农民、武士、商人都带着虔诚的信仰前往那里集体参拜，或祈祷“武运长久”，或祈祷“五谷丰登”。他们甚至不惜突破江户幕府的禁行令也要实现“一生一次”的梦想。就在这一年，大批的群众云集到伊势神宫祈祷求签，皆获得了“ええじゃないか”① 的签语。在一夜之间，“ええじゃないか”成了一句流行话，大家一起唱着“ええじゃないか”

① 意为“难道这样不好吗？”，或云“不亦善哉”。

跑到大街小巷里疯狂地跳舞，人们根据这句流行话即兴编出了一句句下里巴人式的歌词："今年は世直りええじゃないか"（今年更世吧，不亦善哉）；"日本国の世直りはええじゃないか"（日本国更世吧，不亦善哉）。"男扮女装，女扮男装，恣意穿起漂亮的服装，夜间里头上顶着灯，成群结队地各处活动。在'狂舞'的名堂下，不管是谁家或是华丽的府邸，也不管是内室还是外室，穿着鞋一面跳舞一面冲进去。被冲进去的家宅要设宴款待大家。不仅如此，狂舞队冲到平日被市民憎恨的人家时，捣毁了室内一切家具和器物，把华丽的衣服扔到街上践踏，或者随手送给过路的人"①。

这场"不亦善哉"狂舞运动很快席卷了整个日本，群众通过这种近乎癫狂的方式表达对变革的诉求，倒幕派也从中煽风点火。这一切似乎都在预兆着一场大风暴的到来。

处于风暴中心的幕府摇摇欲坠，艰难维持。就在这一年，幕府和其支持者法国的关系也发生了微妙的变化。

其原因恐怕是拿破仑三世外交政策的转变，因为法国在欧洲大陆遇上了一个最为难缠的对手——普鲁士的"铁血首相"奥托·冯·俾斯麦（Otto Von Bismarck，1815—1898）。俾斯麦正致力于德国的统一，他借石勒苏益格－荷尔斯泰因（Schleswig and Holstein）的归属问题，于1864年挑起了对丹麦的战争，在1866年，普鲁士又挑起了对奥地利的战争。对于正在谋取欧洲霸权的拿破仑三世来说，普鲁士对抗欧洲大国奥地利自然是他所乐见的。但此后的变化却出乎其意料，普鲁士将奥地利的势力赶出德意志后，在1867年成立了一个北德意志联邦，拿破仑三世即将面对欧洲大陆上出现的一个足够挑战法国霸权的统一德国。在这种情况下，普法关系开始紧张起来，法国控制着德意志南部的邦国，"对崛起的普鲁士，特别是对俾斯麦的神经质式的怀疑"②已经导致两国走到了战争的边缘。

所以，此时的法国已经无法将注意力放在日本身上，不得不采取在亚洲收缩策略。1866年10月，法国外交部长易人，继任外长从务实的角度出发，决定不再和支持强藩的英国人对立，因为法国很可能会在即将爆发的普法战争中寻求英国的支持。虽然法国公使罗歇一如既往地支持幕府，但法国政府态度的转变使罗歇

①[日]井上清等著，松筠、高锡译：《日本农民运动史》，第19页，三联书店1957年版。

②[德]汉斯－乌尔里希·韦勒著，邢来顺译：《德意志帝国》，第16页，青海人民出版社2009年版。

◇　ええじゃないか

的支持变得苍白无力。庆应三年（1867）五月，法国政府就罗歇的态度发文责问，尽管罗歇固执地认为自己的政策是一贯正确的，但最终法国曾同意给幕府的贷款与军援还是大打折扣，幕法关系的疏远给了德川庆喜重重一击。

困境中的幕府仍在垂死挣扎，负责京都治安的会津、桑名二藩继续使用杀手集团大肆镇压反幕府人士。庆应二年（1866）九月，征长战争刚刚结束，京都三条大桥侧的制札场（张贴政府文告、禁令之处）所张贴的有关长州问题的制札频频被人撕毁。接到报告的新选组立刻挑选出34名组员埋伏在三条大桥侧。九月十二日（1866年10月20日），藤崎吉五郎等八名土佐藩士出现在制札场，开始撕下制札，埋伏在附近的新选组成员立刻包抄上来，当场斩杀一人，生擒一人，另有一人重伤，其余五人得以脱逃。新选组得到了京都守护职的重赏。

但德川庆喜的注意力并没有集中在制造京都的白色恐怖上，他回忆起自己入嗣德川宗家时曾说过的一句话：

> 德川家宜将政权奉还天朝，万乘天子亲裁万机，举国同心，以救时艰，始可免覆灭。

在他看来，穷途末路的幕府恐怕只有这一条路可走了。而对“大政奉还”这一主张最为热心的是地处四国南端的土佐藩。

土佐在战国时代是大名长宗我部家的地盘，长宗我部家曾一度统一了四国，后归属丰臣政权。在关原大战中，长宗我部盛亲参与了石田三成的西军对抗德川家康，因此被剥夺领地，土佐之地被赏赐给积极参与东军的山内一丰。山内家作为一个“外来户”，把他所属的武士集团也带到了土佐，土佐就此形成了一种独特的上士（山内系武士）和乡士（乡下之士，原本长宗我部系的武士）对立的格局。在江户时代，有不少贫穷武士沦为新的乡士。正因为如此，在幕末，以土佐勤王党为代表的乡士在反幕方面更为坚决，而上层的上士对幕府有着深刻的感情，倾向于“公武合体”，两者因此互相倾轧争夺。

到了庆应年间，土佐勤王党已经成为历史，坂本龙马和中冈慎太郎等乡士脱藩，在萨摩藩的财政支持下，坂本龙马成立了“龟山社中”，后进一步组织了“海援队”，从事海路运输贸易。中冈慎太郎也组织了陆援队。土佐的乡士们从事着大规模的

◇ 中冈慎太郎（1838—1867），土佐藩士，与坂本龙马共同促成萨长同盟，并共组“海援队”

经济活动。在土佐本藩，武市半平太切腹后，山内容堂开始重用上士出身者。被勤王党暗杀的吉田东洋的弟子后藤象二郎、板垣退助等人主导了藩政。土佐的上士集团对幕府垄断对外贸易的做法也有颇多不满，他们和乡士在打破幕府体制，维护本藩经济利益这个问题上日趋接近。

山内容堂原本是“公武合体”论者，所以他并不能接受类似长州那样的武装倒幕观点，坚持认为可以采取和平的方式，促使幕府和强藩分享权力，而实现这种和平最好的途径就是大政奉还。更重要的是，既然长州和萨摩在“武装倒幕”这一派中占据了主导地位，那么提出和平结束幕府统治的土佐藩一旦成功，就有可能在即将诞生的新政府中压倒萨长二藩。

就这样，土佐的上士和乡士就结束幕府统治这一点达成了一致意见，在方式方法上可以互相妥协和商讨。在山内容堂的授意下，后藤象二郎拜会了正在从事海运事业的坂本龙马，在从长崎前往京都的“夕颜丸”上，坂本龙马与后藤象二郎促膝而谈。后藤象二郎允诺赦免龙马等人的脱藩之罪，并希望海援队为土佐的外贸事业服务。而坂本龙马则借机提出了他的“大政奉还”主张，这就是著名的“船中八策”：

一策：天下之政权奉还朝廷，政令宜由朝廷而出。

二策：设立上下议院，置议员以参赞万机，万事宜决于公论。

三策：招有才华之公卿诸侯及天下之人才，备为顾问，赐以官爵，除向来有名无实之官。

四策：广交外国，以采公议，并与之订立新约。

五策：斟酌古来之律令，撰定新撰定大典（指宪法）。

六策：扩充海军。

七策：置御领之亲兵，以捍卫京都。

八策：金银之比价，宜与外国平均可也。

“船中八策”不仅仅是一个“大政奉还”的意见书，还是一份条条切中时弊的政治改革大纲。坂本龙马作为土佐藩中视野最为开阔的人，率先提出了“设议院、立宪法、订新约、扩海军、决汇率”这些高瞻远瞩的伟大构想，显示出这位传奇人物的远见卓识。

后藤象二郎在得到“船中八策”以后，又与本藩在京的藩士寺村左膳、佐佐木三四郎等人会谈，最终确定将“大政奉还”作为本藩的藩是。在土佐藩的推动下，“大政奉还”开始紧锣密鼓地实施起来。

四、大政奉还

所谓的“大政奉还”实际上是在幕末以来的“公议政体论”基础上发展的结果。在“黑船来航”后，幕府和朝廷时不时地召集诸侯讨论国事，这种公议的方式逐渐和西方议会制度理论相结合，就发展成了“公议政体论”，而坂本龙马设计的“船中八策”，既可以说是土佐藩上层的“公武合体”论和下层的倒幕论互相吸收妥协的结果，也可以说是对“公议政体论”的一次大总结。

庆应三年（1867）六月，萨摩藩也加入到了主张“大政奉还”一方的阵营中。萨摩藩在“四侯会议”解散后，对幕府彻底失望，开始转向倒幕，但就倒幕的方式方法，藩内仍然在讨论。长州藩的武装倒幕思想在执行过程中肯定会遇到不小的风险，因此萨摩藩听到“大政奉还”一说后，立刻产生了浓厚的兴趣，决定“两头下注”。小松带刀、西乡隆盛和大久保利通等人与土佐的后藤象二郎、板垣退助等人在六月结成了萨土同盟，在盟约中，约定了双方合作的原则：

◇ 德川幕府决定大政奉还

协正国体，以使万世万国亘久不耻，是乃第一义也。

◇ 德川幕府确定“大政奉还”决策之地——京都二条城二之丸御殿

王政复古乃不刊之论，宜就天下之局势，详加体察，参酌协正之。

国无二王，家无二主，是故政刑二端，当归唯一之君主掌之。

将军一职，居者则执政柄，此乃天地间无有之道理，宜使之退就侯列，翼戴主上为是。

从中可以看出，萨土盟约完全不同于萨长盟约，其基础是土佐藩的“公议政体论”，以推动“大政奉还”为目的。这正是萨摩藩的狡猾之处，无论是长州主张的武装讨幕还是土佐主张的“大政奉还”，萨摩藩都将从他们的成功中分得一杯羹。

与此同时，长州藩方面也在积极地筹备武装讨幕，与萨摩约定在九月和十月开始调集藩兵，准备前往大坂和京都。而艺州藩也在此时加入到了倒幕的行列中。不过在长州内部，对于是否举兵的问题尚在讨论，许多人害怕重遭“禁门之变”那样的劫难。萨、长、艺三藩实际上各有自己的小算盘，都在为自身的利益而打算。

庆应三年（1867）十月，土佐藩前藩主山内容堂给幕府将军德川庆喜写去了一封建白书，劝说将军执行“大政奉还”，他说：

公明正大一基于道理，以振作国体，至诚以接万民，以树王政复古之业，惟今日为其好机。①

在建白书的附件中，山内容堂详细解释了土佐藩“大政奉还”的策划方案，包括：大政归属朝廷，设立京都议政所决定政务；议政所分上下两院，由朝廷公卿、

①［日］浮田和民稿，板垣退助、大隈重信阅：《政党史》，载大隈重信编：《日本开国五十年史》，第 227 页，上海社会科学院出版社 2007 年影印版。

诸侯乃至庶民中选举正直善良之士充任；广开学校，教导学术技艺；与所有外邦平等交往，缔结新条约等一系列的建议。这封建白书得到了德川庆喜的赞同。

而就在十月，长州藩和萨摩藩也在暗中联络朝廷中的倒幕派公卿。明治天皇即位后，岩仓具视等公卿得到了大赦，重新参与朝政。十月十四日（1867年11月9日）岩仓具视和中山忠能、正亲町三条实爱、中御门经之等人共同策划，起草了一份讨幕密敕。这份密敕的法律效力很令人怀疑，因为其并非天皇亲笔书写，也没有请求下敕的公卿副署。密敕经由正亲町三条实爱之手转给了萨摩藩的大久保利通和广泽真臣，然而倒幕派并不关心这份密敕的真伪，而是将密敕引为讨伐幕府的依据。

◇ 坂本龙马墓所在地——京都灵山护国神社

就在讨幕密敕发出的同一天，幕府抢先行动了。德川庆喜在当天正式上奏，要求朝廷解除自己征夷大将军的职务，奉还大政。

“大政奉还”的奏章措辞冠冕堂皇。德川庆喜首先回顾了武家政治的历程，他说：“昔者，王纲解纽，相家执权（指摄关政治）。保平之乱（指1156年的保元之乱和1159年的平治之乱），政权遂移于武家。祖宗至今，更蒙圣宠，二百余年，子孙相受。”他表示德川家执政二百年来，皆是“蒙圣宠眷”的结果，此次奉还大政，是因为最近的施政失当不少，且与外国交往，不可政出多门，所以要“苟改旧例，将政权奉还。广令天下，尽其公议，万机仰诸圣断，同心协力，共保皇国，则庶几其能与万邦并立。庆喜之所以尽于国家者，止此一事”①。这些都是表面的理由，德川庆喜心里的小算盘是：通过“大政奉还”，以退为进，先破解讨幕密敕这一招，使倒幕派彻底失去讨伐幕府的理由。且德川家虽然辞去了征夷大将军一职，却可以因为主动奉还大政的功勋，继续在新政府中获得一席之地，甚至可以凭借德川

①［日］浮田和民稿，板垣退助、大隈重信阅：《政党史》，载大隈重信编：《日本开国五十年史》，第225—226页，上海社会科学院出版社2007年影印版。

◇ 坂本龙马与中冈慎太郎墓

家的巨大领国和深厚根基，在公议政体中占据主导地位。

德川庆喜确实棋高一着，采取这一“舍其名而取其实”的办法，反而将倒幕派弄得措手不及。第二天，明治天皇发布诏书，正式接受了“大政奉还”，并根据幕府的建议向诸侯公而告之。这标志着江户幕府统治（自1603年德川家康就任将军开始到1867年“大政奉还”）的结束，也标志着自1192年源赖朝建立镰仓幕府开始延续了675年的武家政治的结束。

“大政奉还”以后，朝廷立刻发出了邀请诸侯进京讨论善后问题的诏书。但众多诸侯对“大政奉还”之后的政治体制并不满意。长州藩作为武力倒幕派，自然不希望出现这样的结果；萨摩藩内部，主张武力倒幕的西乡隆盛等激进派对山内容堂的独自行动也有所不满，萨摩藩和长州藩一样，不想看到土佐独吞“功劳”，在未来的政治体制中占优势。于是萨长两藩暗中策划以武力解决此事，他们从十一月末开始调集藩兵开进京都。

至于幕府一方的会津、桑名等藩却是另一种态度，他们用暴力手段表达了对“大政奉还”改变幕府体系的愤慨和不满。庆应三年十一月十五日（1867年12月10日），在京都河原町的近江屋中，一手策划“大政奉还”的坂本龙马与中冈慎太郎两人正于此会谈。这时，有数名自称为“十津川乡士”的神秘客人来访问，坂本龙马的仆人将之延入室内，在上楼时，仆人被人从背后砍倒。坂本龙马循声而来，身中三刀，当场死亡。中冈慎太郎也被砍成重伤，两天后死亡。

近江屋事件的凶手是谁？这是一直被许多人争论的问题。有人说是新选组，也有人说是萨摩的西乡隆盛策划的阴谋。但更多的人支持另一个观点：此事是京都守护职下所属的京都见迴组派出的杀手佐佐木只三郎等人所为，目的是让主张“大政奉还”的坂本龙马和中冈慎太郎二人“人间蒸发”。这一天，正好是坂本龙马31岁的生日。

而另一位主张武力倒幕的志士也在“大政奉还”尘埃未定时永远闭上了双眼：高杉晋作于庆应三年（1867）四月因肺结核病故。

壮志未酬身先死，长使英雄泪满襟。

第二节 武装讨幕

一、王政复古

庆应三年（1867）十月，在德川庆喜上表“大政奉还”以后，原定的诸侯公议政体由于各方面观点不协调而有胎死腹中的迹象。根据朝廷的敕令，在诸侯公议政体尚未确立前，德川庆喜仍作为征夷大将军暂摄政权。十二月，德川庆胜、松平庆永、岛津久光、山内容堂、伊达宗城、锅岛直正等强藩大名纷纷到达京都。“大政奉还”后的政治博弈开始在京都上演。

是时的政治局势极其复杂，在幕府内部，对“大政奉还”也非议四起：

> 诸臣留守江户城者，传闻此事，异论鼎沸。诸臣在大阪城者，初有默从之色，迨知关东诸侯多不平，则亦鼓应之。于是风声鹤唳，人心激昂。①

而各藩大名也各怀鬼胎，争论不休：

> 全国诸藩皆莫不有向背之论。概言之，主张革新者多属外部之士，斡旋于内部者，大抵主守旧说。故君主持正而贯彻之，苦心不少。幕府虽有祖训，其臣僚之众，尊王与佐幕久分派，而纷议之解决，亦非易。其一时扰乱之状，可想象焉。②

朝廷之中也存在着对立意见。日本的公卿是按家格来决定官职高低的。到镰

①［日］大限重信：《德川庆喜公回顾录》，载大限重信编：《日本开国五十年史》，第66页，上海社会科学院出版社2007年影印版。

②［日］大限重信：《德川庆喜公回顾录》，载大限重信编：《日本开国五十年史》，第66页，上海社会科学院出版社2007年影印版。

◇ 明治天皇（1852—1912）

仓时代，家格已经基本成形，地位最高的为摄家（又称“五摄家”，包括一条、二条、鹰司、近卫、九条这五家藤原氏后人，可晋升至太政大臣、摄政、关白），其下有清华家（兼任近卫大将，可升到太政大臣，包括久我、三条、西园寺、德大寺、花山院、大炊御门、今出川等诸家）、大臣家（可在缺员时补任大纳言、内大臣，不可兼任近卫大将，最高可至太政大臣，包括正亲町三条家、三条西家、中院家）、羽林家（兼任近卫少将、近卫中将，并经由这些武官职系升迁，最高可至大纳言）、名家（兼任侍从、弁官，并经由文官职系升迁，最高可至大纳言）、半家（公卿中的最低位，一般为源、平、藤原、橘四姓以外因特殊技能得到朝廷提拔者）。在丰臣政权时代以后，公卿中又出现了许多“新家”，与原本的“旧家”相区别。“新家”中除了两家清华家以外，其他都是大臣家以下的家格，且多为庶支，地位相对较低。以上六种称为“堂上家”，为有资格登上天皇起居的清凉殿者。其下还有400多家“地下家”，也世袭担任着朝廷的下级职位。所以，在幕末时代，朝廷中存在着“新家”和“旧家”之间的矛盾，也有下级公卿与上级公卿的矛盾。作为“旧家”的公卿往往把持高位，是既得利益者，态度保守，多为佐幕派，明治天皇的摄政二条齐敬就是代表。而以岩仓具视为代表的“新家”则希望改变当前的政局，获得更大的政治发言权，于是便成为倒幕派。

庆应三年十二月八日（1868年1月2日），各藩大名已经到达京都，同时，萨摩的大久保利通等倒幕派人士也抵达京都活动。当晚，朝廷召开了由亲王、公卿、强藩大名共同参加的朝议，讨论悬而不决的长州藩处分问题（长州藩一直还背着“朝敌”的名分）。会议最终决定：赦免长州藩毛利敬亲父子的罪名，并允许其来京都参与朝政。赦免自八月十八日政变后被放逐的三条实美等公卿。

而萨摩藩和岩仓具视则在暗中谋划着一场政变。九日凌晨，彻夜举行的朝议终于结束。大臣们纷纷出宫归邸。此时萨摩、土佐、艺州、尾张、越前五藩的藩兵突然出现在宫门，他们迅速接管了御所九门的防卫工作，原本担任御所防卫的会津、桑名两藩藩兵被解除任务，并被责令返回本藩。

◇ 有栖川宫炽仁亲王（1835—1895），曾与下嫁德川家的和宫有婚约，明治时代后担任过兵部卿、陆军参谋本部长等职务，是幕末明治时代皇族中的政治活跃者

被萨摩等藩控制的御所囚禁了亲幕派的二条齐敬、朝彦亲王等人。在天皇的主持下，倒幕派迅速发布了“王政复古之大号令”：

一、准许德川庆喜辞去征夷大将军职；

二、废止原有的议奏、武家传奏、国事御用掛、京都守护职和京都所司代等职；

三、废止摄政、关白与幕府；

四、设立总裁、议定和参与三职。

“王政复古”是一句针对性很强的口号，“复古”是对平安时代的摄关政治以及镰仓时代以来的武家政治的否定，要求恢复到天皇掌握国家权力的时代。大号令中说：

德川内府请奉还往时委任之大政，且辞去将军之职，今乃断然允其所请。自癸丑之后，遇未曾有之国难，先帝频年忧劳，众庶所知。故睿虑决定大谟，立王政复古、挽回国威之基。自今摄关与幕府皆令废绝。先假置总裁、议定、参与三职，以宰理万机，百事基于神武肇国之旨。无论缙绅、武弁、堂上、地下之别皆竭其公议，与天下共同其休戚。是睿虑之所系也，皆宜勉励，洗其骄怠之污习，诚意尽忠，以奉于公，以报于国。①

①[日]浮田和民稿，板垣退助、大隈重信阅：《政党史》，载大隈重信编：《日本开国五十年史》，第226页，上海社会科学院出版社2007年影印版。

倒幕派打着“复古”的旗号，一方面说“百事基于神武（神武天皇，传说中的第一代天皇）肇国之旨”，另一方面却要求“无论缙绅、武弁、堂上、地下之别皆竭其公议”。前者是表面文章，后者才是真实目的：要将幕府独掌权力的情况扭转为“天下公议”的新局面。所以，“复古”从表面上看似乎是倒退，实际上却有着新的内涵。它是以天皇为核心，由倒幕派掌控权力的一种新的政治格局。

“复古”的实质可以从九日所任命的总裁、议定、参与三职的人选中看出一二：

总裁：有栖川宫炽仁亲王；

议定：山阶宫晃亲王、仁和寺宫嘉彰亲王、中山忠能、正亲町三条实爱、中御门经之、德川庆胜、松平庆永、浅野茂勋（广岛藩主）、山内容堂、岛津忠义；

参与：岩仓具视、大原重德、万里小路博房、长谷信笃、桥本实梁与萨、越、尾、艺、土五藩的藩士各三名。

由此可以看出，所谓“复古”，其实是一种革新，朝廷这一次不但起用了岩仓具视这样的下级公卿、山内容堂这样的外藩大名进入权力核心，甚至还提拔各藩的藩士参与朝政，这本身就是一种史无前例的变革。

十二月九日（1868 年 1 月 3 日）夜晚，在宫中的小御所，明治天皇亲自主持了新的三职会议。在会议上，“王政复古”的方针正式被确立下来。就如何对待德川幕府的问题，山内容堂与岩仓具视发生了激烈的争吵。山内容堂作为提请“大政奉还”的建议人，对倒幕派采取的政变手段十分愤慨，他同时也怀疑这一次御前会议的合法性，认为倒幕派将主动奉还大政的德川庆喜排除在外是有失公平的，也违背了朝廷的仁慈精神。激愤的山内容堂甚至指责岩仓等公卿“挟持幼主，图谋不轨”。岩仓具视针锋相对，他列举了德川幕府的失政之处，表示其已经没有资格再身居高位，统治人民，因此提出了让德川庆喜辞官纳地的主张。与德川氏同宗的越前、尾张站在山内容堂一边，萨摩和艺州藩皆站到了岩仓具视一边。岩仓具视见双方相持不下，遂听取萨摩藩的建议，以武力相威胁，迫使山内容堂等人妥协。

倒幕派的意见因此占了上风，小御所会议最终做出决定：给予德川庆喜向朝廷辞官纳地（交出领地）的处分，并指定德川庆胜与松平庆永二人作为使节向德川庆喜传达这一决定。

消息传开以后，京都一片哗然。还在京都的幕臣以及会津、桑名二藩群情激愤，他们威胁称不排除以武力手段捍卫德川家的利益。德川庆喜在十二月十三日（1868年1月7日）离开局势紧张的京都前往大坂，以避免冲突。但会津、桑名等藩与幕府在京都仍然有一定的军事实力，在他们的支持下，山内容堂等“公议政体”派明显有了底气。二十三日（1868年1月17日），朝廷再一次召开三职会议，岩仓具视缺席，这一次会议的决议向着有利于德川庆喜的方向发展。朝廷不再将纳地作为一种惩罚，而改称为“以作政府之公用”。这样，原本的处分变成了妥协性措施，更值得注意的是，朝廷还同意德川庆喜在纳地以后出任议定。

眼看幕府的势力即将卷土重来，萨摩藩因此而暗暗焦急，这时，西乡隆盛眼珠一转，想出了一个邪恶的主意。

二、伏见·鸟羽之战

> 在我国的文学中，虽然没有像莎士比亚那样借诺福克之口道出的雄辩，但是，尽管如此，对耻辱的恐惧却是极大的，它像达摩克利斯的剑一样悬在武士头上，甚至每每带着病态的性质。在武士道的训条中，一些看不出有任何地方值得肯定的行为，却可以名誉之名而做了出来。因为一些极其琐细的，不，由于想象的侮辱，性情急躁的自大狂者就会发怒，立即诉诸佩刀，挑起许多不必要的争斗，断送了许多无辜的生命。①

西乡隆盛是武士出身，武士最了解武士。他深知在这个时候，只要把事情闹大，通过侮辱刺激的方式触怒幕府的那些武士，使之失去理智，让他们开第一枪，就能够转变目前的形势。

因此，从十二月中下旬开始，西乡隆盛就竭力制造让幕府挑起武装冲突的机会。在他的授意下，萨摩藩的藩士益满休之助和伊牟田尚平两人秘密地前往江户，

①［日］新渡户稻造著，张俊彦译：《武士道》，第48页，商务印书馆1993年版。

◇ 伏见·鸟羽之战旧迹——淀城，淀藩主稻叶正邦在战役中投靠官军

于萨摩藩邸集结了500多浪士，开始在江户城中展开妨碍幕府施政的放火、抢掠、煽动等破坏治安的活动。十二月，江户城中一片骚动，特别是十二月二十二日（1868年1月16日），大批浪人带着枪炮袭击了负责江户治安的"新征组"（文久二年幕府招募在江户的浪士结成的类似新选组的组织）的驻屯地，次日，同样负责江户治安的庄内藩的屯所春日神社也响起了枪炮声。而挑起这几起事件的嫌疑人事后都逃进了位于江户三田的萨摩藩邸。

面对萨摩人的频频挑衅，是维护武士的尊严和荣誉，还是保持一份冷静？最终幕府方忍无可忍，选择了前者。十二月二十五日（1868年1月19日），留守江户的老中稻叶正邦下令，以庄内藩和新征组为核心组成幕府军，袭击并烧毁了萨摩藩的藩邸。藩邸中的萨摩藩士以20人为一组，分散脱逃。

消息传到京都和大坂，果然如西乡隆盛所料，引起了一场轩然大波。原本幕府方面就有一部分过激派，他们在"大政奉还"时已表现出不满，德川庆喜以将军的权威压制和说服他们，才避免了事态扩大。但这一次萨摩藩的挑衅，如一粒火星掉进了大坂，城中顿时闹成了一片，德川庆喜和老中板仓胜静已经无法控制局势，他们在一片"讨萨"的呐喊中，不得不做出姿态。庆应四年（1868）正月，德川庆喜正式向朝廷上了一份《讨萨表》。

在《讨萨表》中，德川庆喜列举了萨摩藩的罪行，他指责萨摩藩"挟持幼帝、于隐秘之所私决政务"；"擅自废黜先帝所立之摄政"；"以私意废黜堂上家之公卿"；"煽动各藩，控制御所九门，图谋不轨"；"集结浮浪之徒，于江户、野州（上野）、相州（相模）等处行强盗所为"。最后他用了一个响亮的口号作为总结："讨萨贼，清君侧！"

其实，德川庆喜是不希望走到这一步的，他的自传《昔梦会笔记》中记载了当时他的态度：

◇ 伏见一带的明治天皇驻跸地（周舜摄影）

> 我把正在阅读的《孙子》给他（引者按：指时任幕府老中的板仓胜静）看，指着“知己知彼，百战不殆”一语问他：“今幕府有可以与西乡吉之助（引者按：即西乡隆盛）匹敌的人物吗？”伊贺守（引者按：即板仓胜静）考虑了一下回答说“无”。我又问：“那么，有大久保一藏（引者按：即大久保利通）那样的人物吗？”伊贺守也答：“无。”……于是，我制止说：“在这种情况下，战则不仅难期必胜，而且只能蒙受反对朝廷的污名，所以决不能由我挑起战争。”①

德川庆喜是个清醒的人，他一眼就看出了出兵的种种弊端，而且一针见血地指出未来可能面临的问题。可谓管窥蠡测，可惜时局的发展方向已经不是他所能掌控的。

在朝廷尚未表态的情况下，幕府军分兵两路，以新式陆军为主力的幕府直属军沿着鸟羽街道向京都进发，而以会津、桑名两藩藩兵以及新选组为主力的军队沿着伏见街道向京都进发。幕府军大约有 15000 人之多。

消息传到京都之后，在朝廷的三职会议上，参会者再度就主战还是主和发生了激烈争吵。松平庆永等亲幕派坚决反对朝廷介入战争之中，他们希望朝廷保持中立的态度。朝廷方面倾向于这方的意见。而萨摩藩的参与大久保利通与倒幕派代表岩仓具视则坚决要求朝廷介入，给予萨摩、长州等藩“官军”的名分，奉朝廷之命讨伐幕府。

就在双方争执不下时，京都附近的萨长两藩军队已经和幕府军开启了战端。

①［日］涉泽荣一编，大久保利谦校订：《昔梦会笔记——德川庆喜公回想谈》，转引自［日］升味准之辅著，董果良译：《日本政治史》（一），第 95 页，商务印书馆 1997 年版。

在伏见、鸟羽两地防御的萨摩、长州军队总数不过5000人，只有幕府军的三分之一，但是他们装备了西洋的新式武器，且经过了萨英战争、炮打长州和长州讨伐战的洗礼，成员虽然并非全为武士，但训练有素，战斗力明显强于幕府军。伏见和鸟羽狭窄街道地形也在一定程度上使幕府军无法充分发挥其兵力优势。但萨长两藩军队却可以在此展现其武器装备的威力。

庆应四年正月初三（1868年1月27日），在京都下鸟羽街道上，幕府大目付泷川具举率领的鸟羽方面军被把守在要道上的萨摩军队挡住了去路，双方一言不合，就开始以枪弹解决问题，幕府军和萨摩藩兵打响了“戊辰战争”的第一枪。兵力占据优势的幕府军在狭窄的街道上无法拉开战线，被迫以纵列阵反复冲击萨摩兵的战地，此时，人多反而成了一种累赘。相反，萨摩兵占据有利地形，采取守势，可以从容不迫地以枪弹射击面前的敌人。幕府军很快败下阵来。泷川具举逃走，群龙无首的幕府军即崩溃。而在伏见街道上，以会津、桑名两藩和新选组为主力的幕府军在战斗力上还不如鸟羽方面军。军中许多人甚至还在迷信甲胄与武士刀。在承平已久后，武士也失去了昔日的战斗力（在江户末年，许多贫穷的幕府旗本甚至将盔甲和武士刀送进了当铺，在需要的时候匆匆借出，用完还回当铺，在这样的情况下，很难指望武士还有多少战斗力），即使再骁勇善战，也毕竟是血肉之躯，抵挡不了新式枪炮的威胁。新选组与会津、桑名两藩因此也一败涂地。

萨摩兵以少胜多击败幕府军的消息传到了京都，岩仓具视等倒幕派精神为之一振。初五（1868年1月29日），萨摩、长州等藩的军队获得了朝廷赏赐的锦旗，上书“天照皇太神”五字（关于此面锦旗，仍有不少争论。一种说法是这一锦旗是明治天皇所赐，有法律效力；另一种说法是这面锦旗是岩仓具视所伪造）。至此倒幕军成为“官军”。

◇ 位于京都二条城北侧的钓钟，时为京都所司代在紧急情况下联络使用（周舜摄影）

此后，萨摩藩兵在组织防御的同时，还以朝廷的名义积极争取京都附近各藩的归顺。在倒幕派的运作下，京都和大

◇ 德川庆喜逃离大坂

坂之间的淀藩决定支持朝廷，拒绝了幕府军的进驻要求。幕府军因此被迫在淀川上布阵迎击官军，再度遭到惨败。

屡战屡败的幕府军撤退到京都八幡的男山一带，在桥本地带再次布下阵势。桥本位于男山和淀川之间，靠山傍水，地形优势明显，幕府军打算在这里做最后一搏。不料，军中的会津藩军队投靠了官军，幕府军侧面被袭，战意全无。京都见迴组的佐佐木只三郎阵亡，新选组亦损失惨重，失去了山崎蒸等骨干人物。人数上处于劣势的官军最终在京都附近击败了看似强大的幕府军。

装备新式武器的近代化军队击败了传统的武士，伏见・鸟羽战役宣告了旧时代的结束，日本从此进入了一个全新的时代。

初七（1868 年 1 月 31 日），朝廷终于决定支持倒幕派，明治天皇发布敕令，指责德川庆喜“始则奉还大政，……朝廷以其恭顺，思不追究其以往之罪，岂知其潜返大坂，暗筹奸谋，与会桑诸藩，引兵犯阙下，擅开兵端，反状已现。朝廷以宽恕之道对之，无果，则不得已而征讨之”。诏书承认了萨摩藩对抗幕府军的合法性，并将德川庆喜定性为“朝敌”。

被定为“朝敌”是日本自古以来最为严重的处分，由于天皇在日本古代是神一般的存在，历来被定性为“朝敌”的，鲜有好下场。幕府已经使自己置身于最为恶劣的政治环境中，成为众矢之的。

初八（1868年2月1日）夜晚，德川庆喜和老中板仓胜静、会津藩主松平容保、桑名藩主松平定敬等幕府核心人物在夜色掩护下，悄悄地离开大坂城，登上了等候在大坂湾的幕府军舰“开阳丸”，从海路退往江户城。德川家康所建立起的基业自此走向了穷途末路。

三、江户开城

龟缩在江户城中的幕府政权仅保有德川家康赖以起家的关东之地，在九州、四国和中国地区，萨摩、长州和土佐三藩分别开始接收幕府在当地的直辖领以及佐幕各藩的领地。

绝望的幕府试图寻求最后的救命稻草，于是向各国公使发去了求助信，要求提供武器和弹药支持。法国公使罗歇对此事颇为热心，他上下活动，希望各国支持幕府。英国公使巴夏礼则在暗中支持以朝廷为核心的新政府，他示意天皇政府，请其传达敕书，表明天皇已经代替将军成为国家的执政者。庆应四年（1868）一月底，各国公使接受了天皇政府的建议，宣布局外中立，承认天皇政府与幕府政权皆为国际法上的“交战团体”。这一声明实际上表明了各国将不再支持幕府的态度。罗歇的佐幕政策完全失败，其在当年被罢任回国。

面对官军的讨伐，德川庆喜决定采取恭顺的态度。庆应四年（1868）一月，德川庆喜否决了陆军奉行兼勘定奉行小栗忠顺提出的将官军引入箱根以东，以海陆军围歼的战略建议，同时罢免了这位主战派的领袖人物。而是任命胜海舟、大久保一翁等恭顺派出任幕府的总裁。恭顺派的意见在幕府中占了上风。

二月，朝廷在伏见·鸟羽战役后立刻任命了有栖川宫炽仁亲王为东征军大总督征伐幕府，官军分成三路，东山道一路自中部的信浓、甲斐、上野一线进军，东海道一路自南部的三河、远江、骏河、相模一线进军，北陆道一路则从北方的越中、越后一线进军，杀入关东，直逼江户。

幕府内的部分强硬派仍然在组织抵抗。新选组局长近藤勇与骨干成员土方岁三等人到达了甲斐，在战国名将武田信玄的根据地，新选组改组为甲阳镇抚队，于三月在甲斐的军事要冲胜沼町布阵，但士气低落，不断出现逃兵。三月初六（1868年3月29日），官军抵达胜沼，一阵炮火就将这支镇抚队打散。甲阳镇抚队被迫向江户退却，途中正式解散。

◇ 胜海舟（1823—1899），幕末幕臣、政治家，长崎海军传习所出身，曾参与创设幕府海军和乘“咸临丸”渡美航行

危机面前，德川庆喜决定移交江户的控制权，同时，到上野宽永寺隐居。他认为自己作为德川家的领袖，做出这样的姿态以表示对天皇政府的恭顺，有利于局势的发展。因此，胜海舟等恭顺派彻底获得了主导权，他们开始通过多条渠道寻求与朝廷和平解决问题的途径。

朝廷方面，就如何处理德川家的问题仍在激烈地争论着，西乡隆盛等激进派主张对其严厉处分，而山内容堂等公议政体派仍然主张对德川庆喜等人加以宽容。英国公使巴夏礼在这一事件上也竭力施加他的影响力，要求朝廷宽容德川庆喜。朝廷方面还接到了第 13 代将军德川家定的遗孀天璋院笃姬和第 14 代将军德川家茂的遗孀和宫公主的请愿信，要求保留德川家一脉。最终，在各方面的压力下，宽容派意见占了上风，朝幕双方都有谈和的意愿。

三月，在甲斐战事正酣时，幕府方面的代表山冈铁舟奉德川庆喜的命令匆忙赶到官军大总督府的所在地骏府，要求会见大总督府参谋西乡隆盛，表达了幕府方面的求和意愿。西乡隆盛最终接见了他，并提出以下要求：德川庆喜交备前藩监管；交出江户城及幕府所有军舰、武器；所有江户城中居住的幕臣移居向岛谨慎；严厉处分相关人员；等等。山冈铁舟对这些条件十分不满，特别是第一条，他认为万万不可接受。听说此事后，德川家中也群情激愤，认为不可接受这些屈辱性的条件，他们扬言要在江户城下町放火，和官军进行焦土作战。

然而三月中旬，官军完成了对江户城的战略合围，并且定于三月十五日（1868 年 4 月 7 日）发起最后的总攻。一场血腥的攻城战一触即发。

江户是当时世界上最大的城市之一，经过二百年的发展，江户城和其城下町拥有超过 100 万的人口。可想而知，一旦发生类似幕府方所说的焦土作战，江户将玉石俱焚，这场日本内战会以生灵涂炭、经济凋敝的结局而告终。

幕府方面再度派出了胜海舟在山冈—西乡谈判的基础上进行进一步的谈判。

◇ 山冈铁舟（1836—1888），幕末幕臣、政治家

三月十三日（1868年4月5日），胜海舟与西乡隆盛进行第一次会谈，双方争论的焦点在于德川庆喜的处分问题上，幕府方面表示可以接受和平移交江户城以及军舰、武器等要求，但朝廷方面必须宽容处理德川庆喜。英国公使巴夏礼也给西乡隆盛施加了压力，在诸多因素的作用下，西乡隆盛的态度开始软化。次日，西乡隆盛与胜海舟最终达成了江户移交协定：

1. 德川庆喜移居故乡水户藩，隐居谨慎。
2. 佐幕派诸侯获得宽容处分。
3. 幕府方面和平移交所有武器和军舰。
4. 城内居住之幕臣移居城外。
5. 和平移交江户城，由田安德川家的德川家达继承德川谱系。
6. 努力确保江户城中不发生大规模暴乱。

四月，西乡隆盛在横滨会见英国公使巴夏礼时，巴夏礼告诫西乡隆盛说，如果要苛刻处分德川庆喜，将有违国际法的基本准则，欧洲各国也将舆论大哗，这对新政府的名声是一大损害。西乡隆盛于是保证将宽大处理前将军以及那些劝诱将军进军京都的人。

四月十一日（1868年5月3日），江户城开城，和平移交给新政府。十天以后，东征军大总督有栖川宫炽仁亲王进入了江户城。这座人口过百万的城市终于在不流血的情况下被官军控制。田安德川家的德川家达继承德川宗家，被转封至拥有骏河、远江等处70万石领地的“骏河府中藩”。

江户的开城使日本新政府的建都问题凸显了出来，鉴于京都地区建都的诸多弊端，新政府一直在讨论营建新都的问题。大久保利通曾经建议天皇西巡，趁机奠都大坂，以示朝廷的新气象。这个意见遭到诸多人反对，许多人不愿意放弃自平安时代建都至今已逾千年的首都京都。但江户开城以后，控制关东地区就成为朝廷不得不关注的问题，在北方局势尚较混乱的情况下，朝廷亟须稳定关东的人心。因此，又有人提出了设东西两都的提案，建议朝廷确立江户和京都为东西两都，这个意见得到大久保利通的赞同。庆应四年七月十七日（1868年9月3日），明治天皇正式发布诏书：

朕今亲裁万机，绥抚亿兆黎民。江户者，东国之第一大镇也，四方辐辏，其地宜亲临以视政焉。因是，自今改江户为东京，以示朕海内一家，东西同视之意，国民黎庶共体此意。

九月，明治天皇东巡，昔日将军所居的江户城成为皇居。明治二年（1869），明治天皇再度东巡，以此为标志，东京成为日本事实上的首都。

第三节 最后的挣扎

一、新选组

新选组的前身壬生浪士组中原本有不少尊王攘夷派人士，如果说那个时代的新选组还保留着一种多元化思想的话，那么在确立了近藤—土方体系以后，新选组就日益演变成了一个忠诚于幕府的杀手集团。伊东甲子太郎等人的入队和脱队，以及在此前后发生的一系列事件可以说是新选组变化的一个缩影。

伊东甲子太郎，本为一名崇尚水户学的尊王者，他师从北辰一刀流。当时这个流派中有相当一部分人已经加入了新选组，包括副长山南敬助、八番队组长藤堂平助等人，而此流派的人也多持尊王思想。因此，新选组在元治元年（1864）十月扩招时，伊东甲子太郎便得到山南敬助和藤堂平助等人的引荐，得以加入，成为新选组的参谋。

不过山南敬助等人对于新选组的职能始终不解，他们最初加入其中，是希望在这个乱世中，和一干同道之士服务于幕府，实践自己的尊王攘夷思想。但现实却是：新选组奉幕府的命令，不断追杀尊王攘夷人士，因为这些过激派的攘夷分子在京都扰乱治安，破坏稳定。山南敬助、藤堂平助和伊东甲子太郎等人与新选组因为“攘夷”而结为一体，但随着时代的发展，他们的“尊王倒幕”主张和近藤勇等人的佐幕思想却日益抵触。伊东甲子太郎等在加入新选组后一年，就萌生了退出的念头。

元治二年（1865）二月，山南敬助在留下一纸“吾已往江户”的便笺后，悄然离开新选组。近藤勇闻讯，派人抓回了山南敬助。根据一些记载，新选组中有五大禁令：

一、不可违背武士道；
二、不可擅自脱队；
三、不可随意收受财物；
四、不可随意介入诉讼纠纷；
五、不可内部私斗。

对触犯这五条禁令的人，新选组的处分只有一个——切腹谢罪。山南敬助违反的正是上述第二条禁令。作为新选组副长的山南敬助不能违令，只能切腹自戕，冲田总司为其担任“介错”（日本古人切腹时为之砍下首级者）。

道不同不相为谋，庆应三年（1867）三月，伊东甲子太郎与藤堂平助等十余人借口为孝明天皇守陵，宣布脱离新选组。这些“御陵卫士”另组成高台寺党，积极与萨摩的倒幕派联系。在同年六月，幕府承认新选组为幕臣，这让非武士阶层出身的近藤勇和土方岁三等感到莫大的荣耀，他们对幕府的知遇之恩感激涕零，新选组终于成为坚定的佐幕派。

从幕府所宣传的“大政委任”说来看，效忠幕府与效忠朝廷本来是无区别的，但在幕末这个特殊时代，许多人必须在尊王和佐幕之间做出选择。

作为幕臣的新选组对于伊东甲子太郎等“叛变者”更加不能容忍。六月，新选组副长土方岁三获悉五番队组长武田观柳斋有联络高台寺党、企图脱队的嫌疑，便先下手为强，将武田观柳斋暗杀。十一月十八日（1867 年 12 月 13 日），新选组局长近藤勇借口商议国事，将伊东甲子太郎骗到自己家中饮酒，将他灌得酩酊大醉，伊东甲子太郎在回家的路上被新选组的大石锹次郎伏击，当场命丧。新选组还将他的尸体陈于油小路，等待为之收尸的高台寺党人。藤堂平助、服部武雄、毛内有之助这三人中了埋伏而被砍杀。近藤勇以血腥的手段肃清了新选组中的反对势力，但他也因此遭到报复。同年十二月，近藤勇在京都伏见街道遭到高台寺党的枪击，身负重伤。

近藤—土方体系至此发展到了顶峰，成为幕府最强硬、最坚定的维护者。即便是在“大政奉还”和江户开城以后，新选组仍在近藤勇的领导下，执着地进行着反抗官军的战斗。

在甲斐胜沼之战后，新选组内部再一次发生分裂，以永仓新八和原田左之助为首的部分成员因与近藤勇意见不合，出走自组“靖兵队”。而此时的近藤勇已经无暇去执行“局中法度”，肃清这些脱队者了，他自己也面临着危机——随着江户开城，新选组这些残余势力成为官军追捕围剿的对象。

庆应四年（1868）四月，在下总国流山一带募集军队抵抗的新选组被政府军包围，近藤勇虽然化名大久保大和，但仍为政府军中的高台寺党人认出。走投无路的近藤勇被政府军抓获，四月二十五日（1868 年 5 月 17 日），近藤勇被处死，枭首于三条河原，实践了他“一死报君恩”的理想。

五月三十日（1868 年 7 月 19 日），新选组另一骨干——身患肺结核的冲田总司在获悉近藤勇被杀的消息后病亡，享年不过 24 岁。新选组最终集合在土方岁三的麾下，继续为已经不存在的幕府而战。

◇ 土方岁三（1835—1869），新选组副长，因其实行铁的纪律，号称“鬼之副长”

土方岁三为新选组中地位仅次于近藤勇的二号人物，号称“鬼之副长”。他和近藤勇一样，是武藏国多摩郡的农民出身，曾经以卖药为业，后加入了近藤勇的试卫馆，成为天然理心流的门人。新选组历来的重大行动，都由这位“鬼之副长”幕后策划。近藤勇死后，他成为新选组当之无愧的领导者。

土方岁三决定改变近藤勇那种单打独斗的做法，准备与幕府军的残余势力合流作战。在江户开城后，以幕府海军副总裁榎本武扬为代表的抗战派率领的八艘军舰拒绝移交，载着主战派官兵驶离江户，向北进发，到下总国的馆山登陆。另一方面，幕府的陆军在步兵奉行大鸟圭介的率领下也在向下总国市川一地移动，与支持幕府的新式陆军撒兵队会合。土方岁三的新选组成员也加入到了他们的行列中。新政府军要保护已有成果，进而统一全国，就得面对这些强硬派的严峻挑战。

二、彰义队

旧幕府的陆军和撒兵队在下总国一带集结的消息为新政府获知后，新政府军集结了众多藩兵前往，要求旧幕府军交出武器，无条件投降，但这个要求被拒绝。由于下总和江户近在咫尺，刚刚和平易手的江户城再一次面临着威胁。

庆应四年（1868）四月，旧幕府军和新选组在大鸟圭介和土方岁三的指挥下，会合桑名藩抢先动手攻击下野国宇都宫城。宇都宫城是一座古城，其附近就是德川家康的日光东照宫，夺取这一地带，不但可以威胁江户，对于激励旧幕府军的士气也是有着重大意义的。因此，土方岁三亲自督阵，在一天之内拿下了这座防备空虚的城池。

三天后，以萨摩、长州、土佐等藩组成的军队在大炮的掩护下，发起了对宇都宫城的反攻。最终这座古城在炮火中被毁，新政府军夺回了这个战略要地，新选组与旧幕府军再度北撤。

另一方面，庆应四年闰四月三日（1868 年 5 月 24 日）凌晨，撒兵队对新政府军冈山藩一侧的阵地发起了攻击，刚刚从睡梦中惊醒的冈山藩兵还没有反应过来就做了刀下冤魂。冈山藩阵地上的枪炮声和厮杀声惊动了附近的佐土原藩（萨摩支藩）的藩兵，他们以最快的速度移动到船桥一带，接应从市川撤下来的冈山藩败兵。萨摩人可不是吃素的，他们架起了大炮，猛烈地轰击追赶而来的撒兵队，市川一带的街町遭到轰击以后因风起火，成了一片火海。撒兵队被这种惨烈的战况所震慑，最终败退。幕府残余势力夺回江户的企图遭到了挫败。

不过在另一个战场上，还有一批旧幕府的坚定支持者在抵抗着新政府军，那就是彰义队。

彰义队的成立时间要远远迟于新选组，是一个幕府崩溃前夜才出现的组织。庆应四年（1868）二月，德川庆喜决定离开江户到上野的宽永寺隐居，以促进江户问题的和平解决。但在江户，仍然有大批幕臣、武士甚至町民对新政府怀有不满，尤其是对萨长两藩抱有强烈的敌意，这既是由幕府和朝廷之间的多年恩怨造成，

◇ 海江田信义（1832—1906）

也是日本历史上关东关西互相排斥的心态所致。在这种心态的驱使下，在德川庆喜宣布归隐之同时，江户的武士、町民集结起来，在德川庆喜的旧臣涩泽成一郎的领导下，又吸纳了一大群藩士，结成了尊王恭顺有志会。从名字上看，这似乎是一个尊王的组织，但他们提出的口号“讨萨贼，护卫将军”，体现出这个组织的佐幕性质。

后来，尊王恭顺有志会的参与者在浅草的东本愿寺举行了集会，正式宣布改组为彰义队。他们共推涩泽成一郎为头取，以幕臣天野八郎为副头取，逐渐吸收江户一带的无业游民和武士加入，规模迅速扩张。幕府恐怕出事，就决定让彰义队参加江户城的治安维持工作。

庆应四年四月十一日（1868 年 5 月 3 日），江户城和平移交给新政府。作为幕府中的强硬派，彰义队与新选组一样，对此表示不满和愤慨。在德川庆喜所在的宽永寺担任将军护卫工作的彰义队在江户开城以后仍留在宽永寺，接到新政府就地解散的命令后，彰义队内部发生了分裂，正副首领涩泽成一郎与天野八郎争论着究竟是引兵北走还是继续驻扎江户。后来，涩泽成一郎一怒之下，带着一批人离开了彰义队，另组振武军。而天野八郎所率的彰义队仍然驻留在宽永寺，他们拥立在此隐居的轮王寺公现入道亲王为首，坚决对抗新政府的解散命令。

担任新政府军军务局判事兼江户府判事的长州藩士大村益次郎很快听说了消息。在如何处理彰义队的问题上，大村益次郎与萨摩的海江田信义也发生了争执，最终西乡隆盛出面调停，决定采纳大村益次郎的武力解决方案。新政府军在大村益次郎的指挥下，调集大炮对准了宽永寺，将周边的逃跑路线尽数切断，仅留根岸方面一口。

庆应四年五月十五日（1868 年 7 月 4 日），新政府军在大村益次郎的指挥下发起了对宽永寺的攻击。当时正在下雨，新政府军和彰义队在宽永寺的各个大门进行了激烈的对抗，两军一度胶着。直到新政府军调来大炮，西乡隆盛才指挥萨摩军在大炮掩护下结束了长达一天的战斗。彰义队在这场战役中被镇压。被捕的天野八郎后瘐死狱中。

残余的彰义队队员以及涩泽成一郎手下的振武军离开了江户一带，他们和新选组、旧幕府军一样，纷纷向北陆和东北的越后、陆奥、出羽等地败退。榎本武扬领导的幕府海军充当了运输大队，帮这些旧幕府的残余抵抗势力向北撤退，最终集结到奥、羽、越一带。

奥、羽、越三州位于日本本州岛的最北面，而新政府军要讨伐的两大"朝敌"——会津藩和庄内藩，正位于这里。

位于陆奥国的会津藩在幕末显赫无比，原因就在于藩主松平容保任京都守护职。在幕府崩溃的那段日子里，作为京都守护职的松平容保是幕府的强硬派领袖之一，他反对"大政奉还"，也极力主张"讨伐萨贼"。其麾下的新选组成员个个双手沾满了萨、长两藩"尊王"志士的鲜血，会津藩因此被萨、长各藩视为眼中钉，所以由萨、长等强藩控制的新政府自然将之列为"朝敌"。

出羽国的庄内藩和会津藩的情况大同小异，庄内藩是谱代大名，其藩主是世仕德川家的酒井氏，初任藩主为德川四天王之一的酒井忠次。作为三河德川家的宿臣，庄内藩历代都颇受幕府信任，在幕末时代，其担负着江户的治安警备工作。西乡隆盛为挑衅幕府，在江户烧杀劫掠，目标就是庄内藩及其所属的新征组。萨摩和庄内就是在这个时候结下了仇怨。庄内藩也被列为"朝敌"。

不过，在北方，对会津、庄内两藩抱有同情心的大有人在，包括在北方最有影响力的两个外样大名——米泽藩与仙台藩。

庆应四年（1868）三月，朝廷任命公卿九条道孝为奥羽镇抚总督，率领着奥羽镇抚总督府的一干人等浩浩荡荡地来到了仙台。等到任以后才发现，自己被满满的敌意所包围。也正是他的到来，揭开了北方战局的序幕。

三、东北战乱

今天的日本，以东京为中心的关东一地是全国的经济中心。但在古代，关东以及更北地区的开发远远晚于西国。在源赖朝建立镰仓幕府的12世纪，今天的伊豆半岛还是流放之地（源赖朝本人就被流放伊豆）。而最北的陆奥、出羽更是地广而人稀的苦寒之地。因此，处于幕府势力范围内的东国与天皇朝廷的联系远不如从奈良平安时代起就在朝廷统治下发展繁荣的西国。关东和关西的隔阂有着如此深远的历史，所以关东大名在幕末的佐幕态度与长州、萨摩等西部大名的“亲朝”态度一样坚决。

◇ 伊达庆邦(1825—1874)，仙台藩主，奥羽越列藩同盟实际上的盟主

仙台藩是江户幕府最大的外样大名之一，初封领地高达 62 万石。仙台藩的初代藩主是安土桃山时代著名的大名“独眼龙”伊达政宗。他是一个野心与能力不相符的人，有着统治全国的野心，却没有争夺天下的能力。为了得到他的支持，德川家康曾经许诺给他百万石的领地，于是他在关原之战中加入了东军。最终，德川幕府给予他仙台藩 62 万石封地，这个数目足以令伊达家在江户时代傲视群雄。封地多少决定了兵力，因此仙台藩的军事实力自然是不容小视的。

米泽藩是由战国时代的越后大名上杉家转化而来，在关原大战中加入西军的上杉家在战后被德川家康减封为 30 万石。但米泽藩仍然有着不俗的实力。特别是经过上杉鹰山的藩政改革后，米泽藩的经济实力更为雄厚，成为东北的强藩。

作为两大强藩藩主的伊达庆邦和上杉齐宪都是颇为热心的人，尤其是伊达庆邦，此人很大程度上遗传了他的祖先伊达政宗的性格。仙台藩和米泽藩本无意与新政府对抗，但他们对会津和庄内两藩却抱有兔死狐悲之感情。因此，两藩在听从奥羽镇抚总督府的征伐命令之余，也竭力斡旋，希望在会津和庄内两藩屈服的前提下，和平解决所谓的“朝敌”问题。

庆应四年（1868）四月，根据奥羽镇抚总督府的命令，仙台藩派出了军队，陈兵于仙台和庄内两藩的边境地带，等候作战。仙台藩自然不是想真正和庄内藩起冲突，伊达庆邦希望仿效江户开城的例子，极力劝说会津、庄内两藩以降服换取赦免。但会津、庄内两藩对萨、长主导的新政府充满了不信任，他们已经达成了统一战线，要求在保留武装的前提下降服。在这种情况下，闰四月时，由仙台、

◇ 在战火中毁损的会津若松城

米泽两强藩主导，奥羽之地共14个藩在白石城举行了联合会议，讨论并通过了奥羽列藩联名要求镇抚总督府赦免会、庄两藩的协议。随后，列藩联名写了请愿书，交给了镇抚总督府。

眼看一场战火正要消弭于无形时，一位搅局的人物突然出现了。就在这个月，奥羽镇抚总督府的下参谋世良修藏从仙台来到福岛藩前线督战，他催促各藩立刻组织兵力消灭会、庄两藩。但诸藩对此反应很消极，甚至有退兵的计划。世良修藏是一名长州藩士，他立刻写了一封密信给另一名下参谋——萨摩藩士大山纲良。在信中，他要求大山纲良坚决采取武力进攻，甚至将奥羽之地各藩都指为敌人，请大山纲良迅速向朝廷求援，平定奥羽。巧合的是，这一封信恰恰为仙台藩的人所截获。

伊达庆邦大为恼怒，他本就对南方的萨、长两藩派人带着军队来东北指手画脚有所不满，此时这些人又破坏他的和平建议，于是一怒之下，下令将世良修藏捕获杀死，并软禁了正在仙台的总督九条道孝。五月，奥、羽25个藩在仙台达成了向朝廷直接请愿的协定，并宣布成立奥羽列藩同盟，邻近的越后国的六藩随后也加入进来，形成了有31个藩参加的奥羽越列藩同盟。

正在庄内前线的副总督泽为量闻讯大惊。五月，新政府军开始组织人马对东北作战。奥羽越列藩同盟和平解决问题的希望完全破灭，他们开始倾向于独立。六月，奥羽越列藩同盟决定拥立轮王寺公现入道亲王为盟主，正式成立“北部政权”。仙台、米泽两藩的藩主就任总督，旧幕府的老中板仓胜静和小笠原长行出任参谋。一切政策皆以奥羽越列藩会议的决议为准，同时在白石城设立奥羽越公议府，讨论重大事宜。奥羽越列藩实质上已脱离了中央政权。新政府军决定以武力讨伐，派遣以佐贺、小仓两藩为主力的军队在仙台一地登陆。

这本是一场可以避免的战争，但由于各方互相猜疑，受野心和利益的驱动以及各种因素影响阴差阳错，最终引发了戊辰战争中规模最大的一场对决。

其中列藩同盟一方并非是铁板一块，有一个藩很快就转投了政府军，这个藩就是出羽的久保田藩。

久保田藩又称秋田藩，其藩主佐竹氏是战国时代的常陆守护佐竹义重的后人。常陆佐竹家与伊达家是一对宿敌，伊达政宗和佐竹义重两人曾经几次在战场上兵戎相见，杀得难解难分。在关原大战中，佐竹家支持西军，因此被处分转封秋田。所以，久保田藩脱离伊达家主导的列藩同盟也就不足为奇了。更为重要的是，久保田藩受到出身于本藩的国学学者平田笃胤思想的影响，有着浓厚的尊王气氛。

这一事件引发了多米诺效应，新庄、本庄、龟田等藩纷纷脱离同盟转向政府军方面。庄内藩又一次陷入四面楚歌的境地。

处于绝境的庄内藩决定主动出击，七月，向邻近的新庄藩进攻，一鼓作气拿下了新庄城，逼近久保田藩。仙台、盛冈两藩也从两个方向向叛徒久保田藩迫近。久保田藩的局势不容乐观。在家老楢山佐渡领导下的盛冈藩进攻最为积极，和久保田藩从八月开始就在久保田藩领地内的扇田—大馆城一线展开激烈的拉锯战，新政府军不得不分派佐贺藩兵前往支援，才扭转了战局。

闰四月，会津藩趁机夺取了白河城，新政府军在萨摩藩伊地知正治的指挥下前来争夺这一战略要地，并获得了胜利。同时由于会津藩一方的二本松藩被投靠政府军的三春藩所消灭，从而使其两面受敌。七月，在夺取二本松城后，板垣退助决定先攻会津，新政府军在母成垰击败旧幕府军后，又突破了大鸟圭介所率的旧幕府步兵队的防御，包围了若松城，而会津藩几次对白河城的攻击都遭到失败。

在越后方面，长冈藩与新政府谈判破裂，加入列藩同盟，以山县有朋和黑田清隆为首的北陆道镇抚总督府发起了北越攻势。长冈藩凭借自新潟港源源不断运输而来的武器弹药和补给支援，对新政府军的榎峠一侧发起攻击，被萨长军击退。山县有朋看出了长冈藩战略布局的弱点，组织军队从海路迂回，直插长冈城。猝不及防的长冈藩还是组织了有效的抵抗，虽损失巨大但保住了主城。七月，新潟港被新政府军占领，外援断绝，长冈城也在同日陷落。在越后战场上，新政府军获得了胜利。

此时奥羽越列藩同盟败局已显。八月，仙台藩与新政府军在旗卷峠一地决战，仙台藩装备落后，许多士兵甚至还在使用战国时代的前装式火绳枪，经过数度拉锯后，仙台藩一败涂地，藩内的恭顺派意见开始抬头。另一方面，越后战争结束后，新政府军逼近越、羽边境，深感威胁的米泽藩在九月初宣告降服。随后，仙台藩与新政府军也达成了降服协定。两大盟主的降服标志着奥羽越列藩同盟的崩溃。九月底，失去同盟军支持的会津藩走投无路，也宣告投降，接着，盛冈、庄内等藩也无力再战。新政府军最终平定北方。

在这场波及三州的大战过后，新政府给予了奥、羽、越的叛乱者严厉的处分。始作俑者仙台藩和米泽藩遭到减封，会津藩则被没收领地，转封斗南藩，藩主松平容保被禁锢，而庄内藩得到了西乡隆盛的宽大处理。其他参与的各藩都受到了不同程度的处罚。陆奥和出羽两国也被分割，陆奥国被分为陆中、陆前、岩代、磐城、陆奥五国，出羽国被分为羽前、羽后两国。

在奥羽越列藩同盟走向失败的时候，寄泊于仙台的榎本武扬舰队又一次开始北逃，运载着大鸟圭介的旧幕府陆军、土方岁三的新选组、彰义队和同盟军中的残余势力，在十月悄悄地离开了仙台。这一群幕府最后的忠臣的目的地是——北海道。

四、虾夷的闹剧

北海道古称“虾夷”，这里夏凉冬寒，是日本四个大岛中开发最迟的一个岛屿。直到江户时代中期，日本人才搞清楚北海道的轮廓。在幕末时代，北海道南端的箱馆被列为通商口岸之一，繁荣初显端倪。为了适应通商口岸管理的需要，幕府在箱馆建起了一座城堡。这座完工于庆应二年（1866）的城堡在当时的日本是一座颇为独特的建筑，它创造性地采用了西方的稜堡样式，从空中俯视，整个建筑就像一颗巨大的五角星。稜堡是一种出现于欧洲中世纪晚期的城堡样式，星状的建筑形式能最高限度地减少防御时的射击死角。当然，幕府当初修筑这座五稜郭时，并没有想到这个城堡将成为自己最后的据点。

明治元年十月二十一日（1868 年 12 月 4 日，庆应四年九月改元明治），由榎本武扬舰队带来的旧幕府军残余势力约 3000 人在北海道登陆，他们决定在这里建立一个根据地，继续和明治政府对抗。

旧幕府军在大鸟圭介、土方岁三的率领下，很快击败了箱馆当地政府军，逼近五稜郭。箱馆府知事清水谷公考眼见不敌，只好放弃了五稜郭。旧幕府军轻松占领了箱馆，并向北海道一地的松前藩进发。松前藩原属奥羽越列藩同盟，后追

◇ 五稜郭（摄于明治元年）

随久保田藩转投新政府军，自然成为这批旧幕府军报复的对象。松前城在十一月被土方岁三拿下，藩主和当地的难民一同逃亡。到了十二月，北海道一地已经全部落入旧幕府军之手。

明治元年十二月十五日（1869年1月27日），占领北海道的旧幕府军举行士官以上人员参加的投票选举。在800多张选票中，榎本武扬以156张选票获得第一，当选为总裁。原幕臣松平太郎获第二，出任副总裁。土方岁三、大鸟圭介等人也参加了选举。根据选举结果，榎本武扬组织了箱馆政权，设置海军奉行、陆军奉行等职，并任命阁僚。

一群脱胎于旧幕府的人，在虾夷这块弹丸之地，竟然出人意料地玩起了民主选举，这不能不让人人呼惊奇。不过考虑到榎本武扬等人的外国求学经历，此事恐怕就不足为奇了。榎本武扬曾留学荷兰，学习海军，也曾学习国际法。他和英、法等国关系密切，因此是这个"虾夷共和国"最合适的领导人选。也正因为如此，英、法两国在箱馆的领事和海军舰长都乐见这个政权的出现。他们承认"虾夷共和国"为"事实上的政权"。

不过，这个民主选举的所谓的"共和国"，它的整个政府机构仍然是换汤不换药，维系着原本幕府的组织形式。"虾夷共和国"实质上是一个统治着北海道的"榎本幕府"。由于军费紧张，榎本政权开始以各种方式从北海道原住民手里榨钱，此事虽然被土方岁三所反对，但仍然付诸实施。从建立开始，这个政权就隐藏着危机。

新政府军自然不会允许这个政权的存在。在旧幕府军征服北海道的同一时间，新政府军已于隔岸相望的津轻地区集结。要击败盘踞在北海道的旧幕府军，就必须渡过津轻海峡进行登陆作战，所以必然得应对榎本武扬手下旧幕府海军的威胁。为此，明治政府特别调来了"甲铁舰"（又名东舰）。

从19世纪50年代开始，海军技术有了新的进步，那就是铁甲军舰的诞生。铁甲军舰的诞生有两大契机，其一是欧美各国炮弹技术的进步使他们普遍发现在海战中木制战舰无法抵御炮弹的轰击，所以战舰的防御能力需要进一步提高；其二是第一次工业革命以后欧美各国炼铁技术得到了飞跃发展。这两大产业技术革命催生了海军装备的革新。1859年，法国建造了世界上第一艘能远洋航行的铁甲舰“拿戈卢”号（La Gloire），揭开了欧美海军铁甲舰军备竞赛的序幕。为与之对抗，英国海军很快在1860年下水第一艘铁甲舰“勇士”号（HMS Warrior），随后，各列强纷纷跟进。敏锐查知这一海军革命趋势的日本也开始寻求拥有铁甲舰的途径。

1863年，法国南部的波尔多造船厂开工建造一艘铁甲舰，名为“斯芬克司”号（Sphinx）。这艘船最初的客户是美国南北战争中的南部邦联，1864年6月21日，该船举行下水仪式，由客户定名为“石墙”号（CSS Stonewall），但由于当时的美国北方政府向法国政府提出交涉，法国政府迫于外交压力，毁弃了与南部邦联的合同，把这艘军舰转卖给了丹麦海军，改名为“斯特克柯达”号（Staerkodder）。不过，丹麦也有宿敌，那就是当时对丹麦石勒苏益格－荷尔斯泰因地区虎视眈眈的普鲁士，普鲁士也不愿意看到丹麦海军强大，所以在1865年南北战争结束后，统一后的美国又把这艘船从丹麦手里买走，仍然命名为“石墙”号。庆应三年（1867），以小野友五郎为首的幕府代表团访问美国，提出购买“石墙”号，得到了美国方面的同意。交易尚未达成时，日本就爆发了倒幕的戊辰战争，新政府为对抗幕府军，也提出要购买“石墙”号，美国人见战况胶着，就决定暂时持船观望，宣布局外中立。直到江户城无血开城后，美国人才终于决定承认明治新政府，并把该船出售给政府军。为适应国内战争的需要，新生的明治政府不顾财政困难，咬牙买下了这艘铁甲船。甚至还因此出了点财政问题：

◇ “虾夷共和国”总裁榎本武扬（1836—1908）

该船驶回日本的时候，正好赶上“王政维新”的明治政府成立，即明治元年（1868）。关于这件事情，后来我遇到当时负责会计的由利公正，据他说：“当时明治政府手里并没有钱，支出那样一笔费用实在有些困难，好容易才凑了几十万美元给了人家。”我一听这话就知道是弄错了，我告诉他说：“我们这方面还有一些余款存在美国呢！”由利听了大吃一惊，后来不知这笔钱落到哪儿去了，肯定是把款付重了。当然这笔付重的款项美国人并没收取，一定落到别人手里了。①

这艘船遂成为日本第一艘钢铁装甲军舰，也使新政府军在津轻海峡获得了相对的装备优势。

榎本武扬在江户开城后带出了八艘军舰，分别是开阳丸、回天丸、蟠龙丸、千代田形丸四艘军舰和神速丸、长鲸丸、美贺保丸、咸临丸四艘运输舰。其中咸临丸在追随榎本舰队逃脱时遭遇暴风雨，为新政府军所俘。回天丸是普鲁士但泽造船厂建造的第一艘军舰，是一艘木制明轮式蒸汽船，蒸汽机为英国产品，排水量 710 吨。这艘军舰在 1855 年建成后先入籍普鲁士海军，被命名为“但泽”号（Danzig）。1863 年，这艘服役年限已满的军舰被公开出售，卖给了英国商人，英国人在伦敦对其进行了大改装，重新加装火炮，改名“鹰”号，再经由美国商社之手，于庆应元年（1865）卖给了日本人，售价 18.6 万美元。该船抵达长崎以后，第二年就参加了征讨长州之役，其最大的优势是作为一艘不到千吨的蒸汽船，却拥有 400 马力的强劲动力，是一艘货真价实的快船。

榎本武扬的旗舰开阳丸在文久三年（1863）八月四日于荷兰多德雷赫特市开工建造，当时正在荷兰留学的幕臣榎本武扬等人密切关注着该舰的建造进度。元治元年（1864），根据幕府的指示，内田恒次郎、榎本武扬、泽太郎左卫门等留学者经过讨论，同意了榎本武扬提出的建议：取荷兰语“Voor lihter”（意为“黎明”）的含义命名其为“开阳丸”。当时，榎本武扬等人还目睹了 1864 年的普鲁士—丹麦战争，在这场战争中，普鲁士一流军工企业克虏伯制造的大炮的强大威力让这些日本留学生深受震撼，于是他们坚持给“开阳丸”装备 16 厘米口径的克

①［日］福泽谕吉著，马斌译：《福泽谕吉自传》，第 142 页，商务印书馆 1980 年版。

◇ 甲铁舰

◇ 回天丸

虏伯炮18门，另装16厘米口径滑膛炮6门、9英寸口径达格伦炮（Dahlgren gun）9门。1865年9月14日，该舰完工下水，排水量2590吨，全长72.8米，宽13米，装备三桅帆及410马力蒸汽机，搭载定员303名，最高速度能达到12节。当时该舰号称“连荷兰海军都无可匹敌的军舰”。1866年10月该舰从荷兰起航，于庆应三年（1867）三月抵达日本横滨，幕府军舰奉行胜海舟亲自到港口迎接。两个月后该舰正式入列幕府海军。这艘被寄予厚望的军舰曾经在日本历史上第一次蒸汽军舰内战中获胜。庆应四年一月四日（1868年1月28日），榎本武扬率领的“开阳丸”停泊于大阪湾，当时萨、长与幕府的伏见·鸟羽之战已打响，停泊在兵库的萨摩军舰“春日丸”和运输船“翔凰丸”“平运丸”试图航往鹿儿岛，被“开阳丸”察知。“开阳丸”发炮示警，要求对方停船，但萨摩海军置若罔闻，“开阳丸”遂向“春日丸”“翔凰丸”发炮攻击，“春日丸”不敌“开阳丸”，侥幸逃脱，而“翔凰丸”搁浅被迫弃舰。

然而这艘战功赫赫的军舰在登陆北海道之时却遭遇了不幸。为配合幕府进军松前，“开阳丸”在十一月十一日从箱馆出发前往江差冲，向对岸轰击，十一月十四日，旧幕府军占领江差。然后悲剧发生了，十一月十五日，江差海岸突起狂风巨浪，停泊于此的“开阳丸”不幸触礁，船员被迫弃船。几天后，榎本武扬等不得不眼睁睁地看着这艘服役刚满一年的军舰沉没海底。损失了主力战舰“开阳丸”

的榎本武扬面临新政府铁甲军舰咄咄逼人的挑战，不得不兵行险着。

明治二年三月二十五日（1869 年 5 月 6 日），“虾夷共和国”海军奉行荒井郁之助得到了一个重要情报，新政府海军的甲铁舰以及其他三艘军舰在宫古湾（今日本岩手县宫古市）停泊。荒井郁之助遂拟订了一个大胆的作战计划——奇袭宫古湾，捕获甲铁舰。“虾夷共和国”准备孤注一掷，于是派了回天丸、蟠龙丸和高雄丸（本为久保田藩所有，被旧幕府军捕获）三艘军舰出击。然而在途中，由于风浪和天气的影响，蟠龙丸脱离队伍，高雄丸因为速度过慢被抛在后面，回天丸只有孤军作战。黎明时分，回天丸挂着美国国旗悄悄进入了宫古湾，在进入攻击范围后，突然换上日本的旗号，靠近甲铁舰进行接舷战。一阵慌乱后，甲铁舰回过神来，用舰上的炮进行回击。周围的新政府海军也聚集起来帮忙回击，回天丸舰长甲贺源吾被弹丸打中头部阵亡。指挥官荒井郁之助不得不放弃了原本的计划。遍体鳞伤的回天丸勉强与蟠龙丸会合后撤退。高雄丸在撤退时触礁自沉，舰员投降。

这一次奇袭给新政府海军留下了很深刻的印象。特别是幕府海军先发制人突然袭击的战术，简直是对自己的一次实战指导，后来日本海军多次运用这一战术，并屡屡奏效。

宫古湾奇袭的失败使旧幕府军失去了制海权，新政府军得以从容地在北海道登陆。明治二年四月九日（1869 年 5 月 20 日），新政府军先遣队在海军炮火的掩护下，于江差一地登陆，顺利夺取滩头阵地。随后黑田清隆所率领的主力部队3000 余人登陆，兵分三路从松前、木古内、二股口三个方向向箱馆进军。

旧幕府军立刻组织反扑。松前防线的旧幕府军向江差方向推进，被炮火击退；木古内防线的旧幕府军由大鸟圭介指挥，由于麾下彰义队作战勇猛，曾一度夺回木古内，但因孤军深入而被消灭，大鸟圭介被迫向箱馆方向退却；二股口防线由土方岁三指挥，他利用地形的优势在台场山构筑工事，多次打退新政府军的进攻，但由于松前和木古内两路失守，唯恐后路断绝的土方岁三也被迫放弃防线退向箱馆。

就在陆上战事正酣时，海上的战斗也再次打响，新政府海军占了压倒性优势。四月三十日（1869 年 6 月 10 日），旧幕府军的千代田形丸被捕获，回天丸和蟠龙丸两艘军舰受损严重，在数日后触礁。蟠龙丸被击沉；回天丸在弁天台场动弹不得，船员上陆以后，该船被新政府军烧毁。自此榎本武扬的海军家底损失殆尽。

◇ 箱馆战争

接着，新政府军包围了箱馆，“虾夷共和国”决定做最后的抵抗。大部分旧幕府军退回到五稜郭，并围绕此处设置防线。北路大鸟圭介所率领的陆军五月被新政府军击败，也退回了五稜郭。在南面箱馆湾海岸突出部的弁天台场，箱馆奉行永井尚志率领新选组正准备防御新政府军登陆，但黑田清隆出其不意，爬上了箱馆山南面的悬崖，突然出现在弁天台场守军背后，形成合围之势。驻守在五稜郭的土方岁三听说昔日同志被围，焦急异常，他不顾众人的反对，独自带着军队前往救援，在激战中，土方岁三腹中流弹，落马阵亡。外援断绝的弁天台场守军只好在永井尚志的带领下向新政府军投降，新选组自此结束了其历史使命。最后驻守在五稜郭阵地的是当初黑船来航时第一个与美国人交涉的中岛三郎助，他拒绝了新政府军的劝降，和两个儿子一同战死。

“虾夷共和国”败局已定，明治二年五月十七日（1869 年 6 月 26 日），榎本武扬等人无条件投降，新政府军进入了五稜郭。历时一年的戊辰战争终于以明治政府的完胜而宣告结束，画上了一个完美的句号。

下编

明治时代

明治维新

第五章 新生政权

封建君主并不认为他对臣下负有相互的义务，但对自己的祖先和上苍却有着高度的责任感。他是民之父，民是上天委托他保护的子民。中国的古典《诗经》中说："殷之未丧师，克配上帝。"还有，孔子在《大学》中教导说："民之所好好之，民之所恶恶之，此之谓民之父母。"这样，民众舆论同君主意志，或者民主主义和极权主义就融合起来了。正是这样，武士道也接受并坚信与通常所赋予这个词的意义不同的父权政治。它也就是同关心稍微疏远的叔父政治(即山姆大叔政治！)相对而言的生父政治。专制政治和父权政治的区别在于：在前者的情况下，人民只是勉勉强强服从，反之，在后者的情况下，则是"带着自豪的归顺，保持尊严的顺从，在隶服中也是满心怀着高度自由的精神的服从"。

——《武士道》第 5 章《仁——恻隐之心》

第一节 肇建年代

一、五条御誓文

庆应三年（1867）十月，幕府将军德川庆喜向明治天皇奉还大政，随后，朝廷设立了总裁、议定、参与三职会议，这事实上标志着明治政府已经是一个无可争议的拥有统治权的政府。对于一个新生政权而言，确定施政纲领显然是第一要务。众多有识之士都在认真地思考着这个重大问题。

早在庆应三年（1867），幕末的传奇式政治家坂本龙马就提出了著名的"船中八策”，这不仅仅是一份“大政奉还”的计划书，也是一份有见地有水平的政治纲领。当年十一月，在坂本龙马被刺杀前夕，他又将“船中八策”进一步精练成著名的“新政府纲领八策”：

第一义：招揽天下有名之人材，以备顾问；
第二义：选用有才之诸侯，赐以朝廷之官爵，除现今有名无实之官；
第三义：议定外国之交往；
第四义：撰定律令，新定无穷之大典。律令既定，诸侯皆当率部下奉焉；
第五义：立上下议政所；
第六义：立海陆军局；
第七义：立亲兵；
第八义：皇国今日之金银物价当与外国平均之。

与“船中八策”相比，这是一份精简化的政治纲领，剔除了为“大政奉还”而设的“天下之政权奉还朝廷”一策，并对其他政治观点，包括“定宪法”“设议院”“改官制”“选人才”“立海陆军”“定金银比价”等进行了概括，更加符合政治纲领言简而意赅的要求。

◇ 由利公正（1829—1909），越前福井藩士，明治时期的政治家、实业家

但坂本龙马没来得及看到他的意见为新政府所接受，就被刺客所杀。

越前福井藩士由利公正继承了坂本龙马的遗志，他担负起了为新政府拟定政治纲领的重要任务。由利公正曾投师于横井小楠门下，与坂本龙马私交甚笃，他因为卷入越前藩的政治争论而被判隐居谨慎时，坂本龙马曾来到越前藩，与他就政治问题进行过多次交谈。由利公正因此而深受坂本龙马的影响。在新政府成立以后，由利公正成为三职会议中的参与，这给了他一个就新政府的政纲提出自己见解的机会。

以坂本龙马的“船中八策”为基础，结合

横井小楠等人的思想，由利公正提出了一份草案，包括五条，大体上的内容是：

> 务遂庶民之志，毋使人心倦怠；
> 士民一心，盛行经纶；
> 广求知识于世界，以振兴皇基；
> 定期贡士以让位贤才；
> 万机决于公论而非私论。

从这个草案的第二、四、五条可以看出坂本龙马的思想，而第三条“广求知识于世界”则出自由利公正的老师横井小楠的《国是三论》。由利公正将幕末的政治思想发展成果总结起来，拟成了这份简明扼要的政治纲领，这是他为明治新政府立下的第一功。

这份草案被提交给岩仓具视，同为参与的土佐藩士福冈孝弟根据自己的理解，对其做出了重要更改。福冈孝弟是土佐藩吉田东洋的门下，也是后藤象二郎等土佐“公武合体”派的同门。他和藩主山内容堂一样，主张列藩联合会议这样的政体，因此，他把原本的第五条移到了第一条，并在“万机决于公论”这一条前面加上了“兴列侯会议”一句。“务遂庶民之志”一条也被打上了“公武合体”的烙印，变为“官武一体，以至庶民，各遂其志，毋使人心倦怠”（官武一途庶民に至る迄各其志を遂げ人心をして倦まざらしむるを要す）。

草案最后被送到了长州藩的木户孝允（原名桂小五郎）手中，他和岩仓具视、三条实美两名参与逐字逐句斟酌，删去了“定期贡士以让位贤才”这一条缺乏操作性的条文。根据木户孝允的意见，加上了一条新的内容：“打破旧来之陋习，以本天地之公道。”所谓“天地之公道”，许多研究者指出应该指的是明治时代颇为流行的“万国公法”，也就是国际法。

◇ 福冈孝弟（1835—1919），土佐藩士，明治时期政治家

一廣ク會議ヲ興シ萬機公論ニ決スヘシ
一上下心ヲ一ニシテ盛ニ經綸ヲ行フヘシ
一官武一途庶民ニ至ル迄各其志ヲ遂ケ人心ヲシテ倦マサラシメン事ヲ要ス
一舊來ノ陋習ヲ破リ天地ノ公道ニ基クヘシ
一智識ヲ世界ニ求メ大ニ皇基ヲ振起スヘシ
我國未曾有ノ變革ヲ為ントシ朕躬ヲ以テ衆ニ先ンシ天地神明ニ誓ヒ大ニ斯國是ヲ定メ萬民保全ノ道ヲ立ントス衆亦此旨趣ニ基キ協心努力セヨ

◇ 有栖川宫炽仁亲王亲笔书写的《五条御誓文》

加上这样一条，显然使这份政纲更具开拓性，更能显示除旧布新的决心。

木户孝允还把“兴列侯会议”改为“广兴会议”。对这一句的修改表明了长州藩并不赞同列藩诸侯联合会议这样的政体，而更倾向于以比较空泛的“广兴会议”的方式来解决列藩之间政治观点的分歧。

庆应四年三月十四日（1868年4月6日），明治天皇在京都御所的紫宸殿举行了祭祀天神地祇的仪式，在仪式上他向公卿和诸侯正式公布了“五条御誓文”（五箇条の御誓文）：

> 广兴会议，万机取决于公论；
> 上下一心，盛行经纶；
> 文武一途，自公卿至庶民，各遂其志，令人心不倦；
> 破旧染之陋习，以基于天地之公道；
> 求知识于世界，大振作皇基。①

这五条御誓文集中了新政府中最杰出人才的智慧，阐明了新政府的施政精神，说明此时的天皇政府已经不再是孝明天皇时代那个保守排外的朝廷，而是一个锐意进取，希望改变日本，使之拥有与西洋各国一样强大力量的新生政权。在誓文的最后，明治天皇表示：

> 我国将为未曾有之变革，朕当躬为众先，誓于天地神明之前，定斯国是，立保全万民之道，众亦当秉持旨意，协心努力可也。

①[日]浮田和民稿，板垣退助、大隈重信阅：《政党史》，载大隈重信编：《日本开国五十年史》，第228页，上海社会科学院出版社2007年影印版。

这是明治政府第一次向全国提出它的施政纲领，这五条御誓文也成为明治维新的总纲和指导思想。1000多年前，日本孝德天皇率领群臣在一棵大树下起誓，宣布革新政治，从此揭开了“大化改新”的序幕，而在1000多年后，明治天皇的五条御誓文又为明治维新创造了一个很好的开始。

二、复古政治

五条御誓文为新政府的原则性纲领，但这个政治纲领显然需要具体的措施来实现。庆应四年闰四月二十一日（1868年6月11日），在江户开城以后，明治政府正式颁布了一份政治改革方案——《政体书》。

在《政体书》的开头，首先载明了五条御誓文，并申明此为国家的基本方针，这使五条御誓文有了法律效用。当然，《政体书》最重要的作用是制定了一套全新的官制来取代原本三职会议这样的临时政府模式。

《政体书》的起草者们参考了美国宪法的“三权分立”模式，同时对照日本奈良平安时代的官制，正式决定以“太政官”制代替三职会议。

“太政官”制度是奈良平安时代律令制国家的官制，仿效的是中国唐朝的三省六部制度，但有日本特色。《源氏物语》中曾提到过这一时代的许多官职，比如主人公光源氏从近卫中将这样的武职做起，进而升大纳言、内大臣，直至太政大臣。太政大臣是“太政官”制中的最高长官，其下的左大臣为实际主持政务者，右大臣为辅佐政务者，再往下则是大纳言、少纳言等次官、判官、主典。这一制度下置八省：中务省、式部省、民部省、治部省、兵部省、刑部省、大藏省、宫内省。这些构成了古代日本的行政机关，与负责祭祀的神祇官相对应。后来，随着律令制的不断瓦解，出现了不少“令外官”，如摄政、关白、中纳言等。再后来，以摄政和关白为代表的“摄关政治”的出现，改变了古代日本的政治格局。在镰仓幕府建立武家政权后，这一套制度越来越流于形式化。

《政体书》的发表，标志着“太政官”制的复活，这是明治初期“王政复古”理念的一种体现。但这个“太政官”制虽然披着古制的“皮”，却行着新政的“实”。《政体书》中明确规定了以下两大原则：

一、天下权力一归于太政官，使无政令出于二途之患。太政官之权力分为立法、行法、司法三权，使无偏重之患。

二、立法官不得兼任行法官，行法官不兼任立法官。但都府临时巡察使及外国应接事务则仍使立法官管掌之。[①]

这两条原则确定了《政体书》的性质：采用法国启蒙思想家孟德斯鸠（Baron de Montesquieu，1689—1755）的三权分立学说。在这两大原则基础上，《政体书》规定：

一、太政官分设议政、行政、神祇、会计、军务、外国、刑部七官。

二、立法权归属议政官，议政官分上下二局，上局由三职中的议定和参与组成，议定从公卿和藩主中任命，参与从藩士中挑选；下局由各藩、府、县出一名贡士组成。

三、行政权（《政体书》中所称的行法权）由行政、神祇、会计、军务、外国五官掌握，废除原本的总裁，原副总裁改为辅相（由岩仓具视和三条实美出任），辅佐天皇处理宫内事务，作为行政官之长，掌握行政大权。神祇、会计、军务、外国四官的长官为知事，分掌行政事务。主管立法的议政官不得兼任主管行政的五官，反之亦然。

四、司法权由刑部官掌握。

五、所有官职任期四年，每两年以公开选举之法换选其半。

六、地方上仍分藩、府、县，藩即为幕藩体系下的诸侯，原幕府直辖领地为政府所有，设置府、县。地方不得私铸货币、私授爵位、私自雇用外国人，不得私自与邻藩或外国订约等。[②]

由此可见，《政体书》所规定的“太政官”制，除了沿用“太政官”这个古色古香的名字以外，里面的所有元素几乎都是全新的。其中有关“三权分立”的因素让人眼前一亮。可以说，“太政官”制是明治政府探索近代化政治体系的第一次尝试。

但事实上，“太政官”制中的“三权分立”的形式并不是很明确，虽然《政体书》

①[日]浮田和民稿，板垣退助、大隈重信阅：《政党史》，载大隈重信编：《日本开国五十年史》，第228—229页，上海社会科学院出版社2007年影印版。

②参见：[日]浮田和民稿，板垣退助、大隈重信阅：《政党史》，载大隈重信编：《日本开国五十年史》，第227—228页，上海社会科学院出版社2007年影印版。

规定了立法、司法、行政三权体系，但在实际运作中，作为立法机构的议政官上局在整个政治体系中占据了主导地位。也就是说来自强藩的 11 名参与，即萨摩藩的小松带刀、西乡隆盛、大久保利通、岩下方平，长州藩的木户孝允、广泽真臣，土佐藩的后藤象二郎、福冈孝弟，肥前藩的副岛种臣，越前藩的由利公正、横井小楠（出身于熊本藩，后投越前藩），在新政府中处于决策者的地位。

强藩主导政府的情况是由幕末的局势决定的，以萨、长、土、肥为代表的强藩在推翻幕府的斗争中起到了举足轻重的作用，尤其是萨、长两藩，实力最为雄厚，人才最多，起到的作用也最大。因此，在新政府体制中，他们凭借功勋获得主导权也就不足为奇了。

但这种强藩政治显然不能让人信服，许多参与倒幕的藩因为不能在新政府中获得发言权而怨言纷纷，特别是经过大规模倒幕战争以后，这些出力甚多的藩有的已濒临破产，他们非常反感将功劳揽为己有的萨、长等强藩；而佐幕的各藩与萨、长、土、肥等强藩也在战争中结下了仇怨。所以，《政体书》中规定要设置下局，给予各藩的人才进入中央任职的机会，从表面上淡化萨、长、土、肥主导的痕迹，消除其他各藩的不满和疑虑。作为萨、长两藩代表在中央出仕的大久保利通和木户孝允等人，既想淡化旧藩意识，但又不能不和旧藩保持千丝万缕的联系，这些状况都显示出新政府在成立的时候，已经有了一股浓厚的“藩阀”味道。

在萨、长两藩之内，情况也很复杂。萨摩藩的藩政在倒幕运动以后仍然掌握在岛津久光手中。其支持者当然是藩内的传统上层武士集团以及保守派，而西乡隆盛也在明治二年（1869）带着倒幕运动的凯旋军队回到了萨摩，这些军队团结在西乡隆盛周围，和岛津久光分庭抗礼，成为藩中最危险的一颗定时炸弹。远在京都的大久保利通是萨摩出身者在京都政坛的代表，但他已经和本藩有了相当程度的脱节，岛津久光和拒绝出仕中央的西乡隆盛对他皆有不满。前者的不满情绪是因为倒幕以后自己在中央影响力凋零而产生的失落感所致；后者与大久保利通因政见不同而生出了嫌隙。因此这两方都在批评新政府。长州藩则是另一种情况，毛利敬亲和岛津久光不同，他没有久光那样的野心，而是安于现状，且对木户孝允十分信赖。于是，在朝廷中，就出现萨长争衡的局面，而朝廷与萨摩本藩之间亦有争论。大久保利通、木户孝允、西乡隆盛这三位明治建国的功臣被称为“明治三杰”，这三杰之间的互相制衡成为决定明治初年政局的主要因素。

庆应四年八月二十七日（1868年10月13日），15岁的明治天皇在京都御所的紫宸殿中正式举行了即位大典，典礼过程中神案上摆着一个硕大的地球仪，显示了这位新天皇与众不同的世界观。

九月八日（1868年10月23日），朝廷正式颁布改元诏书，取《易经》“圣人南面而听天下，向明而治”之意，改当年为明治元年。同时颁布了一份“一世一元”诏书，规定此后一任天皇只使用一个年号，杜绝频繁改元之弊。

明治元年（1868）九月底，政府军正式平定奥羽，新政府的基础更为稳固，戊辰战争进入最后阶段，万象更新，一元复始。明治政府中酝酿着一场新的政治变革。

三、奉还版籍

幕府将政权移交到明治政府手中采用的是一种相对和平的方式，也就是所谓的“大政奉还”。因此，明治政府不得不将幕府时期所有的政治遗产继承过来，其中就包括遍布全国的大大小小二百多个藩。江户开城以后，朝廷实际上已经控制了原本由幕府直辖的土地，并废除了这些土地上的统治机关，改制为府、县，由朝廷直接任命知府事和知县事管理。原本大名所领有的藩仍然留存。因此，在明治元年，日本实行的地方制度是藩、府、县三治制，除了朝廷直辖的府县以外，幕藩体系下的藩还在继续发挥着作用。

这其实是一个很奇怪的现象，因为藩和近世大名是在幕藩体系下出现的，必须依托于幕藩体系而存在。但在朝廷为主导的情况下，亲藩、谱代、外样三级制度就失去了意义，原本的参勤交代制度也没有了依据。朝廷不是武家的核心，而朝廷却在为藩的大名发放武家俸禄。

藩的存在对于中央集权也是一种挑战，幕藩体系崩溃以后，各藩日益成为独立王国，藩主在自己的领地里各行其是。而作为中央政府主导的人大都是各藩的中下层武士出身，他们发现改革的阻力往往来自藩内，出身决定了这些人很难使本藩听从自己的意愿。不少有识之士都认识到，想要进一步推行改革，必须收回藩的权力。

明治元年（1868）十月，朝廷颁布了一道命令，开始推行藩治职制，由中央政府任命的执政和参政取代了主导藩政的家老。原本的近世大名体系是日本实行武家政治以来不断发展定型的结果，其典型的特色是家政与藩政的统一。特别是战国时代以后，大名逐渐让家臣集中居住到主城的城下町，这些以家老为代表的家臣此后只对藩主效忠，根据藩主的命令统治本藩。而藩主和家臣都是世袭制，在二百年间一直把持藩政。所以，这一次的任命实质上打破了原本藩主与家臣之间的封建主从关系，藩主的权力被中央政府直接任命的执政和参政所分割。同时，中央政府还决定让每一藩从学校中选拔出一人作为“公务人”（后改称“公议人”）。明治二年（1869）三月，中央政府将议政官的下局改为“公议所”，各藩的“公议人”与政府各官派出的代表在这里讨论国是，“公议人”可以向政府提出意见和建议，维护本藩的利益。这一举措源自幕末时代曾一度流行的藩主会议式的“公议政体”论，这种变相的“公议政体”使藩主的家政与藩的行政进一步分离。

◇ 在古代日本，神社一度和佛教寺院结合为一体，明治政府成立后，为推行神道国教化，一度推动“神佛分离”，剥离神社和寺院之间的关系。图为奈良春日大社，在古代曾和邻近的兴福寺有着密不可分的关系

此后，明治二年（1869）五月，戊辰战争也落下帷幕，统一了全国的明治政府的政权基础更为稳固，也有了更多的底气去对抗分崩离析的藩体制。长州的木户孝允首先征得了毛利敬亲的同意，并联络萨摩的大久保利通和土佐的板垣退助等人，达成了共识，代笔萨摩、长州、土佐、肥前四强藩，率先上了奉还版籍的建白书，要求将本藩的土地和人口奉还给天皇和朝廷。

四大强藩挑头，全国230多个藩只能先后上了奉还版籍的建白书，其实许多藩主内心并不情愿。即使是在“公议所”中，各藩“公议人”在讨论这个重大问题时也显得十分慎重，他们并不希望这一次的改革引起一场大混乱甚至地方叛乱。朝廷在仔细考虑以后，最终在六月十七日（1869年7月25日）决定批准所有藩的建议，并责令未上书的其余各藩也同时奉还。

接着朝廷又任命原本的藩主为藩知事，取消其世袭权力，藩知事成为新政府体制下的地方行政长官。在知事下设立大参事，相当于原本的家老，主持藩政。明治政府对参与倒幕的各藩、公卿以及西乡隆盛、大久保利通、木户孝允等功臣给予赏典禄，一定程度上平抚了各藩对奉还版籍的不满情绪，使这一次地方制度的变革得以顺利推行。

奉还版籍也为改革身份制度奠定了基础，原本的公卿、诸侯等称呼在同日废止。公卿、大名以及天皇特旨中提到的部分功臣被并称为“华族”，也是新政府体系下的贵族。原本的“士农工商”四等级身份制被部分废止。

以奉还版籍为契机，明治二年（1869）七月，政府再一次进行官制改革，这一次的改革改变了《政体书》中的三权分立原则，推行“二官六省”的复古制。这明显是向公卿、旧藩主等保守派势力妥协的结果。

所谓“二官”制就是1000多年前，即大宝元年（701）所制定的《大宝律令》中规定的神祇官和太政官分立的制度。在《政体书》中，神祇官是太政官下的一个行政部门，而这一次改革时将神祇官的地位提高到了诸官之上，这体现了“祭政一致”原则的影响。这一重大改革措施的出台应该和明治初年大力提倡神道教的趋势有关。

“神道”本是与佛法相对立的，神道教于日本土生土长，主张日本为神国，礼拜日本本土的天照大神等神灵，亦将名山大川、历代天皇、征夷大将军以及一些英雄人物作为礼拜的对象。在日本历史上，神道和佛教互相糅合、混杂，许多百姓两教皆信，不分彼此。早在幕末，萨摩、津和野等藩就开始排佛，推行神道化，采取了拆除寺院、强令僧侣还俗等方式，推广神道信仰。这显然是受到当时流行的“国学”思维的影响。①

随着尊王倒幕运动的兴起，许多人提出了“神武天皇创业精神”这一说法，天皇的神化再次被重视起来，明治政府因此也得到了神道教的支持。明治元年三月十三日（1868年4月5日），在发布五条御誓文的前一天，明治政府就发布了一份《祭政一致布告》，宣布恢复神祇官，并明确表示出要把全国神社收归政府控制的神道国家化思想。此次神祇官地位的提高也体现了神道教地位的上升。不

① 参见：［日］村上重良著，聂长振译：《国家神道》，第72—73页，商务印书馆1990年版。

仅如此，神祇官还兼有教化国民的职责。不久后，政府宣布设立宣教使，在全国各地宣教国家神道。明治三年一月三日（1870年2月3日）政府颁布《宣布大教诏》，表示：

> 朕恭惟天神、天祖立极垂统，列皇相承，继之述之。祭政一致，亿兆同心，治教明于上，风俗美于下。而中世以降，时有汙隆，道有显晦。兹者天运循环，百度维新。宜明治教，以宣扬惟神之大道也。因此新命宣教使，布教于天下。汝群臣众庶，其体斯旨！①

神道教也随之被宣布为日本的国教。

关于立法机关的改革，原本的公议所再一次改制成了集议院，其权力被进一步限制，成为政府征求意见的一个咨询机构。

改革还废除了原本《政体书》拟定的选举制度，规定了四位以上“敕授”、六位以上“奏授”、七位以下“判授”的授职程序。同时，还设立弹正台作为监察机关，这一机构是明治政府为向幕末的激进攘夷派妥协而设立的，以纠弹违法为幌子，怀柔那些对政府开国政策不满的激进攘夷分子。

此次改革中，萨、长、土、肥等强藩主导的体系得到了进一步的加强。除了神祇官、左右大臣、大纳言和六省卿由皇族、公卿和藩主阶层出任以外，参议以及负责各省实际政务的大辅、少辅（宫内省除外）都是由萨、长、土、肥的藩士出任的。虽然他们在制定这套政体时有一定妥协，却不再淡化藩阀主导的色彩，而是堂而皇之地将之公之于众，使明治政府的中央集权性质更为明显。

四、困难重重

明治政府在建立以后，就是一个众望所归的政府吗？许多教科书或著作语焉不详的介绍给我们造成了一个错觉，似乎明治政府在推翻幕府统治以后，就成为全国各阶层所衷心拥戴的一个中央政权。然而，如果时光能倒流，我们穿越到1870年前后的日本，就会发现，明治政府的处境并不比当初的幕府政权好多少。

幕末时代，农民一揆已经成为一个严重的问题，特别是征长之战以后发生的

①［日］村上重良著，聂长振译：《国家神道》，第81页，商务印书馆1990年版。

"世直し一揆"将幕末的农民运动推上了最高峰，此后，农民又通过"不亦善哉"狂舞运动这样的形式来表达自己的政治诉求。这种此起彼伏的农民运动在明治时代也没有销声匿迹，而是较之幕末是有过之而无不及。

其实，当时，农民的政治觉悟并不高，他们发起种种运动只是为了维护自己的权益。在幕末时代，农民发起一揆并非以革命为目的，更不是为了拥护天皇政府，而是因为幕府的政策损害到了他们的权益。波动的米价、高昂的税收、幕府地方三役[①]直至领主的层层盘剥都成为农民揭竿而起的理由。在倒幕运动中，许多倒幕志士看到了农民这股强大的力量，他们建议采用各种恩惠促使农民支持新政府。

"赤报队"是这方面成功的典型代表，其首领相乐总三原本受西乡隆盛委派负责平定江户骚乱。后来，其在江户吸收了萨摩藩的一部分人以及新选组脱队的高台寺党，于庆应四年（1868）一月组成赤报队。在戊辰战争开始以后，相乐总三和赤报队参加了新政府军，他提出一个宣传口号——"年贡半减"，以此来争取农民的支持。这个宣传口号得到了新政府的认可，赤报队遂公开打着这个旗号一路大肆宣传。

原本江户时代的年贡是"四公六民"，也就是说，领主与农民之间按四六的比例分享收成。当然，中间还有村社三役、地主的盘剥，实际上农民手中留下的收成可能在三成以下。而一些藩的年贡率甚至更高，到了"公八民二"这样离谱的地步。所以，年贡减半确实对农民是有很大的诱惑力的，让农民觉得新政府是一个比幕府更能维护他们切身利益的政权。

但新政府却没能实践这个承诺，原因就在于新政府从建立初始就陷入了财政危机。首先，新政府必须支付戊辰战争的军费；接着，新政府还必须犒赏佐幕的各藩和功臣，这又是一笔巨大的支出；另外，实施各种改革，维持政府运作，推行殖产兴业，这些都需要资金。而明治初期的日本仍然是一个农业化社会，即使到了明治五年（1872），日本全国农林水产人口比率仍高达84.9%[②]。这就意味着明治政府财政收入的八成来自农民。

在银根紧缺的情况下，明治政府是万万无法兑现年贡减半的承诺的。于是，

---

① 名主、组头、百姓代为江户时期的地方三役。一般来说，名主是村政的代表，组头则是辅佐者，百姓代为监督者。这些职务一般为村中的豪强富农所把持，为领主代行收取租税等工作。

②［日］升味准之辅著，董果良译：《日本政治史》（一），第243页，商务印书馆1997年版。

赤报队成为替罪羊，他们被政府军指为“伪官军”，相乐总三在庆应四年（1868）三月被杀。

然而农民很快发现年贡米的负担不仅没有减轻，甚至有所加重，政府的分地承诺也迟迟不能兑现，因此他们便立刻把怒气发泄到了这个不能给他们带来改变的新政权头上，一揆此起彼伏也就不足为奇了。明治六年（1873），出现了一波农民一揆的高峰。

另一批心怀不满的人是幕末的尊王攘夷派，引发这种对立情绪的导火线是明治政府应对的第一次外交纠纷——神户事件。

◇ 横井小楠（1809—1869），熊本藩士，幕末明治时期政治家，幕末时为越前福井藩聘用，曾撰写《国是三论》，主持了福井藩的改革

庆应四年一月十一日（1868年2月4日），隶属政府军的备前藩兵在神户三宫神社附近列队经过时，两名法国水兵试图从队列中横穿而过，队列中的泷善三郎以武家规定为由出面制止，双方遂发生了言语冲突，进而演变成枪战。群情激愤的备前藩兵向神户的外国人居留地进行了数轮射击。事件发生后，以巴夏礼为首的外国公使立刻向明治政府表示严正抗议，他们以保护外国人居留地为借口，占领了神户市中心，陈兵兵库湾，要求交出首谋。此时，明治政府正在与旧幕府激战，无暇他顾，只好宣布“开国和亲”为新政府之国策。二月，明治政府与外国达成协议，泷善三郎作为下令开枪者，独自承担全部责任，在各国外交官的见证下，于永福寺切腹。《武士道》中引用了当时这些外交官的见闻，描述了切腹的经过：

泷善三郎，左边跟随着断头人，慢慢地走到日本验尸官那边，两人一道向验尸官行礼，然后走近外国人这边，以同样的、恐怕是更郑重的态度，行了礼。每次都被报以恭敬的答礼。泷善三郎静静地、威风凛凛地登上了高座，在佛坛前跪拜了两次，然后背向佛坛端坐在毛毯上，断头人则蹲在他的左侧。三个陪伴人中的一个，不久就把用白纸包着的胁差放在三宝——这是一种向神佛上供时用的带座的方木盘——上，走到前面。胁差就是日本人佩带的短刀或匕首，长九寸五分，其刀尖和刀刃像剃刀一般锋利。这个陪伴人行了礼之后就递给了罪人，他恭恭敬敬地接过来，用双手将它一直举到头顶上，然后放在自己面前。

在再一次郑重地行了礼之后，泷善三郎，他的声音显出痛苦招认者可能有的那种程度的感情和踌躇，但颜色、态度却毫无变化地说道：

“敝人只一个人，莽撞地、错误地下达了向神户的外国人开枪的命令，看到他们要逃跑，又命令开枪。敝人现在负其罪责，谨切腹。请各位检验，偏劳了。”

再一次行完礼后，泷善三郎把上衣脱到系带那里，裸露到腰部，为了不致向后仰面倒下，按照惯例，小心地将两个袖子掖进膝盖下面。这是因为高贵的日本武士必须向前伏下而死。他沉思一会儿坚定地拿起放在面前的短刀，好像喜欢得依依不舍似的注视着它，看来暂时在集中临终的念头，但很快便深深地刺入左腹，慢慢地拉向右腹，再拉回来，稍微向上一划。在这非常痛苦的动作中间，他的面部肌肉一动也不动。他拔出短刀，身子屈向前面，伸出了脖子。痛苦的表情这才掠过了他的面部，但并没有发出一点声音。直到此时一直蹲在他旁边、纹丝不动地注视着他的一举一动的断头人，不慌不忙站了起来，转瞬间高高挥起大刀。刀光一闪，咔嚓一声噗咯倒下，一击之下便身首异处了。

场上是死一样的寂静，只听见从我们面前的尸首内咕嘟咕嘟涌出的血液声。这个头的主人直到刚才曾是一个勇猛刚毅的男子汉呵！真可怕。[①]

泷善三郎的死使神户事件得以解决，“开国和亲”政策也被确定下来。这一事件让日本人和目睹切腹的外国人都深感震撼。顽固的攘夷论者原本把朝廷视为破约攘夷的希望，但在推翻他们心目中“卖国”的幕府以后，由萨、长两藩把持的明治政府继续推行着开国的政策，这令激进攘夷派极其不满。

从幕末开始，攘夷派表达他们政治诉求的方式就是暗杀和袭击，在明治初年，这些恐怖活动的实施者将目标转向了主张开国的明治元勋。

---

①[日] 新渡户稻造著，张俊彦译：《武士道》，第70—71页，商务印书馆1993年版。

明治二年一月五日（1869 年 2 月 15 日），明治政府的参与、著名的思想家横井小楠在京都被暗杀，凶手正是十津川的乡士。其杀死横井小楠的理由是：横井主张开国，要将日本基督教化。政府最终逮捕了四名凶手并处以死刑。

九月，明治政府的兵部大辅、长州藩士大村益次郎在京都三条木屋町遭遇刺客袭击，十一月五日（1869 年 12 月 7 日）伤重身亡。刺客仍然仿效幕末的惯例，发出了“除奸状”，将“开国”作为大村益次郎的罪名。

袭击外国人也是方式之一，庆应四年（1868）二月，就发生过土佐士兵刺杀法国人的堺事件和袭击英国公使巴夏礼的事件。虽然明治政府设立了弹正台，让他们能够通过合法的手段表达自己的政治诉求，但仍未能阻止这些暴力事件的发生。

另一个对明治政府不满的阶层就是原本的武士阶层。下层武士本是讨幕战争的主力军，他们投身于此也是出于改善自身境遇的考虑。在版籍奉还以后，明治政府按原本禄米数量的十分之一给藩主发放家禄。藩主俸禄减少，意味着下层武士的收入水平会进一步下降。能够如萨、长两藩的元勋那样进入政府掌握权力的人毕竟只是少数，大多数武士在维新后的政治地位没有什么改变，甚至有所下降。随着改革的深入，武士阶层的一些传统特权也被废止，许多武士对此感到不满。毕竟在昔日的封建制度下，他们再贫穷，还是社会的第一等级。

所以，心有不满的农民、攘夷派、武士这些阶层在明治初期结成了几股反对势力，他们不时互相合作，通过暴力手段针对新政府的政策发起攻击，明治政府迈出的每一步，都面临着重重困难。

五、缓进与急进

在倒幕运动中，明治政府依靠的是倒幕各藩的军队，作为中央政府，朝廷手中并没有真正属于自己的军队，各藩的军队虽然打着官军的旗号，但“割据之遗风仍存”。关于创立中央军队的问题，早已有人提出，坂本龙马“船中八策”中有一条就是“置御领之亲兵”。明治二年（1869），在戊辰战争结束以后，就如何创立中央军队的问题，明治政府开始进行实质性的讨论。

作为明治政府主导的萨、长两藩在这一问题上存在着分歧，萨摩的大久保利通是渐进改革派的代表，而长州的木户孝允则为激进改革派的代表。在兵制方面，大久保利通主张以萨摩、长州、土佐三藩的藩兵为主体，组织一支中央军队。而木户孝允则支持大村益次郎的意见，建议将长州奇兵队的组织方式引进中央，以征兵制的形式组建军队，对应征者不问出身来历，平等对待，并按西洋方式训练。明治元年（1868）八月，大村益次郎还在京都设立了兵学校，次年迁移至大阪，改称兵学寮，招收青年军官，是为日本陆军士官学校的前身。这所学校后来还培养了阎锡山、何应钦、蒋百里、蔡锷、李烈钧等众多中国近代名人。大村益次郎同时还提出了在全国设置六镇台的构想。

但大村益次郎的意见遭到大久保利通的反对，对此山县有朋是这样认为的：

> 先是，长藩士大村益次郎以参与任兵部大辅，欲破弃封建制度，令赋兵无分四民，以平等之制征募勇丁，如欧洲制度。惟恐各藩士有镇乱之功者，由此征兵之法而失其家禄，解其常职，故决行新法，颇有所窒碍。①

显然，大村益次郎这种平等征兵的方式是对昔日武士垄断军职制度的挑战，大久保利通之所以反对是出于慎重。他不希望因为改革过快而引发武士叛乱，更重要的是，大久保利通要考虑西乡隆盛的态度。西乡隆盛早就开始攻击新政府的政策，而他手下的那群戊辰战争凯旋军基本上都是武士，如果在兵制问题上与西乡隆盛翻脸，并激怒那些无所事事的军人，显然并不明智。

在萨、长争论不休的情况下，这一年九月，驻守京都的萨摩藩兵被抽走，继而土佐藩兵也退走，拱卫京都的只剩下长州藩的两大队。而这一年十一月，大村益次郎遇刺身亡，关于引入奇兵队模式的建议遂告夭折。

明治三年（1870）八月，山县有朋和西乡从道（西乡隆盛之弟）前往欧洲考察兵制，回国后山县有朋出任兵部少辅，开始主持军制改革。当时各藩的军制并不统一，英式、德式、荷式皆有，山县有朋决定不论身份以每万石禄米，招收五人，并采用法国军制。但这一改革仍然没有得到实际的推行。

此时，朝廷已经开始讨论下一步的政治体制改革方案。明治三年（1870）十二月，出身于肥前藩的大藏大辅大隈重信提出了一项重要的议案，就是“全国一致论”建白书。

①［日］山县有朋：《陆军史》，载大隈重信编：《日本开国五十年史》，第184—185页，上海社会科学院出版社2007年影印版。

◇ 1907 年时的陆军士官学校正门

大隈重信是当时明治政府中少壮派官僚的代表，曾作为明治政府外国事务局的判事，与飞扬跋扈的英国公使巴夏礼在外交场合进行过多次斗争。作为掌握全国财政大权的人藏大辅，大隈重信痛切地感觉到各藩各自为政是造成财政混乱的根本原因。尤其是萨摩、土佐等藩，滥发劣币获取收益，将本藩的利益置于全国的利益之上。明治二年（1869），因劣币问题还引发了一场外交冲突。

由于幕末政局的混乱和日本国内金银的不断流失，在明治初年，劣币已经泛滥。幕府为解决财政危机，大肆发行劣质的“货币司二分判”等金币以及“货币司一分银”等银币。各藩因战争需要，也大量铸造劣质货币，甚至出现了以铜镀金的伪币，这些货币被称为“泥银”。在日的外国商人因为收入大量劣币也深受其害，英国公使巴夏礼与美、法等国公使就货币问题多次向明治政府施加压力，要求明治政府拿出实际行动来改革货币制度。由于时任外国官副知事的小松带刀因重病辞职，因此大隈重信临危受命，以会计官副知事兼任参与的身份主持与外国的币制谈判。

当时，明治政府正在由利公正的领导下进行金融改革。新政府为解决财政危机，在庆应四年（1868）闰四月太政官制确立后就发行了“太政官札”，这是一种不可兑换纸币（incovertible paper money）[①]。而之前各藩也都发行了“藩札”，由于“藩札”泛滥，导致市场对纸币缺乏信任，所以“太政官札”在发行以后，也遭遇了信用危机。同时，因为“太政官札”的面额过大，伪造方便，在使用过程中遇到了许多问题。大隈重信在和外国官知事伊达宗城商议后，决定承诺新政府将在明治二年（1869）二月发行新货币。但巴夏礼并不满意，他要求新政府承诺杜绝劣币。

① 按：纸币分为可兑换与不可兑换两种，可兑换纸币与金银等货币挂钩，即持有者能以纸币向发行者兑换金银等货币，而不可兑换纸币则相反，由发行政府规定其作为商品流通媒介。

无奈之下，伊达宗城只好承诺新货币可以和“太政官札”等值互兑，并禁止私铸。此事遭到了明治政府中许多人的反对。首先是大久保利通等萨摩人，他们不想放弃私铸带来的巨大经济利益。其次，作为“太政官札”发明者的会计官由利公正也不同意新货币与“太政官札”等值互兑，他坚持“太政官札”的不可兑换性，认为将新货币与发行量高达4800万的“太政官札”等值互兑将导致政府破产。事情遂闹得不可开交。大久保利通的权势和影响都要高于大隈重信，因此他依仗权势压制了这次财政改革。大隈重信一怒之下提出辞职，木户孝允闻讯，出面调停，最终说服大久保利通牺牲了萨摩的局部利益而顾全大局。随后，由利公正辞职，在版籍奉还后，大隈重信出任大藏大辅。

明治二年（1869）七月，大隈重信与外务卿泽宣嘉等在东京高轮与巴夏礼等外国公使就金融问题进行谈判，在巴夏礼咄咄逼人的气势下，日本方面承认劣币现象存在，并同意在全国的开放港口、市场对外国人所持有的“二分判”进行检测，对劣币、伪币进行封存。同时，为安抚各藩，决定赦免其在戊辰战争结束前铸造劣币的行为，但严令此后不得私铸。由于大隈重信的坚持，明治政府得以免遭巨额经济损失。

经过这件事情后，大隈重信对大久保利通等萨摩藩阀的印象很坏，他与伊藤博文、井上馨等人倒是交游甚多。一群人常在大隈的宅第中高谈阔论，时人目之为“筑地梁山泊”。在“全国一致论”的建白书中，大隈重信提出了军事、教育、司法、财政四个统一观点，他特别指出，当前的藩、府、县三治制造成了全国政令的不统一，要求废藩置县，实现高度的中央集权。

大久保利通和木户孝允两人就这封建白书吵得不可开交。木户孝允主张一步到位，通过设立直辖的御亲兵增强中央军事实力，接着废藩置县，去除所有封建因素。而大久保利通则主张渐进改革，他建议让西乡隆盛进京参与中央政权，并促使萨摩藩兵重返京城。

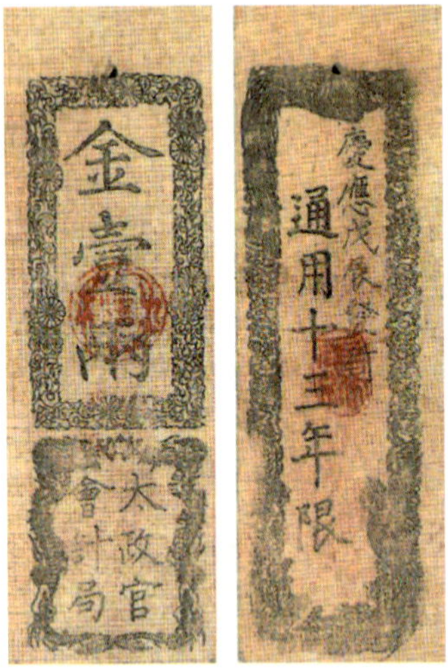

◇ 太政官札

大久保利通的建议实际上有一箭双雕之意，

一则让西乡隆盛进入中央政权，可以笼络一直在批评中央的西乡与萨摩人，二则西乡隆盛对于木户孝允一步到位的激进改革观点也极力反对，可以引入西乡作为政治盟友。因此，木户孝允对大久保利通的意见必然有所顾忌，他认为萨摩藩有垄断中央政权的野心。虽然对此大久保利通给予了保证，但并没有消除木户孝允的怀疑。

另一方面，时为萨摩藩大参事的西乡隆盛对进京也表现出了极大的热心，他和凯旋军中的人士合计后，认为进京参与改革是一件有利而无弊的大好事。更重要的是，西乡隆盛认为，将那群无所事事，终日惹是生非的凯旋军改编为御亲兵，是帮助他解决了一个大问题。

就是在这样的情况下，岩仓具视和大久保利通亲自来到萨摩请西乡隆盛出仕中央。次年一月，西乡隆盛带着他的改革意见书上京，他认为，大隈重信等人简直是“庸俗的商人”，当前国家应以武士为中心，重视军备。自此，西乡隆盛与大隈重信等人便结下了梁子。

就在各方激烈争论之时，又一起重大事件发生了。明治四年一月九日（1871年2月27日），明治政府的民部大辅、长州藩士广泽真臣在自家宅第举行的宴会结束后，被刺客暗杀。这一事件可能与明治二年十二月一日（1870年1月2日）发生的长州藩奇兵队员大乐源太郎所领导的脱队骚动有关。在那次骚动被镇压以后，首谋者大乐源太郎已经逃到了九州的久留米藩，与熊本藩的河上彦斋等尊攘激进派暗中联络。

广泽真臣被刺时，大久保利通、木户孝允、西乡隆盛、板垣退助等明治政府大老皆不在京，而是在西南奔走协调政治改革问题，这一事件引起了他们的一致关注。接着在明治四年（1871）二月，便发生了公卿外山光辅和爱宕通旭联络大乐源太郎等人试图颠覆萨、长主导的明治政府，挟持天皇的事件。新政府迅速做出处理，于三月逮捕了相关人士，大乐源太郎逃亡后被斩杀，两名公卿与河上彦斋在同年十二月被处决。

广泽真臣的遇刺与“二卿事件”的发生促使萨、长又一次联合起来，他们充分认识到应该先迅速解决设立御亲兵的问题。大久保、木户、西乡在长州达成了一致意见，由萨、长两藩献出藩兵进京。随后，土佐藩大参事板垣退助也同意了他们的意见，由萨摩、长州、土佐三强藩共同组织御亲兵。明治四年（1871）六月，萨摩、长州、土佐三藩共约一万人的御亲兵组建完毕集合于东京。明治政府终于有了第一支中央直辖军队。

六、废藩置县

在御亲兵问题尘埃落定以后，明治政府各大员又开始就政治改革问题展开争论。明治四年六月二十五日（1871 年 8 月 11 日），大久保利通对政府人事进行了大规模的调动。他决定兼任大藏卿，以制约作为大藏大辅的大隈重信，同时还在政府中安插缓进派人士。西乡隆盛推荐的新任大藏大丞安场保和也提出了对大隈重信的弹劾书，激进派和缓进派的斗争因此发展到了白热化阶段。

七月，朝廷召开制度取调会，以西乡隆盛为议长，讨论新官制问题。木户孝允此时提出了强化立法权，进而实现议会制的建议，争论进一步发展到政体问题上，出现了各方僵持局面。

眼看一场政府裂变就要发生，情势却陡然生变。当年七月，山县有朋、鸟尾小弥太和野村靖三名长州藩人士突然提出了废藩置县的意见。山县有朋作为兵制改革的主导者，是从统合兵制的角度出发提出这个意见的，他认为当前只有废除藩兵，才能实现全国兵制的统一。山县有朋带着这个意见暗中去找西乡隆盛，出乎意料地得到了西乡隆盛的肯定。另外两人则找到了井上馨，获得了他的赞同，井上馨认为废藩带来的政令统一也有利于解决新政府的财政困难。作为财政官员，井上馨很快将这个意见传达给木户孝允，木户孝允自然十分赞同。

七月九日（1871 年 8 月 24 日），木户孝允、大久保利通、西乡隆盛、西乡从道、大山岩、山县有朋、井上馨等萨、长两藩要人在木户邸秘密聚会，他们达成了一致意见，并且得到了三条实美、岩仓具视两名公卿以及土佐的板垣退助、肥前的大隈重信两名要人的同意。废藩置县遂成为定论。

七月十四日（1871 年 8 月 29 日），天皇召集了在东京的 56 个藩的藩知事（原本的藩主大名），宣布废藩置县诏书，“今当废藩置县，去冗就简，除此有名无实之弊，则无政令多歧之患，汝群臣宜体朕意”。仍在藩内的众多藩知事也被召回东京。所有的藩知事面面相觑，无可奈何地听着诏书。

废藩置县进行得相当顺利，即使是萨摩，岛津久光在接到废藩诏书后，也不过放了几枚炮仗发泄不满。261 个藩被改为县，全国总共分为 1 使（北海道开拓使）3 府（东京府、京都府、大阪府）302 县，到十一月又重新整合为 1 使 3 府 72 县，各府、县全部由中央直接派遣的府知事和县令管理。这些人大多为非本府县出身者，中下级官吏则大多起用本地出身的士族。

◇ 三条实美（1837—1891），幕末明治时期公卿、政治家

明治政府将旧藩大名家的所有债务揽到了新政府头上，这让已经濒临破产的藩知事们卸下了一个大包袱，废藩能相对顺利地进行很大程度上正是得益于此。明治政府将所有债务分为三类，明治元年（1868）后的债务，一律由公债支付 4% 的利息，分 25 年还清；弘化元年（1844）以后至明治的债务为无息债务，分 50 年还清；此前的一切债务不予承认。这种源自藩政改革的赖账方式帮助新政府解决了一半以上的藩债，不过，大阪的商人又一次亏损巨大。同时，藩所印制的“藩札”也限令回收。

废藩置县是明治政府废除封建制度的最后一步，在此基础上，还进一步推行了一系列扫除封建残余的措施。

明治四年（1871）八月，明治政府宣布废除原本的身份制度，实行“四民平等”之策，除皇族外，将其余人分为华族、士族和平民三种身份，华族为贵族，士族则是原本的武士阶层，下级武士以及农、工、商皆被归为平民，准许华族、士族、平民之间互相联姻。同月，还颁布《解放令》，宣布废止原本的“秽多”“非人”等称呼，对贱民与平民等同而视之。同时，明治政府还取消了原本武士才有的“苗字带刀”的权利，明治三年（1870）九月就规定平民可以取苗字[①]，进而在明治八年（1875）又发布了平民必须取苗字的命令，所以到了现代，日本成为世界上姓氏最多的国家。明治三年（1870）八月明治政府颁布了《散发脱刀令》，不再把带刀作为武士的象征。明治九年（1876）3 月正式颁布《废刀令》，规定除了穿着

① 按：日本古代的姓名系统非常复杂，大体上可以分氏、姓、名、苗字四个部分。氏就是所谓“本姓”，姓一般表示官职、爵位，苗字是从氏本家分离出去的姓氏，一般以地名等来命名。举例：德川朝臣源家康，这里“德川”是苗字，“朝臣”是姓，“源”是氏，而“家康”是名。再后来，苗字逐渐成为现代意义上的姓。

礼服者、军官、警察以外，一律不许带刀，武士的特权事实上被废止。

明治四年（1871）七月，明治政府在废藩置县的基础上，进行了新一轮中央政府机构改革。原本的“二官六省”再度被调整，神祇官正式降格为神祇省。太政官分为正院、左院和右院，正院为天皇亲临总理万机的中央政府，设太政大臣、左大臣、右大臣、参议，辅弼天皇处理政务；左院为正院的咨询机关，审议立法事务；右院为联络调整机构，负责协调各省厅的行政事务。此次改革共设八省：大藏省、外务省、兵部省、司法省、文部省、工部省、宫内省、神祇省。省的长官为卿、副长官为大辅。

从新政府人员构成名单上可以看出，萨、长、土、肥的藩阀占了压倒性的优势：

太政大臣：三条实美（公卿）；

左大臣：空缺；

右大臣：岩仓具视（公卿）；

参议：木户孝允（长州藩）、西乡隆盛（萨摩藩）、大隈重信（肥前藩）、板垣退助（土佐藩）；

左院议长：后藤象二郎（土佐藩，十月出任）；

外务卿：岩仓具视，十月改为副岛种臣（肥前藩）出任；

外务大辅：寺岛宗则（萨摩藩）；

大藏卿：大久保利通（萨摩藩）；

大藏大辅：井上馨（长州藩）；

兵部卿：空缺；

兵部大辅：山县有朋（长州藩）；

司法卿：空缺；

司法大辅：佐佐木高行（土佐藩）；

文部卿：大木乔任（肥前藩）；

文部大辅：江藤新平（肥前藩）；

工部卿：空缺；

工部大辅：后藤象二郎（土佐藩），十月由伊藤博文（长州藩）接任；

宫内卿：德大寺实则（公卿）；

宫内大辅：万里小路博房（公卿）；

神祇大辅（神祇省不设卿）：福羽美静（国学学者）。

由此可见，除了太政大臣、右大臣以及宫内省、神祇省以外，其他的政府机构均由萨、长、土、肥四强藩的人把持，四名参议由萨、长、土、肥各出一人担任，更显示出了强藩主导的格局。在省厅中占据核心地位的大藏省由大久保利通出任长官，木户孝允和西乡隆盛则出任参议，表明了一种权力制衡，大久保、木户、西乡三杰成为这一届政府的核心人物。在废藩置县后，地位完全稳固的明治政府至此撕下了掩盖藩阀政治的最后一层面纱。

第二节 走向分裂

一、岩仓使团

废藩置县和新政府机构改革使明治政府结束了动荡不定的状态，稳固了政权。接下来就该考虑如何治理国家了。对于日本的发展方式，学习西方是当时的共识，但如何学习、学习什么，恐怕明治政府中的大员们都无法给出一个完整的答案。虽然在幕末时代，有许多留学生前往西方学习先进的科学技术，开国以后，幕府和各藩也聘请了许多外国专家学者，但这些人都不能提供一个全局性的国家改造计划。就明治政府的官员名单来看，只有井上馨、伊藤博文等寥寥数人有外国留学的经验。因此许多人都萌发了想要去国外看一看，一长见识的想法。

更为重要的是，安政年间签署的那些不平等条约可以在明治五年（1872）七月进行修改，这是明治政府解除那些不平等条约，夺回失去的关税自主权和治外法权的绝佳机会。因此，在明治四年（1871）年底，明治政府决定派遣一个使节团访问欧美诸国。

最早提出这个建议的是大隈重信，他建议明治政府尽快派出使节和各国商量修改条约的事宜，同时，考察各国的政治经济制度、文化传统、风土人情，以供日本未来改革借鉴。这个建议被明治政府采纳。

明治四年（1871）十一月，明治政府任命右大臣岩仓具视为特命全权大使。大隈重信作为提议人，本应该成为使节团一员，但大久保利通和木户孝允却取代他成为副使。使节团的人数也远超预期，最终成行的是一个由 46 名官员、18 名随员和 43 名留学生组成的庞大队伍。

主要人物名单如下：

特命全权大使：岩仓具视（右大臣）；

副使：木户孝允（参议）、大久保利通（大藏卿）、伊藤博文（工部大辅）、山口尚芳（外务少辅）。

另外，司法大辅佐佐木高行、侍从长东久世通禧、文部大丞田中不二麿等重要官员也随同而行。

这些人员中，“明治三杰”有两个，一个是政府参议，另一个则是在八省厅中占核心地位的大藏卿；八省大辅也走了两个。可以说，明治政府的精英几乎都在名单中。他们于明治四年十一月十二日（1871 年 12 月 23 日）出发，到明治六

◇ 岩仓使节团部分成员。左起：木户孝允、山口尚芳、岩仓具视、伊藤博文、大久保利通

年（1873年，这一年开始行用阳历）9月13日归国复命，在长达一年半有余的时间里几乎全在外国考察。政权初建，就把政府中几乎全部的精英派出去考察学习，这样的做法可以说是开创性的。

并且这个使节团还是一个充满朝气的队伍，作为大使的岩仓具视只有47岁，四名副使中，大久保利通42岁，木户孝允39岁，山口尚芳33岁，而伊藤博文年仅31岁。其他人如作为使节团书记官的外务省七等出仕林董三郎只有22岁，文部大助教池田政24岁。那些留学生则更年轻，整个使节团的平均年龄在30岁左右。这一群容易接受新事物的年轻人后来成为改革的核心力量。值得一提的是，使节团随行的留学生中，还第一次出现了五名女性，这在女性地位相对低下的日本绝对是一大突破。

岩仓使节团的第一站是美国。明治四年（1871）十二月，使节团到达旧金山，在当地举行了盛大的欢迎会。团中唯一留过学的伊藤博文作为使节团代表用英文做了演讲，他表示：希望能考察西方的物质文明和精神文明，进而促进日本的大变革，使日本的陆海军、学校、教育制度与欧美接轨。伊藤博文的讲话可以说是使节团向西方社会发出的一个宣言。

当然，使节团并没有忘记此行的另一个重要任务：修正条约。在美期间，使节团受到美国第18任总统格兰特（Ulysses Simpson Grant，1822—1885）接见，他们向总统提出修约问题，大久保利通和伊藤博文为此还特地回国取得了全权委任状。但结果令人沮丧。在美国碰壁以后，使节团在访问欧洲时，便甚少就修约问题做出试探了。

至于修约任务失败的原因，时任外务卿的副岛种臣应当是很有发言权的：

明治四年岩仓大使行欧美诸邦咨以改正约章之议，意谓将军不过天皇之一吏员，列国与幕府所缔定之约章未得其正，故宜速改正之。然大使不能成功而归。盖日本之法律未完备，其习惯亦不足以担保改约之效也。此时缔盟国共十八，相谋取联合商议之法。惟其商议欲选公共之要目而不可得。甲国则主持低率输进税，乙国则谓以其国人置于日本法律之下非所快。其间美国独允别缔约章，且让弃其争议之条目，然尚谓其新约章待各国改约皆成而同时实行之，故其议亦不能成。[①]

一言以蔽之，欧美列强其实并不愿意修改那些不平等条约，他们为此寻找了许多借口，最典型的借口就是：日本还是个“未开化”的国家，他们并不放心将本国在日侨民置于日本的“野蛮”法律管理下。这条维持“治外法权”的理由冠冕堂皇，却充分说明了一个事实：弱国无外交。美国虽然同意改约，但要求和西方其他国家同时进行，实际上也是看准了西方其他列强不会同意修约。作为刚刚进入国际社会的新丁，日本还不能被西方社会认可为一个“文明国家”。这足以使这些初出国门的年轻人“知耻而后勇”。

岩仓使节团利用这个机会贪婪地学习着西方社会的一切，他们对任何东西都感兴趣，任何地方都想走一走、看一看。在美国，使节团走访了学校、企业、议会等机构，了解了美国的经济、商业、教育、司法、立法等方方面面。木户孝允对美国的宪法产生了浓厚兴趣，大藏卿大久保利通则四处考察参观美国的工厂。明治五年（1872），岩仓使节团结束了对美访问后，又赶赴英国伦敦。当时的英国有“世界工厂”之称，其工业之发达在世界上首屈一指，而英国的议会制度经过从1688年光荣革命到19世纪50年代的发展，已经相当完善，格莱斯顿（William Ewart Gladstone，1809—1898）领导的内阁也让日本人学到了不少经验。

访问完英国后，使节团于明治五年十一月十六日（1872年12月16日）抵达法国巴黎。拿破仑三世统治时期，对巴黎市政进行了大规模改造，使之成为欧洲最繁华壮丽的城市，然而，1871年的普法战争以及其后发生的巴黎公社起义几乎将巴黎城的建设成果毁于一旦。岩仓使节团到达巴黎时，法国正处于百废待兴的阶段，这些景象给成员们留下了深刻印象。

使节团随后在欧洲大陆穿梭，走访了德国、意大利、俄国、比利时、荷兰、奥地利、瑞士、瑞典、丹麦等国，并参加了1873年在奥地利维也纳举办的万国博览会。在这些国家中，新生的德国让使节团成员最感兴趣：

英法两国常由远处输入原材料，经本国加工，再输往外国，以市侩之利

①［日］副岛种臣：《明治之外交》，载大隈重信编：《日本开国五十年史》，第127页，上海社会科学院出版社2007年影印版。

富国。而德国则以通商增其武力，其武力虽在国外并不甚显，但已以此为国是。此点反而与我日本酷似。研究此国之政治与风俗，比研究英国之事得益尤多。[①]

研究德意志帝国史的学者汉斯－乌尔里希·韦勒指出：

1866—1871年的“大普鲁士的兼并联合”是三次辉煌胜利的战争的结果（引者按：指普丹战争、普奥战争和普法战争），这三次战争大大加强了军队的威望。与此同时，这些战争使得坚定地实施专制主义的军队政策有了可能。这一新建立的国家在它的“组织规章”中也充分考虑到了这种专制主义的军队政策的实施。不过，在实施这种专制主义的军队政策方面，起决定性作用的是各种现实的力量结构，而它们是不受帝国宪法行文的影响的。到1918年为止，在德意志帝国内部的权力分配问题上，向来是以“国王的军队”为出发点来决定的，民意代表机构一直无缘控制军队。[②]

同时汉斯－乌尔里希·韦勒对德意志帝国的军队发展情况做了统计，从1880年到1913年，德国军队编制人数增加了将近100%，军事开支增加了260%，到战前，已经占帝国预算的75%[③]。这些数据都充分说明了“德国以武力为国是”的判断是多么精确。而力图仿效德国的日本在近代史上也出现了许多和德国相似的地方。

明治六年（1873）5月26日，大久保利通首先回国，其后，木户孝允也在7月23日回国，9月13日，岩仓使节团其他成员回到横滨，完成了周游列国的使命。迫使使节团的要人们匆匆归国的原因是留守政府中发生一场大混乱。

二、留守政府

在岩仓使团出国期间，日本国内由一个留守政府来管理。这个留守政府的实际控制者是作为参议的西乡隆盛、板垣退助和大隈重信。在出国前，留守政府和

①［日］久米邦武：《美欧回览实记》，第三卷，第298页，转引自升味准之辅：《日本政治史》（一），第118页，商务印书馆1997年版。

②［德］汉斯－乌尔里希·韦勒著，邢来顺译：《德意志帝国》，第127—128页，青海人民出版社2009年版。

③［德］汉斯－乌尔里希·韦勒著，邢来顺译：《德意志帝国》，第130页，青海人民出版社2009年版。

◇ 井上馨（1836—1915），长州藩士，明治时期著名政治家，历任外务卿、参议、农商务大臣、内务大臣等

使团中的大辅以上成员订立了一个协议，规定使节团在外期间，留守政府不得进行大规模的制度更改与人事变动。

但留守政府的有些成员并不赞同协议内容，比如作为少壮派官僚代表的大隈重信以及担任大藏大辅的井上馨、担任兵部大辅的山县有朋等。这群年轻气盛的官员决定趁木户孝允和大久保利通等大员不在的时候大展身手，深入推进改革。而且国内政局中的一些客观因素也迫使留守政府不得不“有所作为”。

留守政府内原本就存在着矛盾，大隈重信和西乡隆盛之间就早有芥蒂。大隈作为技术派的官僚，主张整顿财政，“富国”优先，而西乡隆盛则主张“强兵”优先。两人的政治理念存在着很大的分歧。

首要问题就在于如何整顿财政。明治初年，中央政府的财政资金主要是靠大商人用“御用金”进行弥补，同时大肆发行纸币应付临时需要。废藩置县虽然使中央政府获得了大笔的收入，但财政状况仍岌岌可危。

庆应三年（1867）到明治五年（1872）日本财政收支情况表①

年次	岁入（日元）	岁出（日元）	收益 / 赤字（日元）
1867—1868 年（第一期）	33089313	30505086	2584227
1869 年（第二期）	34438405	20785840	13652565
1869—1870 年（第三期）	20959499	20107673	851826
1870—1871 年（第四期）	22144598	19235158	2909440
1871—1872 年（第五期）	50445173	57730025	−7284852

可以看出，明治四年（1871）的废藩置县政策确实使国家的财政收入翻了一番，达到 5000 多万日元，但同时，财政支出也达到了惊人的 5700 多万日元。如果说之

① 本表依据［日］松方正义：《帝国财政》，载大隈重信编：《日本开国五十年史》，第 149—150 页，上海社会科学院出版社 2007 年影印版。

前还能勉强维持收支平衡的话，这一年高达700多万日元的赤字为明治政府敲响了警钟。

解决财政危机已经成为当务之急，首要任务便是改革币制，整顿金融。早在使节团离国之前，大隈重信就开始主导金融改革，明治二年（1869）八月，他在大阪设立了造币工场，这座工场于次年完工。由于银少金多，所以明治政府采取银本位制，铸造新的货币。明治四年五月十日（1871年6月17日），政府发布《新货条例》，正式废除原本的四进制，采用与国际接轨的十进制；废除原本的两、分、朱等旧称，采用元、钱、厘等称呼，1元为10钱，1钱为10厘。出于节省开支的考虑，大隈重信默认“太政官札”作为不可兑换纸币进行流通，但“太政官札”却因为滥发和仿造陷入了贬值的困境。因此，政府又发行了民部省札等纸币作为临时的小额纸币进行流通。明治五年（1872）八月后，政府数次发布公告，发行“金札交换公债证券”用来回收以往的纸币。同时，政府在德国协助下印制的新纸币“明治通宝”于这一年四月正式发行。新纸币为不可兑换纸币，“太政官札”自此结束了其历史使命。

然而金融改革只能暂时稳定混乱的货币市场，要解决财政危机，关键在于如何安置废藩置县以后遗留下来的庞大武士集团。在废藩后，日本仍然保留着150万武士，其俸禄也转由明治政府发放。一些武士凭自己的才华，成为政坛新秀、实业家、职业军人，从而能在新的社会体系中立足，但大部分人仍然是脱离生产的无业游民。为了养活这些人，明治政府每年都要耗费财政收入的多则三分之一少则四分之一，这已经成为财政体系上的一颗毒瘤。不解决这个问题，政府就不可能有多余的财力来推行其他的改革。

正因为如此，留守政府中主管财政的大藏大辅井上馨如坐针毡。其他各省厅催着他索要资金，而他手中的钱几乎都用在了支付俸禄和偿还旧藩债务上。大藏省一时间成了众矢之的。

最先发难的是明治五年转任司法卿的江藤新平和担任文部卿的大木乔任。江藤新平正在推行司法改革，他对近代日本司法制度的建立起了奠基性的作用。他主持了民法、诉讼法的编纂，警察制度的确立，以及司法裁判所的建设等重要工作，而这些改革都需要资金。大木乔任主持的文部省则在明治五年八月三日（1872年9月5日）颁布了新的学校制度，开始进行教育改革，也大量需要资金。因此，他们都把矛头对准了捉襟见肘的大藏省。明治六年（1873）1 月，江藤新平以辞职相威胁，要求满足他的预算要求。4 月，正院进行改组，后藤象二郎、江藤新平和大木乔任三人被增补为参议，自此正院和大藏省开始就预算问题尖锐对立。最终土、肥两藩控制的正院获得胜利，把财政大权从大藏省手中夺走，权力被集中到正院。这其实是留守政府对政府架构和人事任命做出的一大改动，井上馨一气之下于 5 月辞职。但江藤新平不依不饶，决定抓住机会继续攻击井上馨。恰好此时旧盛冈藩的御用商人村井茂兵卫起诉井上馨在处理旧藩债务时将原本归属他的尾去泽铜矿没收并出售给了长州的冈田平藏经营。尾去泽铜矿是旧盛冈藩借外债时抵押给村井的，这一处理方式导致了村井破产。于是江藤新平利用司法卿的职务，借这个案子对已经辞职的井上馨穷追猛打。

另一方面，明治五年（1872）二月，兵部省分割为陆军省和海军省，担任陆军大辅的山县有朋开始推行他所构想的征兵制。明治四年（1871）四月，其在全国设立了东京、大阪、镇西、东北四个镇台，将所有的常备军配属四个镇台管辖。明治五年（1872）十一月，山县有朋正式发布了征兵令，并在第二年一月开始实行。

◇ 桐野利秋（1838—1877），萨摩藩士，初名中村半次郎，明治初年的军人，授陆军少将，后任熊本镇台司令长官

征兵令在四镇台的基础上将全国分为六大镇台——东京、大阪、仙台、名古屋、广岛、熊本，采用长州的“奇兵队”模式，不分等级身份，从年满 20 岁的男子中抽选兵员建立常备军。征兵制的实行，彻底打破了武士对军职的垄断，因此遭到士族的强烈抗议。尤其是以桐野利秋为代表的近卫军团（原本的御亲兵）中的士族，他们将这些新军队称为“农民军”，对其充满了蔑视和不屑。桐野利秋等萨摩士族和山县有朋为代表的长州人士也因此产生了矛盾。这时，山县有朋也被人抓住了把柄：有一个名为山城屋和助的长州商人，通过种种关系成为陆军省的御用商人，他借用公款做投机生意，许多长州的军人也与之有经济关系。但山城屋和助却在法国大肆挥霍，引

起了日本驻法使馆的注意。消息很快被报告给了外务卿副岛种臣，近卫军团中一片哗然，山县有朋果断处置，将山城屋和助叫到了陆军省，要求他返还公款，在确知返还无望后，山县有朋下令烧毁了所有相关证据，山城屋和助自杀身亡。在这种局面下，一直持有"强兵优先"理念的西乡隆盛代替山县有朋出任近卫都督，以自己的威望镇服了萨摩兵，表示对山县有朋征兵令的支持。

不过江藤新平不愿轻易放过与井上馨同为长州人的山县有朋，他要求彻查此事，但最终苦于死无对证，只能不了了之。山县有朋虽然在明治六年（1873）4月被要求辞去陆军大辅一职，但在6月又重新出任陆军卿。

小小的留守政府中充满了错综复杂的斗争，有副岛种臣、江藤新平等肥前籍官员与山县有朋、井上馨等长州籍官员的斗争，有西乡隆盛等秉持"强兵优先"理念的军事官僚与大隈重信、井上馨等要求"富国"为先的技术官员的斗争，其中，还夹杂着士族的反抗。留守政府的混乱和激进，也导致明治初年已经此起彼伏的农民一揆发展到了十分严重的程度。

三、血税一揆

研究明治初期的农民一揆确实是一件非常有意思的事情，有时候，一些关于农民运动的研究会陷入贴标签的怪圈，将农民运动简单地定性为"反封建""反帝""反资本主义"等等，甚少注意农民起义发生的背景、产生的影响力。而明治初年的农民运动恰恰能够给这些醉心于贴标签的学者一个实例来研究细节。

从整体情况来看，明治十年（1877）之前的农民一揆都呈现出非常激烈的趋势，而作为转折点的明治十年（1877）正是政府推行减免地租政策的一年。这说明明治初年的农民一揆实际上和地租负担有着密切的关系。

在明治初年，政府的财政主要依靠向商人借贷维持，但这毕竟不是长久之计。此时的日本仍然是一个农业国，农业人口占80%以上，这就意味着明治政府想要增加财政收入只能仰仗农业。而地租这种江户时代执行了二百多年的税收方式显然是一种稳定的收入来源。近代化改革需要的资金只能从农民身上榨取，这是一种资本积累的方式。

这种以牺牲农民利益为代价的资本积累方式，历史上不乏先例。在英国发展为近代工业国家之前，就曾经展开过一场大规模的圈地运动。许多资本家和农场主将农民的份地用篱笆强行圈走养羊，因为羊毛是毛纺织业的重要原料。正是这种“羊吃人”的方式，使英国拿到了发展近代工业的第一桶金。

在版籍奉还之前，各藩的领主仍然在石高制的体系下收取租税，而版籍奉还后，农村的封建关系并没有多大变化，原本的领主变成了新政府，但租税没有变，只是新政府把本来的税率以法律的形式确定了下来。而原本压迫农民的村社三役变成了户长、村长，这些职位仍然为一些富农、高利贷商人所把持。农民的境遇不但没有改善，甚至更为恶化：

> 在封建制度下，农民对领主的租贡虽重，却是传统的，因而有一定的伸缩性（如遇荒年，领主可以不收全租），但是在明治初年，封建制度下所保持的那种极高的课征率——约为生产物的 60% 至 70%——却制成为法律的规定，并将全国标准划一，而且不问年成好坏一律照章征收。关于新政府除将旧有的封建贡租制成法律规定并加以划一而并无进一步措施一节，太政官在设立之初（1868 年 8 月）所发布的有关课征的行政命令即是明证：“一切须仍照诸藩租法旧例办理。”①

从前，农民发动起义反抗的对象是那些高利贷者、富农、商人、农村役吏等。但明治时代农民一揆的直接动因，往往是政府的一些改革措施。明治四年（1871），在废藩置县以后，农民一揆出现了一波高峰，因为废藩后原本的藩主换成了陌生的县令、府知事。农民对这些“外来的和尚”充满着怀疑和排斥，不知道他们会采用什么样的方式来治理本地。当农民发现他们不能比以前的藩主做得更好时，不满就爆发出来。

此后，明治政府几乎每一次推出改革措施都会引发农民的反抗，明治四年（1871）政府发布解放贱民的命令以后，也出乎意料地引发了一场一揆。原因很简单，有一些农民不能接受以前低自己一等的贱民在一夜之间获得和他们平等的身份。而一些贱民群体也对这个解放令不满，因为贱民有一种权利，那就是死牛马获得权，他们得到死牛马后可用于制作皮革来获取利益。解放令将这一权利也一并废

①［加］诺曼·赫伯特著，姚曾廙译：《日本维新史》，第 64—65 页，吉林出版集团有限责任公司 2008 年版。

止，将死牛马的处置权收归政府，这诚然是文明进步，但也剥夺了一大群人的生计。这一纸解放令弄得自己两头不讨好，是明治政府始料未及的。

留守政府推行改革措施时，农民反抗得就更为激烈了，这种状况的发生和失意武士及相关利益集团的煽动不无关系。明治六年（1873）爆发的“血税一揆”就是明证。

我们知道，“前卫”是要分场合的，一件袒胸露背的衣服在T台上穿可能被赞美，但穿到大街上，就令人侧目了。同样，在小说里，可以使用一些不接地气的词句显示“前卫”，但在政府文告上，还是应该老老实实地用通俗易懂的语言。明治五年（1872）山县有朋发布的征兵令恐怕就没考虑到这一点。

在征兵令中，起草者用了一个新鲜词：“血税”。关于这个词，恐怕不解释一下无人能理解。“血税”为外来词，是法文“impôt du sang”的直译，意思是：服兵役就是以血（奉献生命）来报效国家。这个词语虽然“前卫”，但用在政府公告上，就有些不伦不类了。日本的农民看不懂这个新鲜词，只能多加揣测，最后传出了离谱的谣言：征兵就是为了把这些人送到外国抽血做红毛毡。

征兵令发出前后，留守政府还发布了多项改革措施，包括颁布新学制、改用公历等，但这些措施都遭到了农民的怀疑。他们认为新学制增加了他们的税收负担，最终传成是新学校是要招收学生抽血。而从明治五年十二月三日（1873年1月1日，当天改为明治六年1月1日）起改用公历也使农民担心许多高利贷者会趁机盘剥。在农民情绪极其不稳定的状况下，被征兵令刺激的武士顺势充当了煽动者和领导者的角色。

明治六年（1873）5月，在中国地区的北条县首先爆发了一揆，6月，中国地区鸟取县会见郡和四国名东县等地也都爆发了一揆，农民的口号是“四反”，即反征兵制、反新学制、反解放令、反改历，甚至有要求旧藩大名复位的。而他们的袭击对象为高利

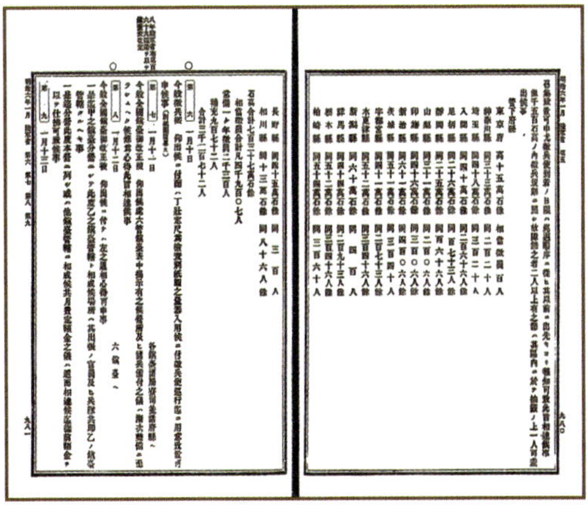

◇ 明治六年陆军省征兵数额的记录册

贷者、官员、户长的宅第、贱民等，学校则成为受冲击次数最多、受创最严重的地方。大阪镇台不得不出动大批军队镇压，逮捕首要分子，被判刑者多达数万人。

尽管在农民运动中旧武士阶层和佛教势力起到了相当重要的作用，但并不能由此而说明这一时期的农民运动是反动的，而是要看清楚农民发起斗争的根本原因为何。仔细来看，这一时期农民斗争中的愚昧迷信成分，无论是对“血税”，还是对学制的误解，都不足以挑起农民的抗争，真正使农民铤而走险的原因，还是他们的利益受到了损害。因为新政府不但没有使他们的处境比以前好，反而让他们的负担一次次加重。只有抓住这一点，我们才能弄明白明治初年农民运动的实质。在此，我们不妨把这些一揆视为旧日本转变为新日本过程中所经历的一种阵痛，正如诺曼·赫伯特所说：

在小规模农业、高额地租和尚未完全丧失封建色彩的地主制度的情况下，日本农民根本不知自由、平等、博爱这类醉人而动听的东西为何物，因此对于法国农民不甚容易受到感动的那种父权主义和排他性民族主义的号召，对日本农民却极富感染力。……我们不妨举出19世纪末叶的西班牙农民作为一个相同的事例，当时作为西班牙无地农民阶级对收租地主的仇恨表示的那些焚烧教会和袭击贵族别墅的举动就是和断章取义的基督教教义以及对神通广大的圣徒的保佑的那种幼稚信仰结合在一起的。①

四、征韩论

《宋书》卷九七《夷蛮传》，有一段关于日本的记载：

倭国，在高骊东南大海中，世修贡职。高祖永初二年，诏曰：“倭赞万里修贡，远诚宜甄，可赐除授。”太祖元嘉二年，赞又遣司马曹达奉表献方物。赞死，弟珍立，遣使贡献。自称使持节，都督倭、百济、新罗、任那、秦韩、慕韩六国诸军事，安东大将军、倭国王。②

①[加]诺曼·赫伯特著，姚曾廙译：《日本维新史》，第68页，吉林出版集团有限责任公司2008年版。
②〔梁〕沈约：《宋书》卷九七《夷蛮传》，第2394—2395页，中华书局1974年版。

◇ 草梁倭馆

倭，是日本的古称。中国南朝时期，日本刚刚完成了统一，试图向朝鲜半岛扩张，这一段记载中关于"倭王"的表述就可以说明这个事实。百济、新罗、秦韩（辰韩的别称）、慕韩（马韩的别称）皆为朝鲜半岛上的古国名，而任那则是朝鲜半岛南端的一个地名。可见，在古代，朝鲜半岛就对日本有着重要意义，它是日本通向大陆的跳板。日本从古代起就萌发了一种"神国"意识，认为其乃"神国"，"超越诸国万邦"，因此对外也有着一种大国意识，认为必须将朝鲜半岛纳入以日本为核心的国际政治体系中。

明清时期的朝鲜半岛处于李成桂朝鲜王朝的统治之下，该王朝是东亚"华夷"朝贡体系中的一员，与中国的明、清中央政权保持着朝贡藩属的关系。"朝鲜"国号亦是明朝所赐，明洪武二十五年（1392），李成桂为获得明朝的认可，遣使入明，明太祖朱元璋批示说："东夷之号，惟'朝鲜'之称美，且其来远，可以本其名而祖之，体天牧民，永昌后嗣。"[①] 朝鲜国王即位时，都必须经过中国的册封。如太宗李芳远即位时，明朝中央政权就发布了册封诏书，称赞其"唯习诗书，知礼义，能慕中国之化者，然后朝贡于中国，而后世称焉"。不过，中国并不干涉朝鲜的内政，一如朱元璋所说："本国仪从本俗，法守旧章，听其自为声教。今后彼国事务，

① 吴晗编：《朝鲜李朝实录中的中国史料》，第 113 页，中华书局 1980 年版。

亦自听焉。”[①] 这种“华夷”朝贡的外交关系一直保持到近代。

在江户时代的日朝关系中，位于日本九州岛和朝鲜半岛之间的对马岛上的对马藩具有相当特殊的地位。对马岛在 12 世纪就为宗氏所占据，到了战国时代，对马国宗氏已经俨然成为一个独立王国。宗氏与朝鲜存在着贸易关系，因此成为日本和朝鲜之间交流的窗口，丰臣秀吉侵朝时就是先通过对马宗氏发出的国书。在关原大战中，虽然宗氏参与了西军，但德川家康出于发展考虑，允许其继续统治对马，宗氏遂成为江户幕府体系下对马藩的藩主。江户幕府与李氏朝鲜修复了自丰臣秀吉侵朝以后断绝的交往关系，朝鲜方面的使节来日，都要通过对马藩，而幕府给朝鲜方面回礼，也由对马藩代行，这已成为惯例。

庆长十二年（1607），对马藩在朝鲜半岛南端的釜山设置了“倭馆”。延宝六年（1678），因贸易发展需要，对马藩将倭馆移至釜山草梁，主要处理日朝贸易事务。倭馆周围逐渐形成了一个日本人的聚居地。草梁倭馆由对马藩派遣的馆主管理。通过发展贸易，地狭人少的对马藩获得了巨额的收入。

然而这一切都在明治时代发生了改变。明治二年（1869），包括对马藩在内的全国藩主奉还版籍。明治四年（1871），日本废藩置县，对马藩自然也被撤销。日朝之间的中介消失，两者关系出现了波折。

李氏朝鲜的末代国王高宗即位于 1863 年，即位时年方 11 岁，由他的生父兴宣大院君摄政。兴宣大院君施行排外的政策，禁绝基督教，捕杀传教士，坚拒欧美列强的通商要求。特别是在丙寅（1866）和辛未（1871）两次“洋扰”中，朝鲜人凭着爱国主义精神击退了法国和美国的入侵，也使朝鲜进一步确立了攘夷的排外政策。在大院君的统治下，朝鲜人拒绝与世界建立联系，对近代物质文明不加关注，抱残守缺，这就注定了朝鲜在近代将遭遇一场民族危机。

明治元年（1868）十二月，明治政府通过对马藩给朝鲜发去了一封国书，朝鲜人收到国书以后大吃一惊，因为在这封国书中出现了他们认为只有清朝皇帝才能使用的“皇”“敕”这样的字眼。朝鲜人认为这是日本对朝鲜的侮辱，试图将自己提到与清朝皇帝同级的地位而视朝鲜为藩属。因此，朝鲜拒绝接受这封国书。

对于这一事件，中、日、韩三国的学者历来有着不同的认识，许多日本学者

---

① 吴晗编：《朝鲜李朝实录中的中国史料》，第 154、150 页，中华书局 1980 年版。

认为日本是试图与朝鲜建立“近代平等的国际关系”，而朝鲜的拒绝是对日本的侮辱，是“敌视日本的维新”。[1]

◇ 兴宣大院君（1820—1898），名李昰应，字时伯，号海东居士，朝鲜国王高宗的生父

事实上，就在日本向朝鲜发去国书的前几日，木户孝允已向明治政府提出了“征韩”的建议，他给岩仓具视写信建议“向朝鲜派遣使节，责其无礼，若其不服，则行问罪之师，以张神州之威”[2]。木户无疑受到了他的老师吉田松阴征服亚洲理论的影响。所以可以说，日本一开始就是抱着征韩的侵略目的去接触朝鲜的。木户孝允甚至还同当时负责军事事务的大村益次郎讨论起了征韩的步骤和具体政策问题。明治二年十二月（1870），明治政府将对朝外交事务回收至外务省管辖，次年三月派佐田白茅和森山茂为使前往朝鲜。佐田白茅在碰了钉子以后，一回国就大肆宣扬征韩一说。

明治三年（1870）九月，明治政府派出外务权少丞吉冈弘毅前往釜山，与朝鲜商谈建交之事，但吉冈弘毅递交国书的请求仍被朝鲜方面拒绝。朝鲜坚持以往的惯例，只通过对马藩与日本往来。在事情无法取得进展的情况下，虽然已经废藩，但明治政府仍不得不在明治四年（1871）任命对马藩的最后一任藩主宗义达为外务大丞，并以他的名义再度向朝鲜发出了国书。

但这种让步只是日本的权宜之计，随着废藩置县的推行，日本方面不可能一直通过宗氏与朝鲜交往。明治五年（1872），日本派遣新任外务大丞花房义质和森山茂等到釜山接收草梁倭馆，并撤出了旧对马藩的官员。同时，日本倭馆通过各种方式，包括开展走私贸易等，越界挑衅朝鲜对倭馆的“规定”。朝鲜不能接受日本单方面的变化，宣布断绝与倭馆的贸易往来，并指责日本为“无法之国”。

① 参见：［日］伊原泽周：《近代朝鲜的开港——以中美日三国关系为中心》，第67—73页，社会科学文献出版社2008年版；［日］坂本太郎著，汪向荣、武寅、韩铁英译：《日本史》，第372页，中国社会科学出版社2008年版。

② 参见：［日］井上清著，宿久高、林少华、刘小冷译：《日本帝国主义的形成》，第3页，人民出版社1984年版。另见，曹中屏：《朝鲜近代史》，第29页，东方出版社1993年。

平心而论，日本为征韩固然是处心积虑，但朝鲜方面也因盲目排外，故步自封而处置不当。上到大院君，下到釜山的地方官，只孜孜于“华夷”之论中，不能适应新的形势，不但对近代国际关系缺乏认识，也对日本与本国的实力对比毫无了解。

消息传到日本以后，留守政府中议论纷纷。在留守政府中，占主导地位的大致有两种人，一种是肥前和土佐两藩的人士，包括板垣退助、江藤新平、副岛种臣、后藤象二郎等，另一种以西乡隆盛为代表，其背后站着的是废藩以后失落的武士阶层。

板垣退助等肥、土两藩人士在事发以后立刻主张派兵保护侨民，其实他们心里打着自己的小算盘。此时，萨、长两藩的主要人士，包括大久保利通和木户孝允都随同岩仓使节团离开了日本，因此，早对萨、长主导政府有所不满的土、肥两藩人士想趁这个机会，以侵朝的军功来增强影响力，进而取代萨、长。

不过，西乡隆盛反对派兵，他主张先派遣一个全权使节和朝鲜方面交涉，交涉不成再派军，同时他毛遂自荐，表示愿意出任使节。当然，西乡隆盛与板垣退助等人的意见并不是完全相左，事实上，西乡有自己的考虑。他自荐作为使节，是希望在出使的时候激怒朝鲜，进而以身殉职，为发动战争提供借口。因为此时国内的士族正心怀不满蠢蠢欲动，如果发动一场对外战争，让他们有事可做，有地方可发泄，就可以解决掉政府面对的一大问题。板垣退助等人和西乡隆盛虽然出发点不同，但目标殊途同归，于是双方心照不宣地达成了一致意见。

◇ 丙寅（1866）洋扰，朝鲜击败入侵江华岛的法国舰队

明治六年（1873）8月17日，太政大臣三条实美主持的内阁会议做出了派遣西乡隆盛出使朝鲜的决定，但明治天皇表示，必须等岩仓具视回国，慎重商议以后再做决定。因此，岩仓使节团的主要成员在接到这一消息以后纷纷回国。

木户孝允已经在这一年

的 7 月回到日本，为井上馨辞职一事奔走。他是反对征韩的，因为在考察了西洋各国以后，他深深感觉到了日本与西方的差距之大，所以认为当前不宜在朝鲜问题上过多挑衅，引起列强的干涉。接着，在 9 月 13 日，岩仓具视回国，9 月 21 日，大久保利通也回到了东京。10 月 14 日，在岩仓使节团归国后的第一次内阁会议上，出国官员和留守官员针锋相对，板垣退助、副岛种臣、江藤新平、西乡隆盛坚决主张派使，而大久保利通、岩仓具视以及大隈重信反对派使。大久保利通侃侃而谈，他表示：当前日本面临着许多外交危机，一旦征朝，就要应对与日本争夺千岛群岛和库页岛的俄国南下干涉的危险；不平等条约仍在，英、法等国也会趁机将日本殖民地化；中日关系也因为琉球问题正处于紧张状态。所以大久保利通认为，一旦征朝，会让日本处处树敌，当前日本一定要以整顿内政，发展产业经济为主，并不适合对外扩张。这显然是一个颇有远见的观点。

由于双方僵持不下，只好把决定权交到了太政大臣三条实美手中，三条实美做出了派遣使节的裁定。

但在 10 月 17 日的会议上，大久保利通、岩仓具视、大隈重信、大木乔任等反对征韩派尽数缺席，三条实美不得不推迟向天皇上奏裁定。当晚，三条实美病倒，根据制度，由右大臣岩仓具视代行太政大臣职权，也就是在这一天，形势发生了很大的变化。

23 日，在西乡隆盛等人的坚持下，岩仓具视不得不将 14—15 日内阁会议的决议上奏给天皇，但岩仓具视破例附上了一份个人意见书，建议无限期推迟派遣使节一事。对岩仓具视十分信任的明治天皇接受了这份个人意见书的建议，下达了推迟遣使的敕令。征韩派在这一次的斗争中遭到失败。

24 日，西乡隆盛提出辞职，次日，板垣退助、江藤新平、副岛种臣下野，留守政府的主要人士在这场政治斗争过后被排除在中央政权之外。

所谓的“征韩论”，从表面上来看是一个外交议题，但实际上是一个内政问题，是留守政府与归国派的争执，是士族集团与官僚集团争夺政府主导权的博弈，是土、肥两藩与萨、长主流派抢夺权力的斗争，是“强兵”优先与“富国”优先两种政治主张的交锋。无疑，大久保利通、岩仓具视等归国派所持的内政优先论获得了胜利，明治政府继续维持着萨、长主导的局面。而下野的西乡隆盛、板垣退助等人则在此后成为反对派，他们或者成为反政府武士的领袖，或者借自由民权的口

◇ 征韩议论图

号攻击政府的过度集权化。于是，政府和在野派的博弈就成为接下来日本国内政治斗争的主旋律。

第三节 征台之役

一、宝岛台湾

在亚洲大陆的边缘地带，北起阿留申群岛，南到菲律宾，有一条长长的岛链。这条岛链是从西太平洋踏上亚洲大陆的跳板。在这条岛链上，除了日本列岛外，有一个岛屿的战略位置也十分重要。可以说，谁控制了这个岛屿，谁就扼住了自太平洋出入中国的通道。这个岛屿就是物产丰富、土地沃饶的台湾岛。

早在 19 世纪中叶，对于台湾岛的战略价值，西方列强就已经有了充分的认识，而其中对这一战略价值需求最为迫切的是美国。

因为美国与欧洲列强不同，欧洲列强前来中国的路线往往是自西而东，经非洲、印度洋、马六甲、南中国海而至中国南方。苏伊士运河开通后，这条线路更为便利。而美国要来中国，最为便利的方式就是横穿太平洋，因此，在太平洋上寻找一到两个落脚点是美国推行亚洲殖民政策最为关键的一步。美国 19 世纪在亚洲太平洋地区的一系列活动也证明了这一点：1853 年迫使日本开国；1867 年从俄国手中购买了阿拉斯加和阿留申群岛；1893年发动夏威夷政变；1898年发动美西战争，夺取菲律宾、关岛。这一系列动作都是为了夺取前往远东的跳板，建立起一个“太平洋帝国”。而台湾在其远东布局中有着举足轻重的作用。

◇ 美国驻华公使伯驾

最早意识到台湾岛战略地位的人就是迫使日本开国的马休·佩里。1854年，佩里舰队在初次访日后，就起锚南下，在此期间，佩里派出舰船前往台湾考察，他指示说：

除了上述调查及搜寻失踪人员事项外，重要的是，你必须慎密地勘察台湾的产煤地区，以便确定从该岛取得煤的供应之可能性；你还要慎密地考察煤的采掘和运输条件，煤的产量大小，它的品质，是否适合于烧汽锅之用，它每吨（二千二百四十磅）的价格多少，以及运输是否方便和糜费等等。[①]

根据回报的信息，马休·佩里向美国政府提交了一份建议书，除了介绍经考察得知的台湾相关情况外，还极力主张美国政府想办法侵占台湾：

我相信，我们可以设想，中国人（满清政府）会欢迎美国人在基隆设立居留地，原因是，由于有这些比较好战的居民（美国人）之出现和合作，他们可以在防卫充满了全岛及其海岸线的革命党和海盗之掠夺上获得保护的利益。

无疑的，只要付给普通的购买费，我们就可以在岛上获得土地及重要特权的让与，包括煤矿的开采权利在内。不需要华盛顿政府的其他保护，只要驻泊在中国及日本海的美国舰队之一二船舰不时在岛上出现，一个兴旺的美国居留地就可以很快地建立起来，这样的一个美国居留地，对于美国在中国及日本海的商业，将予以很大的便利。

① 贝勒（即佩里）给马塞多尼号（macedonian）舰长亚勃特（Abbot）的训令，1854年6月18日，载《近代史资料》第3辑《甲午战争以前美国侵略台湾的资料辑要》，第153页，科学出版社1954年版。

一个美国的居留地，只要在台湾巩固地建立起来，就会逐渐增进它在该岛社会上及政治上的权势，增加它的土地面积，结果是增加它的财富和效用。没有任何一个欧洲政府有理由反对美国的这一进展。相反的，他们的政策应该是支持及保护这个居留地，因为，各国在东方从事贸易的人们将同样地受到利益。

……

台湾的地理位置使其非常适合于作为美国商业的集散重点，从那里，我们可以建立对中国、日本、琉球、交趾支那、柬埔寨、暹罗、菲律宾以及一切位于附近海面的岛屿的交通线；而且，更重要的事实是，该岛具有煤的丰富供应能量，在目前和越来越多地利用汽轮来推进商业的发展中，煤对于东方商业的重要性是无限巨大的。

……

台湾在海军及陆战上的有利位置，是值得考虑的另外一点，该岛直接地面对着中国的许多主要商业口岸，只要在该岛驻泊足够的海军，它不但可以控制这些口岸，并且可以控制中国海面的东北入口，……①

佩里的意见书十分直白，他将台湾的战略地位、侵占台湾的经济效益和军事效益都分析得头头是道。美国从那个时候起，就开始对台湾垂涎三尺。1854 年，美国驻日总领事哈里斯就曾建议美国政府“购买”台湾。1857 年，美国驻华公使伯驾（Peter Parker，1804—1888）开始策划在台湾设立定居点。他支持美国的冒险商人和海军舰队在台湾地区活动，并在 1857 年 3 月与台湾道台订立了一份所谓的商业协定。伯驾极力建议在打狗（今高雄）和基隆两地建立港口和居留点。他报告说：

从商业的及政治的观点来看，特别是从美国的立场来看，该岛的位置也是很合乎理想的。当我们发展从加里佛尼亚至日本及中国的航线的时候，这一煤的供应来源将予我们以无上的利益。该岛不会很长远地留在中国统治下

① 贝勒司令关于扩大美国在东方的商业意见书，载《近代史资料》第 3 辑《甲午战争以前美国侵略台湾的资料辑要》，第 156—161 页，科学出版社 1954 年版。

是可能的事情；如果该岛一旦与中国断绝政府关系，如同其断绝地理关系一样，则美国显然应占有该岛，特别是从势力均衡的原则来看应该如此。

……

依照我去年所作三国分割台湾、舟山及朝鲜的建议（引者按：指英、法、美三国分别占领舟山、朝鲜、台湾），把台湾的商业大门无限制地打开，是满意地解决困难问题的必然产物，这样，获利最大者将是最早进入该岛的人们。①

◇ 李仙得

同时，伯驾认为英国是美国争夺台湾的劲敌，因此对于英国在台湾的活动极其敏感，他在致英国驻华公使兼香港总督包令（Sir.John Bowring，1792—1872）的信中说：

如果台湾一旦与中华帝国断绝政治关系，我敢说，我有理由代表美国政府提出占领台湾的优先权利：第一，由于美国公民与帝国政府驻该岛的官吏已经签订过合同；第二，由于在中国人的同意下，美国公民已经在该岛开辟居留地，并且美国国旗在那里悬挂了一年以上……②

显然，伯驾为美国侵占台湾提供了一个方案，就是使台湾脱离中国政府的管辖，进而占领之。出于对英国争夺台湾的忧虑，伯驾几次催促美国政府尽快下决心占领台湾。但此时的美国正处于南北战争前夜，不希望在东方和英国、中国再起争端，因此，伯驾的建议被美国政府否决。不过伯驾这个方案却成为日后美国侵台的蓝本。

① 巴驾（即伯驾）给国务院的秘密报告，1857年3月10日，载《近代史资料》第3辑《甲午战争以前美国侵略台湾的资料辑要》，第173—174页，科学出版社1954年版。

② 巴驾（即伯驾）给英国驻华公使包令的信，1857年3月21日，载《近代史资料》第3辑《甲午战争以前美国侵略台湾的资料辑要》，第178页，科学出版社1954年版。

1867 年，美国商船“罗佛”号（Rover）在台湾海峡南端触礁沉没，包括船长在内的 13 名水手遇难。事情发生后，美国便以此为借口，妄图侵略台湾。美国驻华公使蒲安臣（Anson Burlingame，1820—1870）派遣美国驻厦门领事李仙得（Charles W.Le Gendre，1830—1899）前往台湾交涉。李仙得怂恿美国亚细亚舰队派遣海军在台湾南部登陆，却被当地的土著居民打得狼狈而逃，一名副舰长阵亡。在战不能胜的情况下，李仙得不得不转而寻求和平解决问题的办法，他通过英国商人直接与台湾原住民的领袖卓杞笃会谈，达成了协议。在谈判期间，李仙得深入台湾内地，考察了当地的民风、矿产、地形等情况，成了一个台湾通，同时也更坚定了侵占台湾的信念。他认为，要侵台必须军事和政治两手抓，这一次之所以能交涉成功是因为有美国舰队的军事打击进行辅佐。美国传教士卫三畏（Samuel Wells Williams，1812—1884）在致国务卿西华德（William Henry Seward，1801—1872）的信件中说：

> 我现在荣幸地可以将李仙得将军访问台湾南部与曾经杀害美舰罗佛号船员的该地土番社长会谈之报告呈阅。这报告是很值得细阅的，而这一与土番直接交涉的努力之成功，可能引导到同样交涉的发展……我相信，您对于该领事在执行其计划中所表现的魄力与机智一定予以嘉奖，至于他与该酋长能够做出最后的协定，则无疑地系海军副将贝尔前此率舰征讨对该番民所留的深刻印象所致，这是比任何其他原因更重要的因素。①

从 1854 年佩里勘测开始到 1867 年的罗佛号事件，美国逐渐摸索出了一条侵台的途径：先将台湾从中国政府的管辖下分离出去，然后通过武力和和平两种手段达到征服的目的。当时在侵台问题上力不从心的美国决定培养一个代理人，而 1871 年发生的一起事件，让他们找到了一个机会。

二、琉球问题

明治四年（1871）十月，一艘从宫古岛开往琉球王国首都首里的船只在海上

① 卫三畏给国务卿西华德的报告，1868 年 3 月 13 日，载《近代史资料》第 3 辑《甲午战争以前美国侵略台湾的资料辑要》，第 181 页，科学出版社 1954 年版。

◇ 琉球国首都首里城

遭遇了一阵突如其来的暴风雨，风浪过后，船上的水手发现船已经被吹到了一个陌生的地方。原来他们漂流到了台湾南部的八瑶湾，在此登陆的水手误入了原住民的聚居地，当地人以为他们是入侵者，便群起而攻之，杀死54人，有12名水手逃脱，跑到台湾府寻求庇护，最终被送回了琉球。

然而，在两年后，日本方面就此事向大清国的总理衙门提出交涉。这原本是中国和琉球王国之间的事，缘何日本人要横插一杠，揽事上身？这恐怕要从琉球王国的历史说起。

琉球群岛，位于台湾与日本之间，由冲绳岛、奄美岛等数个岛屿组成，是西太平洋岛链上连接日本和台湾两地的纽带。

琉球从12世纪开始出现国家，《明史》卷三二三《外国四》载：

> 洪武初，其国有三王，曰中山，曰山南，曰山北，皆以尚为姓，而中山最强。[1]

到明朝宣德年间，中山国吞并了另两国，建立了一个统一的琉球王国。琉球与中国一直保持着一种朝贡关系。明朝在洪武五年（1372），“命行人杨载以即位建元诏告其国，其中山王察度遣弟泰期等随载入朝，贡方物。帝喜，赐《大统历》及文绮、纱罗有差”。此后，琉球频频来贡。因为中国对于朝贡一事采取的是“厚往薄来”的政策，回赐往往倍于贡献，因此，琉球对于朝贡乐此不疲，贡奉不绝。明朝政府不得不规定其两年一贡，并限定人数。

在琉球的历史上，万历三十七年（1609）是转折性的一年，此前琉球是一个以中国为核心的东亚朝贡体系中的独立王国，但在这一年，萨摩藩的岛津家率领

①②〔清〕张廷玉等：《明史》卷三二三《外国四》，第8361页，中华书局1974年版。

◇ 首里城王座，上方的“中山世土”匾额为康熙皇帝书赐

3000人军队入侵琉球，这一行动得到了德川家康的默许。有恃无恐的岛津家借口琉球拖欠萨摩藩所“代付”的攻朝军费，攻进了其首都首里城，国王尚宁王被萨摩大军俘虏，琉球王国实际上沦为萨摩藩的附庸国。

萨摩藩攻打琉球王国实际上是对明王朝“天朝上国”权威的侵犯，按理说，明朝有责任保护琉球这样的朝贡国。但明朝此时还有诸多的内部问题需要解决，辽东之地也正为努尔哈赤的后金所侵袭。其后不到40年，努尔哈赤所建立的八旗军便攻进了北京，明朝为清朝所取代。

在清朝入主中原后的第十年，即顺治十年（1653），琉球王国的使节又一次出现在北京的故宫，接待他们的是年轻的顺治皇帝。顺治十一年（1654）秋七月，皇帝册封琉球的世子尚质为中山王，琉球和清朝重新建立起了朝贡关系。

从明朝到清朝长达几个世纪的时间里，琉球王国一直以中国为宗主国，使用中国皇帝的年号纪年，其国王概由中国皇帝册封，其国内的文书也使用中文。不过由于地处中日之间，琉球的经济文化有着中日杂糅的特色。

但其实在琉球与清朝的朝贡关系中受益最大的是萨摩藩。因为琉球王国一直被萨摩藩压榨，过着一仆二主的日子，而清朝始终采取厚往薄来的政策，对琉球的使节多有赏赐，这些赏赐在运回琉球后，萨摩藩就前来抽头，清朝对此也多有所闻，《清史稿》记载：

> 琉球国小而贫，逼近日本，惟恃中国为声援。又贡舟许鬻贩各货，免征关税，举国恃以为生，其资本多贷诸日本。国中行使皆日本宽永钱；所贩各货，运日本者十常八九。其数数贡中国，非惟恭顺，亦其国势然也。①

① 赵尔巽等：《清史稿》卷五二六《属国一》，第14623页，中华书局1976年版。

就是因为拥有琉球这样一个附庸国，萨摩藩在江户幕府的锁国体制下才能偷偷通过对外贸易牟取巨大的经济利益，这也是其在幕末时代成为强藩的一大原因。

这种一仆二主的状态，给了日本一个很好的借口，明治四年（1871）日本在废藩置县后，将琉球视为原萨摩藩所改制的鹿儿岛县的一部分，一步步采取措施，企图吞并琉球王国。在废藩置县后第二年，明治政府下令设立“琉球藩”，任命原琉球王国国王尚泰为藩王，这个任命是强制下达的，尚泰王根本不接受这个职务，他坚持琉球王国继续存在，并向清朝纳贡。

日本之所以对琉球垂涎三尺，恐怕和琉球的地理位置有关，因为明清时期，琉球王国是东亚海上贸易的重要枢纽。由于此时中国、朝鲜、日本都处于锁国状态，而琉球与上述三国都保持着密切的联系，其借助地理条件的优势，成为这些国家贸易往来的中转站。琉球还是进入日本列岛的最后跳板，在后来的第二次世界大战中，美军从太平洋战场进入日本本土时，到达的最后一站就是冲绳岛。日本人也深知，控制住琉球就意味着给日本列岛增加了一道防御线，也增加了一个进入东亚大陆的前沿基地。

但明治初年的日本正处在国家转型期，在琉球问题上与近在咫尺且看似庞大的大清帝国翻脸，其后果如何？这是羽翼未丰的明治政府要慎重考虑的。日本之所以在两年后就这一事件向清朝发起挑战，完全是因为背后有人推波助澜。

事实上，在台湾土著杀死琉球人的事件发生以后，最为欣喜若狂的是美国人。美国驻日公使德朗（Charles E. DeLong，1832—1876）在事发以后立刻约见了日本外务卿副岛种臣，极力鼓动日本政府借题发挥，侵占台湾，并推荐“台湾通”李仙得作为日本军队的参谋，他在写给时任国务卿汉密尔顿·菲舍（Hamilton Fish，1808—1893）的信中说：

> 知道了这一切，我认为我看到了一个良好机会，这机会是：在李仙得将军的帮助下，而他似乎是很愿意帮助的，我们可以把许多最有用的资料供给日本政府，使其能成功地完成任务，同时把这个政府的观点和意图，美国所能获得的实际利益，以及对我和这政府的密切关系之增进等等，报告给我驻华使馆和您知道。
>
> 基于这种看法，我要求李仙得将军在这里逗留一些时候，等待另一次轮

船才回国，以便帮助我将有关他对台湾及其居民的观察，告知日本政……[1]

原来美国人是看到了这一事件背后隐藏的巨大利益，一旦日本侵占了台湾，美国作为支持者将从中渔利。但此时刚经历内战的美国在东亚地区实力不足，所以德朗很"热心"地为日本政府出谋划策：

李仙得将军和我共同劝告该政府，在实行武力办法以前，应首先从事一切合理的努力，进行外交的及和平的解决手段。这劝告被接受了，该政府决定立即派遣使节赴华，对该使节训令的第一点是，除非中国皇帝允许日使觐见，他将拒绝呈献国书并拒绝批准正在商订中的条约。第二点是，中国必须承认日本对琉球有无条件的及无限制的统治权力；第三点是，中国必须向日本就琉球人民在台湾被害事件表示遗憾，并对同样事件的不再发生，提出满意保证。[2]

在美国的唆使下，羽翼未丰的日本新政府走出了对外扩张的第一步，而台湾则不幸地成为其第一个目标。

三、出征台湾

明治五年（1872）三月，日本小田县的部分渔民在海上作业时，遭遇暴风雨，漂流到台湾，他们遭到了和琉球人一样的待遇，四人被原住民杀死。第二年，日本派遣外务卿副岛种臣前往中国，其任务是交换《日清修好条规》的批准书。

《日清修好条规》于明治四年七月二十九日（1871 年 9 月 13 日）由日本的大藏卿伊达宗城和清朝方面代表李鸿章签订，规定中日双方互派大使，互相承认有限制的领事裁判权。这是一部平等条约。日本之所以签订这一条约和处理对朝关系有关，想通过订约使"皇国处于与中国比肩平等"的地位，而让朝鲜退居"下位"，也使中国在未来日本侵朝时缚手缚脚[3]。

① 美国驻日公使德朗给国务卿费奚（即菲舍）的信，1872 年 11 月 6 日，载《近代史资料》第 3 辑《甲午战争以前美国侵略台湾的资料辑要》，第 183 页，科学出版社 1954 年版。

② 德朗给国务卿费奚（即菲舍）的三〇九号报告书，1872 年 11 月 22 日及 23 日，载《近代史资料》第 3 辑《甲午战争以前美国侵略台湾的资料辑要》，第 184 页，科学出版社 1954 年版。

③ 参见：曹中屏：《朝鲜近代史》，第 31 页，东方出版社 1993 年版。

◇ 副岛种臣（1828—1905），佐贺藩士，曾任外务大臣等

在换约之余，副岛种臣还广泛接触了清朝方面的主要官员，因为他此行有另一个目的：就琉球民被杀事件向清朝政府提出交涉。当时，在清政府总理衙门处理对外事务的主要大员是毛昶熙，他和副岛种臣进行了直接交流。

毛昶熙，字旭初，道光二十五年（1845）进士，此人官运亨通，历任庶吉士、御史、顺天府丞等职，后挂左副都御史衔督办河南团练，“所陈平捻方略，具得要领”①。因镇压捻军起义有功，连擢顺天府尹、太仆寺卿、内阁学士。同治八年（1869），授工部尚书，命在总理各国事务衙门行走，从军功卓著的儒将转型为一名外交官。

可惜毛昶熙在处理这一对日外交事务时，却没有他在平捻时那样头脑清醒，当日本方面提出“生番杀人”一事时，毛昶熙说了一句昏聩的话：

> 台湾，东番也，在我国为化外之民，其伐与不伐，亦惟贵国所命，贵国其自裁之。②

其实清朝政府完全可以据理力争：台湾是中国管辖下的领土，而琉球是向中国朝贡的藩属国，对于琉球与台湾之间的事务，清朝政府有权自行处置，与日本方面无关。至于台湾原住民杀害日本渔民一事，清朝政府也可以依据本国法律进行处理，给日本一个答复，但毛昶熙却一味推卸责任，甚至说出了“伐与不伐，……贵国其自裁之”这样的话，显然给了日本一个出兵台湾的极好借口。

副岛种臣得到这个答复，自然如获至宝。在他归国后，日本国内的政治局势也发生了很大的变化。明治六年（1873）。因征韩论而导致的政变使副岛等土、肥两藩人士下野，同时，西乡隆盛以及拥护他的桐野利秋等旧武士集团也退出了中央政府。掌握了政权的大久保利通为首的萨、长藩阀，正面临着一场士族叛乱。

① 赵尔巽等：《清史稿》卷四一八《毛昶熙传》，第 12122 页，中华书局 1976 年版。

②〔清〕王韬：《台事纪闻》，载《近代史资料》第 94 辑，第 22 页，中国社会科学出版社 1998 年版。

◇ 西乡从道（1843—1902），萨摩藩士，明治时期历任文部卿、陆军卿、海军大臣等

起因是旧武士集团对中央政府的不满与日俱增，他们为自己失去德川时代的特权而不满，对新政府的藩阀独断不满，对自己无法适应新的社会体系而无所事事不满。大久保利通认为，要平抚那些士族，最好的办法就是把他们派出去打仗，让他们在对外战争中找到自己的一席之地，顺便让他们把对政府的不满向外发泄。征韩明显过于危险，而征台规模较小，且“师出有名”，是一个可以考虑的选择。由此也可以看出，以大久保利通为代表的反征韩派并不是真正反对征韩，而是反对立刻征韩，他们并不拒绝在将来发动一场征韩之战。因此，“风险较小”的征台实际上是征韩的一次演习。

明治七年（1874）4月，明治政府设立了一个蕃地事务局，任命大隈重信为局长，以西乡从道为台湾事务总督，出兵3600余人，集结于长崎，准备征台。

获得美国幕后支持的日本自信满满，因为清政府已经发话“贵国其自裁之”，列强应当也不会干涉，所以他们认为此次征台不过是手到擒来、瓮中捉鳖的小事而已。然而事与愿违，列强的反应十分激烈。

首先跳出来反对的是英国公使巴夏礼，他反对的原因很简单：英国和美国一直在台湾问题上有所争执，一旦日本在美国的卵翼下占领台湾，对英国在长江流域的通商口岸和势力范围将构成严重威胁。巴夏礼作为英国权益的坚决维护者，自然不能坐视此事发生。而美国的态度也发生了转变，明治五年（1872），美国驻日公使易人，原本支持日本出兵台湾的德朗卸职，新任公使约翰·宾汉（John Bingham，1815—1900）鼓吹局外中立论，他说：

> 凡我同盟之国，苟有兵事，人民船舶毋许假贷，载在中立条约。今贵国有事，台湾虽非，兵事既发，军船、士卒入清国版图，则清国以战目之，必矣。所有供佣役备，使令苟系我美国之人，则彼必以我为助贵国，请速返之。①

① 〔清〕王韬：《台事纪闻》，载《近代史资料》第94辑，第17页，中国社会科学出版社1998年版。

宾汉并不是胆小怕事，更不是畏惧中国，他只是不想惹麻烦，使美国的在华权益因征台一事遭到损害。原本德朗允诺以美国船只运输日本军队，但宾汉收回了这一承诺，他不希望美国被中国看作日本侵台的协助者。当然，这并不等于美国至此收回了对台湾的觊觎之心。

在日本国内，也传出了反对的声音。木户孝允本就反对征韩，这一次他也是征台的反对者。木户孝允和大久保利通此时因之前的征韩论正处于对立状态，他尖锐批评大久保的专断作风，为抗议政府的征台决策，甚至宣布辞去参议职务。

在各方面的压力下，大久保利通被迫决定停止征台，他向大隈重信、西乡从道等人下达了停战令。西乡从道在接到命令以后，勃然大怒：

从道向奉都督之命，矢命不渝，此公所知也，夫师出在途，逗桡数旬，既失军机，尚何所俟！从道虽无似，忝奉敕书，纵令有大府来谕，我亦未敢受命，公幸舍焉。抑从道闻之朝令暮改，使人人危疑，甚非治国之法。今陆军有涣心，苟驾驭之机一误，溃裂四出，不可复制，其祸乱非佐贺之比（引者按：指发生在明治七年2月的佐贺士族叛乱）。此我所苦虑焦心者也。即使强止我行，我惟奉还敕书，独自捣野蛮巢窟，死而后已。若使清国或生异议，则政府可诿以叛兵悍卒，复何嫌于政府哉。①

从西乡从道的话可以看出当时日本士族反乱问题的严重性。西乡从道不但拒绝从命，而且还以“祸乱非佐贺之比”这样的话来挟持威胁政府，开了近代日本军阀擅自行事，不听中央号令的先河。后来的日本关东军在东北自行其是，二二六兵变等一系列的历史事件，实发端于此。

面对西乡从道的骄横，刚刚处理完佐贺之乱而心有余悸的大久保利通不得不采取让步措施。他亲自到长崎与西乡从道商议，最终决定解除李仙得的职务，出价购买英美船舶各一艘载运军队攻台。同时，为和平解决此事，大久保利通命令驻华公使柳原前光与清朝官员进行接触。

西乡从道在获得出兵的许可后，摩拳擦掌，兴冲冲地带兵上路。明治七年（1874）

---

①〔清〕王韬：《台事纪闻》，载《近代史资料》第94辑，第17页，中国社会科学出版社1998年版。

◇ 侵略台湾时期的日军和当地民众合影

5月6日，以萨摩武士为主体的日军在台湾登陆，他们乐观地认为凭借近代化的装备，应该能轻松地征服这些“野蛮人”，可惜他们打错了算盘。

台湾的原住民有居住在沿海平原的“熟番”和居住在内陆山中的“生番”之分，“熟番”通汉语，与外界接触多，“生番”则深居山中，与外界接触较少，警惕性也较高，因此才会发生琉球民被杀事件。这些居住在山地的原住民分为十八社，牡丹社最强悍，也是后来抵抗日军最坚决最顽强的部落。

台湾原住民在对抗日本的正规军时采取了游击战术，他们利用地形优势，埋伏在日军经过的道路旁放冷枪，在日军搜索的时候则迅速逃之夭夭。加上台湾当时正值梅雨天气，霖雨连绵，道路泥泞，这让西乡从道很是狼狈，在吃过几次亏以后才总结出了一套作战方略，他认为在日军所过之处，当地部落皆抛弃村庄远匿山谷，出没于灌木之间，要对付这种游击战的滋扰，就必须坚壁清野，断绝粮道。于是，日军开始在台湾驻屯，收买当地的部分“熟番”，建设兵营、医院、道路，对内陆进行封锁，以迫降原住民。

清朝政府在得知日本的出兵不为外国所支持后，也改变了最初推卸责任的态度。因台湾归属福建省管辖，所以清闽浙总督李鹤年向日本驻厦门领事福岛九成发去了抗议信，说：“台地区域，为中国所管辖，土番暴行，或犯国禁，讨伐全权，惟我独操，又何烦日本政府之兵力以问其罪哉？”[①]5月底，清政府任命福建船政大臣沈葆桢率军前往台湾。沈葆桢到达台湾后，即刻组织防务，并指令福建布政使和台湾道台直接与西乡从道进行交涉，两人与西乡从道反复驳难，西乡从道回答说：

番地进退，乃系两国重事，非吾辈立谈可决。贵国若有所要，何不就吾

① 〔清〕王韬：《台事纪闻》，载《近代史资料》第94辑，第22页，中国社会科学出版社1998年版。

柳原公使谋之。若夫问罪戎事，则某所独擅，何仰他人鼻息为哉！[①]

西乡还振振有词地历数清朝政府的不是：

初我漂民为土番所虐杀，业经二年，贵国置若罔闻，而今乃以讨伐为己任，何其反复，一至于此，一不可信也；向者遣副岛大使谋议番地事务，贵国政府答以化外之民，而今乃反之谓系贵国所管辖，何其反复，一至于此，二不可信也；往年琉民为生番所残害，我政府起问罪师，首告贵国，而贵国乃让以报告后期，以至师期衍缓，何其反复，一至于此，三不可信也。[②]

由此可见，西乡从道固然有着嚣张跋扈的军阀作风，但以毛昶熙为代表的清廷外交官员当初在处理此事时昏聩无谋，授人口实，所以才进一步助长了日本的侵略野心。这体现出清政府在外交方面的幼稚和用人不当。

梅雨过后的夏天，日军又为台湾当地的暑气所苦，因水土不服而死者众多。日本不得不增补军队前往台湾，又大批采购武器弹药，耗费巨大。这对于正在应付财政危机的明治政府来说，已经成为一大负担，加上山中的部分原住民因粮尽而出降，日本方面认为目的已经部分达到，便迫切要求结束这场战争。日本公使柳原前光在北京的交涉久未有结果，此时，又传来了清朝将派出两万大军前往台湾的消息，心急如焚的大久保利通决定自任全权办理大臣，于8月抵达北京。中日双方开始在外交场合进行第一次交锋。

四、交锋北京

中日双方的这一次交锋令人瞩目，特别是日本方面派出了重量级人物大久保利通与清朝总理衙门进行直接交涉，这引起了列强的注意。也注定这次的北京交锋，是一场不平静的暗战。

在清廷中，也不乏有识之士，如正在经略台湾的沈葆桢就极力反对和谈，他认为只要集合军队，使日本无隙可乘，其必然引兵而去。清廷也看破了日本方面

①〔清〕王韬：《台事纪闻》，载《近代史资料》第94辑，第23页，中国社会科学出版社1998年版。

②〔清〕王韬：《台事纪闻》，载《近代史资料》第94辑，第24页，中国社会科学出版社1998年版。

急于结束战争的意图，因此采取了相对强硬的态度。

与此同时，列强亦闻风而动，英、美都希望从这场对决中渔利。美国人首先站到了日本一方，在大久保利通抵达天津的时候，李仙得就前来和他会合，并让他住在美国使馆中，为之出谋划策。直隶总督李鸿章是一个外交老手，他看出了其中的问题，写信给总理衙门谆谆告诫要注意这一问题：

> 该使（引者按：指大久保利通）……随带人员甚多，内有李仙得……李仙得刁悍异常，闻多方胁制美领事，而该公使领事忽又纵之。彼族号令无常，形迹可怪，且必另增一起风波。①

其实，美国人的行动不过是其历来政策的体现，因为害怕损害在华权益，他们不想卷进日本和中国的武装冲突中，但却十分愿意插手中日之间的外交谈判，因为这样可以不流血地获取利益。这是美国人的惯用伎俩，在第二次鸦片战争中，美国人就借口调停，获得了和英、法一样的权益。

此次，在美国人的策划和支持下，大久保利通提出了要求中国赔偿军费，保证将来不再发生土著袭击事件等要求，总理衙门方面以强硬的态度拒绝了这些无理要求。此时，美国驻天津副领事毕德格（Pethick William N，？—1902）、美国驻华公使艾忻敏（Benjamin Avery）和大久保利通便一唱一和。毕德格与李鸿章私交甚笃，他劝说李鸿章：

> 彼虽未肯明言如何办法，但揣其意，不给兵费必不退兵，且将决裂，扰乱中国各口。……我亦知贴补兵费，中国断不能应允，旁人亦未便强劝，惟事已至此，须想一办法出路。中国与日本各说有理，两边俱不认错，如何下台？据我愚见，日本总藉生番杀人为词。大久保到京，总署先给一照会，历述此事本末缘由，不必为激烈决绝之语……庶可感悟该使，渐化其桀骜不平之气，若猝与决裂交兵，各国只能坐视各保本国商民而已。②

① 李鸿章致总理衙门论东使大久保行止，同治十三年七月二十四日，载《近代史资料》第 3 辑《甲午战争以前美国侵略台湾的资料辑要》，第 187 页，科学出版社 1954 年版。

② 李鸿章致总理衙门述美国副领事毕德格面议节略，同治十三年七月二十四日，载《近代史资料》第 3 辑《甲午战争以前美国侵略台湾的资料辑要》，第 188 页，科学出版社 1954 年版。

毕德格先说日本方面态度强硬，不给钱不行，又带着威胁的口气表示，如果中日谈判破裂，战端又起，列国肯定坐视不理。言外之意，就是要中国政府同意日本的要求。表面上美国人是在"调停"，实际上是和大久保利通唱起了双簧。

◇ 英国驻华公使威妥玛

但中国方面的态度强硬，大久保利通的要求迟迟得不到满足。到了 9 月，他知会总理衙门，威胁归国。李鸿章在听说此消息后，也写信给总理衙门，说：

> 东使大久保力持台湾番地非中国管辖之说，呶呶不休，无非为占地索费张本，今欲破其症结，仍须就此下手。……若仅就东使议论想转圜之法，似仍以占地给费为归宿，即稍易名目，仍不出二者之范围，而以后番地究属谁主，难得分晓，后患恐多，诚如钧谕，事殊难测，惟静以待之而已。日内大久保想未有出京准期，即袭上年副岛故智，幡然欲归，伏乞尊处坚持定见，以静制动，徐图挽回，大局之幸。①

从以上内容来看，李鸿章是在要求总理衙门坚持定见，拒绝赔款。李鸿章之所以有此底气，恐怕和美国人转而支持清廷有关。由于总理衙门在获悉大久保要离京的消息以后，唯恐谈判破裂，便请出了英国驻华公使威妥玛（Thomas Francis Wade，1818—1895）作为调停人。这正中其下怀，威妥玛极力劝说总理衙门满足大久保利通的要求，但美国人和英国人在台湾问题上是对头，所以此后原本主张中国赔款的美国人为了和英国争夺在这一事件上的"调停"主导权，转而要求中国拒绝赔款。美国公使艾忻敏信誓旦旦地表示：台湾是无可争议的中国领土，如果日本方面再起战端，列强必不能允许。"日本若肯就转圜，亦无贴补兵费之理，中国要不给一文兵费钱，日本要勿留屯一兵在台湾番地，乃是全交之道。"②

---

① 李鸿章致总理衙门述美使商论东事，同治十三年九月十二日，载《近代史资料》第 3 辑《甲午战争以前美国侵略台湾的资料辑要》，第 188—189 页，科学出版社 1954 年版。

② 李鸿章致总理衙门与美使艾忻敏问答节略，同治十三年九月初十、十一、十二日，载《近代史资料》第 3 辑《甲午战争以前美国侵略台湾的资料辑要》，第 188—189 页，科学出版社 1954 年版。

美国人虽然快速变脸，但英国公使威妥玛最终获得了成功，在他的“调停”下，总理衙门的恭亲王奕䜣、大学士文祥等人与大久保利通达成和议，接受了日本方面的要求。10月20日，中日双方签订了《北京专条》，条约列明三项条款：

1. 日本国此次所办，原为保民义举，中国不指此为不是；

2. 前次所有遇害难民之家，中国定给抚恤银两。日本所有在该处修道建房等件，中国愿留自用，先行议定筹补银两，另有议办之据；

3. 所有此事，两国一切来往公文，彼此撤回注销，永作罢论。至于该处生番，中国自宜设法，妥为约束，以期永保航客不致再受凶害。①

根据双方协议，中国以抚恤难民、购买日军在台所建房屋的名义支付日本50万两白银，作为日本退军的条件。

清朝这一次的“不败而败”，令许多有识之士痛心疾首，王韬指责清政府说：

日人征蕃之役，其轻我中国甚矣，曾不知台湾乃我版图，生番乃我赤子，乃竟悍然兴师，假我之道，驻我之境，戮我之民。自泰西诸国处此，兵端可以立见，而我国当路者犹思以羁縻之术进，委曲迁就，卒至于酬饷五十万金。夫区区金钱固不足惜，然其如国体何？

……

我国诚能以一事，发奋自雄，修文告，振武功，布信于域中，扬威于境外，又何至再有灭琉之辱，奈何军事一平，因循玩愒，粉饰侈张，蒙蔽晏安，徒为苟且不终日之计，于一切外情，昏然如隔十重帘幕，此草莽孤臣所以痛哭流涕，长太息者也。②

但王韬的指责并没有唤醒昏聩的清朝中央，在此后不久，日本就以《北京专条》为依据，吞并琉球，而清政府则在19世纪80年代的中法战争之中，再一次“不败而败”。

①〔清〕王韬：《台事纪闻》，载《近代史资料》第94辑，第28页，中国社会科学出版社1998年版。

②〔清〕王韬：《台事纪闻》，载《近代史资料》第94辑，第30—31页，中国社会科学出版社1998年版。

第六章 最后的武士

武士道精神是怎样渗透到所有社会阶级的呢，这从以侠客闻名的特定阶级的人物、民主主义的天生的领袖的发展上也可以了解。他们是刚强的男子汉，从头顶到脚尖都充满着豪迈的男子汉的力量。作为平民权利的代言人和保护者，他们各自都拥有成百上千的喽啰，这些喽啰以武士对待大名的同样方式，心甘情愿地献出“肢体与生命、身体、财产以及世上的名誉”，为他们服务。这些背后有过激而急躁的市井之土的大众支持的天生的首领，对两把刀阶级的专横构成了可怕的阻遏力量。

——《武士道》第 15 章《武士道的熏陶》

第一节 藩阀政府

一、朝野对立

由征韩论而引发的明治六年（1873）政变是明治时代的一个转折点，它标志着原本团结一体的明治政府发生了分裂。在征韩派失败下野后，岩仓使节团的主要成员掌握了中央政权，而在这些人中，居于核心地位的就是出身于萨摩的大久保利通。

大久保利通在游历各国以后，深刻地认识到发展工业，投资基础设施建设，整顿财政金融是建设强国之本。所以他掌握政权以后，便把殖产兴业作为第一要务。明治六年（1873），大久保利通设置了内务省，自任内务卿，专门负责殖产兴业一事。

◇ 大久保利通（1830—1878），萨摩藩士，明治维新元勋，与木户孝允、西乡隆盛并称“维新三杰”

在留守政府掌权的最后阶段，政治架构其实发生了很大的变化，原本大藏省的核心权力被夺走，财政大权集中到了上院。为满足殖产兴业的需要，新设的内务省管理着户籍、工程建设、邮递、交通运输、农业、警察、地方行政等一应要务，成为一个权力高度集中的机构。而作为省卿的大久保利通自然成为中央政府实际上的“最高领袖”，人们索性将这一时期的明治政府称为“大久保政权”。

但权力高度集中的大久保政权不断遭人诟病，批评意见不但来自下野的征韩派人士，也来自政府内部。出身于长州的木户孝允对此就非常不满，明治七年（1874），在大久保利通决意征台时，木户孝允坚决反对，并辞去参议职务。

另一方面，下野的征韩派，包括板垣退助、江藤新平、副岛种臣、后藤象二郎等人也对大久保政权多加指责，他们借助的武器是天赋人权论。

天赋人权论发端于法国，其代表人物是法国著名的启蒙思想家卢梭（Jean-Jacques Rousseau，1712—1778），他在著作《社会契约论》中开宗明义地指出：

> 人是生而自由的，但却无往不在枷锁之中。……
>
> 如果我仅仅考虑强力以及由强力所得出的效果，我就要说：“当人民被迫服从而服从时，他们做得对；但是，一旦人民可以打破自己身上的桎梏而打破它时，他们就做得更对。因为人民正是根据别人剥夺他们的自由时所根据的那种同样的权利，来恢复自己的自由的，所以人民就有理由重新获得自由；否则别人当初剥夺他们的自由就是毫无理由了。”[①]

从卢梭的话中可以看出，他反对的是专制制度，因此把批判的矛头对准了君主。

①［法］卢梭著，何兆武译：《社会契约论》，第 4 页，商务印书馆 2003 年版。

在明治初年，卢梭的思想和法国大革命的精神传进了日本，一时间，民权一说蔚然成风。征韩派便抓住了这个趋势，不过他们批判的对象却并非天皇，而是大久保主导的政府。

明治七年（1874）1月，板垣退助与副岛种臣等人在东京的副岛种臣宅邸成立了一个爱国公党。在之后的1月17日，爱国公党中的小室信夫、古泽迂郎（古泽滋）两人共同起草了一份《民选议院设立建白书》，板垣退助、副岛种臣、由利公正、江藤新平、后藤象二郎、冈本健三郎等征韩派要人均在建白书上署了名。在这份建白书中，征韩派要求建立民选议院。当然，他们的意思并非是要提倡普选制，而是借民权的旗帜，希望大久保政权与士族、豪商以及其他藩出身者共享权力。

提交《民选议院建白书》是一种和平的批评政府的方式，而征韩派中的另一些人采取的却是激烈的暴力手段。他们和士族势力结合在一起。这些士族在废藩置县以后一直心怀不满，且他们的出身经历和历史传统也决定了他们更容易采用暴力的方式表达自己的诉求。

明治七年（1874）1月14日夜晚，右大臣岩仓具视处理完公务以后，返回宅邸，当马车行驶到东京赤坂的喰违坂时，数名士族刺客暴起伤人，岩仓具视受了轻伤。事件发生以后，大久保利通立刻指示缉拿凶手。此案是当年1月成立的警视厅所接下的第一桩大案，大警视川路利良很快组织人手抓到了九名凶手，并将他们全部判处死刑。

然而，这起暗杀事件不过是另一场更大风波的前奏。同年2月，佐贺县（原肥前藩）发生了一场大规模的士族叛乱。

征韩派的《民选议院设立建白书》因政府的反对而石沉大海，此后，征韩派人士各奔前程。板垣退助等土佐出身者继续寻求重回政府的机会，而江藤新平等肥前出身者则返回了家乡。在肥前、萨摩等地，不满的士族人士云集，征韩派的归乡者与他们联合起来，形成了反政府力量。

江藤新平是在明治七年（1874）2月回到佐贺的，他刚到家乡，就和当地的“忧国党”党首岛义勇进行了会谈，接着他被推举为佐贺“征韩党”的领袖，发动了反政府的武装叛乱。

中央政府在第一时间就得到了消息，大久保利通亲自率领东京的近卫军团前往佐贺平叛，并调动大阪镇台的军队援助。在当地，熊本镇台的军队已经和叛军交上了手。

最终反乱军双拳难敌四手，很快被包围歼灭，征韩党被迫解散，江藤新平在3月29日于高知县(原土佐藩)被捕。4月，大久保利通在佐贺当地设立了临时裁判所，审判叛乱首要分子，前任司法卿江藤新平被判处死刑，他一手缔造了明治司法系统，最终也因此而死。

为了平抚那些不满的士族，大久保利通主导发起了征台之役，并亲任使节出使中国，日本不但取得了钱财，而且赢回了面子。当时日本人称赞说：

> 政府察机观变，决意出师，而卒能于立谈之顷，取彼偿金，且使漂流难民，再无番地暴掠忧，何其勇且智也。①

大久保利通在这场对外战争中厥功至伟，他的声望也随之急剧增长。但对外事务上的成功并不能改变国内的情况，在国内政坛上大久保利通依然处于孤立无援的境地。因征台一事下野的木户孝允和土佐的板垣退助等人都在极力地要求政府改革，改变当前过度集权的状态。大久保利通被迫向他们妥协，并开始寻求将木户派和土佐派重新拉进政府的途径。

二、大阪会议

明治七年(1874)，在《民选议院设立建白书》无果而终后，爱国公党也随之消失，板垣退助等土佐派另组“立志社”，以保障民权、建立议院为己任，鼓吹政府改革。这一年1月，岩仓具视遇袭，受伤疗养，朝廷需要一位有名望的人来主持朝议。因此，原萨摩藩主岛津久光便出任了左大臣。岛津久光是有名的保守派，他对大久保利通主持的种种改革也十分不满，诸如使用阳历、改换西服、采用西式军制等等措施都遭到了他的批评。大久保利通几头受气，陷于孤立之中。

在这种状况下，大久保不得不将橄榄枝伸向了木户孝允。与木户同样出身于长州的井上馨和伊藤博文担起了和事佬的角色，他们主动出面请木户重回政坛。明治七年（1874）12月，木户和井上、伊藤到达大阪。另一方面，大久保利通和板垣退助也从东京赶来。明治八年（1875）1月，大久保、木户、板垣三人在大阪

① 〔清〕王韬：《台事纪闻》，载《近代史资料》第94辑，第31页，中国社会科学出版社1998年版。

进行商谈。

木户孝允和板垣退助在 1 月 22 日先进行了面对面的交流。木户孝允很赞同板垣退助有关设立议院的主张，他认为这是抑制大久保专制的一剂良药。由于在这方面达成了共识，因此两人结成了政治同盟。木户孝允认为板垣退助应该返回中央政府，板垣也决定借助木户的力量实现政治诉求。

◇ 木户孝允（1833—1877），原名桂小五郎，长州藩士，“维新三杰”之一

接下来大久保利通和木户孝允在 29 日举行了会谈，他虽然对板垣的议会制度不感兴趣，但为了把木户孝允拉进政府，摆脱孤立局面，同时也为了防止土佐派和肥前派一样，与不满的士族结合到一起，所以同意让板垣回到中央政权中。2 月 11 日，三方终于达成了一个协议：改革政府，建立起三权分立的机制，并逐渐建立立宪体制。

大阪会议的结论被上报给了朝廷，这三位重量级人物的会面决定了接下来政治改革的路线：木户孝允和板垣退助重新出任参议，新设元老院代替原本的左院掌管立法，新设大审院掌管司法，新设地方官会议作为咨询下情的机关，原本的左、右院则被撤销，参议与省卿分离。元老院和地方官会议事实上成为议会的上院和下院。明治天皇也发布诏书宣布逐步实行立宪。

大阪会议暂时确立了一个新的体制，大久保政权的政治危机得以解除。木户孝允主持的地方官会议开始从容地讨论基础设施建设、建立地方民会、设立地方警察机构等一系列实际性问题，一切似乎正在向好的方面发展。不过好景不长，距大阪会议结束仅仅八个月，又一起外交事件使这次会议确立的体制濒临崩溃。

在征韩论甚嚣尘上后，日本和朝鲜的关系一直处于紧张状态，同时，朝鲜的政治局势也发生了改变。1873 年，高宗宣布亲政，接着受到高宗宠信的闵妃及其宗族组成的外戚集团登上了政治舞台。闵妃是一个武则天式的人物，她心计缜密且善于权谋，周围团结了反大院君的各种势力，攻击大院君的内政和外交政策。在高宗亲政以后，大院君被迫退出了政治核心，闵妃外戚集团取而代之。闵妃集

◇ 朝鲜李朝高宗（1852—1919），名李熙，李氏朝鲜第26代国王，后为大韩帝国初代皇帝

团对大院君的排日攘夷政策攻击尤甚，但他们又提不出经世济用的强国之策。不过，朝鲜的内讧让日本觉得有机可乘。

明治八年（1875），日本派遣森山茂前往朝鲜刺探内情。9月，日本外务卿寺岛宗则获取了大久保利通的默许，派遣军舰“云扬”号前往朝鲜，在朝鲜海面上耀武扬威。9月20日，朝鲜江华岛炮台发炮警告，日军以此为由，挑起武装冲突，日本军舰派遣海军陆战队登陆，拆除了岸上的炮台，并烧毁民居，虏获大炮。

日本的这一行动有着深层原因，他们在走向西化的过程中，将佩里视为偶像，认为如果自己有一天能拥有佩里的实力，那就证明日本已经成为一个强国。

这种思维方式并不是此时才有的，幕末，早在日本前途命运还不明朗的情况下，部分人士已经开始筹划对外扩张。吉田松阴于安政二年（1855）四月在狱中寄信给其兄，信中写道：

> 俄、美和亲条约一定，我方便绝不可破坏之而失信于夷狄。只宜严守章程，加深信义，趁此时机培养国力，分割易于攻取之朝鲜、满洲、中国，将同俄、美交易中之损失，复以鲜、满土地补偿之。①

吉田松阴失之欧美、取之中朝的理论并非独创。文久三年（1863）四月，幕府军舰奉行胜海舟在和对马藩士大岛友之允以及桂小五郎（木户孝允）的谈话中也提到，要“说服”朝鲜和中国“横纵联合”。至于怎么“说服”呢，倾听胜海舟谈话的大岛友之允在几天后记载说：“向司农监察解说征韩之深义，今日城中

① 参见：[日]井上清著，宿久高、林少华、刘小冷译：《日本帝国主义的形成》，第9页，人民出版社1984年版。

◇ 江华岛事件

有此议论，俗吏大哗，皆不同意。”可见所谓的“说服”就是“征韩”，也就是用炮舰政策，以武力胁迫对方屈服，难怪许多“俗吏”纷纷反对了。[①]

西方许多学者也都看到了这个苗头，美国的亚洲史学家罗兹·墨菲说：

> 日本步西方前辈近代发展的后尘，开始加入帝国主义列强对殖民地的征服，他们从西方榜样看到，征服殖民地已经成为跻身“列强”的一个条件，但日本人谋求在大陆起某种特殊作用。朝鲜是最靠近手边的靶子……[②]

江华岛事件的发生令日本朝野一片哗然，此前偃旗息鼓的征韩论再一次甚嚣尘上。板垣退助等征韩派旧事重提，许多士族也大肆鼓吹对朝宣战。但以大久保利通为核心的政府仍然不希望采取武力手段。10 月，主张征韩的板垣退助辞去参

① 参见：[日]井上清著，姜晚成译：《日本军国主义》，第二册，第 8—9 页，商务印书馆 1983 年版。
②[美]罗兹·墨菲著，黄磷译：《亚洲史》，第 461 页，海南出版社、三环出版社 2004 年版。

议职，左大臣岛津久光也随之去职。大阪会议确立的体制仅仅维持了八个月，就宣告瓦解。

基于征台之役的经验，日本政府认为炮舰外交是一种行之有效的方式，所以他们决心仿效美国人，派出使节在“朝鲜开国”这出戏中扮演一次“佩里”的角色。

萨摩出身的黑田清隆“荣幸”地出演了“朝鲜的佩里”一角，他和副使井上馨带着数艘军舰趾高气扬地到达了朝鲜，提出赔款并签订修好条约的要求。朝鲜国内的“开国论”最终占了上风。在日本炮舰外交的威胁下，明治九年（1876）2月26日，双方在江华岛缔结了《日朝修好条规》（又称《江华条约》）。

这一条约规定了自由贸易、互派使节、领事裁判权、海难救助、薪水补给等一系列条款，几乎就是当初《日美修好通商条约》的翻版，同时，条约还规定朝鲜应在釜山之外再开放两个通商口岸，后定为元山和仁川两港。在六个月后的8月24日，双方又订立了《日朝修好条规》的附件和贸易规则。

最重要的是，在《日朝修好条规》中，第一条就明确规定了“朝鲜为自主之邦，与日本国有平等之权”，这一条冠冕堂皇的条款实际上是对东亚传统的朝贡体系的挑战。朝鲜在此前一直是中国的藩属国，而这一条否定了中国对朝鲜的宗主权。如果中国借传统的宗主权干预朝鲜国内事务，日本就可以这一条款为依据，借口保护日本在朝利益或者“维护朝鲜的独立”，堂而皇之地与中国对抗。《日朝修好条规》也成为日后日本干涉朝鲜事务的楔子。

朝鲜问题暂时尘埃落定，征韩派再一次失去了挑起对外战争的借口，在板垣退助和岛津久光去职以后，明治九年（1876）3月，木户孝允也因病辞去了参议一职，转任内阁顾问。明治政府在经过一个短暂的轮回以后，再一次回到了大久保利通一家独大的局面。

三、四面出击

在中国北面黑龙江出海口以东，越过鞑靼海峡，有一个面积约7万平方公里的大岛。这个大岛有着三个不同的名字，中国一般习惯称之为“库页岛”，俄罗斯则将其称为“萨哈林岛”，而日本称其为“桦太”。一岛三名，喻示着这个岛屿在历史上归属的复杂性。

从历史上看，中国应该是最早对这个岛屿进行管辖的，元朝时期，库页岛作为元朝辽阳行省的一部分，向元朝中央纳贡称臣。元亡后，明朝奴儿干都司在此设立了卫所。[①]

日本的官方势力最早出现在库页岛是在明朝中后期，统一日本的丰臣秀吉决定授予位于虾夷地的大名松前庆广整个虾夷地的支配权，而库页岛被认为是虾夷人的聚居地，因此也被包括在内。在进入江户时代后，松前庆广归服德川幕府，成为江户体系下的松前藩，开始对南库页岛进行开发。就在同一时期，清朝的康熙皇帝也派遣传教士对库页岛地区进行了勘测。此时俄国的势力也进入了黑龙江流域，开始染指库页岛以及邻近的千岛群岛。无论中国还是日本，都感受到了俄国南侵的压力。清朝康熙二十八年（1689），中俄双方签订了《尼布楚条约》，确定中俄双方以外兴安岭和额尔古纳河为界，中方据此认为在该界限以南的库页岛也应是中国领土。

◇ 北海道开拓使顾问盖普伦

到了19世纪初期日本开始派遣探险者前往库页岛进行考察，间宫林藏是其中最有名的探险家之一。他经过实地考察，在文化六年（1809）确认了“桦太”为一个岛屿，并对其进行了地理勘测。接着幕府在该岛上设置了界碑。

俄国也没有停止南下的脚步，安政元年（1854），《日俄和亲条约》签订，条约规定库页岛问题待定，接着日俄双方确定库页岛为两国人杂居区域。清咸丰八年（1858）和咸丰十年（1860），俄国借第二次鸦片战争之机与清政府订立了《瑷珲条约》和《北京条约》，将中俄边境推进到黑龙江流域。文久元年（1861），俄国突然派兵占领日本对马岛上的芋崎地区，想要将之变为俄国太平洋舰队的基地。当时掌权的日本幕府要求其退出对马，英国公使阿尔科克也要求其远东舰队向俄国施加压力，在半年后俄国终于退出对马。

日本明治时代开始大规模经营北方领土，明治二年（1869）七月，政府在北

① 有关库页岛的历史沿革，可参见石荣暲编：《库页岛志略》，载沈云龙主编：《中国近代史料丛刊》第48辑，文海出版社1970年版。

◇ 松田道之（1839—1882），琉球处分官，曾任大津县令、滋贺县令、东京都知事

海道设立了开拓使，负责北方开发事务，并任命锅岛直正为首任开拓使长官。但锅岛直正并未赴任，九月，第二任开拓使东久世通禧到北海道箱馆就职。

至于库页岛，日本政府在明治三年（1870）设立了桦太开拓使，同年七月，任命开拓次官黑田清隆全面负责库页岛事务。黑田清隆在库页岛与俄国人交涉一年，最后向政府提议放弃库页岛，集中力量开发北海道。一年以后，桦太开拓使一职被废止。但外务卿副岛种臣却反对这一提议，他仍希望能寻求到与俄国解决库页岛问题的途径。黑田清隆在明治七年（1874）8 月接任开拓使长官一职，他利用自己的出洋经历，并聘请美国人盖普伦（Horace Capron，1804—1885）为顾问，在北海道一地大力发展矿业、渔业、种植业、交通运输业等各项基础性产业，并引入奥羽士族屯田垦殖，这些举措令北海道的繁荣初现。同时，副岛种臣等因征韩问题下台，放弃库页岛的主张在日本政府内部占了上风。

库页岛问题最终在明治八年（1875）获得解决，其中的关键人物是与北方渊源深厚、时任日本驻俄国公使的旧幕臣榎本武扬。

废藩置县以后，明治政府便开始大规模地起用旧幕府的一些技术官僚，榎本武扬就是其中之一，他因“虾夷共和国”的闹剧而被判入狱，在明治五年（1872）获得特赦，随即因其留洋的经历而被任命为外交官，担负起对俄外交的重任。明治八年（1875）5 月，日本与俄国签订了《桦太千岛交换条约》，这项条约规定日本放弃库页岛，承认其为俄国所有，作为交换条件俄国承认千岛群岛为日本所有，补偿日本在库页岛上的所有设施投入，并承认日本在鄂霍次克海与堪察加附近的渔业权。

明治八年（1875），小笠原群岛问题也得到了解决。小笠原群岛位于东京以南 1000 公里的太平洋上，除了硫黄岛等几个岛屿外，这些岛屿多为无人岛，但此处战略地位十分重要，是东京湾的门户。在幕末时代，英国人和美国人均来到这里，试图进行殖民开拓，美国派遣佩里来日时，也曾试图在岛上建立装煤站。日本也意识到了这个群岛的重要性。文久元年（1861），幕府派遣官员上岛，进行移民垦殖，并宣布该岛属于日本所有。明治八年（1875），日本政府再次确认该群岛为日本所有，并在明治十三年（1880）设置了小笠原出张所（后改为小笠原支厅）对其进行管辖。

征台之役的成功也为日本吞并琉球提供了机会。琉球本是一个“两属”之国，政治上从属于清朝统治的中国，同时也依附于幕藩体系下的萨摩藩。清政府与日本签订的《北京专条》中，承认琉球居民被台湾原住民杀害是“台湾生番妄图加害日本国民”，这给了日本一个改变琉球“两属”性质的口实。在此基础上，日本紧锣密鼓地开始了吞并琉球的工作，首先把琉球的管辖权从外务省移至内务省，并指令熊本镇台兵进驻琉球，这一步已经令琉球完全失去了外交和军事自主权。紧接着，内务大丞松田道之在1875年7月10日抵达琉球，下令琉球停止向中国进贡并求册封，转而使用明治年号，实行藩政改革，藩王尚泰必须前往东京。

不甘心受日本胁迫的琉球人进行了抗议，1877年12月，琉球国使节马兼才（与那原良杰）趁夜登上了刚抵达神户的中国驻日公使的船只，伏地痛哭，并拿出琉球国王的密敕，请求中国公使解救琉球的亡国之危。这一幕，带给中国驻日公使随员黄遵宪极大的冲击，他不但写了一首叙事长诗《琉球歌》痛陈日本侵占琉球的恶行，且在驻日期间为琉球之事上下奔走。

然而清朝政府在琉球问题上过于消极，李鸿章也认为琉球一旦发生变故，清朝很难在军事上加以支援，且日本军事力量暂且在清朝之下，尚不会因琉球问题发起事端，因此清朝政府没有必要做“得不偿失”的事情，只需要通过不断谈判，让日本感受到清朝在这个问题上的“存在感”而有所顾忌即可。

这让日本更加肆无忌惮。1878年12月，日本再度派遣松田道之前往琉球，“废琉置县”。1879年3月，松田率领400人的军队和160名警察杀气腾腾来到琉球，接管首里城。4月4日，日本宣布废琉置县，将琉球改为冲绳县。此举引起了当地士民的激烈反抗，在琉球的宫古岛，岛民揭竿而起，冲击日本设立的冲绳县政府，同时，清政府也就此事向日本提出了强烈抗议。

喜好插手中日关系的美国人又一次出现在中日外交舞台上，美国前总统格兰特正好在这一年的6月访问日本，他充当了中日之间调停人的角色。

◇ 美国总统格兰特

5月10日，清政府行文照会日本驻华公使宍户玑，要求日本收回废琉置县的决定，总理衙门开始就琉球问题与日本展开谈判。美国前总统格兰特在6月于北京、天津分别会见了恭亲王奕䜣和李鸿章，8月又在日本会见了明治天皇,在此过程中,一个分割琉球的方案形成了。

当然，对东亚局势和琉球情况并不熟悉的格兰特不可能提出详细的方案，方案是由当时的美国驻日公使宾汉和中国驻日公使何如璋联合部分幕僚商讨产生的，最初提出的是“三分法”,即：把琉球南部的宫古岛、八重山分给中国，把北部的奄美诸岛割让给日本，而在中部的冲绳岛恢复琉球王国。其后，日本和中国进行了谈判，谈判是在李鸿章和日本大藏省官僚竹添进一郎之间进行的，双方争论的焦点仍然是琉球究竟归属谁以及日本废琉置县是否合理的问题。在争论中，竹添进一郎始终坚持一套强盗逻辑，即所谓“琉球如果继续处于日清两属状态，就有可能被西方列强乘虚而入占为殖民地，因此日本的废琉置县之举是‘预防’性措施”。而在谈判中，又夹杂了所谓“日清提携”的交流，日本当时提出要和中国合作对抗俄国等列强，实现亚洲合作，而新疆伊犁地区正面对俄国侵略压力的清政府洋务派也对此颇为赞同。于是日本在第二年3月提出将琉球一分为二，即宫古岛和八重山归属中国，其余地区归属日本，同时要求修订《日清修好条规》，加入“最惠国条款”,同意日本人在中国内地“利益均沾”。这一条款的加入把相对平等的《日清修好条规》改为了不平等条约，李鸿章等人反对这一条款，坚持“三分”提案。在8月至10月的正式谈判中，清政府还提出了引渡琉球王国末代国王尚泰的要求，但日本方面拒绝了这一要求。占据上风的日本最终使谈判在二分案基础上展开，并且借助所谓的联合抗俄方案施加压力。清政府一开始坚决反对修约。直到10月21日，中日双方终于在日本提案的基础上达成了协议，并准备10日后签约。在中国境内活动的琉球复国运动成员向德宏等对李鸿章施加影响，坚决反对分割琉球，因此在签约前夕，李鸿章在要求日本引渡尚泰失败后试探让向德宏接任未来琉球王国国王之位的可能性，但向德宏表示“断断不能遵行”，同时清政府内部的陈宝琛等人也主张延期签约，加上琉球复国运动成员林世功在 11 月自杀相谏，力阻签约，导致清政府和日本这次紧锣密鼓的分割琉球的谈判就此不了了之。琉球问题遂成为一个悬而未决的问题。直到甲午战争后，日本才正式吞并琉球。

这一波折加深了中日两国之间的不信任感，双方在东亚的地缘政治层面，有着太多的直接利益冲突，但归根到底，是明治维新时期日本对外扩张的国策触动了中国的边境安全及国家利益。

四、整顿财政

相比外交场合的收获，大久保政权在内政上却迟迟打不开局面。大久保利通一直希望推行殖产兴业，但一直没有大规模付诸实践，一方面是因为台湾岛、朝鲜、库页岛等外交问题频繁出现，另一方面，政府也缺乏大规模推行殖产兴业的资金。明治政府的财政已经到了不能不整顿的地步。

要整顿财政，无非要从两点入手，其一是开源，其二是节流。要想开源，就要进行地租改革，因为日本 80% 的人口是农民，财政收入的 80% 也来自农业。而节流，则需进行秩禄处分，因为中央政府财政支出的三分之一都是为了支付士族家禄和清还旧藩债务。

早在明治三年（1870）神田孝平就提出了地租改革，明治四年（1871），随着废藩置县政策的推行，原本的封建地租已经失去了存在意义。在江户时代，农民是依据土地出产量（石高），按固定的税率（一般为四公六民或更高）给领主上交地租的，即为“年贡”。废藩之初，明治政府将原本的年贡制继承了下来并将其法律化，农民的负担不仅没有减轻，甚至有所加重，因此农民频频发动一揆反抗，而政府也面临着财政困难。原本的实物税以米为主，因为收获量和物价波动，导致政府的收入很不稳定；各地租税标准不一致，在相对分散的藩体系下问题不大，但在中央集权的新政府体系下，这种混乱的收税标准简直就是灾难。因此地租改革已经势在必行了。

明治五年（1872），政府首先宣布废止“田畑永代壳買禁止令”，允许土地自由买卖，这是实行地租改革的先决条件，因为要制定地租的统一标准，就必须确定土地所有人。因此明治政府还发行了地券作为土地转让和买卖的依据，地券也是土地所有权的证明，土地买卖时只需要转让地券便可生效。这标志着明治政府承认了土地私有。这一改革是在井上馨掌控留守政府财政事务期间完成的。

明治六年（1873）7 月 28 日，明治政府经过多方论证，正式发布了地租改正法。主要内容是：

为确定收税标准而丈量土地，定出地价并发放地券；

地价采取自行申报的方式确定，并由地方官认可；

确定地租为地价的 3%，并废除实物税，改纳现金；

若货物税有所增加，地租将相应下降，降至地价的 1% 为止。

这些措施的意义十分重大，首先，废除了原本以实物地租纳贡的方式，改用货币缴纳税金；其次，将地租的征收对象从生产者转向了土地所有者，并把土地的收成与地租分离开；最后，统一了全国的地租征收方式，不再随意征课。

这种新的征税方式对于独立的自耕农来说，恐怕并不受欢迎，原本的实物税变成了货币税，而且不论收成如何，税额固定，这就迫使他们在收获以后，不得不快速将米谷出售换成货币。米价的波动以及货币税，成为套在自耕农身上的两道枷锁。而对地主和佃农来说，问题不大，因为地主仍然可以从佃农身上收取实物租，然后将实物租中的一部分换成货币缴纳，而佃农则从沉重的地租负担中解放了出来。

明治六年（1873）政府发布地租改正法后，实际推行进度十分缓慢，这恐怕和大藏省与内务省之间扯皮有关。一年以后，地租改革仍然停滞不前，导致政府当年无法完成预定收入，财政状况再度恶化。明治八年（1875），大藏省和内务省决定整合机构，成立一个地租改正事务局，大久保利通亲自出任总裁，大藏卿大隈重信担任御用掛（副职），大藏少辅松方正义任局长。为了快速推进地租改革，三人决定改变原有做法，摈弃自报地价的办法，而是计算出土地的总面积后，为每村每户强行规定税额。

但这种改革方式引起了农民的反抗，此举自然是为了维护他们自身的利益，特别是自耕农，对于骤然推行货币税无法接受，因为他们必须将收成的 25%~30% 换成金钱，而这一时期的米价正在剧烈波动，如果 1873 年的米价系数为 100，那么 1874 年和 1875 年分别为 152 和 149，而 1876 年便骤降到 107[①]，加上这一年歉收，使农民陷入了困境。另外，在封建时代，农民拥有公有地上的森林和土地的使用权，但在推行地租改革后，为确立土地所有权，这些公有地被收归国有，禁止使用，农民又失去了一项生计。于是以地租改正事务局的强制定税为导火线，茨城县、三重县、岐阜县、爱知县等地的农民纷纷揭竿而起，加上当地的不满士族煽风点火，一揆很快蔓延开来。

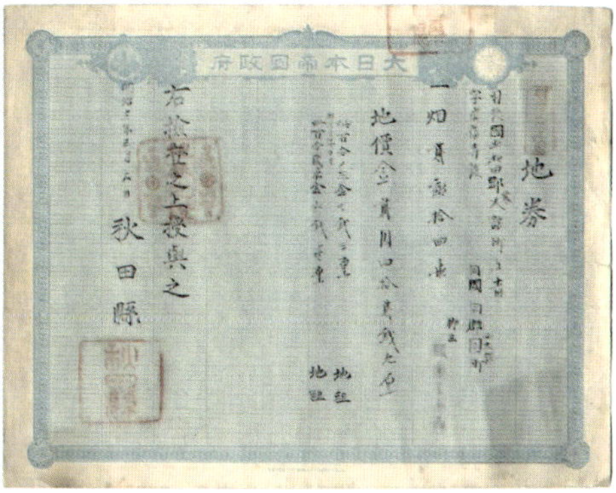

◇ 明治政府发行的地券（1879）

为了安抚农民，大久保利通建议政府做出让步，于明治十年（1877）将地租税率从 3% 减到 2.5%，最终地租改革在明治十二年（1879）全面完成。通过这一次的改革以法律手段解除了农村的封建经济关系，在农村确立了土地私有制，这是日本向资本主义转型的一个重要步骤。

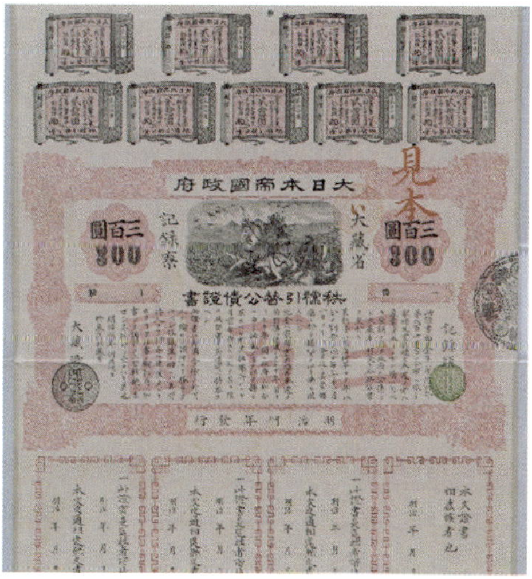

◇ 金禄公债（藏于日本国立公文书馆）

清理秩禄是政府整顿财政的另一重要措施。在废藩置县以后，明治政府从旧藩手里接下了武士家禄这样一个大包袱，加上酬赏功臣而发放的赏典禄，政府几乎抽不出财力去应对其他重要问题。在留守政府时期，井上馨就提出了清理家禄的建议，但遭到征韩派的激烈反对。在征韩派人士下野后，明治六年（1873）12 月，政府迈出了清理家

①［加］诺曼・赫伯特著，姚曾廙译：《日本维新史》，第 125 页，吉林出版有限责任公司 2008 年版。

禄的第一步，决定实行开征家禄税和家禄奉还两项制度。对禄米超过五石的武士，一律课以累进税，家禄不满100石的，建议其主动奉还家禄，政府将以一半支付现金、一半发放记名式秩禄公债的形式“赎买”，永世禄（世代可继承的家禄）为六年，终身禄（不可继承的家禄）为四年，年息八分。“赎买”以后，政府将土地出售给希望成为自耕农的士族，帮助他们自食其力。这并不是一种强制性的政策，因此，全国只有大约四分之一的士族要求奉还家禄。可以说，这一次初步的秩禄清理并没有收到很好的效果。

明治八年（1875）地租改革的全面推进为进一步清理秩禄奠定了基础。这一年，政府开始讨论“金禄化”，即将家禄的支付方式由实物转向货币。明治九年（1876）8月5日，政府正式公布《金禄公债发行条例》，全面废止禄制，原本的武士家禄以及明治政府的赏典禄一概改以金禄公债支付，从发放后第六年开始，抽签偿还本金，规定30年还清，年利为五分、六分、七分不等。

金禄公债是一项激进的改革措施，木户孝允很反对这种一刀切的做法，要求循序渐进推行，但他的意见未被接受。在大久保利通的支持下，金禄公债制被强行推广，政府以17390万的公债为代价收回了华族和士族的家禄。为了稳定社会，政府同时推出了包括廉价出售公有土地、奖励开垦、鼓励移民北海道屯田、贷给创业基金等大量举措帮助失去固定收入的士族转业，但这些“士族授产”措施却收效甚微，因为除了少数上层领主，因其本金（原本应获的秩禄数额）雄厚，其利息所得丰厚，足够成为金融寡头外，大部分中下层武士则失去了原本固定的收入来源，仅靠着微薄的金禄公债利息过活，连维持基本的生活都成了问题，加上1876年后米价年年上涨，让士族的不满到了极限，大久保政权整顿财政的激进措施，为一场内乱的爆发埋下了伏笔。

第二节 士族反乱

一、神风连之乱

明治政府的一次次改革让旧武士集团的处境每况愈下，明治九年（1876）的金禄公债改革和废刀令成为引发士族不满情绪爆发的导火线。前者将原本经济景况已经恶劣不堪的士族推到了绝境，相当一部分的士族在此后到了衣食难继的地

◇ 神风连之乱

步；后者则彻底地废除了士族特权，使其失去了以往的荣耀和高人一等的地位。在经济地位和社会地位双双丧失的情况下，士族越发怀念自己呼风唤雨的德川时代，于是众多士族的心目中，萌发出了“走退步路”的想法。

其中反应最为激烈的就是原西南诸强藩的士族，尤其以鹿儿岛县（原萨摩藩）最为突出，明治六年（1873）进行的秩禄处分中，鹿儿岛县愿意奉还家禄的只有25个人[①]，体现了当地士族对政府的抵触情绪。当地的士族原本是戊辰战争的功臣，他们一个个趾高气扬，认为自己是新政府的缔造者，但新政府的措施却让他们的景况一天不如一天，因此他们的不满也表现得最为强烈。

实际上大久保政权对鹿儿岛县的让步不可谓不多，一方面，这是萨摩主导的藩阀政府的政策使然，另一方面，也是为了安抚当地的士族。明治四年（1871）废藩置县后，全国各县基本上都起用了外县人为县令和行政官员，鹿儿岛县却成为一个例外，原萨摩人大山纲良从明治四年（1871）到明治十年（1877）一直担任着鹿儿岛县县令，其后固然有岛津久光的支持，但也有大久保利通纵容的因素在内。不仅如此，大山纲良还以安抚士族为由，在县厅中广泛起用本地人，大久保对此也无可奈何。

①[日]升味准之辅著，董果良译：《日本政治史》（一），第133页，商务印书馆1997年版。

◇ 萩之乱

与之情况相似的还有高知县（原土佐藩），初代参事林有造是高知县本地人，继任高知县权令的岩崎长武也是本地人，明治九年（1876）接任县令的小池国武虽不是本地人，但也被迫屈服于板垣退助、片冈健吉、林有造等立志社势力，因为如果没有这些“地头蛇”的支持，他这个外来户根本无法开展工作。

在金禄公债发行过程中，鹿儿岛县和高知县也得到了特殊照顾，在进行石高与公债金额换算时，两县的换算额都明显比实际米价高出不少。大久保政权对鹿儿岛县的特别政策使木户孝允大为不满，他在明治十年（1877）宣布辞去内阁顾问一职，从此退出政坛。

木户孝允的担心不是没道理，大久保政权在处理士族秩禄的问题上太过激进，缺乏公平性，同时还推行了废刀令等进一步刺激武士神经的措施，这些虽然是走向文明开化的必然历程，却也足够引起一场骚动。

更重要的是，大久保政权从明治八年（1875）开始控制新闻，最早因言论攻击政府而犯忌的是旧幕臣福地源一郎，他以文学攻击萨长主导的藩阀政府，因此被逮捕究问。在推行改革以后，许多士族在政府报纸上大肆抨击政府。明治八年（1875），政府公布了《谗谤律》和《新闻纸条例》，对新闻进行管制，《朝野新闻》的成岛柳北、《东京曙新闻》的末广重恭等人不幸撞到了枪口上，被逮捕监禁。

政府同时开始推行文禁，“凡报纸不经官允而发行者，皆禁之。故江湖新闻及他诸新闻尽被一网抛去，惟太政官日志（明治元年三月创刊，为官报起源）及镇将府日志，初承命于官宪而发行，得免其禁遏”[①]。政府的过度集权化进一步引起了士族的不满，士族反乱的帷幕在原西南强藩拉开了。

明治九年（1876），在九州的熊本县（原肥后藩，即熊本藩），当地的不满士族太田黑伴雄等人集结当年肥后藩勤王党的主要成员，成立了敬神党，他们笃信神道教，崇尚武士道精神，对藩阀政府抱有深刻的敌意，被人们称为“神风连”。10 月 24 日深夜，敬神党在太田黑伴雄的率领下，分批袭击了熊本县令安冈良亮和熊本镇台司令官种田政明的住宅，将两人杀死，一时间，熊本城中大乱。政府军在次日组织反扑，很快就将这一场叛乱镇压下去，几名首要分子或被击毙，或自戕身亡。

“神风连之乱”的消息犹如一粒火星掉进了火药桶中，在这一事变发生后的第三天，即明治九年（1876）10 月 27 日，在福冈县的秋月，当地的士族为呼应“神风连”而组成“秋月党”，也发起了反乱，反乱在四天后被政府军镇压，秋月党解散。

秋月之乱发生的次日，即 10 月 28 日，山口县（原长州藩）的萩也发生了士族反乱，领导者是明治政府的前参议前原一诚。前原一诚是长州的元老，和久坂玄瑞、高杉晋作等人同为吉田松阴门下，在新政府中，他因反对山县有朋的征兵制而下野，回乡后就成为当地不满士族的领袖。萩之乱也没有持续多长时间，前原一诚被逮捕后于 12 月 3 日被判处死刑。

这三场互相呼应的反乱为明治政府敲响了警钟，可以说，这是暴风雨袭来的前兆，因为不满士族聚集的中心——鹿儿岛县还没有登上舞台。诚然，政府迫于压力给予了鹿儿岛县的士族种种优待，但无法从根本上消除当地士族的不满。集于此地的戊辰战争凯旋军一直是政府的心腹大患，士族与政府的日益离心使这批旧武士由功臣变成了政府严加防范的对象。在明治六年（1873）政变后下野回乡的西乡隆盛成为他们最为信任的领袖，因此其究竟是领导士族与政府为敌还是约束士族协助政府，就显得至关重要了。

可以说，明治初年的萨长藩阀政府实质上是大久保利通、木户孝允和西乡隆

---

①[日]鸟谷部铣太郎：《新闻纸杂志及印行事业》，载大隈重信编：《日本开国五十年史》，第 912 页，上海社会科学院出版社 2007 年影印版。

盛三杰主导的政府，随着西乡隆盛和木户孝允先后下野，并与大久保利通反目，原本的“三杰体制”最终演变成了大久保利通一家独大的局面，一场内战已不可避免。

二、私学校蜂起

萨摩的士族团结于西乡隆盛的周围，既因为西乡是萨摩武士在明治元勋中的代表人物，是戊辰战争的领导者，也因为西乡隆盛在明治六年（1873）下野回乡后在鹿儿岛县设立的私学校。

私学校是特殊时期的产物，西乡隆盛在明治七年（1874）6月首先开设了私学校，招收的对象是鹿儿岛当地的士族。目的是为了让士族接受军事教育，并授予产业，帮助士族在新社会体系下谋生，从根本上防备其反乱。西乡隆盛和原近卫军团的桐野利秋、篠原国幹等人成为私学校学员心目中的核心。作为鹿儿岛县令的大山纲良是西乡隆盛的旧部，他也十分支持西乡办私学校，还从县财政中拨款支持西乡。同时，在地租改革以后，他立刻任命了一些私学校出身的人担任区长和副区长，并提拔了大批私学校出身者为县厅官员。在鹿儿岛县，私学校党已经成为一股重要的政治力量，甚至主导了鹿儿岛县的县政。

◇ 西乡隆盛（1828—1877），萨摩藩士，“维新三杰”之一

大久保利通对西乡隆盛设立私学校也是支持的，希望这些私学校能帮助他们“处理”好那些士族，使他们不至于惹出麻烦。西乡本人的初衷也未尝不是如此。不过西乡隆盛和桐野利秋、篠原国幹等人都犯了一个大错误，他们没有压制私学校中的攻击政府的倾向，因为西乡本人向来就是对大久保政府攻击最力的一个人，他对于这种倾向是纵容甚至支持的。而这种倾向十分危险，那些对政府不满的士族很容易就将言论攻击转化为武力攻击，发起反乱。可以说，西乡隆盛将不满士族集中到私学校，却纵容它成了反政府的大本营，此后的局势发展就不是他所能控制的了。

明治九年（1876）连续发生的三起士族反乱

对于政府来说是一个警示，南方的鹿儿岛县此时表面看起来还是风平浪静。但大久保利通是一个谨慎的政治家，他对自己的家乡了解甚多，认为不能掉以轻心，因此，他与山县有朋等人商议，想出了一条釜底抽薪之计。

鹿儿岛县由原萨摩藩改制而来，萨摩是幕末军事实力最强的藩之一，藩内的集成馆事业是当时国内首屈一指的军火产业。废藩置县后，政府接收了萨摩当地的军火厂，为陆军省所有，但鹿儿岛的军火产量仍是蔚为可观。为了防止私学校党利用这些本地军火厂所生产的武器弹药，从明治十年（1877）1 月开始，政府派出船只将各军火厂的设备以及火药、子弹、军械秘密地从海路运往大阪。

不过纸是包不住火的，政府方面大规模运走“萨摩的财产”引起了私学校党的愤怒，1 月 29 日，大批私学校党人借着酒劲，冲进弹药库，抢走了数万发子弹。以他们的行动为“表率”，从这一天开始，私学校党人四处出击，成结群队地闯进萨摩各地的军火库，和政府争抢武器弹药。当然，县政府和县警察对此是睁一只眼闭一只眼，因为鹿儿岛县政府的上上下下都由私学校党人把持着。

对鹿儿岛局势深表担心的政府在运出武器之余，还决定派人前往调查情况，并做劝说工作。警视厅大警视川路利良承担了这个重要任务，他派出 24 名鹿儿岛出身的巡查，以“回乡”为掩护，进行侦查，同时潜入私学校进行离间和说服活动。

◇ 鹿儿岛暴徒出阵图（明治时期浮世绘师月冈芳年绘）

据说其中一名名叫中原尚雄的暗探向他的老乡谷口登太透露了一个惊天大秘密：“我们是来刺杀西乡隆盛的。”听闻此消息后，2月3日，愤怒的私学校党人将包括中原尚雄在内的暗探全部捉拿加以刑讯，根据刑讯结果，他们认为川路利良大警视下达了刺杀西乡隆盛的命令。一时间，谣言不胫而走，听到这个惊人“阴谋”的学生遂愤怒不可抑止。事实上，根据后人的考证，很可能是谷口登太误听中原尚雄的话，当时官方往往以“视察”表示“侦查”之意，而日语中“视察（しさつ）”和“刺杀（しさつ）”的发音完全相同。不过，当时并没有人研究其中原委。西乡隆盛对于私学校党人而言，是领袖，是偶像，是核心。这个以讹传讹的消息引得群情激愤，局势遂不可收拾。

值得注意的是，县令大山纲良对这些私学校党人发起的运动采取的是纵容的态度，他对抢夺武器的行为不闻不问，与政府方面的沟通也敷衍塞责。在大山纲良当政时期，鹿儿岛县实际上已经成了一个独立王国，税收从来不上缴中央，官员也是自成系统，概由本土人出任。在鹿儿岛县影响巨大的岛津久光也很反对大久保利通的改革措施。这种“鹿儿岛县特殊化”的倾向是时代的产物，也是鹿儿岛县站在反乱士族一方与中央对抗的根源所在。

西乡隆盛在事发时正在疗养地，他闻讯立刻返回了鹿儿岛。2月5日，对“刺杀西乡”一说信以为真的私学校党人聚集起来讨论对策，被推举为加治木外四乡区长的别府晋介情绪激昂，要求立刻起兵向政府“问罪”。永山弥一郎则相对慎重，他主张由西乡隆盛、桐野利秋、篠原国幹三人上京，向天皇告御状，责问大久保利通为什么下达刺杀西乡的命令，许多人反对这一意见，认为在西乡受到“生命威胁”的情况下，不宜孤身犯险。包括西乡在内的所有私学校的“干部”都无法压制住学生的激愤情绪，他们最终决定全军出兵，上京兴师问罪。

在做出决策以后，西乡隆盛立刻将此事告知了县令大山纲良，大山纲良派出官吏到沿途各县和镇台告知西乡军上京一事，并从县财政中拨出款项，帮助西乡募集军队，筹备军火。由于鹿儿岛县大力支持，加上当地不满士族的踊跃参与，西乡隆盛很快召集起了一支上万人的军队。2月9日，政府派出川村纯义到鹿儿岛与西乡隆盛和大山纲良会面，进行斡旋，但无果而终。13日，西乡隆盛将军队编制成五个大队，篠原国幹、村田新八、永山弥一郎、桐野利秋和池上四郎分别担任五个大队的大队长，又派别府晋介前往他所任职的加治木外四乡征募了两个大队。

2 月 15 日，西乡隆盛带领军队踏上了征途，向熊本方向前进。朝廷方面此时也得到了归京的川村纯义的报告，进而得知西乡也在军中的消息。2 月 19 日，朝廷正式下达了征讨西乡叛军的诏书，并在数日后下令剥夺了西乡等参与叛乱者的官职。

三、西南战争

西乡隆盛反乱军进攻的第一个据点就是著名的熊本城。熊本城始建于 15 世纪，到明治时代已经有 300 多年的历史，在安土桃山时代，丰臣秀吉手下的名将加藤清正受封熊本，对该城进行了大规模的改修和增筑，形成了今天的规模。熊本城气势磅礴，天守高峻，在江户时代的各藩主城中可谓首屈一指。

在明治时代初期，熊本城是熊本镇台的所在地，也是明治政府军在九州地方的中枢。时任熊本镇台司令长官的是谷干城少将，参谋长为桦山资纪中佐，城中只有 4000 人的军队，而西乡反乱军大约有 14000 人，人数处于劣势的政府军唯一的屏障就是已经开始显露残破之相的熊本城墙。

2 月 19 日中午，熊本城中燃起了不明原因的大火，大小天守等主要建筑物被烧毁。这场大火也点燃了西南战争的导火线。次日，别府晋介一部抵达了熊本城，与西乡军五个主力大队会合。西乡军在经过讨论以后，决定以强攻的方式先拿下

◇ 西南战争中的田原坂之战

熊本城。21 日夜晚，西乡军五个大队与别府晋介的加治木两个大队从各个方向向熊本城发起了猛攻。

孙子曰："攻城之法，为不得已。修橹轒辒，具器械，三月而后成，距闉又三月而后已。将不胜其忿而蚁附之，杀士卒三分之一而城不拔者，此攻之灾也。"因此，孙子谆谆告诫说："十则围之，五则攻之，倍则分之，敌则能战之，少则能逃之，不若则能避之。"（《孙子·谋攻第三》）这是基本的用兵之法，在日本历史上也不乏先例。战国时代，尼子家进攻毛利家的吉田郡山城，在坚城之下围攻六月，损兵折将；武田胜赖包围长篠城，打得士气低落，疲敝不堪，败于织田信长之手。这样的例子还可以举出很多。可以说西乡军围攻防御坚固的熊本城，从一开始就犯了战略性的错误。按理，那些身经百战的萨摩武士不应该犯这种低级错误。他们之所以这样做，大概还是轻敌的缘故。萨摩武士是戊辰战争中的主力军，在当时功勋卓著，所向披靡，一个个趾高气扬，不可一世。他们抱着武士的骄傲，素来看不起山县有朋征兵制下募集的那些"农民兵"，他们对自己强悍的战斗力十分自信，认为可以轻松突破那群"农民兵"把守的坚城。

政府在收到雪片一般飞来的求援电报以后，也开始组织兵力进行镇压，任命有栖川宫炽仁亲王为鹿儿岛县逆徒征讨总督，山县有朋和川村纯义为参军，负责实际指挥。此时，最令政府头疼的是兵力严重不足和后勤补给困难这两大问题。山县有朋记载说：

> 明治十年（一千八百七十七）有西南之乱。当是时军队编制为时犹浅，而后备兵未得充实，且无补充之法。遽行其出师，军队中实尚有所缺。日本古时虽有兵站之法（辎重小荷驮），后世少有传者。……已出师，苦于给养军队搬送军需之道。故其输送多赖驮马人夫。征战亘八月，战场扩大，而军队多死伤疾病者，忽减其数，乃募壮兵，教练仅数周，而令出战。兵者旧藩士，虽一改业，尚有武士志操。①

在兵力不足的情况下，政府便从士族中征募壮兵来充实军队，一些戊辰战争

①[日]山县有朋：《陆军史》，载大隈重信编：《日本开国五十年史》，第 187—188 页，上海社会科学院出版社 2007 年影印版。

◇ 西南战争中的政府军

的失败者纷纷加入，极大地充实了政府军的力量。在武器装备方面，政府军也要优于西乡反乱军。这些因素使政府军获得了战争的主动权。

熊本攻坚战持续到24日时，西乡军之前发动的几次冲击皆无战果，23日，西乡军曾试图分兵对政府军小仓驻地进行袭击，也被政府军击败，西乡军被迫采用包围战术。另一方面，政府军东京镇台的步兵第一、二旅团在野津镇雄和三好重臣少将的率领下抵达战场，进行南下作战。西乡军主力只能北上迎战政府军。乃木希典所率的政府军步兵第14连队向高濑川方向进军，遭到西乡军前沿部队的激烈阻击，桐野利秋、篠原国幹、村田新八和别府晋介率领后续主力赶到，在大窪分为三翼，夹击政府军。

3月1日，在熊本县的田原坂，政府军与西乡反乱军展开了关键性的一战，政府军分兵封住了西乡军右翼的桐野利秋一部，将之限制在山鹿一带，11日，开始对田原坂防线发起攻击，由士族组成的“拔刀队”与阵地上的西乡反乱军展开了白刃战，所以这种武士的战法突破了敌人阵线，占领横平山。在经过休整以后，政府军决定改变作战方式，20日，调集大炮在横平山布置阵地，向田原坂一线的西乡军阵地上倾泻了数轮炮弹，并在炮火掩护下突然袭击占领了反乱军的阵地。西乡军被迫向植木方向退却。篠原国幹在3月4日的战斗中中弹阵亡。这场战斗成为西南战争的分水岭，政府军由战略防御转向了战略反攻。

获得田原坂战役胜利的政府军势如破竹，4月，先后占领吉次垰、木留、鸟巢等地，装备落后且弹药不足的萨摩士族在他们所轻视的“农民兵”面前一败再败。3月19日，政府军方面针对反乱军包围熊本城兵力不足的弱点，由黑田清隆率领别动队在反乱军背后的日奈久、八代方面登陆，反乱军仓促组织攻击。3月26日，在小川一带，政府军在舰炮掩护下击败了反乱军，永山弥一郎在绝望下切腹。别动队连战连捷迅速占领松桥、宇土、坚志田，并渡过绿川向熊本城方向突进。同时，

◇ 西南战争中的城山之战

熊本城镇台军在固守城池 40 多天以后，粮水俱绝，被迫展开突围作战，4 月 14 日，黑田清隆的别动队进入了熊本城。

熊本攻防战的失败对反乱军的打击是致命的，他们被迫向南撤退。4 月 21 日，反乱军再次定下了退保萨摩、日向、大隅三州之地，实现局部割据的方针，向人吉盆地方向撤军。4 月 23 日，政府军派遣陆海军混成军向鹿儿岛进发，于 27 日登陆。鹿儿岛县新县令岩村通俊于 5 月 3 日接管鹿儿岛县。6 月 1 日，政府军全面突破反乱军的防线，包围人吉城，经过三天的激烈战斗，迫使人吉的反乱军投降。人吉城下町在政府军的炮火轰击下化为一片废墟。

6 月 12 日，村田新八退至都城，再度集结败退的各军组织防线，到 7 月 21 日，都城的前沿阵线被政府军突破，山县有朋和川村纯义开始部署进攻都城。7 月 24 日，都城战线的各方面反乱军陷入了崩溃，政府军以六个旅团的优势兵力击败反乱军，占领都城。反乱军再度向宫崎败退。同日，政府军攻克庄内；27 日，攻克沃肥；29 日，攻克高冈；30 日，逼近宫崎附近的大淀川。8 月，政府军在获得宫崎一战的胜利以后，

◇ 幕末维新时期的萨摩藩士

又进逼延冈。后无退路，前有政府军步步紧逼，西乡隆盛只能背水一战了。

8 月 15 日，西乡隆盛亲自指挥军队在和田越与政府军展开决战，在西乡面前站着的是昔日的战友山县有朋。西乡隆盛身先士卒，亲自督阵。桐野利秋亲自率领敢死队向装备和人数均占优势的政府军发起冲锋。但寡不敌众的西乡军最终还是在政府军猛烈的枪炮攻击面前败下阵来。16 日，被包围在长井村的西乡隆盛下达了解散军队的命令，自己率领大约 1000 人的部队突围。17 日夜，西乡军翻过可爱岳，于次日凌晨突破了政府军的封锁线，潜入九州南部的丘陵中。经过长达半个月的翻山越岭后，西乡军避开政府军的围追堵截，于 9 月 1 日潜回鹿儿岛县，回到了他们最初起兵的地方。其时，西乡隆盛手下只剩下 372 人。

在鹿儿岛市的城山，西乡隆盛和他的 372 名最后的武士凭借地形布下了战斗阵势，这里，将是他们最后的归宿地。

四、三杰之死

明治十年（1877）9 月 24 日，在劝降无效的情况下，政府军向西乡隆盛驻守的城山发起了最后的攻击。此时西乡隆盛身边还剩下不到百人，他带着这些不畏惧死亡的武士一次次地冲锋。在近代化的枪炮面前，这些武士一个个倒下，桐野利秋、村田新八阵亡。西乡隆盛身被弹伤，他大声呼叫别府晋介结束自己。在一众追随者的注视下，西乡隆盛从容切腹，别府晋介为之担任介错。随后，别府晋介也在一片弹雨中悲壮地结束了自己的生命。

西南战争随着西乡隆盛之死而落幕，这一场“日本最后的内战”成为明治时代的一个转折点，昔日垄断军队的士族在这场战争中遭到了彻底的失败，他们组成的这支“通信基本靠吼，行军基本靠走”的军队被近代化军队的枪炮、战术、通信手段、动员方式所击败，这是征兵制建立起的新式军队对旧武士阶层的彻底胜利。明治政府也摒除了改革中的一大阻力集团——旧武士阶层，从此开始全面地推进近代化。

西南战争还意味着昔日“三杰体制”的彻底崩溃。从明治元年（1868）开始，明治政府的中枢决策均由三杰决定，大久保利通、木户孝允和西乡隆盛，他们三人的合作促成了奉还版籍、废藩置县等一系列重大变革。征韩论以后，“三杰合力”变成了“三杰分离”，进而形成大久保利通一人独断的局面，而西乡隆盛与木户孝允则先后站到了大久保利通的对立面，成为牵制政府决策的重要因素。

西南战争的爆发，在另一个原西南强藩引起了激烈的反响。高知县（原土佐藩）的立志社成员们奔走相告，认为时机已到。立志社和萨摩士族一样，是批评政府的主力军，所不同的是：萨摩士族希望走“退步路”，他们对政府的批评缘自对自己武士特权丧失的不满；而立志社的成员们则以自由民权为己任，以板垣退助为代表的民权派提出了设立民选议院、制定宪法等主张，矛头直指有独断专制之嫌的大久保政府。西南战争爆发以后，高知县的立志社成员中俨然出现了两派。

一派以林有造为代表，林有造与大江卓、陆奥宗光等人兴冲冲地筹集武器，谋划暗杀要人，认为只要配合萨摩起兵，推翻现政府，就能实现民权。他们是抱着和萨摩人殊途同归的理想在谋划。因此，他们极力劝说立志社同人支持他们的举兵论。

另一派以板垣退助和后藤象二郎为首，他们属于稳重派，认为应该以民权冲击政府，采取的方式应该是建言而非武力。后藤象二郎认为，应该联合木户孝允，瓦解大久保利通领导的政府，实现他们的自由民权主张。

作为明治政府元勋的木户孝允此时正为病痛所折磨，尽管他明治九年（1876）辞去了内阁参议之职，但仍然保持着一定的政治影响力。西南战争爆发后，他对西乡隆盛抱着同情的态度。4月，木户孝允病重，在病榻上，仍对西南的局势念念不忘：

> 他在卧病期间，每觉醒来便呓语：不是说见到了某某，就是说某某来了。可以说鹿儿岛、山口、熊本和东京皆入梦，梦见相识的故旧，不以离开人世为憾。但在清醒时候，总不忘为天下忧，自知不能复起，遗言多关国家的后事。①

明治十年（1877）5月26日，木户孝允在西南战争战事正酣时去世。临终前，大久保利通前来探视，木户孝允握住大久保的手说：“西乡吗？谢谢你来看我。”大久保说：“我是大久保。”木户孝允惊呼：“西乡也有人冒充乎？”② 木户和大久保这两名曾经并肩战斗的战友，因政见不同而分道扬镳，至阴阳相隔之时仍心

①《明治文化全集》第9卷，第300页。

②[日]升味准之辅著，董果良译：《日本政治史》（一），第146页，商务印书馆1997年版。

有芥蒂。

到明治十年（1877）4月，随着熊本城解围，胜利的天平向政府军方面倾斜，土佐的林有造等人大为失望，但也更坚定了举兵的信念。林有造坚持认为，此时举兵，土佐将在未来的新政府中保持和萨摩一样的影响力，因此他东奔西走筹集资金武器。在另一方面，中央与土佐的稳重派达成了共识，认为应该避免土佐发生和鹿儿岛县类似的叛乱。8月，政府决定将高知县的叛乱火苗扼杀于未燃之时，以迅雷不及掩耳之势逮捕了林有造、片冈健吉、大江卓、陆奥宗光等首要分子，并判处入狱。土佐一地的局势平静下来，板垣退助等稳重派成为高知县政治运动的核心。

鹿儿岛的叛乱士族终究与土佐的自由民权派目的不同，虽然他们都持反对现政府的近期目标，但随着士族叛乱的陆续发展，他们的分歧越来越大。在士族失败后，以土佐为核心的自由民权派成为政治斗争新的主力军。

9月24日，由于西乡隆盛的死，西南战争宣告结束，昔日的"三杰"只剩下大久保利通一人了。大久保利通随岩仓使节团归国以后，心中一直怀有一个梦想，希望通过殖产兴业，将日本建设成一个强国，他的施政虽然有独断之嫌，但他的才能和理想都是应该被认可的。不过，在他执政期间，国内政治斗争的频繁发生和外交事件的滋扰，使他的理想不能完全实现。西南战争的结束为这个混乱的阶段画上了一个句号，大久保利通觉得自己终于可以大展身手了。

明治十一年（1878）5月14日凌晨，大久保利通与福岛县令山吉盛典进行了一次长达两个小时的谈话，在交谈中，大久保利通将他的理想和打算娓娓道来：

> 现在，局势总算安定下来。因此，想趁这个时机自勉，贯彻维新的宗旨。贯彻这个宗旨，是利通为期30年的夙志。如将这30年分为三期，则由明治元年至10年为第一期。一期兵事多，是创业时期。由明治11年至20年为第二期。第二期是最重要时期，治理内务和增加人民财富，即在这个时期。利通虽不肖，但决心尽内务卿之职。由明治21年至30年为第三期。三期之守成，有待后进诸贤的继承和改进。利通的夙志就是如此。①

---

①《大久保利通文书》第9卷，第168—169页，转引自［日］升味准之辅著，董果良译：《日本政治史》（一），第151页，商务印书馆1997年版。

大久保利通侃侃而谈他的理想时，却没有想到这些话成了他的遗言。在说完这段话后，大久保利通与山吉盛典道别，从自家宅邸起身前往皇宫觐见天皇，处理政务。当马车经过东京纪尾井町的清水坂时，遭到原石川县士族岛田一郎等六人袭击，大久保利通被刺客斩杀，享年 49 岁。大久保利通遇刺后的状况颇惨，当时的亲历者前岛密记载说："肉飞骨碎，头盖骨裂开，脑浆还在微动。"刺客在事后向政府自首，并奉上了列举大久保利通"压制民权、排斥志士、朝令暮改、有辱国威"等五项罪状的"除奸状"。岛田一郎等刺客被判处死刑。

5 月 17 日，大久保利通被授予"国葬"，缔造明治政府的"维新三杰"至此都退出了历史的舞台。明治政府的第一个时代宣告结束。政府的人事、政策、朝野关系，都面临着大调整。日本又一次走到了一个决定未来的十字路口。

第七章　自由民权运动

在我国，正在迅速推进的西方文明是否已经抹掉了自古以来训练的一切痕迹呢？一个国家的国民之魂如果会像这样迅速死亡的话，那是可悲的。这样轻易地屈服于外来影响的，乃是贫弱之魂。

——《武士道》第 16 章《武士道还活着吗？》

第一节　启蒙运动

一、文明开化

由于奴隶制以及塔尔干王朝所强迫他们从事的卑贱劳动而丧失了人格的罗马人，起初不过是一群愚民，须以极大的明智加以教养和治理，才能使这些在暴政统治下，精神颓废甚至可以说变成痴呆的人们，逐渐习惯于呼吸健康的自由空气，渐渐获得纯正的风俗和养成英勇的精神；这种纯正的风俗和英勇的精神终于使罗马人成为各民族中最受人尊敬的民族。①

法国启蒙思想家卢梭在 1754 年 6 月试图将他的论著《论人类不平等的起源和基础》献给日内瓦国民议会，在他所写的献词中有这么一段话。在那个时代，以卢梭、伏尔泰（Voltaire，1694—1788）、孟德斯鸠为代表的启蒙思想家，用自己的笔作

①[法]卢梭著，李常山译：《论人类不平等的起源和基础》，第 52—53 页，商务印书馆 1962 年版。

为武器，写下了一篇篇振聋发聩的文章，帮助当时生活在波旁王朝专制统治下的法国人“习惯于呼吸健康的自由空气，渐渐获得纯正的风俗和养成英勇的精神”。他们用笔唤起了欧洲各民族的觉醒，他们的精神随着1789年的法国大革命而播传。

◇ 明治时代的人力车

19世纪中后期的日本正处于社会转型的关键时期，要把近世的日本改造成为近代化的日本，首先就要启发民智，发起一场“以理性之光照耀蒙昧”的启蒙运动。和法国的启蒙运动不同的是，日本是以政府推动，依靠“绝对主义的官僚”自上而下地来推进“启蒙专制主义的文明开化政策”的。①

“文明开化”这个响亮的口号最早是由明治时代的著名思想家福泽谕吉提出的，他在代表作《文明论概略》中提出了“以西洋文明为目标”的观点。他根据当时世界上的普遍观点，把那个时代的世界划分为文明、半开化、野蛮三个社会，他说：

> 现代世界的文明情况，要以欧洲各国和美国为最文明的国家，土耳其、中国、日本等亚洲国家为半开化的国家，而非洲和澳洲的国家算是野蛮的国家。这种说法已经成为世界的通论，不仅西洋各国人民自诩为文明，就是那些半开化和野蛮的人民也不以这种说法为侮辱，并且也没有不接受这个说法而强要夸耀本国的情况认为胜于西洋的。不但不这样想，而且精识事理的人，对事理懂得越透彻，越能洞悉本国的情况，越明了本国的情况，也就越觉得自己国家远不如西洋，而感到忧虑不安。于是有的就想效仿西洋，有的就想发奋图强与西洋并驾齐驱。②

①［日］近代日本思想史研究会著，马采译：《近代日本思想史》，第一卷，第28页，商务印书馆1983年版。
②［日］福泽谕吉著，北京编译社译：《文明论概略》，第9页，商务印书馆1959年版。

福泽谕吉所说的文明开化的本质，就是以西洋文明为榜样，全面将日本改造成为一个当时世人眼中的文明国家。

“文明开化”是一个非常广泛的概念，一方面指物质上的改造，大到铁路、电报设施、蒸汽船等，小到对服饰、发型、饮食等西洋物质文明的引进和消化，另一方面也指精神上的东西，包括教育、文化、法律、艺术等。明治五年（1872）的玛利亚·路斯（Maria Luz）号事件可以视为文明开化过程中的一个典型范例。

玛利亚·路斯号是一艘秘鲁船，它在1872年自中国澳门开往美洲途中遭遇了暴风雨，进入日本的横滨港避难，船上运载的200多名中国劳工向停泊在当地的英国军舰提出了救助要求。当时，美洲大陆正在进行新一轮开发，大批中国劳工或被掳夺，或被欺骗登上外国船只，运载到美洲成为苦力。船上的生活环境极端恶劣。英国人认为，这艘船有从事奴隶贸易的嫌疑，要求日本政府提供司法协助。时任外务卿的副岛种臣从人道主义立场出发立刻做出了救助中国劳工的决定。

玛利亚·路斯号的船主提出抗议，针对日本法官提出的贩卖人口的指控，其辩护人反唇相讥道：“在日本买卖娼妓不也是合法的吗？”受这一事件刺激，日本在当年的十月立刻颁布了《艺娼妓解放令》。玛利亚·路斯号事件最终经第三国俄国裁决后认为，日本方面的措施符合国际法。这成为日本第一次使用国际法处理国际纠纷的事例。

讽刺的是，尽管在这个时候，日本把拯救被掠劳工当作文明开化的表现，但不久以后，却将掠夺中国劳工作为对华侵略的手段之一。

在此前后，明治政府大力推行的新学制、征兵制和地租改革，在日本确立起了近代公民的三大义务：接受教育、服兵役、纳税。明治政府同时推行了散发、废刀、着西洋服饰、行用太阳历等一系列有关社会风俗的改造。当时有首歌谣唱道：“敲一敲剪了发的脑壳，响起了文明开化的声音。”

文明开化的一个标志是交通方式的改变，人力车成为明治时代的标志物。在明治维新过去60多年后，民俗学家柳田国男对人力车这样的“杂交品”表达了一种十分复杂的情绪：

> 用人去代替马，今日想来谁都不会认为是进步，不过那个时候挽马绝不是轻易可得到的，两条人腿则到处都是。道路仅仅出现了一年两年的工夫，

> 所谓人力车便普及到了全国的每个角落……在过渡时期的文化折中方案中，总是会出现此类又是浅薄又是让人感觉内疚的东西。不过在当时确实好像非常受欢迎的样子，且背后也总有在煽动的力量。①

人力车的普及，源于日本对西方的模仿，然则要如西方一样使用马车，日本缺乏足够的资源，于是就用明治时代日本最充足的资源——人力去取代马，发明了人力车这种特殊的东西。所以，柳田国男认为人力车既是明治时代开化期充满智慧的发明，又是一种“让邻国之人视为可怜”的“很可怕的东西”。

自行车也在这个时期出现，并被达官贵人、社会名流视为时髦物，逐渐在上流社会推广开来。同时，火车、帆船等，都极大地改变了明治时代的社会风貌。当时的日本人，最能从“行”的方面，感受到文明开化给社会带来的巨大变迁。

引进西洋教育体制是文明开化的重要一环，明治五年（1872）文部省颁布的新学制是日本教育史的转折点，新学制的宗旨是：

> 自今之后，众庶人民无论华士族与农工商至其妇女子，必期邑无不学之户，家无不学之人。……惟高尚之学各任其人之才能，至幼稚孩童则不别男女，必当从事于小学，其不然者失在父兄。②

新学制规定接受教育是适龄者必须履行的一项义务，还将全国分为八个学区（第二年改为七个学区），每区设一所大学校；各大学区分 32 个中学区，每区设一所中学校；各中学区分为 210 个小学区，每区设一所小学校，平均每 600 人设立一所小学校。第二年，又设置了矿业、工业、商业等专门学校。在学校教育内容方面，则取法美国，政府聘请美国专家为顾问，设置算术、地理、物理、几何、化学等科目，规定中学教授外国语，并设立师范学校培养教师。明治十年（1877），原东京开成学校与东京医学校合并为一所设有法、理、文、医四个系的综合性大学，这就是日本第一所综合性大学——东京大学。

①［日］柳田国男著，潘越、吴垠译：《明治维新生活史》，第 141—143 页，时代文艺出版社 2016 年版。

②［日］西园寺公望：《明治教育史要》，载大隈重信编：《日本开国五十年史》，第 512 页，上海社会科学院出版社 2007 年影印版。

与此同时，报纸和杂志也如雨后春笋般出现，政府意识到报纸杂志具有重要的宣传作用，因此对报纸杂志的发行采取鼓励的态度。明治四年（1871），木户孝允命令兴办一份名为《新闻杂志》的报纸。差不多同一时期，日本日报之鼻祖——《横滨每日新闻》出现，它采取活字印刷方式复制，并有独立的发行机构。此后，许多地方群起而效仿，《东京日日新闻》《邮便报知新闻》《朝野新闻》《曙新闻》《读卖新闻》《东京绘入新闻》等主要媒体创刊，一时间出现了百花齐放的局面。杂志方面，最早在明治六年（1873）出现了官方的《海外杂志》和《文部省杂志》，到明治七年（1874），一份影响巨大的杂志横空出世，其地位相当于《新青年》在中国五四新文化运动中的地位，那就是《明六杂志》。创办这份杂志的是日本启蒙运动中的旗手——明六社。

二、明六社

在许多研究日本近代思想史的学者看来，日本的启蒙思想呈现出和法国18世纪的启蒙思想所不同的特点，而更类似于德国的启蒙思想。法国的启蒙思想是“从专制制度下获得的国民统一中消除封建残余，并在上面建成以市民为支柱的近代国家”，而德国的启蒙思想是“为了承认封建主国家专制权力的‘自上而下’的近代化”，“不是把市民的‘自由的原理’而是把国家的‘统一的原理’优先地提出来，故意强调他的‘国家的使命’，这就表明了他在国际上与英、法先进资本主义国家相对抗的企图”①。

上述分析颇为透彻，在明治时期，与西方列强改订新约成为日本社会一种流行的呼声，而要摆脱不平等条约的束缚，改订新约，就必须向西方证明日本是一个开化的国家，是一个认同西方普遍社会价值观的国家。明治时代的启蒙运动，正是在这种意识的引导下，由一个信奉绝对主义的专制政权自上而下地推行殖产兴业、富国强兵、文明开化的政策的。在这一过程中，农民运动和在野政治人物自下而上表达诉求，但他们的政治诉求的实现最终要归结到自上而下的途径上来。明六社的出现，就是这种自上而下的启蒙运动的表现。

明六社是成立于明治六年（1873）的一个学术团体，以成立时间命名。这一年的7月，刚从美国归来的森有礼倡议成立一个研究西方文化的学术团体，这个

①［日］近代日本思想史研究会著，马采译：《近代日本思想史》，第一卷，第26—27页，商务印书馆1983年版。

倡议得到了当时许多学者的赞同。他们中的大多数出身于旧幕府的开成所，主要成员有森有礼、福泽谕吉、加藤弘之、中村正直、西周、西村茂树、津田真道、箕作秋坪、杉亨二、箕作麟祥十人。

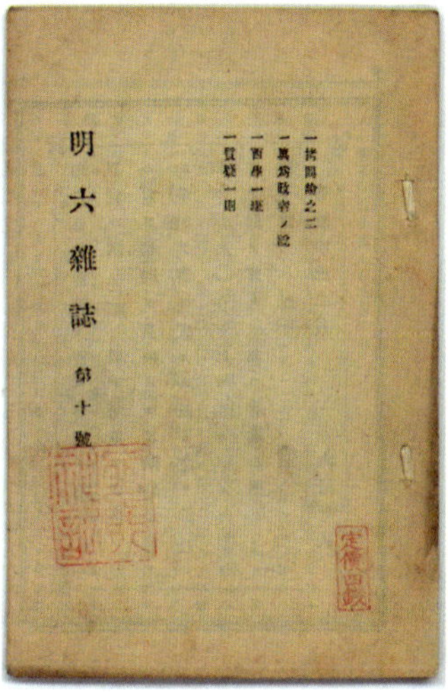

◇ 《明六杂志》

从这份名单可以看出，明六社的成员都有着官僚背景，他们基本上都是下级武士出身，有深厚的汉学功底，也有着学习西洋文化的经历。如森有礼出身于萨摩，入藩校，后赴英国、美国留学，归国后曾任外务少辅，驻中国、英国公使，后以文部大臣身份主持明治政府的教育改革。加藤弘之师从佐久间象山，潜心研究德国政治学和宪法学，针对征韩派下野后提出的民选议院设立建白书，加藤弘之站在政府的角度驳难，称设立民选议院“时机尚早”，后成为一名社会达尔文主义者。中村正直生于江户，就读于幕府的昌平坂学问所，并留校任教，成为一名幕府官僚。西周与津田真道同为幕府的藩书调所出身，并一同留学荷兰，成为兰学学者。正是这些出身类似而志同道合的人组成了这样一个影响深远的学术团体。

明治七年（1874）2 月，明六社制定了规章，并于同年 4 月开始发行他们的机关杂志——《明六杂志》。在规章的第一条中，明六社规定了它的性质是“在于会合同志，交换意见，增长知识”。从明治七年（1874）4 月开始，到明治八年（1875）11 月停刊，《明六杂志》共发行了 43 期，平均每期发行约 3000 册，刊载论文百余篇，成为当时启蒙运动的主要阵地。

明六社存续期间，曾经有过许多次的学术争论。在明治七年（1874）4 月 2 日发行的《明六杂志》第一号上，西周和西村茂树分别发表了《以洋文书写国字之我论》和《伴随开化以来的改革文字之我论》两篇文章，引发了有关语言文字的大争论。最早提出使用西洋文字的是森有礼，他在明治五年（1872）就提出了以英语为国语，废除日语的主张。西周在他的《以洋文书写国字之我论》中也极力论述使用西洋文字的好处：印刷方便，不需翻译即可引进西洋的学术思想，便于迅速掌握西方科技文化等。西村茂树对此表示支持，他认为日本“人民愚昧，不知学问为

◇ 明六社发起人森有礼（1847—1889），萨摩藩士，初代文部大臣

何物”，所以才有“废除和文汉字，使用洋文”之必要。这种观点显然较为激进，但实际上从侧面反映出当时“日本人劣等说”的流行，这种说法承认日本与西方的差距，认为日本人比西方人落后。典型的表现就是津田真道在《明六杂志》第13号上发表的《想象论》和第24号上发表的《内地旅行论》二文，认为日本人“缺乏智识和开化”，所以必须通过教育来达到教化的目的。①无独有偶，在一水相隔的中国，不久以后，也有人提出了废除汉字的主张。吴稚晖首先提出用“万国新语”取代汉字，他认为，汉字“象形”，不能“视其形而知其音”，是未开化的表现，合音字能“视其形而知其音”，所以为开化人所用。国学大师章太炎撰文驳斥，他针对吴稚晖的观点，反驳道：

> 今者南至马来，北抵蒙古，文字亦悉以合音成体，彼其文化，岂有优于中国哉？合音之字，视而可识者，徒识其音，固不能知其义，其去象形，差不容以一黍。故俄人识字者，其比例犹视中国为少。日本人既识假名，亦并粗识汉字。汉字象形，日本人识之，不以为奇恒难了。是知国人能偏知文字以否，在强迫教育之有无，不在象形、合音之分也。②

另一场有关男女平等的争论也颇为引人注目，森有礼在《明六杂志》第8号上发表了《妻妾论》一文，主张男女平等，废除续妾陋习，实行西方式的一夫一妻制。加藤弘之则在第31号上发表《夫妇同权之流弊论》加以反驳，认为夫妇平等不符合东方的传统习惯，反对女权运动。这场论争在日本社会掀起了一股讨论妇女权利的热潮，也直接推动了妇女解放运动的发展。

明六社虽然是一个学术团体，但由于其讨论研究对象的特殊性以及当时的时

①［日］南博著，邱琡雯译：《日本人论——从明治维新到现代》，第20—23页，广西师范大学出版社2007年版。
② 章太炎：《驳中国用万国新语说》，《章太炎全集》第四册，第338页，上海人民出版社1985年版。

◇ 西周（1829—1897），幕末明治时期启蒙思想家

代特点，所以不可避免地被卷入当时的政治斗争之中，明治七年（1874）的《民选议院设立建白书》就在明六社中引起了激烈的讨论。加藤弘之以“时机尚早”为由反对。西周在《明六杂志》第29号上发表的《网罗议院之说》一文也认为，民选议院是西方近代政治的根本，应该引进之，但不可以“在半开化之国突然实行”。中村正直、福泽谕吉等也赞同“渐近论”，唯一赞同民选议院的只有津田真道而已。

对于这种成员参与政治运动的倾向，发起人森有礼深感忧虑，他在明治八年（1875）告诫成员，讨论必须限于文学、技术、物理、事理等问题，不可涉及“现时政”。他希望将政治从学术中抽离，维持这个学术团体的纯学术性，避免“不必要的麻烦”。但这只能是一种相对天真的想法，明六社的人员构成和研究讨论的对象决定了这种想法是不可能实现的。

明治八年（1875），政府加强了对新闻舆论的控制，公布了谗谤律，进行全面的新闻管制。其后许多记者和评论家被逮捕，报纸杂志被查封。在这种情况下，这一年的9月，明六社提出《明六杂志》停刊的提案，得到了大多数成员的赞同。福泽谕吉起草了《明六杂志》停刊的议案，提出要么“改变社员本来的思想，屈节以适应律令，迎合政府意图，继续出版杂志”，要么“触犯政府律令，自由发表文章，为政府罪人”[①]。福泽谕吉主张言论自由，但也不愿意当“政府罪人”，所以建议索性停刊。他早就抨击过一些官员学者，他说：

> 现在洋学家们全都出入官途，自己举办事业的屈指可数。其目的不仅在于贪利，又因生来所受教育先入为主，只着眼于政府，认为不是政府的事就决不可做。……有名望的士君子尚且这样，天下人哪能不效法他们这种风气

①[日]近代日本思想史研究会著，马采译：《近代日本思想史》，第49页，商务印书馆1983年版。

呢？

……因此，举世人心风靡，羡慕官，依赖官，害怕官，谄媚官，丝毫不能发挥一点独立的真精神，其丑态实在是不忍卒睹。譬如现在出版的报纸及各方面的上书和条陈之类，也是一个例子，出版条例虽不甚严，可是报上不但绝对不登载触犯政府忌讳的事，而且官方如有些许美事，就加以过分的称赞，简直和娼妓向客人献媚一样。[①]

不过森有礼、西周、津田真道等人反对停刊，他们认为可以通过向政府“屈节”的方式妥协，使杂志得以继续出版。这表明了他们和福泽谕吉“在野”观念的冲突。《明六杂志》最终在明治八年（1875）11月出完最后一号后停刊，明六社也在事实上解散，这些学者后来成为日本官方的东京学士会院（今日本学士院）的成员。他们完成了自上而下启蒙的时代任务。在民选议院建议提出后，原本的自上而下路线和自下而上路线开始对立。由政府官僚组成的明六社要维持它的开明性，就不得不转向批判日益集权的藩阀政府，这使身为政府官员的成员陷入了窘境，因此解散成为唯一的选择。启蒙运动的下一步，就到了“个人发表意见”的阶段，在这一阶段，具有“在野”身份的福泽谕吉成为启蒙运动的旗手。

三、福泽谕吉

在明六社的成员中，福泽谕吉是一个异类。他在明治时代，秉持着“在野”的理念，但他的精神和思想却渗透到了明治政府的各个方面，也使整整一代日本人受到了文明开化的教育。他是日本明治时代对于“近代化”三个字思考最为完整、最为深入的一位学者，从这个意义上说，福泽谕吉可谓日本近代化的缔造者。

天保五年十二月十二日（1835年1月10日），在丰前国中津藩驻大坂的藏屋敷中，中津藩的下级藩士福泽百助的次子诞生。福泽百助是中津藩驻大坂的会计师，负责将本藩的米运至全国的商业中心大坂并出售给当地的大商人。但他本人其实是一名儒学者，这个孩子出生时，他刚好得到一本梦寐以求的《上谕条例》[②]，因此，就给这个孩子取名为“谕吉”。

①［日］福泽谕吉著，群力译，东尔校：《劝学篇》，第22—23页，商务印书馆1958年版。

② 清乾隆年间官方所编辑的政令集。

福泽谕吉的父亲虽然满腹经纶，却受江户时代的封建身份制度所限，一生都是一个下级武士。福泽谕吉作为次子，在封建等级制度下也成为二等公民。他的父亲在反复考虑后，决心将他养大以后送入寺庙。因为一个下级武士的次子，在武士阶层中是很难熬出头的，而遁入空门或许还有成为高僧而出人头地的机会。

◇ 福泽谕吉在幕末文久二年（1862）的留影

可惜在福泽谕吉十八个月时，父亲就因病去世，他的母亲带着五个孩子（两男三女）返回了故乡中津。回到家乡以后，在大坂出生的福泽谕吉首先遇见了语言问题，因为大坂话与中津话相去甚远，与周围孩子口音不同的福泽谕吉虽然活泼好动，却不擅交流。福泽家族家风淳朴，但福泽谕吉直到十三四岁的时候，才开始一心向学，进入村塾学习。天资聪颖的他很快熟读了《论语》《孟子》《诗经》《左传》等典籍。

福泽谕吉的未来一直是他的母亲担忧的事情，和父亲不同，母亲认为将他送给别人家为养子，继承别人的家业才是一条捷径。可福泽谕吉却是一个充满叛逆精神的孩子，与循规蹈矩的哥哥不同，福泽谕吉对武士等级制度颇不以为然。他曾经因踩过写着中津藩主奥平昌高名讳的字纸而遭到哥哥的训斥，不过在受到训斥以后，他对自己的错误仍然没有反省：

> “这算得了甚么？我又没踩老爷的脑袋！踩一下写着老爷的废纸也没有什么关系吧！”以后，在我那幼小的心灵中暗自想道：若像哥哥所说的那样，踩了写着老爷名字的废纸就有罪过，那么践踏写着神佛名字的神符将会怎样呢？于是我便在背人之处把神符乱踩了一阵，可是并没有怎么样。[①]

充满叛逆精神的福泽谕吉对中津一地沉闷的等级风气深感不满，这使他下定

①［日］福泽谕吉著，马斌译：《福泽谕吉自传》，第 15 页，商务印书馆 1980 年版。

◇ 这是一张非常著名的照片，为福泽谕吉在万延元年（1860）赴美国期间在旧金山和一名美国少女的合影

了远离中津的决心。安政元年（1854），福泽谕吉终于如愿，这一年，佩里舰队打开了日本的国门，学习洋学突然成为一种流行。年方19岁的福泽谕吉也成为受中津藩派遣学习炮术的人之一，并获得了前往长崎游学的机会。欣喜若狂的福泽谕吉在回头吐了一口唾沫以示告别之后，就踏上了游学的道路，寄居在当地的炮术家山本物次郎家中。

不过福泽谕吉在长崎游学的经历并没有持续多长时间。由于他勤奋好学加上天资出众，学业进步很快，引起了同学中津藩家老之子奥平壹岐的忌妒。商量以后，奥平壹岐和父亲决定把福泽谕吉驱逐回中津。满腹愤懑的福泽谕吉离开长崎以后，却没有按要求回到中津，而是前往大坂寻找子承父业的兄长，表示希望前往江户学习洋学。同情福泽谕吉遭遇的兄长建议他留在大坂。在兄长的帮助下，福泽谕吉终于得遇名师，安政二年（1855），福泽谕吉成为著名兰学家绪方洪庵的弟子，加入大坂的适塾。

在福泽谕吉入学的第一年，他得了一场大病，继而兄长去世，他便成为福泽家当仁不让的继承人。从小对封建等级制度深恶痛绝的福泽谕吉坚决不愿从事和父兄一样的职业，并认定学习洋学是一条正确的道路。于是他变卖了家产，孤身一人，负笈重回大坂，以寄食生的身份留在了适塾。在短短几年间，福泽谕吉进步很快，还升为“塾长”①。他常常埋头于适塾中仅有的几部荷兰语名著而彻夜不眠，在这里，他坚定了学习西方的信念，对自己以往所学的儒学产生了厌恶感。

安政五年（1858），中津藩决定在江户的藩邸也开设一间兰学塾，已经成为知名兰学学者的福泽谕吉得到了本藩的认可，被聘请为这所学塾的教师。自负的福泽谕吉到了江户就拜访当地的兰学学者，在经过交流后，他得出了“江户的学者亦不过如此”的结论。

① 适塾中以学业为考评标准，塾长就是学业最优秀者，在讨论最难的荷兰语著作时，充当主持人的身份。

安政六年（1859），福泽谕吉前往外国人聚居地横滨，希望通过与外国人的直接交流检验自己的学习成果。然而自信满满的福泽谕吉在横滨受到了严重打击：当地矗立的广告牌、招牌他一概看不懂，与外国人交流时，听着叽里咕噜的外国话瞠目结舌不知所云。原来福泽谕吉学的是荷兰话，是欧洲的一个小语种，而横滨的外国人说的全是英语。

福泽谕吉带着失望的情绪回到了江户，痛定思痛，他下定决心，一定要学好英语。他四处求索，终于弄到了一本《英荷辞典》，便如饥似渴地开始学习起英语来。

“读万卷书不如行万里路”，要学习英语，最直接的办法莫过于到一个英语语言环境中去经历一番。万延元年（1860），幕府派出军舰“咸临丸”前往美国交换《日美修好通商条约》文本。幸运的福泽谕吉作为军舰奉行木村芥舟的随员也得以登上了前往美国的船只。美国的一切都让初次走出国门的日本人大为惊奇。在美国期间，福泽谕吉第一次接触到了近代文明的直接范例，更让他印象深刻的是美国的民主制度：

> 当时我忽然想起一件事来，遂向别人打听了一下。不是别的，我问的是华盛顿的后代子孙情况如何。那人回答说：“华盛顿的后代当中有个女人尚在，目前情况怎样虽不清楚，但想必已经嫁给什么人了。”回答的语调显得非常冷淡，实在叫人想象不到，真够怪的。美利坚是个共和国，她的总统是四年改选一次，这一点当然我很知道。可是我认为华盛顿的后代子孙必然都是一些了不起的人物，因为我头脑里存在着对源赖朝和德川家康的传统看法，从这点推想我才提出这个问题来。但对上面的那种回答，我却非常惊讶，当时觉得很奇怪，直到今天，我还记得很清楚。这个问题在道理上讲，本来一点也不值得惊奇。可是另一方面，作为社会上的事情来说，我就有些莫名其妙了。①

福泽谕吉从美国带回了一本《韦伯斯特大辞典》，归国后，他将自己的兰学塾改为英学塾。同时，他根据在美购买的《华英通语》一书，编写了一本名为《增订华英通语》的字典。由于通晓英语，他被幕府的外国方雇为通译，因此得以获

①［日］福泽谕吉著，马斌译：《福泽谕吉自传》，第 99 页，商务印书馆 1980 年版。

得了大量的学习材料。

文久元年（1861），幕府决定再度派出遣欧使节团，讨论港口开放延期一事。福泽谕吉再一次得到了出洋的机会。这一次，他跟随使节团游历了法国、英国、荷兰、普鲁士、俄国等欧洲各大国。作为一个有心人，福泽谕吉对欧洲的议会制度和民主政治进行了详细的考察，在他的思想中，自此萌发了民主人权的意识。

归国以后，福泽谕吉受雇于幕府的外国奉行，他深感日本应当学习西方，对当时风起云涌的“尊王攘夷”运动大加批判，斥之为“虚诞妄说”。从庆应二年（1866）开始，福泽谕吉出版了他的划时代著作《西洋事情》的初编三册。

《西洋事情》于明治元年（1868）和明治三年（1870）出版了外编三册和二编四册。这本书以热情的笔墨，介绍了西方各国的政治制度、经济状况、历史沿革、社会风俗等方方面面。他在书中第一次将美国的《独立宣言》全文译为日文，对“凡人生而平等”一句推崇备至。

《西洋事情》获得了很大的成功，它作为启蒙读物，当时人人传抄，甚至连将军德川庆喜也曾读过。庆应三年（1867），福泽谕吉再一次渡美，归国以后，他因为在美国大肆收购外文书籍的“不恰当行为”而被责令谨慎。不久，江户幕府就被明治政府所取代。

四、启蒙之作——《劝学篇》与《文明论概略》

福泽谕吉对明治政府取代德川幕府这一历史大事件采取了不参与的态度，在他的印象中，反幕府的“尊王攘夷”派都是一些盲目排外的人，因此他对这个新政府也并没有抱以多大的希望，还多次拒绝了新政府的出仕邀请。从明治政府成立到明治三十四年（1901）福泽谕吉因病去世，他一直以“在野”的平民身份生活。庆应四年（1868），福泽谕吉将原本设在中津藩邸的英学塾迁移到江户新钱座的新塾舍中，以年号取名为“庆应义塾”，教授经济、历史、地理、思想、物理、文学等科目。在戊辰战争的炮火中，这家义塾俨然成为世外桃源，学生在书斋里孜孜学习着西洋的科学文化。明治四年（1871），学校再次迁移到三田，成为东京唯一的私立学校，福泽谕吉甚至聘请了两名美国教师，到明治五年（1872），学校共有 300 多名学生。①

①［日］鹿野政直著，卞崇道译：《福泽谕吉》，第 58 页，三联书店 1987 年版。

在庆应义塾迅速发展的时候，福泽谕吉的著述也进入了一个高产期。在此期间，大批西方启蒙主义著作被介绍和翻译进日本，福泽谕吉也撰写了《启蒙穷理图解》《兵士怀中便览》《世界国尽》《启蒙学习之文》等一批优秀著作。而这一时期他的影响最为深远的一部著作就是从明治五年（1872）开始出版的《劝学篇》（《学問のすゝめ》）。这本小册子收集了福泽谕吉从明治五年（1872）到明治九年（1876）发表的17篇文章。

◇ 这是福泽谕吉最有名的一张照片，1984年以来，这张照片被印在日本最高面值一万元纸币的正面

《劝学篇》的影响有多大？福泽谕吉在明治十三年（1880）的自述中说：

> 从明治五年（1872）二月发表的第一篇起，到明治九年十一月发表的第十七篇为止，截至现在，发行总数约有七十万册，其中第一篇不下二十万册。加之以前版权法不严，伪版流传很多，其数也可能有十多万册。假定第一篇的真伪版本共达二十二万册，以之与日本的三千五百万人口相比较，则国民一百六十人中必有一人读过此书。这是自古以来罕有的发行量，由此可以看出近来学问迅速发展的趋势。①

这样的发行量在那个宣传手段尚不发达、交通通信尚不便利的时代是非常惊人的，可以说福泽谕吉是当之无愧的明治时代最有名的畅销书作者。

《劝学篇》何以能达到洛阳纸贵的地步？我们可以翻开这本书来寻找答案。其中的第一行字就发人深省：

> “天不生人上之人，也不生人下之人”，这就是说天生的人一律平等，不是生来就有贵贱上下之别的。②

①［日］福泽谕吉著，群力译，东尔校：《劝学篇》，第1页，商务印书馆1958年版。

②［日］福泽谕吉著，群力译，东尔校：《劝学篇》，第2页，商务印书馆1958年版。

这句话显然是从美国《独立宣言》中的“凡人生而平等”脱化而来。福泽谕吉认为，人生而平等，社会中之所以存在着富贵贫贱之分，那是因为学与不学产生的区别。学习并不是要追求那些华而不实的知识（作者以日本的和歌、诗文为例），而是要学习能为立身之本的“实学”，“如果大家不分贵贱上下，都爱好这些学问，并有所体会，而后士农工商各尽其份，各自经营家业，则个人可以独立，一家可以独立，国家也可以独立了”。①

正是因为这种平等自由的思想，福泽谕吉极力宣传“独立”，他认为，既然人与人之间、国家与国家之间是平等的，那么作为人就必须要有独立的精神，而一个国家中人人都能有独立的精神，国家就能获得独立：

> 如果我们日本人从此立志求学，充实力量，先谋个人的独立，再求一国的富强，则西洋人的势力又何足惧？只须与讲理者建交，对不讲理者驱除之，这就是个人独立和一国独立的道理。②

在主张独立的基础上，福泽谕吉批驳了所谓的“明君治国”说，他以战国著名的桶狭间战役为例，认为：今川义元在桶狭间遇袭阵亡后，今川大军如潮水一般退却，是因为骏河的人民没有一种主人翁的认同感。相反，在普法战争中，即使法国皇帝拿破仑三世被俘，法国人民仍然在抗击德国侵略，是因为法国人民把自己当作了祖国的主人。在抗击外敌的时候，必须要让国民有独立的精神，而这恰恰是所谓的“明君”不能给予的。

福泽谕吉还将卢梭的《社会契约论》引入日本，他在第六篇《论尊重国法》中说：

> 建立代表全体国民的政府，以尽其保护善人的职责，而官吏的薪俸和其他政府的各项费用，都有国民来负担。既然政府代表全体国民而行使政权，那么政府所做的就是国民的事，国民也就必须服从政府的法令，这也是国民

①［日］福泽谕吉著，群力译，东尔校：《劝学篇》，第 3 页，商务印书馆 1958 年版。

②［日］福泽谕吉著，群力译，东尔校：《劝学篇》，第 14 页，商务印书馆 1958 年版。

和政府间的约束。[1]

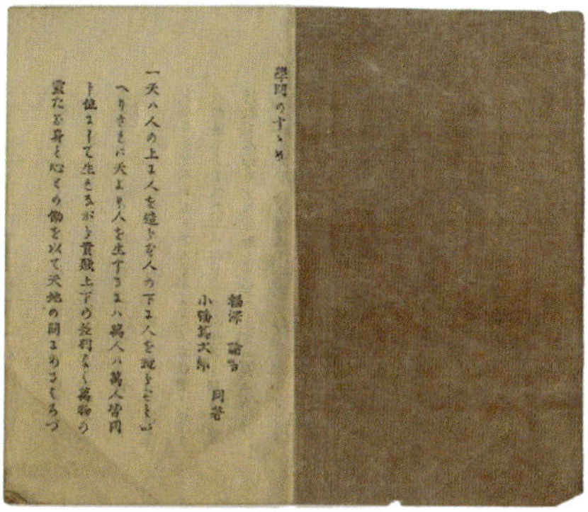

◇《劝学篇》初版（1872）

因此，他认为把“赤穗浪士”事件定性为“义举”是不恰当的，正是那群浪士违反了幕府的法令，采取私自制裁的方式；进而，他谴责了尊攘派的“天诛”行为，认为这些行为是不尊重政府法令的典型。

在第七篇《论国民的职责》一文中，福泽谕吉又提出了著名的“楠公权助论”。他痛恨封建体制，对封建体制下的武士切腹和殉死的恶习颇不以为然。有位叫权助的仆人受主人之托，却丢失了一两金子，觉得无颜面对主人，便在路边自缢。福泽谕吉觉得这一死法实在是“轻于鸿毛”，他说：

> 因为所谓文明，本来是指人类智德进步，每个人都能支配他自己，使人世间没有互相为害的事，从而各自行使其权利，达到社会上普遍的安全和繁荣。那么兴师也好，复仇也好，只要合乎上述文明的精神，兴师能克敌制胜利，复仇能保全主人的名誉，且其目的在于促进社会文明，发展工商业，以实现普遍的安全和繁荣，则亦似乎有充分的理由。但是事实上他们并未抱有这种目的，况且那些忠臣义士也没有那种眼光，只是泥于因果之理，图报主人罢了。[2]

在当时举国提倡学习楠木正成这样的忠臣殉国精神的风气下，福泽谕吉提出这样的批评是颇为大胆的。该篇文章发表以后，也引起了不少人的批评，但福泽谕吉立场坚定，又以化名写了一篇《评〈劝学篇〉》反击，他说：

> 假定今天让俄英军舰侵入兵库港，楠公决不是以凑川一死而自以为快的人。我们虽不能揣测楠公的处置，但肯定可知他另有变通之策。……所以美

①[日]福泽谕吉著，群力译，东尔校：《劝学篇》，第32页，商务印书馆1958年版。
②[日]福泽谕吉著，群力译，东尔校：《劝学篇》，第43页，商务印书馆1958年版。

慕楠公为人的人，如果在当代模拟他的活动，应当想象这位英雄在明治年间可能正当从事的活动，并努力仿效他的榜样。这样一来才可以说是真正了解楠公心事的人。①

明治七年（1874），福泽谕吉又开始着手写作另一本启蒙著作——《文明论概略》，并在第二年完稿。在这本书中，福泽谕吉首先阐述了文明、半开化和野蛮的区别。日本应该正在从半开化走向文明这一说法明确了日本在世界中的地位。文明是什么？他认为文明分为外在和内在两种，外在的文明很容易达到，如修筑铁路、剪发废刀、兴建工厂等等，而内在的精神却难求。他认为“皇学家主张国体论，洋学家则主张推行耶稣教，汉学家则主张实行尧舜之道，莫不致力于维系人心统一思想趋向，以保卫我国的独立，但是这些主张直到今天还没有一个收到成效，同时相信以后也不会收到成效，这怎不令人慨叹”！②因此他响亮地提出了“国家独立就是文明的目的”这一口号，主张要实现文明，就必须向前看，而不是从故纸堆中寻找依据，应该以西方先进的文明为榜样，提高人民的道德和智慧，用文明凝聚人心，实现国家的独立富强。

福泽谕吉的思想是领先于时代的，他在当时迷信西洋文明的思潮中，还能指出西洋文明的缺陷和问题：

例如，战争是世界上最大的灾难，而西洋各国却专门从事战争；窃盗和杀人是社会上的罪恶，而西洋各国窃盗和杀人案件层出不穷；此外西洋各国还有结党营私争权夺利的，也有因丧失权力而互相攻讦吵嚷不休的；至于在外交上耍手段，玩弄权术，更是无所不为。③

但他并没有因此而否定西方文明，他认为文明是一个相对的概念，较之日本，西方显然更为文明，那是值得日本去学习和效仿的。

福泽谕吉的自由民权学说和社会契约学说在当时的日本都是振聋发聩、发人

①[日]福泽谕吉著，群力译，东尔校：《劝学篇》，第108页，商务印书馆1958年版。
②[日]福泽谕吉著，北京编译社译：《文明论概略》，第176页，商务印书馆1959年版。
③[日]福泽谕吉著，北京编译社译：《文明论概略》，第10—11页，商务印书馆1959年版。

深省的。诚然，他的思想中也存在着缺陷和不足，有自相矛盾之处，比如他主张人的平等，又承认人因知识的多寡而有贵贱之分，他反对封建义务，又主张人应尽守本分。当然，我们不能苛求这位生活在19世纪末的启蒙学者。他在明治时代充当了“文明开化巨匠”的角色，促进了日本国民意识的觉醒，正是在他的著作的影响下，一场自由民权运动轰轰烈烈地开始了。

第二节 自由党

一、爱国社复兴

明治十一年（1878），大久保利通遭暗杀身亡。大久保去世后，萨长藩阀主导的明治政府格局是否改变了呢？我们可以看一下政府构成人员的名单：长州出身的原工部卿伊藤博文接替大久保利通出任参议兼内务卿，同为长州出身的井上馨则接替伊藤博文出任参议兼工部卿，长州人山县有朋仍为参议兼陆军卿。萨摩出身的官员有：参议兼外务卿寺岛宗则，参议兼文部卿西乡从道，参议兼海军卿川村纯义，以及担任参议并兼任北海道开拓使长官的黑田清隆。而另两个要职则是由肥前出身的大隈重信和大木乔任担任，大隈仍任参议兼大藏卿，大木任参议兼司法卿。

◇ 板垣退助（1837—1919），土佐藩士，著名政治家、自由民权运动的领导者

从这个名单来看，政府的体制并没有多大改变，萨、长两藩在人数上还是占据了压倒性的优势，只有土佐人士被排除出了政府的中枢。所以说在政府中不占优势的土佐、肥前出身者在这一时期推进自由民权运动，很大程度上是打着自由民权的旗帜，希望萨、长两藩出身者与之分享权力。当然，他们当中也确实有一部分人是真的为自由民权理想而奋斗的。

西南战争的结束使大规模的士族武装反乱偃旗息鼓，许多士族已经意识到通过武力推翻政府是一个遥不可及的奢望，所以开始通过另一条途径对政府发起攻击，那就是融入土佐主导的自由民权运动中。许多士族仅仅认为自由民权运动是反政府行动就投身其中了。另一方面，在地租改革以后，要求政府减租的运动也此起彼伏，许多地主、豪农、高利贷者积极参与，为了自身利益向政府表达诉求，这一批人也成为自由民权运动的发起者。

从明治七年（1874）《民选议院设立建白书》发布以来，众多的士族、豪农采取结社的方式组织起来。由士族而集结的有盛冈的求我社、山形的东英社、高崎的有信社、金泽的精义社、福冈的玄洋社等。由地主、豪商、豪农集结的有三春的三师社、秋田的立志会、北羽的联合会、新潟的明十社等。一时间全国的政治社团如雨后春笋一般出现，为自由民权运动的蓬勃发展奠定了基础。

当然，其中影响最大的政治社团还是土佐自由民权派组成的立志社。明治八年（1875），参加大阪会议的板垣退助以立志社为中心，在大阪成立了爱国社，成员有来自高知、德岛、石川、广岛、爱媛、福冈、大分各县的小团体。该社约定了两条要领：

> 一、我辈定说在求立君定律之政府（即主张实行君主立宪）；
> 二、我辈欲实行是说，当采议院制度，尽力以明律法于天下。①

但板垣退助在大阪会议后出任参议，加之西南战争爆发，继而立志社的林有造、大江卓等人因参与谋划配合鹿儿岛反乱而被捕，使爱国社名存实亡。

西南战争期间，明治十年（1877）6月，立志社的片冈健吉起草了一份“开设国会建议书”，送到京都行宫上交天皇，尽管这份建议书被政府驳回，但却在社会上广为流传。以这份建议书为标志，立志社的民权思想开始和农民、工商业者的具体要求结合起来了。②

明治十一年（1878）4月，西南战争结束，在立志社内部又发起了爱国社复兴运动，出身于陆奥国三春藩的豪商河野广中千里迢迢从东北赶到高知县，向板垣退助提出了复兴爱国社的建议。归乡后，河野广中组织了三师社，并联合东北地

①［日］浮田和民著，板垣退助、大隈重信阅：《政党史》，载大隈重信编：《日本开国五十年史》，第233页，上海社会科学院出版社2007年影印版。

②［日］近代日本思想史研究会著，马采译：《近代日本思想史》，第一卷，第63页，商务印书馆1983年版。

区的各政治团体。在获得支持和鼓励后，板垣退助于这一年的 9 月在大阪召开了爱国社的第一次大会，与此同时，河野广中也在仙台召开东北七州有志大会与之遥相呼应。

而就在这一年，政府也出台了一项新政策，那就是作为日本近代地方自治制度渊源的"地方三新法"——《府县会规则》《郡区町村编成法》和《地方税规则》。其中的《郡区町村编成法》沿袭了日本历史上的地方自治传统，将各府、县分为郡、区，下设町、村。郡、区设郡长、区长，町、村则设户长。户长的产生由各府、县根据实际情况而定，大多为民选，并由府县知事任命。这表明了明治政府以法律形式对江户时代发展成形的地方町村自治体系予以承认和改造。

《府县会规则》和《地方税规则》则主要是为解决明治政府当时的财政危机而发。西南战争结束后，明治政府又一次陷入了财政危机，由于西南战争造成了巨大军费开支，加上政府为应对这些开支而滥发纸币致使金融体系混乱，以及为向农民让步而进行减税，迫使战后的明治政府不得不采取紧缩财政的政策。为此，在大久保利通的建议下政府决定设立府县会。在大久保遇刺后，府县会制度就以实现大久保遗愿的名义付诸实施。政府表示设置府县会的目的就是为了制定征收民费、地租、营业税、杂税等税收的办法。因此，《府县会规则》的第一条就是：府县会有确立地方税收支、经费状况和征收办法之权。政府认为，如果由府知事或县令直接确立征收地方税的方式，未免有"专断之嫌"，容易使百姓生疑引发暴乱，不如采用一个相对民主的办法来确定地方税的征收方式。

《府县会规则》对选举权和被选举权做了诸多的限制，规定府县会议员由选举产生，每个郡区选举五名以下议员。年龄在 25 岁以上的男性，原籍在本府县并居住满三年，在本府县缴纳地租 10 元以上者拥有被选举权；年龄在 20 岁以上的男性，原籍在本郡区，在本府县缴纳地租 5 元以上者拥有选举权。官吏、神职人员、破产未偿付者、痴呆疯癫者、被处一年以上刑罚者没有选举和被选举资格。府县会的议长由议员选出，经府知事或县令认可，议员任期四年，每两年改选一半。议案由府知事或县令提出，内容就是审议和决定地方税的预算和征收办法，府知事或县令有权中止会议并上报内务卿要求休会或解散府县会。

可见，政府竭力通过设置种种限制条件将府县会控制在手中，它能获得的权力实在少得可怜，它的民主程度也不高。因此，也就注定了府县会对那些地方豪农、地主、商人暂时没有什么吸引力。但是府县会毕竟是一个开端，它的出现鼓舞了要求设立国会的自由民权人士。

明治十二年（1879）3月，爱国社的第二次会议在大阪召开，来自全国的22个社团参加了这次会议，爱国社的声势明显壮大了不少。在这一年9月，爱国社又召开了第三次大会，与会代表初步形成了拟出开设国会的请愿书的决议。

福泽谕吉在开设国会请愿活动中充当了旗手的角色。明治十二年（1879），福泽谕吉写了一篇《国会论》，并让他的学生藤田茂吉和箕浦胜人将该文刊登在他们两人主编的《邮便报知新闻》上。在这篇文章中，福泽谕吉建议尽早开设国会。由于他的巨大影响力，文章发表后，各地就掀起了开设国会的请愿活动。

明治十三年（1880）3月，在大阪召开的爱国社第四次大会上，来自全国的社员一致决定起草国会开设请愿书，来自2府22县的96名代表在请愿书上签名。会上还结成了国会期成同盟。同年6月，神奈川县也向元老院提交了由福泽谕吉起草的设立国会请愿书。在这一年中，各地共向政府提交了80多份请愿书，要求设立国会的请愿活动轰轰烈烈地开展起来。

二、殖产兴业

明治十三年（1880）有关设立国会的请愿书再一次遭到政府驳回，政府给出的理由是“无规例可以接受请愿”。自由民权派对政府的反应极为失望，他们认为政府背弃了原本的承诺：在明治元年（1868）的“五条御誓文”中，写明要“广兴会议”，而明治八年（1875）大阪会议后，天皇也颁布过逐步实行立宪的诏书。因此他们认为政府出尔反尔不讲信用。

更令自由民权派气愤的是，政府开始出台镇压办法，明治十三年（1880）4月，政府正式公布了《集会条例》，规定与政治相关的集会必须事先经警察机关批准并接受监视，连宣传、旁听、参与也受到了严格限制。被政府激怒的民权派在当年11月于东京召开了有来自全国2府22县的64名代表参加的国会期成同盟第二次大会，讨论善后事宜。在会上，河野广中、植木枝盛等人提出了建立自由党的主张，并在12月举行了自由党准备会，在会上订立了四条盟约：

一、我党是所有希望扩充我日本人民自由、伸张人民权利、并加以保障的人士集结起来而组织的；

二、我党致力于促进国家进步，增进人民福利；

三、我党相信我日本国民应有同等权利；

四、我党相信我日本国家适合立宪政体。①

◇ 日本传统的养蚕制丝业（白川乡）

明治十四年（1881），在自由民权派积极筹备建党的同时，政府也因为一项重大举措而陷入了困境，这项重大举措与明治政府的殖产兴业政策密切相关。

殖产兴业是大久保利通的既定方针，明治十年（1877）以前，殖产兴业已经初步开展起来，在此过程中，纺织业充当了工业发展的先驱。

自纺织业开始开启工业化进程并不是偶然的。首先，在第一次工业革命中，纺织业成为最早一个采用大规模机器生产的行业；其次，生丝在日本出口商品中占 50%；最后，纺织业向来是日本家庭工业中的一个重要行业。

当然，最为重要的是：在地租改革以后，日本农业的特点决定了其工业人口的特点。在英国的圈地运动中，大批农民被驱离土地，拥向城市，成为城市工业产业的雇佣工人。而日本则不同，因地租改革而失去土地的自耕农虽然被夺去土地，但他们却没有因此而离开土地，而是转变为佃农和半佃农，在小块土地上继续耕种。这导致日本的地租改革并没有达到积累劳动力的目的，剩余劳动力的数量一直处于缓慢增长中。而小规模的耕种也不能满足佃农和半佃农的生活需要，于是他们不得不寻求副业，家庭手工业就成为一种非常适合的选择。随着日本开国的逐渐深入，大量进口的棉纱棉布以低廉的价格占据了国内市场，旧式的家庭手工业作

①［日］近代日本思想史研究会著，马采译：《近代日本思想史》，第一卷，第 65 页，商务印书馆 1983 年版。

◇ 日本第一条铁道新桥站——横滨站

坊无论在生产效率、产品质量还是市场价格上都无法与之对抗，因此破产。在这样的情况下，原本从事家庭纺织业的众多农村妇女和儿童就成为新兴纺织业发展的一个潜在雇工群，许多家庭妇女带着她们的女儿来到城市，寻找新的工作。①

日本的殖产兴业是在政府的示范下开始的。新政府着手解散了幕府时期限制商业发展的株仲间同业公会，拆除了国内的关卡税卡，废除专卖制度，为工商业发展奠定了基础。明治三年（1870），政府还特别设立工部省作为奖励工业的指导机构。明治六年（1873），日本参加了维也纳的万国博览会，除了积极展出产品以外，还大量购买新的机械。明治九年（1876），日本又参加了在美国费城举办的万国博览会，并在第二年于东京上野公园举办了第一次国内劝业博览会，表明政府对工业的重视和鼓励。

明治三年（1870），政府聘用法国技师在今群马县的富冈开设了富冈制丝厂，这家示范型工厂在两年后正式投产，并培养了一批制丝女工派往全国各地，接着又在福岛县二本松和枥木县河内郡兴办了民办的机械制丝厂。在棉纺织业方面，明治五年（1872），政府收买了萨摩藩在堺设立的纺织工厂，并于明治十二年（1879）在爱知县和广岛县设立了国营的示范工厂。由于政府的示范，制丝和纺织业在全

① 参见：［加］诺曼·赫伯特著，姚曾廙译：《日本维新史》，第138—147页，吉林出版有限责任公司2008年版。

国发展起来。

当然，这一时期政府最热衷的还是发展军事工业，这是因为明治政府成立初期一直处于军事紧张的状况下。军事工业在幕府时期已经有坚实的基础，明治政府成立后，接收了幕府在东京和大阪的炮兵工厂和长崎、横须贺、横滨、浦贺的造船厂，建立起第一批国营军工企业。政府沿袭幕府的做法，一方面聘请外国技师指导生产，另一方面派出大量留学生出国接受培训，以取代外国技师。与军工产业密切相关的原为幕府直辖的金、银、铜、铁、煤矿也被收归国营，采用新式机械进行开采。

在其他方面，明治五年（1872），政府在深川建设了水泥制造厂，明治八年（1875），设立印刷局抄纸部、纸币寮抄纸局，发展造纸工业。次年又建立起玻璃、啤酒等工业企业。

明治政府对工业的鼓励手段多样：

其间中央政府投资巨万，或兴模范工厂；或购外国标样品以供于工艺家之参考；或听府县及士民所请贷以标样品；或开劝业咨问会，令各地工业家表白其意见；或宣布同业结会准则，图其同业之团结；或定劝业贷资之制以奖励新兴工业；或起纺织工业于爱知、广岛二地，嗣即放贷以资于纺纱工之畅达；或令各府县开联合竞进会，由中央政府派遣审查官审判其出陈诸品之优劣。如此推奖扶掖，无所不到。①

政府如此煞费苦心的经营终于在明治十年（1877）前后初见成效，日本工业从此进入了一个大发展时期。

交通运输和通信事业是工商业发展的重要保证，铁路更是近代文明的重要标志。明治二年（1869），政府根据英国公使巴夏礼的建议，向英国借款修筑铁路。在发展铁路时，政府遇到了重重阻力：沿途的驿站担心失业而诋毁之，政府内部也有人认为铁路无用，或声称为造铁路而借外债是卖国行为。不过主持该事务的大隈重信和伊藤博文顶住了重重压力，明治三年（1870）开始铺设东京到横滨的

①[日]铃木纯一郎：《工业志》，载大隈重信编：《日本开国五十年史》，第1338—1339页，上海社会科学院出版社2007年影印版。

◇ 今天大阪的 JR 列车

铁路，明治五年（1872）这条铁路全线开通，继而明治七年（1874）（大）阪神（户）线、明治十年（1877）京（都）（大）阪线也竣工通车，形成了一条自东向西的铁路干线。在西南战争后，政府发行起业公债500万元，其中大部分资金用于建造铁路，规划的京都至大津、长滨至敦贺两条铁路，分别在明治十三年（1880）和明治十七年（1884）竣工[①]。

海运方面，明治四年（1871），政府整合了原幕府与诸藩的船舶，开设了日本邮便汽船会社。这是一家官办海运企业，但这一企业因内部结构问题在市场竞争中处于劣势，在明治八年（1875）瓦解。另一方面，土佐的岩崎弥太郎在山内容堂的支持下创立了三菱会社，并得到大久保利通的扶植，开通了沿海和通向上海的航线，在征台之役、西南战争中充当了运输队的角色。到明治十三年（1880），在日本所有的59艘32100吨汽船中，三菱会社拥有32艘25600吨，成为海运业的垄断寡头。[②]

邮政通信事业也在这一时期开始起步。政府于明治三年（1870）设立国立邮政；明治六年（1873），与外国通邮；明治十年（1877），加入万国邮政联盟。原本幕府和各藩通传信息的“飞脚”以及各地的运输商行被整合为通运公司，垄断了陆上运输事业。在电信方面，佩里来航时就带来的电报机在明治二年（1869）终于得到了实用，政府向英国购买电报机并铺设电报线路，到明治十年（1877）已经基本形成了一个全国性的电报网络，这使政府在讨伐西南叛乱时拥有了绝对的优势。

---

①［日］井上胜：《铁道志》，载大隈重信编：《日本开国五十年史》，第417—424页，上海社会科学院出版社2007年影印版。

②［日］近藤廉平《海运业》，载大隈重信编：《日本开国五十年史》，第445—446页，上海社会科学院出版社2007年影印版。

从上述情况可以看出，在明治初期的殖产兴业过程中，政府的国营产业占据了压倒性的优势，在许多重要行业中，国营企业甚至居于垄断地位。这的确是一种快速工业化的方式。但其中的深层原因是之前“和政府关系极密切的金融巨子，对于一下手即需如此巨额投资而成败又无明显把握的这种以资本为孤注一掷的情形，颇有踌躇之意”①，他们宁可把钱扔到贸易、金融和信贷等方面。小资本则聚集在农村，地主往往兼营酿酒、制酱等与农业相关的小型产业，或者兼营高利贷，限制了资本向工业流动。所以政府才不得不出面以它所能筹集的资金来推行工业化。

但这一捷径带来的弊端也不少。政府扶植的工业就像温室中的花朵，久而久之缺乏竞争力，其内部的官僚架构也不适应市场发展规律，政府还必须负担其盈亏，明治十年（1877）以后，这种弊端的逐渐加重使政府不堪重负。有些官营工业不但没能补助国库，反而因亏损成为国库的漏卮，所以政府必须改变此种经营方式了。

三、明治十四年政变

明治政府在西南战争以后又陷入财政困难之中，其原因主要有三点：庞大的军费支出、滥发纸币导致的通货膨胀、占财政收入大半的地租税收的减少。到明治十三年（1880），财政的困难状况已经到了很严重的地步，而这一年政府根据伊藤博文的建议再度进行改组，实现了参议和省卿的分离。大隈重信、伊藤博文、寺岛宗则、西乡从道、川村纯义和山田显义为参议，唯黑田清隆、井上馨、山县有朋和大木乔任四人分别以参议身份兼开拓使长官、外务卿、参谋本部长和元老院议长。主持政府财务的大藏卿由肥前出身的佐野常民出任，陆军卿为大山岩，海军卿为榎本武扬，工部卿为山尾庸三，文部卿为河野敏镰，内务卿为松方正义，司法卿为田中不二麻吕（田中不二麿）。在这个政府中，萨摩出身者六人，长州出身者五人，参议中除大隈重信、大木乔任两个肥前出身者外皆为萨、长出身，外务省、内务省、工部省、陆军省等重要部门也皆由萨、长人把持。

在这个政府里，居于核心地位的是大隈重信、伊藤博文、井上馨三人，他们在大久保利通死后成为政府的决策者。其中伊藤和井上皆为长州人，所以在政府内部出现分歧的时候，大隈就必须与长州派达成一定的妥协才能解决问题。以黑

---

①［加］诺曼·赫伯特著，姚曾廙译：《日本维新史》，第96页，吉林出版有限责任公司2008年版。

◇ 大隈重信（1838—1922），明治时期著名政治家，历任大藏卿、外务大臣、首相等职，创立了早稻田大学

田清隆为代表的萨摩派往往和大隈站在一起。

此前担任大藏卿的大隈重信一直致力于财政状况的改善，他主张采取积极的财政措施，维持目前的殖产兴业政策。因此他在明治十三年（1880）5 月提出筹集 5000 万日元外债，收回不可兑换纸币，发行可兑换纸币的建议。不过井上馨和松方正义与之针锋相对，松方正义认为政府的财政摊子铺得太大，应该以削减开支、压缩预算来解决财政问题。早在大隈任大藏卿时，任大藏大辅的松方就与之政见相左，因此在参议与省卿分离时，大隈坚决反对由松方出任大藏卿，伊藤博文不得不让松方转任内务卿而起用大隈推荐的佐野常民。尽管在这次争论中，萨摩人鉴于殖产兴业是大久保的遗愿而站在大隈一方，但长州派对此齐齐反对。无奈之下，大隈重信只好向伊藤博文和井上馨等长州派屈服，实行紧缩政策。明治十三年（1880）11 月，大隈重信和伊藤博文等人联名建议设立农商务省，并制定了关于废止官营和向民间出售官产的通则。政府决定首先向亏损的官营产业开刀，将它抛给民间资本经营，来解决财政问题。

在次年 4 月成立的农商务省成为明治政府紧缩政策的执行机构，政府开始出售官产。同时，北海道开拓使的存废问题也提上了日程。明治四年（1871），黑田清隆以开拓使次官（三年后任开拓使长官）身份主持北海道开拓事务，到明治十四年（1881）已满十年。政府倾向于废除开拓使并出售产业，明治十三年（1880）10 月，萨摩的商人五代友厚在政府支持下成立了关西贸易会社，政府内的萨摩派说服黑田清隆同意废除开拓使，并将产业出售给民间。黑田清隆和五代友厚达成了协议，萨摩派主持将开拓使投资 1400 万日元兴建的产业以 38 万日元的价格卖给民间，分 30 年付款，不计利息。

而几乎在同一时间，政府中又发生了大隈密奏事件，导致了政府的彻底分裂。

大隈重信早在大久保政权时期，就对政府内萨长两派专断的情况有所不满，他认为欲绝藩阀专断之根，就必须开设国会。因此，他是“速开国会”派，而政府中的另两位实权派人物伊藤博文和井上馨却主张缓进，他们和大隈在许多问题上有着分歧。

关于开设国会制定宪法的问题，政府迫于压力一直在讨论。岩仓具视支持从法国留学归来的井上毅所提出的德国宪法适合日本的观点，他命令井上毅大量收集有关德国宪法的材料，并和伊藤博文、井上馨两人达成了采用德国宪法的共识。他们委托福泽谕吉展开宣传工作。明治十四年（1881）2月，大隈重信越过岩仓，向左大臣有栖川宫炽仁亲王提出了一份秘密的意见书，要求大胆采用英国式的君主立宪制，并在两年后设立国会。正是这份据说由福泽谕吉的弟子矢野文雄所起草的激进的意见书在政府内部引起了轩然大波。

大隈重信的意见书在5月被转到岩仓具视手中，岩仓对大隈的越级颇有不满。他叫来了亲信太政官大书记官井上毅，要他好好研究立宪一事。井上毅立刻写出了一份要求以德国宪法为蓝本的意见书。众所周知，英、德两国的君主立宪体系有很大不同，英国以议会内阁制限制君主权力，英王很大程度上是名义上的元首，而德皇则有着很大的权力，采取英式还是德式就可看出政府是激进还是缓进。

◇ 大阪证券取引所（交易所）门前的五代友厚像。五代友厚（1836—1885），萨摩藩士，明治时期著名实业家，他是大阪证券取引所的创立者

伊藤博文和井上馨在井上毅的说服下与岩仓具视达成了一致的意见，他们也觉得大隈重信在不与他们商议的情况下采取秘密上书的方式有失妥当。井上馨与大隈早在财政问题上因政见不同而有隔阂，倒是伊藤博文还经常能和大隈意见一致，不过这一次，大隈重信算是将长州派得罪了。

密奏事件发生后，由于岩仓具视的调解，大隈重信与长州派没有完全撕破脸，伊藤博文甚至还和大隈就发行公债，重新实行积极财政政策的计划达成了共识。在8月1日的内阁会议上，趁主张紧缩财政的井上馨外出疗养之际，大隈和伊藤推动这一计划获得通过。

偏偏这个时候，新闻界不合时宜地将出售北

海道开拓使官产的事情捅了出来。日本的新闻界在当时出现了两极对抗的局面。由原本的《横滨每日新闻》迁至东京后成立的《东京横滨每日新闻》是宣传民主自由的主要阵地，明治五年（1872）由负责邮递事务的前岛密所创立的《邮便报知新闻》虽有政府背景，亦颇为激进。与这两家媒体相对的是《东京日日新闻》，这家媒体一向有“半官报”之名，明治八年（1875）公开标榜为“太政官御用”，所以被称为“御用新闻”①。明治十四年（1881）7 月，《东京·横滨每日新闻》和《邮便报知新闻》揭露了出售官产一事，这个消息传开以后，朝野上下一片哗然。自由民权派趁机攻击政府的藩阀独断作风，黑田清隆被迫表示是否出售取决于天皇的圣断。这下，主张尽早开设国会而被视为民权派的大隈重信把萨摩派也给得罪了，他被认为是勾结民权派借此事抨击政府的主谋。

福泽谕吉也被看作大隈的同盟者，因为他在《民情一新》和《国会论》两篇文章中表明他也主张尽快召开国会，而他的庆应义塾中的学生，很多都是大隈的亲信。

另一个被看作大隈重信的爪牙的是三菱会社，的确，三菱在初创时期得到时任大藏卿的大隈重信的财力支持甚多。政府年年给予三菱巨额补助金，将一些政府的汽船交给三菱运营，并通过政府法令使三菱在与美国太平洋邮船公司的竞争中获得胜利。而北海道官产被出售给关西贸易会社，肯定有损于三菱的商业垄断利益。因此大隈、福泽、三菱成为萨长两派的共同敌人。

在这个藩阀政府中，一旦将萨长两派都得罪了，大隈重信的处境就堪忧了。10 月 11 日，在天皇巡幸归来召开的御前会议上，萨长两派的人联手对大隈重信进行了攻击，大隈一人难敌这样猛烈的“火力”。无论是天皇还是岩仓具视都无法保住大隈，次日，大隈重信遭罢免，被逐出内阁。随之下野的有农商务卿河野敏镰（农商务省成立后出任首任省卿）、驿递总监前岛密，以及矢野文雄、犬养毅、岛田三郎、尾崎行雄、小野梓、牟田口元学、春木义彰和中野武营等一大批与大隈有关系的青年官员。这是自征韩论以来政府的第二次大分裂。

为了应对民权派激烈的攻击，政府决定停止出售开拓使财产。就在大隈下野的同一天，天皇颁布了诏书，决定在明治二十三年（1890）开设国会。

---

①[日]鸟谷部铣太郎：《新闻纸杂志及印行事业》，载大隈重信编：《日本开国五十年史》，第 916 页，上海社会科学院出版社 2007 年影印版。

这份诏书对自由民权派来说是一针强心剂。10 月 18 日，在东京开会的自由民权派决定正式成立自由党，并召开成立大会，日本第一个近代意义上的政党出现了。

四、自由党成立

明治十四年（1881）10 月 18 日，自由党成立大会在东京召开，土佐出身的后藤象二郎和马场辰猪分别担任大会议长和副议长。29 日，会议确定了《自由党盟约》和《自由党规约》，土佐出身者成为领导阶层：板垣退助当选党总理，中岛信行当选副总理，后藤象二郎、马场辰猪、末广重恭、竹内纲当选常议员，林包明、山际七司、内藤鲁一、大石正巳为干事。自由党深受法国大革命思想影响，主张“主权在民”，要求设立一院制议会，政治理念在当时是最为激进的，获得了许多士族、豪农以及自耕农的支持。

在自由党成立半年后，即明治十五年（1882）3 月，下野的大隈重信也提出组党。他与同期下野的人于 4 月在东京组建了立宪改进党。与自由党主张“主权在民”不同，立宪改进党提倡“王室的尊荣”和“人民的幸福”并重，主张设立英国式的两院制议会，君主与人民分享权力，君民共主。立宪改进党的支持者多为城市大商人、知识阶层，三菱会社给予其财政支持。

虽然两党在政治理念上有所不同，但有一点是共同的，那就是都把矛头对准了藩阀政府，深受压力的政府也不得不采取应对措施。明治十五年（1882）3 月，在政府支持下，《东京日日新闻》社长福地源一郎与丸山作乐、水野寅次郎等人组成了一个立宪帝政党。这个政党鼓吹“天皇主权”和“钦定宪法”，得到了国学者、高级官吏、僧侣等保守阶层的支持。

以这三个党的成立为契机，日本政坛上出现了三方角力的局面，持英式、法式和德式宪法理念者各执一词，他们各自以新闻报纸为阵地宣传自己的政治主张。创刊于明治九年（1876）的《大阪日报》在明治十五年（1882）改名为《立宪政党新闻》，紧扣时代流行的脉搏。立宪改进党实力颇为雄厚，前岛密的《邮便报知新闻》为大隈重信收购，成为立宪改进党的机关报，以矢野文雄为社长。自由党在建立之时并没有可控制的报刊，因此板垣退助募集资金于明治十五年（1882）6 月创办了《自由新闻》。板垣亲自出任社长，马场辰猪、中江兆民等一批有名的政论家成为《自由新闻》的写手。为了对抗这些政党报纸，政府除了大力扶植原本的“御用新闻”《东京日日新闻》以外，又让丸山作乐创办了《明治日报》，支持水野寅次郎创办了《东洋新报》，在报纸上大肆宣传德式宪法优越说。政党媒体的兴起在当时日本新闻界掀起了一股评论政治的热潮：

> 此时新闻小说由戏作家所叙述者顿衰废，其以政治为主题者渐代之。如执笔人主政论者往往染笔于小说，寓以政治之说，于是大小诸报纸皆莫不取于政治之趣味。①

在政府与自由民权派的对抗中，只有一个人“卓而不群”，那就是福泽谕吉。他在大隈重信下野以后思想发生了很大的转变。明治十五年（1882）3月1日，一份名为《时事新报》的报刊正式发行，这家报纸的创立者就是福泽谕吉。与那些政党报纸或官方媒体不一样，《时事新报》标榜的是“不偏不党，独立自尊”，“其创刊之旨意谓专记近时之文明，而论其诸事，资于进步之方途，不后于日新之风潮，而报之于世”②。福泽谕吉在此时主张“官民调和”，他认为民权派不该与政府对立，因为他素来主张开设国会是为了集中权力，增加税收，进而富国强兵，这与民权派的实际意愿大有不同。民权派中的地主、豪农是主张设立国会以分享权力、实行减税以维护他们的经济利益的。所以，在政府与民权派尖锐对立以后，原本作为民权派的福泽改走调和路线也就不足为奇了。

政府与民权派的对抗在明治十五年（1882）达到了高潮。首先，原本死气沉沉类似摆设的府县会也开始热闹起来，许多豪农豪商、地方名流开始加入府县会，在地方政府预算问题上和县令、府知事展开对抗。豪农地主们加入反政府的自由民权运动中，其实和他们的经济利益有密切的关系。在地租改革以后，最能引起地主豪农重视的问题就是米价了，因为不论米价涨跌，地租率是不变的，所以米价越高，收入越多。明治十五年（1882），米价涨到了地租改革以来的最高水平，达到明治六年（1873）的2.2倍③。在此后，由于大隈重信下台，松方正义开始推

①［日］鸟谷部铣太郎：《新闻纸杂志及印行事业》，载大隈重信编：《日本开国五十年史》，第916页，上海社会科学院出版社2007年影印版。

②［日］鸟谷部铣太郎：《新闻纸杂志及印行事业》，载大隈重信编：《日本开国五十年史》，第917页，上海社会科学院出版社2007年影印版。

③［加］诺曼·赫伯特著，姚曾廙译：《日本维新史》，第125页，吉林出版集团有限责任公司2008年版。

行紧缩财政政策，整顿纸币，实施通货紧缩，减少纸币发行，导致米价一年一年下跌。松方正义同时还要求地方征收烟草税、酒税并削减开支，这些都侵犯到了那些从事农业生产的同时也从事小生产业的地主豪农的利益。他们在为“征收民费”而设立的府县会上与地方政府对着干，许多府县会否决了政府提出的预算案，甚至对府知事和县令提出不信任案，把政府搞得尴尬不堪。

明治十五年（1882）2月，萨摩人三岛通庸被任命为福岛县令。三岛通庸在担任山形县令期间，就以强行课税推行建设工程而臭名昭著。他到任福岛县令以后，第一件事情就是推行他的“会津三方道路”建设计划，绕过县会强行征集民夫，课以税收，引起了县会自由党人的不满。在县会议长河野广中的领导下，县会与三岛通庸进行了斗争。自由党和农民联合起来，于11月集结了数千人包围警察局进行抗议，最终福岛县逮捕了2000多人，河野广中被判处七年监禁。

在这种情况下，政府决定镇压自由民权运动高涨的势头。明治十五年（1882）6月，政府修改《集会条例》，规定地方长官可以命令演说者一年内不得在本辖区公开谈论政治，加强警察对集会的监督，同时规定政治结社不得设立分社，不得与其他团体进行通信联络，如内务卿认为集会或结社有碍治安，可以加以禁止。次年《新闻纸条例》也进行了修正强化。

明治十五年（1882）4月6日，自由党总理板垣退助在岐阜进行巡回演说，在返回旅馆的途中，一个名叫相原尚褧的小学教员拔刀刺向板垣，当场刺中其左胸部，板垣退助幸而大难不死。在刺杀事件发生后，报刊上登出了一条轰动社会的新闻，说板垣在被刺中时高喊：“板垣虽死，自由不死！”[①] 这一句震惊日本的名言成为自由民权运动的最强音。

五、昙花一现

自由党和立宪改进党在自由民权运动中并未精诚团结，虽然他们在反对藩阀政府方面目的一致，但在政见上的分歧也很明显。无论是《自由新闻》还是《邮便报知新闻》，在把矛头对准政府的同时，也对准了彼此。这使得政府能够利用两党的分歧而各个击破。

---

① 关于“板垣虽死，自由不死！”（板垣死すとも自由は死せず）这句话，一般认为是板垣遇刺时高叫的，但也有其他说法，有人说这句话是板垣的秘书内藤鲁一叫的。这句话的版本也颇多，如“我虽死，自由不死”等等。

政府首先要对付的是大隈重信的立宪改进党，采取的办法就是切断其财源。大隈重信下野以后，不但组建政党，从事政治活动，而且还一手创办了东京专门学校（今天的早稻田大学）。他的财力很大程度上来源于三菱会社的赞助。三菱会社的社长岩崎弥太郎素有“海坊主”①之称，因为三菱是当时日本国内海运业的垄断霸主。为了打击三菱，在井上馨和涩泽荣一的策划下，由政府主持，于明治十五年（1882）7月创办了一个名为共同运输会社的公司，资本为600万元。这家公司拥有当时最大最新的山城丸、近江丸等汽船，政府对这家新的公司进行了保护和扶植，和三菱会社形成了竞争关系。

对于自由党，政府则采取了怀柔政策，这种怀柔是针对自由党上层的。明治十五年（1882）11月，政府通过后藤象二郎说服板垣退助，让他们两人一起去欧洲旅行考察，考察资金由与长州派关系密切的三井财阀承担，被欺骗的板垣退助踏上了去欧洲的道路。政府这一招一箭双雕，一方面让板垣去实地看一下他所憧憬的法兰西，俗话说“距离产生美”，看过真实的法国后，板垣的理想或许就会幻灭，另一方面，让作为自由党领袖的板垣离开日本，也有调虎离山之效。

果然，板垣退助的出游引起了自由党的反对，马场辰猪、末广重恭、大石正巳等人当即提出退党，以示抗议。当板垣出游之资来源于政府的流言散布开来后，更是舆论大哗，立宪改进党控制的媒体对自由党大加鞭挞，认为自由党向政府屈服，与政府结盟。而自由党也抓住三菱公司与大隈重信的关系大做文章，从12月开始，《自由新闻》发表攻击三菱的文章，喊出了“打倒海坊主”的口号。

就这样，政府略施小计就使两党互相攻讦，两党唇枪舌剑之时，竟然“忘其公敌之为藩阀政府”②。这恰恰是政府最希望看到的场面。

事实上，自由党此时已经陷入了资金枯竭的境地，原因就在于松方正义采取的紧缩财政政策。明治十五年（1882），政府发布《日本银行条例》，设立日本银行为央行，回收所有不可兑换纸币，导入银本位制，换发可兑换纸币。同时，增加烟草税、酒税等杂税，控制政府开支，特别是将国营企业逐步低价抛售给民间。在松方正义的整理下，滥发纸币的情况得到了控制，纸币的信用得到了政府担保。

① 日本传说中的海怪。

②［日］浮田和民著，板垣退助、大隈重信阅：《政党史》，载大隈重信编：《日本开国五十年史》，第240页，上海社会科学院出版社2007年影印版。

但松方的财政政策同时也导致通货紧缩，物价大跌，引起了经济萧条，到明治十七年（1884），米价已经接近于地租改革当年的水平。自由党中的许多人都是农民、豪农、地主，米价的下跌和税负的增加对他们的打击是致命性的，他们已经很难拿出多余的资金来资助党的事业了。

◇ 海坊主，又叫海法师，日本传说中海里出没的妖怪，因为三菱是做船运起家，所以岩崎弥太郎被称为“海坊主”

米价暴跌的同时，政府还在板垣出国前后强化了《集会条例》和《新闻纸条例》，加强了对自由民权派的镇压。这一系列高压政策迫使一部分自由党人和农民开始走上暴力反抗的道路。明治十六年（1883）3 月，在新潟县高田发生了自由党人策划暗杀政府官员的事件；明治十七年（1884）6 月，群马县的自由党人和农民组织起来，向当地的警察署、镇台发起了冲击；9 月，自由党人又谋划了趁枥木县厅举行落成典礼时刺杀三岛通庸等政府官员的行动，并制造了炸弹，最终全部主谋在加波山被捕。高田事件、群马事件、加波山事件等一系列暴力事件的发生使自由党上层认为一部分党内激进派已经失去了控制，因此有解散党的必要。

明治十六年（1883）6 月，板垣退助从欧洲回国后提出了解散自由党的动议，这一动议是在经费困难的基础上做出的。但当年 11 月举行的临时党大会却否决了板垣的提议。为了挽留板垣，自由党提出了赋予党总理独断特权的决议。

但板垣退助仍然没有改变初衷，自由党赋予他的独断权力反而使他更容易实现自己的想法。随着暴力事件的不断发生，板垣退助等自由党上层认为解党已经迫在眉睫。明治十七年（1884）10 月 29 日，自由党在大阪召开了解党大会。全国各地的许多自由党人纷纷反对解散党，因发表攻击政府言论而身陷囹圄的自由党骨干星亨甚至从狱中发出了反对解党的电报。不过最终根据板垣退助的提案，大会还是做出了解散党的决定。

自由党宣布解散后两天，10 月 31 日，埼玉县秩父郡的农民在当地的自由党激进派领导下发起了叛乱。在政府增税和米价暴跌的社会背景下，农民中的一部分人和一些流民、地痞、赌徒组成了困民党、借金党，他们与心怀不满的自由党人合为一股势力。11 月 1 日，秩父郡被叛乱军占领，政府急忙调集警察和宪兵，并招来东京镇台的军队进行镇压。11 月 9 日，政府军终于平定叛乱，逮捕处分上万人，其中首谋者田代荣助等七人被判处死刑。

在自由党解散的同时，立宪改进党的活动也进入低潮，大隈重信也萌生了解散党的想法。明治十七年（1884）12 月，立宪改进党的正副总理大隈重信和河野敏镰宣布退党，立宪改进党名存实亡。而在这两个党解散之前，立宪帝政党早在前一年的 9 月就宣告解散。

明治时期出现的三大政党在短短的三年时间里相继消失，自由民权运动暂时随着经济的萧条进入了一个低潮期。自由民权运动中的思想家中江兆民在回忆起稍纵即逝的自由党时说：

试看，富有喜新因素的人，尊重理论，卑视武力，产业有限，军备置后，钻研道德法律，认真研究经济规律，平时以文人、学士自居，极力排斥武夫豪杰之流和叱咤慷慨之态。当然，他们所景仰的是梯也尔、格莱斯顿之流，不是拿破仑、俾斯麦之辈。但是，富有怀旧因素的人，则不然，他们认为自由是放纵不羁的行为；把平等看作是铲除破坏的事业。他们以悲壮慷慨而自喜，一向极不喜欢枯燥、难解的法律学、周密细致的经济学等。

……

其后，自由民权的学说从海外传来，他们则不约而同地向往，到处聚集，树立党旗，以前的武夫一变而俨然成了文明的政治家！啊！那真的是要成为文

◇ 中江兆民（1847—1901），土佐人，明治时期著名思想家

明的政治家吗？！……这类人非常欣赏议会，欣赏它便于大声疾呼，欣赏它便于对抗宰相大臣。他们非常喜欢改革，但并不是喜欢弃旧图新，只是专门喜欢改革，不论善恶都喜欢一起加以改革。喜欢破坏，因为它表现出一种武勇，不喜欢建设，因为它有类似于怯懦的地方。尤其不喜欢保守，因为它有最类似于怯懦的地方。①

这就是自由党昙花一现的原因。在自由党中，上到领导层，下到普通成员，有诸多人并不单纯是为了自由民权的信念。他们提倡自由民权，很大程度上是为了自己的利益，或者是看中了自由民权这面旗帜能对抗政府而已。上层中的板垣退助等人多为政府之中的失意派，只要政府一拉拢，他们就可以与之进行妥协交易。就像日本学者升味准之辅所分析的那样，“无论是板垣、后藤，还是大隈，自维新以来，都曾长期同萨长领导人一起在政府担任要职，其间虽有争执和隔阂，但随情况的变化而进行妥协交易并非难事”②。下层的党员拥护他们，却由于地位、身份、利益的不同而各怀心思，一旦发现自由党的大旗不能满足他们的需要时，他们就会采取包括暴力手段在内的行动来达到他们的目的。这时，上层与下层之间的分裂就不可避免了，政府可以利用这种状况来轻松打败他们。自由党转瞬即逝，就是因为信念不坚定，一个没有统一坚定信念的政治团体是无法长时间存在的。

第三节 韩事再起

一、壬午之乱

19 世纪末的朝鲜深陷于民族危机之中，日本胁迫朝鲜签订的《江华条约》客观上使朝鲜的大门向世界打开，但也使其政治经济体系遭到了严重的冲击。以《江华条约》为由，大院君代表的保守派对闵妃集团展开了激烈的抨击。

和中国及日本一样，在当时的朝鲜，攘夷还是开国是一个两难的选择。诚然，大院君的攘夷之说有其爱国的一面，但并不意味着必须如他所主张的完全排外。闵妃集团为开国派，但被许多学者认为是对外软弱，出卖国家利益的集团。在这

①[日]中江兆民著，滕颖译：《三醉人经纶问答》，第 40—41 页，商务印书馆 1990 年版。
②[日]升味准之辅著，董果良译：《日本政治史》（二），第 175 页，商务印书馆 1997 年版。

种两难境地下，朝鲜应该如何取舍？当时的一位中国学者黄遵宪倒是给出了一个答案。

黄遵宪（1848—1905），字公度，近代著名思想家，他少读四书五经，亦游历香港，对日本和中国以及世界大局有深刻了解。1880 年，他在任驻日公使馆参赞期间，与从朝鲜来日的修信使金宏集做了数次长谈。金宏集是朝鲜开化派人士，黄遵宪与之交谈数次后，以个人私撰而非公文的方式写下了一篇《朝鲜策略》，交由金宏集带回朝鲜。在这篇文章里，黄遵宪建议朝鲜“亲中国，结日本，联美国”。因为中国与朝鲜历来保持着特殊关系，所以朝鲜有外患，中国一定会全力救助；日本是朝鲜周边除中国外与其关系最密切之国，可以与之联合对抗沙俄；美国则是黄遵宪认为的“礼义之国”，“常能扶助弱小，维持公义”。

从今天的视角看，黄遵宪的三策似乎略显天真，尤其是“结日本”和“联美国”二策更显得幼稚。不过，当时中国西北边防正遭到沙俄的觊觎，这一策略恰恰与李鸿章等清政府当权派联合列强抗俄的主张暗合。最值得一提的是，黄遵宪在其后提出了极具见识的观点，他认为闭关锁国盲目排外是没有出路的：

……而即奏请陪臣常驻北京，又遣使居东京，或遣使往华盛顿，以通信息；而即奏请推广凤凰厅贸易，令华商乘船来釜山、元山津、仁川港各口通商，以防日本商人之垄断，又令国民来长崎、横滨，以习懋迁。而即奏请海陆诸军袭用中国龙旗为全国徽帜，又遣学生往京师同文馆习西语，往直隶淮军习兵，往上海制造局学造器，往福州船政局习造船。凡日本之船厂、炮局、军营，皆可往学；凡西人之天文、算法、化学、矿学、地学，皆可往学。或以釜山等处开学校，延西人教习，以广武备。诚如是，而朝鲜自强之基基于此矣。①

黄遵宪的强国建议确实富有见地，但这篇《朝鲜策略》却遭到了朝鲜保守势力的激烈反对。1881 年，众多的朝鲜儒生上书表示黄遵宪是为日本张目，所谓的学习西学的建议更是无稽之谈，认为朝鲜自古以儒学治国，何必学那些“奇技淫巧”。这些说法恰恰与中国洋务运动中的保守派如出一辙。以大院君为首的保守派打着

①〔清〕黄遵宪：《朝鲜策略》，载陈铮编：《黄遵宪全集》（上），第 255—256 页，中华书局 2005 年版。

"卫正斥邪"的旗号，发起万人上书，反对开国，甚至策划拥立其庶长子李载先为国王，取代高宗。但朝鲜官方以强制手段镇压了儒生的上书，并处死李载先，使大院君的政变计划流产。在此后，朝鲜走出了改革的第一步，派出一批使节访问日本，考察日本的政治经济，试图仿效日本建立近代国家，又派遣人员前往中国学习西方军事和制造业。

1882年，朝鲜与美国签订了《朝美修好条约》，这个不平等条约使朝鲜的大门进一步打开，继而英国、法国等西方列强纷至沓来。在国内，闵妃集团的腐败也引起了许多人的不满，高宗与闵妃每日在景福宫中"曲宴淫戏"，以至于"灯烛如昼，连曙不休"，而国库早已枯竭。由于内忧外患交加，民众生活十分困苦，因而在这一时期，民间起义也此起彼伏。

日本驻朝公使花房义质建议朝鲜引进西方军事技术建立新军。朝鲜官方接受了他的意见。1881年，朝鲜借助日本的武器装备和技术建立了别技军，以日本军官堀本礼造为教官，加入别技军的都是特权子弟，他们待遇优渥，成为军队中的一群异类。

与之形成鲜明对比的是，旧军队不但薪水微薄，而且欠饷严重。1882年（农历壬午）7月，驻守首都汉城的武卫、壮御两营已经连续13个月粒米未发。这些军人多为农民出身，禄米是他们的衣食来源，长期欠饷使其陷入极度困难的境地。在得知别技军的优厚待遇后，这些人的不平衡感更为强烈。此时，汉城的宣惠厅觉察到了军人的怨愤情绪，决定发米。7月19日（农历六月初五），满怀期待的军人拿到了他们13个月来的第一批粮饷，却发现其中掺杂着许多沙石，还有些米甚至已发霉变质。在他们与官方理论时，汉城捕盗厅却要将为首的四名军人判处死刑。消息一出，7月23日（农历六月初九），愤怒的军人们抄起武器，烧毁了权臣闵谦镐的宅第，并向大院君求助。大院君趁机煽风点火，挑唆他们发起政变。是日，军人集中起来袭击了汉城的捕盗厅，

◇ 黄遵宪

释放囚犯，开仓放粮，又攻占了别技军的总部——下都监，处决了日本教官堀本礼造，继而开始袭击日本公使馆。花房义质趁夜放火烧掉公使馆逃跑。次日，暴动的军人冲进昌德宫，杀死了权臣闵谦镐和李最应，闵妃事先装成宫女溜出了宫。

“壬午之乱”发生后，高宗不得不请大院君入宫收拾残局。大院君借机卷土重来，他派人安抚了暴动的军人，在闵妃下落不明的情况下，宣布其死于乱军之中，以此使军心暂时得以平定，军人们开始放下武器，撤出宫中。大院君再一次掌握了朝鲜的政权。

逃出汉城的花房义质在仁川搭乘英国船只返回日本，向政府报告了整个事情的经过。这起事件在日本引起了争论，萨摩的黑田清隆主张立刻出兵，而主持陆军的山县有朋深知一旦对朝开战就意味着将会爆发中日战争。他认为日本此时还没有足够的实力挑战中国，因此主张对朝谈判，在谈判僵持不下时，再派遣军队占领朝鲜的战略要地。外务卿井上馨则更为慎重，他建议以谈判为主，辅以军事威胁。内阁会议最终认可了井上的提案，仍以花房义质为使节，带领步兵一个大队、海军陆战队 150 人与四艘军舰开赴朝鲜。临行前井上馨面授机宜，要求花房向朝鲜提出道歉、赔款、惩凶和割让巨济、郁陵两岛的要求。井上馨同时表示，如果朝鲜不接受，可以占领仁川。

中国方面的行动则比日本慢了一拍，7 月 31 日，驻日公使黎庶昌将朝鲜兵变以及日本即将干涉的消息电告直隶总督兼北洋大臣衙门。同时，潜伏在朝鲜忠州的闵妃和在天津的金允植等人也要求中国政府尽快出兵，一方面阻止日本，另一方面除去大院君。当时署理直隶总督兼北洋大臣的张树声得报后，立刻决定派北洋水师提督丁汝昌协同通晓国际法的马建忠率威远、超勇、扬威三艘军舰赴朝鲜，在仁川登陆。8 月 20 日，又派水师提督吴长庆率约 4500 人抵达南阳湾登陆。

◇ 花房义质（1842—1917），冈山藩士，明治时期的外交官

但张树声其实对朝鲜事务一窍不通，他接受了马建忠等人的建议：抢先控制住大院

君，防止日本干涉朝鲜事务。于是清兵于 8 月 26 日诱捕了大院君并将其送到天津软禁，同时逮捕了大院君派的李载冕等人。大院君政权垮台，闵妃集团再次掌权。

日本方面，山县有朋认为谈判难以达到目的，所以在 8 月 2 日和 3 日发布了动员令，将东京和熊本两镇台的军队聚集到福冈进行作战准备。比中国军队早一步到达的花房义质于 8 月 20 日进汉城向朝鲜国王直接提出了日方的要求，遭到大院君的拒绝。在中国拘捕大院君后，朝鲜高宗派出李裕元和金宏集为正副代表，于 8 月 28 日在济物浦停泊的日舰“比叡”号上与日方展开谈判。慑于日本的军事威胁，朝鲜代表最终在 30 日全盘接受了日本的要求，签订了《济物浦条约》。该条约规定：

> 朝鲜方面限期 20 天惩办凶手，厚葬被害的日本人员，并向日本方面道歉；向日方死伤者赔款 5 万日元作为抚恤金，并赔偿日本政府损失 50 万日元；同意日本在公使馆驻兵。

《济物浦条约》对于中、日、朝三国来说，都具有转折性的意义。日本通过这一条约获得了在朝鲜的驻兵权，这使得日本的军队在丰臣秀吉侵朝 300 年后又一次踏上了亚洲大陆，标志着日本近代“大陆政策”迈出了第一步。对于中国来说，日本的手伸入朝鲜，无疑成为一个近在咫尺的威胁，这使中日之间的不信任感增加了。而朝鲜则因为这一条约进一步滑向了沦为日本殖民地的深渊。

二、甲申之变

日本趁壬午之乱获得了在朝鲜的驻军权，但其对朝鲜的政治影响力却大大减退。这一次政变使清朝政府意识到了朝鲜问题的重要性，由于清政府囚禁大院君，帮助闵妃集团清除了政敌，所以闵妃集团开始转向亲中。中国方面，李鸿章正加速建设北洋海军，同时派出吴长庆率领的 3000 人军队，保持在朝鲜的军事实力以压制日本驻军。清政府还派出教官并赠送武器以帮助朝鲜建设别技军。1882 年 10 月，马建忠代表清政府与朝鲜签订了《中朝商民水陆贸易章程》，章程中明确规定了朝鲜与中国的宗藩关系。显然，壬午之乱后，清朝对朝鲜的政治影响大大加强了。

壬午之乱在日本也引起了非常大的反响。自由民权运动中的部分主要人物就是当年持征韩论的下野者。在朝鲜发生兵变后，日本的民间舆论也开始从民权论急剧转向国权论。日本右翼民权组织玄洋社的平冈浩太郎、箱田六辅等人在兵变发生后组织了义勇军，化装成商人百姓搭乘从博多开往大阪的船只，途中试图劫船前往朝鲜，在对马被政府解散。而自由党也把对外问题和开设国会的要求联系在一起，建议政府立刻开设国会，从而“张国权于海外，耀国威于异邦”，对于政府官员，他们一改以往的抨击态度，称赞其为“王室栋梁、国家柱石”。[①] 政府则在壬午之乱后，大肆渲染中国“威胁”论，要求增税和扩充军队，尤其是提出要打造一支强大的海军与北洋海军相抗衡。自此，日本开始进行长达十年的扩军备战。

而朝鲜在壬午之乱后，仍然维持着两派争夺的局面。朝鲜的开化派开始分裂，一派以金允植、金宏集等为代表，他们在壬午之乱中主动请求中国出兵，主张以洋务运动为榜样，实现渐进开化。另一派以金玉均、朴泳孝等人为代表，他们主张以明治维新为榜样，实现激进开化。就这样，亲中的闵妃集团以及主张依托中国洋务派实现开化的温和派组成事大党，而以金玉均为代表的激进开化派则因为兵变而转向反清亲日，组成了独立党。

金玉均（1851—1894），字伯温，号古愚。他早年应科举，后接受维新开国思想，成为自主开化派。1881 年 12 月，他首次访问日本，结识了福泽谕吉、大隈重信等人，也与井上馨、伊藤博文等官员进行了广泛的交流。在《济物浦条约》订立后，朝鲜政府继续推行黄遵宪建议的“亲中国，结日本，联美国”的战略构想，派人向清政府“谢恩”的同时，也派出金玉均和朴泳孝访日，履行《济物浦条约》的义务。

金玉均抵达日本后，与福泽谕吉等人再次进行了广泛的交流。日本政府对金玉均的来访也十分重视，给予了很高规格的待遇，同意将赔款期限由五年延长到十年，并由政府出面，向横滨正金银行贷款 17 万元帮助朝鲜开化。

福泽谕吉是卷入朝鲜事务最深的一个人，在壬午之乱发生后，他就开始在他主持的《时事新报》上鼓吹征朝，称朝鲜为“文明的敌人”，要打倒“文明的敌人”，就要令其开放市场，把日本的资本和人才输出到朝鲜[②]。明治十六年（1883），

①［日］信夫清三郎编，天津社会科学院日本问题研究所译：《日本外交史》，第 198 页，商务印书馆 1980 年版。

②［日］鹿野政直著，卞崇道译：《福泽谕吉传》，第 147—148 页，三联书店 1987 年版。

为了援助在朝鲜政治失意的金玉均和朴泳孝，他把自己的学生井上角五郎和牛场卓藏派往朝鲜。在这两个人的帮助下，金玉均和朴泳孝于1883年10月创办了《汉城旬报》，宣传开化思想。对于这份报纸，福泽谕吉还提出了重要意见。当时朝鲜的上层社会以使用汉文为有文化的象征，而下层民众一般使用朝鲜拼音文字。福泽谕吉便鼓励《汉城旬报》使用朝鲜拼音文字印刷，方便下层民众阅读，这个意见在后来《汉城旬报》改版为《汉城周报》时被采用。

1883年，中法战争迫在眉睫，这场战争是由法国入侵安南（今越南）而引发的。清朝与安南原本也是宗藩关系，但法国表示支持安南的独立，实际上是希望将安南变为殖民地。安南问题与朝鲜问题有许多类似之处，法国与日本在这两个问题上的处境也很相似。因此，日本自由党的板垣退助和后藤象二郎从法国回日后，开始鼓吹“联法抗清”，要求日本政府支持朝鲜的独立党发动政变。而在政府内部，井上馨表示应该对清妥协，山县有朋虽然态度强硬，但也认为军队尚不具备对抗中国的实力，只有伊藤博文认为“联法抗清”不失为一个万全之策。1884年，随着法国舰队在中国福建取得节节胜利，日本国内更坚定了“联法抗清”的决心。自由党派出部分人在上海设立了东洋学馆，后藤象二郎对此事最为积极，他还叫嚣要占领朝鲜，并访问了法国驻日公使，要求贷款100万日元。

前面已经提过，所谓征韩问题，其实也是日本的一个内政问题。究竟谁去征韩，关系到日本国内的政治主动权由谁掌握。自由党人显然希望借征韩增加他们的政治资本，这是他们的一贯策略。听说自由党人在为朝鲜问题活动后，政府自然不能坐视不理。他们抢在自由党前面，通过井上角五郎与金玉均等独立党人取得了联系。在国内休假的驻朝公使竹添进一郎紧急返回了汉城。1884年（农历甲申年）11月12日，竹添进一郎在与金玉均等人接触后，向伊藤博文献上了甲、乙两策，甲策建议煽动朝鲜亲日派发动内乱，乙策则相对保守，建议保护朝鲜的亲日派，就竹添本人来说，他比较赞

◇ 金玉均

同甲策。

朝鲜独立党人其时已经和日本走得很近，所以福泽谕吉在这场政变中扮演了策划者的角色。在明治十四年政变以后，福泽谕吉的思想日益和政府一致，他宣扬官民调和论，实际上就是主张政府和民权派互相妥协，增税以富国强兵，集体对外。在这一次政变中，福泽“不仅仅停留在书面指导上，而且亲自挑选人员进行培训，还嘱咐准备用具及其他一切所需之物”，福泽如此热心，就是为了使朝鲜成为日本的“屏障”。①

一切准备就绪，但就在竹添进一郎的甲、乙两策到达国内时，驻华公使榎本武扬同时发来一条重要信息：法国很可能会要求清政府割让台湾。对台湾觊觎已久的日本听说这个消息以后心急如焚，认为一旦台湾被割让，琉球就有危险，这将使日本失去南进的通道。② 所以日本政府的注意力转移到了台湾方面，对朝鲜问题，日本政府主张尽量不去刺激中国，因此建议使用乙策。

但日本政府的训令尚未到达，朝鲜独立党已经迫不及待地行动起来了。12 月 4 日，日本公使馆和金玉均等人趁汉城举行邮政局落成仪式之际，策划进入皇宫放火，劫杀典礼现场的朝鲜要员。入宫放火虽未成功，但金玉均当机立断，在邮政局侧的草房放火，成功引起混乱，劫持了国王高宗。次日凌晨，政变成功的独立党迫使高宗颁布新政府名单，同时发布政令，宣布断绝与清朝的朝贡关系，要求大院君回国，另外还提出了废除封建门阀制度，任人唯贤，改革地租，废除特权商人等政令。

政变发生以后，朝鲜右议政沈舜泽按闵妃的指令，要求清军援助。中国近代史上的枭雄人物袁世凯因此得以崭露头角。12 月 6 日，袁世凯指挥清军入宫，竹添公使带领的不过 200 人的日本军很快被击败，逃出皇宫，独立党人金玉均等也流亡日本。这些权贵出身的人幼稚地认为利用日本的势力便能实现朝鲜的开化，但此举措不仅得不到国内民众的支持，而且他们也没有对日本、朝鲜和中国三国的政治情况进行过认真的分析，仅凭着一腔热血就希望达到目标，尽管精神可嘉，但行动和途径并不足取。

甲申政变失败的消息传回日本后，日本国内立刻展开了对清宣战的讨论，自

①[日]鹿野政直著，卞崇道译：《福泽谕吉传》，第 149 页，三联书店 1987 年版。

②[日]信夫清三郎编，天津社会科学院日本问题研究所译：《日本外交史》，第 202 页，商务印书馆 1980 年版。

由党虽已解散，但《自由新闻》仍发表文章，叫嚣要和中国一战。福泽谕吉也对政变失败十分失望，要求政府诉诸武力，一举解决朝鲜问题。在一片喧闹中，日本政府反而冷静地认为应该采取慎重的态度，因为此时对华宣战，无疑会使法国顺利占领台湾，且日本政府认为自己还没有做好对华作战的军事准备。外务卿井上馨亲自赶赴汉城处理善后事宜，他率领陆军两个大队和七艘军舰风风火火地到达朝鲜，再次拿出了“炮舰外交”的法宝。1885 年 1 月，井上馨与朝鲜和谈，并签订《汉城条约》，规定朝鲜对日道歉，赔偿抚恤金，为日本使馆修建护卫兵营。4 月，伊藤博文为解决朝鲜问题亲自到天津与李鸿章谈判，双方签订了《天津条约》，条约规定中日同时从朝鲜撤军，今后均不向朝鲜派遣军事教官。该条约还规定：一旦朝鲜发生变乱，中日双方出兵应先互相“行文知照”。这意味着清朝政府承认了日本有出兵朝鲜的权力，凭借这个条约，日本扭转了壬午之乱后在朝鲜的劣势，获得了与中国同等的地位。

◇ 袁世凯

三、余波未尽

甲申之变虽然失败，但从其结局来看，日本其实是大占便宜的。不过日本国内并不这样看，他们认为政府在政变以后的表现太过软弱，所以仍然在叫嚣对清朝宣战。民间到处都是对政府的非议和抨击的声音，也出现了不少组织义勇军的过激行为。

在朝鲜方面，无论是高宗还是闵妃，都觉得中日双方一旦起冲突，必然会殃及朝鲜，为求自保，他们天真地希望借助俄国的力量。1885 年 2 月，朝鲜派徐相雨为全权大臣赴日，在副使德国人穆麟德（P. G. von Möllendorff，1847—1901）的协助下，与俄国搭上了线，草签了一份《朝俄秘密协定》。这份协定要求俄国在中日开战后协助朝鲜保持独立，朝鲜可以聘请俄国军事教官。在该协定尚未生效时，俄国在阿富汗与英国又发生了利益冲突，英国驻远东的舰队为防止俄国势力南下，抢占了朝鲜的巨文岛。此举立刻引起了周边中、日、俄三国的注意。

对这一事件反应最为激烈的就是日本，日本外务卿井上馨对俄国向朝鲜伸手怀有深刻的戒心，因此，他决定联合清政府共同防俄。明治十八年（1885）7月2日，井上馨通过日本驻华公使榎本武扬向李鸿章面递了《朝鲜办法八条》，建议中国改变不干预属国国政的方针，挑选朝鲜大臣中的“最为忠荩者，托以国政”，但强调中日要加强沟通与协调，共同对朝鲜的内政、外交、国防等诸方面进行干预。同时提议放回大院君，以牵制闵妃联俄。[①] 这自然是日本在实力不足的情况下，为抑制俄国在朝鲜势力坐大而想出的权宜之计。

接到《朝鲜办法八条》的李鸿章原则上同意了井上馨的要求，他派两名美国顾问取代了穆麟德，并于1885年10月下令护送大院君回国。同时，他还派出了手下最为精明强干的袁世凯出任驻扎朝鲜总理交涉通商事宜全权代表，在甲申之变中表现出色的袁世凯一跃成为掌管朝鲜的炙手可热的无冕之王。趁着日本方面“妥协”，清朝政府又一次强化了与朝鲜的宗藩关系。

此时日本的一部分自由党人还在积极组织征韩，这些人以大井宪太郎为核心展开行动。大井是自由党中的激进派，他对以开设国会为目的的请愿运动抱以悲观态度，认为要实现自由民权，只能积蓄力量推翻政府，依靠自己去实现开设国会的主张。所以他得到了自由党下层的青年党员的支持，却不为上层所喜。以大井宪太郎为中心，小林樟雄、新井章吾、矶山清兵卫等旧自由党人于明治十八年（1885）谋划招募壮士渡韩“援助朝鲜改革”，为了筹集资金，他们不惜在国内犯下抢劫的罪行，并暗中制造炸弹，隐藏枪支弹药。最终政府逮捕了130多人，结束了这场“大阪事件”。

大井宪太郎在这一时期显然是希望“外国革命反过来刺激日本人民的革命情绪”。[②] 后来他在出狱后于明治二十五年（1892）与中江兆民等人重组了东洋自由党，开始出现关注劳工阶层的倾向，但又带有侵略主义的国权思想，甚至和右翼的大日本协会合作，鼓吹“以日本为盟主的亚洲民族解放”。可以说，大井宪太郎是那个时代自由民权思想家的一个典型代表。自由民权运动从一开始就与所谓的“大陆问题”“亚洲民族问题”结合起来，在遭遇挫折后这一倾向更为明显。每当国

① 曹中屏：《朝鲜近代史》，第129页，东方出版社1993年版。

②［日］近代日本思想史研究会著，马采译：《近代日本思想史》，第一卷，第102页，商务印书馆1983年版。

内革命迟迟打不开局面的时候，许多思想家就把希望寄托在外交上，试图由外而内实现变革。当时日本的许多自由民权思想家均纷纷转变为国权论者，这绝对不是一种偶然的现象。

明治十八年（1885）3月，《时事新报》上出现了一篇著名的文章《脱亚论》，文章作者把朝鲜和中国称为“恶友”。他说了一句很著名的话：“文明犹如麻疹流行”，所以应该尽力推广，使日本人民“沐浴其风气”。他认为日本一切事情皆应参照西洋文明，建成亚洲新的中心，而中国和朝鲜不思改革，不数年必然亡国。有这样的“邻居”，是日本的“大不幸”，他们的存在会让西洋人觉得日本也和他们一样实行专制主义。所以，日本应该“谢绝恶友”，与西洋人共同“行动”。他喊出了“脱亚入欧”的口号，赤裸裸地主张加入西方列强侵略殖民的行列中。《脱亚论》据说出自福泽谕吉之手，但是今天许多研究者认为这篇文章并非福泽谕吉的手笔。

中江兆民是当时的一位典型人物，他出身于土佐下层武士家庭，曾经接触兰学。明治四年（1871）被公派法国留学，在那里接受了启蒙思想，归国以后就加入到了自由民权运动中，他在《自由新闻》上发表过多篇文章，又因翻译卢梭的《社会契约论》（当时译名为《民约译解》）而声名鹊起。明治二十年（1887），因自由民权运动遭受挫折而失望的中江兆民写了著名的《三醉人经纶问答》，他在书中化身为“醺然欲醉，不知世界上有忧苦之事”的南海先生，与虚构的洋学绅士和豪杰客交谈。其实，这三个人物正是当时三种思想的代表。洋学绅士的主张是：

◇ 大井宪太郎（1843—1922），明治大正时期政治家、社会活动家

> 民主、平等制度是所有制度中最完善的制度，世界各国早晚一定都要采用这个制度。而弱小国家对于富国强兵之策，历来就是不可望也不可即的。因此，迅速采用这一完善制度，然后撤除水陆

军备，放弃不足各强国万分之一的武力，用无形的道义，大力振兴学术，使本国成为像精雕细凿的美术作品，为的是让各列强敬爱而不忍心侵犯。

豪杰客认为：

欧洲各国正在搞军备竞赛，一旦破裂，其祸害即将延及亚洲。所以，弱小国家此时要当机立断，动员全国壮丁，轻装荷枪，征伐另一大国，借以开拓新的地大物博的版图。即使还未能做出如此决断，若想整顿国内政治，也必须把妨碍改革事业的怀旧因素除掉，采取对外征伐的政策，是不可避免的。①

可以看出来，洋学绅士大致代表着自由民权思想，认为应该尽快实现西方式的民主政治，证明日本为“文明国家”。南海先生称之为“激进”。而豪杰客代表的是国权思想，认为应该整顿军备，对外侵略，一可扩大国权，二可转移国内矛盾。南海先生称之为“倒退”。那么南海先生主张什么呢？他认为不论是洋学绅士还是豪杰客，他们的主张都建立在一个假设基础之上：“西方人快要来犯了。”他觉得这些人过虑了，应该徐图变革：

只有建立君主立宪制度，上则伸张皇上的尊严和荣光，下则增加万民的福利。设置上下两议院，上院议员由贵族充任之，使之世代相承；下院议员用选举办法产生。如此而已。……至于外交的方针，努力以和好为主，只要不伤害国家威信，决不要耀武扬威，言论、出版等各种条款，逐渐放宽，教育、工商业，逐渐加以发展等等。②

这三个人中真正代表中江兆民本人思想的恐怕并不是南海先生一个人，如果他真的如南海先生那样主张，在后来明治政府颁布钦定宪法的时候，又怎么会大骂无聊而退出国会？南海先生也不用终日买醉，过着孤立绝望的生活了。应该说，这三个人都有作者的影子。不仅是中江兆民，那个时代的许多思想家都在这些复

①［日］中江兆民著，滕颖译：《三醉人经纶问答》，第48页，商务印书馆1990年版。
②［日］中江兆民著，滕颖译：《三醉人经纶问答》，第57—58页，商务印书馆1990年版。

杂矛盾的思想中徘徊寻找。这三个“醉人”可以说分别代表了三条出路，而这三条出路又是互相融合的。这是明治转型时代思想界的特点。这一时期日本的历史，就是在这三种思想的互相冲击下前进的。

第四节 明治宪法

一、政商财阀

松方正义主持实行的财政紧缩政策中，最引人注目的一项就是出售官营企业。这一举措是日本近代经济史上的一大转折：政府从企业经营中脱身出来，转向扶植政商，政商则通过政府的扶植，逐渐转化为财阀。

从明治十四年（1881）开始，政府逐步地将官办企业出售给民间，虽然其表示这么做是因为官办企业经营规模已经完备，可以将之渐次改为民营，但实际上政府是希望甩掉一个无利可图的包袱，抽出财力物力去经营军事性和战略性工业。

因此首先被出售的就是一批非军工企业，广岛和爱知两县的棉纺织厂被分别出售给了广岛县（1882）和筱田直方（1886），群马的新町纺织厂被出售给了三井财阀（1887），富冈制丝厂随后也被出售给三井财阀（1893），深川水泥制造厂被卖给了浅野总一郎（1884）。而且转让的价格往往比政府兴办这些企业时的耗资少很多，如下表所示[①]：

官营企业出让价格与政府开办费用对比表

公司名称	出让价格	政府支出（开办费用）
古河水泥公司	250000 日元	468000 日元
院内金矿	75000 日元	195000 日元
小坂铁矿	200000 日元	547000 日元
品川玻璃厂	80000 日元	189000 日元

举例来说，政府在兴办品川玻璃厂时支出 189000 日元，而转让时仅收回 8 万日元，为支出的一半还不到，这确实是一个不可思议的低廉价格。之后，政府又

①[加]诺曼·赫伯特著，姚曾廙译：《日本维新史》，第 114 页，吉林出版集团有限责任公司 2008 年版。

◇ 明治时代的三菱长崎造船所

将铁路、造船、矿业等军工相关产业逐步放开，长崎造船厂、生野银矿、佐渡金矿被出售给了三菱，三池煤矿被出售给了三井，院内金矿等被出售给了古河财阀。在这一系列交易中，三菱、三井等享有特权的金融家、企业主无疑成为最大受益者。在此后，他们的经济实力又得到了进一步的增长。

财阀，又叫“康采恩”（Konzern），是通过母公司对下属企业进行持股支配而实现垄断的一种企业形态。在当时的日本，财阀成为垄断企业的典型表现形态，这是和政府出售工业密切相关的。在日本实现早期工业化的过程中，政府充当了投资者的角色，投资于那些金融家认为资金需求大、风险高的近代工业。在经营到初见成效以后，政府就把它们以低廉的价格转让给当时享有特权的政商。这些政商原本只是政府的财政支持者，通过购买企业增强了实力，一手控制银行，一手垄断工商业，并继续兼并其他企业，最终成为大财阀。最典型的代表就是三菱、三井和住友这三大财阀家族。

三菱是靠经营航运业起家的，其建立伊始就和官方有着密切的联系，三菱会社的标志就是土佐藩山内家的家徽“三叶柏”与创建者岩崎家族的家徽“三阶菱”的组合。最早，岩崎弥太郎依靠土佐藩的支持以三艘轮船起家。到征台之役时，政府从外国采购了 13 艘轮船，交给三菱运营，使三菱一跃而成为海运垄断企业。

明治十四年（1881）以后，由于三菱支持的大隈重信下台，政府又采取措施，与三井财阀合作成立了共同运输会社，与三菱进行竞争。但这种竞争状态并没有持续多久，明治十八年（1885），由政府做中介，共同运输会社与三菱汽船会社合并为日本邮船会社，定资本为1100万日元，政府每年给予补贴。到明治二十年（1887），政府规定每年给予这家企业88万元补贴。开设之初，日本邮船会社就有51艘船，总吨位39000多吨。①事实上，三菱拥有这家公司的大部分股权，因此最终成为控股支配者。岩崎弥太郎还收购了政府出售的矿产等，并租借了长崎造船厂。

◇ 涩泽荣一（1840–1931），号称“日本资本主义之父”

明治十八年（1885）2月岩崎弥太郎去世，他的兄弟岩崎弥之助继承了企业，三菱继续“由海上陆”，并改名为三菱社。这一年，三菱买下了第百十九国立银行，也就是后来三菱银行的前身。两年后，三菱又买下了长崎造船所。到20世纪初，三菱建立起了一个以三菱银行为核心，以海运、造船、矿业等为主要产业的财阀帝国。

三井比三菱的历史更为悠久，可以追溯到江户时代初期伊势商人三井高利所创办的吴服店“越后屋”。在江户时代，三井就是德川幕府的御用商人，明治政府成立以后，由于财政困难，曾发行御用金（公债），当时三井率先认购，并为新政府太政官札的发行和货币改革立下了汗马功劳，也因此实力大增。在政府的支持下，日本第一家私人银行——三井银行成立，三井财阀的核心形成。

明治九年（1876）成立的三井物产是由井上馨因尾去泽铜矿事件下野后成立的先收会社改组而成。井上馨与三井有着千丝万缕的联系，所以这家商业贸易会社成为三井财阀的主要产业。接下来，三井收购了政府的三池煤矿、新町纺织所、富冈制丝厂等企业，经营范围涉及商贸、煤矿、纺织等各种产业，成为三菱最有力的竞争对手。

住友财阀则号称自己有400年历史。在安土桃山时代，住友家引进了铜的冶

①［日］近藤廉平：《海运业》，载大隈重信编：《日本开国五十年史》，第447页，上海社会科学院出版社2007年影印版。

炼法，在京都设立“铜吹所”，是为住友财阀的起源。江户时代，住友家成为幕府御用的铜山师。到了明治时代，住友以靠制铜业发展起来的金属化学工业为产业核心，资本逐渐扩展到机械工业、造船工业、矿产业等各个相关行业，成为日本近代制造业的龙头。

在政商财阀中，涩泽荣一是一位不可不提及的人物，历来这位传奇式的政商收到的褒扬颇多，被认为是日本近代资本主义之父。他出身于幕臣，后加入大藏省参与明治政府经济政策的制定。他一生创办企业数百家，明治六年（1873）创办的第一国立银行成为涩泽财阀的核心，进而创办了东京瓦斯、东京海上火灾保险、王子制纸、涩泽仓库、京阪电气铁道等一系列企业，不但组建了一个庞大的财团，也率先引进了股份制，将之渗透到日本近代的金融、铁道、矿山、纺织、建筑、保险等各行业。从这个意义上说，涩泽荣一当是日本近代企业制度的鼻祖。

在明治时代工业化的过程中，财阀与政界的密切联系决定了日本政局的走向，不论是对内政策还是对外政策，日本政府很多时候都在为财阀的利益考虑。日本近代政治中的政商结合机制就是在这个时期奠定的基础，并对于近代日本的历史发展产生了深远的影响。

二、绝对主义

对于日益高涨的自由民权运动，明治政府并不仅仅是采取言论钳制、限制集会出版等强制手段，而是以理论反击的方式，用绝对主义对抗自由主义。日本学者将明治政府的绝对主义思想概括为三点：

全面否定以天赋人权说为基础的人类观，即否定人类本来就是平等的这种观点，而力图使人们承认人类本身先天的质的差别，以及由于后天所处的社会阶层不同而产生差别的必然性。

反对天赋人权说按原子论把国家看作个人集合体这种机械论的观点，宣扬以天皇为本家、家长，而把国民比作他的赤子。

将天皇中心的权力机构——天皇制国家绝对化，力图把经过千锤百炼具有巧妙逻辑的封建思想加以复活和利用。应用“忠君”“爱国”原则，使民心自发地被吸引到国家来。[①]

①［日］近代日本思想史研究会著，马采译：《近代日本思想史》，第一卷，第108页，商务印书馆1983年版。

◇ 加藤弘之（1836—1916），但马出石藩士，明治时期思想家、教育家

绝对主义的急先锋是明六社的思想家加藤弘之，他的思想转变当时被很多自由民权派视为叛变。实际上，加藤弘之原本就是一个保守派，他在板垣退助等人发起国会设立请愿运动时，就提出了“时机尚早”的主张。为了和自由民权派的天赋人权说相对抗，加藤弘之引进了当时西方流行的社会达尔文主义。社会达尔文主义最早是由英国哲学家斯宾塞（Herbert Spencer，1820—1903）提倡的，它将生物学中的进化论引入社会学中，在西方风靡一时。它用物竞天择、适者生存的理论为社会的不平等张目。加藤弘之借此用进化论的科学外衣去对抗天赋人权的神学色彩，将后者称为“海市蜃楼的妄想”，从而引证天皇专制制度的合法性。当然，加藤的《人权新论》出版以后，遭到了自由民权派的反击，他们引经据典，抓住了加藤将进化论机械地运用到社会学上时错误和自相矛盾的论述，从而将他驳得体无完肤。但加藤的学说却被政府看中并采用，加上社会达尔文主义的风靡，他的影响日益扩大。

国家神道是明治政府的另一个思想武器。国家神道的兴盛是和幕末的尊王气氛及国学（水户学）思想密切相关的，在反幕斗争中，为了摧毁幕府的精神支柱，还兴起了排佛运动，这两种思想潮流结合起来延续到了明治时期。明治初年，政府恢复了神祇官和祭政一致原则。明治元年（1868）三月，颁布了“神佛分离令”，在神佛分离的旗帜下，掀起了一场废佛毁释的运动，矛头直指封建时代享有特权的佛寺势力。明治二年（1869）设置宣教使，次年正月发布大教宣布诏，规定由宣教使在全国宣讲惟神大道。在明治四年（1871）后，虽然神祇官降格为神祇省，排佛运动也逐渐平息下来，但神道教的地位仍在提升。明治五年（1872），神祇省改为教部省，专门处理宗教事务。教部省规定了三条教则，即：（1）应体敬神爱国之旨；（2）应明天理人道；（3）奉戴皇上，遵守朝旨。[①] 教部省通过神社、

①［日］村上重良著，聂长振译：《国家神道》，第 92 页，商务印书馆 1990 年版。

佛教寺院和民间宗教的全部力量将这三条教则宣传到全国。明治早期的神佛分离原则在这场国民教化运动中被渐渐淡化了。政府在东京增上寺设立大教院，在两本愿寺和各地府县大寺院中设立中教院，大肆宣扬三条教则。直到明治八年(1875)，大教院被撤销，继而在明治十年（1877）教部省被撤销，宗教事务划归内务省社寺局管理，国民教化运动才偃旗息鼓。明治初年的一系列运动确立了国教的地位，虽然实现了政教分离，但宣传天皇至上、渲染天皇神格的国家神道思想已经渗透到宗教政策中。在这种新的体制下，不论是神道教，还是佛教、基督教，都处于国家的宗教统制之下，成为国家神道体制的附属品，为天皇制的建立提供精神服务。

为了对抗自由民权派引入的法国启蒙思想，明治政府还开始重新提倡日本传统的儒教思想。在明治十年（1877）前后的启蒙运动中，儒教思想是被批判得最多的封建残余，但在明治十二年（1879），担任天皇老师的元田永孚提出了一项教育提案，并以天皇的名义发布，鼓吹以仁义忠孝教育国民。这个提案一度引来了伊藤博文等政府官员的批评，他们认为采纳这样的提案将使政府退回到幕府时期的“东洋道德、西洋艺术”的路线上。当然，伊藤博文持这样的态度，只不过是不想让天皇亲信派掌握教育事务的主导权而已。到明治十四年政变以后，日益走向专制的政府为了对抗自由民权思想，不得不向元田永孚让步。西村茂树发表于明治十九年（1886）的《日本道德论》得到了主持文部省的森有礼的支持，这篇文章标榜儒教至上，主张取西洋之长补日本之短，用道德之教强化天皇核心的绝对权威。同时，东京大学掀起了研究德国哲学的热潮，以德国的国家主义哲学

◇ 京都八坂神社

来对抗法国的启蒙主义哲学，文部省派遣了大批留学生赴德，并聘请德国人来日本介绍康德、黑格尔等人的学说。到了明治二十三年（1890），以元田永孚和井上毅两人起草的《教育敕语》的颁布为标志，日本确立了以儒学为基础，推进以天皇为中心的国家主义臣民教育的教育路线。这份文件被下赐给全国的学校，成为一个有强制力的国民道德规范，也成为推进国家神道的教典。

通过这些精神武器，日本政府为确立近代天皇制扫清了思想障碍。而对抗自由民权运动最有效最直接的武器，就是建立起以这些精神为指导的内阁制度和宪法制度，这也是明治政府下一步的主要任务。

三、内阁与宪法

明治政府很早就确定了要建立德国式的政治体制，明治十四年（1881）政变后，天皇下达了在九年后即明治二十三年（1890）开设国会的诏书。为了兑现这个承诺，政府展开了一系列行动。明治十五年（1882），伊藤博文受命前往欧洲各国调查宪法体制，他的第一站就是德国。通过日本驻德公使青木周藏，伊藤博文会晤了柏林大学教授鲁道夫·冯·格奈斯特（Rudolf von Gneist,1816—1895）。这位著名的德国法学和政治学者以及他的学生阿尔贝特·毛瑟（Albert Mosse，1846—1925）法官与伊藤博文和伊东巳代治等随从人员就宪法和政治制度进行了长达数月的讨论。接着，伊藤博文一行又到奥地利维也纳，听取了维也纳大学教授洛林茨·冯·斯坦因（Lorenz von Stein，1815—1890）的课程。明治十六年（1883）8 月，伊藤博文领导的考察团带着厚厚的讲义资料返回日本，建立德意志第二帝国模式政治体制的决心更加坚定。

◇ 伊藤博文（1841—1909），长州藩士，幕末明治时期政治家，日本第一任首相

明治十七年（1884）3 月，伊藤博文成立了制度取调局，他与井上毅、伊东巳代治等人开始着手研究如何制定宪法。这一年 7 月，政府发布了《华族令》，完善贵族制度，将华族定为公、侯、伯、子、男几类，为将来设立贵族院做准备。

原本的五摄家、德川家、三条实美、岩仓具视、岛津久光、萨长两藩的藩主等家族成为公爵；清华家、德川御三家、木户、大久保等家族成为侯爵；伊藤博文、井上馨、黑田清隆等家族成为伯爵。甚至在野的大隈重信、板垣退助、后藤象二郎等人也被定为伯爵，以期笼络这些在野反政府人士。

内阁制度的建立也在这一时期提上了日程，此事一开始遭到了三条实美、岩仓具视等公卿出身者的反对，因为在原本的太政官制下，太政大臣和左、右大臣作为统领群臣辅弼天皇的职位，由公卿出身者垄断。伊藤博文等提出建立内阁制度，实际上是要将公卿出身者排除在政府决策层之外，而由萨长藩阀进一步垄断政府，这损害了那些旧公卿的切身利益，他们自然不会同意。

明治十六年（1883）7月，岩仓具视去世。太政大臣三条实美驾驭调停能力有限，其原本是在右大臣岩仓的辅佐下统领政府的，所以岩仓的去世使政府失去了一位能驾驭各大臣的人物。在这种情况下，政府再一次提出要建立内阁制度，为了向天皇和旧公卿做出让步，政府同意设置内大臣职位，由三条实美出任该职，与宫内大臣负责宫中事务。明治十八年（1885）12月，政府正式废除了王政复古以后实行了18年的太政官制，取消了原本的三大臣职位，新设内阁总理大臣和九省大臣：伊藤博文出任第一任内阁总理大臣，外务大臣为井上馨，内务大臣为山县有朋，司法大臣为山田显义，以上为长州出身者；大藏大臣为松方正义，陆军大臣为大

◇ 宪法发布略图：明治天皇将宪法授予首相黑田清隆

山岩，海军大臣为西乡从道，文部大臣为森有礼，以上为萨摩出身者；农商务大臣为谷干城（土佐），递信大臣为榎本武扬。

这种内阁制度是仿效德国建立起来的。与英国的议会内阁制不同的是，德国的内阁是游离于议会党派之外的，在俾斯麦担任首相期间，首相拥有很大的权力。同样，日本在议会制度尚未确立的情况下先实行内阁制度，作为内阁总理大臣的伊藤博文也有很大的权力，他统领各省大臣，对各省的工作有监督、考核、检查之权，各省大臣也必须向他报告自己主管工作的情况。

内阁制度相比太政官制无疑是一大进步，它打破了昔日选官论出身论门阀的传统，完全把旧公卿排除在外。下级武士出身的伊藤博文成为相当于当初太政大臣的内阁总理大臣。但在打破门阀禁锢的同时，也加强了萨长藩阀的垄断地位。

明治二十一年（1888），政府又颁布了市町村制，规定市和町、村是独立法人，是法律上的自治体。市设立市会，由三级选举产生的市议员组成，选举权和被选举权自然受财产限制。市会可提名三名市长候选人，由内务大臣上奏天皇选择。町、村设立町会、村会，在本町、村居住两年，缴纳田赋或直接国税 2 日元以上的男子有选举权，町长、村长等行政职务也由町会、村会选派。此时，日本近代的地方自治体系初步完成。

接下来，起草宪法成为改革的中心工作，伊藤博文亲自牵头，与井上毅、伊东巳代治、金子坚太郎三人在德国顾问洛斯勒（Hermann Roesler，1834—1894）、阿尔伯特·毛瑟的指导下，经过多次修改和讨论，最终在明治二十一年（1888）4 月完成了宪法草案。同月，为设立宪法的审议机关，政府新设枢密院，作为天皇的政务咨询机构，由因改订条约失败而辞去内阁总理大臣一职的伊藤博文出任议长，立刻开始了审议宪法的工作。明治二十二年（1889）2 月 11 日，天皇正式颁布了《大日本帝国宪法》以及《皇室典范》和附属的《议院法》《贵族院令》《众议院议员选举法》等法令。

宪法在颁布之时，由天皇亲手授予第二任内阁总理大臣黑田清隆，表明了宪法的钦定性质。这部亚洲第一部宪法在第一条就明确规定："大日本帝国，由万世一系之天皇统治之"，天皇拥有"国家统治大权"，被赋予召集、解散国会，统率海陆军，宣战，缔约，制定法律，宣布戒严，授予勋章爵位荣典，大赦、特赦等广泛的权力，天皇制成为国体。在第二章《臣民的权利义务》中，规定了臣民享有人身、居住、迁徙、言论、出版、集会、结社等自由。帝国议会分贵族院和众议院两院，是一个辅助天皇进行立法的机构，对立法和预算有协赞权。

宪法对内阁制度的规定含糊其词，甚至没有提到内阁总理大臣，只是规定大臣由天皇选任，并有辅弼天皇之责。可以说，内阁总理大臣（首相）没有特别的权限，全体大臣都要对天皇负责，但彼此之间又不负连带责任。这种含糊的表述导致日本近代的内阁体系十分不稳定，首相更迭频繁。继任的首相往往是由天皇从元老、重臣中挑选。

帝国议会于明治二十三年（1890）11 月开幕。根据选举法规定，只有 25 岁以上男子，缴纳超过 15 日元的直接国税一年以上并将继续缴纳者方有选举权。有选举权者只占人口总数的 1%，而被选举人必须是年满 30 岁并符合选举权资格要求的男子。华族本人、现役军人和疯癫白痴、破产者、犯罪人均无选举权和被选举权。

宪法还规定了司法独立的原则，但这一原则很快就受到了挑战。明治二十四年（1891）5 月 11 日，俄国皇太子尼古拉（Nicholas II，1868—1918 年，即后来在俄国二月革命中被推翻的沙皇尼古拉二世）在访问日本期间，于滋贺县大津市被当地的一名警察津田三藏行刺，由于戴的毡帽较厚，才幸免一死。罪犯被逮捕后，在适用法律问题上让日本人犯了难，许多政府官员要求援用行刺日本皇族的大逆罪，判决其死刑，但大审院院长儿岛惟谦却坚决不同意，他坚持表示：既然法律上没有明确规定行刺外国皇族如何刑罚，那么只能按当时日本刑法第 292 条关于谋杀未遂罪的规定，判决罪犯无期徒刑。这一事件最终以司法机构的胜利而告终，司法独立这一原则从此以后得以确立。

◇ 在日本访问的俄国皇太子尼古拉

内阁制和宪法制度的确立标志着日本建立起了近代的资本主义政治体制，这种体制也是对明治初年以来政治发展轨迹的总结和肯定，这部宪法也一直沿用到二战结束，可以说，它在这半个世纪内决定了日本的发展方向。

◇ 鹿鸣馆的舞会（浮世绘）

四、大同团结运动

明治十八年（1885），伊藤博文内阁成立。木户孝允和大久保利通等人去世以后，伊藤博文已经成为“政府内部独解欧美文明之政理”之人①，应该说，由他出任首任内阁总理大臣是众望所归。这一届内阁除了制定宪法以外，需要解决的另一个重要的问题就是改订新约。

明治政府建立之前就有人提出应改订新约，但此事一直拖延到18年后还是没有结果。其中最令日本人头疼的是关税自主权的丧失，这直接导致了日本的财政困难，也使日本国内市场遭到外来商品的强烈冲击。在日本人看来，外国人之所以拒绝修改不平等条约，是因为日本尚未证明自己的法律制度符合文明国家的标准，所以西方人不放心将自己归于日本法律的管辖之下。明治十九年（1886）5月，外务大臣井上馨在外务省主持了修改条约会议，邀请各国公使前来参加。第二年4月，外务省与各国公使初步达成了修改条约的草案，主要是通过在司法裁判权上让步以实现修约：日本根据欧美标准制定刑法、民法、商法、诉讼法，并将文本送交西方列强以获得其承认，日本的裁判所允许西洋人参与审理涉及西洋人的案件。

这一协议草案引起了内阁中部分阁僚的强烈不满，司法省的法律顾问法国人

①［日］浮田和民著，板垣退助、大隈重信阅：《政党史》，载大隈重信编：《日本开国五十年史》，第242页，上海社会科学院出版社2007年影印版。

◇ 后藤象二郎（1838—1897），土佐藩士，幕末明治时期政治家

布瓦索纳特（Gustave Emile Boissonade，1825—1910）也激烈反对，认为给予外国人裁判权后患无穷。农商务大臣谷干城就此事向内阁提出辞职以示抗议。布瓦索纳特等人的担心很快就被证实。明治十九年（1886）10月24日，一艘名为诺尔曼顿号（Normanton）的英国船在纪伊沉没，船上的日本乘客全部遇难，而英国船长德雷克（John William Drak）则得以幸免，事后英国驻神户领事馆判其无罪，后因日本人提出抗议，英国人才不得不改判他三个月徒刑。消息传出后，世论沸腾，井上馨被迫辞职。这一事件使日本人更加意识到领事裁判权的弊端。

政府的“鹿鸣馆外交”也遭到了许多非难。鹿鸣馆是日本当时为接待外国宾客而建设的一个迎宾馆，目的在于向外国证明日本为一个文明国家。该馆于明治十六年（1883）11月落成，因《诗经》“呦呦鹿鸣，食野之苹，我有嘉宾，鼓瑟吹笙”之句，取名为“鹿鸣馆”。鹿鸣馆中的夜夜笙歌以及首相官邸中的化装舞会等活动遭到了在野人士的抨击。国粹主义者指责鹿鸣馆欧化是数典忘祖，民间人士指责鹿鸣馆靡费奢侈。以此为契机，原自由党中的星亨积极复兴自由民权运动，他请出当年自由党的领袖之一后藤象二郎来主持这一事务。

后藤象二郎对旧自由党和立宪改进党人进行了一番慷慨激昂的鼓动，他说：

> 今之时不容兄弟反目，试观于大陆，俄国之西伯利亚铁路不久将达满洲，蜿蜒万里，是实关于东洋之安危存亡，天下之志士，宜舍小异而取大同，以作一大团结，用势力于将开之国会，如专制政府可一蹴而倒之耳。①

后藤象二郎的鼓动引发了“大同团结运动”。他以准备开设国会为目标将自由民权派整合起来，以达到大同团结对抗政府的目的。自由党人和部分立宪改进

①[日]浮田和民著，板垣退助、大隈重信阅：《政党史》，载大隈重信编：《日本开国五十年史》，第243页，上海社会科学院出版社2007年影印版。

党人通过集会、社团等形式表达诉求。明治二十年（1887）10月，以片冈健吉为代表的高知县民权派提出了三大事：减轻地租以践政府之公约，改正约章以恢复国权，言论集会自由。以这三大事为发端，自由民权派掀起了大规模的请愿建白活动。

此事一出，政府立刻决定镇压，12月26日，政府发布了《保安条例》，下令将尾崎行雄、中江兆民、星亨、片冈健吉、林有造等自由民权派中被认为可能有“内乱阴谋”“教唆妨害治安”倾向的570人驱逐到距离皇宫三里（大约11.8公里）以外的地方。东京皇居和各大臣官邸为防范放火和谋杀官员的过激事件也加强了警备。

在被放逐者中，自由党人占多数，只有尾崎行雄等少数人是立宪改进党人。事实上，大隈重信虽然退党，但立宪改进党人仍然唯其马首是瞻。政府也深知大隈重信的重要地位，因此伊藤博文首相于明治二十一年（1888）2月推举大隈出任外务大臣，让他重新回到政府中。伊藤博文也在该年4月出任枢密院议长，农商务大臣黑田清隆接任首相。

大久保死后，黑田清隆已经是萨摩藩阀的首脑人物，他的上台其实只是让政府的核心从长州阀转移到萨摩阀，况且黑田清隆留任了伊藤内阁的全部班底，所以萨长还是维持着一种均衡。对于自由民权运动，政府一向采取又打又拉软硬兼施的办法。所以在明治二十二年（1889）宪法颁布后，政府就宣布大赦，释放政治犯。

当然，政府最直接的做法是拉拢自由民权派的上层，实现分化瓦解的目的。明治二十二年（1889）2月12日，文部大臣森有礼遇刺身亡。递信大臣榎本武扬在3月接任文部大臣。对于空缺的递信大臣职务，黑田清隆建议由后藤象二郎来接任。

后藤象二郎后来遭到了许多史家的非议，因为他被认为是多次背叛自由民权运动投靠政府的不坚定分子。事实上，像他这样的自由党上层，只要政府做出让步，让其分享权力，就会和政府达成妥协。后藤在一片反对声中入阁就任递信大臣，大同团结运动也在其后逐步瓦解。河野广中、犬养毅等人主张成立政治团体，成为政社派，5月10日组成大同俱乐部，而大井宪太郎等非政社派坚持只成立一个联络社团，同日另组大同协和会。

政府也在此后遭到了一场沉重打击，大隈重信在担任外相后，继续推进井上馨未能完成的改订新约事务。他吸取了井上的教训，抛弃了与各国公使和议的方式，转而与个别国家进行单独谈判，方法仍是任用外国法官和编纂欧式法典等，只略做修正而已。明治二十二年（1889）4 月，英国《泰晤士报》捅出了大隈修正案的内容，《日本》杂志首先转载了这条新闻。大同俱乐部、大同协和会等团体纷纷开始批评这一修正案。而政府中的萨长藩阀也害怕大隈成功而获得声望，因此对修正案迟迟不批准。10 月 18 日，大隈重信在参加完内阁会议后乘马车回外务省，在外务省门口，右翼激进的玄洋社成员来岛恒喜朝他扔了炸弹，大隈重信失去了一条腿。25 日，黑田内阁提出集体辞职，首相人选陷入了难产。

之后，由三条实美暂摄首相。12 月，山县有朋正式出任首相。组成了第三届内阁。在野势力也开始进行重新整合，板垣退助无法弥合大同俱乐部和大同协和会两派的分歧，于明治二十三年（1890）1 月组织了爱国公党。7 月 1 日，众议院举行了第一次选举，选举过后，爱国公党与大同俱乐部、大同协和会以及自由党退党人士组成的九州同志会四派展开合作，8 月组成了立宪自由党，占据 130 个席位，加上立宪改进党的 41 个席位，在野的自由民权派占据了整整 171 席，超过了全部席位（300 席）的半数。政府方面，一部分议员组成的大成会占 79 席，后藤象二郎联合退出大同团结运动的旧自由党人组成的国民自由党占 5 席。于是，第一届议会（1890 年 11 月 29 日—1891 年 3 月 8 日）中出现了“吏党”和“民党”分庭抗礼的局面。

◇ 黑田清隆（1840—1900），萨摩藩士，日本第二任首相

11 月，第一届议会开幕，参会的民党延续了他们在府县会的表现，处处和政府作对，政府应该庆幸当初制定宪法时没有赋予这个议会太大的权力，即便如此，这些民党仍然让政府窘迫不已。另一方面，仓促组建起来的立宪自由党中派系林立，各派也在互相倾轧。于是，政府与议会之争和议会内部的党派之争成为宪法实施之后一段时期内日本政坛的主旋律。

第八章 鏖战甲午

有人说，日本最近在同中国的战争中获胜是靠村田枪和克虏伯炮，又说，这个胜利是现代的学校制度发挥的作用。但是，这些话连片面的真理也不是。即便是埃尔巴或斯坦韦制造的最精良的钢琴，不经著名音乐家之手，它本身能弹奏出李斯特的狂想曲或者贝多芬的奏鸣曲吗？再者，如果说枪炮是能打胜仗的东西，那么为什么路易·拿破仑未能用他的密特莱尔兹式机关枪去打败普鲁士军队呢？或者，西班牙人为什么未能用他们的毛瑟枪去打败只不过是用旧式的来明顿枪武装起来的菲律宾人呢？注入活力的是精神，没有它即便是最精良的器具几乎也是无益的，这种陈腐的话无需再重复了。最先进的枪炮也不能自行发射，最现代化的教育制度也不能使懦夫变成勇士。不，在鸭绿江，在朝鲜以及满洲，打胜仗的乃是指导我们双手，让我们的心脏搏动的，我们的父辈祖辈的威灵。

——《武士道》第17章《武士道的将来》

第一节 富国强兵

一、来自中国的“威胁”

从明治六年（1873）开始，中日两国在琉球、台湾、朝鲜等地有过多次摩擦，但最终没有达到兵戎相见的程度。其中一个关键原因就在于日本认为自身的军事实力不足，还没有挑战一水之隔的中国的能力。在日本人眼中，中国一直是一个大国，其实力和潜力不可忽视，要和这个大国进行一场全面战争，需要慎重考虑。

◇ 李鸿章

甲申之变后，日本国内泛起了一阵中国“威胁”论，讨论的核心问题是北洋海军的日渐强大。

清政府开始经营海军的时间要晚于日本，日本在安政二年（1855）向荷兰购买战船，并开设长崎海军传习所时就迈开了建设海军的步伐。但受幕末战乱的影响，建设进度停滞不前。而在同一时期，中国也因为太平天国运动而意识到了轮船的重要性。同治元年（1862），曾国藩在安庆设立军械所，试造轮船。洋务派领袖奕䜣和文祥接受英国人李泰国（Horatio Nelson Lay，1832—1889）的建议，向英国购买了八艘船只。但李泰国试图控制这支舰队，要求由英国人阿思本（Sherard Osborn）任舰队统帅，舰队只接受中国皇帝通过李泰国发布的命令。这一要求遭到了曾国藩、李鸿章等实力派的强烈不满，清政府最终以“兵权不可假与外人”为由解散舰队，平白耗费了 70 余万两白银。

阿思本舰队事件是中国建设近代海军迈出的第一步，其之所以失败诚然有英国人飞扬跋扈的原因，但考虑到当时太平天国已成强弩之末，曾、李等地方督抚的反对亦有不希望外人与之争夺即将到手的功劳的缘故。当时，由于八旗绿营奢靡颓废，朝廷在征剿内乱、对抗外敌时依赖湘军、淮军等地方团练，中国近代海军的创设，也是由掌握地方团练的汉人官僚所主导的。同治四年（1865），曾国藩与李鸿章联合筹办江南制造总局，是为中国发展大规模近代军火工业之始。

在海军建设上走在前列的是左宗棠，他于同治五年（1866）创办了福州船政局，此乃中国第一所新式造船厂。在船政局中，亦设有船政学堂，聘请外国技师担任教员，培养海军人才。后来左宗棠前往经略西北，船政局由沈葆桢负责，他一手创建了一支略具规模的福建水师，开了风气之先。

中国大规模筹建海军和日本有着密切关系。同治十三年（1874）的日本侵台事件使清廷深受刺激，可以说，清政府决定大规模建设海军，就是为了防范日本的。在日本侵台时，中国就向英国提出要紧急购买铁甲战舰。第二年，由中国海关总税务司英国人赫德（Robert Hart，1835—1911）做中介，中国购买了四艘英国蚊炮船，命名为"龙骧""虎威""飞霆""掣电"。光绪四年（1878），李鸿章再购"镇北""镇东""镇南""镇西"四艘蚊炮船，原本的四艘划归南洋海军，两年后又购"镇中""镇边"两艘。这些蚊炮船构成了初期北洋海军的主力，但其缺点也甚为明显：船小炮大，重心不稳，行驶迟缓，工艺粗糙，容易破损。李鸿章对此颇为不满意。[①]

事实上，从19世纪中叶开始，世界海军装备就已进入铁甲船（Ironclad）时代，这种包有铁皮的海上堡垒成为各国家海军竞相建造的热门武器，其强大的防御和攻击能力令人瞩目。李鸿章通过当时的驻德公使李凤苞了解到了这一新式武器，力陈购买铁甲舰之利。而日本早在明治八年（1875）就委托英国制造"甲铁舰一只，铁骨木皮舰二只"，分别命名为"扶桑"（3717吨）、"金刚"、"比叡"（2248吨）[②]，这使李鸿章进一步感觉到了威胁。光绪六年（1880），在向英国采购铁甲船碰壁的情况下，李鸿章转而向德国采购了"定远"和"镇远"两艘铁甲船，光绪七年（1881），他向英国采购的两艘巡洋快船"超勇"和"扬威"竣工。中法战争失败后，北洋海军加快了建军的步伐。到光绪十四年（1888），随着《北洋水师章程》的颁布，北洋海军正式成立，这是一支号称排名世界第六、亚洲第一的近代海军，它所拥有的舰船如下表：[③]

① 王家俭：《李鸿章与北洋舰队》，第132—135页，三联书店2008年版。

②［日］山本权兵卫：《海军史》，载大隈重信编：《日本开国五十年史》，第213页，上海社会科学院出版社2007年影印版。

③ 王家俭：《李鸿章与北洋舰队》，第311—312页，三联书店2008年版。

北洋海军舰船一览表

舰名	类型	排水量（吨）	来历	购置年	备考
定远	铁甲战舰	7335	德国	1882	主力舰
镇远	铁甲战舰	7335	德国	1882	主力舰
经远	巡洋快船	2900	德国	1887	辅助舰
来远	巡洋快船	2900	德国	1887	辅助舰
致远	巡洋快船	2300	英国	1886	辅助舰
靖远	巡洋快船	2300	英国	1886	辅助舰
济远	巡洋快船	2300	德国	1883	辅助舰
平远	巡洋快船	2200	福州船政局	1890	辅助舰
超勇	巡洋快船	1350	英国	1881	辅助舰
扬威	巡洋快船	1350	英国	1881	辅助舰
镇东	蚊炮船	440	英国	1878	防守舰
镇西	蚊炮船	440	英国	1878	防守舰
镇南	蚊炮船	440	英国	1878	防守舰
镇北	蚊炮船	440	英国	1878	防守舰
镇中	蚊炮船	440	英国	1881	防守舰
镇边	蚊炮船	440	英国	1881	防守舰
康济	铁肋木壳	1300	福州船政局	1879	练习舰
威远	铁肋木壳	1300	福州船政局	1877	练习舰
敏捷	木船	700	英国	1886	练习舰
利运	铁船	1080	轮船招商局商船	–	运输舰
泰安	炮船	1258	福州船政局	1876	补助船
镇海	炮船	950	福州船政局	1871	补助船
操江	炮船	950	福州船政局	1864	补助船
湄云	炮船	578	福州船政局	1869	补助船
海镜	木制商船	80	福州船政局	1873	补助船
左一	鱼雷艇	108	英国	1888	鱼雷艇
左二	鱼雷艇	74	德国	1882	鱼雷艇
左三	鱼雷艇	74	德国	1882	鱼雷艇
右一	鱼雷艇	74	德国	1882	鱼雷艇
右二	鱼雷艇	74	德国	1882	鱼雷艇
右三	鱼雷艇	74	德国	1882	鱼雷艇

在购买和建造船只的同时，北洋海军还积极营建旅顺、威海卫、大沽等港口、岸防炮台。北洋水师的将领多为福建船政学堂出身，刘步蟾、方伯谦、林永升等人还有留学英国的经历。

◇ 北洋海军“镇远”舰

北洋海军的建成，给了日本非常大的压力。明治五年（1872），日本废兵部省，正式设立陆军省和海军省，此时日本不过有铁甲舰两艘，铁骨木皮舰一艘，小船17艘，总排水量13812吨。[①] 明治十一年（1878），自英国采购的三艘船“扶桑”“金刚”“比叡”正式服役。这三艘战舰在明治十五年（1882）的壬午之乱中被派往朝鲜，切身体验到了北洋水师的威胁。这一年，北洋海军列装“定远”“镇远”两艘主力舰，无论是“扶桑”还是“金刚”“比叡”都无法击穿这两艘艨艟巨舰的厚重装甲。中国海军的强大是在日本侵台的刺激之下促成的，而这种强大又反过来刺激了日本人，他们奋起直追，和北洋海军展开了一场军备竞赛。

◇ 日本海军采购自英国的“扶桑”舰

二、扩军备战

明治十五年（1882），日本提出了一个海军扩军计划，要建造“大舰六只，中舰小舰各十二只，水雷炮艇十二只”。从这一年开始，日本海军军费逐年增加。

①[日]山本权兵卫：《海军史》，载大隈重信编：《日本开国五十年史》，第212页，上海社会科学院出版社2007年影印版。

从下表可以看出从这一年到明治二十六年（1893）日本海军军费增长的情况[①]：

1882—1893 年日本海军军费增长情况表

年份	国库岁出（日元）	海军经费结算（日元）
1882	73508427	3646003.716
1883	83106859	6236498.299
1884	76669654	7510936.788
1885	62156835	5086376.037
1886	85326144	8941368.730
1887	86158890	10824560.664
1888	86883591	9824791.848
1889	92336004	14456644.085
1890	82125403	10159304.650
1891	83555891	9501691.403
1892	76734740	9133105.605
1893	84581872	8100921.169

从上表可以看出，明治十五年（1882），日本的海军军费支出还只有国库总支出的 5%，两年后已经保持在 10% 左右，并在明治二十年（1887）突破了 1000 万日元。因为在前一年发生了一起日本海军史上的重大事件——长崎事件。

明治十九年（1886），北洋水师奉李鸿章的命令前往朝鲜元山一带操练巡游，这一军事活动显然和当时朝鲜政府内的联俄活动有密切关系。8 月，完成任务的北洋海军留下“超勇”“扬威”两舰，“定远”“镇远”“济远”和“威远”四艘船驶往日本的长崎，目的是修理和补给。但是，在日本人看来，北洋海军的到来是为了“炫耀优势的海军力量”。[②] 而就在四舰停泊日本的 8 月 13 日至 15 日期间发生了长崎事件。

按日本方面的说法，8 月 13 日，有五名中国水兵上岸，为争夺妓女在寄合町大打出手，日本警察前来阻止，一名叫王发的水兵用日本刀刺伤警察，被逮捕后移交给中国领事馆。次日，虽然有许多水兵在士官带领下上岸，但并没有发生冲突。到了 15 日，一名日本警察在广马场町巡逻时，被一名中国水兵打掉帽子，这名水

①[日]山本权兵卫：《海军史》，载大隈重信编：《日本开国五十年史》，第 218—219 页，上海社会科学院出版社 2007 年影印版。

②[日]安冈昭男著，胡连成译：《明治前期日中关系史研究》，第 135 页，福建人民出版社 2007 年版。

兵还用小刀向之比画。“这些水兵浑身酒气，举止异常；在长崎居住的清国人，对警察也是百般嘲弄和侮辱。”于是发生了大规模冲突，日方死亡2人，负伤29人，中方死亡5人，负伤45人。①

◇ 松岛舰

中国方面的许多学者考证的结果与日方说法颇为不同。其中王家俭就认为8月13日中国水兵是上街购物，因与日本人语言不通引发误会，而第二起事件发生于8月14日，是日本警察蓄意报复，导致中国死亡军官1人、水兵4人，重伤6人，轻伤38人，失踪5人，日本方面仅1人死亡，29人受伤。②另一位学者姜鸣认为第二次冲突应在15日，他也认为是“数百名日本警察将各街道两头阻塞，看见中国水兵就挥刀砍杀。当地居民在歹徒煽动下，从楼上往下浇热水，掷石块。还有人手执刀棍，参与混战。中国水兵猝不及防，手无寸铁，又散布各街，结果吃了大亏”。③

◇ 严岛舰

两说的主要争议在事件的缘起、责任、死伤人数等问题上，如今各执一词。在事件发生以后，北洋海军的顾问琅威理（Lang William M）极力主张诉诸武力，提出应对日断交宣战。李鸿章则较为慎重，决定与日方谈判。在经过长达半年的马拉松式的谈判后，第二年2月双方终于达成了决议，不论是非，只论事实，按“伤

①［日］安冈昭男著，胡连成译：《明治前期日中关系史研究》，第135—140页，福建人民出版社2007年版。
② 王家俭：《李鸿章与北洋舰队》，第366页，三联书店2008年版。
③ 姜鸣：《龙旗飘扬的舰队：中国近代海军兴衰史》，第303页，上海交通大学出版社1991年版。

多恤重”的原则互付抚恤金，日本方面给予伤亡人数较多的中国更多的抚恤金，责任人由双方自行惩办。

此事过后，在明治二十四年（1891），北洋海军的定远、镇远、经远、来远、致远、靖远六艘舰只再次来日访问，又一次给日本留下了深刻印象。

值得一提的是，关于这两次北洋海军访日，有则奇闻流传甚广。这一传闻在我国国内最早见于田汉所写的《关于中国海军的几个问题》①，他说在北洋海军1886年访日期间，济远号曾进入横须贺港，当时担任横次贺（即横须贺）镇守府参谋长的东乡平八郎参观中国军舰，发现济远号上有人在主炮上晾衣，因此他说“中国海军可以击灭”，因为主炮代表军舰的灵魂，对军舰的灵魂都不尊重，这支海军的士气可想而知。这里该注意的是，田汉先生的说法有着很大的讹误：查一下东乡平八郎的履历就知道，他根本没有担任过横须贺镇守府参谋长。东乡平八郎由于其后来的战绩，被近代日本海军奉为“军神”，所以在日本国内出现这种将之神化的说法不足为奇。不过这个说法却在我国国内也流传甚广，以讹传讹变得更为离谱，在唐德刚的《晚清七十年》中，这个说法就换了版本，说是1891年北洋海军访日，东乡平八郎当时担任“东京湾防卫司令官”，参观定远舰时发现“主炮晾衣”，便认为中国海军不堪一击②。还有些文章更加绘声绘色，说东乡伸手摸了摸定远的主炮内侧，发现里面满是灰尘和油污。济远变成了定远，但这一说法却更不值一驳，日本从来没有过所谓“东京湾防卫司令官”一职，而且定远号的主炮口距离甲板高达三米③，水兵何必要爬到如此高的地方去晾晒衣服？东乡即使有姚明那样的高度，也无法摸到三米高的炮管。

事实上，北洋海军的两次来访和长崎事件对日本的刺激是很大的，在目睹庞大的定远、镇远两艘主力舰后，日本非但没有觉得“中国海军不堪一击”，反而更坚定了要加强军备的决心，并在这一年发行海军公债以充制舰之费，还制订了新的建舰计划：

> 盖欲作一等、二等海防舰六只；一等甲铁舰一只；警备甲铁舰一只；

① 载海军整建月刊社编：《整建月刊》，第一卷第一期第5页，1940年4月15日出版。
② 唐德刚：《晚清七十年》，第201页，岳麓书社1999年版。
③ 参见：陈悦：《北洋海军舰船志》，第8—29页，现代舰船出版社2006年版。

◇ 桥立舰

一等、二等、三等巡洋舰四只；一等、二等报知舰六只；一等、二等炮舰八只；一等、二等水雷艇二十八只。共五十四只也。明治十六年至二十一年军舰已竣成或起工者共二十只。二十二年更增军舰三只、巡洋舰一只、炮舰一只、水雷艇三只。二十五年复定造舰计图，既而有大诏特节约廷之费，自是六年，每年以内帑三十万元辅助制舰之资。国民感奋多献资者。[1]

在这一庞大计划中，明治二十年（1887）所建造的三艘铁甲舰最令人瞩目，这三艘铁甲舰是为与镇远、定远两艘主力舰对抗而设计的，以日本的三处胜景松岛、严岛、桥立为名，故称“三景舰”。在火力上，由于镇远、定远配备了两门双联装 30.5 厘米口径的巨炮，所以“三景舰”以一门 32 厘米口径炮对应之，并装置了速射炮为副炮，16 节的速度也超过了定远、镇远 14.5 节的速度。虽然在装甲防御上较定远、镇远为劣，但火力和速度都占有优势。

在日本海军实力突飞猛进之时，北洋海军却停止了发展。光绪十七年（1891）后，北洋海军没有添购或增建任何新船只。在 19 世纪末，各国海军的发展日新月异，十年间变化巨大，北洋海军的定远、镇远等舰的装备到了 19 世纪 90 年代已经落后，亟须更新。从光绪十一年（1885）开始，海军经费统一拨给海军衙门，当时掌握海军衙门的醇亲王奕𫍽尚能支持李鸿章，于海防款项一事多所设法。但醇亲王死后，继掌海军衙门的庆亲王奕劻对慈禧太后更为迎合。当时慈禧太后正在大张旗鼓地筹备“归政”和六十大寿，花钱如流水，海军衙门在她看来更像是一个生财机构。光绪十一年（1885），慈禧下令开始修建“西苑三海”，即北京的北海、南海、中海，

①［日］山本权兵卫：《海军史》，载大隈重信编：《日本开国五十年史》，第 214 页，上海社会科学院出版社 2007 年影印版。

在修建过程中，借支海军衙门 30 万两，向内务府借款 40 万两，向海署和神机营勒捐 75 万两，又由海军衙门垫付 35 万两，其中与海军相关的钱款数额高达 140 万两之多，但只有借支的 30 万两后来靠借外国贷款偿还了。光绪十四年（1888）三海工程刚刚告竣，颐和园工程又拉开帷幕，在这项工程中，从海军衙门直接拨款 92.27 万两。仅这两大工程加起来就耗费海军款达 232.27 万两之多，如果加上各省督抚以海军用款的名义“报效”颐和园工程的 200 万两，数字则更为惊人。整个北洋海军建设经费不过 3000 万两左右，而慈禧太后的三海工程和颐和园工程也几乎花费了 3000 万两，这笔巨款本可以用来再打造一只同样规模的舰队，却被东挪西挪，无怪乎李鸿章巧妇难为无米之炊了。①

三、军阀的阴影

明治二十二年（1889）日本宪法规定天皇有统率军队的权力，日本政府是如何实践这一条文的呢？关键就在于军事部门的独立性上。

1889 年宪法是基于德国宪法制定的，因此日本的军事部门也深受德国的影响。1871 年的《德意志帝国宪法》第 63 条第一款规定了德意志帝国皇帝是 “战争和和平时期指挥帝国全部陆军力量”的最高统帅，因此，皇帝可以不受限制地确定“帝国军队的现役人数”。这意味着皇帝可以不受限制地扩充军队，增加军费，议会和政府无权干涉。支持皇帝享有独立军事权力的一大机构就是总参谋部，特别是 1857 年赫尔穆特·冯·毛奇（Helmuth Karl Bernhard von Moltke，1800—1891）担任总参谋长后，总参谋部的权力大大提升。由于在德国统一战争中建立功勋，毛奇获得了向皇帝直接汇报的权力。内阁中的国防部成了没有什么实际权力的部门，直属于皇帝的总参谋部成为陆军的中枢，军队实际上成为一个独立王国：

> 这种君主的军事指挥权是晚期专制主义统治中保留下来的核心要素，所以，在现代自由主义的宪法之中几乎无法对其进行界定。它代表了封建秩序的一种残余。在封建时代，国王因血统之故而成为他所招募的军队的当然领袖，武士们则通过个人的效忠关系而向国王承担义务。②

① 参见：王家俭：《李鸿章与北洋舰队》，第 371—418 页，三联书店 2008 年版。
②[德]汉斯－乌尔里希·韦勒著，邢来顺译：《德意志帝国》，第 130 页，青海人民出版社 2009 年版。

日本又何尝不是如此，天皇掌握军队既是对德国政治体系的借用，也是一种历史的传承，幕府虽然被推翻了，但武士的“忠诚”“奉公”这些精神并没有被丢弃，只是其效忠对象由原来的主君、将军变成了天皇而已。

◇ 梅克尔

明治十八年（1885），日本聘请了毛奇的弟子克雷门斯·约卡伯·梅克尔（Klemens Wilhelm Jacob Meckel，1842—1906）为陆军大学教官，这位军事顾问对日本的军事理论给予了尽心的指导，在他的影响下，日本几乎全盘移植了德意志帝国的军事制度。

日本早在明治四年（1871）就于兵部省设立了陆军参谋局，在兵部省被分割后，参谋局归属陆军省，一度改称为陆军省第六司。明治十一年（1878），参谋局从陆军省中独立出来，改称为参谋本部。这个新设的参谋本部直接隶属天皇，不受太政大臣与内阁陆军省的约束。参谋本部制到明治二十二年（1889）3月确立，参谋本部掌握陆军军令，参谋总长直接对天皇负责。在这一年5月，海军参谋部也从海军省分离出来，改称海军军令部，和陆军的参谋本部平级，对天皇负责。

参谋本部制确保了天皇能直接掌握和领导军队，也成为日本近代军队飞扬跋扈的制度根源。虽然军费预算和兵力数量是由内阁决定的，但参谋本部能通过陆军省向内阁施加影响，对于其他政务，参谋本部也可以通过天皇对政府传达意图。如果参谋本部要发动战争，它只需要直接对军队下令，内阁和议会对此是无可奈何的。

军部大臣现役武官制进一步加强了参谋本部和海军军令部的权力，这一制度起源于明治四年（1871）制定的兵部卿必须由少将以上军人担任的规定，后一度废止。明治三十三年（1900），山县有朋担任首相时，再次明确规定陆军大臣必须由现役军人出任。这一规定的结果是什么？举一个例子来说明：大正元年（1912），西园寺公望内阁以财政原因拒绝了陆军的扩军要求，于是陆军大臣上原勇作立刻单独辞职，参谋本部也拒绝提供继任人选，最终西园寺内阁被迫总辞职。由此可

◇ 山县有朋（1838—1922），长州藩士，日本近代军阀之祖，曾两任首相，奠定日本旧陆军的基础，并在政界拥有非凡的影响力，其势力号称“山县阀”

以看出这一规定给了参谋本部一个“合法倒阁”的权力，当参谋本部认为内阁“不听话”或对组阁人选不满意的时候，让陆军大臣辞职或不提供继任人选，内阁就会因无法组建而垮台。这种情况在日本近代史上是屡见不鲜的。

日本近代史上的“军部”这一概念，历来许多著作都在使用。究竟什么是军部，日本学者井上清认为：军部包括陆军省、海军省、参谋本部、海军军令部以及关东军和其他军事机构。他把军部视为对抗政府进而牵着政府走的一股政治势力。[①]在明治时期，人们更多地将之称为“军阀”。

山县有朋被称为“日本近代军阀之祖”，他从明治十一年（1878）参谋本部独立开始一直担任参谋本部长，直到明治十五年（1882）。在他任职期间，明治十二年（1879），发布征兵令改革，规定军人服役年数为常备和预备各三年，后备四年，总计为十年。明治十三年（1880），他上奏了一份《邻邦兵备略》，在概述中国军备状况的前提下，要求将日本的国策放在强兵之上，表示强兵为富国之本。这份对国策指手画脚的论文成为日本陆军扩军备战的大纲。

明治十六年（1883），日本再度改革征兵制，延长服役年限，变为现役三年，预备四年，后备五年，总计十二年，并废除以往的免役特例。次年，各镇台步兵联队逐渐编制成旅团。明治二十一年（1888），镇台改称为师团司令部，统领步、骑、炮、工等各兵种，并继续充实兵员。到明治二十六年（1893），一个野战师团由步兵12大队、骑兵3中队、炮兵6中队、工兵2中队组成，加上附属的作战机关和后勤人员，共18492人，七个师团总人数为123000余人。陆军预算也在逐年增加，明治十一年（1878）陆军军费不过6629743.772日元，后逐年增长，到明治十六年（1883）突破千万日元，明治二十六年（1893）为14721226.211日元。[②]

①［日］井上清著，马黎明译：《日本军国主义》（三），第5—6页，商务印书馆1985年版。

②［日］山县有朋：《陆军史》，载大隈重信编：《日本开国五十年史》，第200—201页，上海社会科学院出版社2007年影印版。

在扩充军队的同时，装备也在更新。明治十三年（1880），曾留学欧洲的村田经芳参考法国步枪开发研制了“十三年式村田步枪”，后根据日本人的实际情况进行改良，继续研制出枪身更短、重量更轻的“十八年式村田步枪”。明治二十年（1887），这种新式步枪被配备给全军。同时，大阪炮兵工厂也完成了火炮的国产化。这些制式装备使日本陆军的作战水平大大提高。

◇ 明治天皇戎装像

“忠君爱国”的理念也被不断灌输给军人。明治五年（1872），日本以天皇名义发布《军人守则》，列举军人的七大职责为效忠、绝对服从、勇敢、善用体力、俭朴、荣誉及尊敬尊长；明治十一年（1878），又发布了《军人训诫》，要求军人“忠实、勇敢、服从”；明治十五年（1882），天皇又向陆海军颁布了《军人敕谕》，“宜鉴于宇内形势，以扩张陆海军备”，[①]并把武士道精神列入对军人的思想要求中。

到甲午战争前，日本建立起了一支天皇制下拥有战斗力的军队，这支新式军队已经经过了倒幕战争和西南战争的洗礼，接下来，他们需要一场对外战争以进一步检验自身的实力。

四、民党与政府

明治二十三年（1890）11 月开幕的第一届议会中，立宪自由党成为众议院的第一大党。这个由四个团体拼凑而成的民党内部其实划分为四个派系：以板垣退助为核心的土佐派（即原爱国公党），以河野广中为首的东北派（即原大同俱乐部），以大井宪太郎为首的关东派（即原大同协和会），以及以松田正久为首的九州派（即原九州同志会）。

这四派各有打算，且立宪自由党的议会议员团与外部也有着冲突。立宪自由

①［日］山县有朋：《陆军史》，载大隈重信编：《日本开国五十年史》，第 190 页，上海社会科学院出版社 2007 年影印版。

◇ 松方正义（1835—1924），明治大正时期政治家、初代大藏大臣，后曾两度出任首相

党规定每个府县选举1—2人组成常务议员会，为最高机关，在这个69人组成的常务议员会中，国会议员只有31人，还不到半数。以大井宪太郎为首的激进派，在院外团占据了绝对优势，但在国会却是少数派。因此院外团只能通过操控立宪自由党的决策来影响和干预国会。

明治二十二年（1889）12月24日组成的第一届山县有朋内阁以增强军备为主要政纲，国会开幕后，山县有朋提出了一个庞大的预算计划，要求国会批准。但立宪自由党的院外团坚持“民力休养”的政纲，和政府对着干，要求把这份9400万日元的预算案砍掉800万。立宪自由党占议会多数，只要它不同意，山县有朋的预算案就通不过，这使内阁陷入了颇为窘迫的境地。

为了打破僵局，明治二十四年（1891）2月5日，议会中的“吏党”大成会议员提出了一项动议：根据宪法第67条规定，议会在削减和废除岁出时，必须征得政府的同意。这一项动议在议会讨论时仍然被占多数的民党所否决。内阁中，大藏大臣松方正义主张强硬对抗民党，他反复强调按宪法规定政府有决定预算的权力，议会在修改预算时必须征求政府的同意。山县有朋则采取了比较缓和的方式，他通过农商务大臣陆奥宗光（土佐出身）向立宪自由党中的土佐派寻求妥协。这一招果然有效，2月20日，土佐派议员表示同意大成会提出的动议，并与政府谈判，最终以削减651万日元达成一致意见。以板垣为核心的土佐派随即宣布退出立宪自由党。

退出的土佐派另组了自由俱乐部，立宪自由党也在议会休会期间进行重组，以星亨为中介，土佐派与其他三派再次达成合作。明治二十四年（1891）3月19—20日，立宪自由党在大阪举行党代会，修改了党章，改名为自由党，以板垣退助为党的总理，并确保议会议员团有党的决策权。大井宪太郎将在关东派中的职位让给了星亨，他于次年6月退出自由党，另组东洋自由党。自由党在板垣的领导下，与大隈重信的立宪改进党进行合作，形成了民党这一反政府联盟。

勉强使预算通过的山县有朋在与议会的斗争中精疲力竭，他自认无法控制议会，于明治二十四年（1891）5月6日向天皇提出辞职。在伊藤博文的推荐下，主张对民党强硬的松方正义继任首相组阁，他一上台就一改山县“软弱”的态度。11月，在经过半年休会后，第二届议会（1891年11月21日—12月25日）开幕，海军大臣桦山资纪提出了海军扩军计划，要求增加650万日元的预算，这一计划提交到议会后自然遭到民党的反对。气冲冲的桦山资纪于12月22日跑到议会发表演说，大谈扩充海军对国家安全的重要性，但民党议员根本不买账，仍然坚持削减预算。松方正义一怒之下，于12月25日解散了众议院。

在明治二十五年（1892）2月举行的第二次众议院议员选举中，松方内阁为了不让民党控制众议院，策划了干扰选举的阴谋。内务大臣品川弥二郎与内务次官白根专一采取了许多手段，包括用钱收买选票，用暴力威胁选民和候选人，在高知县、福冈县、千叶县等地都造成了大规模的冲突。在政府内部，农商务大臣陆奥宗光亦对政府的行为大为反感，辞职抗议，伊藤博文也要求辞去枢密院议长之职，下野组织支持政府的政党参加选举，松方正义怕德高望重的伊藤与之对抗，坚决反对伊藤博文辞职。品川弥二郎在一片抗议声中于当年3月被迫去职，与吏党议员组织的“中央交涉部”合流改组成“国民协会”。这场选举开了一个恶劣的先例，“自是之后，弊风至今不熄，而逐次益甚，可谓干涉之余毒。行政官皆干涉选举，警察官不保护投票之安宁，反嗾使暴徒，被害者全无可告诉，求拥护权利而不可得”①。由于政府的干预，民党的席位大大缩水，自由党仅获得了94席，立宪改进党获得38席，两者相加为132席，但仍然超过吏党的124席。

新举行的第三届议会（1892年5月6日—6月14日）在明治二十五年（1892）5月6日开幕，会议一开始民党议员立刻追究起了政府干涉选举的责任，在这场事件中，内阁发生分裂，松方正义再也无力维持，8月8日，内阁提出总辞职。

伊藤博文被请出来收拾残局，他把曾经担任过首相的山县有朋和黑田清隆拉进政府，组织了一个“元勋内阁”，继续和民党保持对立，而民党还是在预算问题上卡政府的脖子。12月，第四届议会（1892年11月29日—1893年3月3日）在众议院预算委员会委员长河野广中的主持下，就明治二十六年（1893）预算进

①［日］浮田和民著，板垣退助、大隈重信阅：《政党史》，载大隈重信编：《日本开国五十年史》，第250页，上海社会科学院出版社2007年影印版。

◇ 品川弥二郎（1843—1900），长州藩士，第一次松方正义内阁内务大臣

行讨论，要求削减包含海军军费在内的883万日元。伊藤博文是时因车祸休养，内务大臣井上馨代理首相之职，议会和政府再度就海军经费问题产生尖锐矛盾，议会提出了弹劾内阁的议案。政府最终不得不采取相对聪明的办法，伊藤博文向天皇上奏，请天皇同意将所需费用以皇室的内帑“下赐”给政府，并削减政府官员俸禄的1/10以经营海军，同时于明治二十六年（1893）2月10日发布要求议会民党和政府“和衷共济”的诏书。至此伊藤内阁顶住了议会民党的第一轮攻击。

接下来，伊藤内阁重新启动改订条约的谈判。明治二十六年（1893）7月，政府向英国提议，以开放外国人进入日本内地旅游、居住和经商为条件，换取废除领事裁判权。但这一提案在议会遭到了许多势力的反对。对外强硬派组成大日本协会，与国民协会、立宪改进党、东洋自由党等五个党派合在一起成了“硬六派”，集体反对这次修订。国民协会本来是吏党，但由于品川弥二郎公然反对伊藤内阁，所以这个政治团体便转而和立宪改进党等反政府政党合作。自由党此时正在内讧，担任第五届议会（1893年11月28日—12月30日）众议院议长的星亨因被曝出买卖股票丑闻而遭到议会弹劾，自由党内部因此形成了星派和非星派。原本由自由党和立宪改进党组成的民党政治联盟破裂。政府于12月30日解散议会，准备于次年重新举行大选。

明治二十七年（1894）3月1日，自由党在日本第三次众议院大选中获得了120席，仍为第一大党，“硬六派”中，立宪改进党获60席，由反政府议员组成的同盟俱乐部获18席，国民协会获35席，大日本协会获9席。同盟俱乐部联合有24席的同志俱乐部以及部分无党派议员于5月15日议会开幕时合组为立宪革新党。转向亲政府立场的自由党虽为第一大党，却仍然不敌反政府立场的“硬六派”。新成立的第六届议会（1894年5月15日—6月2日）提出了弹劾政府的议案，被自由党联合部分无党派议员阻截，但随后提出的修正弹劾案却获得了通过，使伊藤内阁陷入危机。

然而就在此时，最能让政府和政党找到共同语言的事件——对外战争发生了。明治二十七年（1894）5 月，朝鲜爆发了东学党起义；6 月 2 日，只召开了 18 天的第六届议会，被政府以“战争将即”为借口解散；7 月 25 日，中日甲午战争全面爆发；9 月 1 日，在战争中举行的第四次众议院大选在一片和谐中完成，政府联合议会第一大党自由党，用“对清强硬”论引导“硬六派”不再生事；10 月，第七届议会（1894 年 10 月 18 日—21 日）在广岛召开，政府提出的增加 1.5 亿日元临时军费的要求竟然破天荒地获得全票通过……可见这场战争改变了日本的政治格局。

第二节 甲午战争

一、蓄谋已久

日本近代对外扩张的思想可谓是源远流长，远则可以追溯到《日本书纪》《古事记》中所阐述的“皇国思想”，近则有江户时代成形的由“神国”观念派生的“统治宇内”思想。

江户时代后期，水户学成为一时之流行。水户藩士藤田幽谷把日本素来的尊皇思想总结起来，形成了后期水户学，他的思想成为幕末尊王攘夷运动的渊薮。在他的弟子中，有一位名叫会泽正志斋的著名学者，从理论上完成了后期水户学，并于文政八年（1825）发表了名为《新论》的著述。在这本书中，会泽正志斋开门见山地写道：“神州者，太阳之所出，元气之所始。天日之嗣，世御宸极，终古不易，固大地之元首，而万国之纲纪也。”会泽正志斋吸收了儒学的名分说、国学的皇国至上理论和日本传统的神道思想，将之杂糅起来，认为日本是“太阳之所出”，是“日神所开创”，所以自然要比代表“暮气”“邪气”的外国优越。他还把水户学的尊王理论进一步阐述为日本“照耀万邦”的思想。①

幕末的秋田藩士佐藤信渊则说得更为露骨，他在文政六年（1823）发表了《混同秘策》一文，声称“皇大御国，乃大地最初生成之国，世界万国之根本。故而若善于治理其根本，则全世界可悉为郡县，万国之君长可悉为臣仆”。至于如何

①[日]永田广志著，陈应年、姜晚成、尚永清等译：《日本哲学思想史》，第 247—249 页，商务印书馆 1983 年版。

治理“根本”，佐藤信渊主张维护君主的绝对统治，“自由掌握日本全国，如同我之手足”，实现富国强兵的目的。他说，“皇国征伐支那之际，若节制得当，不过五七年耳，彼国必定土崩瓦解”。接着，他用了很大的篇幅论述征取中国的方略，主张先征服“满洲”，进而征服中国，南下东南亚，实现“世界可悉为郡县”的“梦想”。[①]

这些思想被幕末的大思想家吉田松阴所吸收，他提出征服“易取之朝鲜、满洲、中国”，来补偿“贸易上失之于俄美者”。“失之欧美，取之中国”，这种补偿论为吉田的弟子木户孝允、山县有朋、伊藤博文等人承继，成为明治政府的外交理念。

正是因为如此，明治政府在成立时，承认了幕末签署的一系列不平等条约，对西方国家做出了诸多让步。在明治元年（1868），政府刚刚诞生时，天皇发布了《御笔信》，表示要“开拓万里之波涛，布国威于四方”，为明治政府的外交政策定下了基调。明治政府抱持这个信念，从明治六年（1873）的征韩论开始，一步一步向大陆扩张。日本的“大陆政策”也在这一过程中不断成熟。到甲申之变后，主导日本未来侵略扩张方向的“大陆政策”已经基本成形。

明治十九年（1886），山县有朋派遣参谋本部第二局（负责外国地理、兵制、政制的调查，规划作战策略）局长小川又次前往中国调查军备，小川又次在第二年2月回国，并拟定出一份《征讨清国策案》。

这份《征讨清国策案》共分三篇。第一篇《彼我形势》分析了中国和日本的实力，它以英国与印度的关系为类比，表示日本要维持“独立”“伸张国威”，就必须趁中国兵力尚弱时，“折其四肢，伤其身，使其不能动弹”，进而将中国分割为如印度一样的数国。

第二篇《作战计划》在前述分析的基础上建议：要征服中国，就必须擒其七寸，派遣八个师团，先以海军击败中国海军，接着登陆进攻北京，拦截中国的救援之师，一旦攻占北京，就能使中国屈服。

在第三篇《善后处置》中，作者认为：应将直隶、山西两省，河南黄河北岸，山东全省，江苏省黄河故道宝应湖、镇江府太湖，浙江省杭州府、绍兴府、宁波

① 参见：［日］丸山真男著，王中江译：《日本政治思想史研究》，第286—287页，三联书店2000年版；米庆余：《近代日本的东亚战略和政策》，第43—45页，人民出版社2007年版。

府等地直接并入日本，将东三省分与清朝建立满洲国，在长江以南“迎明代后裔”，建立属国，将西藏、青海等地分给达赖，在内外蒙古和甘肃等地“选其酋长或人杰”。可以说这是一份瓜分肢解中国领土的计划书。

山县有朋是日本军阀势力的代表，他在明治二十一年（1888）提出了一份《军事意见书》，警告说：日本想要确保在朝鲜的利益，势必要对中国一战，当前中国正在不断“扩张军备”，日本也必须做好相应的准备。明治二十二年（1889）12月第一次组阁后，山县有朋在第二年3月发表的《外交政论略》中提出了“利益线”理论，他在对议会发表施政纲领时详细阐述了这一理论。他首先分析说：俄国正在建设西伯利亚大铁路，美洲也在修筑巴拿马运河和加拿大太平洋铁路，这些都将使列强侵略亚洲更为容易。他认为，国家“独立自卫之道”有二：一是守卫主权线，二是防护“利益线”。主权线就是本国的疆土；利益线是“与主权线之安危密切相关之区域”。当前日本“利益线”的“焦点”就在朝鲜，一旦俄国修筑完西伯利亚大铁路，就是南侵朝鲜之时，俄国占领朝鲜，就是对日本“利益线”的严重挑战。日本要防患，就必须先下手为强。①

山县有朋“利益线”理论的出台，标志着日本“大陆政策”的最终形成。在山县有朋理论的指导下，明治二十七年（1894），日本发起了一场“先下手为强”的战争。

二、东学党起义

19世纪80年代的朝鲜处于内忧外患之中，一方面，因履行《济物浦条约》中对日赔款、推行开化政策背上了沉重的外债，另一方面，日本也加强了对朝鲜的经济掠夺，通过为困境中的朝鲜农民提供贷款，从而以十分低廉的价格大肆收购朝鲜大米，来补助国内大米产量的不足，形成了“饥饿输出”的局面。日本还利用条约给予的特权套购黄金，来支持本国的财政体系。朝鲜的财政状况因此陷入了空前的困境中，政府不得不一再增加税收，这把许多农民进一步逼上了绝路。

19世纪60年代，出生于朝鲜庆州儒学世家的崔济愚（1824—1865）创立了东学教。所谓的“东学”，是相对“西学”而言的。崔济愚从中国的儒学、佛教、

① 参见：沈予：《日本大陆政策史》，第49—53页，社会科学文献出版社2005年版；米庆余：《近代日本的东亚战略和政策》，第114—120页，人民出版社2007年版。

道教等思想中寻找理论依据，加上朝鲜传统的民间信仰，糅合成了一种思想体系，提出“侍天主，造化定，永世不忘，万事知”这13字口诀为其思想的总纲。“侍天主”是东学教信仰的核心，崔济愚主张“诚敬信”为天道之本体，以“辅国安民”“广济众生”的口号吸引民众。但他最终被朝鲜政府以“邪道乱正”的罪名斩首。

第二任教主崔时亨（1827—1898）将东学教发展成为一个有组织的团体。其最下层的组织称“包”，“包”由“接主”领导，从“接主”中挑选“都接主”统领各包。教区中实行六任制度，由“教长”“教授”“都执”“执纲”“大正”“中正”六职处理教务。崔时亨还将首任教主崔济愚的遗文印成《东经大典》发行。在建立组织体系后，东学教迅速向朝鲜南部的庆尚、全罗、忠清三道蔓延，并扩展到江原、京畿、平安各道。东学教的迅速发展，引起了朝鲜官方的注意。1892年，崔时亨发起了为崔济愚“正名”的请愿活动。1893年3月，以崔时亨的弟子朴光浩为首的40多名东学党人在汉城景福宫光华门前伏阙上书，要求为崔济愚平反，停止镇压东学教，被高宗下令驱散。遭到镇压以后，东学教又提出“扑灭倭洋”的口号，于4月在忠清道报恩郡聚集教徒。朝鲜政府上层接受了袁世凯的建议，派户曹判书鱼允中前往安抚。崔时亨等东学教上层本来就对起义不甚热心，所以很快接受了鱼允中的劝谕，让这场起义不了了之。

然而东学教的下层农民却与上层思想不尽相同。1893年，由于全罗道官吏强征水税，中饱私囊，以全琫准为首的东学党人发起了请愿运动。全琫准是朝鲜非贵族门阀出身的知识分子，在乡间以课书为业，早年追随崔时亨学习东学，成为一名东学教徒。其父全彰赫为乡校掌议，曾因反对官府的搜括，被拷打致死。对于全琫准领导的请愿活动，郡守赵秉甲不闻不问，反诬陷全琫准等人为“乱民”，对其进行拷打。全罗道监司金文铉也拒绝听农民的请愿要求，并将农民驱回乡里。在请愿失败后，全琫准于1894年3月发动起义，驱逐了全罗道古阜郡的郡守赵秉甲，抢夺武器，开仓济民。起义的消息很快传遍整个全罗道，各郡农民纷纷效仿。朝鲜官方决定用对付崔时亨的办法，先罢免处分赵秉甲和金文铉两名官员，再派出李容泰前往处理善后，但李容泰一到任，就大肆搜捕起义主谋者，使矛盾更为激化。

4月，全琫准再次发动起义，率领农民驱逐了李容泰。5月，全罗道起义的农民聚集起来，奉全琫准为首领。朝鲜政府匆忙派人围剿，在黄土岘被起义农民击败。起义军乘胜攻克井邑、茂长等县，规模发展到万人。接着，忠清、黄海、京畿、江原等道的农民也纷纷揭竿响应。

全琫准起义军打着“逐灭夷倭，尽灭权贵”的旗号，将反抗的矛头指向了日本和西方列强以及在朝的门阀贵族势力。同时，起义军严明军纪，遵守“不杀人杀物”“济世安民”的准则，得到了许多农民的支持，所以能在很短的时间内席卷整个全罗道。

5月，朝鲜政府任命洪启薰为两湖招讨使，率军镇压。洪启薰率领的京兵不过数百人，虽然装备较农民军精良，但士气不足，因此，不敢与起义军正面接触。起义军时聚时散，游走迅速，洪启薰的军队跟在其后，被拖得疲惫不堪。5月底，官军在长城县月坪里中埋伏，被夺走军械大炮若干。洪启薰应该没有好好研究过两个先例：明朝末年杨嗣昌在镇压李自成、张献忠率领的起义军时也被敌人牵着鼻子走，结果明军连失两大重镇洛阳和襄阳，杨嗣昌自杀；而在近30年前的1865年，清朝僧格林沁镇压捻军起义，也被捻军首领赖文光拖着奔波数省，兵败身亡。殷鉴不远，洪启薰却并没有因月坪里的失败而警觉。而获得胜利的全琫准则找准了官军的弱点，率军经灵光、咸平南下，以调动官军，趁官军防备空虚之机，突然转而向北，直插全罗道的首府全州，此时的全州几乎是一座空城，被起义农民顺利拿下。

全州是朝鲜太祖李成桂的发家之地，是李氏王朝基业的根本所在。全州的失陷对朝鲜政府打击甚大。洪启薰立刻建议朝鲜政府仿效清朝借洋兵围剿太平天国的先例，向清政府“乞兵助剿”。其实此前在朝鲜政府中，有关是否乞兵的争论一直在持续，高宗和闵妃都认为应该乞兵，但又怕日本也趁机出兵干涉，造成不可收拾的局面。在全州陷落以后，火烧眉毛的朝鲜政府终于下了决心，通过袁世凯向清政府提出派清军进入朝鲜协助围剿的建议。

在借师助剿的同时，朝鲜政府改变了以往的做法，采用剿抚结合的方式，向全琫准提出了和谈要求。全琫准受到东学教高层的压力，意识到中日两国即将同时出兵的危险。1894年6月10日，政府与起义军在起义军提出的27条意见基础上达成了停战协定，签订了《全州和约》。在这份协定中，政府承诺与东学教和平相处，并同意惩办贪官污吏、残暴富豪和不良儒林，改善贱民待遇，废除苛捐杂税，惩办通日奸细等。在谈判桌上取得胜利的农民在其所控制的区域里设立“执纲所”，和朝鲜中央政府分庭抗礼，俨然成为一个地方政权。农民以“执纲所”

实现自治，除部分骨干以外，其他起义军主力解甲归田，恢复秩序。

朝鲜东学党起义的消息传到中日两国，引起了不同的反应。中方李鸿章首先派出北洋海军的平远舰帮助朝鲜运兵，在接到朝鲜方面借师助剿的要求后，又派太原镇总兵聂士成率前锋约800人，自天津起航渡海抵朝鲜。直隶提督叶志超率清军主力随后渡海，在牙山驻扎。清朝驻日公使汪凤藻在6月6日聂士成出发的同一天，照会日本外务大臣陆奥宗光，根据《天津条约》的规定，通知日本中国已决定派兵援朝。日本方面早就在密切关注中国方面的动向，6月2日，日本内阁会议在获得清军决定援朝的消息后就已经决定趁东学党起义的机会，出兵朝鲜，以对外战争来转移国内视线，解除伊藤博文内阁的弹劾危机。这一决议得到了参谋本部长有栖川宫炽仁亲王和参谋次长川上操六的支持，军部和内阁共同计划后认为：清朝最多派遣5000人，所以日军只需要出动6000—7000人于朝鲜击败清军，就可迫使清朝求和。如果中国增兵，日本可以再派出一个师团。6月5日，日本建立了战时大本营，负责战时的动员、出兵、作战指挥等事务。伊藤博文在出兵问题上有所顾忌，所以决定仅派出一个混成旅团。拿到中国派兵的照会以后，陆奥宗光如获至宝。6月7日，日本也向清朝发出了出兵的照会。驻朝公使大鸟圭介率400多军人在仁川登陆，并于10日直奔汉城而去，随后日本军队约4000人在仁川大规模登陆，日本海军则在仁川停泊了松岛、吉野、千代田、八重山、筑紫、大和、高雄、赤城八艘军舰，实力压倒了在朝仅有平远、济远、扬威三舰驻泊的北洋海军。日本民间右翼团体玄洋社也派出“天佑侠团”到达朝鲜，大肆刺探军情，进行破坏活动。一边是蓄谋已久，一边却是浑浑噩噩，一场战争在所难免。

三、和战交锋

1894年6月10日达成《全州和约》以后，朝鲜政府认为农民起义已经平息，便告知中日双方，要求双方撤军。从6月12日开始，中日开始讨论撤军问题，但没有达成一致意见。

6月16日，日本突然抛出了一个“中日共同协助改革朝鲜内政”的方案，要求在朝鲜实现“内政改革”前中日都不撤军。这个方案如日本所料被李鸿章拒绝，日本外相陆奥宗光提出这个建议，就是想制造开战的借口，他秘密要求大鸟圭介采取一切办法利用各种手段寻找开战的理由。日本政府遂在22日给清政府递交了第一份“绝交书”，表示拒绝撤军。李鸿章同时也拒绝了袁世凯的增兵要求，他认为清兵固守牙山无虞，一旦增兵只能刺激日本，让他们也以此为借口增兵。他希望采取绥靖政策以避免中日交锋。

李鸿章其实是有不得已的苦衷，他作为北洋海军和淮军的领袖，控制着清政府的海陆军的主力，对于自己手里那把牌的好坏是心知肚明。北洋海军多年没添置新船，战斗力如何要打个问号，淮军在镇压太平军以后多年未战，已经逐渐开始腐化，手里捏着一把烂牌的李鸿章自然不敢轻易言战。

聂士成于 7 月 5 日率领数十骑兵士进入全州城，确认了起义军已经退出全州解散。在完成抚绥工作后，他也“屡电请班师内渡”，他说：

> 我军本奉命平韩乱，非与倭争雄也。倭乘间以水陆大队压韩，据险寻衅，蓄谋已久。又敌众我寡，地利人和皆落后著，与战，正堕彼术中。今匪乱已平，正可趁此接队内渡，免资口实。此老子不为人先之谋，亦兵家避实就虚之计。①

从后来的局势发展看，聂士成果然有先见之明。清军此时在朝鲜无论海陆兵力都不占优势，撤退是一个非常明智的选择，因为日本并不敢在这个时间不顾英、俄可能干涉的危险悍然吞朝。清军撤退可以避免授人以口实，扩大事端。可惜聂士成的意见没有被接受。

年轻气盛的光绪皇帝和他的老师翁同龢对这些现状没有什么认识。光绪皇帝拒绝撤军“示弱”。翁同龢日记中记载了甲午六月十四日（1894 年 7 月 16 日）军机处会议的情况：

> ……看电报，看奏折。主战者五折，议无所决。余与高阳（引者注：指李鸿藻，李鸿藻为直隶高阳人）皆主添兵，调东三省及旅顺兵速赴朝鲜。余又谓清厘朝鲜内政，不为失礼。此二端皆入覆奏，稿交章京沈鹿草拟。是日，军机见起，上意一力主战，并传懿旨亦主战，不准借洋债。传知翁同龢、李鸿藻，

①〔清〕聂士成：《东征日记》，载中国史学会编：《中国近代史资料丛刊——中日战争》（6），第 8 页，新知识出版社 1956 年版。

上次办理失当，此番须整顿云。[1]

翁同龢和李鸿藻不知兵事，一味主战有意气用事的成分，同时也是为了迎合光绪。但他们“增兵”的意见也是有可取之处的，如果有足够的军事筹码，谈判桌上就有更多的底牌，清军如果不撤退，就必须在朝鲜保持足够强大的军事实力，以吓阻日军的挑衅。李鸿章的拒战虽然是出于对局势的认识，但他却错误估计了日本寻衅开战的决心，他认为，只要清军不增兵，不刺激日本，就可以依靠英、俄的“调停”，实现和谈的目的。

李鸿章对英、俄寄予厚望，是他在甲午战争中所犯的一个大错误。6月30日，俄国政府送出了要求中日撤军的劝告，但被日本拒绝。日本不但知己知彼，而且知英知俄，它知道俄国在远东的兵力不足，且顾忌英国，不会进行武装干涉。所以日本采取了拉拢英国的办法，于7月16日与英国签订《日英航海通商条约》，完成了“条约改正”的第一步，撤除了治外法权。英国外交大臣金伯利（John W Kimberley,1826—1902）在签约后表示：“此约之性质，对日本来说，远胜于打败清帝国之大军。”总之，李鸿章利用英俄两国调停的计划完全落空。

和李鸿章一样幻想调停的人不在少数，只有光绪和翁同龢、李鸿藻等人孜孜主战。清朝中央对于战还是和的问题也因此举棋不定，而日本方面则是摩拳擦掌，做好了大战的准备。

7月14日，日本外相陆奥宗光第二次给清政府总理衙门发来了“绝交书”，接着在7月20日，日本向朝鲜发出了最后通牒，要求朝鲜废弃与清朝的一切条约，并要求清朝单方面撤军，遭到朝鲜的拒绝。23日凌晨，早有准备的日本军队突然占领了朝鲜王宫，解除了朝鲜京营的武装，在控制住高宗以后，扶持大院君上台，成立了以金宏集为总理大臣的亲日政府。接着日本操纵朝鲜进行“政治改革”，废除与清朝的条约，并要求清朝撤军，为日本挑起战端制造口实。

光绪帝的三令五申，加上日本发动朝鲜政变，让李鸿章终于下定决心增兵朝鲜。但增兵的过程却一波三折。坐拥北洋海军的李鸿章在紧急时分根本派不出船只运载军队，只能向外国租了“爱仁”“飞鲸”“高升”三艘运兵船，向牙山输送军队。

[1]（清）翁同龢：《翁文恭公日记》，载中国史学会编：《中国近代史资料丛刊——中日战争》（4），第480页，新知识出版社1956年版。

三船于21—23日分三天先后离开天津塘沽前往牙山，北洋海军的济远、广乙、威远三舰担负了这一次运输的护航任务。

清军的动向被日本间谍所掌握，7月25日，在黄海牙山口外的丰岛，日本海军不宣而战，向北洋海军发起了攻击。

四、丰岛海战

北洋海军的济远等三舰在7月23日抵达牙山，24日，“爱仁”舰载淮军仁字营千人抵达牙山登陆完毕，同日，“飞鲸”也到达了牙山，两舰在卸下军队和货物后顺利返航。此时，传来了日本舰队的消息。

日本海军著名的主战派人士，曾任海军大臣的桦山资纪于7月14日出任海军军令部长，他一接任，就着手整顿海军进行作战准备。在明治时期，日本海军维持着两个舰队：新锐舰只组成常备舰队，老旧舰船则组成担负沿海警备任务的警备舰队。桦山资纪根据军令部官房主事山本权兵卫的建议，将警备舰队改为西海舰队，并将之与常备舰队合并为联合舰队。7月18日，正式任命海军中将伊东祐亨为联合舰队司令。

7月23日，在清军运兵牙山的同一天，日本联合舰队从佐世保港起航，军令部长桦山资纪乘坐的“高砂丸”上，打出“发扬帝国海军荣誉”的旗语，联合舰队旗舰“松岛”回答以“坚决发扬帝国海军荣誉”。联合舰队不眠不休，向朝鲜南端前进，力求拦截住中国的运输舰队。

◇ 伊东祐亨（1843—1914），萨摩藩士，日本旧海军第一任联合舰队司令长官

中国方面，担任运输舰队护航任务总指挥的济远舰管带方伯谦在听说日舰队活动的消息后，考虑到威远舰为木壳练习船，因此让其先行离开牙山。济远和广乙两舰则在25日凌晨离开牙山返航。日本联合舰队派出了快速巡洋舰“吉野”“浪速”“秋津洲”组成第一游击舰队，正好在同一时间巡弋到牙山口的丰岛海面，向济远和广乙发起了攻击。

◇ 防护巡洋舰“浪速”

这绝对是一场一边倒的战役，日本的三艘军舰都是排水量 3000 吨以上的新式巡洋舰，特别是“吉野”，速度高达 22.5 节，排水量 4225 吨，是 1892 年才下水的英国制新舰。“浪速”和“秋津洲”的速度也分别达到 18 节和 19 节。日本军舰还配备有 22 门速射炮，而济远舰排水量只有 2300 吨、速度最高 15 节。在装备上，日本海军就已胜过一筹，何况又占了突然袭击的上风。凌晨 7 时 45 分，日舰“吉野”号首先向济远舰开炮，济远发炮还击，丰岛海战爆发。

关于这场海战，以往的许多日本官方文件声称是北洋水师先发的第一炮，日本还击，这其实是站不住脚的。如果处于劣势的济远和广乙两舰直接去挑衅日本三艘新锐巡洋舰，那方伯谦绝对是吃了熊心豹子胆。时任日本“浪速”舰舰长的东乡平八郎也在日记中披露：

> 七月二十三日，……午后五点进入战斗准备状态。
>
> 七月二十四日，……午后七点以战斗部位布置哨兵。
>
> 七月二十五日，……午前七点二十分，在丰岛海上远远望见清国军舰济远号和广乙号，即时下战斗命令。七点五十五分开战，……①

可见，日本方面是有预谋的突然袭击。济远舰在遭受炮击后，发炮还击，炮弹击中日舰“吉野”，但因炮弹未装药，所以没能引发爆炸，“吉野”虽然受创却逃过一劫，济远舰在三艘日舰的集中炮击下伤痕累累，赖有舷侧装甲遮护，仍然保持着续航能力。广乙舰在随后加入战斗，从后方靠近，试图向“吉野”和“秋津洲”两舰发射鱼雷，“吉野”号利用其速度快的优势转舵规避，“秋津洲”发

① 陈信德译:《东乡平八郎击沉高升号日记》，载中国史学会编:《中国近代史资料丛刊——中日战争》(6)，第 32 页，新知识出版社 1956 年版。

炮还击，命中广乙舰。继而日舰“浪速”发现广乙舰出现在其后侧，东乡平八郎下令开左舷侧大炮进行高速射击，广乙舰遭受重创，被迫驰离战场，后在朝鲜海岸搁浅。管带林国祥将船焚毁后率船员70人登陆。济远舰管带方伯谦见战况不利，下令全速退出战场，三艘日舰在后紧紧追赶，济远舰先打出降旗，继而在降旗下打出日本海军旗表示放弃抵抗。

此时，海面上又出现了两艘船，正在赶赴朝鲜牙山的英国运输船“高升”号和北洋海军的“操江”号恰好驶进了战场，“吉野”立刻下令“浪速”和“秋津洲”两舰会合，由“浪速”应对“高升”号，“秋津洲”应对“操江”号。

9时，“高升”号在进入战场时首先看到的是挂着白旗和日本海军旗的济远舰，因此不以为备，继而遇上了日舰“浪速”。舰上的北洋海军顾问德国人汉纳根（Lieutenant von Hanneken）证实说：

> ……第四号日本船（指“浪速”）忽悬挂信号，并放两响空枪，令我们下锚停止，我们停下来。他们第二个信号是：“停在现在你们所停的地方，不然，接受一切后果。”三只日本船都向前移动，似乎要互相以信号取得联系，因为他们看见一只显系悬挂英国旗的中国运输舰后，不知怎么办才好，第四号船于是转过身，把它所有的炮露出来，面向我们的船，并停在大约距离我们的船四分之一英里的海面上，我们见一只小船离开该船向我们方面开来。……[①]

“浪速”以武力威胁，要求“高升”号随之行驶，实际上是将“高升”号视作俘虏，船长高惠悌（Galsworthy）认为商船无力对抗军舰，想表示服从。但“高升”号上有中国军队1100多人，他们拒绝成为俘虏，许多官兵表示，应该将船开回大沽口。高惠悌不得已，只能将中国官兵的意愿传达给日方，并表示“考虑到我们出发时尚在和平时期，即使已宣战，这也是公平合理的要求”。此时已是正午12时，“浪速”的谈判代表返回本舰后，突然发出要求“高升”号船员离开船只的信号，进而挂红旗警告。下午1时，“浪速”向“高升”发射鱼雷，并炮击船只。船上清军只

① 孙瑞芹译：《日舰击沉高升号实况文件三种》，载中国史学会编：《中国近代史资料丛刊——中日战争》（6），第20页，新知识出版社1956年版。

◇ 击沉高升号

能用枪械还击。下午1时半，“高升”号沉没，仅362人遇救①。

“操江”号是一艘排水量460吨的小船，在被日舰“秋津洲”追及后，日舰鸣炮威胁，管带王永发被吓住，下午2时许投降，连其在内的船员83人成为俘虏，一直被关押到甲午战争结束才回到国内。

“高升”和“操江”两舰的出现客观上救了济远舰，济远舰以尾炮向追击自己的“吉野”连发四炮，击中了其要害，迫使“吉野”于12时43分放弃追赶。济远舰在16日早晨返回威海卫军港。

朝鲜牙山的清军方面，叶志超、聂士成等人在7月14日接到了李鸿章的电报：“和议难成，已遣江自康带仁字营来助战守”，24日，李鸿章又一次电告：“和议决裂，速备战守”。在此期间，袁世凯已经自仁川回国。26日，丰岛海战的消息传到牙山。日本驻朝混成旅团的前哨侦骑已经开始在牙山附近的振威一带活动。聂士成对日军在朝究竟有多少兵力一无所知，认为日军有万人之多，因此做出了错误的判断，认为牙山无险可守，建议在海援断绝的情况下迂回撤到公州，这一建议得到了叶志超的认可。为保证顺利撤军，聂士成在成欢驿一带构筑了防御工事，拦截日军。29日，日军分兵两路，右翼军在安城渡遭遇清军的伏击，仓促间陷入被动，但由于清军人数过少，在日军后继部队加入战斗后，清军被迫撤退。左翼日军在得知右翼得手后，向成欢驿的聂士成清军阵地发起猛攻，以炮火优势压制了清军，聂士成率军突围，决定与叶志超会合后撤往平壤。8月下旬，叶、聂所率清军与平壤的左宝贵等部会合。

日本就这样“不宣而战”，发动了甲午战争。8月1日，光绪皇帝下了对日宣战的诏书，在同一日，明治天皇也下达了宣战诏书，宣称中国干预朝鲜内政，拒绝日本提出的要求，将挑起战争的责任全数推给中国。

① 王家俭：《李鸿章与北洋舰队》，第450页，三联书店2008年版。

五、平壤大战

1894年8月1日，中日互相宣战，但此后，中日双方对待战争的态度却全然不同。日本方面伊藤博文首相一直认为不能轻易与中国开战，他对中国北洋海军的实力仍有所顾忌，并认为列强有可能干涉。但日本于前一年5月19日发布的《战时大本营条例》规定，天皇战时的军令大权，任何机构不得干预，仅由参谋总长辅佐独断行使。御前大本营中的所有成员皆为陆海军军官，连首相也被排除在外。伊藤博文在7月27日才得以参加大本营会议，然而开战一事已成事实。伊藤博文和外相陆奥宗光认为，为了防止列强干涉，必须速战速决。8月14日，大本营任命山县有朋为第一军司令官，率军出征朝鲜。8月17日，陆奥宗光于内阁会议上，提出了将来处理朝鲜问题的四个方案：

（甲）作为真正独立国家，不加干涉；

（乙）名义上承认为独立国，事实上使它“屈服”于日本势力之下，作为日本的“保护国”；

（丙）由日清两国瓜分；

（丁）作为永久中立国。[①]

内阁会议最终确定以（乙）方案为目标，显示出日本试图控制朝鲜的野心。在此基础上，8月20日，日本迫使朝鲜签订了《日韩暂定合同条款》，要求朝鲜将汉城到釜山、仁川两条铁路的铺设权与电信架设权让给日本，并增开港口；26日，又签订了《大日本大朝鲜两国盟约》，将朝鲜强行捆绑到日本对华作战的战车上。9月15日，日本将战时大本营移动到更靠近朝鲜前线的广岛。

在日本紧锣密鼓备战的同时，李鸿章从7月21日开始调拨东北清军入朝增援。首先调配的是驻天津小站的盛军13营6000人，由宁夏镇总兵卫汝贵率领，还有驻旅顺的毅军4营2000人，由总兵马玉崑率领；继而派出驻奉天（今沈阳）的奉军4000人，由总兵左宝贵率领；最后是奉天练军盛字营和吉林练军1500人，由副都统丰升阿统率。新增清军大部分在8月9日抵达平壤，加上撤退到平壤的牙

① 信夫清三郎编，天津社会科学院日本问题研究所译：《日本外交史》，第269页，商务印书馆1980年版。

◇ 平壤之战（浮世绘）

山清军叶志超部 3500 余人，再除去镇守鸭绿江到平壤一线确保后路的部分兵力外，清军在平壤的守备军力大约为 13000 人[①]，由牙山逃回的叶志超担任统帅。

总体来说，日军此时在朝鲜立足未稳，且深受补给不继之苦，如果清军集合优势兵力，南下汉城，并在朝鲜南侧增兵登陆，部署得当的话，是可以击败在朝日军并取得主动权的。但驻平壤的清军根本不准备进行进攻作战，非但如此，从开城到平壤一线所有的险要关隘，清军皆不把守，拱手让人，作战意志之消沉可想而知。另外，由山县有朋率领的第一军（下属第三师团）正在联合舰队的护卫下，从海路赶赴仁川，日本人认为，“在当时北洋舰队主力完整无缺的情况下，这种做法是一种赌注”，但是，“受命保存兵力、停止索敌活动的北洋舰队没有出动”[②]。在这种情况下，出现了很奇怪的一幕：在平壤囤积了大量粮草的清军龟缩防守，相反，苦于后勤不继，连过路牛马都一律扣留征集的日军驻朝第五师团反而决定强攻平壤。

日军第五师团的野津道贯师团长手里只有区区 17000 人有余，按《孙子兵法》“十则围之，五则攻之”的原则，这点兵力肯定不足以撼动平壤坚城，如果清军能防守两天以上，补给不继的日军只能退却。野津道贯是硬着头皮展开了军事冒险，

① 戚其章：《甲午战争史》，第 82—88 页，世纪出版集团、上海人民出版社 2005 年版。

②［日］藤村道生著，米庆余译：《日清战争》，第 103 页，上海译文出版社 1981 年版。

因为等山县有朋的第三师团一到，日军数量还要增加，在没有控制制海权的情况下，补给将更为困难。

9 月，日军抢渡大同江，把守渡口扼要的清军稍做抵抗，就撤回了平壤。日军顺利渡江，并在 9 月 14 日推进到平壤，决定于 15 日凌晨发起对平壤的总攻。而清军方面，叶志超听说日军到来的消息，立刻提出了一个不战而退到鸭绿江一线的提案。这个提案虽被其他将领否决，但从一开始就埋下了失败的种子。

日军的混成第九旅团是成欢驿之战的胜利之师。旅团长大岛义昌少将挟成欢驿胜利之余威，在 15 日凌晨 4 时，将混成第九旅团分成四队，向驻扎在桥头的清军发起了进攻。日军在炮火掩护下，猛攻清军的桥头阵地。清军的指挥官是马玉崑，在炮火下毫无惧色，卫汝贵率盛军来援。天亮以后，阵地暴露的日军便陷入了劣势，随着双方距离的拉近，有坚固防御体系的清军占据了上风。清军在马玉崑、卫汝贵的指挥下，血战终日，而大岛义昌则犯了轻敌的错误，在下午被迫退出战场。大岛义昌身负重伤，将校以下死亡 140 人，伤者 290 人，损失惨重。

船桥里一战虽然获胜，但清军在部署上仍然出现了重大问题：平壤北面的玄武门和牡丹台是战略要地，但清军认为日军将从南面而来，便将重兵屯于南门。守卫玄武门和牡丹台一侧的只有左宝贵率领的奉军 3 营和原驻牙山的仁字 2 营，不过 2900 人。日军在北面集中的元山和朔宁两支军队共 7800 人，兵力大大超过了清军的防御部队。15 日凌晨，日军在立见尚文少将和佐藤正大佐指挥下，分两路向牡丹台和玄武门发起攻击，对清军形成夹击之势。左宝贵的奉军坚守左翼堡垒，据险反击，抵挡了日军大部分的攻势，江自康指挥的仁字营在右翼防守。到 8 时，清军撤退，平壤北门外的壁垒尽归日军所有，日军两个支队合并，分为三路，仰攻牡丹台。清军占据高地，命炮兵还击，但日军炮兵阵地轰破城壁，压制了清军的炮火，于 8 时 30 分攻陷牡丹台。此时玄武门直接处于日军的炮火威胁之下，左宝贵在玄武门上身穿朝

◇ 野津道贯（1841—1908），萨摩人，时任第五师团长。

◇ 日军攻破平壤玄武门（浮世绘）

服、披黄马褂、顶戴花翎，亲自督战，鼓舞士气。但日军居高临下，最终用炮火打破玄武城门，一拥而入。清军以土塞城门，顽强抵抗，日军又炮击城楼，左宝贵为炮火击中，以身殉国。但奉军仍然将日军死死抵在外城，立见尚文见终日作战，士卒疲惫，只能下令停止进攻。

傍晚天降大雨，让本就补给不继的日军处境更为困难。但到了夜晚，局势却急转而下。

清军的最高统帅叶志超是一个平庸之辈，且胆小如鼠。李鸿章让这个人担负指挥入朝清军的大任，实在是见人不明。下午 4 时，饱受暴雨之苦的日军突然发现平壤各门都悬起了白旗，向日军“乞归路”。破城乏术的日军听到这个消息自然是如获至宝。当晚，清军在叶志超的指挥下开始弃城潜逃。日军埋伏于城外要道，伏击清军，“枪礮（注：通“炮”字）排轰，我溃兵回旋不得出，以避弹故，团集愈紧，死亡愈众，其受伤未殊之卒纵横偃卧，求死不得，哀号之声，惨不可闻。加以人马腾藉，相蹂死者至二千余人，掳于倭者亦数百人，而将领死者盖鲜。平壤军储甚厚，凡有大小礮四十尊，快礮并毛瑟枪万数十杆，将弁私财、军士粮饷（凡有金币十二箱，内共金甑六十七块，金锭六十一锭，金沙十四箱，大小三十包，皆将领私财；而军士粮饷除粮食以外，尚存饷银约及十万两），军资、器具、公文、密电，尽委之而去”[1]。

对于这场莫名其妙的大溃败，叶志超在战后却文过饰非，掩败为功。事败后虽被判入狱，却连累了猛将卫汝贵与之同受处分，后卫汝贵遭到斩首。黄遵宪对平壤一败痛心疾首，作诗云：

> 黑云革山山突兀，俯瞰一城炮齐发。火光所到雷硠礚，肉雨腾飞飞血红。
> 翠翎鹤顶城头堕，一将仓皇马革裹。天跳地踔哭声悲，南城早已悬降旗。
> 三十六计莫如走，人马奔腾相践蹂。驱之驱之速出城，尾追翻闻饿鸱声。
> 大东喜舞小东怨，每每倒戈飞暗箭。长矛短剑磨铁枪，不堪狼藉委道旁。
> 一夕狂驰三百里，敌军便渡鸭绿水。一将囚拘一将诛，万五千人作降奴。[2]

六、决战大东沟

和陆军一样，北洋海军在开战以来，表现也不尽如人意。李鸿章虽然建立起了北洋海军，但是对海军的作战方式认识不清，他向来认为海防就是在沿海地带依托军港和炮台进行防御。因此庞大的北洋海军或成为清政府输送军队的护航舰队，或是渤海海域威海卫到旅顺一线巡逻的巡逻队，呈现出了“避战”之相。在日本海军于朝鲜附近洋面频繁搜寻决战借口的时候，北洋海军的活动范围却仅限于鸭绿江到山东半岛附近的近海区域，这等于是将黄海的制海权让给了日本人。当然，也不能过分苛责李鸿章的保守，因为他认识到多年未更新装备的北洋海军攻则不足，防守有余，认为北洋舰队的任务是“拱卫京畿”，也就是确保渤海口一带的安全，防止敌人在河北、天津、辽东一带登陆。至于近代海战中的制海权理论他是闻所未闻。这种落后的观念导致北洋海军在战略上陷入了缚手缚脚的境地。

9月15日，在平壤战役打响的同一天，北洋海军主力接到了护航任务，从大连湾起锚，向鸭绿江口的大东沟进发。16日，北洋舰队抵达大东沟，17日凌晨，

① 姚锡光：《东方兵事纪略》，载中国史学会编：《中国近代史资料丛刊——中日战争》（1），第23页，新知识出版社1956年版。

②〔清〕黄遵宪：《悲平壤》，载陈铮编：《黄遵宪全集》（上），第137页，中华书局2005年版。

在完成护航任务以后，北洋海军提督丁汝昌下令返航，并进行海上操练。在同一时间，日本联合舰队也为配合平壤攻势，到达大东沟一带搜寻。9 月 17 日早上 10 时 30 分许，日舰发现北洋海军的踪迹，11 时，双方舰队相遇。

北洋海军编队中共有 10 艘军舰，分别是定远（旗舰）、镇远、致远、靖远、经远、来远、济远、广甲、超勇、扬威。日本方面则有 12 艘军舰出战：坪井航三率领的游击队，下辖四艘防护巡洋舰“吉野”“浪速”“秋津洲”“高千穗”；联合舰队司令伊东祐亨率领的本队，下辖防护巡洋舰“松岛”（旗舰）、“严岛”“桥立”，铁甲舰“比叡”“扶桑”，装甲巡洋舰“千代田”，巡洋舰“西京丸”，炮舰“赤城”，技术参数可见下表[①]：

日本出战的 12 艘军舰技术参考表

舰名	舰质	排水量（吨）	速度（节）	炮位	制造国（下水时间）
松岛	钢	4278	16	31	法国（1890）
严岛	钢	4278	16	32	法国（1889）
桥立	钢	4278	16	32	日本（1891）
扶桑	钢	3777	13	10	英国（1878）
千代田	钢	2439	19	27	英国（1890）
秋津洲	钢	3192	19	22	日本（1892）
比叡	铁骨	2284	13.2	15	英国（1877）
赤城	钢	622	10	4	日本（1888）
西京丸	铁	4100	15	1	美国（原为商船）
吉野	钢	4225	22.5	24	英国（1892）
高千穗	钢	3709	18	24	英国（1885）
浪速	钢	3709	19	24	英国（1886）

可见，日本联合舰队这一次几乎是主力尽出，其中的“吉野”“秋津洲”是两年前刚下水的新式巡洋舰，速度极快。日舰的数量、总排水量、马力、速度皆超过了北洋舰队。就炮而言，日本的大口径重炮不如北洋海军多，但均为新式的速射炮，北洋海军发射一弹，日海军可发射六七弹。不过，定远和镇远两舰的装甲和排水量比日军主力“三景舰”（“松岛”“严岛”“桥立”）更胜一筹，定远和镇远的铁甲厚达 35.6 厘米，炮塔铁甲厚 30.5 厘米，司令塔铁甲厚 20.3 厘米，比“三景

① 表格参见：王家俭：《李鸿章与北洋舰队》，第 453 页，三联书店 2008 年版。

◇ 描绘黄海海战的浮世绘

舰”的 30 厘米铁甲与 10 厘米司令塔铁甲要厚不少。北洋海军以重炮和厚甲见长，日本联合舰队以速射炮和高马力占优，总体来说，联合舰队略胜一筹，但北洋海军并非没有取胜之道。

开战以后，双方立刻根据自身的优势排成阵型。北洋海军在海面上排成雁行阵，以舰首对准敌人，定远、镇远在中，呈前突状，左为致远、济远、广甲，右为来远、经远、靖远、超勇、扬威。这一阵型是为了最大限度地发挥出定远、镇远两舰舰首炮的火力优势，同时，也可以随时以舰首的撞角冲击装甲薄弱的日舰。丁汝昌摆出这个阵型，显然是经过深思熟虑的。日本海军则要发挥出速度快的优势，并最大限度地利用舷侧速射炮。因此，伊东祐亨将所有船只排成纵列，以“吉野”“浪速”“高千穗”“秋津洲”四艘快船为前锋，其余舰船鱼贯而行。12 时 45 分，双方舰船相距 5000 米的时候，定远首先向日舰开炮，5 分钟以后日舰在距离北洋海军 3000 米左右时开炮还击。①

---

① 这里牵涉到如何评价定远号管带刘步蟾的问题。早先许多史家相信当时在定远舰上的英国人泰莱的记载，认为刘步蟾是一个“变态的懦夫”（参见张荫麟译：《泰莱甲午中日海战见闻记》，载中国史学会编：《中国近代史资料丛刊——中日战争》（6），第 36 页，新知识出版社 1956 年版）。但其记载有两个疑点：第一，北洋海军排出的定、镇二舰在中，弱舰在旁的阵势是否刘步蟾私改的？泰莱在叙述中极力显示自己能干，指责刘把弱舰排两翼是懦弱怕死，让弱舰当炮灰。其实泰莱对北洋舰队的排阵是无权置喙的，这个阵是丁汝昌和德国顾问汉纳根所定，是最能发挥出北洋舰队实力的方法。第二，刘步蟾所发的第一炮是不是因为紧张和怯战？泰莱说刘是胡闹，在射程外突然发射，而且将丁汝昌从指挥台上震下来导致其摔伤，使北洋舰队一开战就丧失了指挥。事实上，当时这发炮弹确实落在“吉野”旁，说明不是在射程外射出的。而丁汝昌应该是遭到日军炮火轰击才摔下来的。考虑到泰莱和刘步蟾素有嫌隙，其人品也有待考量，所以他的指责应该慎重看待。

日本海军对定远和镇远的重炮深具戒心，因此在开战后，第一游击队的“吉野”“浪速”“高千穗”“秋津洲”四舰发挥其速度快的优势，机动到北洋舰队的右侧，攻击北洋舰队中最弱的超勇、扬威两舰。北洋舰队则排成人字形插入日舰队中段，集中火力轰击日舰队本队，“严岛”“桥立”两舰被击中，由于日舰牺牲装甲换取速度和火力，因此损伤甚多。日舰“比叡”由于速度慢而被抛下，在其试图穿过中国舰队中段与主力会合时，定远和靖远两舰一起开炮，一发30.5厘米的炮弹贯入其侧舷，引发大火，其后甲板被摧毁。“比叡”于下午1时55分退出战斗。在右翼，超勇和扬威向四艘日本快速巡洋舰发起反击，炮弹在“吉野”甲板爆炸，“高千穗”火药库被命中，燃起了大火，“秋津洲”炮座中弹。但超勇和扬威毕竟装备和实力不敌日舰，2时30分左右，超勇舰体向右倾斜，渐渐沉没，管带黄建勋拒绝救助，殉舰溺亡。扬威则因伤势过重，被迫脱离战场，在海岸搁浅，管带林履中以身赴海。

日舰“赤城”是日本舰队中最弱的一艘，速度也最慢，因此落在最后。1时20分，定远舰一炮命中“赤城”，弹片飞出，击中正在舱内俯身看海图的舰长坂元八郎太海军少佐，将之当场炸死。“赤城”被迫退出战场，来远舰在追击时被“赤城”发炮击中，“赤城”于2时30分逃离。

日本海军军令部部长桦山资纪正在“西京丸”上观战，见已损失两舰，于是发出信号要求第一游击队的四舰回航。看到这一信号后，第一游击队掉头驶向北洋舰队正面，伊东祐亨也调整方向，绕到其后，形成夹击之势。但这一转向恰恰让“西京丸”暴露在北洋舰队的火力之下。是时，北洋舰队的平远、广丙和鱼雷艇福龙、左一也赶到了现场。吸引了北洋舰队炮火的“西京丸”瞬间成为倒霉蛋，机械室和舵机全被打坏，舷侧进水。2时55分，福龙鱼雷艇向“西京丸”连发三枚鱼雷，因为距离过近，其中一枚从船底掠过，船上的人一片惊呼，桦山资纪大难不死，转舵逃亡。

平远舰加入战斗后，于2时30分与日旗舰“松岛”遭遇，平远发炮命中“松岛”的左舷，炸毁鱼雷室，“松岛”还击，击毁平远主炮，广丙亦受重伤，平远和广丙退出战斗。

是时，北洋海军由于各舰的速度不一，配合不佳，阵型已经被打乱，加上丁汝昌受伤，指挥不灵，各舰只能各自为战。相反，日舰队形成夹击之势，前方的第一游击队以速度优势躲避重炮，后方的本队配合攻击，战术显然更为有条有理。

腹背受敌的定远中弹累累，燃起大火，为保护旗舰，致远舰管带邓世昌命令本舰开动到定远之前，致远因此而遭到重创。此种情况下邓世昌决定做最后一搏，命令开大马力，冲击日舰中速度最快、威胁最大的“吉野”。日舰连连发炮，引爆致远舷侧鱼雷管中的鱼雷，3 时 20 分致远舰沉没。邓世昌与全舰官兵以身殉国。3 时 30 分，日旗舰“松岛”亦中两弹，甲板弹药起火，失去战斗能力，伊东祐亨弃船移至“桥立”。

◇ 致远舰管带邓世昌

致远的沉没使北洋舰队实力大减，济远舰管带方伯谦见势不妙，操舰逃离战场。广甲舰也随之离开，在途中搁浅，管带吴敬荣纵火毁舰。方伯谦战后被李鸿章上奏处斩。日舰队第一游击队追此两舰不及，转攻经远，管带林永升中炮身亡，舰上官兵战斗到最后一刻，于 5 时 30 分翻倒沉没。

此时，战场上只剩定远、镇远以及被隔开的靖远、来远二舰，且靖远、来远皆受重伤，只能一边灭火，一边以重炮防御。定远、镇远成为日舰队主力围攻的对象，但由于这两艘铁甲舰装甲厚重，日舰的火炮始终无法攻破。下午 4 时半，由于日本旗舰“松岛”严重毁伤，日舰队退却，定、镇两舰尾随炮击。到 5 时半，定远只剩下三炮，而镇远只有两炮可用，联合舰队亦受伤累累，无力再战。双方鸣金收兵。

此战，北洋舰队损失了致远、经远、超勇、扬威、广甲五艘军舰，其他各舰也遭受了不同程度的创伤。日本联合舰队虽未损失，但各舰也无不受伤，尤其以“赤城”“比叡”“西京丸”和“松岛”损伤最重。北洋舰队失利，原因是多方面的：首先是将领能力不足。海军是一个专业技术要求极高的军种，而丁汝昌是陆军将领出身，缺乏指挥海军的专业素养，所以在战斗中，北洋舰队虽然一开始摆出了合适的阵型，却无法互相协调，显示出了其指挥能力的欠缺。其次是装备不足。由于北洋海军长期没有更新装备，因此舰队在速度上大大落后于日本，机动性很差，就炮而言，日本的速射炮弹像雨点一样落下，而北洋舰队只能以旧式火炮还击，炮弹的质量也不尽如人意。第三是作战经验和将领意志力的问题。诚然，如邓世昌、林永升等英雄有着坚强的战斗意识，但北洋海军缺乏实战的经验，在海战中不能相互配合，特别是济远、广甲二舰临阵潜逃，险使全局毁坏。这正是黄遵宪所说的："人言船坚不如疾，有器无人终委敌。"[①] 战后，北洋海军仍然暴露出不少问题，如赏罚失当，舰只的修理拖冗缓慢等。在这一场惊心动魄的四小时大战后，北洋舰队失去了再战的信心，黄海的制海权为日本所得。

七、辽东之战

平壤和大东沟两场战役胜利的消息传到日本国内，顿时士气为之一振。且在全国掀起了一股战争热潮。占领朝鲜和击败北洋舰队都是日本当初制定的第一步战略目标，现在这一目标已经完全实现，而且过程比预期的更为轻松。让日本担忧不已的英俄干涉也被化解。丰岛海战后，英国一度因日本击沉挂着英国旗的"高升"号而物议沸腾，不过日本在英国大造舆论，法学家胡兰德（Thomas Erskine Holland，1835—1926）也在《泰晤士报》上为日本辩护，声称日本击沉"高升"号符合国际法，英国政府便决定不予追究。随着中国的不断失利，英国的社会舆论越来越偏向日本。俄国沙皇亚历山大三世此时正病危，也没有心思考虑远东问题。尝到甜头的日本决定扩大战争，伊藤博文和陆奥宗光认为，如果能占领旅顺和大连，就能进一步巩固日本在朝鲜的利益，在列强可能干涉之前，获得更多的筹码，以便和中国谈判。

在这种心态的驱使下，1894 年 9 月 21 日，日本战时大本营决定将第一师团和混成第十二旅团组成第二军，任命大山岩大将为司令官。第一师团在离开东京前往广岛的路上，受到了夹道欢迎，从此可以看出日本民间对战争的狂热态度：

> 8 点 10 分到达静站。车站高悬国旗，在站前广场施放烟火，竖起一面写着"大日本帝国军人万岁"9 个大字的旗帜。市内到处挂满国旗，各家门口都挂着灯笼，县官以及市民集合起来，前来送行，向每人赠送国产"板纸"，以表饯别之意。……10 点 40 分到达滨松站，……高举的旗帜上写有"天皇万

① 〔清〕黄遵宪：《东沟行》，载陈铮编：《黄遵宪全集》（上），第 138 页，中华书局 2005 年版。

◇ 日军进占旅顺口（浮世绘）

岁”、“帝国万岁”、“军人万岁”等。时而有烟火升空，紫色、白色的烟焰腾空而起，市民门前挂着鼓舞出征军人的圆灯笼，大街上扎起绿色的牌楼。[①]

与此同时，日军第一军司令官山县有朋于9月25日抵达平壤。10月，日军第一军全部进驻平壤，兵力约有3万人之多。22日，日军第一军进驻义州，开始做突破鸭绿江防线的准备。

清军鸭绿江防线由黑龙江将军依克唐阿和四川提督宋庆负责，他们将防守重点放在九连城，两翼铺开。右翼由宋庆统率，九连城驻刘盛休所率铭军步队1营1哨，马队1哨；栗子园至虎山一线驻聂士成所率芦榆防军步队6营1哨和铭军马队1哨；榆树沟到叆河右岸一带驻马玉崑所率毅军步队5营；苇子沟到叆河右岸驻宋得胜毅军步队4营；沙河镇一带驻吕本元、孙显寅所率盛军马队5营2哨，步队12营1哨。左翼由依克唐阿指挥，于安平河口、鼓楼子和蒲石河口布倭恒额率齐字练军步队4营，马队2营；于东阳河口、苏甸河口驻依克唐阿亲率的镇边军步队4营，马队9营。清军总数约3万人，与日军不相上下，但兵力布置分散，又刚遭到平壤之败，士气不振。

①［日］龟井兹明著，高永学、孙常信译：《血证——甲午战争亲历记》，第2—3页，中央民族大学出版社1997年版。

处处设防实际上等于处处不防，山县有朋在考察了鸭绿江前线清军的部署后，断定清军左右翼接合部的九连城是最好的突破口，只要占领侧近的虎山，清军的防线就会被攻破。10 月 24 日，日军步兵第十八连队长佐藤正率军在安平河口抢渡成功。25 日，山县有朋分兵三路，第三师团由师团长桂太郎率领自正面渡江，大迫尚敏率第五旅团为右翼，立见尚文率第十旅团为左翼。日军在鸭绿江上架起浮桥，于凌晨 4 时趁雾气掩护渡江，形成对虎山清军阵地的夹攻之势。6 时，清军才发现日军过江，发炮防御，驻守虎山的清军将领马金叙勇猛异常，打退了日军第三师团的数次冲击，驻守虎山一侧的聂士成部被重重围困，形势岌岌可危。宋庆命马玉昆、宋得胜二部驰援，随着日军侧翼两个旅团渡江成功，清军被分割包围。马玉昆、宋得胜、聂士成和马金叙四部先后退出战场。10 时 30 分，虎山为日军占据。

26 日凌晨，日军趁夜色掩护，袭往九连城，刘盛休部未战先逃，日军兵不血刃占领九连城和安东县（今辽宁省丹东），这是日军占领的第一块中国领土，清军的鸭绿江防线完全崩溃。

大山岩率领的日军第二军也开始配合作战。根据日本战时大本营的计划，第二军应占领山海关到大沽口一线，进攻北京。但由于北洋海军的存在，突入渤海不易，第二军便提出了在旅顺侧后登陆，从陆路突袭，占领旅顺这个北洋海军的基地。这一计划得到战时大本营的认可。联合舰队为第二军选择了一个合适的登陆地点——花园口，他们发现这里清军没有设防，似乎是一个理想的登陆点。但实际上，花园口潮流落差很大，退潮的时候，泥泞地达 7—8 公里宽，就连小船也无法驶近，所以清军麻痹大意不设防，日军也必须在涨潮的时候才能登陆。

10 月 23 日，联合舰队护送着第一批运兵船起航，24 日凌晨 3 时左右抵达花园口。正遇花园口大潮，5 时，日军放下小船开始登陆，联合舰队在远海停泊掩护，谨防北洋海军来袭。第一师团的第一团首先登陆，接着是第五团、第二团，在确认没有清军后，第二军的司令部也登上了花园口。26 日，第二批登陆部队抵达。到 11 月初，日军第二军全部登陆。在整个过程中，清军的陆军和北洋舰队竟然坐视不理。李鸿章无法判断日军动向，就命令陆军各部队坐守营盘，“相机扼剿”。北洋海军因迟迟没有修理好舰只，直到 10 月 18 日才出旅顺，但又不敢主动求战。李鸿章为保船，发电给丁汝昌称：“若船坞有失，船断不可全毁。日外有无敌船，须探明再定进止，汝自妥酌，勿得张皇胆怯，致于大戾。”①

日军在花园口登陆的目的，就是占领旅顺。旅顺位于辽东半岛最南端，扼守渤海口，是北洋海军的良港。不过要占领旅顺，就必须先占领金州（今大连市金州区）。清军在金州守护薄弱，只能频频向李鸿章告急，李鸿章却回复说：“汝等只各守营盘，来路多设地雷埋伏。并无守城之责，旅顺兵单，同一吃紧，岂能分兵过湾？可谓糊涂胆小！”②

11 月 2 日，日军已到达金州附近的貔子窝，3 日，日军第一师团第一旅团在乃木希典的指挥下向金州进发，师团长山地元治中将率主力随后跟进。11 月 5 日，第一旅团进逼金州大道，乃木希典强攻数次，均被清军打退。山地元治在考察战场情形以后，决定采取夹攻之术，从复州大道迂回直逼清军左翼的薄弱处。6 日凌晨，日军发起了总攻。在夺取金州大道后，日军以炮火轰击金州城，又命工兵以炸药炸开城门，守将徐邦道见敌众我寡，在抵抗了数小时以后，被迫撤走。旅顺的门户被打开。

在占领金州的第二天，日军就向大连湾进犯。赵怀业不战而退向旅顺，日军不费一枪一弹就占领了大连湾各炮台。

就这样，北洋海军的基地旅顺直接暴露在了日军的炮口之下，清军虽仍在旅顺聚集了万人之多，但担负旅顺防守之责的道员龚照玙却畏敌如虎，威望不足以服众，驻旅顺的各军也各自为战，不相统属。丁汝昌唯恐北洋海军出事，在 11 月 14 日凌晨，率领舰队离开旅顺前往威海卫。旅顺遂成为一座岌岌可危的孤城。

11 月 15 日，日军开始筹划旅顺攻坚战，其前哨进逼到旅顺城下。17 日，经过十天休整的日军第二军出动。18 日上午，徐邦道和卫汝成两部主动出击，在土城子血战终日，击退日军的前哨，但因后援不继，被迫弃险不守，退回旅顺。21 日，日军发起总攻，上午，旅顺背后的椅子山、松树山、二龙山、鸡冠山各炮台全部失守。主将龚照玙抢先逃往烟台。由于主将逃跑，旅顺东岸炮台守军全部不战而退，日军在联合舰队的炮击掩护下占领了还在抵抗的西岸炮台。号称固若金汤的旅顺在一天内就告陷落。

① 〔清〕李鸿章：《复丁提督》，载中国史学会编：《中国近代史资料丛刊——中日战争》（4），第 295 页，新知识出版社 1956 年版。

② 〔清〕李鸿章：《寄大连湾赵统领等》，载中国史学会编：《中国近代史资料丛刊——中日战争》（4），第 290 页，新知识出版社 1956 年版。

◇ 旅顺大屠杀

八、北洋舰队覆灭

占领旅顺以后，从11月21日起到24日，日军在旅顺屠杀了多达两万手无寸铁的平民。这一事件被11月28日出版的《纽约世界报》所披露，顿时西方社会舆论大哗，正在审查日美条约修改问题的美国参议院也对此事表示关注。陆奥宗光听说这个消息后，生怕条约修正一事生变，便服从了伊藤博文的命令，“承认错误危险甚多，而且不是好办法，只有完全置之不理，专采取辩护手段”[①]。他对美国驻日公使埃德温·潭恩（Edwin Dun，1848—1931）辩解说：

> 攻占旅顺时那里只有少数的非战斗员，在好些日子以前那里的和平居民们已经逃避了。如果在中国兵以外有其他的人被日本兵杀死的话，那是偶然的事，并且是因为不可能把和平居民和兵士分别开来的缘故，因为兵士们在要塞被占后，就抛弃他们的军服，穿着老百姓的服装了。[②]

陆奥宗光开了一个恶劣的先例，“旅顺屠杀事件的责任问题就被搁在一边。但结果从日军的军纪来说，却产生了一个不能掩盖的污点，对残暴行为毫无罪恶感，以至后来又连续发生了这种行为”[③]。

此时，清军的辽东战线仍然在节节败退，鸭绿江防线崩溃以后，宋庆等退到凤凰城，继而决定在摩天岭设防。10月31日，日军再次不战而得到凤凰城。11

①[日]藤村道生著，米庆余译：《日清战争》，第119页，上海译文出版社1981年版。

②林树惠译：《美国外交文件》，载中国史学会编：《中国近代史资料丛刊——中日战争》(7)，第459—460页，新知识出版社1956年版。

③[日]藤村道生著，米庆余译：《日清战争》，第119页，上海译文出版社1981年版。

月18日，日军攻克岫岩，进犯辽阳东路。在连战连捷之后，第一军司令官山县有朋提出了《征清三策》，建议或者第二军迅速从海路再次在山海关进行登陆作战，或者第一军向旅顺半岛突进，或北进进攻奉天，要求大本营挑选一策。但大本营否决了山县的军事冒险方案，要求就地宿营。在第二军成功占领旅顺的刺激下，山县有朋孤注一掷，违背大本营的命令下令进攻海城。他因此被天皇以养病为名召回国内，改任监军。清军依克唐阿部正在辽阳一带运动作战，牵制了第十旅团立见尚文部。12月14日，清军反攻凤凰城失利，但聂士成仍然在摩天岭死死地拖着立见尚文的主力。在摩天岭下，日军在聂士成面前未能前进一步，反而被迫从攻势转为守势。到1895年2月，日军开始退却，最终被迫龟缩于凤凰城、九连城等数个据点，辽东方面的局势大大改观。

◇ 陆奥宗光（1844—1897），时任日本外务大臣

而在辽南战线上，清军局势却不容乐观。日军第三师团在12月13日拿下海城以后，便陷入了泥潭中。19日，宋庆率领的清军以逸待劳，在缸瓦寨与日军进行了长达5小时的激战，使日军付出巨大代价才得以占领缸瓦寨。12月17日，清军开始反攻海城。日军第三师团桂太郎中将如坐针毡，被迫向第二军求助。为了解除海城之围，第二军开始北上作战，1895年1月3日，乃木希典率领第二军抽调军士组成的混成旅团北上，1月10日以沉重代价夺取盖平。海城从1月17日到2月21日经受了清军的四轮大规模冲击。2月28日，日军的海城驻军终于在混成旅团攻势配合下出城，解除围困，日军获得了辽南战场的主动权。3月4日，日军第一军第三、五师团联合攻克牛庄，6日，日军第二军第一师团顺利占领营口。

此时，清廷内部局势却发生了变化。在旅顺失陷后，光绪皇帝就开始追究李鸿章的责任，革去了他北洋大臣的职务，并于1894年12月28日任命湘军系的两江总督刘坤一为钦差大臣，总督山海关内外军务。但事实上，在太平天国起义后，清政府几乎已经失去了驾驭军队的能力，所有的军事行动都必须通过湘淮军的首脑才能展开，用湘军系压淮军系不失为一个绝妙办法。在牛庄和营口相继失陷后，

◇ 丁汝昌

田庄台成为山海关前最后一道闸门，清军必须拼死一搏了。3月9日，日军集合了第一、三、五三个师团，以大炮为掩护，向田庄台发起攻击，日军火炮装备占有优势，炮火极其猛烈，加上实施以焦土战术，10日，田庄台化为一片废墟，日军进逼到山海关下。

在海城被围的时候，日本大本营中也起了争论，山县有朋极力主张进攻直隶，攻占北京，参谋次长川上操六和军令部长桦山资纪也支持山县。在军方一片乐观时，伊藤博文却忧心忡忡，他担心一旦进入直隶，将导致清国“土崩瓦解并陷入无政府状态”，列强就会干涉。届时，日军的主力都已经在中国战场，本土空虚，且失去了和谈对手，在政治上和军事上都将处于不利的境地。因此伊藤博文建议：占领辽东半岛，派陆军一部南下占领威海卫，歼灭北洋舰队，占据和谈的有利条件。

经过黄海海战的北洋海军此时已经信心全无，李鸿章越来越趋向消极保船。1894年11月14日，北洋海军在旅顺失陷前夕前往威海卫，开战以后，威海卫港南入口被水雷和障碍物阻塞，只留狭窄的北口一个小口进出。因为仓促行船，镇远舰在进入威海卫港时被礁石严重擦伤，管带林泰曾自知责任重大，在重重压力下自杀，使北洋海军实力再遭打击，益不敢出。在此形势下，清廷的言官还弹劾丁汝昌，要将之逮捕拿问，北洋舰队的将领上书挽留，清廷才决定让丁汝昌照常办理防务，这一事件对丁汝昌打击甚大。

12月4日，日军第二军的第二师团与国内的第六师团合编为山东作战军，桦山资纪命令联合舰队在山东半岛寻找登陆点。日军显然是想重施攻打旅顺的伎俩，但面对威海卫侧背300里的防线清军却是捉襟见肘，且作为海军提督的丁汝昌与陆上的道员戴宗骞不和，令人忧虑。

1895年1月20日，日军在舰队护航下，在山东半岛的荣成湾登陆，登陆过程一直持续到25日。在获得消息以后，清廷内部竟然还在争吵和互相扯皮，以致错失良机。占领荣成的日军在2月2日从背后切入，占领了威海卫全部炮台。只有刘公岛还在北洋舰队的手中。

1 月 30 日，日本联合舰队向刘公岛方向前进，用威海卫的陆上炮台和海军火力夹击北洋舰队，北洋海军顽强抵抗，日军未能获得战果。2 月 4 日，伊东祐亨决定改变战术，用鱼雷偷袭，并一举重创定远，使之搁浅。6 日，日军鱼雷艇再次入港偷袭，击沉了来远和威远两舰。7 日，伊东祐亨发起总攻，北洋海军的鱼雷艇向西逃逸，被日舰围歼，全军覆没。8 日，日军用炸药破坏拦坝，使港口门户大开。9 日，日军重创靖远舰。10 日，刘步蟾为防止定远落入敌手，果断炸毁已搁浅无法行动的定远舰，自杀殉国，靖远则被丁汝昌下令以鱼雷击沉。此时，刘公岛上已是人心浮动，一部分洋员和一些官兵开始密议投降。丁汝昌见外援断绝，大势已去，又为手下所逼，愤然于 12 日服毒自尽。

丁汝昌殉国后，北洋海军的马格禄（J.Mclure）等洋员与牛昶昞等人以丁汝昌的名义写了投降书，送交伊东祐亨。13 日，日军同意北洋舰队投降。17 日，刘公岛陷落，北洋舰队的镇远、济远、平远、广丙、镇东、镇西、镇南、镇北、镇中、镇边十艘军舰成为俘虏，所有人员乘康济舰被遣返，自此盛极一时的北洋海军全军覆灭。

第三节 马关议和

一、列强的干涉

中日开战以后，列强均宣布“局外中立”，但事实上，各国都在密切注意着中日战争的进展，早在日本获得平壤和黄海两场战役的胜利后，英国和俄国就起了戒心。英国担心日本的胜利会令中国陷入分裂，危害到其在华的经济利益，俄国则怕自己在东北和朝鲜的优势地位为日本所夺。因此，在 1894 年 10 月，英国通告各国，希望以保护侨民为借口发动列强进行干涉。英国驻日公使特伦奇（Power Henry Le Poer Trench）向日本政府提出了以各国保证朝鲜独立和中国政府赔偿军费两项条件为基础的和谈意见。

但日本的胃口已越来越大，山县有朋的第一军正筹备突破鸭绿江，大山岩的第二军也组建完毕准备登陆辽东。为答复英国的提议，陆奥宗光在征求伊藤博文意见后拟订了三种方案：

◇ 在 1895 年庆应义塾的火炬游行中出现了“庆祝战捷”的旗帜，折射出当时日本的战争狂热

（甲）明白表示日本所希望的“最大限度”，“坚决避免”英国所提议的各国共同保障朝鲜独立的方案，要求割让旅顺和大连作为“中国不干涉朝鲜内政的担保”，赔偿军费，并迫使签订以与欧洲各国同等原则为基础的新通商条约。

（乙）认为让列强也“多少分上一份”是缓和干涉的“捷径”，因此，同意共同保障朝鲜独立，在这种情况下，没有理由提出割让旅顺和大连湾作为“中国不干涉朝鲜内政的担保”，就改为要求台湾岛，其他与甲案相同。

（丙）日本暂不明确提出讲和条件，而要求先了解清帝国的意向。

伊藤博文表示应尽可能实行甲案，同时他认为英国提出建议，说明列强开始有了干涉的意图，因此，他主张第二军尽快登陆作战，尽可能在列强干涉之前扩大战果。

实际上英国的提议也没有引起列强太大的关注，俄国正被国内问题所困，德国则认为“时机尚早”，美国也拒绝了和欧洲一同行动的建议。所以这次由英国提议的干涉最终不了了之。但欧洲列强也正式探明了日本的目的：把朝鲜列为保护国并要求中国割让旅顺等要地。他们对于日本的野心深感忧虑。

11 月 5 日，日军逼近旅顺，美国国务卿格雷沙姆（Walter Quintin Gresham，1832—1895）召见了日本驻美公使栗野慎一郎，表示欧洲列强可能要干涉，建议日本接受美国的“调停”。日本驻俄公使西德二郎也向明治政府报告了英国和俄国对战局发展的担心。因此，日本内阁会议决定接受美国的“调停”。另一方面，清政府在 9 月 29 日起用已被罢黜 10 年的恭亲王奕䜣主持总理衙门，通过美国驻华公使田贝（Charles Denby，1830—1904）提出以朝鲜独立和军费赔偿为基本条件进行和谈。但奕䜣已经垂垂老矣，无法担此重任。清政府只能把主持和谈的希望放在李鸿章身上。李鸿章于 11 月 22 日派天津海关税务司德璀琳（Gustav von

Detring，1842—1913）赴日，并给予其头品顶戴。德璀琳是一名德国人，他在担任天津海关税务司时得到了李鸿章的信任，因此得以参与了中国近代的许多外交事务。

但德璀琳此次却无功而返，在陆奥宗光的建议下，伊藤博文表示德璀琳并不是正式的使节，所以拒绝会见，也不接受德璀琳所带来的书函。11 月 29 日，德璀琳怏怏而返。

日军攻陷旅顺并开辟了山东半岛战场后，列强对日本的和谈条件更为重视了，英国的《泰晤士报》等媒体都提醒政府要注意日本是否会提出过高要求，建议政府进行干涉。1895 年 1 月 31 日，英俄两国公使会见陆奥宗光，要求日本透露谈判的条件。日本驻俄公使西德二郎和驻德公使青木周藏也在密切地关注欧洲各国的动向。为了保证在未来的谈判中能排除列强的干涉，日本决定抢先一步，推动朝鲜的“改革”。

1894 年 8 月，日本驻朝公使大鸟圭介曾迫使朝鲜签订了《日韩暂定合同条款》和《大日本大朝鲜两国盟约》，通过扶植大院君来压制闵妃集团，并通过金宏集主持的开化派政府推进“改革”。当然，让日本政府没有料到的是，大院君作为传统反日派，还保持着一定的政治影响力，他对日本的“改革”计划多番阻挠。同时东学党起义造成的混乱局面也使日本的计划迟迟不能推行，另一方面，一些儒生也纷纷上书，弹劾金宏集等开化派。大鸟圭介因为推行“改革”不力，在日本朝野饱受攻击，10 月，日本决定以老牌外交家井上馨取代大鸟圭介为驻朝公使。

10 月 26 日，井上馨到汉城上任，他上任以后的第一件事就是改变前任的政策，让大院君下台。10 月 12 日，全琫准的东学党以“辅国安民”为旗号，再次发动起义。起义军一路北上，直逼汉城。日军援助朝鲜政府在忠清道首府公州一线拦截，日本联合舰队也派出军舰前往全罗道海域援助。装备和兵员素质均处于劣势的起义军被阻在公州一线。11 月，日军绕至起义军背后，发起夹击，起义军败退。12 月 21 日，全琫准在泰仁地区与日军和政府军以及当地的团练展开决战，再次不敌。全琫准于 28 日被捕，在 1895 年 3 月 17 日于全州被处刑，朝鲜的东学党起义被镇压。

镇压起义后，11 月 20 日和 21 日，井上馨向朝鲜国王上奏了 20 条内政改革的纲领，目的就是巩固日本在朝鲜的地位。在这 20 条纲领中，日本要求朝鲜建立起国王“亲政”、“政权源流归一”的政治体系，将汉城到釜山、仁川、义州三条铁路的利权和电信管理权交给日本，租借海军要塞，开放古阜、大同港，以海关关税和全罗、忠清、庆尚三道租税为抵押，向日本贷款，并在付清本息前聘请日本人担任税务和地方事务监督者。12 月 17 日，井上馨又把当初流亡日本的朴泳孝作为代理人安插到朝鲜内阁中。1895 年 1 月，朝鲜高宗仿效明治天皇发布“五条誓文”的方式宣布《洪范十四条》，宣布推行“改革”。

日本的强硬态度使清政府陷入尴尬的境地。在美国的建议下，1894 年 12 月 20 日清政府准备派出户部侍郎张荫桓和湖南巡抚邵友濂为谈判的全权代表。日本通过美国驻日公使潭恩表示，谈判地点必须在日本国内，并选定了广岛作为谈判地。但日本此时正在计划进攻威海卫，为了进一步扩大战果，日本拒绝了清政府提出的派全权代表和谈的要求。27 日，日本召开御前会议讨论和谈问题。陆奥宗光表示，和谈必须以四个条件为基础：割让辽东半岛、赔款、承认朝鲜独立和修改日清条约。这个建议得到了批准，同时日本政府指定伊藤博文和陆奥宗光为全权代表。当张荫桓和邵友濂两人于 1895 年 1 月 31 日抵达广岛的时候，日本政府却以这两个人委任状不完备，不具有“全权”资格为由，拒绝与之和谈。2 月 12 日，张、邵两人被迫回国。此时，威海卫也陷落了。

日本国内已经陷入了一片狂热，以山县有朋为代表的军方迫切要求将大本营推进到中国境内，但海军参谋山本权兵卫却冷静地认为这是一种军事冒险。伊藤博文也有同感：日本的七个师团中已经有六个在中国境内。3 月 15 日，为了筹备澎湖列岛作战，又抽调了东京湾守备和马关海峡的后备军编成后备混成旅团，日本国内的军队已经所剩无几。伊藤博文认为这种倾巢而出的局面是非常危险的。3 月 16 日，大本营和政府达成妥协，任命小松宫彰仁亲王为征清大总督，参谋次长川上操六为大总督府参谋总长，组成征清大总督府，向旅顺推进。

清政府方面也决心在日本发起直隶作战前实现和谈，因此，光绪皇帝和慈禧太后都决定接受日本的要求，派李鸿章为全权大臣。3 月 19 日，李鸿章与全权大臣参议李经方和全权大臣参赞伍廷芳、马建忠等幕僚抵达日本，开始谈判。

二、马关交锋

李鸿章在临出发前，还在指望欧美各国进行调停，尽量避免割地。但美国驻华公使田贝给美国国务院的一份报告将列强的态度暴露无遗：

我很荣幸地向您报告，在过去几天中，李鸿章忙于与此间各使馆晤谈。他似乎还相信这种不切实际的观念，即欧洲国家将不允许日本攘夺中国的任何领土。他对每一个公使发问：如果中国拒绝割地，你们的政府是否出面干涉？从我所知道的，他没有得到多大的鼓励，虽然有些公使可能答应他打电报回国询问。俄法两国公使曾经告诉李鸿章，该国政府考虑这个问题，首先必须知道日本所要的是哪一块土地。譬如说，俄国对于满洲的割让会加以注意，因为它可能不要日本作它的邻邦。同样的，法国可能反对邻近安南的土地之割让。显然，在目前，没有一个政府会和日本谈论割让土地的问题。……在我和各公使的谈论中，我经常劝他们不要理会，至少在目前不要理会一切干涉的议论，相反的，他们应该有力地宣布，他们的政府是不可能出面干涉的……但是，各国公使认为他们不能接纳我的意见。……他们希望李鸿章前往日本议和，他们告诉他目前是不会有干涉的，但他们供给他以将来可能有干涉的希望。①

列强的态度对于马关议和的走向至关重要，看起来一直在“调停”的美国实际上是希望中国在接受日本条件的基础上和谈。而欧洲国家则关心他们自身的利益，他们不放弃“干涉”意图的原因在于他们要在日本侵犯到他们在华利益时才会跳出来插一脚。

1895年3月20日，在日本马关春帆楼，李鸿章与日本全权代表伊藤博文和陆奥宗光开始会谈。

马关也叫下关，就是当初长州藩在攘夷之战中蒙受炮击之耻的地方，长州出身的伊藤博文也是那场战争的亲历者，而如今，这个地方却成为日本崛起击败东亚大国中国的标记地。

伊藤博文在李鸿章刚到，双方换文时给了中方一个下马威：

伊云：顷阅敕书甚属妥善，惜无御笔签名耳！

李云：此系各国俗尚不同；盖用御宝，即与御笔签名无异。

伊云：此次姑不深求；惟贵国大皇帝既与外国国主通好，何不悉照各国

---

① 美国驻华公使田贝给国务院报告，1895年2月26日，载《近代史资料》第3辑《甲午战争以前美国侵略台湾的资料辑要》，第191页，科学出版社1954年版。

通例办理？

李云：我国向来无此办法；且臣下未便相强。

伊云：贵国未派中堂之先，固愿修好；然前派张、邵大人来此，似未诚心修好。中堂位尊责重，此次奉派为头等全权大臣，实出至诚；但望贵国既和之后，所有此事前后实在情节必须明白。[①]

面对伊藤博文教训般的口吻，李鸿章无可奈何，他只能尽力表现出一种气度，高谈中日友好。第二天，李鸿章提出先讨论停战的条款，但日本大本营的川上操六参谋次长和桦山资纪军令部长均反对停战。伊藤博文迫于军方的压力，提出了苛刻的条件——以日军占领大沽、天津、山海关作为停战的条件，李鸿章大惊，连称“过甚”，伊藤博文却表示此事绝不容商量：

李云：中、日系兄弟之邦，所开停战条款未免凌逼太甚！除所开各款外，尚有别样办法否？

伊云：别样办法，现未想及。当此两国相争，日军备攻各处；今若遽而停战，实于日本兵力有碍。故议及停战，必须有险要为质，方不吃亏。总之，停战公例分别两种：一则各处一律停战，一则惟议数处停战；中堂所拟乃一律停战也？

李云：可否先议定哪几处停战？

伊云：可指明几处否？

李云：前承贵国请余来此议和，我之来实系诚心讲和；我国家亦同此心。乃甫议停战，贵国先要踞有三处险要之地！我为直隶总督，三处皆系直隶所辖；如此，于我脸面有关。试问伊藤大人设身处地，将何以为情？

伊云：中堂来此，两国尚未息兵。中堂为贵国计，故议停战；我为本国计，停战只有如此办法。[②]

不论李鸿章如何请求，伊藤总是拒绝，并提出如不议停战，就可直接谈论和

① 广西师范大学出版社编：《马关议和中之伊李问答》，第4—5页，广西师范大学出版社2008年版。
② 广西师范大学出版社编：《马关议和中之伊李问答》，第13—14页，广西师范大学出版社2008年版。

议条款，最终李鸿章被迫同意三日以后答复。24日，李鸿章只能不再讨论停战。这正是日本方面期望的。在这一次谈判中，伊藤博文偶然表露出对台湾的浓厚兴趣，李鸿章答说：“贵大臣提及台湾，想遂有往踞之心，不愿停战者，因此。但英国将不甘心，前所言恐损他国权利，正指此耳。”他想用英国来阻吓日本对台湾的野心，可惜伊藤博文并不买账，说：“有损于华者，未必有损于英也。”[①]日本方面对列强的动向早已摸得一清二楚，所以伊藤博文才能如此肆无忌惮。

在第三次会谈期间，日军于3月23日—24日侵占澎湖，这正是日本不肯停战的原因。澎湖的陷落，使李鸿章在谈判中处于更加不利的境地。而就在此时，发生了一起重要事件：李鸿章在24日会谈结束返回旅馆时，遭自由党的小山丰太郎行刺，刺客的枪弹射中李鸿章左眼下方，血流如注。小山丰太郎是个无业游民，他行刺李鸿章是为破坏和谈，因为他觉得日本的战果还不够大，在占领北京前与中国和谈，“为时过早”。

这起事件引起了世界舆论的关注，伊藤博文政府顿时陷入尴尬境地。伊藤博文认为一旦李鸿章以此为由放弃和谈，将使世界舆论偏向中国，这对日本是极其不利的。因此他向军方要求停战，却遭到桦山资纪、川上操六等军方大员的拒绝。无奈之下，伊藤博文只能向陆军大臣山县有朋求助，他连哄带吓地说俄国已经有3万大军进入中国东北，这才终于说服山县同意停战。伊藤进而又以列强可能干涉来说服军方，最终重臣会议同意停战三周，但停战范围仍不包括台湾、澎湖等地。同时，伊藤博文和陆奥宗光前往看望李鸿章，对其极力安抚。

4月1日，李鸿章和伊藤博文、陆奥宗光重新开始谈判。陆奥宗光代表日本狮子大开口，提出了以下要求：

1. 清政府承认朝鲜完全“独立自主”；
2. 割让辽东半岛、台湾、澎湖列岛；
3. 中国赔偿军费三万万两；
4. 开通北京、沙市、湘潭、重庆、梧州、苏州、杭州七处通商口岸；
5. 日本臣民运进中国货物减免关税，免除厘金（内地税）。

李鸿章接到这个条款以后大惊失色，他没有想到日本的要求如此之高。美国

① 广西师范大学出版社编：《马关议和中之伊李问答》，第25—26页，广西师范大学出版社2008年版。

顾问科士达（John Watson Foster，1836—1917）建议李将和约内容秘密告知英、俄、法三国。3日，李鸿章报告说：日本的条件如此苛刻，恐怕和日本"武员"的强硬态度有关，连伊藤博文也无法"强阻"。5日，李鸿章发布照会，表示：割让辽东半岛和巨额赔偿会让中国和日本完全交恶，也会诱使列强对东亚进行干涉，何况日本将来的国计民生也有不少方面要依赖于中日和睦。李鸿章提出的这种说法其实是有一些智慧在里面的，不过陆奥宗光考虑到国内的气氛，拒绝了这一照会。8日，日本方面决定从代替受伤的李鸿章出任代理全权代表的李经方入手，伊藤和陆奥恐吓说：陆军即将进攻北京，如果李鸿章再不接受和议，恐怕北京难保。而李鸿章于9日表示，如果日本不愿意让步，唯有中止和谈。日本也怕和议破裂会导致国际舆论对日本不满，于是伊藤博文于10日紧急提出让步方案，并得到了天皇的支持。这个方案将辽东半岛的割让区域缩小了一半，减少了一亿两的赔偿，并取消开放北京、湘潭和梧州的要求，保障性占领地区也去掉了原本提出的奉天，改为只占领威海卫。对于这个"让步"后拟定的条款，伊藤博文态度强硬，不容中方分辩：

> 伊云：……我已备有改定条款节略，以免彼此辩论，空过时光。中堂两次节略，一则甚长，一即昨日拟改约本。中国为难光景，我原深知，故我所备节略，将前次所求于中国者，力为减少，所减有限，我亦有为难之处。中堂见我此次节略，但有"允"、"不允"两句话而已！
>
> 李云：难道不准分辩？
>
> 伊云：只管分辩，但不能减少。①

4月17日，在马关春帆楼，李鸿章最终代表清政府签订了《中日马关条约》：
1. 承认朝鲜的"完全无缺之独立自主"；
2. 割让辽东半岛、台湾和澎湖列岛；
3. 支付军费赔款二万万两（约合三亿日元）；
4. 日本臣民得在中国通商口岸城邑，任便从事各项工艺制造，又得将各项机

① 广西师范大学出版社编：《马关议和中之伊李问答》，第30—31页，广西师范大学出版社2008年版。

器任便装运进口，只缴所定进口税；

5. 开放沙市、重庆、苏州、杭州为商埠，日船可以沿内河驶入以上各口；

6. 取消《日清修好条规》中所规定的清政府在日的领事裁判权，给予日本最惠国待遇；

7. 在条约批准三个月内撤出日军，但为保证条约履行，日军将占领威海卫。

三、三国干涉还辽

19 世纪中后期的欧洲国际关系处于一种微妙的状态中，德国和法国无疑是欧洲大陆最令人瞩目的一对仇敌， 1871 年的普法战争让这两个欧洲大国结下了不解之仇。在俾斯麦担任首相期间，德国推行的是孤立法国，维系欧陆和平的政策，也就是“大陆政策”。在这种情况下，德国主动地向奥匈帝国靠近，而奥匈帝国也需要德国强有力的支持来保护其在巴尔干的利益，就这样德国与奥匈帝国首先走到了一起。

俄国是欧洲另一个举足轻重的大国，虽然在欧洲强国眼中俄国是一个落后的国家，但它的军事实力不容忽视。逐渐强大的德国令俄国西线的军事压力骤然增大，同时，俄国还在中东的伊朗、阿富汗等地与英国争夺，在巴尔干地区与奥匈帝国有矛盾，所以它不希望惹怒德国而使自己处处受敌。在这种情况下，德俄逐步接近。1873 年，德、奥、俄三个帝国形成了“三皇同盟”。三方各取所需，德国得以孤立法国，俄国稳定了西部边境，奥匈则防止了德国与俄国在巴尔干问题上合作，并借德国压制住了巴尔干的斯拉夫人。

◇ 德国皇帝威廉二世

但三皇同盟其实是一个互相猜疑的不稳定同盟，尤其是在 1878 年为解决巴尔干问题召开的柏林会议上，俄国遭到了外交失败，原因就在于德、奥与英国的联合。为了防止俄、法接近，俾斯麦与奥匈帝国巩固了关系，并拉拢正在和法国争夺北非的意大利，于 1882 年组成了德、奥、意、三国同盟。

当然，俾斯麦并没有放弃拉拢俄国，在德法关系日益紧张的情况下，俾斯麦用尽办法，希望俄国在未来可能发生的德法战争中保持中立。当然，这些努力随着 1890 年俾斯麦的下台而化为泡影。

逼迫俾斯麦下台的德国皇帝威廉二世（Wilhelm II von Deutschland，1859—1941）是一个傲慢而又冲动的人，他抛弃了俾斯麦拉拢俄国的政策，转而对其采取强硬态度。这促使俄国加紧与法国接近。1892 年，法国和俄国签订了秘密军事协定，即“法俄协约”。

或许有人要问：欧洲的局势与亚洲的中日战争有何关系？答曰：有密切的关系。德、俄、法三国之间的纠葛直接关系到他们对待日本的态度。

俄国对《马关条约》的反应最为激烈。因为其一直在远东追求“南进”，在中国的东三省维持着特殊利益。俄国尤其不能容忍的是日本要求割让辽东半岛。在俄国看来，一旦日本获得旅顺港，一方面会使俄国失去在太平洋上获得不冻港的可能性（旅顺恰恰符合俄国所需要的条件），另一方面，也会直接威胁俄国在朝鲜和中国东北的特殊利益。

德国的想法则更为复杂。一方面，威廉二世出于避免俄国在将来的对法战争中威胁到自己的考虑，所以希望俄国将目标转向远东，以减轻德军在东线的压力。另一方面，威廉二世的野心比俾斯麦更大，他把德国的外交目标定为“世界政策”，因此，他对于在远东获取一两个殖民利益点颇有兴趣。同时他也担心日本战胜后，列强在瓜分中国时将德国排除在外，所以，对于俄国与日本的利益争执，他极力推波助澜，首先向俄国提出了干涉的建议。

法国是俄国的盟友，它为维持自己在远东的利益，也不排斥和宿敌德国联合。

1895 年 4 月 11 日，俄国在首都圣彼得堡召开会议讨论是否对日干涉问题。俄国财政大臣维特（Sergei Witte，1849—1915）的意见占了上风，他认为日本的对华要求危及了俄国的安全，如果俄国采取强硬手段，日本可能会主动同意俄国的要求。维特的意见在 16 日得到了沙皇尼古拉二世的支持，于是俄国定下了干涉还辽的政策基调。

俄、德、法期待英国也能参与进来。英国在 19 世纪推行“光荣孤立”的政策，它认为欧洲大陆各国势均力敌对英国是绝对有利的。对于俄国在远东的扩张，英国心存反感。而日本在《马关条约》中要求中国开放内陆，很大程度上是为了讨好英国，使注重在华经济利益的英国能分享日本的战果，这让英国决定把日本作为遏制俄国南下的一道屏障，所以其对于干涉还辽一事没有兴趣，拒绝参与。

于是，4 月 17 日《马关条约》签字的当天，俄国向德、法两国提出了干涉的建议。23 日，俄、法、德三国驻日公使来到日本外务省，要求日本放弃割占辽东半岛。三国认为，日本占有辽东半岛会威胁清帝国的首都，使朝鲜的“独立”变得有名无实，也妨碍了远东地区的持久和平。为了显示干涉的决心，俄国派出军舰到神户和条约交换地芝罘（今烟台市芝罘区）示威，德国的态度则更为强硬，威廉二世派出军舰远航到亚洲，又指示驻日公使警告日本让步，否则就要做好与三国开战的准备。

日本外务大臣陆奥宗光此时正因肺疾休养，接到三国干涉报告的外务次官林董见兹事体大，立刻向陆奥外相和伊藤首相报告。此种局面让陆奥宗光进退两难：接受三国的要求，不知国内的军阀与民众会做何反应，可如果不接受，以目前日本的军事部署来看，国内空虚，主力在外，很难抵挡三国的联合入侵。思量再三后他决定建议伊藤首相暂时按兵不动，先试探国内军方和民众的态度，再做判断。

实际上伊藤博文也正有此意，他先询问了陆军大臣山县有朋和海军大臣西乡从道这两名军方要员的意思，两人皆表示，以日本目前的实力，无力和三国进行对抗。在封住了军方的嘴以后，伊藤博文在 24 日召开了御前会议，提出三个提案：

（一）拒绝三国干涉，即使因此再增加敌国也在所不惧；

（二）召开各国会议，处理辽东问题；

（三）接受三国劝告，把辽东半岛归还清帝国。①

与会的大臣一致认为，和三国交锋是不可能的，俄国已经开始在远东进行动员，德法舰队也在远东游弋，即使单独对抗俄国，刚经过一场恶战的日本也无必胜把握。至于第三种方案，与会者认为太过“示弱”。于是，大家决定采用第二策。

当伊藤博文把这个提案交给陆奥宗光时，后者却表示反对，他认为采用第二策就是自招欧洲国家干涉此事，在召开会议时，万一议题不限于辽东问题，就会危及《马关条约》的执行。陆奥表示：“即使终于不得不对三国让步，但对清国也当一步不让。”

①［日］信夫清三郎编，天津社会科学院日本问题研究所译：《日本外交史》，第 284 页，商务印书馆 1980 年版。

因此，陆奥宗光开始了瓦解三国一致行动的活动。他把希望放在英、美、意三国身上。26日，他草拟了一个将营口及另外一港作为自由贸易港的方案，请驻英公使加藤高明以此探听英国的动向，表示希望得到英国的援助。另一方面也命令驻美公使栗野慎一郎向美国提出：三国干涉是要破坏《马关条约》，重新引发战争。但结果并未如他所愿，英国并不想在远东和俄国发生冲突，所以对日本的提议反应冷淡。美国也表示，在不违反“局外中立”的前提下可以援助日本，言外之意就是在这个问题上如支持日本就违反了“局外中立”原则。英、美的态度也决定了在远东利益甚小的意大利的态度，原本表示“好意”的意大利也决定作壁上观了。陆奥宗光的外交努力彻底失败。

4月30日，日本内阁会议无奈之下提出保留金州，放弃辽东半岛，但在《马关条约》履行前暂时占领辽东半岛做担保的建议。这一建议仍然被三国所否决。5月4日，内阁会议同意了陆奥宗光的意见，完全放弃辽东半岛。但日本却向中国索取“还辽费”3000万两。5月8日，《马关条约》正式换约生效。

为了压制军队的不满，日本天皇颁布了诏书，要求军队体谅，表示“国家前途来日方长”。山县有朋也亲自到旅顺征清大总督府安抚军心。日本的新闻界对此事大加鞭挞，陆奥宗光反驳道：

> 从事后的今天看来，政府虽有屈外的表现，但就当时的大势说来，政府实际上是对内有所顾虑而不得不如此，所以应当说是掌握了事实的扳指。总之，此次三国干涉的突然发生，正值日清和约的批准换文日期迫近之时。于是政府为同时处理对三国和对清国的问题，在想尽千方百计之后，遂决定采取快刀斩乱麻的使彼此各不相扰的方策，即在完全受到对清战胜的成果的同时，不让俄德法三国干涉再干扰东洋大局的治平，使我终于进于应进之地和停于不得不停之所。①

“进于应进之地和停于不得不停之所”，陆奥宗光的话饱含着深意，在一定程度上决定了日本未来十年的发展方向。

①[日]陆奥宗光：《蹇蹇录》，第270—271页，转引自升味准之辅著，董果良译：《日本政治史》，第293——294页，商务印书馆1997年版。

第九章 帝国主义之路

武士道把刀当作力量和勇敢的象征。当穆罕默德宣言“剑乃是天国与地狱的钥匙”时，他只不过是日本人的感情的反响。少年武士从幼小时候就开始学习使用刀。年满 5 岁时，就穿上全副武士服装，站立在棋盘上，通过腰间佩上真刀来代替此前所玩弄的玩具小刀，才首次被承认其武士资格，对他来说这是个重要的机会。在这个进入武门的最初仪式结束之后，他便不带这个表示其身份的象征就不出父亲的家门了。不过日常佩带的是以一把涂上银色的普通木刀作为代用，但过不了几年就丢掉假刀，而经常佩带的虽然是钝刀，却是真刀了，而且以比新到手的刀还要锋利得多的喜悦走出门外，在树和石头上试验它的刀刃。当一达到 15 岁便成年了，到了允许行动自由的时候，就能够以拥有锐利得足以胜任任何工作的刀而自豪了。拥有这样的凶器，便赋予他以自尊的和负责的感情和态度。“佩刀并不是为了俏皮。”他佩带在腰带上的东西，也就是佩带在内心的东西——是忠义和名誉的象征。……对于最常见的短刀也要给予适当的尊敬。对刀的侮辱被视为等于对刀的所有主的侮辱。一不注意跨过放在床铺上的刀的人，就会灾祸临头！

——《武士道》第 13 章《刀——武士之魂》

第一节 战后的远东与日本

一、朝鲜政策的挫折

陆奥宗光所谓的“进于应进之地和停于不得不停之所”是什么意思呢？显然，

◇ 三浦梧楼（1847—1926），乙未政变策划者

“不得不停之所”指的是辽东半岛，迫于俄、德、法三国的压力，日本不得不将辽东半岛退还给中国。而“应进之地”，在陆奥宗光看来，应该是《马关条约》中所规定的另外两个重要地点：朝鲜和台湾。

1895 年 1 月，刚刚度过年关的朝鲜政府濒临破产。由于受农民起义和中日甲午战争两场战乱的影响，加上政权更迭频繁，政局混乱，朝鲜政府的财政状况亮起了红灯，债台高筑，官员的薪俸三个月未发，更遑论士兵的军饷了。井上馨给日本国内发了电报告急，表示朝鲜政府已经到了山穷水尽的地步，日本应该立刻给予贷款援助，这既能够挽救摇摇欲坠的朝鲜财政，又能增加日本在朝鲜的经济势力，一举两得。

第一笔“救急款”是井上馨向日本第一银行借的 30 万日元，日本第一银行要求年利 10%。井上馨表示不妥，因为朝鲜以往向中国贷款，年利都在 8% 以下，他认为提高贷款利息只能降低日本的“威望”，于是他迫使朝鲜以沿海航线特权做交换，才让第一银行同意降息。事实上，日本的银行对于对外资本输出均持慎重的态度，无论是第一银行还是三井银行，都表示没有政府的担保，不会轻易在朝鲜投入资金。

对濒临破产的朝鲜政府而言，30 万不过是杯水车薪，朝鲜光负债就高达 200 万日元之多，推行改革起码需要 500 万日元，所以井上馨再度要求日本政府帮助，表示如果钱不到位，朝鲜政府恐怕支撑不到年底，他作为公使也难居其位，因此要求政府从甲午战争的军费中抽出一些来救济朝鲜。但首相伊藤博文否决了这个建议。

在伊藤博文看来，一旦日本政府出面给朝鲜钱，会直接显露出日本对朝鲜的野心和控制欲，这样会引起俄、英等列强的警觉。他主张还是由民间资本出面，所以日本政府极力说服三井、三菱等银行财阀掏钱。财阀们拒绝将银币流出国外，担心会引起日本国内的通货膨胀，打击日本还很脆弱的经济。最终在 3 月，日本政府决定用一半银币一半纸币的方式贷给朝鲜 300 万。

接下来，井上馨开始解决下一个问题，就将汉城到釜山和仁川的两条铁路利权以及电信通信权让与日本一事，开始与朝鲜政府谈判。但朝鲜方面反驳说：当初作为中国的属国时，中国从来没有像日本一样提出有关铁道和电信权利的要求。井上馨一方面要面对日本政府的压力，另一方面还要面对朝鲜的激烈反抗，进退两难。到了 4 月，日本政府终于决定改变谈判方式，将汉城—仁川铁路和汉城—釜山铁路问题分开谈判，先集中力量攻前者。然而，随着三国的干涉，这一新方案也不得不宣告流产。

三国干涉改变了朝鲜的政治局面，5 月，美、英、俄、德四国联合向日本提出抗议，认为日本谋求朝鲜的铁路权对其他国家在朝的商民不利。俄国外交大臣罗拔诺夫（Aleksey Lobanov-Rostovsky，1824—1986）召见日本公使西德二郎，就日本“对朝鲜内政的干涉”提出抗议。陆奥宗光也接到了俄国要求日本从朝鲜撤军的情报。俄国势力的增强使日本不得不考虑对策，陆奥宗光向伊藤博文提出，目前有三条出路：第一，不顾列强干涉继续推行朝鲜政策，但将导致与俄国的直接冲突；第二，利用英俄矛盾，拉拢英国，对抗俄国；第三，自动停止对朝鲜内政的干涉，为日俄协商留下可能性。在这种情况下，日本国内出现了要求缔结日英同盟的呼声。

但伊藤博文作为一名有经验的政治家，头脑较为清醒，他认为英国在朝鲜没有多大的利益，因此不可能因朝鲜问题而与欧洲列强之一的俄国发生战争。他认为即使与之缔结同盟，英国在关键时刻也会抛弃日本。因此，6 月 4 日，日本内阁会议决定，采用陆奥提议的第三策，向俄国让步，将来尽量少干涉朝鲜事务，也不强行谋取朝鲜的铁路和电信权益。

在朝鲜推行改革失败的井上馨心灰意懒，于 6 月 7 日请假离开汉城回国休养。此时，朝鲜的政局再一次发生了变动。由于俄进日退，闵妃认为机会已到，她根据美国人的建议，重用从美国留学归来的“贞洞派”（贞洞为英、美、德等公使馆所在地）来对抗朴泳孝等亲日派。朴泳孝曾要求将宫中的亲卫兵换成日本军官所训练的两个大队，7 月 6 日，高宗以朴泳孝有“叛逆阴谋”为由，将其罢免。8 月 24 日，在 5 月被朴泳孝排挤出内阁的金宏集重新组阁，形成以李范晋、李完用等“贞洞派”为核心成员的新内阁。这一事件背后自然有俄国的支持。井上馨为了防止闵妃倒向俄国，决定进一步对其让步，删除了朝鲜《洪范十四条》中禁止后妃干政的条文。

朴泳孝亲日内阁的倒台标志着井上馨在朝任务的失败。8 月 17 日，日本决定让井上馨回国，并任命三浦梧楼接任驻朝公使。

三浦梧楼是长州人氏，陆军中将，曾任陆军省第三局长、熊本镇台司令长官等职，军人出身的他没有任何外交经验。他一到朝鲜，就干了一件惊天动地的大事。

当时，朝鲜政府正准备解散日本军官所训练的两个训练队。三浦梧楼认为，一旦朝鲜政府成功，日本之前在朝鲜所获得的影响将化为泡影。于是，他在公使馆一秘杉村浚、朝鲜政府军事顾问楠濑幸彦和《汉城新报》社长安达谦藏的协助下，精心策划了一起政变。10 月 8 日，当朝鲜政府的解散令发出以后，三浦梧楼让训练队扶持大院君入宫，并派日本杀手杀死了闵妃。这就是著名的“乙未政变”。

三浦梧楼极力把事件粉饰为由朝鲜的训练队扶持大院君进行的一场政变，然而，在场的美国《纽约先驱报》记者却把日本公使馆派杀手杀死闵妃的事情披露了出来。美国和俄国立刻向日本提出抗议，陆奥宗光患病正在休养，临时代理外务大臣的西园寺公望感到事态严重，不得不下令召回三浦并将其逮捕审讯。而闵妃派的部分大臣逃到了俄美使馆中，11 月 28 日，李范晋、李完用等闵妃派大臣试图杀死金宏集首相，并从皇宫劫出高宗。这一起事件最终也被挫败，但日本却趁机抓住这起美俄公使参与的“春生门事件”大做文章，将乙未政变也定性为朝鲜的内乱。1896 年 1 月 20 日，三浦梧楼等人被无罪释放。

乙未政变发生后，朝鲜在 1896 年初掀起了反日的义兵运动，1896 年 1 月 12 日，江原道的儒生李弼熙、李春永等率先举起了义帜，起义很快波及全国。潜逃到俄国使馆的李范晋在俄国驻朝公使韦贝（Karl Ivanovich Weber，1841—？）的建议下向国王高宗传递了一个信息：日本和大院君正在策划废立，并在 2 月 10 日突然从仁川的俄国军舰上调了 120 名水兵和一门大炮。第二天，高宗逃出皇宫住到了俄国使馆中，并下令处分乙未政变的主要人员。金宏集在被押往警务厅的时候被打死，亲日政权被亲俄政权所取代。

日本自认军事实力无法对抗俄国，只好再次让步。5 月，日本驻朝公使小村寿太郎与俄国驻朝公使韦贝签署了一项备忘录，规定高宗什么时候回宫取决于“一己裁断”，日本承认目前的朝鲜政府并允许俄国在朝有与日本对等的驻兵权。6 月 9 日，日本特命全权大使山县有朋在参加沙皇尼古拉二世的加冕典礼之际，与俄国外交大臣罗拔诺夫签订了《山县—罗拔诺夫协定》。同时，日本和俄国再一次确认了《小村—韦贝备忘录》的基本内容，两国共同援助朝鲜的经济，分享朝鲜的铁路、电信权利，并保证朝鲜的“独立”。日本在朝鲜的影响再一次受到挑战，俄国获得了与日本同样的地位，甚至显得更为重要。

二、占领台湾

《马关条约》签订之后，日本迫不及待要求占领台湾，在与清朝签约之时，伊藤博文就要求李鸿章在换约生效后一个月内交割台湾。

> 李云：一月之限过促。总署与我远隔台湾，不能深知情形；最好中国派台湾巡抚与日本大员即在台湾议明交接章程，其时换约后两国和好，何事不可互商？
>
> 伊云：一月足矣。
>
> 李云：头绪纷繁，两月方宽，办事较妥；贵国何必急急，台湾已是口中之物。
>
> 伊云：尚未下咽，饥甚。①

在朝鲜节节退却的日本，认为台湾是一块“必进之地”。伊藤博文如此急迫，就是害怕列强可能会干涉。1895年5月10日，日本正式任命桦山资纪为首任台湾总督兼军务司令官，并将其提升为大将，前往接收台湾。

消息传到台湾以后，绅民群情激昂，“日集抚署，哀恳保护，不愿事倭”，台湾巡抚唐景崧应民众的请求，“两月之内电陈二十余次之多。甚谓：祖宗缔造之艰，史册具在，传至二百余年，失自皇上之手，天下后世谓皇上为何如君，他日更何以见祖宗于地下？臣为祖宗守土，惟有与台为存亡，不敢奉皇上割台之诏。又谓：弃地已不可，弃台地数十万之人民为异类，天下恐将从此解体，尚何恃以立国。且地有尽，敌欲无穷，他国若皆效尤，中国之地可胜割乎？”②

在日本占台已成定局的情况下，台湾绅民决定主动采取措施自保，全台绅民电禀总理衙门及南北洋大臣、闽浙总督、福建巡抚衙门，表示：

① 广西师范大学出版社编：《马关议和中之伊李问答》，第60页，广西师范大学出版社2008年版。
②〔清〕思痛子：《台海思痛录》，载《近代史资料》第51号，第32页，中国社会科学出版社1983年版。

◇ 桦山资纪（1837—1922），首任台湾总督

伏查台湾为朝廷弃地，百姓无依，惟有死守，据为岛国，遥戴皇灵，为南洋屏蔽。惟须有人统率，众议坚留唐抚台，仍理台事；并请刘镇永福镇守台南。一面恳请各国，查照割地绅民不服公法，从公剖断。台湾应作何处置，再送唐抚入京，刘镇回任。台民此举，无非恋戴皇清，图固守待转机。①

1895年5月25日，台湾绅民拥至台湾巡抚衙门，前工部主事丘逢甲等捧送“民主总统印”和“台湾民主国”国旗，拥立唐景崧为“台湾民主国”总统，年号为“永清”，意为永远隶属清朝。以俞明震为内务大臣，陈季同为外务大臣，李秉瑞为军务大臣。台湾民众布告中外：

惟台湾土地政令，非他人所能干预。设以干戈从事，台民惟集万众御之，愿人人战死而失台，决不愿拱手而让台。②

5月29日，日军炮轰基隆，并在基隆以东的澳底登陆。与此同时，台湾总督桦山资纪与清政府使节李经方在台湾外海的轮船上完成了交接手续，日本获得了占领台湾的“法律依据”。

日军进攻台湾的主力部队是在5月27日与桦山资纪会合的近卫师团，近卫师团的前身就是明治四年（1871）由三强藩出兵组建成的“御亲兵”。时任近卫师团师团长的是陆军中将北白川宫能久亲王。日军在澳底登陆以后，第二天就向险要之地三貂岭前进，只有一条羊肠小道，崎岖异常，而清军竟然没有出击，导致

① 蔡尔康等编：《中东战记本末》，载中国史学会编：《中国近代史资料丛刊》（1），第204页，新知识出版社1956年版。

② 蔡尔康等编：《中东战记本末》，载中国史学会编：《中国近代史资料丛刊》（1），第203页，新知识出版社1956年版。

日军抢先占领高地。

应该说，这是唐景崧在部署上犯的一个错误，他把军队主力集中在基隆和沪尾两要塞，却单单对水深“可泊巨轮”的澳底一处掉以轻心，认为那是“荒僻之地”，使日军抓住了防守空虚处，抢到了滩头阵地。时人吴德功批评其“不识地理”[①]，确有道理。6月2日，日军越过三貂岭向瑞芳进攻，占据高地优势的日军经过一场激战，击败了因处于被动而远来疲敝又不识地理的清军。3日，日军向基隆进发，在海陆军炮火的掩护下，日军突入基隆市区，双方在大雨中激战数小时后，清军溃散。另一方面，日军攻向基隆西北的狮球岭，清军依仗地形，固守三小时后不敌败退，通向台北的门户被打开。

台北是台湾府，虽然近在咫尺，日军却不敢贸然进军。可此时，台北城中却发生了自毁长城的事情。清军的部分兵勇于6月4日晚抢劫库藏，火烧衙署，城中顿时一片混乱，唐景崧逃往沪尾，继而内渡厦门。日军在6月7日不战而得台北，沪尾要塞也在9日失陷。

时人对唐景崧一周内失陷台北之事多有诟病，《台海思痛录》说：

> 方中丞手握兵符，毅然以保障全台为己任，奏书天子，欲以一身相存亡。当此之时，义贯日月，可谓壮哉。然客气盛而将才疏，用非其人，遂一溃不可收拾，偾军辱国，固已多矣。卒使百万生灵，夷为异类；二千方地，沦为他族。向所称不奉诏之疆臣，民主国之总统，直梦呓耳、儿戏耳。[②]

参与台湾防御的吴德功亦讽刺说：

> 何以台湾割让，绅民举为“伯里玺天德”（引者按：英语“总统”President的音译），亦冀台亡而复存。何以调度失宜，日军登岸月余，变生肘腋，黑夜逃遁，外无赴援之兵，内无弭祸之策。台北生灵涂炭，竞争内渡，舟中之指可掬，不俟兵临城下，一身已莫保矣。[③]

---

①〔清〕吴德功：《让台记》，载《近代史资料》第44号，第64页，中国社会科学出版社1981年版。
②〔清〕思痛子：《台海思痛录》，载《近代史资料》第51号，第35页，中国社会科学出版社1983年版。
③〔清〕吴德功：《让台记》，载《近代史资料》第44号，第67页，中国社会科学出版社1981年版。

◇ 北白川宫能久亲王（1847—1895）

日军占领台北以后很快就陷入了困境。当地土著拒绝与之合作，导致日军补给不继，行动困难。当时日军准备向南进攻，拿下新竹、彰化两地，因这两地处全台之中，固守此处可以控制南北。但苗栗当地的生员吴汤兴等人招募壮勇，把守新竹，并坚壁清野，以待来敌。日军于6月12日南下时，一路遭到打击甚重，当地居民神出鬼没，到处袭击日军的前哨部队，使日军陷入草木皆兵的紧张气氛之中。21日，日军近卫师团第二联队长阪井重季奉命率领一个支队南下，在杨梅坜与新竹苗栗义军相遇。义军在丛林中寻找掩护，以有利地形顽强抗击，直到22日阪井联队才用炮火优势压制住义军的攻势，勉强占领新竹，但因孤军深入，后路被断，至此便寸步难进。从6月底到7月下旬，日军用了整整一个月的时间，付出巨大的代价，才打通了从台北到新竹一路，开始实施南进计划。

8月3日，近卫师团司令部南进到新竹，此时，驻守台中的台湾府知府黎景嵩和驻守台南的黑旗军主将刘永福产生了矛盾。刘永福的黑旗军参加过中法战争，经验丰富，能征惯战，但黎景嵩却不愿意与黑旗军分享功劳，拒绝黑旗军北上协防。黑旗军只能派出吴彭年率兵二营前往彰化。8月8日，日军出新竹，一路南下，14日占领苗栗。台湾府的粮饷仅可支数日。8月25日，日军近卫师团到达台湾府城彰化外围。28日，北白川宫能久亲王分兵三路，以左翼山根信成少将一部为主攻，向彰化的制高点八卦山炮台前进，右翼的川村景明少将一部为牵制兵力，在正面迎战。凌晨，日军以夜色为掩护偷渡大肚溪，于5时30分打响战斗。日军左翼军在炮火掩护下，从三个方向围攻八卦山炮台，吴汤兴中弹阵亡，其余人突围而走。7时，日军已占领八卦山炮台阵地，彰化县城遂不能守。

日军虽然夺占台中，但因为天气炎热，导致军中病疫流行，山根信成少将也于10月2日病亡。桦山资纪和北白川宫能久亲王见兵员损失惨重，不得不采取速战速决之策。不过近卫师团已经因战斗和非战斗减员过多，无力独自作战，桦山资纪只好要求大本营调日军第二师团来援。接着，日军分为了三部分：北白川宫能久亲王率近卫师团离开彰化南下，经嘉义而向台南；乃木希典率领的第二师团，经海路在台南的侧面和背面登陆；而伏见宫贞爱亲王率领的混成第四旅团预期在中部的布袋嘴一地登陆。联合舰队将给予运输和火力配合。9 日，近卫师团攻克嘉义，10 日和 11 日，混成第四旅团和第二师团分别在布袋嘴和枋寮登陆成功，台南陷入了三路重围之中。

第二师团登陆以后就立刻向台南挺进，10 月 15 日，其在海军配合下占领打狗（今高雄）炮台，次日占领凤山县城。混成第四旅团也在 10 月 18 日攻占王爷头，南下越过曾文溪，至此，刘永福的台南防线被日军突破。

刘永福此时已为粮饷所苦，他多次写信给张之洞要求接济，都石沉大海，不仅如此，张之洞还要求他放弃台湾内渡。10 月 19 日，听说曾文溪失守的消息后，自知台南不守的刘永福万般无奈下，只好从安平港内渡返回大陆。21 日，日军第二师团进入台南城，台湾全境宣告失守。

11 月 18 日，台湾总督桦山资纪正式宣告："台湾全境平定。"在这场战争中，由于台湾军民的英勇抵抗，日军付出了沉重的代价，近卫师团师团长北白川宫能久亲王负伤病亡，日军阵亡 164 人，病死 4642 人。在此后的半个世纪里，日本一直遭到台湾人民此起彼伏的抗争。

三、十年计划

无论是在"三国干涉还辽"事件中，还是朝鲜问题上，俄国都是日本的主要对手，日本因自身军事实力不足，对俄国做出了种种让步，但这让其深感"屈辱"。甲午战争结束后，日本就决定扩充军备，一方面是为了保护日本业已扩大的"利益线"范围，另一方面，战后日本以俄国为假想敌，无论是民间舆论还是政党和政府，都希望一雪干涉还辽与朝鲜让步之耻。

《马关条约》规定的赔款和"还辽费"是一笔极大的收入，这两笔总数高达 3.6 亿日元的巨款使日本政府的腰包瞬间鼓了起来。在此之前，日本实际上实行的是银本位制，盖因财政情况不足以支持金本位制。明治二十八年（1895）以后，国际银价逐渐下跌，各国纷纷转而采用金本位制，但金本位制需要大量的黄金作为担保支撑，日本此时正好可以利用这样一笔巨款，实行金本位制。明治三十年（1897）

10 月，日本正式宣布以黄金为法定货币之基准。

因此，从明治二十九年（1896）开始，日本的财政收入也有了一个大飞跃①：

1895—1905 年日本财政收入一览表

年度	财政收入（日元）	财政支出（日元）	结余（日元）
1895—1896	118432721	85317179	33115541
1896—1897	187019423	168856509	18162915
1897—1898	226390123	223678844	2711279
1898—1899	220054127	219757569	296558
1899—1900	254254524	254165538	88987
1900—1901	295854868	292750059	3104809
1901—1902	274359049	266856824	7502225
1902—1903	297341348	289226731	8114618
1903—1904	251681961	244752346	6929615
1904—1905	229855914	223181230	6674763

从上表可以看到，明治二十九年（1896）日本的财政收入达 1.87 亿日元之多，与上一年相比几乎翻了一番，明治三十年（1897）的收入已突破 2 亿日元。但我们同时可以看到，虽然财政收入大幅增加，但从明治二十八年（1895）到明治三十三年（1900），财政结余不但没有同时增加，反而是逐年下降。到明治三十四年（1901）后，结余数量虽然有所回升，但远远没有达到明治二十八年（1895）的水平。这意味着在财政收入增加的同时，日本政府的财政开支也在暴涨。如此大量的金钱，究竟花到哪里去了？

原来，明治二十九年（1896），日本政府提出了“卧薪尝胆”的十年计划，目标是实现山县有朋提出的“扩大利益线，称霸东洋”的战略。由于议会第一大党自由党在战后和伊藤内阁相互提携，政府的预算案在议会均获得了顺利通过。从这一年开始，日本每一年都维持着巨额的军费开支。清朝赔付的 3.6 亿日元中，有 3.1 亿投入到了军备扩张及与之相关的工业事业上。

陆军早在前一年就修改了兵役法，将兵役年限又延长了 4 个月，定为 12 年零 4 个月，废除预备役，改设补充兵役。明治二十九年，陆军正式提出扩军计划，要

① 本表数据源自［日］松方正义：《帝国财政》，载大限重信编：《日本开国五十年史》，第 151 页，上海社会科学院出版社 2007 年影印版。

求将现有的7个师团扩充一倍，以保证在战时有14个师团。同年陆军就将屯田兵改为师团编制，增加了5个师团，加上原本的7个师团和由后备役临时组建的1个师团，达到13个师团。在师团内部编制上，将原属师团的骑兵和炮兵改编为骑兵独立旅团和炮兵独立旅团，以便战时能立刻组建为炮兵团和骑兵团。同时，陆军还投入大量经费用于武器改良和军队教育。[①] 明治三十年（1897），师从村田步枪设计者村田经芳的有坂成章，对村田经芳设计于明治二十二年（1889）的二十二年式村田连发步枪加以改进，使用无烟火药，改善装填和连发系统，成功设计了三十年式步枪。这种口径为6.5毫米、枪身长79厘米的步枪非常适合身材短小的日本人使用，于明治三十六年（1903）被用于装备全部正规军。

◇ 八幡制铁所

甲午战争开战的两年，日本陆军的开支分别是10336935.742日元和10015934.484日元。明治二十九年（1896）陆军军费开支暴涨，飙升到53242524.208日元。从这一年开始到明治三十六年（1903），陆军军费始终保持在5000万日元上下，明治三十三年（1900）甚至达到惊人的7400万日元之多。[②]

海军亦不甘落后，考虑到俄国远东舰队的实力，日本海军提出了一个雄心勃勃的造舰计划：

> 逐渐建造战舰四只，一等巡洋舰六只，二、三等巡洋舰等十只，驱逐舰二十三只，水雷艇六十三只，杂船五百八十有余只。[③]

---

①[日]山县有朋：《陆军史》，载大隈重信编：《日本开国五十年史》，第196页，上海社会科学院出版社2007年影印版。

②[日]山县有朋：《陆军史》，载大隈重信编：《日本开国五十年史》，第201—202页，上海社会科学院出版社2007年影印版。

③[日]山本权兵卫：《海军史》，载大隈重信编：《日本开国五十年史》，第216页，上海社会科学院出版社2007年影印版。

根据这个计划建造的四艘15000吨级的大型战舰和六艘10000吨级的一等巡洋舰，加上已经在英国建造的同类型战舰两只，组成了“六·六舰队”。另外，日本还缴获了北洋海军舰船17只。还在明治二十九年（1896）3月颁布《造船奖励法》，规定：制造700吨以上的钢质船，政府将给予奖励性补贴，制造700吨以上1000吨以下的船每吨给予12日元补贴，1000吨以上的每吨给予20日元补贴。如果同时建造舰船发动机的，每一马力给予5日元的奖励。到明治三十六年（1903），日本已拥有军舰76只，总计25.8万多吨，建设起了一支世界上数得上的庞大海军。

当然海军军费也和陆军军费一起飙升，明治二十八年（1895）甲午战争结束前的八年里，海军军费一直维持在1000万日元上下，明治二十九年（1896）猛涨到50005757.928日元，到明治三十二年（1899）创纪录地突破6000万日元。①

除了疯狂扩军以外，日本还着力于工业立国和贸易立国。日本之所以采取金本位制，就是认为这样有利于从同样采用金本位制的欧美等国进口武器和钢铁，也有利于向这些国家出口生丝和茶叶换取外汇，并最大限度地引进外国资本。在工业发展方面，日本最为重视的就是钢铁的自给，所以，在十年计划中，除了3亿日元的军备扩充费外，还有1.5亿的事业扩充费和3.5亿的所谓行政扩充费。事业扩充费被用在创建钢铁厂、修建铁路和电信设施上。明治二十九年（1896）3月30日，政府正式公布了制铁所官制，在福冈县建设了一个大规模的近代化炼铁工厂——八幡制铁所。到明治三十四年（1901），制铁所第一高炉正式投产并宣告开业。

如此大的开支，光凭借《马关条约》的赔款远远不够，于是日本政府又制定了大规模的增税计划：

> 二十九年以后日本国势颇发展，而增税频行焉。以诸税综计之：明治二十九年所增者约二千六百万元，三十二年约四千万元，三十三年约二千一百万元，三十七年约七千五百万元，合四次所增，凡八年间，国民负担增至一亿六千万元。以增税种类言之，明治三十三年始定糖税法（砂糖税法），三十七年制定烟草制作专卖法，除此二法外，余皆由改易制度而增诸税之率而已。税法之改易，以权衡为要，其初为无税之品目，经改易而至负租税者

①［日］山本权兵卫：《海军史》，载大隈重信编：《日本开国五十年史》，第218—219页，上海社会科学院出版社2007年影印版。

亦往往有之，如麦酒是也。[1]

这样庞大的增税计划对民生的影响是显而易见的，松方正义说："租税急增，国人亦不甚觉其苦"，这当然是睁着眼睛说瞎话。单是把原来作为地方税的营业税提升为国税，就导致地方不得不再以其他零散税收弥补收入，这对于平民来说是一大笔支出。另外，糖税、烟草税、造酒税的出现，也对平民生活影响很大。

除了增税以外，日本还大发国债。明治三十年（1897），日本通过世界金融中心伦敦市场发行军事公债4300万日元，此后，再从伦敦市场发行英币公债1000万英镑。明治三十五年（1902）又在伦敦发行5000万日元的公债，两年后，再次在伦敦和纽约同时发行英币公债1000万英镑。至此，日本公债总计为5.64亿日元，国内平均每人可以摊上11日元[2]。公债是用来做临时开支之用的，这些钱绝大部分被用于军备及铁路、钢铁制造、造船等相关事业。

十年计划的推行使日本成为名副其实的亚洲强国，陆海军逐渐具备了与俄国这样的强国一战的实力。日俄之间实力对比的变化，意味着远东的政治格局即将发生巨大的转变。

四、国粹主义与日本主义

甲午战争对日本思想界的冲击是巨大的，体现在日本思想界由崇拜西方文明向自信骄傲于本国文明过渡，也就是由战前风靡一时的欧化主义向战后的日本主义思想过渡。

欧化主义在19世纪80年代末成为日本上层社会的主流，是以福泽谕吉的"脱亚论"为渊源的，其代表就是鹿鸣馆文化。政府上层如井上馨等人高喊一切欧化，"创造欧式帝国"的口号，实际上只是机械地将欧洲文明的表面形式搬到日本来，在社会上形成一种自上而下的崇拜西方的风潮。

当然，也有人对这种自上而下的欧化方式不以为然，认为必须从民众入手，实现从普通人民开始的欧化，其代表人物就是《国民之友》的创刊者德富苏峰。

---

①[日]松方正义：《帝国财政》，载大隈重信编：《日本开国五十年史》，第156页，上海社会科学院出版社2007年影印版。

②[日]松方正义：《帝国财政》，载大隈重信编：《日本开国五十年史》，第161—162页，上海社会科学院出版社2007年影印版。

◇ 德富苏峰（1863—1957），明治到昭和时期的日本历史学家、思想家，著有《近世日本国民史》等

德富苏峰原名猪一郎，肥后水俣村乡士出身，早年求学于熊本洋学校，受西方文化的影响颇深，明治十四年（1881）回乡开办大江义塾，同时也开始为新闻界执笔。明治十八年（1885），他写了一本名为《19世纪的日本青年及其教育》的小册子，引起了很大的反响。第二年，他又撰写了《将来之日本》一文，要求武力的、封建的、贵族化的日本向平民的日本迈进，从而奠定了他平民主义思想的基础。明治二十年（1887）2月15日，德富苏峰正式创办了一本名为《国民之友》的杂志，他从“平民的急进主义”的立场，来批判“贵族的欧化主义”。所谓平民主义，就是希望关注平民的民生，代表日本新兴资本主义的要求，要求实现经济上的平等，实现欧式的自由民主，他反对流于表面的贵族式的鹿鸣馆欧化主义。《国民之友》的立场受到民众的追捧，一度发行量过万，被称为第二本“明六杂志”。

德富苏峰批评欧化主义，但并不完全反对欧化，他只是主张在实现欧化的方式上必须脱离贵族化。甲午战争前后，对欧化主义已经有了批判的声音，这些声音主要来自志贺重昂、三宅雪岭等思想家组成的政教社。

明治二十一年（1888）4月，东京英语学校出身的志贺重昂、杉浦重刚等人与哲学馆（今东洋大学）出身的三宅雪岭、井上圆了、辰巳小次郎等人共同组建了政教社，并出版发行《日本人》杂志。志贺重昂在《日本人》第二期中发表了《“日本人”胸怀之志的告白》一文，提出了“国粹”的口号，他说：

吾辈所抱的主旨大义，实际在于以日本的国粹为精神、以之它为精髓，然后能够临机而进退去就。然而，吾辈虽以国粹为进退去就的标准，但力求与宇内大势不相抵触，能随正流对待各种境域。犹如生物临机应变，以自己的身体适应外界的影响。……大和民族也不可不在有形、无形中顺应这些变革，但是顺应这些变革的标准应归因于保存国粹，这确是颠扑不破的大法。[①]

在志贺看来，当时所谓的全盘西化和一味崇拜西方的风气是不可取的，他主张日本主动去吸取西方的文明成果，再用日本文化将之同化吸收，日本的发展必须归于“保存国粹”的脉络中。

在甲午战争爆发的同一年，志贺重昂又发表了代表作《日本风景论》。他从地理学者的观点出发，颠覆以往以樱花为日本代表的观点，认为日本应该是一个“松国”，要学习松的坚忍不拔的品质。他极力主张保护日本的风景，实际上也是在呼吁“保存国粹”。

政教社中的另一名活跃分子三宅雪岭在明治二十四年（1891）发表了两本代表作——《真善美的日本人》和《假恶丑的日本人》，通过对国民性的反省来阐述国粹主义的主张。在前一本著作中，三宅雪岭建议日本人先认识自己，认为日本人要对自己有信心，要发挥“真的境界”，以富国强兵、充实国力为后盾，向世界伸张善与正义。他高声赞扬日本之美，希望能向世界发扬日本国民性的优点。在后一本著作中，他又反省了日本国民性中的负面，认为日本人不能好好发挥自己的能力，盲目崇拜西方，他强烈抨击鹿鸣馆式的欧化思想，认为这是对西方的拙劣模仿。[②]

当然，值得注意的是，这种国粹主义中无疑包含着比较危险的倾向，无论是志贺重昂的“保存国粹”论还是三宅雪岭的日本人论，都有着可能向右翼的国家主义和对外扩张论转变的倾向。甲午战争前夜，原本支持大同团结运动而批评政府的德富苏峰率先高唱“出兵朝鲜”，表明他从平民主义向绝对主义转化了，因为在他看来，发动对外战争，是保持民众与政府的一致性，实现欧化，使西方认可日本的一条捷径。三宅雪岭也把他充实国力以发扬善和正义的观点转向了扩军备战方面。在三国干涉还辽后，他发表了《卧薪尝胆》一文，指责政府的软弱，认为三国干涉一事凸显了日本国力不足，要求进一步扩张国力，卧薪尝胆，一雪

①［日］志贺重昂：《“日本人”胸怀之志的告白》，转引自近代日本思想史研究会著，马采译：《近代日本思想史》，第二卷，第 20 页，商务印书馆 1991 年版。

② 参见：［日］南博著，邱琡雯译：《日本人论——从明治维新到现代》，第 34—35 页，广西师范大学出版社 2007 年版。

前耻。这种思维方式无疑和当时正主导十年计划的日本政府上层的思维逻辑是颇为一致的。

甲午战争的爆发的确让许多日本知识分子振奋不已，福泽谕吉在其自传的最后部分这样写道：

回顾一下社会，虽然还有许多令人难堪的事情，但是全国整个局势一直是进步的，逐渐向上的，数年之后既大显其形，如“日清战争”（引者按：即甲午战争）这种官民团结一致的胜利，实在令人高兴，值得庆幸。只有活到今天才能看到这种事情，以前死去的同志朋友是不幸的，我真想叫他们也看看这种胜利！每到想起这点来都要使我落泪。其实“日清战争”并算不了什么，那只是日本外交的序幕，用不着那么高兴。但是为当时的情感所迫，我不能不为之高兴，情况大概就是这样。若问使我高兴的原因究竟何在，我认为：那就是因为新日本的文明富强都是先辈遗留的功德所致，我们正好生在这个幸运的时代，只是承受了祖先的遗赐罢了。①

福泽谕吉把甲午战争称为“文野明暗之战”，认为是“文明”和“光明”战胜了“野蛮”和“黑暗”，是西欧的新文明战胜了东亚的旧文明，这一观点也代表了当时很大一部分日本知识分子的看法。

当然也有人并不这样认为，比如著名作家内村鉴三，他在明治二十四年（1891）1月9日担任第一高等中学校教员时，曾经拒绝服从政府的《教育敕语》中向明治天皇的亲笔署名敬礼的规定，认为这与他的信仰根本抵触。一时间“内村鉴三不敬事件”成为一个社会争论的话题。甲午战争爆发后，曾经对政府持批评态度的内村鉴三一度也支持甲午战争，认为必须“用进步的西洋打开保守的东洋”，日本发动甲午战争的目的也正在于此。但日本在战后的表现令他失望，留美时接受了基督教洗礼的内村鉴三接受了基督教 “和平主义” 的思想，他认为日本只盯着“新领土的开发和新市场之扩张”，一味想要获取利益而将邻邦的独立性置于不顾。内村鉴三认为这与他的初衷是相违背的，他在此后逐渐成为一个坚定的非战主义者。

①[日]福泽谕吉著，马斌译：《福泽谕吉自传》，第277—278页，商务印书馆1980年版。

◇ 内村鉴三（1861—1930），日本基督教思想家，作家

以高山樗牛为代表的大日本协会所主张的日本主义是甲午战争以后日本思想界又一种值得注意的观点。

高山樗牛，原名林次郎，日本近代作家。他就读于东京帝国大学文科大学哲学科，明治二十七年（1894）因应征《读卖新闻》悬赏小说而效法日本古典文学《平家物语》写成了《泷口入道》，一举中选，名声大噪。后来频频在《太阳》杂志上发表文学作品。明治三十年（1897），他与井上哲次郎等人同组大日本协会，出版刊物《日本主义》。高山樗牛曾在《太阳》杂志上发表《礼赞日本主义》一文，表示日本主义就是以国民性的自主独立精神发挥建国之初抱负的道德原理。日本国民的思想是入世而非出世的，所以日本主义排斥所有的宗教，它不是宗教，也不是哲学，是国民实践道德的原理。[①] 高山樗牛鼓吹国家至上，主张扭转以往在欧化和国粹之间取舍的态度，转而从国体民性出发。他认为《教育敕语》具有非常重要的意义，它把“忠君爱国，举国一致奉为国民道德的主旨”。因此，他认为日本的国体就是君民一致，国民必须要适应帝国主义扩张的需要，要让日本成为亚洲的英国。

高山樗牛后来的思想从日本主义转向了尼采式的自我至上主义，鼓吹对强者和“超人”的崇拜。他的日本主义思想其实就是明治绝对主义思想的一种表现形式，原本国粹主义中的一些积极的民主因素也在这里消失殆尽了。[②]

五、危机中的中国

毋庸置疑，甲午战争的失败带给中国的是深重的苦难。从 1860 年开始进行了长达 30 年的洋务运动（也称“同光中兴”）在这场战争中被撕下了光鲜的外衣。

①[日]南博著，邱琡雯译：《日本人论——从明治维新到现代》，第 33 页，广西师范大学出版社 2007 年版。

② 参见：[日]近代日本思想史研究会著，马采译：《近代日本思想史》，第二卷，第 35—38 页，商务印书馆 1991 年版。

曾经的东方大国败给一个新兴的岛国，暴露了其内部的虚弱，因此也引来了列强的觊觎。

首先按捺不住的是日本、俄国和德国。日本在获得甲午战争的胜利以后，因面临俄国的挑战，在辽东半岛和朝鲜问题上遇见了阻碍，因此决心从中国取得“补偿”。1896 年 7 月 21 日，日本驻华公使林董与清朝签订了《中日通商行船条约》（日本称《日清通商航海条约》），要求清政府增开上海、厦门、汉口、天津四处租界，加上原本《马关条约》规定的杭州、苏州、重庆、沙市四处商埠，日本在华的租界达到八处之多。在取得在华领事裁判权的同时，取消了《日清修好条规》中中国在日的领事裁判权，并获得最惠国待遇。通过这一条约，日本得以获得与在华其他列强平起平坐的地位。

德国作为欧洲的后起资本主义国家，在走向世界时，发现各处已经基本被瓜分完毕，于是皇帝威廉二世提出了“重分世界”的主张，要求与老牌殖民强国英、法等国共享“阳光下的地盘”。1897 年 11 月 14 日，德国借口“巨野教案”，出兵强占胶州湾，并在次年 3 月胁迫清政府签订《胶澳租界条约》，强租胶州湾 99 年，跨出了“重分世界”的第一步。

俄国则以干涉还辽的功臣自居，推行南下政策。1896 年，俄国向清政府提出让西伯利亚大铁路穿越过中国的东北地区，为了实现这一目的，俄国利用沙皇尼古拉二世加冕典礼的机会，将李鸿章请到圣彼得堡。沙皇政府的财政大臣维特和外交大臣罗拔诺夫与李鸿章进行秘密谈判，以共同对抗日本为条件，要求中方同意俄国在赤塔和海参崴之间建造贯穿黑龙江和吉林两省的铁路线，使西伯利亚大铁路延伸到海边。俄国同时承诺给予李鸿章个人 300 万卢布的贿赂。6 月 3 日，李鸿章与俄国签订了《御敌互相援助条约》（即《中俄密约》），规定：如日本侵占俄国远东土地或中国、朝鲜土地，中俄双方以全部海陆军互相援助，不得单独议和；中国港口在战时对俄国开放；中国允许俄国在黑龙江、吉林两省修筑连接铁路，供将来运输兵员和军需物资所用。

根据这一条约，俄国的华俄道胜银行与清政府合办了中国东省铁路公司，在 1897 年开始建造中国境内的铁路。俄国以护卫路权为名，在东北驻扎军队。

俄国的南下政策引起了日本的不安。1898 年前后，由于日本军事实力的增长，日本陆军的人数比远东的俄国军队更多，且较之战线绵长的俄军而言，日本陆军更为集中。日本海军也因为十年计划中的大规模造舰计划而有所增强，这让俄国对日本也抱有深刻的戒心。因此，在1898年1月，俄国以承认日本在朝鲜（1897年2月，朝鲜国王高宗从俄使馆迁回宫中；10月，高宗称帝，改元“光武”，改国号“大韩帝国”）的权益为代价，减少在朝鲜半岛的“摩擦”。日本驻俄公使林董提出了对应提案，建议由日俄共同保证朝鲜“独立”，俄国和日本分别派员任朝鲜的军事教官和财政顾问，俄日双方在朝鲜就工商业措施实现磋商。同年春，时任日本外相的西德二郎提出了一个“满韩交换”的方案，建议俄国从朝鲜退出，日本可以承认其在中国东北的特殊利益。这个方案得到了伊藤博文、井上馨、山县有朋等元老的支持。但俄国已经迫不及待地行动了起来，1898年3月，俄国通过《旅大租借条约》租借了当初北洋舰队的基地旅顺口和大连湾，获得了远东地区的不冻港。在中国东北获得优势以后，俄国又在朝鲜问题上采取强硬态度，拒绝完全退出朝鲜。1898年4月25日，日本外相西德二郎与曾任俄国驻日公使的俄国外交大臣罗森（Roman Romanovitch Rosen，1847—1922）于东京签订了《西—罗森协定》，以代替原本的《山县—罗拔诺夫协定》。这一协定规定：日俄共同承认朝鲜“独立”，不干涉朝鲜内政；俄国承认日本在朝鲜拥有商业利益，不妨碍日本在朝的商业发展；日俄双方将在朝鲜的军事教官与财政顾问的任命问题上相互磋商。日本还是没有实现将俄国势力排除出朝鲜半岛的企图，日俄在远东继续保持对峙的状态。

◇ 时局图，这是当时流传的一张著名的图片，形象表现了列强瓜分中国的情景

清政府为了偿还对日赔款，被迫大借外债，2亿两白银的巨额赔款对其财政是重重一击。清政府在战后四年中，先后七次举借外债，其中向俄、法、英、德四

国的三次大借款金额高达3亿两，本息共计6亿两。可扣除回扣以后，实际上拿到手的只有2.6亿两，偿还的期限长达数十年，并附加了苛刻的条件。

日、俄、德在中国的活动引起了在中国利益最大的英国的注意。英国对俄国的南下尤其警惕，因此，除了要求扩大租借九龙半岛和大鹏湾、深圳湾外，还要求租借威海卫。英国事先与日本驻英公使加藤高明知会了租借威海卫一事，得到日本的支持和同意。因为日本非常需要英国作为其在远东对抗俄国的后盾。7月1日，清政府同意将威海卫租借给英国。

法国依样画葫芦，在1899年11月16日与清政府签订协定，强租广州湾99年。法国亦是列强中最早划分势力范围的，早在1897年3月，就曾要求清政府不将海南岛让与他国，1898年4月10日，要求清政府不将云南、广西、广东等省让与他国，使之成为法国势力范围。英国继而效仿，在1898年2月确定长江沿岸各省为势力范围。德国则以山东为其势力范围。俄国在长城以北和东三省划定势力范围。

日本则在1899年8月派军队在厦门鼓浪屿登陆，于当年10月在厦门获得租界，并划定福建为势力范围，走出了南下计划的关键一步。同时，日本还策划为新建的八幡制铁所夺取铁矿石产地，因此对中国湖北大冶铁矿的管理权垂涎三尺，最终却未能如愿，只好在1899年4月签订了购买大冶铁矿石的合同。

在列强纷纷入侵的情况下，中国面临着严重的民族危机，中国的知识分子首先起来试图以自上而下的改革实现救亡图存，1898年9月，康有为、梁启超等人领导的戊戌变法被以慈禧太后为代表的保守势力扼杀。中国与列强的矛盾正走在激化的边缘。

第二节 政党、官僚、军部

一、政党与内阁的“提携”

自从日本出现了内阁和国会以后，内阁的藩阀官僚和国会的政党一直处于一种水火不容的状态，伊藤博文、黑田清隆、山县有朋、松方正义这四届内阁的执政时间都不甚长，究其原因，和国会中政党的掣肘不无关系。明治二十五年（1892）伊藤博文第二次所组内阁最终维持了四年，不仅是因为伊藤是政界元老，其操控政局的手段和能力无人能比，更重要的是在这一届内阁执政时发生了甲午战争，

◇ 星亨（1850—1901），明治时期政治家、律师

成功转移了国内的视线。同样热衷于对外战争的国会政党在战时并没有给内阁制造麻烦。战时召开的第七届议会，仅仅用了四天时间就全票通过了一亿五千万的临时军费案。第八届议会（1894 年 12 月 24 日—1895 年 3 月 27 日）也没有掀起什么波澜。

而战后，伊藤内阁却再一次遭遇到了危机，主要是因为三国干涉还辽事件和政府在朝鲜对俄国的不断退让。伊藤博文非常清楚，议会中的对外强硬派肯定会制造麻烦的，所以决定先下手为强，将议会第一大党自由党控制在自己手中。

伊藤博文手里还有一张王牌——外务大臣陆奥宗光。陆奥宗光曾经与立志社的林有造等人一起参与了西南战争期间的高知县叛乱，被逮捕入狱五年，明治十六年（1883）特赦出狱后，受伊藤博文的照顾出国留学，回国以后投身外交事业，在伊藤博文第二次组阁时出任外务大臣，发挥所长。他和星亨等人有着深厚的交情。于是伊藤得以利用他和自由党林有造、星亨等人的旧关系搭上了自由党内的领导层土佐派，并与对方达成一种共识。政府给予自由党活动经费，自由党则同意与政府互相“提携”。明治二十八年（1895）11 月，自由党正式宣布与伊藤内阁“提携”，国民协会也再次转向政府方面，这使政府实现了控制议会的目标。明治二十八年（1895）12 月 28 日，第九届议会（1895 年 12 月 28 日—1896 年 3 月 28 日）开幕，对外强硬派提出的弹劾内阁案被自由党和国民协会联手拦下，这一届议会根本无法对伊藤内阁造成任何威胁。

投之以桃，报之以李。内务大臣野村靖由于提出废除东京、大阪、京都三府特别市制，遭到议会的反对而被迫辞职。伊藤于明治二十九年（1896）4 月邀请自由党总理板垣退助接任内务大臣一职，星亨出任驻美公使，日本政坛形成了政府和自由党和谐共存的局面。

但政府内部的一些官僚对此却并不满意。明治二十八年（1895）8 月，仅仅当了五个月大藏大臣的松方正义因与伊藤不和而辞职。他开始谋求与当初因星亨丑

◇ 尾崎行雄（1858—1954），号称“议会政治之父”，他保留着日本议会议员任职时间、当选次数的纪录

闻而和自由党闹翻的立宪改进党相互“提携”，来对抗与自由党互相“提携”的伊藤博文，并承诺让立宪改进党党首大隈重信入阁出任要职。另一方面，外相陆奥宗光因病于明治二十九年（1896）5 月辞职，失去重要助手的伊藤博文决定以退为进，先行下野。

松方正义如愿于 9 月再次组阁，并遵照约定邀请大隈重信任外务大臣。早在 3 月，立宪改进党已联合立宪革新党等对外强硬派组建成进步党，共有 99 名议员。松方内阁组建以后，进步党以党首大隈重信入阁的方式与以松方为代表的萨摩藩阀展开合作，这一届由松方正义和进步党相互“提携”而组成的内阁就被称为“松隈内阁”。组阁以后松方正义立刻召集地方官训示，指出：“人民由宪法所享有之权利自由，关于言论、出版、集会等者宜尊重之，以巩固其保卫。政务主简捷，去其繁文，广举才能而矫正情弊，是为须要。”[①] 进步党也立刻表示内阁的方针与之略同。

进步党加上第一次松方内阁的内务大臣品川弥二郎所领导的国民协会的势力，让松方内阁勉强能控制议会中的多数，所以在第十届议会（1896 年 12 月 25 日—1897 年 3 月 24 日）中，政府才能从容推行金本位制改革，也才能根据进步党的建议，放松新闻管制。进步党党员成为官吏的也大有人在，所以党员人数激增，实力大涨。但松方内阁是否真能像松方所说的那样“广举才能而矫正情弊”呢？事实并非如此。松方正义作为萨摩藩阀，在内阁中自然任用了不少萨摩人，这引起了进步党人的不满，而松方内阁为解决财政问题提出的“增加地租”的提案更引发了政府与进步党之间的决裂。明治三十年（1897）11 月 6 日，大隈重信辞去外相一职，松方正义试图与自由党“提携”，虽然自由党内的星亨、松田正久等人表示支持，但上层的林有造、片冈健吉等土佐派却极力反对。12 月 24 日，第十一届议会（1897

①［日］浮田和民著，板垣退助、大隈重信阅：《政党史》，载大隈重信编：《日本开国五十年史》，第 255 页，上海社会科学院出版社 2007 年影印版。

年 12 月 24 日—25 日）开幕，并立刻提出政府不信任案，当天内阁决定解散议会，接下来，松方内阁因无法控制局势而垮台。新闻自由和对外条约改正的完成［到明治三十年（1897）12 月，日本和其他 12 个国家改订了新条约，加上 1894 年的对英条约、1895 年的对美、对意条约，日本完成了条约改订的任务，治外法权被完全废止］成为这一届内阁最重要的成果。

之后伊藤博文卷土重来，第三次组阁，由于陆奥宗光已经在明治三十年（1897）8 月 24 日去世，伊藤只能依靠自己的能力去联络政党。在和大隈重信、板垣退助会面以后，伊藤博文放弃了与政党“提携”的想法，决定组建一个“超然内阁”。在这个内阁中，文部大臣西园寺公望、农商务大臣伊东巳代治、递信大臣末松谦澄是伊藤博文的嫡系，大藏大臣井上馨是伊藤的政治盟友，而陆军大臣桂太郎、司法大臣曾祢荒助、内务大臣芳川显正出自山县有朋的军部势力门下，另两位阁僚是萨摩出身的外务大臣西德二郎和海军大臣西乡从道，这是一届军部和官僚联合的内阁。

这样一个“超然内阁”在和议会打交道的时候也遇到了重重困难。明治三十一年（1898）3 月 15 日举行的第五次众议院选举中，自由党获得 105 席，进步党获得 104 席，两党席位占据了议会的大多数。这次选举后召开的第十二届议会（1898 年 5 月 14 日—6 月 10 日）成了两党联合攻击政府的战场，伊藤内阁提出的增加地租案，被两党联手以 247 票对 27 票否决。伊藤博文虽立刻解散了议会，但进步党和自由党也针锋相对，于 6 月 22 日联合组成一个新党——“宪政党”。伊藤博文自知不敌，于是决心下野组成政府党与之对抗。这个想法得到了大藏大臣井上馨的支持，但山县有朋对此却表示反对，他认为以伊藤元老的身份去组建政党，就会“失去不偏不倚的地位”。然而伊藤博文态度十分坚决，并表示如果万不得已，将辞去官职和爵位，以完全在野的身份去组党。山县等元老一方面是为了挽留伊藤，另一方面也不想担负对抗政党的责任，所以谁也不希望接下伊藤的首相之位。去意已决的伊藤索性向天皇建议，由大隈重信和板垣退助两人联合组成一个政党内阁。

于是，组阁这个重任就这样“哐当”一声如天上掉馅饼一样砸到了宪政党头上，又惊又喜的大隈重信和板垣退助接受了这个任务。明治三十一年（1898）6 月 30 日，日本政治史上第一个政党内阁横空出世了。

二、政党内阁的失败

明治三十一年（1898）出现宪政党内阁完全是当初制定宪法的那些元老们计划外的事件。明治宪法竭力地限制政党政治，宪法的制定者一致认为出现政党内阁是很危险的，政府应该超脱于政党之外。但事与愿违，政党内阁最终还是在“体制内”以合法的形式出现了，这其实是对条文含糊的明治宪法进行“妙用”的结果。

在 “隈板内阁”中，首相和外务大臣由大隈重信兼任，内务大臣板垣退助、大藏大臣松田正久、农商务大臣大石正巳、递信大臣林有造为旧自由党人，司法大臣大东义彻、文部大臣尾崎行雄为旧进步党人，只有陆军大臣桂太郎和海军大臣西乡从道分别为长州和萨摩藩阀。而且除大藏省以外的各省次官以及内阁书记官长、法制局长官也由政党人士出任。

政党内阁的出现改变了原本的政治局面。宪政党本是由自由党和进步党这一对冤家为对抗政府而临时拼凑起来的。宪政党没有总裁，由自由党系的林有造、松田正久和进步党系的大东义彻、尾崎行雄四人出任总务委员，主持党务。在获得政权以后，这一对冤家失去了对抗的目标，自然也就无法精诚团结了。于是自由党系和进步党系开始钩心斗角，产生内讧。在 8 月 10 日举行的第六次众议院选举中，虽然控制政府的宪政党大获全胜，获得议会 80% 的议席，国民协会只获得 21 席，但在选举中，宪政党内部的两个党系已经开始为争夺选票而互相攻击。

更为严重的是自由党系的星亨从驻美公使任上回国，要求出任外务大臣，大隈重信不想看到自由党势力在内阁坐大，所以拒绝了这一要求，坚持由自己兼任。这惹怒了星亨和自由党人，陆军大臣桂太郎和海军大臣西乡从道等藩阀人士窃喜，决定推波助澜，促使两派决裂，于是他们和星亨结成了盟友。

8 月 21 日，进步党系的文部大臣尾崎行雄在帝国教育会茶话会上发表了一场演说，终于被星亨和藩阀人士抓到了把柄，他们成功迫使尾崎行雄辞职，给予大隈重信致命一击。

尾崎行雄到底说了什么，导致如此严重的后果？原来是他的演说触到了当时的禁区：

人人都说美国是拜金的发源地，但美国的钱不是总统一个人的，事实上，历代美国总统贫穷的大有人在，日本就是缺乏推行共和政治的勇气，要是日本搞起共和政治，三井、三菱一定是总统候选人。

这番话看起来似乎没什么，尾崎是一个出了名的廉洁政治家，他的本意是表达对财阀主导的拜金政治的抨击和不满。但藩阀元老们却抓住他话中“共和政治”那一部分不放，认为他是在高唱共和政治，反对天皇制度。出言不慎的尾崎受到了来自自由党系和天皇、贵族院、枢密院的重重压力，在10月27日被迫辞职。

自由党人对空缺的文部大臣职位虎视眈眈，但大隈重信提出的人选却仍是进步党系的犬养毅。自由党人大为愤懑，于29日自行宣布宪政党解散，将进步党人全部排除出去以后重组宪政党，自由党派的内阁大臣集体辞职，大隈重信在11月3日纠合进步党系另组宪政本党与之对抗。宪政党的分裂导致内阁无法继续维持下去，日本史上的第一个政党内阁在组阁不到半年以后于11月8日在莫名其妙的内讧中倒台了。

政党内阁看起来更像是一场闹剧，晚年的自由民权派思想家中江兆民在他1901年出版的著作《一年有半》里不无讥刺地把自由党和进步党都好好贬损了一顿：

自由党完全去掉它那抑郁、困顿、流离、艰难的历史，把自己送给伊藤博文，一点也不尊重自己，爱惜自己。然而所谓伊藤博文是个什么人呢？假使想到，他正是往年使自由党陷入抑郁、困顿、流离、艰难境地的罪魁祸首，正是自由党的宿敌，我们就不能不佩服自由党诸公的度量；可是拿男子汉的气节怎么办呢？他们唯利是图，所以无所不为。因此，他们的度量是那种在酒肉筵前，忍受财主调戏的帮闲的度量。

进步党像自由党一样没有主义，没有政纲；可是远远赶不上自由党的厚脸皮。这就是它所以着着落伍的缘故。自由党首先和政府携手，而进步党居后；自由党首先高唱积极，而进步党居后。它知道那是问心有愧的，所以犹豫不决，事事落后。然而它对国家没有贡献，是和自由党一样的；对政治和社会有损害，是和自由党一样的。

自由党几乎是拿没有主义和没有政纲来自我标榜，而并不隐讳竭力追求

> 升官发财。同样地它自我夸耀，扬扬得意，所以不怀恨旧日的仇敌，不轻视新来的伙伴。这就是它所以充分发展成为庞然大物的缘故。它扩张得越发庞大，伤风败俗也越发厉害。这是不能够持久的。……
>
> 进步党还有羞耻心；所以以自己没有主义为耻，而要做到有主义；以贪图私利为耻，而要主持正义。假使得到适当的领袖人才，也许能够成为真正的政党吧。①

当然，考虑到这篇著作是中江兆民在被医生告知生命还有“一年有半”的情况下写就的，因此许多观点似乎过于偏激，比如他对伊藤博文、大隈重信等政治家多加贬损，大有祢衡击鼓骂曹的风范。他对明治二十四年（1891）自由党土佐派和时任首相山县有朋妥协而通过预算案一事耿耿于怀，当初曾经愤然辞去议员一职以示抗议，但是应该注意的是，虽然中江兆民骂得过于偏激，但他指责自由党中某些人争权夺利、唯利是图还是颇为精当的。可以说，经过多年以后，原本的许多自由民权派人士已经蜕化为职业政客，“专以精益求精的阻挠议事进程的技术迫使政府不能不用加官送贿的办法去息事宁人”②。这也是这届政党内阁垮台的一大原因。

三、山县内阁的模范“提携”

伊藤博文“超然内阁”的失败和政党内阁的出现，给藩阀元老们提了一个醒：如果不和控制议会的政党互相“提携”，内阁将寸步难行。

政党内阁倒台后，伊藤博文正在中国访游，山县有朋便成为首相的不二人选。由于星亨在对抗进步党的时候和桂太郎等山县系大臣站在同一阵线，所以新成立的山县内阁理所当然要和自由党演变而来的宪政党相“提携”，而由进步党演变而成的宪政本党则处于在野位置。

由于山县有朋内阁中没有一个政党出身者，于是宪政党希望能用入阁来换取“提携”，但因要价太高，被山县拒绝。宪政党人又提出除军人以外的阁僚全体加入宪政党的建议，山县也没有同意。不过最终，山县内阁和宪政党就“提携”

①［日］中江兆民著，吴藻溪译：《一年有半、续一年有半》，第119—120页，商务印书馆1981年版。

②［加］诺曼·赫伯特著，姚曾廙译：《日本维新史》，第180—181页，吉林出版有限责任公司2008年版。

的条件达成了妥协：内阁采纳宪政党的纲领，与宪政党“休戚与共”，为宪政党的发展提供便利。[①]

山县有朋和宪政党“提携”，确实给他带来了很大的好处。明治三十一年（1898）12月3日，第十三届议会（1898年12月3日—1899年3月9日）开幕，宪政党占据了119席，虽然比宪政本党少4席，但得到内阁照顾的宪政党如果联合与山县有朋关系密切的国民协会和议会中的无党派议员，就有左右局势的能力。

山县有朋因此首先取得的一个成果就是增征地租。为了实现军部扩军备战的需求，增征地租成为当务之急，但政府的议案在议会频频遇阻。山县有朋便和自由党的星亨密切接触，最终达成了妥协案，将地租率由地价的2.5%提高到3.3%，市街地的土地税为地价的5%，并规定增税期限为五年。12月30日，增税方案在议会上获得了通过。

第二个成果就是修正众议院选举法。原本众议院选举时采取小选举区制，记名投票，每18万人选出一名议员，超过18万人则选出两名议员。全国有一人区214个，二人区43个，共300个议员席位。而在明治三十三年（1900）公布的新选举法则规定，众议院选举将采用大选举区制，无记名投票，选举人资格从原本的缴纳15日元以上直接国税的25岁以上男子降低为缴纳10日元以上直接国税的25岁以上男子，被选举人必须是年满30岁的男子，废除纳税资格要求。各独立市每3万人选出一名议员，各郡每13万人选出一名议员，26万人选出两名议员，且每增加13万人则多一名议员。总共选举出369名议员。

增收地租和修改选举法，不但是为了政府的需要，也是为了满足资本家的意愿。增收地租不仅仅使政府财政收入增加，同时迎合了涩泽荣一等工商业大资本家所提出的要求，这些资本家关心自己缴纳营业税的多寡，希望政府通过增收地租来冲抵财政收入中的部分营业税，所以，宁可牺牲农民和农业相关行业的小产业者的利益。涩泽荣一领导的全国商业会议所就多次向政府提出废营业税并提高地租的要求。而主张农本主义的前农商务大臣谷干城则反对增收地租，但他的观点并不被政府接受。

修正选举法的原因与增收地租相同，调低国税（基本上是地租）缴纳要求，

①［日］升味准之辅著，董果良译：《日本政治史》（二），第312—313页，商务印书馆1997年版。

就是让更多甚少缴纳地租的工商业者能拥有选举权和被选举权，投票改为无记名的方式，也更方便了财力雄厚的工商业资本家在竞选中用金钱收买选票。采用大选举区制的弊端尤为明显。在以往的众议院选举中，每一个选区只有一名或两名议员，选民每人一票，只能投给一人，这样，选民的倾向性会在选举中表现得十分明显，政党也能在某一选区中集中一切力量争夺这一个或两个席位。而改革后的选举制度发生了很大的变化。举例而言，假设一个郡有40万人，那么按旧选举法规定，这一选区拥有两个席位，如果某党派在该选区的支持率为50%，那么该党至少能确保占一个席位。即使该党推出两名候选人，该党也能使每人获得25%的票数，胜算颇大。而根据新选举法，40万人的选区拥有三个议员席位，选民仍然只能一人一票投给一人，这样一来一党想要包揽三个席位就十分困难了。因为如果推出三个候选人冲击三个席位，原本50%的支持率就必须三分，每人平均只有16%上下。如果有候选人吸走20%的支持率，就有可能因优势政党内部的“互斗”轻松夺取一席。包揽选区席位的难度增大，众议院的席位又从原本的300个增加到369个，这对各政党来说都不是利好消息。另外应该注意的是，新选举法对城市工商业者的照顾体现得尤其明显。一个人口两万人的市和一个人口20万人的郡议员席位是相同的，这显然是为了方便更多从事工商业的有钱人获得议员资格。据此也不难理解为什么宪政党和宪政本党内部都有人反对这一“不公平”的变革了。

看起来，宪政党和山县内阁的“提携”似乎非常和谐，堪称“模范提携”，但宪政党对山县内阁的支持却并不是无条件的，他们赞同增加地租和修改选举法是因为这些政策对自身也有利。宪政党原本就在农民阶层中影响巨大，他们也希望争取新兴的城市工商业者的支持，所以在极力促成这两项改革。

不过，宪政党没那么容易满足，他们希望能在政府中获取更多的职位，而山县有朋也一直防着这一点。他于明治三十二年（1899）3月28日公布了修改的《文官任用令》，将由天皇敕命任命的“敕任官”的任用条件大大提高，规定除了天皇亲任的官员和特别任用的官员外，没有敕任官的经历或担任三等以上高等官经历者，即使被选为敕任官，也不得被任用。政党党员往往都是政坛新秀或者在野人士，和那些藩阀元老比起来，自然欠缺为官的资历，山县内阁就用资历做门槛，从根本上杜绝了那些政党党员的“登进之门”。而政府也不能再以官职为诱饵使政党为之所用，所以“有特允放卖山林者，有密赏以金钱者，政党风气坏败益甚”[①]。

宪政党因此非常愤怒，山县有朋不得不做出让步。明治三十三年（1900）5月，宪政党旧事重提，由星亨等人向山县内阁提出，或者吸收宪政党员入阁，或者现有内阁阁员除军人外一律加入宪政党。山县有朋无法同意这一要求，对山县完全失望的宪政党决定停止与内阁相互“提携”，并试图寻找另一棵大树。

四、政友会

“隈板内阁”倒台以后，宪政党内部的情况也发生了很大的变化。土佐派的风头逐渐被盖过，关东派的星亨和九州派的松田正久两人正逐渐成为自由党的领导者。星亨是靠破坏“隈板内阁”而获得政界人士赏识的，他在推动宪政党和政府相互“提携”方面也最为有力。

自由党的发展过程，从一度解散，到建立立宪自由党，再到改组为自由党，最后蜕变为宪政党，实际上是一个不断裁汰的过程。在这一过程中，不能适应和政府“合作”的人士不断被排除出党外，最终宪政党成为一个单纯追求政治利益的政党，原本自由党的政治纲领中那些自由民权的成分不复存在。这就是中江兆民批评自由党“没有政纲”的原因。对于宪政党来说，他们不需要任何政治纲领，只关心能否得到政权，如果某种政治立场能使他们获得政权，他们会毫不犹豫地站过去。

与此同时，政府内部也发生了微妙的变化。原本萨长藩阀之间的地域之争逐渐淡化，出身已经不再是政治派别的标志了。政府中大致形成了两派新的势力，一派以伊藤博文为首，包括井上馨、西园寺公望、伊东巳代治、原敬（陆奥宗光主持外务省时的外交官，一度为外务次官）等官僚，他们大多为文官和技术型官僚出身，组成了官僚派。另一派以山县有朋为首，包括桂太郎、西乡从道、桦山资纪等人，他们都是军人出身，组成军部派。应该说明的是，这两派在政治立场上并没有本质性的冲突，他们之间只有权力之争，在后来的政坛上，两派明显是以一种轮流坐庄的方式在互相调和的。

与山县内阁的“提携”关系破裂以后，宪政党立刻和伊藤博文展开合作，星

---

①［日］浮田和民著，板垣退助、大隈重信阅：《政党史》，载大隈重信编：《日本开国五十年史》，第260页，上海社会科学院出版社2007年影印版。

◇ 伊东巳代治（1857—1934），曾任伊藤内阁的首相秘书官，与井上毅等共同参与起草宪法，历任内阁书记官长、农商务大臣等职务，是伊藤博文非常倚重的助手

亨邀请伊藤博文加入宪政党。但伊藤博文却另有打算，他提出将组织一个新政党。于是星亨和松田正久一不做，二不休，干脆解散了宪政党，并集体加入伊藤组织的新党，土佐派的林有造等人虽然对伊藤博文不抱好感，但迫于形势，也只能追随。板垣退助则宣布退出政坛，不再过问党务。伊藤委托伊东巳代治和时任《大阪每日新闻》社长的原敬两人中介，办理组织新党的事宜，宪政党和伊藤就此达成了一致意见。明治三十三年（1900）9月15日，伊藤博文组建的新党——立宪政友会成立。伊藤博文顺理成章出任拥有最高权力的总裁。

政友会吸收了原宪政党的大部分成员、小部分宪政本党成员和由国民协会转变而来的帝国党的成员，加上许多小党派和无党派人士，很快就形成了一个“政界合纵政党”。①

政友会的出现是对在野势力的一次统合，它采取总裁专制制度。伊藤博文希望把政友会打造成为一个“模范”政党：

立宪政友会之纲领以伊藤侯之意见为之基础，不认政党内阁之旨，遂宣言曰：阁臣任免属于元首之大权，或简拔政党员，或采之于政党之外可也。比来政党之言动，直欲举国务以殉其党派，是不适合于日本宪法之原则。故树立一政党以示模范。伊藤侯以国家元老，久受宠遇，今乃有此举。②

政友会这一庞然大物的出现，使无法和政党“提携”的山县内阁陷入了困境。山县有朋提出辞职并推荐伊藤博文组阁。伊藤博文对此心存疑虑，他认为政友会

①[日]升味准之辅著，董果良译：《日本政治史》（二），第321页，商务印书馆1997年版。

②[日]浮田和民著，板垣退助、大隈重信阅：《政党史》，载大隈重信编：《日本开国五十年史》，第260—261页，上海社会科学院出版社2007年影印版。

刚刚组建，立足未稳，但党内的其他人已经迫不及待要接收政权了，于是，在政友会成立仅仅一个月后，即明治三十三年（1900）10 月 19 日，伊藤博文第四次出任首相。

第四次伊藤内阁只用了三名非政友会阁员，一个是出任外务大臣的加藤高明，另两名是陆军大臣桂太郎和海军大臣山本权兵卫（从山县内阁开始正式规定陆海军大臣必须由军人出任）。内务大臣末松谦澄、大藏大臣渡边国武和司法大臣金子坚太郎以及枢密院院长西园寺公望是政友会中的伊藤系官僚，文部大臣松田正久、农商务大臣林有造和递信大臣星亨是加入政友会的原宪政党成员。这样的一届内阁中其实隐藏着危机，因为政友会是由伊藤博文的嫡系官僚和宪政党拼凑而成的，仓促之间还未能融为一体，这就埋下了两者互相攻讦的隐患。

首先出问题的是递信大臣星亨，他在 11 月曝出了渎职丑闻，因此辞职，由伊藤系的官僚原敬补任。

而伊藤内阁在议会也遇到了麻烦。在第十五届议会（1900 年 12 月 25 日—1901 年 3 月 24 日）上，由于整合了议会党派而成为第一大党的政友会控制了众议院（下院）。伊藤博文为参加八国联军出兵中国镇压义和团起义和扩充海军而向议会提出了增税法案，该法案在众议院获得通过，但在贵族院（上院）却遭遇了红灯。贵族院是由山县有朋系的元老控制的，伊藤曾希望争取其中最大的会派——研究会加入政友会，但遭到信奉“超然主义”的研究会的断然拒绝。研究会和山县有朋都认为以党派来组织内阁不妥，所以自然会在贵族院给伊藤设置障碍。无奈之下，伊藤博文只能把天皇搬出来解决难题。即便如此，明治三十四年（1901）的预算案还是陷入了麻烦中，大藏大臣渡边国武在明治三十四年（1901）4 月 15 日提出了一个意见，建议推迟由公债支持的各种建设事业，以缓解财政压力，但其他大臣集体反对。被内阁内讧搞得焦头烂额的伊藤博文在 6 月 2 日提出辞职。政友会的第一次组阁就这样只持续了

◇ 原敬（1856—1921），立宪政友会首任干事长、第三任总裁，1918-1921 年期间担任日本首相

半年。

首相继任人选又一次陷入难产，元老们一度属意井上馨，但井上馨认为自己面对政友会目前的混乱局势，根本无法担负大任。首相职位最终落到了山县系出身的军人桂太郎的手中。

第三节 日俄战争

一、八国联军

1900 年爆发的义和团运动（亦称“庚子拳乱”，日本称之为“北清事变”）是中国特定时期爆发的一场特殊的农民运动。义和团又名“义和拳”“义合拳”，是流行于华北一带的民间秘密组织，与当地的白莲教等秘密宗教组织有密切关系。其成员在健身练拳的同时，宣扬不少迷信的说法，诸如“刀枪不入”等：

> 初皆童子习之，云由童而冠，习之数年之久，方有成就。若已成人，始思练习，则神不附体。习之者向东南三揖默语，咒语传言有二十余字者，有

◇ 侵略中国的八国联军

十余字者，有八字者。所谓十余字者则某某老祖等语，共十六字，不得其详，八字者，则唐僧、沙僧、八戒、悟空也，谣啄纷传，授受不一。初习揖毕，诵咒倒地不起，久之跃然，兴索刀械如孙猴索棒、恒侯索矛之类，甚至杨香、武织、小唐皆附体。①

◇ 义和团

义和团的兴起缘自中国近代的民族危机，而19世纪末频发的“教案”则是引发义和团运动的导火线。当时，大批的西方传教士进入中国，他们设立教堂，成立教会，大规模发展教徒，这种打着传教旗号的文化侵略，少不了要欺行霸市，横行无忌。基督教这种源自西方的宗教在传播的过程中，不可避免地也会与当地的传统文化发生激烈的碰撞和冲突。而教士受到治外法权的庇护，处于优势地位，他们和部分不法教徒的胡作非为进一步挑起了当地群众与教会之间的仇恨。清朝地方官员在处理教案时有失公平，也激化了矛盾。在这种状态之下，普通民众通过习拳防身的方式互相结连成为民间组织，并把斗争的对象指向教会，进而发展到指向一切外来的人和事物。

1900年3月，袁世凯出任山东巡抚，他一反前任巡抚毓贤的安抚政策，对义和团极力镇压，致使山东义和团向直隶省转移，北京、天津一带的外国人开始感受到压力，北京附近的空气骤然紧张。

慈禧太后此时企图利用义和团为其政治目的服务。戊戌政变以后，慈禧太后图谋废掉光绪，因此立端郡王载漪之子溥儁为大阿哥。但她在试探列强的反应时，却遭到了一致拒绝。恼羞成怒的慈禧决心扶植义和团“教训”洋人。军机大臣刚毅、端郡王载漪等人也“主抚”，主张利用义和团与洋人开战。

6月，德国驻华公使克林德（Klemens Freiherr von Ketteler，1853—1900）被打死，

① 侨析生撰：《拳匪纪略》，第66页，载沈云龙主编：《近代中国史料丛刊》第5辑，文海出版社1967年版。

这一事件成为导火线，6 月 21 日，清政府正式向列强宣战。同时，义和团开始进攻东交民巷使馆区和西什库教堂。

列强很快意识到这是彻底压服清政府，从而进一步将中国半殖民地化的机会，于是英、法、美、日、俄、德、意、奥八国组织在华军队组成了八国联军，以英国海军中将西摩尔（Edward Hobart Seymour，1840—1929）为首，6 月沿铁路从天津向北京进发，在廊坊遭到义和团的袭击，损失惨重。

遭遇挫折的联军决心组织更大的进京兵力，却遇上了一个大难题——兵力不足。

事实上，在二战之前，由于没有空中运输的方法，输送兵员只能依靠耗时甚久的船运。即使是欧洲强国，要实现从欧洲到亚洲这样的跨洲运输也是颇为麻烦的。何况在 1900 年，英、美等列强也无法在中国战场投入太多的兵力。因为英国人正受困于第二次布尔战争（1899—1902），其主要兵力陷在南非，和布尔人进行着旷日持久的鏖战；美国刚刚打完一场美（国）西（班牙）战争，获得了西班牙在亚洲的殖民地菲律宾，此时正忙于镇压菲律宾的起义，亚洲兵力本就捉襟见肘。法国和德国的关系紧张，不可能从欧洲本土抽出兵力投入到亚洲，奥匈帝国对近在咫尺的巴尔干更有兴趣，意大利的主要精力则在北非。所以，八国之中，有可能在中国投入兵力的只有两个国家——与中国东北接壤的俄国和与中国一水之隔的日本。

俄国与日本又有不同，俄国地域辽阔，领土远跨欧亚，由于欧洲局势逐渐紧张，特别是德俄关系恶化，俄国不得不将重心放在西部边境，19 世纪末 20 世纪初的德俄两国之间并没有作为缓冲区域的波兰，所以有一条漫长的边境线，致使两国都有沉重的防御压力。在亚洲，俄国更注重于防止义和团运动波及它的势力范围——东北。而东北与直隶只有一步之遥，所以俄国不得不在东北维持军事力量以把守它已经获得的铁路和港口权益。

日本就没有这些方面的压力了，日本的势力范围——福建在义和团运动爆发以后十分平静，因为山东巡抚袁世凯、两江总督刘坤一、湖广总督张之洞、两广总督李鸿章、闽浙总督许应骙等东南各省的督抚在义和团运动爆发后就宣布"东南互保"，拒绝支持义和团，也不参与清政府与列强之间的战争。东南一线的平静使日本完全能抽出兵力来参与八国联军。

而且日本早就将这一切看得很透彻，山县有朋内阁认为这是一个大好机会，可以提高日本在列强中的地位，日本派遣的军队将是使日本“成为列强的伙伴的保险费”。所以，早在6月中，参谋总长大山岩便决定派出两个步兵营，由福岛安正少将为司令官。外相青木周藏也主动约见各国代表，表示日本将和列强站在同一战线上。战争全面爆发后，日本的决策十分精明，其先摆出高姿态，不主动派兵，等待列强的要求。如其所料，英国果然于6月23日、27日和7月5日三次要求日本派兵，并表示如果日本增兵，英国将向日本提供资金援助，这正合山县有朋之意。于是日本立刻派出了第五师团约8000人，由师团长山口素臣中将率领，成为八国联军的主力。

◇ 《辛丑条约》签订

第五师团7月18日在大沽口登陆，8月4日随联军向北京进犯。到8月14日，北京陷落，联军分区占领北京。日军占领了西直门一带，趁机劫走户部库银300万两。

在北京沦陷后第六天（8月20日），山县有朋提出了一份名为《关于北清事变善后策》的意见书。在这份意见书中，山县提出了“北守南进”的策略，他指出，在日本尚未与俄国交涉朝鲜和辽东问题的情况下，先经营南方，扩大日本在福建的势力范围，争取获得铺设铁路、开发矿山的权益，并力求把浙江也划进日本的势力范围。在这份意见书的指导下，8月23日，参谋总长大山岩通过内阁以“奉诏”的名义向台湾总督儿玉源太郎发出了训令，要求台湾总督府配合日本海军的“和泉”“高千穗”和“筑紫”三舰占领厦门，形成“相对犄角”之势。24日，厦门的日本东本愿寺突然发生火灾，据说是由日本僧人自行烧毁。[1] 但日本立刻以此为借口，派遣军舰上的海军陆战队登陆，台湾陆军也随后前往厦门。

①［日］井上清著，宿久高、林少华、刘小泠译：《日本帝国主义的形成》，第68页，人民出版社1984年版。

日本企图占领厦门的野心引发了英、美、德三国的不安，厦门是根据1842年《南京条约》规定最早开放的通商口岸之一，欧美列强在此经营多时，自然不能允许日本独占。三国驻厦门领事遂联合向日本发出抗议，要求日本停止派军。29日，英美派出军舰抵达厦门，以武力相威胁，山县有朋这才不得不放弃了占领厦门的计划。

慈禧挟持光绪离开北京向陕西逃去，在“西狩”途中，她发布了剿灭义和团的诏书。义和团运动在中外势力的共同绞杀下失败。被清政府再次委以重任的李鸿章在1901年9月7日与各国签订了《辛丑条约》，赔偿列强4.5亿两白银。这一条约还规定，列强可以在北京和山海关一线驻军，这使日本获得了在直隶的合法驻军权。

其实在义和团事件中得到利益最大的是俄国。在运动爆发以后，俄国陆军大臣亚历克塞·库罗帕特金（Alexei Nikolayevich Kuropatkin，1848—1925）立刻以保护中东铁路（西伯利亚大铁路在中国黑龙江境内一段）的名义，派出军队进入东三省。俄国在中国东北的军事力量使日本感受到了深刻威胁，在1900年以后，俄日矛盾就成为远东国家之间最为突出的一对矛盾。

二、二流内阁

在慈禧太后仓皇“西狩”时，日本的政局也发生了变化。政友会第一次组阁失败后，陆军大臣桂太郎被扶上了首相之位。明治三十四年（1901）6月2日，桂太郎正式组阁，在他的内阁中，没有一个人是元老，因此这一届内阁被人戏称为“二流内阁”。

但正是这个二流内阁却出人意料地维持了四年多（1901年6月2日—1905年12月21日），长达1600多天，成为日本内阁制度建立以来维持时间最长的一届内阁。

桂太郎，长州人，他的出身比伊藤博文、山县有朋等人更好，因此被选为长州藩藩主继承人毛利定广的小姓（少年侍从），在戊辰战争之际参加了奥羽战争。明治初年赴德国留学，归国后投身于时任陆军卿的山县有朋门下。甲午战争中，他任第三师团师团长，追随山县有朋的第一军出征辽东，又在战后出任第二任台湾总督。从明治三十一年（1898）开始，在三年时间里出任了四届内阁的陆军大臣。

他是由山县有朋一手提拔起来的，在成为首相以后，也受到了山县有朋的照顾。身为元老的山县有朋在贵族院有着很强的影响力，能使贵族院为桂太郎保驾护航。伊藤博文的政友会内阁从某种程度上而言正是倒在了不喜欢政党内阁的贵族院面前，而桂太郎却没有伊藤内阁这样的软肋。

当然，众议院更是不得不摆平的，以往倒在众议院面前的短命内阁要远远多于倒在贵族院面前的。不过身为政友会领袖的伊藤博文是元老，他设立政友会的宗旨就是希望建立一个能与政府合作的“模范政党”，所以在议会中，作为第一大党的政友会暂时没有给桂太郎制造太多的麻烦。

明治三十五年（1902）8月，众议院举行大选，这是日本历史上第一次内阁任满而非被解散进行的众议院大选。在这一次大选中，政友会大获全胜，获得近半数的191席，大限重信领导的宪政本党获得95席，原国民协会改组成的帝国党获得17席。选举结束以后，桂太郎趁议会还未开会，首先向伊藤博文试探有关增征地租以扩充海军的问题，但伊藤却认为党内必不会同意。结果果然如伊藤所料，松田正久、林有造等原宪政党人纷纷反对政府的地租增收案。政友会内部错综复杂，尽管伊藤是个“专制”总裁，也不得不表示他个人也反对增征。在12月2日，伊藤博文和大限重信商议两党共同反对增征地租，且双方达成了一致意见，议会的第一和第二大党就此结成了反政府联盟。

12月9日，第十七届议会（1902年12月9日—12月28日）开幕，众议院立刻乱成一团，议员们纷纷要求否决地租增收案。桂太郎已无法控制局面，于是使出政府以往惯用的一招——解散议会。

议会的解散使桂太郎内阁有时间和政友会进行交易，桂太郎决定妥协，不提出增收地租以刺激政友会，转而将铁路建设费移支到海军扩充上，再用公债来支付铁路建设费。因为政府的目的本身就是要扩充海军而非增收地租，后者只是前者的途径而已。桂太郎内阁提出的这个新方案得到了伊藤博文的秘

◇ 桂太郎（1848—1913），长州藩士、曾任台湾总督、陆军大臣等职，三次出任首相

密赞许。明治三十六年（1903）3月1日，议会再度大选，政友会获得175席，宪政本党获得85席，两大在野党占全部席位的70%。令伊藤博文没有料到的是，政友会内部仍然有相当一部分强硬派拒绝与政府妥协。最后，伊藤博文不得不拿出自己的专制权力，制服了党内的强硬派，5月30日，第十八届议会（1903年5月12日—6月5日）通过了政府提出的妥协案。

不过，伊藤博文在这一事件中始终与政府联合进行暗箱操作，私订协议，继而动用总裁专制的权力强行压制党员。这一切都给政友会中的一些成员留下了坏印象。在这一届议会闭幕后，政友会中的诸多议员开始退党。

山县有朋和桂太郎也认为，伊藤博文继续担任政友会的总裁，反而会让以往的政党人士利用伊藤的元老地位来牵制政府。伊藤博文“入则为藩阀之元勋，出则为在野党之首领”①，此时又正逐渐失去对政友会的驾驭能力。于是，桂太郎在争取伊藤博文表态支持内阁失败以后，就请天皇出面，任命伊藤为枢密院议长。7月13日，伊藤博文接受任命，并推荐原任枢密院议长的西园寺公望接替政友会总裁一职。这样，政友会换掉了一个和政府关系密切的总裁。对于政友会中的许多人来说，伊藤的元老帽子是一种负担，而让西园寺公望出任总裁，既可以免去不少制约，还可以避免与政府勾结的嫌疑，从而整合党内的力量。

伊藤博文辞去政友会总裁之职当然也让政友会与政府之间的裂痕更大了，明治三十六年（1903）12月10日，第十九届议会开幕，众议院议长河野广中在开幕时就对内阁发起了攻击，“诘内阁之设施，插以弹劾之意”②。为防患于未然，桂太郎在议会开幕的第二天就果断解散了众议院。

明治三十七年（1904）2月9日，日俄战争爆发，在3月举行的大选中，政友会和宪政本党毫无悬念地再度获胜。然而，战争的爆发改变了政府与政党对立的格局：

第二十议会（三十七年三月十八日至三十日）之时各政党咸期战无遗算，

①[日]浮田和民著，板垣退助、大隈重信阅：《政党史》，载大隈重信编：《日本开国五十年史》，第264页，上海社会科学院出版社2007年影印版。

②[日]浮田和民著，板垣退助、大隈重信阅：《政党史》，载大隈重信编：《日本开国五十年史》，第265页，上海社会科学院出版社2007年影印版。

速决定临时军事费三亿八千万元。第二十一议会（三十七年十一月二十八日至翌年二月二十八日）在酣战之际，各政党和衷协同，速决定三十八年度预算二亿一千百余万元及军事费七亿八千万元。是为日本议会及政党之特色，其爱国之精神足以夸耀于中外，独惜举国一致之语，全阻绝其自由讨究之道。①

和甲午战争时一样，政党和政府最能找到共同语言的话题就是对外战争。日俄战争成为桂太郎内阁的延寿丹药，让桂太郎一帆风顺地度过了两年，造就了当时最长命的一届内阁。

三、日英同盟

在三国干涉还辽之后，俄国在朝鲜的势力有所增加，但并不意味着日本自此退出了朝鲜。相反，甲午战争后，朝鲜的对外贸易无论是进口还是出口，日本都占据着压倒性的优势。日本原本计划获取汉城到仁川、釜山、义州的铁路铺设权，但由于俄国势力的侵入而未能得逞。取得京仁铁路铺设权的是美国人，而京义铁路则被交给了一家法国企业，京釜铁路的修筑计划因俄国的干预，被朝鲜政府取消。

日本自然不甘心就这样将路权拱手让人。明治三十年（1897）5 月 8 日，日本资本家涩泽荣一与三井、三菱两大财阀联合，组成了“京仁铁路承办组合”，成功地从美国人手里买下京仁铁路的路权。在民间资本资金不足时，日本官方还动用银行关系给予其贷款支持。

义和团运动后中国的状况引起了列强对朝鲜和中国东北局势的注意，俄国在义和团运动期间借口保护中东铁路和其支线南满铁路，增兵中国东北，这引起了英国的注意。德国也对英国在势力范围内的行动有所担心，认为英国可能趁义和团运动之际，在长江流域破坏“门户开放”②原则。1900 年 10 月，英国和德国签订了一份协定，规定“倘有一国利用清国之扰乱而害及清国或他国利益者，则协约两国欲保护其利权，均任出其必要之行动”。英德两国通过这一协定各取所需，

①[日]浮田和民著，板垣退助、大隈重信阅：《政党史》，载大隈重信编：《日本开国五十年史》，第 265 页，上海社会科学院出版社 2007 年影印版。

②1899 年由美国国务卿海约翰（John Hay，1838—1905）提出，大致要求是：对现有条约、口岸和既得利益不予干涉；各国货物按中国现行税率征收关税；各国在势力范围内不得对他国船只、货物征收高于本国的运费。本质上是美国希望在各国势力范围内“机会均等”“利益均沾”。

◇ 加藤高明（1860—1926），曾任驻英公使，在外务大臣任上极力主张日英同盟

英国可以把德国拉进来一同防备俄国在华势力的增强，防止俄国占领东北而损害英国的在华利益；德国则可以避免英国在长江流域损害德国的权益。

在各国得知这个协定以后，日本外相加藤高明立刻表态支持，他同时也在 10 月 29 日宣布日本加入英德协定。因为山县有朋“北守南进”的策略刚刚失败，日本的注意力已经转回到争夺朝鲜和中国东北上，而英德协定正好给了日本一个利用两大欧洲强国来压制俄国扩张的机会。

不过，日本并没有得到想要的结果，1900 年 12 月，英国的《泰晤士报》披露了一份由清政府的盛京将军增祺和俄国私自订立的秘密协定，该协定规定中国东北由俄国控制，解除俄占区内的清军武装并协助处理民政。在 1901 年 1 月，俄国继而得寸进尺提出了更多的要求：

1. 中国放弃在满洲驻军、设军火库、兵工厂的权利；
2. 满洲的中国行政机构只保有行政权和司法权；
3. 巡捕部队的数目与俄国当局协议而定；
4. 中国的铁路交由我们经管；
5. 外国人在满洲居留得接受我们的监督。①

这些条件无疑是要将东北殖民地化。日本政府立刻在 1901 年 1 月通知英、德两国，要求两国根据英德协定对俄国在东北的行动加以干涉。而英国正深陷布尔战争泥潭，无意与俄国起冲突，德国也对干预东北事务没有什么兴趣，两国都向日本表示“满洲事务不适用英德协定”。

①［俄］谢·尤·维特著，吉林省哲学社会科学研究所翻译组译：《不得已的说明》，第 44 页，商务印书馆 1978 年版。

◇ 小村寿太郎（1855—1911），明治时期外交家、外务大臣

眼见动员英、德干预无效，日本外相加藤高明认为“在目前情况下，不能指望取得任何国家之有力援助，故帝国政府不应依靠此种援助，迫切需要决定单独处理此问题之方针”①。于是日本以强硬的态度向俄国提出交涉，俄国也怕其他强国干预，最终放弃了完全占领东北的计划。

英德协定对日本来说并没有实际的利用价值，它的规定太过泛泛，并不能满足日本的需要。所以，日本决心寻求和英国签订一份专门针对俄国的同盟条约。

日英同盟最早是由伊藤政友会内阁的外相加藤高明提出的，他在担任外相前曾是驻英公使，和英国政界有着广泛的接触，他认为谋求和英国结盟既符合日本的利益，也是有可能实现的。

但伊藤博文首相和元老井上馨并不赞同缔结日英同盟，伊藤认为日本应该促成和俄国的谈判以解决朝鲜半岛和中国东北问题。他在明治三十四年（1901）5月辞去首相之职以后，就出游俄国，希望通过一己努力和俄国实现妥协。

不过，继伊藤上台的桂太郎首相和他的支持者山县有朋却对日俄协定不怎么热心，他们更为支持以日英同盟对抗俄国。此时，英国和德国的政界中也出现了与日本结盟的声音。

德国皇帝威廉二世早在1901年1月就于英国维多利亚女王的葬礼上大谈英德同盟，主张英德联合给日本援助。因为德国与俄国在欧洲的关系十分恶劣，两国分属三国同盟和俄法协约两大阵营，在许多问题上明争暗斗。但英德同盟并不是那么容易实现的，英国长期保持着“光荣孤立”的外交政策，实行这一政策的目的就是为了保持欧洲大陆的均势，保护英国在世界范围内庞大的殖民地利益。如果英德结盟，欧洲两大阵营的实力对比就会出现重大变化。而德国皇帝威廉二世

①［日］信夫清三郎编，天津社会科学院日本问题研究所译：《日本外交史》，第320页，商务印书馆1980年版。

实际上对他的英国亲戚也有一种难以言喻的厌恶感。[①] 从他这样富有野心但又口不择言的统治者口中提出英德同盟的建议，恐怕只是一时兴起。

不过英日同盟却是可能实现的，英国和远在远东的日本结成同盟，对欧洲局势的影响很小，还可以让日本为英国冲锋陷阵，捍卫英国在远东的利益。所以英国外交国务大臣澜斯顿（Henry Petty-Fitzmaurice, Marquess of Lansdowne，1845—1927）对这一构想十分热心，首相索尔兹伯里（Robert Cecil, Marquess of Salisbury，1830—1903）也没有意见。另外，英国政界对日俄协约也充满疑虑。因此，桂太郎和外相小村寿太郎不顾伊藤博文的反对，着手运作此事。

小村寿太郎是从驻华公使任上调任外相的，也曾经担任过驻朝公使和驻俄公使。在他和桂太郎看来，俄国在远东的扩张和日本的利益冲突必然是不可调和的，而英国尽管势力庞大，但在远东没有发展到和日本产生冲突的地步，何况英国忙于布尔战争，正是需要日本协助抵抗俄国的时候。基于这一点，日本政府催促驻英公使林董尽快促成此事。

所以，正当伊藤博文奔走于圣彼得堡与俄国外交大臣拉姆斯多夫（Vladimir Lambsdorff，1845—1907）及财政大臣维特交涉时，伦敦方面已经做好了缔结日英同盟条约的准备。明治三十四年（1901）12 月 7 日，日本政府正式做出了缔结日英同盟的决定并报天皇批准，次年 1 月 30 日，驻英公使林董和英国外交国务大臣澜斯顿在伦敦签订了时效五年的《日英同盟协约》，并在 2 月 11 日公布。

这份条约规定，缔约国若与第三国交战，另一国应保持中立并阻止他国加入战争，若缔约国与其他两国以上交战，另一国负有参战协助的义务。这一规定显然是针对法俄协约而设，一旦日本与俄国开战，若法国援助俄国，根据这一条约，英国有可能加入战争中，这足以让法国投鼠忌器。条约还规定了英日互相保证在朝鲜和中国的利益，这一条显然也是针对俄国而设。

日英同盟是一个各取所需的军事政治联盟。英国对日本在镇压义和团运动中的表现印象深刻，因此便有意将日本作为“远东宪兵”，而日本则需要英国帮助自己对抗俄国，与俄国争夺权益。在《马关条约》中，日本提出增开通商口岸，允许资本内流的要求，一定程度上是为了“讨好”英国，日英同盟则是这种远交

① 威廉二世的母亲是英国女王维多利亚的女儿，他幼年的经历使他和母亲关系恶劣，他的身体缺陷也是出生时导致的，有史家研究认为，他可能因此对英国产生了复杂的感情。

近攻外交策略发展的结果。有了英国的协助，日本在对俄作战时就有了更多的胆量和筹码。

四、不宣而战

◇ 俄国陆军大臣库罗帕特金

俄国在中国东北一直保持着相当庞大的军事力量，俄国陆军大臣库罗帕特金在 1900 年 12 月就表示在东北驻军对俄国的重要性：

> 现在，在满洲驻扎二十八个营，在直隶省驻扎六个营；目前，我们在中国境内总共有三十四个营的兵力。……但在铁路竣工前，我们在满洲恐怕仍然需要驻扎配有相应数量其他兵种部队的二十个营的兵力。铁路修成后，如果三省安定无事，那时，我就认为，可以在北部两个省份的哈尔滨、吉林和齐齐哈尔配置八个营，在盛京省的奉天配置四个营，让护路部队占领和直接守卫铁路沿线。最后，我们在满洲要无限期地保持配有相应数量其他兵种部队的八个营的兵力，以支持护路部队。[1]

在库罗帕特金看来，为了西伯利亚铁路的安全，俄国应该占据中国东北的北部地区，这一地区不与朝鲜接壤，在他看来是“相对安全”的，最重要的是，这一地区有西伯利亚铁路的干线通过，对俄国的“交通安全”有着重要意义。所以他建议一定要在“北满”保持军事力量。他认为：“永远占领北满不会有与日本发生纠纷的危险，欧洲在那里也没有重要的利益会被侵犯。”[2] 库罗帕特金在俄国政府中还算相对谨慎的，他主张避免在中国东北地区过分刺激日本，但包括沙皇尼古拉二世本人在内的俄国政府中仍然有相当一部分人抱着乐观的态度。

库罗帕特金的想法其实也过于天真，按照山县有朋的“利益线”理论，日本

①[俄]谢·尤·维特著，吉林省哲学社会科学研究所翻译组译：《不得已的说明》，第 43—44 页，商务印书馆 1978 年版。

②[俄]库罗帕特金著，中国社会科学院近代史研究所翻译室译：《俄国军队与对日战争》，第 93 页，商务印书馆 1980 年版。

早做出了要将“利益线”推进到辽东半岛和朝鲜半岛的决定，如果俄国在“北满”日本“利益线”附近维持强大的军事存在，对日本而言显然是如芒在背不可不拔。而俄国根本没有从朝鲜撤出的打算，因此无论是为争夺朝鲜还是“满洲”，日俄一战都已经不可避免。

1902年2月，英日同盟条约公开以后，俄国就感受到了压力。迫于这种压力，俄国于4月8日和清政府签订了《交收东三省条约》，条约规定：俄国将东三省交还中国，在十八个月内分三期（每期六个月）撤军；清政府给予俄国交还山海关、营口等地铁路的“补偿”。

如果俄国真的按条约规定的那样退出东北，或许能对远东的紧张局势起到缓解的作用，但俄国政府内部的派系斗争却延迟了俄军撤兵的时间。

俄国政府内部有几个关键性的人物意见不统一：陆军大臣库罗帕特金主张“确保北满，放弃南满”，财政大臣维特则认为必须迅速从东北完全撤出，把西伯利亚铁路干线交给一小支铁路护卫部队守备。两者就是否在北“满洲”留驻一定规模军队这一问题争论不休，互相攻讦。

另一位重要人物比这两人更为激进，他就是沙皇尼古拉二世的亲信别佐布拉佐夫（Bezobrazoff），他在1902年左右代替维特成为沙皇最信任的人，在沙皇的支持下他在远东问题上采取强硬态度。第一步，俄军在1902年10月完成了从山海关到辽河一带的撤军，第二步，俄军必须从奉天和牛庄撤退到黑龙江流域，但他们却突然停止了撤退，库罗帕特金认为这和别佐布拉佐夫以及与之有密切关系的皇家木材公司在鸭绿江一带的木材特许采伐权有关：

> 改变政策，停止从南满撤兵在时间上是与国务大臣别佐布拉佐夫（已退休）第一次访问远东相一致的。我们已经撤出的奉天又重新占领，牛庄也是一样。鸭绿江采伐木材特许权被认为比以往更加重要，为了支持该公司和我们在朝鲜北部的其他企业，阿列克谢耶夫将军将一支带枪的骑兵部队派往凤凰城。这样，我们不但远未完成从南满撤兵，实际上开进了该地区一些我们以前从未占领过的地方。与此同时，我们听任与朝鲜采伐木材特许权有关的工作继续进行，而不顾该企业发起人违背圣彼得堡的指示，极力想使企业具有一种

政治和军事性质。[1]

俄国势力以鸭绿江企业的形式留在了辽东和朝鲜北部，俄国军队也以保护这一企业的利益为名在东北赖着不走，甚至还在扩建防御工事。这极大地刺激了日本，1903年4月21日，山县有朋、伊藤博文两名元老和桂太郎首相、小村寿太郎外相聚集在山县有朋在京都的别墅“无邻庵”中商量对策。最终他们决定：对俄国留驻“满洲”的行为表示抗议，同时，以日本承认俄国在“满洲”的权益来换取俄国承认日本在朝鲜的特殊权益。

这是对伊藤等主和派提出的“满韩交换论”的让步，也成为对俄交涉的基调。但当时日本许多人并不认为这是一个妥当的办法。他们叫嚣对俄开战以彻底解决问题。参谋总长大山岩就认为，在俄国西伯利亚铁路还未完备，太平洋舰队还未做好准备的情况下，正是发动战争的最好时机。东京帝国大学的户水宽人、富井政章等七名博士在6月10日联名上书给政府，要求对俄开战。

库罗帕特金和维特意识到了爆发战争的危险，他们一再要求将鸭绿江企业限制在“商业的范畴”。他们觉得在远东和日本发生冲突是没有必要的，俄国当前最重要的是“防御参加二国同盟的国家，维护俄国领土完整”，把主要精力放在西部边界上。同时，考虑到俄国国内有革命的趋势，所以应该将军队用在维护“国内的和平与秩序”上。另外，防御土耳其、波斯、阿富汗一线也十分重要，至于黑龙江、满洲和朝鲜的利益是最为次要的。[2]不过听命于别佐布拉佐夫集团的俄国远东总督阿列克谢耶夫（Alexeieff）对与日本谈判却是迟迟不决。俄国和日本都站在自己的立场上寸步不让，日本一度提出了把朝鲜铁路延伸到中国东北的建议，试图把手伸入东北，而俄国也不想从东北和朝鲜退出，特别是在1903年中东铁路竣工以后，俄国更不希望放弃东北。因此双方的决裂已不可避免。1903年12月16日，日本已经决定对俄开战。1904年2月5日，日本向俄国发去了断交书。

就在断交的同一天，日本巡洋舰“千代田”和俄国巡洋舰“瓦良格”号（Varyag）、

①[俄]库罗帕特金著，中国社会科学院近代史研究所翻译室译：《俄国军队与对日战争》，第96—97页，商务印书馆1980年版。

②[俄]库罗帕特金著，中国社会科学院近代史研究所翻译室译：《俄国军队与对日战争》，第105—106页，商务印书馆1980年版。

◇ 仁川海战中的“瓦良格”号和“高丽人”号

炮舰“高丽人”号（Korietz）还并排停在朝鲜仁川港，但“千代田”在7日趁夜色掩护悄然离开港口与瓜生外吉少将率领的日本舰队会合，两艘俄舰浑然不觉。瓜生舰队由“浅间”“高千穗”“浪速”“明石”“新高”和数艘鱼雷艇组成，护卫日本陆军在仁川登陆。另一方面，由联合舰队司令东乡平八郎率领的舰队也在6日起航，从佐世保军港出发驶往俄国太平洋舰队的驻地——旅顺。

8日下午，日军开始在仁川登陆，但仁川港内的两艘俄舰仍然没有任何拦阻行动，“高丽人”号试图起航前往旅顺，一出港就遭遇日本舰队，惊慌中发射数炮后逃回港内。9日凌晨，在确认登陆完毕后，瓜生舰队向仁川港内的“瓦良格”号和“高丽人”号发出了最后通牒，要求它们在9日中午前离开仁川，否则将被击沉于港内。9日11时，两艘俄舰试图突围。日舰“浅间”“高千穗”“千代田”在仁川港外截击，双方相距7000米时，日舰“浅间”首先发炮，其他舰只随之开炮攻击。“瓦良格”遭遇重创，逃回仁川港内后被判定失去战斗力，舰长决定放水自沉。“高丽人”号亦放火自沉，日本海军初战告捷。

“瓦良格”号巡洋舰是战前俄国向美国费城船厂订制的一等巡洋舰，1899年下水，装备12门152毫米火炮，最大航速23节，排水量6604吨。这艘庞然大物在战后被日本海军打捞上来，经过修复，成为日本海军的“宗谷”号巡洋舰。

与此同时，8日夜晚联合舰队悄悄接近旅顺港，俄国太平洋舰队的战列舰“彼得罗巴甫洛夫斯克”号（Petropavlovsk）、“塞瓦斯托波尔”号（Sevastopol）、“佩列斯维特”号（Peresviet）、“胜利”号（Pobeda）、“波尔塔瓦”号（Poltava）、“切萨列维奇”号（Tsesarevich）、“列特维尊”号（Retvizan），巡洋舰“帕拉达”号（Pallada）、“狄爱娜”号（Diana）、“阿斯科尔德”号（Askold）、“诺维克”

号（Novik）和“鲍亚林”号（Boyarin）尽数停泊于港内。日本第一、二、三驱逐舰队在午夜0时潜入了旅顺港，对港内的俄国太平洋舰队发起突然袭击。夜色中，俄国巡洋舰“帕拉达”号首先被鱼雷击中，因而起火，所幸未遭到重创；战列舰“列特维尊”号的吃水线被鱼雷撕开一道大口子，进水搁浅；随后，战列舰“切萨列维奇”号也遭到袭击而暂时失去战斗力。日本海军的首轮袭击就毁伤了俄国三艘主力舰。

9日8时，东乡平八郎下令第三战队“千岁”“高砂”“笠置”“吉野”四艘巡洋舰侦察奇袭效果，得到了致敌重创，有3—4艘俄舰毁损的报告。接着东乡于9时下令主力舰队向旅顺出击。东乡计划先将港内的俄国太平洋舰队主力引诱出港，使它们远离旅顺港的岸防炮火掩护。俄国舰队一开始陷入了混乱中，双方在7000米距离展开炮战，俄舰“诺维克”号、“胜利”号等数艘战舰受创，但第三战队的报告使东乡过高地估计了之前袭击的成果，加上旅顺岸防炮的威胁，日本海军也遭到损失。旗舰“三笠”号战列舰被击中，“笠置”“富士”“八云”“磐手”“吾妻”数舰也遭到不同程度的损伤。东乡平八郎见无法实现诱敌出港以聚歼之的目标，于12时20分决定率领舰队撤离战斗。

2月10日，日本和俄国正式向对方宣战，但在宣战日前，俄国太平洋舰队已经损失惨重。

五、封锁旅顺

不宣而战是日本海军惯用的手法，在10年前的甲午战争中，正是日本海军在丰岛海面上发起突然袭击，打响了第一炮，而在30多年后，日本海军又偷袭了美国太平洋舰队基地珍珠港，从而挑起了太平洋战争。从纯军事的角度看，在实力均衡或不如对手的情况下，不宣而战突然袭击确实不失为一种好的战略。日本联合舰队的核心是由六艘战列舰、六艘装甲巡洋舰所组成的“六·六舰队”，而俄国太平洋舰队仅旅顺、大连停泊的战列舰就有七艘，另有装甲巡洋舰一艘、巡洋舰七艘，海参崴有装甲巡洋舰三艘、巡洋舰一艘，仁川亦有巡洋舰一艘。双方当时势均力敌。所以，日本联合舰队若能在开战前，先以突然袭击的方式打趴俄国太平洋舰队，或者至少让其主力受到一定损失，便可以最小的代价获得黄海和日本海的制海权，再不济也能让将来的决战多一份胜算。

◇ 有马良橘（1861—1944），时任联合舰队参谋

不过东乡平八郎的袭击没有达到预期的效果。在航空母舰没有出现并成为海战主力之前，主力舰之间的炮战就是海战的主要模式。驱逐舰在火力上不如主力舰，所以只能采取打一枪就跑的策略，采用驱逐舰进行袭击的方式显然不如大批航空兵的袭击来得有效。而东乡这一次偷袭的目的就是引出被震撼的俄国舰队，在岸防火力射程以外的地方进行决战，显然，他没有得逞。

在遭到突然袭击以后，俄国人在旅顺港加强了防备。其太平洋舰队虽然遭受重创，却没有沉船，它们在旅顺港中蛰伏不出，让东乡平八郎心急如焚。因为一旦俄国波罗的海舰队赶到，与太平洋舰队会合，俄国舰队将占据 2 ∶ 1 的压倒性优势，所以，如果不能在此之前解决掉俄太平洋舰队，日本将陷入被动。

既然不能让俄舰队出来，那么只有日本人攻进去。从海上进攻显然是不明智的，而用陆军从背后夺下旅顺港是最好的选择。为了防止甲午战争中陆军攻下旅顺后北洋海军先一步逃到威海卫的情况再次出现，日本海军决心采用封堵作战的办法把俄太平洋舰队锁在旅顺港内。

这个计划是由日本海军有马良橘中佐提出的，他根据自己对旅顺的侦察和研究，建议用商船装上石头，自沉在旅顺港出口处，把出港口堵死，让俄舰队成为瓮中之鳖。计划得到了军令部长伊东祐亨和联合舰队司令东乡平八郎的认可。于是日本海军征集了“天津丸”“报国丸”“仁川丸”“武阳丸”和“武州丸”五艘商船，配备了 77 名志愿者，由有马良橘等五名指挥官指挥，展开封堵作战。商船是完全没有武装的，面对军舰只有挨打的份，但他们必须靠近岸防炮林立的旅顺港。

2 月 24 日凌晨，日本的沉船敢死队在海军的掩护下到达旅顺港外，按计划他们必须把船开到港口出入口的最狭窄处沉掉。但这支敢死队一靠近，立刻被俄军发现。俄军以为是日军来袭，便发起了猛烈的炮击，日军由于对港口的地形不熟悉，仓促之间，只能把五艘船就地沉掉，没有达到阻塞港口的目的。

旅顺港频频遭到日军的袭击，而俄太平洋舰队却无所作为，被动挨打。沙皇一怒之下撤掉了太平洋舰队司令斯达尔克（Oskar Victorovich Stark，1846—1928）的职务，任命海军中将马卡洛夫（Stepan Osipovich Makarov，1849—1904）接任该职。新司令于3月8日到任。

◇ 秋山真之（1868—1918），联合舰队参谋，他曾在1898年作为观摩武官参加了美西战争中古巴圣地亚哥港海战。在海战中，美国舰队对圣地亚哥港的西班牙舰队采取封堵作战，被认为是旅顺海战中日本舰队使用该战术的滥觞

马卡洛夫被看作是沙俄海军中一颗璀璨的将星，他对水雷战战术有很透彻的研究，是当时世界上的水雷和鱼雷战权威。同时，他还有创新精神，曾设计出了世界上第一艘破冰船。在到任旅顺后，为了修理被日军袭击而破损的船只，他在没有干船坞的情况下创造性地使用围堰法解决了问题。同时，他下令采用水雷战防备日军在辽东半岛登陆，要求俄舰队对日本在黄海和日本海上的运输线施加压力。对旅顺港的防御，马卡洛夫的思路是：主动出击，挑衅日本舰队，引诱其进入旅顺岸防炮射程内展开决战。不过谨慎的东乡平八郎并不上当。可见，马卡洛夫对日军的战略意图非常了解，他的到来确实让俄太平洋舰队士气为之一振。

3月27日，日军再次征集了四艘商船——“千代丸”“福井丸”“弥彦丸”和“米山丸”，由有马良橘和广濑武夫等四人指挥第二批敢死队进行封堵作战。这一次，马卡洛夫早有准备，凌晨3时30分，日军的船只被俄军的探照灯发现，立刻遭到雨点般的炮火轰击。被打蒙的“千代丸”只好就地爆沉，“福井丸”中雷沉没，船上的指挥官广濑武夫中弹阵亡，“弥彦丸”也在“福井丸”左侧爆沉，“米山丸”中雷沉没。第二次封堵作战仍然没有达到预期的效果。

马卡洛夫的指挥看起来万无一失，不过他还是被东乡平八郎抓住了一个小破绽。在经过多番观察以后，东乡平八郎发现马卡洛夫每一次出港挑衅日本舰队，在返航时都走一条固定的路线，于是他立刻找来了从事水雷战的海军中佐小田喜

◇ 马卡洛夫

代藏，命令其在4月12日夜晚偷偷在旅顺港外预定地点布下水雷。

一切准备就绪后，13日上午，日本驱逐舰队炮击一艘在旅顺港外游弋的俄驱逐舰，俄海军巡洋舰“巴扬”号（Bayan）闻声前来救援，遭到日本海军第三战队四艘巡洋舰“千岁”“高砂”“笠置”“吉野”的围攻。港外的炮战果然吸引了马卡洛夫的注意，不一会儿，高悬马卡洛夫帅旗的太平洋舰队旗舰“彼得罗巴甫洛夫斯克”号一马当先，带着“塞瓦斯托波尔”号、“阿斯科尔德”号、“诺维克”号等主力舰出港应战。东乡平八郎率领的第一战队也在这时赶到了战场。眼见日本舰队实力强大，马卡洛夫便按原本设想的作战模式向港内退却，试图将日本舰队引进旅顺岸防炮射程范围。然而东乡平八郎不为所动，在射程外静静等待。上午9时45分，俄舰驶进了日军布下的水雷区，只听一声惊天动地的爆炸声，战列舰“彼得罗巴甫洛夫斯克”号舷侧腾起了一股水柱，黑烟顿时弥漫海面，继而又是一声巨响，这艘俄太平洋舰队的庞大旗舰很快沉到了水底。马卡洛夫和他的旗舰一起葬身鱼腹，死于他最拿手的水雷战。

5月2日，日本海军一口气征集了12艘船，进行第三次封堵作战。由于天气糟糕，能见度低，加上俄国炮台的攻击，这一次作战仍以失败告终。

马卡洛夫的阵亡和旗舰“彼得罗巴甫洛夫斯克”号的沉没给了俄海军重重一击。俄太平洋舰队被迫躲在港内，日本海军获得了日本海和黄海的制海权。日本陆军兵员因此得以源源不断地向朝鲜和中国战场运去。日本第一军的主力在黑木为桢大将指挥下于3月10日开始在朝鲜登陆，几乎没有遇到什么抵抗就推进到了鸭绿江东岸。4月30日，日军在鸭绿江架桥完毕，用优势火力压制住把守江岸的俄军，以损失千人的代价渡江成功。5月1日，日军占领九连城和安东县城。俄军在鸭绿江一线损失1800人。同时，5月5日，奥保巩大将指挥的日本第二军在海军掩护下，于辽东半岛的盐大澳登陆。日本独立第十师团也在5月19日于辽东半岛的大孤山

◇ 浮世绘中描绘的广濑武夫，广濑武夫因为在封堵作战中阵亡，被日本海军尊为“军神”

登陆，在第一军和第二军之间接应。

当日本和俄国在中朝两国土地上鏖战时，朝鲜政府和中国的清政府又做何表示呢？2 月 23 日，在俄国驻朝公使退走后，朝鲜在日本公使林权助的胁迫下签订了《日韩议定书》，并在“内政改革”上接受日本政府的“忠告”。日本则按照协约负有保护朝鲜“独立”和“领土完整”的义务。议定书还规定朝鲜不得与第三国签订“与本协约主旨相反之协约”。朝鲜再一次被日本绑上了战车。

中国清政府则在开战后迫于日本、英国、美国等国的要求，于 2 月 12 日发布了“严守中立”的上谕，并在东北划定“交战区”。两个外人在自己家中大打出手，户主不但不维护自己的权益，反而袖手旁观，并在家中划出交战区，任凭他人破坏，这样的咄咄怪事既显出了清政府的无能和腐败，也透出一种“弱国无外交”的无奈。

六、黄海海战

日本在日俄战争中的战略方针和甲午战争如出一辙，其陆军分兵两路，第一军从朝鲜越过鸭绿江向中国东北挺进，第二军在辽东半岛登陆，攻金州、大连，北上辽阳与第一军会合。海军则抢夺日本海与黄海的制海权，掩护陆军作战。而俄国方面犯的错误几乎也和当初的清政府一样：在鸭绿江一线没有认真防御。这

◇ 俄舰“波尔塔瓦”号

◇ 日本联合舰队旗舰“三笠”号

很大程度上是因为沙皇所任命的满洲军总司令库罗帕特金还未到任。俄军因此在远东消极避战，以等待这位姗姗来迟的前陆军大臣。日军突破鸭绿江一线后，俄军才发现自己已陷于被动，所以开始在辽东半岛金州、旅顺进行防御。

金州是旅顺的门户，一旦金州陷落，旅顺的俄军也将陷入孤立。所以俄军在金州近郊的南山修筑了防御要塞，并辅以重炮阵地，还配置了一种新式武器：马克沁机枪。这种发明于1884年的高效杀人武器极大地改变了陆战的模式，使得在堑壕、要塞中防御的俄军占有相当大的优势。

日军第二军在5月初刚刚登陆，立足未稳，后援未到，就接到了攻打金州的命令，奥保巩只能硬着头皮顶上。不过初来乍到的库罗帕特金也还没来得及对金州的重要性做出考量，这成为日军唯一的优势。

5月25日，日军第四师团夜袭金州，第一师团增援两个大队，经过三轮冲击，金州城被日军拿下。26日，日军第二军开始对南山阵地发起攻击，在海军舰炮的配合下向遍布铁丝网、射击孔和壕沟的俄军阵地发起冲锋。此时俄军阵地上吐出了马克沁机枪的火舌，南山阵地前的开阔平原立刻成了修罗场。发起三轮冲锋的日军，在俄军的散兵战壕前纷纷倒下。到傍晚8时，俄军的弹药接近告罄，前仆后继不计损失野蛮冲锋的日军才得以占领南山，但付出了高达4000多人伤亡的代价。日本大本营接到战报后一片惊愕。

金州陷落以后，俄军主动放弃大连，日本第二军于5月30日不战而得大连，6月6日，乃木希典大将率领的第三军顺利在大连登陆，旅顺完全被包围。

俄国远东总督阿列克谢耶夫对于旅顺的危机深感焦虑，他命令库罗帕特金采取行动，或者向鸭绿江一线展开攻势，进攻日本第一军，或者向南解救旅顺。库罗帕特金抽调西伯利亚第一军，由什塔克尔伯格（Georgii Stakelberg）率领南下，在得利寺一带修筑工事。日本第二军听说俄军行动的消息，于6月14日主动到得利寺一线邀战。15日，奥保巩命令第三和第五师团做正面强攻，而第四师团作为别动队绕到俄军西边，从侧面攻上得利寺阵地。正在全面应对正面敌人的俄军被打得措手不及。俄军救援旅顺的行动遂宣告破产。6月20日，日本成立满洲军司令部，以大山岩为满洲军司令，30日，又编成第四军由野津道贯大将统率赴中国战场。日军第三军南下旅顺，第一军、第二军、第四军分兵三路向辽阳方向前进。

在这种情况下，库罗帕特金认为：

> 敌人沿着三条战线前进——大连、盖平、大石桥一线（奥）；大孤山、岫岩、大岭（音译）、海城一线（野津）；鸭绿江、凤凰城、分水岭、辽阳一线（黑木）。我们占据着中央的位置——辽阳、海城、大石桥——把前卫派到前面的分水岭高地。我们可以用佯攻牵制两路敌军，欺骗敌人的办法，集中力量打击第三路敌军。……如果我们能够迅速地打击奥，我们就可以剥夺敌人的主动权，而在迫使奥的军队后退以后，可以向野津进攻。在我们把这些路敌军赶回去以后，黑木的阵地就将过于突出，同其他敌军隔开过远，因此他突破防线进攻辽阳的危险就将减至最小限度。但是为了进行这样的决战，首先的必要条件是

◇ 逃往胶州湾的俄舰“切萨列维奇”号

要集中足够的军队，以便进攻奥。[①]

可见库罗帕特金把奥保巩的第二军看作第一个主要敌人，为了保证“集中足够的军队”，他决定把军队集中到辽阳和海城一线，他认为辽东半岛的山地和恶劣天气阻碍了俄军从大石桥到辽阳之间的交通联系。所以，7 月 24 日，在日本第二军进攻大石桥时，俄西伯利亚第一、四军团略做抵抗后就后撤到海城。日军占领大石桥、牛庄、营口一线。

俄军在陆地战线的退缩使旅顺陷入了困境。事实上，马卡洛夫死后，旅顺俄海军的士气已降到了最低点。俄军以彼之道，还施彼身，也在旅顺港口外海域大量布设水雷，给日本联合舰队造成了惨重损失。

5 月 12 日，一艘在大连湾附近执行任务的日本扫雷舰触雷沉没。14 日，通报舰“宫古”号也在同一地带触雷沉没；巡洋舰“春日”号和甲午战争时期横行海上的“吉野”号因海面大雾相撞，“吉野”号沉没。5 月 15 日，日本战列舰“初濑”号在旅顺港外老铁山冲触雷，战列舰“笠置”号前往拖行，在拖行过程中，“初濑”号再度中雷，诱发火药库爆炸，沉没。同日，战列舰“八岛”号也触雷进水，右舷倾斜，舰长被迫下令弃船，该舰于当晚沉没。日本六·六舰队在一天内损失了六艘战列舰中的两艘，官方严密封锁消息，严格禁止这一会对心理造成重大打击的事件外传。在这种情况下，俄太平洋舰队于 6 月 23 日夜晚试图出港，但因日本舰队的拦截而没有成功。

到了 8 月，旅顺的局势越发紧张，乃木希典的第三军已经逼近旅顺。俄太平洋舰队代理司令维特格夫特（Wilgelm Vitgeft，1847—1904）对此十分担心，8 月 7 日，他接到了沙皇尼古拉二世的命令：全舰队出港突围，驶往海参崴。维特格夫特不得不孤注一掷了。

俄国舰队逃到海参崴是东乡平八郎最不愿意看到的事，因为如果俄驻旅顺的舰队和驻海参崴的舰队合流作战，实力就将大增。且日本还必须考虑俄国将波罗的海舰队调来远东的可能性，如果不能在波罗的海舰队到来前消灭俄太平洋舰队，日本将会毫无悬念地陷于被动。在获得俄舰队出动的消息后，东乡平八郎立刻做

①［俄］库罗帕特金著，中国社会科学院近代史研究所翻译室译：《俄国军队与对日战争》，第 201—202 页，商务印书馆 1980 年版。

出了拦截的决定。

8月10日凌晨，俄国太平洋舰队“切萨列维奇”号、“塞瓦斯托波尔”号、“佩列斯维特”号、“胜利”号、“波尔塔瓦”号、“列特维尊”号六艘战列舰和巡洋舰“帕拉达”号、“狄爱娜”号、“阿斯科尔德”号、“诺维克”号以及八艘驱逐舰、“蒙古”号医院船组成突围舰队，驶出旅顺港。由于俄舰队舰种新旧参差，又有毁损，所以只能保持13节的航速。但这一行动马上就被海面上监视的日本舰队所侦悉。东乡平八郎立刻率领战列舰“三笠”“富士”“朝日”“敷岛”、装甲巡洋舰“春日”“日进”组成的第一战队迎战，中午12时30分，日本联合舰队与俄国舰队遭遇。

东乡平八郎在确认敌方情势后，立刻下令使用T字战法，将日本舰队排成纵列，从俄国舰队的正前方横向开过。这是巨舰大炮时代为发挥战列舰的侧面火力优势而惯用的一种战法。东乡平八郎采用这一战术的目的就是要拦住俄国舰队的去路，而维特格夫特则以逃往海参崴为目的，因此机动应对，避免与日本舰队作战，一开始就向东南方疾驶。东乡平八郎则命令日本舰队向东北方向行驶，从俄舰队前方开过，与俄国舰队的纵列阵形成T字形，俄舰队被迫应战。下午1时15分，在双方距离8000米时，日本舰队首先开炮，俄国舰队还击，黄海海战就此打响。

一开始俄舰队就集中火力攻击日本舰队的旗舰“三笠”，“三笠”数处中弹，惨不忍睹。俄舰队的旗舰“切萨列维奇”号作为前导，也负伤累累。

在日本舰队行驶到俄舰队正前方时，俄舰队转向正南，并在日本舰队后方寻找逃逸路线。东乡平八郎意识到了俄舰的企图，立刻利用日本舰队高达16节的速度优势迅速转向西南方，他要封住俄舰队逃回旅顺港的路。俄舰队再次转向左侧，但阵型已经被打乱成为不规则的二纵列。东乡平八郎趁此良机，立刻命令舰队向北，再次和俄舰队保持T字形，并向俄舰队猛烈轰击，但俄舰队的炮术较为精准，因此日舰也受到了较大的损伤。由于俄舰队阵型涣散，向东南方逃逸，到下午3时左右，双方已停止炮火接触，日本舰队全速追赶俄舰队。东乡平八郎命令附近由“笠置”“八云”“高砂”“千岁”组成的第三战队加入战斗。由“桥立”“松岛”“镇远”组成的第五战队和“明石”“须磨”“秋津洲”组成的第六战队也赶来参与追击。下午5时30分，日本第一战队在山东高角以北45海里处追上了俄舰队，双方距离7000米时，俄战列舰“波尔塔瓦”号开炮，打响了第二轮战斗。

在这一轮战斗中，日旗舰“三笠”再次成为重点“照顾”对象，吃水线、甲板、烟囱处处受创。俄旗舰“切萨列维奇”号于下午 6 时 37 分被“三笠”号发射的 12 英寸炮弹击中司令塔，引起爆炸，继而又被一发炮弹命中前桅，俄舰队司令维特格夫特当场毙命。这导致整支俄国舰队失去了指挥，演变为各自为战的状态。早已失去战意的俄舰队开始四散寻找逃跑路线，阵型大乱。在战列舰称霸的时代，阵型散乱是海战的大忌。“切萨列维奇”号撞进了“塞瓦斯托波尔”号和“佩列斯维特”号中间，其余俄舰也手忙脚乱。日本第三、第五和第六战队此时已加入战斗，并将俄国舰队围在中间一阵猛打。这种状况下，俄战列舰“列特维尊”号果断以一己之力吸引了日军的炮火，协助其他船只夺路逃跑。

下午 8 时，天色渐暗，考虑到夜战的危险性，为保存实力，东乡平八郎决定撤离战场。俄国太平洋舰队的六艘战列舰中，“切萨列维奇”号逃往胶州湾，被德国人扣留，另五艘战列舰和巡洋舰“帕拉达”号拖着残破的舰体逃回旅顺；巡洋舰“阿斯科尔德”号逃往上海，“狄爱娜”号逃到越南西贡，皆被解除武装；“诺维克”号则在库页岛被日本“对马”“千岁”两舰追及而自沉。俄海参崴分舰队装甲巡洋舰“留里克”号（Rurik）、“俄罗斯”号（Russia）、“格罗莫鲍伊”号（Gromoboi）在 8 月 11 日出击接应俄旅顺舰队，14 日于朝鲜蔚山附近被日军伏击，装甲巡洋舰“留里克”号沉没。俄国太平洋舰队经此一战，已经失去了战斗力。

七、血战旅顺

俄满洲军总司令库罗帕特金在开战后采取的战略是建立在他对日本军队数量做出的估计的基础上的，不过，他对日军的数量估计过高，加上考虑俄军的后勤问题，因此做出了放弃外围、集中兵力的决策。他将俄军分为两大集群，东满集群面对鸭绿江一线的日本第一军。7 月 17 日凌晨 2 时，东满集群以约 2.5 倍的兵力进攻驻守摩天岭的日本第一军第二师团，日军第二师团依靠优势地形顽强阻击了 8 个小时，10 时，俄军撤退，司令官克列尔中将（Feodor Keller，1850—1904）阵亡。南满集群面对从辽东半岛登陆并沿南满铁路一线北上的日第二军、第四军，其中的西伯利亚第一、第四军团在 7 月 24 日放弃了大石桥一线，撤到海城。驻守海城一侧析木城的西伯利亚第二军团在 7 月 30 日遭到日本第四军的进攻，在战况不利的情况下略做抵抗，于 8 月 1 日撤退到辽阳。8 月 4 日，俄军西伯利亚第一、第四军团又放弃海城，退到辽阳。日本第二军和第四军成功会师。

就这样，8 月中，日军三路大军完成了对辽阳的合围。库罗帕特金把手中的兵力全部集中到辽阳，占有绝对的人数优势。但他一开始就做了消极防御的准备，把辽阳周边的防线全部丢给日军，只在辽阳一线构筑三道防线，固守待援。日本则将满洲军总司令部推进到海城，由大山岩总司令官亲自指挥战役。日军修复了从辽东半岛到辽阳一线的铁路，同时，黄海海战的胜利使日本获得制海权，避免了俄军的海上破袭战对越海补给的干扰。且日本在俄、法等国的间谍探知，俄军的意图就是在辽阳与日军进行决战。于是大山岩在 8 月 5 日做出了战术部署：第一军越过太子河向东面迂回到俄军侧翼，第二军和第四军则沿海城到辽阳的铁路线过鞍山北上，做正面进攻。

◇ 大山岩（1842—1916），曾任陆军大臣、陆军参谋总长，时任满洲军总司令官

8 月 26 日，日军第一军向红沙岭进攻，并夜袭弓长岭，同时日第二军和第四军向鞍山车站发起攻击。俄军根据库罗帕特金的命令，再次收缩防线，放弃第一防线阵地后退，在辽阳城下重新构筑阵地。

8 月 30 日，日军发起第二轮进攻，第一军于凌晨首先向俄西伯利亚第三军团驻守的早饭屯侧面阵地发起攻击，占领南部的高地。10 时，日本第二、第四军向俄西伯利亚第一军团驻守的首山堡阵地发起攻击，战况立刻处于胶着状态。俄军凭借机枪阵地顽强防守，击退了日军一轮又一轮的自杀性冲锋。到 31 日凌晨，日军几乎已经失去了进攻的能力，但持消极防御态度的俄军却没有组织反击。

而在 30 日夜晚，日军第一军的一部渡过镰刀湾一线的太子河，直接威胁到了俄军第二防线的侧翼。库罗帕特金仓促间做出了战术误判，下令再次收缩兵力，放弃早饭屯和首山堡一线阵地，后退到辽阳城区一带。9 月 1 日，日军第一军占领馒头山一带，第二、四军占领早饭屯和首山堡，进逼辽阳市区。

这个时候日军也已经付出了巨大代价，损伤惨重，要再进行一次残酷的城区

◇ 乃木希典（1849—1912），第三军司令官

攻坚战恐怕也很困难。不过此时库罗帕特金却先动摇了。9月3日，为避免后路被断，库罗帕特金下令放弃辽阳决战，将全部军队撤退到奉天。9月4日，日军顺利得到了辽阳。在这场战役中，日军伤亡23000人，俄军伤亡约20000人，因此日军不得不停止进攻，就地休整。

在日俄两军大战辽阳时，旅顺攻防战也拉开了序幕。攻打旅顺是日本海军的要求，7月12日，海军军令部长伊东祐亨向参谋总长山县有朋提出要占领旅顺。海军认为，如果不在俄波罗的海舰队到达远东前占领旅顺，消灭港内的俄太平洋舰队，将使两支俄舰队的实力合二为一。但陆军也有自己的考量。日本海陆军之间的不和由来已久，早在明治二十二年（1889），日本规定海军军令部长归属参谋总长统辖时，海军就表示强烈不满，最终迫使政府在明治二十六年（1893）的《战时大本营条例》中规定陆军的参谋总长和海军军令部长级别相同。陆军把海军当作运输队，认为海军的职责就是保证陆军的后勤线畅通，最终解决问题的是陆军。而海军则不同意这一观点，要求陆军为海军夺取制海权服务。这一次，大本营出于全局考虑，决定支持海军，要求乃木希典率领的第三军拿下旅顺。

不过此时的旅顺已不是当初甲午战争时期的旅顺了。俄国在强租旅顺后，对这个港口进行了多年的经营，在从小孤山、大孤山到盘龙山、二龙山，再到203高地，一直延伸到另一侧的羊头湾，整整20公里的防线上，俄军依地形修筑炮台，挖壕沟，上铁丝网，建成重重防御阵线。8月10日，俄海军在黄海海战失败后，为了保卫旅顺，将舰炮拆卸下来搬到岸上炮台，又派出水兵和海军陆战队协防。生死存亡时刻，旅顺的俄陆海军如同一头困兽，时刻准备给日军制造大麻烦。

为了集中火力，日军确定主攻方向为俄东段防线东鸡冠山北堡垒到二龙山堡垒一带，并提前占领了大孤山、小孤山和凤凰山高地，配置重炮。8月19日凌晨，日军第三军发起攻击，第一师团首先向俄西段防线的大顶子山阵地发起进攻，将俄军逼退到203高地，至此未能前进一步。第九师团则作为主攻部队进攻盘龙山东西堡垒，到22日，才在付出沉重代价的前提下实现占领。第十一师团进攻东鸡冠山北堡垒，在俄军的壕沟和机枪面前损失惨重。到22日，日军因炮弹有限，已经无法发动大规模炮击，第九师团一度占领盘龙山后方的望台高地，但很快被俄军夺回。日军在第一轮进攻中死亡5000多人，受伤10000多人。

乃木希典眼见正面强攻收效甚微，于是另辟蹊径，在俄军堡垒前挖掘壕沟，层层推进。到9月，终于占领中段的龙眼北方堡垒和水师营堡垒。俄军退到第二防线，只有203高地成为一个突出部，岿然不倒。

第一轮进攻遭受的惨重损失震惊了日本大本营，有坂成章少佐为解决前线火力不足的问题提出了一个建议：把日本海岸28厘米口径的岸防重炮拆卸下来，装船送到旅顺前线使用。这个建议得到了大本营的批准。日军花费了从9月到10月两个月时间，拆下18门海岸要塞炮运到旅顺，又加紧调集国内的后备炮弹送到前线。同时，俄军也在重新整顿防线，修复工事，调集重炮。10月26日，日军展开第二轮进攻。

乃木希典将第二轮的攻击重点仍然放在东部阵线，他要求日军以28厘米重炮为掩护，采用各种方式对俄军防线发起冲锋。26日上午，日军的炮火覆盖了俄军的阵地，但由于俄军防御工事较深，日军的轰击没有达到掩护效果，导致第九师团和第十一师团分别在二龙山堡垒和东鸡冠山北堡垒前被俄军压制，损失巨大。第一师团反复冲击松树山俄军阵地，却在俄军的散兵壕沟前束手无策。第二次冲锋，日军付出了千人死亡的代价。

◇ 儿玉源太郎（1852—1906），曾任台湾总督、参谋本部次长，日俄战争期间任满洲军总参谋长

旅顺攻坚战到了最关键的时刻。11月，日本接到了俄波罗的海舰队起航前往远东的消息，日本大本营再度催促进攻，并决定将国内最后一个正规师团——第七师团投入旅顺战场。获得增援的乃木希典决定在11月26日发起第三轮攻击。大本营向满洲军下了命

令，将主攻目标定为203高地。

确定这一目标和海军的要求密切相关。海军认为，因海拔203米而得名的203高地是一个能够观测到旅顺港内俄太平洋舰队动向的制高点。拿下这个高地，有助于尽快消灭俄舰队，这样，东乡平八郎就能放心地去整修船只，准备对付波罗的海舰队。不过这一命令却被满洲军总参谋长儿玉源太郎否决，他认为这是海军对陆军的干涉。但无论是明治天皇还是山县有朋都要求满洲军服从命令。26日，总攻开始，乃木希典仍把重心放在东鸡冠山北堡垒到二龙山堡垒之间。28日，日军从第一师团特别步兵第12、23、35连队，工兵第9大队和第七师团卫生队中抽调出3100人组成敢死队，身缠白布，称“白襷队”，向松树山堡垒发起夜袭。进行过程中踩进了地雷阵，被俄军炮火轰击，队长中村觉少将负伤，日军抛下900多具尸体退却。无奈之下，乃木希典只好听从大本营的命令，将主攻方向转向203高地，希望在这里有所突破。

其实，日军在203高地也没占到便宜。从27日开始，日军第一师团就在炮火掩护下反复冲击这一高地，山上的俄军凭借地势和散兵壕沟顽强抵抗。到29日，日军寸步未进，反而损失3000多人。满洲军参谋长儿玉源太郎再也坐不住了，在当天匆匆赶到旅顺前线，接过了指挥权。他把后备的第七师团调上来，决定不计代价攻克203高地。12月5日早晨，日军先以炮火轰击压制俄军，然后命步兵冲锋，与驻守的俄军展开白刃战。经过一个半小时的厮杀，日军占领了高地的东北角和西南角，弹药将尽且精疲力竭的俄军终于退却。日军成功夺得这块被乃木希典称为“尔灵山”的高地，占领了直接威胁俄太平洋舰队的制高点，但也付出了伤亡1万多人的代价。此后，日本就可以将重炮调上203高地，轰击港内的俄舰队。到12月，俄太平洋舰队剩余的五艘战列舰全部被击沉，全军覆灭。

203高地的失守成为旅顺战役的转折点。12月15日，旅顺守军核心康特拉琴柯（Roman Kondratenko，1857—1904）少将在视察东鸡冠山北堡垒时被日军28厘米炮击中阵亡，俄军士气更为沮丧，加上弹药和粮食均已不多，只能节节败退。12月18日，日军占领东鸡冠山前堡垒，28日，二龙山堡垒易手，31日，日军占领松树山堡垒，继而在次日占领望台，俄军的防线已经宣告崩溃。

1905年1月5日，俄旅顺要塞司令斯特拉塞（Anatoly Stessel）中将下令投降，并与乃木希典在水师营达成了投降协议。日军俘虏了32400多名俄军，付出17000

多人伤亡的代价，乃木希典的次子也在203高地阵亡。

◇ 陷落后的旅顺港

日军虽取得旅顺战役的胜利，但有关乃木希典的争论却没有停止。乃木希典在旅顺发起三场攻击，造成巨大损失，而203高地战役的胜利却归功于儿玉源太郎，这位后来被日本军国主义奉为“军神”的将领被下了“有水分”的定义[①]。要知道，在坦克还没有发明前，以机枪配合的散兵线战术对于进攻一方是极其不利的，后来的第一次世界大战中，就出现了许多“绞肉机”式的战役。日本的装备相对俄军来说不占绝对优势，所以，除了进行一轮一轮的反复冲锋以外，确实别无他法。从军事角度看，乃木希典其实是一名无奈的指挥者；从人性的角度看，他又是一名不惜将部下送出去做炮灰的残酷的军人。

八、奉天大战

俄军的屡战屡败引起了沙皇的不满，俄满洲军司令库罗帕特金也遭遇了信任危机。在被沙皇严旨申斥后，他决定组织一场反攻。这既关系到俄军的命运，也关系到他本人的面子和宦途。1904年10月，日军刚刚打完辽阳会战，正在辽阳、鞍山一线进行整顿，补充兵员、弹药，由于日本的人力资源和生产力水平有限，这些问题都并非短时间内能解决的。加上日军在全力应付旅顺会战，可以说，此时是俄军反攻的最好时机。

10月9日，库罗帕特金命令俄军沿铁路线分兵两路，一路为西伯利亚第一、二、三军等组成的东满支队，向本溪湖方向进攻，一路为第十、十七军等组成的西满支队，沿奉天到辽阳铁路线越过沙河。俄军总共投入了大约21万的部队。

探明了俄军的动向后，日军在10月也开始集结军队。10月8日夜，日满洲军

---

① 另外应该说明的是：乃木之所以被称为“军神”很大程度上是因为他在明治天皇死时举家殉亡的举动，对于这种封建式的“武士道”精神，是应该批判的。可以说“军神”的由来其实和他的军事能力关系不大。

◇ 秋山好古（1859—1930），出身于伊予松山，早年留学法国，号称“日本骑兵之父”

司令部接到了俄军在本溪湖一带活动的消息。本溪湖附近驻扎的日军是梅泽道治率领的近卫后备混成旅团，这是一支后备役部队，战斗力不如一线部队，但仍然以弱势兵力抵挡住了俄军的进攻，获得消息的日第一军司令黑木为桢立刻命令第十二师团和骑兵第二旅团前往本溪湖援助，从俄军右翼突击。同时，为了解除东线本溪湖一带的防御压力，日军在 9 日决定主动对西线俄军发起攻击。两军在沙河一带展开拉锯战。俄军炮火准备不足，对山路地形不够熟悉，进展十分缓慢。12 日，俄本溪湖一线的军队由于遭到日军骑兵第二旅团的侧面威胁，首先退却。到 13 日，俄军转向防守，退向沙河北岸。日军从旅顺一线调集第七师团的弹药，展开追击。由于冬季的酷寒，双方在沙河一线停止战斗。沙河战役，俄军伤亡 41346 人，日军伤亡 20497 人，俄军没有实现战略目标。

1905 年 1 月，旅顺失陷，俄军在东北的局势更为不利。日军第三军在占领旅顺后北上增援。而俄国国内由于厌战情绪滋长蔓延和对沙皇专制制度日益不满，革命火种有燎原之势。特别是 1 月 22 日，圣彼得堡发生了“流血星期日”事件①，揭开了俄国 1905 年革命的序幕。因此沙皇政府迫切希望在东北战场扭转局势，于是决定再次发起反攻。库罗帕特金将兵力重新调整为三个集团军，以格里品别尔格（Oskar Grippenberg，1838—1915）统率的第二集团军为主力，越过浑河向黑沟台方向前进。第一、三集团军发起配合攻势，目的是尽数夺取浑河和沙河间日军阵地，将日军压迫到太子河以南。

1 月 25 日，俄军在冰天雪地中迫不及待地发起了进攻，之前俄军已进行了多日侦察，并利用骑兵机动优势，在日军背后展开破袭战，阻延日军第三军北上的时间。库罗帕特金把主攻方向放在日军左翼的黑沟台，是因为这里的秋山支队（秋

① “流血星期日”事件：1905 年 1 月 22 日，3 万多名俄国民众在圣彼得堡冬宫广场请愿，要求沙皇政府进行政治改革，遭到镇压，造成死伤 1000 多人的惨剧。这一事件成为俄国 1905 年革命的序幕。

山好古少将指挥）在长达 40 公里的防线上只布防了区区 8000 人，是防御的软肋。日满洲军司令部也有些麻痹大意，认为俄军不可能在严冬发起大规模攻势，所以被打了个措手不及，俄军因此成功占领黑沟台战略要地。

日满洲军司令大山岩见状急忙调动立见尚文率领的第八师团援助黑沟台方向。俄军由于不熟悉地形，因此拖延了进攻时间。日第八师团于 1 月 27 日强攻黑沟台，与俄军在严寒中展开拉锯战，遭到俄军炮火的猛烈轰击。第八师团陷入困境，日军再次调集第五师团、第二师团一部和第三师团前往援助，终于在28日夺回黑沟台。库罗帕特金当天命俄军退却到浑河西岸。黑沟台战役中日军伤亡 9300 人，俄军由于地形不熟、主攻方向投入兵力不足而失败，伤亡 12000 人。

库罗帕特金正在筹备于 2 月对日军发起新一轮反攻，但没想到，日军却抢先动手了。

日本国内的生产力已经到了极限，无论是弹药还是兵员的供应都接济不上。在战争初期，日本银行副总裁高桥是清为筹集军费，向欧洲国家大借外债，背负上了沉重的债务负担。所以日本急于结束战争，于是，满洲军司令部决定孤注一掷，在 2 月和俄军决战。

1 月，日本将第十一师团和后备第一师团编制成鸭绿江军，部署在右翼的清河城一线。该军于 2 月 21 日开始行动，24 日趁夜袭占清河城。这是日军的一次佯动，目的在于吸引俄军兵力向东线集结，库罗帕特金中计，将部分兵力向东线的俄第一集团军方向调动。日军最左翼乃木希典率领的第三军立刻发动攻击，迂回到俄军西面侧背，中路的第二、四军以炮火掩护。3 月 1 日，日军实现战略意图，开始向奉天发起总攻。库罗帕特金此时识破了日军的计划，立刻下令原本支援东线的预备队转向西线的第二集团军一侧，全力阻击日第三军。

◇ 奉天会战中的日军

奉天俄军的防御工事极其坚固，日军虽然在最初骗过了俄军，但作为攻方仍然打得异常艰苦。随着库罗帕特金增援的不断到来，担负主要攻击任务的日军第三军陷入了困境。大山岩决定改变战术，将正面攻击的第二军转到奉天西面的于洪屯一线，并因此成功吸引了俄军的兵力。第三军在第二军的协助下，攻到奉天城北，完成了对奉天的战略合围。

3月8日，库罗帕特金为保证后路，决定收缩战线，在北面投入了更多兵力。10日，日鸭绿江军成功占领抚顺，第三军则在此期间竭力向北去靠近铁路线，遭到俄军的激烈抵抗。日第一、二、四军也开始追击，向奉天城逼近。10日黄昏，俄军损失惨重。库罗帕特金下令在保有后路的情况下尽快向铁岭撤退，并随后向哈尔滨转进。日军随后占领奉天。是役，日军死亡15892人，受伤59612人；俄军死亡4万人，负伤49000人，被俘4万人。日军在占领奉天和铁岭后，再也无力发起进一步进攻。俄军统帅库罗帕特金被震怒的沙皇免去职务，降格为第一集团军司令，而由利涅维奇（Nikolay Linevich，1839—1908）接任其职位。连连败退的俄军被迫固守哈尔滨，等待援军。

九、决战对马

日本联合舰队在消灭俄太平洋舰队后，便开始休整，准备迎击俄波罗的海舰队。占领旅顺后，日军还将旅顺港内沉没的俄舰打捞起来，修复后编入日本舰队。计有战列舰“佩列斯维特”号、“胜利”号、“波尔塔瓦”号、“列特维尊”号，分别被命名为“相模”“周防”“丹后”“肥前”；巡洋舰“帕拉达”号、“巴扬”号，分别被命名为“津轻”“阿苏”。原有的舰船也修葺一新，日本舰队挟胜利之余威，士气正旺。

俄国则在旅顺危急之时将波罗的海舰队编组为由罗日杰斯特温斯基上将（Zinovy Rozhestvensky，1848—1909）率领的第二太平洋舰队以及作为辅助舰队的第三太平洋舰队。1904年10月15日，因征集补给品而延期长达三个月才出发的第二太平洋舰队终于离开拉脱维亚的利巴瓦（Liepoja）港起航。这支舰队由以下船只组成：

战列舰“苏沃洛夫”号（Kniaz Suvarov）、“亚历山大三世”号（Imperator Aiexander Ⅲ）、“博罗季诺”号（Borodino）、“鹰”号（Orel）、“奥斯利亚比亚”号（Osliabia）、“西索依·维利基”号（Sissoi Veliki）、“纳瓦林”号（Navarin）；

装甲巡洋舰“纳希莫夫海军上将”号（Admiral Nakhimov）、“奥列格”号（Oleg）；防护巡洋舰“阿芙乐尔”号（Aurora）、“斯维特拉娜”号（Svyetlana）、“绿宝石”号（Izumrud）、“珍珠”号（Zhemchug）、“金刚石”号（Almaz）；老式装甲巡洋舰“德米特里·顿斯科伊”号（Dmitri Donskoy）；另有驱逐舰9艘，运输船14艘，医院船1艘，工作船1艘，特别任务舰1艘。

◇ 波罗的海舰队司令罗日杰斯特温斯基

第三太平洋舰队则由战列舰“尼古拉一世”号（Imperator Nikolai I），海防铁甲舰“阿普拉克辛海军上将”号（Admiral Apraxin）、“谢尼亚文海军上将”号（Admiral Seniavin）、“乌沙科夫海军上将”号（Admiral Ushakov），老式装甲巡洋舰“莫诺马赫”号（Vladimir Monomakh）等船只组成，于1905年2月18日离开俄国经地中海前往远东。

这是一支临时拼凑的舰队，航速高达20多节的新式战舰和速度只有16节左右的老式战舰混杂在一起，加上速度很慢的运输船队，使得整个舰队只能以10节的速度行驶。指挥官罗日杰斯特温斯基以沙皇尼古拉二世的侍从武官身份获此重任。他虽然参加过俄土战争，却没有指挥大规模海战的经验。士兵素质也不高，大部分是预备役，官兵关系也极其恶劣。

就是这样一支舰队，要从波罗的海出发，越过大西洋，绕过非洲南端的好望角，进入印度洋、太平洋，行驶大半个地球前往远东。兵法云：“百里而趋利者蹶上将。”海军也是如此，在没有现代战争中那种快速投放和补给能力的情况下，绕大半个地球去作战，这种任务本身就是充满危险性的。不仅如此，在途中，即使是盟友法国的殖民地港口，慑于英国的压力，都不敢给予俄国舰队过多的补给支持。俄国舰队的状态可想而知。

士气低落，加上恐惧、失望等情绪，使俄舰队如惊弓之鸟。在出发后不久的10月21日，俄舰队经过英国港口赫尔城（Hull）附近的北海海域时，在迷雾中将附近的英国渔船误认为日本鱼雷艇，又把后面驶来的“阿芙乐尔”号和“德米特里·顿斯科伊”号误认为日本军舰，因而发起了一轮炮击，当场击毁渔船一艘，造成渔民两人死亡、六人受伤，“阿芙乐尔”号也身中五弹。英国顿时舆论大哗，俄国被迫赔偿 65000 英镑才了结此事。

1905 年 3 月，舰队到达非洲马达加斯加岛，此时传来了旅顺陷落，太平洋舰队覆灭的消息。舰队的士气更为低落。罗日杰斯特温斯基不得不更改前往旅顺与太平洋舰队会合的计划而驶向海参崴。俄舰队经过马六甲海峡时已是 4 月，又接到了奉天战败的消息，第二、三太平洋舰队最终在 5 月 9 日于法属印度支那（今越南一带）的金兰湾附近会合，向北驶去。罗日杰斯特温斯基对所有舰只做了重新编组：

第一战舰队：战列舰“苏沃洛夫”号、“亚历山大三世”号、“博罗季诺”号、“鹰”号；

第二战舰队：战列舰“奥斯利亚比亚”号、“西索依·维利基”号、“纳瓦林”号，装甲巡洋舰“纳希莫夫海军上将”号；

第三战舰队：战列舰“尼古拉一世”号，海防铁甲舰“阿普拉克辛海军上将”号、“谢尼亚文海军上将”号、“乌沙科夫海军上将”号；

第一巡洋舰队：装甲巡洋舰“奥列格”号，防护巡洋舰“阿芙乐尔”号，老式装甲巡洋舰“德米特里·顿斯科伊”号、“莫诺马赫”号；

第二巡洋舰队：防护巡洋舰“斯维特拉娜”号、“绿宝石”号、“珍珠”号、“金刚石”号。

另有驱逐舰 9 艘、医院船 2 艘、拖船 2 艘、修理船 1 艘、运输舰 14 艘和 3 艘辅助巡洋舰。

◇ 俄国巡洋舰“阿芙乐尔”号，该舰后来在 1917 年十月革命中成为功勋舰

这种大规模行动自然瞒不过日本人的眼睛。联合舰队紧锣密鼓地进行射击训练；同时，海军侦察

船和潜伏在俄国的间谍也积极行动，不间断地将俄舰队的动向报告给国内。要前往海参崴，俄舰队有三条路可选：穿越日本北海道与本州之间的津轻海峡、穿越北海道与库页岛之间的宗谷海峡、穿越日本九州岛与朝鲜半岛之间的对马海峡。东乡平八郎预先下令对津轻海峡进行水雷封锁，至于宗谷海峡，东乡认为疲劳且燃料和食物将尽的俄舰队不会舍近求远选择那条路，最快捷便利的对马海峡一定是俄舰的必经之路。于是日本海军就在对马海峡守株待兔。

日本联合舰队也进行了重新编组，准备迎战①：

重组后的日本联合舰队

第一舰队 （司令长官：东乡平八郎）	第二舰队 （司令长官：上村彦之丞）	第三舰队 （司令长官：片冈七郎）
第一战队： 战列舰：三笠（旗舰）、富士、敷岛、朝日； 装甲巡洋舰：春日、日进； 通报舰：龙田。 第三战队： 巡洋舰：笠置、千岁、音羽、新高。 驱逐舰13艘，鱼雷艇4艘。	第二战队： 装甲巡洋舰：出云、吾妻、常磐、八云、浅间、磐手； 通报舰：千早。 第四战队： 巡洋舰：浪速、高千穗、明石、对马。 驱逐舰12艘，鱼雷艇3艘。	第五战队： 巡洋舰：严岛、松岛、桥立； 铁甲海防舰：镇远； 通报舰：八重山 第六战队： 巡洋舰：须磨、和泉、千代田、秋津洲； 第七战队： 装甲海防舰：扶桑； 炮舰：筑紫、乌海、摩耶、宇治、高雄。 鱼雷艇30艘。

5月26日，东乡平八郎接到俄八艘辅助船进入上海港的消息，便确认了自己的判断。27日凌晨4时，俄舰队进入对马海峡，4时45分，在203海域活动的日侦察舰"信浓丸"发回了发现俄舰队的信号。日本第三舰队接报后，与俄舰队保持接触，同时不断将俄舰队信息电告旗舰"三笠"。5时5分，停泊在朝鲜镇海湾待机的联合舰队收到了出击指令，6时5分正式出发。这一天，对马海峡风大浪高，天气晴朗。下午1时39分，日本联合舰队与俄舰队接触，并发出了战斗指令。1时55分，旗舰"三笠"号上挂出了著名的"Z"字旗，意为："皇国兴废在此一战，诸君努力奋勇杀敌！"②

---

① 参见：［日］户川幸夫著，顾龙保译：《Z字旗：决战对马》，第222—223页，海潮出版社1990年版。

② 日语原文：皇国ノ興廢此ノ一戦ニ在リ、各員一層奮励努力セヨ。

◇ 在舰桥上指挥的东乡平八郎，这张著名的油画有一定程度的美化成分

俄舰队分为两纵列队，旗舰“苏沃洛夫”号居右列之首，后随第一战舰队、第一巡洋舰队和第一驱逐舰队；左翼以“奥斯利亚比亚”号战列舰居首，后随第二战舰队和殿后的第三战舰队。右翼队右前方为警戒的第二巡洋舰队，第一驱逐舰队和辅助船跟在其后。俄舰队约以12节航速向东北方向航行，日舰队在其左前方与之相向平行向西南方向航行。

2时5分，两舰队距离8000米，东乡平八郎突然下达了一个惊人的命令：“左满舵。”日本舰队在敌人面前做了一个“U”字大转弯，航向东北方向。2时7分，打头的旗舰“三笠”首先掉转，双方相距7000米，俄舰队立刻集中火力攻击“三笠”，“三笠”在几分钟内中弹30多发。继而装甲巡洋舰“浅间”舵机受伤而退出战斗。

这种敌前大转弯是非常冒险的，而在敌人火炮射程之内进行更是一种赌博，因为在转向过程中，后舰到前舰转向点转向时，拥有重炮的俄舰只要瞄准转向点，击中目标就像攻击死靶一样容易。不过俄舰由于指挥混乱，没有抓住这个有利的机会给予日舰重创。

东乡平八郎之所以在敌前大转弯，就是要绕到俄舰队前方，施展他拿手的“T”字形战术，封住俄舰队前往海参崴的去路。2时10分，日舰队大部分舰艇已经完成掉头，再次右舵转向俄舰队前方。双方相距6400米时，“三笠”的6英寸炮首先开火。2时35分，日本舰队完成了“T”字封锁，并瞄准俄第一、二战舰队旗舰“苏沃洛夫”号和“奥斯利亚比亚”号齐射。俄舰的火炮采用无烟火药，有时会出现哑弹，除非射穿对方舰体才会造成损伤，相反，日舰火炮采用含苦味酸（2，4，6-三硝基苯酚）成分而极易爆炸的“下濑火药”①，加上敏感的“伊集院信管”②，

① 日本海军技师下濑雅允研制，故名。

② 日本海军少将伊集院五郎研制，故名。

一旦命中目标就会引起大爆炸，并冒出浓烟，给人极大的心理震撼。很快俄旗舰“苏沃洛夫”号就陷入了一片火海并脱离战斗，罗日杰斯特温斯基受伤。第二战舰队旗舰“奥斯利亚比亚”号于2时50分起火爆炸，3时10分左右沉没。战斗一开始，俄舰队就失去了指挥能力。

在遭到严重打击后，俄舰“亚历山大三世”号取代旗舰充当前导，全舰队右舵向东转向，和日本舰队再次处于平行状态，目的是脱离战斗逃跑。而以快速巡洋舰组成的日军第二战队很快追上了俄舰队，并立刻把炮火倾泻到“亚历山大三世”号上，这艘战舰很快浸水并失去战斗能力。接着“博罗季诺”号顶替前导位置，再次转向，左舵转往日本第二战队的后方，航向东北。频繁的转向打乱了俄舰队的阵型，使之变成了不规则的单纵列。正在追击北上的“苏沃洛夫”号的日本第一战队立刻同时转向，原本打头的“三笠”转而殿后，航向西北，与第二战队形成夹击之势，在6500米处向俄舰队齐射，顿时海上硝烟弥漫。在硝烟中，俄舰队暂时失去踪迹，东乡平八郎命令第一战队转向搜寻。3时58分，第一战队与俄舰队再次接触，日第二战队也转向返回，受到第二次夹击的俄舰队阵型完全溃散，纷纷向南逃跑，俄第一、二战舰队“博罗季诺”号等十艘舰只与“苏沃洛夫”号失去联系，5时5分与第一、二巡洋舰队和辅助船队会合，驱赶了正在与巡洋舰队近距离作战的日本第三、四、五、六战队，继续向北逃向海参崴。5时30分，俄旗舰“苏沃洛夫”号已经伤痕累累，俄驱逐舰赶来接应罗日杰斯特温斯基。在司令官逃走后，这艘主力战列舰被日本第十一鱼雷艇队发射的两枚鱼雷击中，7时20分沉没。

6时，日俄舰队再次相遇，双方距离6500米时，日本第一战队立刻接近对方并发起齐射，集中攻击俄战列舰“亚历山大三世”号和“博罗季诺”号，第二战队同时赶到助战。7时3分，创伤累累的“亚历山大三世”号起火沉没；7时20分，“博罗季诺”号被日舰“富士”的12英寸炮弹命中，发生两次大爆炸，很快沉入海底。经过27日白天的鏖战，俄第一战舰队的四艘新型战列舰被毁三艘，第二战舰队的旗舰沉没，精锐尽失。

是时夕阳西下，东乡平八郎命令主力舰队在郁陵岛集合。日本舰队集中了白天因为风浪大而没有参战的驱逐舰和鱼雷艇队，夜袭俄舰队。驱逐舰和鱼雷艇就像一群嗜血的狼，在夜色中包围了俄舰队。日舰队发射的鱼雷命中目标的不到十发，但效果不凡，俄战列舰“纳瓦林”号当场沉没，战列舰“西索依·维利基”号，装甲巡洋舰“纳希莫夫海军上将”号、“莫诺马赫”号遭到重创，于次日沉没，而日本只损失了二艘鱼雷艇。

28 日，俄第一、二战舰队已经几乎覆灭，由老式战舰组成的第三战舰队成为主力，“尼古拉一世”号成为旗舰。9 时 30 分，日本舰队在郁陵岛南方发现俄舰队，10 时 43 分，“尼古拉一世”号挂出了投降的旗帜，代替罗日杰斯特温斯基指挥俄舰队的第三战舰队指挥涅鲍加托夫少将(Nikolai Nebogatov, 1849—1922)下令投降。“尼古拉一世”号、“鹰”号、“阿普拉克辛海军上将”号、“谢尼亚文海军上将”号四艘军舰成为俘虏。

没有投降的俄舰遭到日本舰队的围歼，防护巡洋舰“斯维特拉娜”号在 11 时 6 分被日本第三战队击沉；铁甲舰“乌沙科夫海军上将”号拒绝投降，于 6 时 10 分被日本第二战队击沉于隐岐岛附近。载有受伤的俄舰队司令罗日杰斯特温斯基的驱逐舰被日本驱逐舰“阳炎”和“涟”发现。15 时 30 分，因机械故障，俄驱逐舰被日本驱逐舰追上，罗日杰斯特温斯基成为俘虏。装甲巡洋舰“德米特里·顿斯科伊”号在 29 日凌晨遭遇袭击沉没。巡洋舰“奥列格”号、“阿芙乐尔”号和“珍珠”号逃亡菲律宾，被美国人解除武装，“绿宝石”号在海参崴附近搁浅，船员毁船逃亡回国，只有“金刚石”号顺利逃回了海参崴。

在这场震惊世界的大海战中，俄波罗的海舰队全军覆灭，俄国最后一丝胜利的希望也随之破灭，至此，俄国败局已定。

第四节 朴次茅斯和约

一、胜败之机

日俄战争是一场前所未有的大规模近代化战争，在这场战争中，从明治元年（1868）开始发展了不到半个世纪的岛国日本一举击败了一个横跨欧亚两洲、自拿破仑时代开始就令人侧目的大国——沙俄。沙俄遭遇了克里米亚战争以后的又一次重大失败。

究竟胜败的原因何在，恐怕我们要从当时日俄两国的国内情况、远东和国际的政治经济局势来综合分析。

首先，在军事层面上，我们可以从陆军和海军两方面来考虑战略和战术上的得失。在战争期间担任俄军统帅的库罗帕特金战后总结了俄军失败的原因，他认为，俄军失败的原因可以概括为三类：

1. 与陆军部无关的原因：外交布置的失败导致无法投入全部兵力、舰队作用的有限、西伯利亚铁路的运输能力很差、国内秩序的混乱；

2. 与陆军部有关的原因：动员援军支援的迟缓、投入了预备役部队而将有经验的现役部队转为预备役、奖惩的缺失、投入分遣队支援前线过慢、技术装备和编制的缺点、人员不足；

3. 与军官相关的原因：尚武精神的缺乏、士气不高、指挥官缺乏执行任务的决心、战争压力下部队编制的混乱。①

库罗帕特金无疑是在为自己在战争中的一系列失误找借口，但他的许多指责还是有道理的。俄国在战前的外交布置的确一开始就给自己埋下了失败种子。日本促成了日英同盟，令日本在对俄作战时免除了后顾之忧，而俄国在战前没有调整好其欧洲政策，与俄国接壤的德国竭力鼓动俄国东向，显然居心叵测。1904 年，英法签订协约，欧洲出现了德奥意和英法俄两大军事集团，德法、德俄关系的紧张和巴尔干、土耳其方向的危险局势使俄国不得不把大部分兵力留下来保护它的欧洲部分，这显然分散了俄国的实力。俄国战前竭力经营的西伯利亚铁路也没有起到预期的作用，众所周知，当时俄国的核心部分在东欧的莫斯科和圣彼得堡一带，远东大片土地还是不毛之地，所以，远东俄军的补给线之长、补给之困难可想而知，并不是一条铁路能够完全解决的问题。

俄国国内和俄军内部问题也颇多。1904—1905 年的俄国正处于国内革命前夜，国内民族问题突出，阶级矛盾尖锐。日本及时抓住了这一点，战争期间，日本间谍明石元二郎就曾在俄国国内策动革命和反战运动，取得了非常可观的成绩。无论是在俄国满洲军中，还是在波罗的海舰队中，都弥漫着一股反战情绪。另外，俄军内部严重的官僚主义作风导致官兵关系十分恶劣。这些对于俄军的作战士气

①［俄］库罗帕特金著，中国社会科学院近代史研究所翻译室译：《俄国军队与对日战争》，第 287—288 页，商务印书馆 1980 年版。

◇ 高桥是清（1854—1936），时任日本银行副总裁，在日俄战争期间协助日本发行公债，被认为是日俄战争胜利的经济功臣

是极其不利的。

当然，库罗帕特金自己也应该承担指挥失误的责任。日本陆军的行动完全是甲午战争中的翻版，从鸭绿江与辽东半岛两线登陆，南攻旅顺，北上辽阳、奉天。俄军犯的错误也和当年的清军如出一辙，一开始没有极力防守住鸭绿江防线，在辽东半岛没有采取有效的反登陆措施。库罗帕特金在整个辽东战事中采取的都是消极防御的办法，即使是反攻，也没有抓住有利机会投入足够兵力。特别是在奉天作战时，库罗帕特金完全被日军牵着鼻子走，左支右绌，被动挨打，这种指挥失误的责任是他无论如何都推卸不掉的。

俄国海军的失败也和海军将领的指挥部署有莫大的关系。在战前，俄太平洋舰队处于一种分散状态，四艘巡洋舰在海参崴，一艘在仁川，其他的在旅顺和大连，可以说完全没有做好战斗的准备。在被日本打得措手不及后，俄太平洋舰队其实主力未失，却采取了消极保守的作战方式，和北洋舰队一样，没有主动去争夺制海权。俄太平洋舰队的统帅中，唯一合格的是马卡洛夫，却因麻痹大意而过早送命。黄海海战中，俄舰队司令维特格夫特一味避战逃跑，在战术上首先就犯了错误，最终导致俄太平洋舰队覆灭。至于让波罗的海舰队绕大半个地球前来远东的策略本身就是一种失误。一支舰队航行上万海里，中途还很难找到补给站，又必须在航程的最后阶段穿越敌人握有制海权的海域，这支舰队的失败可以说是不可避免的。

反观日本，从一开始，日本就认为这是一场“赌上国运”的战争，因此在战争爆发后从政界到军界立刻形成了“举国一致”的体系，可以说，日本对战争做了充分的准备，蓄势待发。一旦开战，日本的国家机器立刻以战争为核心运转，这和沙皇政府内部的互相扯皮和攻讦形成鲜明对比。日本陆军对朝鲜和东北的地理、气候状况十分熟悉，在战前战中又开展了大量的谍报活动，知己又知彼。日本海军则更是采取了正确的战略战术，以突然袭击的方式抢占主动权，先集中力量消灭俄太平洋舰队，再去应付远道而来的波罗的海舰队。日本联合舰队司令东乡平八郎在萨英战争期间就从军，后留学英国，参加过戊辰战争、甲午战争，几乎经历过幕末以来的每一次海战，他的海战经验与指挥能力确实是俄国海军的那些官僚式军官所不能比的。由于海军为近代化的技术兵种，所以日本在装备上投入了大量人力物力，出现了"下濑火药""伊集院信管""三六式无线电报机"等一批改进装备技术的发明，这些发明在实战中被证明是有效的。可以说，日本海军无论在软件还是硬件上，都要比俄国海军更胜一筹。

沙俄的失败，还有一个关键因素，那就是其腐朽的政治制度。沙皇专制制度当时已经走到了穷途末路，在国内不得人心。俄国虽然在 1861 年的改革中废除了农奴制，但经济制度仍是列强中最为落后的，军事组织能力、政府机构运作效率也极其低下。这样一个陈旧的国家机器要和一个刚刚完成社会转型的新兴资本主义国家对抗，失败就是必然的了。

不过这场战争也让日本背上了沉重的包袱。日本为这场战争动员了 108 万人，战争后期，人力资源已告枯竭，政府负债高达 17 亿日元。对于日本这样一个资本主义经济体系还不健全的国家来说，是无法长期应付这样大规模的战争的。奉天战役和日本海海战结束以后，战线的绵长、后勤补给的困难使日军已经无力再发起大规模进攻。日本迫切需要尽快结束这场战争。

二、谈判桌上的交锋

库罗帕特金关于日俄战争总结的最后部分指出，如果当时"未曾如此仓促地讲和，我军将会获得胜利的荣誉"①。他的理由很简单，俄国的物质力量、军队后备人数、人力资源都要强过日本，而日本此时已经是强弩之末。

可以说，库罗帕特金是只见其一，不见其二。事实上 1905 年的俄国同样需要结束这场战争。首先，俄国国内革命风起云涌，6 月 14 日，黑海舰队战舰"波将金"号（Potemkin）水兵发动起义，把 1905 年革命推向了最高潮。急于镇压革命的沙皇政府不可能再抽出军队去应付远东的战争。其次，工业仍然不发达的俄国和日本一样背着沉重的财政负担，庞大的军费支出压得俄国政府喘不过气来。最后，英、

①［俄］库罗帕特金著，中国社会科学院近代史研究所翻译室译：《俄国军队与对日战争》，第 288 页，商务印书馆 1980 年版。

◇ 美国总统西奥多·罗斯福

美等列强也不希望战争继续，美国的本意是让日本和俄国在远东互相削弱，使美国能加强自身在远东的影响，而如果日俄任何一方获得全面胜利，就会影响到美国的利益了。英国虽然把日本当作在远东对抗俄国的代表，但英国和法国在未来的对德作战中仍然需要借助俄国，因此也不想看见俄国的实力在远东消耗过多。更重要的是，任何一个列强都不希望看到俄国的革命取得胜利。所以，俄国也在日本迫切需要和平之时被迫停止了战争。

美国总统西奥多·罗斯福（Theodore Roosevelt，1858—1919）对于日俄谈判一事最为热心，他希望日俄双方在美国提出的条件下和谈，这对于美国最为有利。美国希望日本保证东三省“门户开放”，俄国则向日本割让一部分土地，并退出朝鲜，转让其在旅顺和东三省的利益。在日本占领旅顺以后，1905 年 2 月，罗斯福就向沙皇政府提出和谈建议，但当时俄国认为尚有一丝希望，拒绝了这一要求。

5 月，随着俄军丢失奉天，波罗的海舰队覆灭，俄国已经没有可胜之机。日本方面，无论是元老山县有朋，还是内阁中的要员，如陆军大臣寺内正毅、海军大臣山本权兵卫、外务大臣（简称外相）小村寿太郎等人，都认为必须尽快结束战争。谈判的时间终于到来了。外相小村寿太郎电令驻美公使高平小五郎，要求他和美国政府保持联系，并请之从中斡旋。

为了在谈判前抢到足够的筹码，同时逼迫俄国接受条件，日本在罗斯福的建议下，再一次发起一场军事冒险，由参谋次长长冈外史和满洲军参谋长儿玉源太郎联合策划了进攻库页岛的行动。

6 月 17 日，日本下令新设的独立第十三师团担任“桦太（库页岛）作战”的主力。在对马海战后，联合舰队也进行了重新编制，此次派遣第三、四舰队到达库页岛南端的亚庭湾（Aniva Bay）掩护第十三师团登陆。7 月 7 日，日军在海军的掩护下，顺利在库页岛南端登陆，该岛南部驻守的俄军很少，日军很轻松地就占领了库页

◇ 俄国财政大臣维特

岛南部。24日，日军又在北部登陆，俄国库页岛驻军司令于31日向日军投降，库页岛落入日本之手。

一切准备就绪后，6月30日，日本派外相小村寿太郎为全权代表赴美和谈。而俄国方面，谁也不愿意担起这个责任，因为在和谈过程中很可能会损害沙皇政府的威信，一番推诿之后，最终前财政大臣维特接受了这个艰难的任务。双方代表在8月8日抵达了美国朴次茅斯。

8月10日，双方在朴次茅斯海军造船厂召开了第一次正式会议，日本首先向俄国提出了12项谈判条件：

1. 俄国承认日本在朝特殊利益，不得干涉。

2. 俄国在规定期限内撤出满洲的军队，在该地一切利益如有“侵犯中国主权或妨碍机会平等者”均应放弃之。

3. 如中国保证“革新和改善行政”，日本可将除辽东半岛租借地外的满洲土地交还中国。

4. 日俄两国互承义务，不阻碍中国“为发展满洲工商业而采取的涉及列国的一切措施”。

5. 库页岛和附属岛屿以及所有国营企业和国有财产让给日本。

6. 旅顺、大连以及邻接水域的租借权和其租借权相关的权益、财产、企业让与日本。

7. 哈尔滨到旅顺口之间的铁路及支线，包括一切权益、特权和财产以及属于铁路或铁路经营的煤矿，均不附带任何要求和债务转让与日本。

8. 俄国根据铁路建筑权保留和经营横贯满洲之铁路，但仅可用于工商业目的。

9. 赔偿日本实际战费。

10. 在中立港扣留的俄国舰只应作为合法之战利品交与日本。

◇ 日俄在朴次茅斯的会谈

11. 俄国限制在远东的海军力量。

12. 俄国允许日本居民在日本海、鄂霍次克海、白令海的俄国领土沿岸和港湾河川有“充分”的捕鱼权。①

俄国代表团认为，第5、9、10、11诸条不能接受，其他条款可以同意。沙皇的态度则更为强硬，他认为第7、8两条的部分内容也是不可接受的。8月12日，俄国代表团答复日方，表示俄国有保留地接受日本的条件。

为了防范沙俄，日本又和英国在8月12日签订了第二次日英同盟条约，规定两国联合维持东亚和印度的和平，维护双方在东亚和印度的特殊利益，一旦一方受到第三国的“侵略”或攻击，另一方应立即援助同盟国，全力作战。通过这项条约，英国在印度一线与俄国竞争时可获得日本的支持，日本则换取了英国对其在朝特权的承认，并防范俄国可能发起的报复性战争。

维特是个精明人，在外交上是老手了。他采取的办法就是把日本人的要求捅给美国的新闻界，在美国社会广泛获取同情。他还在美国各界上下活动，争取支持。8月14日，他接见了来自纽约的美国银行团，因为这些人“对当地舆论有举足轻重的影响，拥有庞大资本，在金融方面一向支持日本政府”。所以，维特的这次持续一晚上的会面会“对当地舆论发生重大影响，而且，无论如何一定会使日本人惊惶”。②

维特的活动果然收到良好的效果，双方在15日和16日分别就旅顺、大连租借地和中东铁路问题达成了协议。维特拒绝了日本有关赔款和割让库页岛的要求，并暗示谈判可能因这些方面破裂。在舆论上处于下风的日本代表团不得不提出折

①[苏]鲍·亚·罗曼诺夫著：《日俄战争外交史纲》，第767—768页，上海人民出版社1976年版。
②[苏]鲍·亚·罗曼诺夫著：《日俄战争外交史纲》，第774页，上海人民出版社1976年版。

中方案，要求得到库页岛南部，北方则由俄国付款赎回，但这一要求仍然被维特拒绝。

双方僵持不下时，罗斯福介入了，他一方面向沙皇施加压力，要求其让步，同意割让库页岛，另一方面要求日本放弃赔款的要求。8月29日，日本和俄国终于达成协议，日本放弃赔款要求，俄国则同意以北纬50度线为界割让南库页岛。9月5日，双方签订了《朴次茅斯和约》，大致有以下条款：

1. 俄国承认日本在朝鲜的特殊权益；
2. 日俄两国军队除铁道警备部队以外从中国东北撤出；
3. 俄国将北纬50度以南的库页岛割让给日本；
4. 俄国将旅顺到长春之间的南满铁路及其支线、附属煤矿以及其他相关权益转让给日本；
5. 俄国将旅顺、大连租借地及其相关权益转让给日本；
6. 日本获得俄国远东沿海的渔业权。

◇ 朴次茅斯会谈中日美俄三方代表合影

10 月 14 日，日俄两国认可了这份分赃协定，这场长达一年的帝国主义战争终于落下了帷幕。

三、大战之后

日俄战争在军事史上具有划时代的意义，就陆战而言，它是后来一战中散兵线战壕式作战方式的范本，掩体和机枪构建的防御阵地、对敌火力优势、各兵种配合等方面都被证明是后来战争中最为重要的环节。日俄海战也开辟了一个时代，巨舰大炮成为海战的主流装备。战后，英国、德国等国进一步发展出了更为重视装甲和火力的无畏舰。同时，潜艇、水雷封锁、巡洋舰袭击海上交通线等作战方式也初步得到了证明。日俄战争也是一场前所未有的残酷战争，双方投入的兵力、死伤人数都远胜以往，这也意味着在现代化的杀人武器出现以后，战争机器的效率变得更高也更加恐怖。

当日俄两国代表团在美国磋商之际，和谈的内容也不断通过新闻媒介传回日本国内。当知道无法获得赔款时，日本国内立刻因此发生了一场骚动。

日俄战争爆发前，除了幸德秋水等社会主义派和内村鉴三等持基督教和平主义思想的人士外，日本社会舆论中鲜有反战的呼声。政府和军方与日本国内的财阀企业相互配合，希望能在战争中谋取利益。但这场战争耗资之巨大却远远出乎许多人的预料，因此他们指望从俄国的赔款中获得补偿。一旦获知无法获得赔款，原本就脆弱的日本资本主义经济立刻出现波动，股票暴跌、物价飞涨，尤其是歉收引起的米价飞涨使日本的社会变得更不安定。新闻界也在互相竞争，一些媒体大肆攻击站在政府一方支持议和的《国民新闻》，加上右翼势力的煽动，激化了社会矛盾。9 月 5 日，就在《朴次茅斯和约》签订的当天，东京

◇ 担任朝鲜“统监”的伊藤博文

日比谷公园聚集了大批民众，集会很快演变为骚动，内务大臣官邸、《国民新闻》报社被袭击，同时警察派出所、基督教教堂和一些民房也被殃及。6日，内阁发布戒严令，对东京周围实施戒严，局势渐渐平静下来。经过这场骚动以后，主持议和的桂太郎内阁成为众矢之的，为避锋芒，桂太郎根据战时与政友会达成的秘密协议，于12月21日辞职，政友会总裁西园寺公望于明治三十九年（1906）1月7日组阁。从这一次秘密授受开始，到大正二年（1913）2月“大正政变”为止，日本首相一直是由代表山县系军阀势力的桂太郎和代表伊藤系官僚势力的西园寺公望两人交替担任，这一时代也因此被后人称为“桂园时代”。

◇ 西园寺公望（1849—1940），1906年任首相，在明治最后的时期和大正初期的1901—1913年之间，由代表政党的西园寺公望和代表军部的桂太郎轮流出任首相，史称“桂园时代”

在《朴次茅斯和约》和第二次日英同盟协定中，俄国和英国承认了日本在朝鲜（当时朝鲜的国名为“大韩帝国”）的特殊权益，这为日本在战后吞并朝鲜扫除了障碍。早在战时，1904年8月，日本驻朝公使林权助就和朝鲜政府签订了《第一次日韩协约》，规定朝鲜政府的财务和外交顾问由日本任命，朝鲜政府的外交事务必须咨询日本。战争结束后，日本首相桂太郎在1905年7月访问菲律宾时，又和时任美国陆军部长的威廉·塔夫脱（William Howard Taft，1857—1930）签署了《桂—塔夫脱协议》，日本通过承认美国在菲律宾的特殊权益，换取美国承认日本在朝鲜的特殊权益。1905年11月17日，日本特使伊藤博文和驻朝公使林权助又炮制了一份《韩国保护条约》（也叫《乙巳保护条约》《第二次日韩协约》），设立一名朝鲜“统监”，夺取了朝鲜的外交权力，朝鲜自此沦为日本的保护国。伊藤博文于当年11月被任命为第一任“统监”并在次年3月正式上任。1907年6月，在荷兰海牙召开了第二届国际和平会议，高宗派李儁为密使前往海牙，向与会国呼吁，要求宣布保护条约无效。但列强已经承认了朝鲜为日本的保护国，所以拒绝朝鲜代表参与会议，李儁愤而殉国。7月18日，伊藤博文借这一事件要求高宗退位，将“大韩帝国”皇位交给王子李坧。24日，朝鲜的李完用内阁又和日本订立了《第三次日韩协约》，规定朝鲜政府接受“统监”的指导，制定法令和决定重要施政问题时须经“统监”同意，朝鲜政府任命高级官吏须经“统监”批准，“统监”有权推荐日本人为官吏。日本借此进一步获得了朝鲜的行政司法权力。1910年8月22日，朝鲜第二任“统监”寺内正毅与李完用签署了《日韩合并条约》，条约中规定：“大韩帝国皇帝”将“韩国全部相关的统治权完全而且永久地”让给日本天皇。朝鲜半岛彻底成为日本的殖民地。

日俄战争的主战场是中国东北，在《朴次茅斯和约》中，日俄达成了在东北分割势力范围的协议。1905年12月22日，日本又通过与清政府订立的《中日会议东三省事宜条约》迫使清政府承认了日本在《朴次茅斯和约》中所获得的权益。获得中国东北南部后，日本却没有按英美当初预想的那样，“开放”东北的“门户”，可见日本并不想和英美分享其在南满获得的经济利益。日本和美国之间的矛盾因此开始激化。美国出于战略考虑，希望削弱日本在远东的影响力，同时拆散英日同盟，这个战略意图最终在一战后的巴黎和会得以实现。

日俄战争又是一场黄种人击败欧洲强国的战争，日本的胜利从一定程度上来说是对欧美优越论重重的一击。这场战争在客观上起到了鼓舞亚洲民族解放运动的作用，对中国辛亥革命的影响巨大。战前，俄国侵略东北，资产阶级革命派发起了抗俄运动，其中的不少人与日本来华的大陆浪人宫崎寅藏等人有着密切的联系。日本明治维新以后走向强国的道路也成为中国革命者效仿的对象。1905年8月20日，孙中山在日本东京成立了中国同盟会，日本东京成为辛亥革命的基地。

经历了甲午战争、义和团运动和日俄战争以后，日本终于成为公认的列强之一。在摆脱了民族危机，实现民族自强以后，日本也走上了对外扩张的道路。明治时代半个世纪的历史只不过是短短一瞬间，却决定了日本在整个20世纪的发展轨迹，也影响了整个20世纪远东和亚太地区的历史发展。可以说：没有明治维新，就没有今天的日本。

尾声　总结与反思

明治维新时代究竟何时开始，又何时结束？历来诸说纷纭。就开始时间而言，狭义的明治维新时代自然要从 1868 年明治政府改元开始算起，也可以从当年德川幕府“奉还大政”，明治政府正式建立开始算起。但一般研究明治维新时，往往会追溯到嘉永六年（1853）的“黑船来航”甚至更早的天保改革。因为明治时代的一切都是建立在江户时代，特别是幕末的历史发展基础之上的。笔者也认为，幕末的一系列变革，实际上应该算是明治维新的一部分。至于结束的时间，说法也颇多。关键问题在于，明治维新结束的标志是什么？有人把它定为明治四年（1871）废藩置县的完成，因为这标志着幕府政治体系的完结；有人把它定为明治十年（1877）的西南战争结束，因为这标志着旧武士势力的完全崩溃；也有人把它定为明治二十二年（1889）的宪法颁布，因为这标志着君主立宪体系的正式确立。而笔者比较赞同以明治三十年（1897）“条约改正”完成为明治维新结束的标志，因为明治政府所有的努力都是围绕这一目标进行的，这一目标的实现也意味着日本摆脱了半殖民地化，走上了独立自主的发展道路。而本书和诺曼·赫伯特的《日本维新史》一样，选择了日俄战争作为结尾，理由也和诺曼·赫伯特一样：

> 《朴次茅斯和约》是日本跻身于大国之列的标志。……这同一个国家在仅不过半个世纪之前还苦于对封建嫉视的派系斗争，物质财富甚为缺乏，并且受着西方列强炮舰的威胁，甚至于攻打。这种急遽的变化为日本赢得了世界各国尤其是亚洲各国的由衷的赞叹。①

可以说，日俄战争完全展现了明治维新的成果。所以叙述日本维新史，必须

①［加］诺曼·赫伯特著，姚曾廙译：《日本维新史》，第 183 页，吉林出版有限责任公司 2008 年版。

从江户时代开始，一直谈到1905年前后，这样才能对日本维新史有个全景式的扫描。正是这50余年的历史，见证了日本从一个半殖民地国家转变为强国的过程，其中，前40余年（1853—1897）是维新的过程，而从甲午战争开始到日俄战争结束这10年是维新的成果展示阶段。

也如诺曼·赫伯特所说，日本在半个世纪内从一个几乎沦为半殖民地的封建国家变成一个亚洲强国，这似乎是一种“超出历史和自然规律的奇迹”，但又“确乎不是奇迹，而是极度复杂的，迄今仅部分探明因而尚须进一步分析解释的种种现象的结果”。那么究竟是哪些原因造就了日本的“奇迹”？我们在充分了解这一段历史以后，应该能做出一个回答。

一、幕末时代概述

幕末时代是明治维新的前提和基础，对这一时代的研究是解决明治维新许多重大问题的钥匙。

就如人们所看到的，幕末时代是一个混乱的时代。各种各样的人物登上政治舞台，他们的政治见解随时可能发生改变。今天拥护幕府的人明天会转而拥护朝廷，今天主张尊王攘夷的人明天可能会主张开国。这种混乱现象其实是有规律可循的。一方面，随着历史的推进，一些有识之士不断地对他们的政治理念进行调整，以适应时代的发展。另一方面，就如日本史学家坂本太郎所说的：

> 坦率说来，幕末的历史，不过是令人作呕的阴谋诡计的累计，是以牙还牙的复仇的反复，而最后又用武力来解决一切，充分暴露了卑鄙无耻的人性的历史。当然，他们在表面上所标榜的，都很冠冕堂皇，但那不过是外表上的乔装打扮，实际上只是用来维护自己和自己所属集团的利益，打倒敌对的势力和集团的手段而已。①

从“利益”这个角度去看朝廷和幕府之间、外藩和幕府之间、尊攘派和开国派之间、下层武士与上层武士之间的种种博弈和钩心斗角，就能够理清脉络，所有政治派系的主张、动向、变化都可以用“利益”两个字来分析。

①[日]坂本太郎著，汪向荣、武寅、韩铁英译：《日本史》，第333页，中国社会科学出版社2008年版。

首先一个问题是，为什么幕府不能成为带领日本走向近代化的核心呢？升味准之辅有一个很有意思的假设：

> 在柏利（引者按：即佩里）来说，他在日本碰到的是崩溃时期的幕藩体制，这是偶然。而在幕府来说，如果柏利在1800年来到日本，则幕府也许利用这个机会集中权力，使自己成为推进西洋化的权力。但在19世纪50年代，幕府已经没有对外压应战以期强化自己的能力。而如果外压再晚来一些时候，幕府也可能在这段期间苟延残喘下去。幕藩体制虽已现出崩溃的征兆，但还没有陷入崩溃的危机。①

当然，历史是没有如果的，1853年佩里舰队到达日本时，江户幕府的天保改革刚刚失败，幕府的政治经济体系受到商品经济的不断冲击，处于积重难返的境地。可以说，解决问题的唯一出路就是对幕藩体系做一个最根本的改变，彻底打破原有的政治经济模式，以适应商品经济发展的需要。当然，这一条路是幕府无论如何也不愿意走的。因为破坏幕藩体系，就意味着幕府的最终崩溃。

应该注意的是，幕末时代，朝廷在西洋化这条路上是远远落后于幕府的，孝明天皇并不是一个锐意进取的君主，他对破坏幕藩体系没有任何兴趣。所以，这一任务就落到了西南强藩和对幕府不满的中下级武士肩上。俗话说，有破有立，朝廷在幕末时代的作用，就是通过自身和幕府形成的两元体制，为这种“破坏”提供一种“立”的可能。

幕府从本身的利益出发，不能实践“破”的任务，因此，不论幕府如何西洋化，都逃不出“东洋道德、西洋艺术”的范畴。但佩里来航前后，这种破坏力量已经潜伏在日本国内，那就是通过藩政改革实力大长的西南强藩，获得了足够与幕府抗衡的力量。它们也因为历史的原因和自身的利益站到了幕府的对立面。而开国的过程将这一沉寂的因素激活，使幕藩之间、幕朝之间的矛盾尖锐化，最终促成了日本政局的变革。

当然，明治维新并不是对江户时代的完全否定，江户时代至少有三个方面的

---

①［日］升味准之辅著，董果良译：《日本政治史》（一），第41页，商务印书馆1997年版。

因素是明治维新赖以成功的基础：

1. 幕府时代官方的学校和民间的私塾与寺子屋提高了识字率。教育的发达是日本"文明进化之始基"[①]。在教育普及的前提下，才出现了兰学这样有一定影响力的西洋学问。这些是幕府留给明治时代的精神财富。

2. 幕府在开国以后，为了维系自己的统治，在"东洋道德、西洋艺术"指导方针下建设了一批基础设施和工业企业。而各藩为解决财政问题，同时也为了在乱世中获取一席之地，也引进了不少西方的先进科技，建设了一批工业企业。这些都是留给明治时代的物质财富。

3. 幕府在工业、行政、陆军、海军、外交等各个领域培养了一批人才，如胜海舟、榎本武扬、涩泽荣一、大鸟圭介等人，都在后来的明治政府中发挥了重要作用。而各藩也在这一时期涌现出了一批人才，包括伊藤博文、井上馨、桂太郎、东乡平八郎等，后来都成为明治政府中的中流砥柱。这是幕府时代留给明治政府最大的宝库。

二、攘夷与开国

攘夷论和开国论两种观点的斗争是幕末时代的主旋律。这两条路线的最初交锋在佩里来航前就已经出现，1858年的安政条约和将军继承问题则把这一对矛盾的斗争推向了高潮。而此后出现的安政大狱和樱田门外事变，又使这一对矛盾的斗争迅速地向社会各阶层蔓延。我们在前面已经论述过：对于攘夷和开国的问题，不能一概而论。攘夷固然受到一种爱国精神的驱动，但也要分清途径，类似于故步自封甚至于盲目排外的攘夷，对于国家的害处其实大于益处。而开国方式有主动与被动两种，被动的开国，对于外国的东西照单全收，只能导致主权沦丧的结果，进而丢失掉传统文化的精髓。

明治政府的主政者们都经历了幕末时代，特别是萨摩和长州两藩的杰出人物与西方社会有着密切的接触。像木户孝允、伊藤博文等人一度持坚定的攘夷论，但他们很快在西方人的炮火下意识到一味地攘夷将毫无出路，所以他们立刻转向了持开国论。明治政府建立以后，就把"条约改正"作为一项首要任务来做。修

①［日］浮田和民：《民间教育事业》，载大隈重信编：《日本开国五十年史》，第524页，上海社会科学院出版社2007年影印版。

正不平等条约，摆脱半殖民地地位，这当然是一种攘夷，这种攘夷通过二十多年的殖产兴业、富国强兵和文明开化政策的实施，最终实现了。

可以说：攘夷是明治政府坚定开国的原动力，而开国则是以攘夷为最终目的的。

三、明治政府的建立

明治政府的建立是一系列因素促成的结果。首先，传统的封建制度已经到了弥留状态，完全不适应时代的进步。其次，西方列强的侵入激发了原本潜伏的破坏因子，使封建制度的崩溃加速。最后，19 世纪中后期的国际形势为日本的变革造就了有利的因素。

首先讲第一点。原本的攘夷和开国之争，到 19 世纪 60 年代末就演变成了佐幕和倒幕之争，基本上是一个国内问题。各种政治势力往往从自身的利益出发来选择立场，萨长两藩要求推翻幕府，自然是为了夺取政治发言权，而幕府最终选择了大政奉还争取主动，萨长两藩则对应地采取王政复古的政变。从中我们可以看到“利”这个字是推进一系列变动的原动力。

其次，西方列强的入侵至少造成了两个结果：一个是日本中下层武士和农民由于开国带来的商品经济的冲击而陷入困境，最终站到了倒幕一方，这使倒幕势力获得了和幕府相匹敌的力量。另一个是幕府的控制力涣散，朝廷和强藩因此获得了政治发言权。

最后，19 世纪 60—70 年代，在明治政府建立到最终完成废藩置县这一段时间内，国际形势对于日本的自我变革极为有利：中国大陆发生了第二次鸦片战争和太平天国运动，忙于侵略中国和镇压中国革命的西方列强对于日本这个资源相对贫乏的岛国无暇顾及；英国正为爱尔兰问题头疼不已；美国则在 1861—1865 年爆发了南北战争，接着就忙于南方重建；法国在墨西哥、阿尔及利亚、越南等地四处伸手，最终在 1871 年的普法战争中战败；俄国早在 1854—1858 年的克里米亚战争中就遭受重创，把重心放在了巴尔干、阿富汗、伊朗等地；德国和意大利等后起之秀正忙于统一事业。所以，日本在相对没有干扰的情况下，顺利走出了明治维新的第一步。

明治政府推行的版籍奉还、建立御亲兵和废藩置县，从本质上来说是为了实现中央集权，却在客观上起到了推翻封建制度的作用。这三大政策是在萨长两藩合作的机制下才得以推行的，相应地，萨长两藩的主要人物就在明治政府中占据了主导权。而且随着中央集权的不断完善，这种主导权越来越明显。

明治元年（1868）到明治十年（1877）的西南战争时期是一个过渡时期，这一时期政局的关键就在于大久保利通、木户孝允、西乡隆盛三人的合作与分歧。他们三人可以说分别代表了萨摩阀、长州阀和士族阶层的利益。三人的性格特点不尽相同：大久保利通沉默寡言，善于忍耐；木户孝允正好与之相反，他雄辩滔滔，才气横溢，却性格洒脱，风雅好动；西乡隆盛则好勇尚侠，不拘小节。这样三个出身、经历、性格完全不同的人物成为决定明治政府方向的舵手，对于明治政府而言是一种幸运，亦是一种不幸。

三杰之中首先被排除出政坛中心的是西乡，因为西乡代表的士族阶层和木户、大久保等官僚阶层不同，他们有激情，有冒险精神，所以才会迫不及待地主张通过对外扩张来解决国内问题。而大久保等官僚则持相对保守但务实的态度，主张先富国强兵，后对外扩张，这也是他们参加岩仓使节团亲身感受西方文明以后做出的正确抉择。

木户的功绩在于他确定了明治政府的施政纲领，但他和大久保的政治理念、性格特点完全不同，最终导致了他和大久保的分裂。

大久保则是这一时代明治政府的真正核心。他一手确立了中央集权的绝对主义统治。因为就当时的日本而言，要以最快的速度吸收西方的一切成果，最好的办法莫过于实行政府主导的自上而下的变革，因此正需要一个高度集权的强有力的政府，这就是大久保留给后人的遗产。不过这份遗产是一把双刃剑，集权固然能为改革提供很多的便利，但也因为藩阀的专制而遭人诟病。当改革取得成效以后，这种弊端越来越明显。

西南战争的爆发标志着三杰体制的结束，但三杰已把明治政府的基本架构、发展方向、施政原则确立下来，为后来日本的进一步改革奠定了基础。

四、明治时代工业化的启示

明治政府如何进行工业化？为什么采取这样的方式？这是我们要探讨的两个重要问题。

明治政府的工业化过程是先由政府示范，再走财阀主导的过程。这同明治时代所处的时间段以及日本本国的国情有关系。19世纪中后期，英国、法国、美国等资本主义国家先后完成了第一次工业革命，紧接着开始第二次工业革命。他们的工业化经验让日本完全可以“坐享其成”。但日本进行工业化仍然有着很大的风险。首先，国际市场几乎已被列强分割完毕，国内市场也面临列强的挑战。其次，日本作为一个岛国，资源贫乏，资金不足。这些都是制约日本工业化的因素。所以，只有政府主导才能把这些风险降到最低。政府在初步取得成果以后，又必须把这些成果交给值得信任而又有能力继续经营的人，与政府关系密切且实力雄厚的财阀就成为最好的选择。这就是所谓的“工业化过程上的后人一步，加速了托拉斯化的倾向，加速了独占的倾向”①。

最值得注意的是日本在工业化过程中处理农业问题的经验教训。农业是人类社会中最早出现的产业。在进行早期工业化的时候，必然要牺牲一部分农业利益。因为在一个农业化的国家中，发展工业的资金、劳动力、原材料只能从农业上获得。英国工业革命前的“圈地运动”如是，苏联工业化前的“农村集体化”也如是。日本在工业化之前是一个农村人口占80%以上的农业国，政府要殖产兴业，所需要的资金就必须通过农业税收去筹措，所以，政府不得不将幕末时代的地租以法律的形式固定下来。因为这种做法牺牲了不少农民的利益，所以在明治初期因此引发了频繁的一揆也就不足为奇了。许多人认为农民发动一揆是为了反对改革中的封建残余，于是就把批评的矛头对准明治政府，认为这是明治维新改革不彻底、政府保守的表现。殊不知任何一种改革都要历经一个循序渐进的过程，这种“残余”在一定时期内是必需的，是一种无奈的选择。当然，明治政府在这方面没有足够的经验，所以处理某些问题的时候有失妥当，进而激化了农村的矛盾，这才引起了严重的后果。

当然，明治政府的另一问题是在过多牺牲农民利益使工业化取得一定成效以后，没有及时调整政策，没有给予农民一定程度的补偿。因为此时明治政府已走上了对外扩张的道路，同样需要大笔的资金。明治政府将农民和农村经济当作赖以扩军的一头“血牛”，这才是明治政府保守的表现。

明治政府的工业化进程对今天仍有着借鉴意义：在初期工业化时，一定要注

①[加]诺曼·赫伯特著，姚曾廙译：《日本维新史》，第184页，吉林出版有限责任公司2008年版。

意处理好“三农”问题。农业是第一产业，是国民经济的基础。在工业化的进程中，必然要求农业为工业让步，要求农村为城市提供资金、粮食、富余劳动力，做出一定的牺牲。但如果对这种牺牲处置不当，很容易造成社会的不稳定，进而威胁到改革的全局。

五、明治时代的政治环境及其影响

西南战争结束以后，日本兴起了自由民权运动。这一运动实质上是在明治时代最初十年中被排除出中央的政治势力要求与萨长藩阀分享政权甚至争夺政治主导权的一次政治斗争。自由民权派中的许多人把他们的论点阐释得冠冕堂皇，但当他们获得政权以后，他们的施政形式和纲领其实和萨长藩阀别无二致。所以才会有后来的自由党加入政友会这样的情况出现。自由民权运动的客观成果就是在民众中普及了自由民权思想，并推动了内阁制度和宪法的诞生。应该注意的是，建立内阁制度和制定宪法其实是一种换汤不换药的做法，明治政府的政治理念、政局架构不但没有改变，而且还通过宪法的形式固定下来了。

这种藩阀主导的政局发展到内阁制度建立以后，就出现了所谓的“元老政治”。在明治时代，决定政府首相人选的并不是选民手中的选票，而是伊藤博文、山县有朋、松方正义、黑田清隆、井上馨这群元老。他们可以互相推选其中的一人组阁，也可以挑选适当的人选出面。每一次组阁，无非是各大元老所代表的派系之间达成的妥协结果。这也在日本政坛形成了重资历的传统。比如在1919年一战结束后召开的巴黎和会中，日本派出的代表并不是时任首相和政友会总裁的原敬，而是身为元老的西园寺公望。有人认为这说明日本对巴黎和会不甚热心，这种认识其实是对日本当时政坛的无知所导致的误解。西园寺公望在当时作为“最后一名元老”，同时也是执政党政友会的前任总裁，在政坛的影响力和决断力要高于作为首相的原敬。日本派他去参加和会，恰恰说明日本重视巴黎和会，希望在和会中获得想要的利益。这种遗风至今仍存，日本政坛上的自由民主党内就是派系林立，每一派都以一名资格较老的政治家（往往是前首相）为首，首相人选往往必须经过各大派系的认可才能产生，首相也必须尊重党内前辈的意见。不仅如此，日本政坛这种独特的文化还影响到了亚洲邻国。如民国时期，蒋介石虽为首脑，在许多事务上还必须征求国民党元老林森等人的意见。

明治时代频繁发生的政治暗杀亦令人瞩目，这种做法可以追溯到幕末时代的天诛，这种从肉体上彻底消灭政敌的办法被证明是行之有效的，而且能制造一种恐怖气氛，震慑对手。所以，许多人乐此不疲地采用这种方式。仅在明治时代，岩仓具视、大久保利通、大隈重信、板垣退助、伊藤博文等有影响的政治人物都遭遇过暗杀，甚至因此丧生。可以说政治暗杀贯穿了整个日本近代史，从第一任首相伊藤博文开始，到 1945 年二战结束，担任过首相并被刺杀身亡的有伊藤博文、高桥是清、犬养毅、滨口雄幸等人。

明治政府走上对外扩张道路并不是偶然的。从经济上讲，日本工业化的进程决定了它要寻求扩张的途径。因为日本在进行地租改正以后，并没有从中获取工业化所需要的劳动力和市场。地租改正中破产的农民并不像英国“圈地运动”后的破产农民一样拥进城市寻找生计，而是大多转化为佃农和半佃农，继续固定在土地上。农民的贫困和资源的贫乏也意味着国内的市场和原材料有限。于是政府就通过对外扩张来寻找劳动力、市场和原材料。从政治上讲，军部在日本政坛上逐渐占据主导权，决定了日本必然采取具有侵略性的外交政策，这是日本明治时代历史发展的必然结果。首先，主导明治维新的阶层是中下层的武士，他们是当初的军事阶层；其次，明治政府的任务是摆脱半殖民地状态，这意味着必须将军事工业和发展军备放在政策的核心位置；最后，明治政府移植了德国式的政治体系，也把德国式的军国主义体系移植了过来。以上因素促使明治政府很快走上了对外扩张的道路。从国际局势讲，当时强国的标志是占有殖民地，日本在潜意识中也受到这种思维的影响，所以才会迫切希望在扩张道路上证明自己。

六、明治维新与洋务运动之比较

将明治维新与中国近代史上的两次改革——洋务运动和戊戌变法做比较，判别得失，是史学界非常热衷的一件事。本书开头也提出了这样一个问题：为什么日本的革新能成功而中国却遭失败？通观日本维新的历史以后，再回过头来审视两个国家近代变革的走向，可以得出一些很有意思的结论。

洋务运动是在“中学为体、西学为用”的指导思想下进行的，可以说是中国近代的第一次工业化尝试，它和幕府时期以“东洋道德、西洋艺术”为纲进行的变革颇为相似，其失败的原因也就可想而知。

首先，洋务运动跳不出“改革器物”的范畴，它不会去触动清朝原本的政治架构。相比日本人，中国人的文化优越感更为强烈。日本在历史上曾有一段时间学习中国文化，并将之消化吸收，创造出有自己民族特色的文化。但日本人在被西方列强的坚船利炮欺凌后，立刻转向学习西方。相反，中国在鸦片战争后相当长一段时间内，仍然自我保持着“天朝大国”的优越感。洋务派虽然承认西方科技的发达，但认为中国的制度、文化都比西方优越，仅仅在“器物”的层面上运作，而不去考量西方成功的真正秘诀，可以说是“金玉其外，败絮其中”。甲午战争清朝之败，就是败在制度的腐朽上。

其次，洋务运动推行的工业化没有竞争力。企业是否有活力，关键不在于是否受到庇护，而在于是否参与竞争。洋务运动中的官办或官督商办的企业和日本的财阀有异曲同工之妙，都由政府扶植，但日本明治政府在企业经营的理念上与洋务派官僚完全不同。以三菱为例，日本政府给予三菱种种便利，帮助它和美国公司竞争，获取海上航运的垄断地位；而洋务派创办企业的目的就是为政府服务，所办企业更像是政府的一个机构，既不以营利为目的，又不敢和欧美进行正式的商业竞争，内部经营也无视工商业发展的一般规律。这样的工业化在活力上就很难与日本相比了。

最后，洋务运动缺乏类似于日本那样的专门人才，也缺乏重视专业人才的用人眼光和制度。日本在幕府时期通过兰学熏陶培养了一大批熟悉西方科学技术的人才，而中国却在这方面占据劣势，原因很简单，有一个能让人“朝为田舍郎，暮登天子堂”的科举制度存在，便很少有人能潜下心来研究与仕途完全无关的西洋学问。在中国，像魏源这样的学者如凤毛麟角，正是因为经历千年以后已近腐朽的科举制度的存在。即使有这样的专业人才，晚清的中国官场也缺乏用人的眼光和制度。从甲午战争中中日海军的将领就可以看出差距，日本联合舰队司令伊东祐亨是海军科班出身，而李鸿章却把指挥海军作战的技术重任交给陆军将领出身的丁汝昌，仅仅是因为丁汝昌在淮军中有足够的资历。对于丁汝昌个人的节操，我们给予肯定，但北洋海军的用人制度的确为人所诟病。

七、明治维新与戊戌变法之比较

戊戌变法是甲午战争以后发起的一场救亡运动，在这场运动中，康有为等知识分子提出了学习日本明治维新的口号，康有为还写了一本《日本变政考》供光绪皇帝参考。那么这场以日本维新为师的政治变革为什么不能收到像日本那样的效果呢？这是很值得深思的一个问题。

首先，康有为等人究竟是否了解明治维新，这是一个关键问题。既然以日本为师，自然要对明治维新的前因后果有个大致的了解。但我们从康有为的《日本变政考》中可以看到，康有为不但未将明治维新的过程进行科学而客观的总结，还根据自己的需要篡改史料和史实。连师傅的情况都没摸清楚，自然无从总结其经验教训。所以康有为等人提出的一些观点不免流于表面，不能针对中国的实际情况对症下药。

其次，中国与日本的客观环境不同。日本是一个小国，在19世纪的世界体系中，西方列强并没有将日本作为主要的殖民对象，而日本进行明治维新的时间段也较为适合，客观环境决定了日本能在少受干扰的情况下完成维新。而中国是一个幅员辽阔、物产丰富的大国，也是一个弱国，自然是列强觊觎的对象，中国遭遇的改革干扰要远远大于日本。

最后，中国与日本的主观环境不同。历来，史学界在比较中日改革成败时，认为日本的幕府朝廷两元体系是日本改革成功的因素，中国浑然一体的君主专制制度使中国社会缺乏一种能推翻传统结构的力量。这一观点忽视了一个问题，就是日本明治维新的政治前提，即明治初年加强中央集权的一系列措施，恰恰就是这些措施使政府能从容地去推行殖产兴业、富国强兵等政策。而中国的缺陷，并不在于权力过于集中，而在于过于分散。太平天国运动打散了清政府对地方的控制力，地方上出现了独据一方的军阀，如曾国藩的湘系、李鸿章的淮系、左宗棠的楚系等。表面上君主专制像是铁板一块，关于这一点，国外学者也有论述：

> 洋务运动有个根本的弱点，即北洋舰队不是中央集权化的成果，而是权力分散化的成果。洋务运动在权力分散化之中进行，又促进了权力分散化。①

在这样的情况下，中央的政令得不到地方的支持就无法顺利推行。所以戊戌变法政令一下，只有少数几个省响应，大多数省或者拒绝实行，或者阳奉阴违。

①［日］升味准之辅著，董果良译：《日本政治史》（二），第289—290页，商务印书馆1997年版。

其中固然有慈禧太后等保守派的破坏，地方的分散化亦是一个重要原因。

再来看，戊戌变法的领导者究竟能不能担负起领导变法的责任？一个合格的改革领导者应该具备什么样的素质？从明治维新的经验来看，至少需要具备以下两种素质：其一，领导改革的才能，也就是有丰富的学识、敏锐的观察力、接受新事物的能力，对本国情况有充分了解等；其二，政治的才干，也就是在政坛上立足的能力。就这两点而言，大久保利通和伊藤博文是最为典型的例子，在其他国家，拿破仑、俾斯麦更是一流的表率。但康有为并不具备这些能力，就第一点而言，康有为的学识偏于功利，他的《孔子改制考》和《新学伪经考》中的观点都不为传统的学术界所接受。他只是把西方的政治学术和中国的传统儒家思想生硬地套用到一起，这说明他对西方、对中国都缺乏全局性的认识。另一方面，书生出身的康有为、梁启超等人在政治斗争中经验不足，完全不能和慈禧太后、荣禄、袁世凯那些政治老手相匹敌。马基雅维利曾经告诫："君主既然必须懂得善于运用野兽的办法，他就应当同时效法狐狸与狮子。由于狮子不能够防止自己落入陷阱，而狐狸则不能够抵御豺狼。因此，君主必须是一只狐狸以便认识陷阱，同时又必须是一头狮子，以便使豺狼惊骇。"① 我们可以指责马基雅维利主义的种种不是，但不可否认的是，任何改革都会遭遇保守势力的攻击，作为一名领导改革的政治家，如果自身没有抵御攻击的政治能力，他所领导的改革是不会成功的。戊戌政变的结局就充分证明了这一点。

八、武士道与明治维新

在本书的每一章开头，作者均引用《武士道》一书中的一段论述。武士道究竟在明治维新中起到了什么作用？我们认为：武士道是明治维新的精神支柱。在江户时代，武士是位于社会最上层的阶级，这个阶级不事生产，而以战争为唯一任务，所以他们对外患有更强的敏锐感，也可以从军人的角度出发来总结分析对抗外患的办法。如吉田松阴、高杉晋作、坂本龙马等人为建设一个全新的日本前赴后继，这说明武士道恰恰就是促成倒幕运动和维新变法的原动力。在维新变法的过程中，武士出身的改革家们从维护国家安危的角度出发，定下了"富国强兵"的策略，用中央集权的方式排除一切有碍于军事实力增长的势力。在改革遇见困

①［意］马基雅维利著，潘汉典译：《君主论》，第83—84页，商务印书馆1985年版。

难的时候，他们就通过战争来解决问题。所以当时的人总结说：

> 不拘是好是坏，推动我们的是纯而又纯的武士道，翻开现代日本的建设者佐久间象山、西乡隆盛、大久保利通、木户孝允的传记，还有伊藤博文、大隈重信、板垣退助等还活着的人物的回忆录来看一看——那么，大概就会知道他们的思想以及行动都是在武士道的刺激下进行的。①

武士道是把双刃剑，它带给日本明治维新的成功，也带给日本近代侵略扩张的旗帜，在整个日本维新史中，武士道是一种不可忽视的精神力量。

①[日]新渡户稻造著，张俊彦译：《武士道》，第96页，商务印书馆1993年版。

附录　大事年表

日本纪年	公历年	事件
嘉永六年	1853年	六月，佩里舰队第一次来航。 六月二十二日（7月27日），将军德川家庆死，德川家定继任。 七月十八日（8月22日），俄国使节普提雅廷来日。 十一月，萨摩岛津家将笃姬嫁与将军德川家定为正室。 十二月五日（1854年1月3日），普提雅廷再度来到长崎。
嘉永七年 安政元年（是年十一月改元安政）	1854年	一月十六日（2月13日），佩里舰队第二次来航。 三月三日（3月31日），《日美和亲条约》签订。 七月，幕府令浦贺奉行所建造的“凤凰丸”下水。 八月二十三日（10月14日），《日英和亲条约》签订。 十一月四日（12月23日），安政大地震发生，俄国普提雅廷舰队一艘船只在下田因此破损，幕府派人救助并协助修理，获得了俄国的造船技术。 十二月二十一日（1855年2月7日），《日俄和亲条约》签订。 是年，幕府取消造船禁令。 是年，吉田松阴试图攀上黑船赴美，失败后自首，被幕府逮捕拘禁。
安政二年	1855年	十月二日（11月11日），藤田东湖在地震中身亡。 是年，荷兰向幕府赠送“观光丸”，幕府设立长崎海军传习所。 是年，吉田松阴出狱，继承家族的“松下村塾”，开业授徒。
安政三年	1856年	七月，美国领事哈里斯抵达日本。 是年，幕府从荷兰购入“咸临丸”和“朝阳丸”两艘蒸汽船。
安政四年	1857年	十月，美国领事哈里斯抵达江户，觐见将军德川家定。 是年，幕府将“蛮书和解御用”发展成为“藩书调所”。
安政五年	1858年	四月，井伊直弼就任大老。 六月十九日(7月29日)，井伊直弼在未经“敕许”的情况下批准《日美修好通商条约》。 六月二十四日(8月3日)，德川齐昭等人登江户城抗议签约。次日，幕府立德川庆福为将军继承人。 七月五日（8月13日），“安政大狱”开始。 七月六日（8月14日），将军德川家定死。

日本纪年	公历年	事件
安政五年	1858 年	七月，日本与荷兰、英国、俄国签订修好通商条约。 七月十六日（8 月 24 日），萨摩藩岛津齐彬死。 八月八日（9 月 14 日），天皇发布《戊午密敕》。 九月，日本与法国签订修好通商条约。日本与美、英、法、俄、荷五国签订的条约合称为“安政五国条约”。 十一月十六日（12 月 20 日），西乡隆盛与月照在锦江湾赴水，月照牺牲，西乡获救。
安政六年	1859 年	十月七日（11 月 1 日），桥本左内被处死。 十月二十七日（11 月 21 日），吉田松阴被处死。
安政七年 万延元年（是年三月改元万延）	1860 年	三月三日（3 月 24 日），樱田门外之变，井伊直弼被杀。 八月十五日（9 月 29 日），德川齐昭死。 十二月四日（1861 年 1 月 14 日），美国总领事馆翻译霍斯肯遭遇袭击身亡。 是年，幕府发布“江户五品回送令”。 是年，朝廷同意将和宫下嫁给将军德川家茂。
万延二年 文久元年（是年二月改元文久）	1861 年	三月，长井雅乐进献“航海远略策”。 五月，长井雅乐进京就“航海远略策”和“公武合体”游说公卿，第一次东禅寺事件。 十一月，长州藩主毛利敬亲前往江户。 是年，和宫下嫁。 是年，“咸临丸”东渡美国，幕府派出遣欧使节团。 是年，俄国舰队侵占对马。
文久二年	1862 年	一月十五日（2 月 13 日），坂下门外之变，老中安藤信睦遭到袭击。 三月，萨摩藩岛津久光进京。 四月，土佐藩吉田东洋被杀。 四月二十三日（5 月 29 日），寺田屋事件。 五月，第二次东禅寺事件。 七月二十日（8 月 15 日），岛田左近为田中新兵卫所杀，“天诛”开始在京都流行开来。 八月二十一日（9 月 14 日），生麦事件。 闰八月，宇乡玄蕃头、猿之文吉等人遭到“天诛”。 九月，京都奉行所四名与力被“天诛”。 十一月，村山加寿江等人遭遇“天诛”。 十二月十二日（1863 年 1 月 31 日），高杉晋作等人策划品川御殿山英国公使馆烧讨事件。 是年，朝廷下达“三事策”，幕府开始“文久改革”，德川庆喜出任将军后见职，松平庆永出任政事总裁职，松平容保出任京都守护职。 是年，日本第一艘国产蒸汽船“千代田形丸”开始建造。 是年，幕府派出首批留学生赴欧。

日本纪年	公历年	事件
文久三年	1863年	一月，池内大学和贺川肇等人遭到“天诛”。 二月，清河八郎召集浪士组。 二月六日(3月24日)，长井雅乐被责令切腹，“航海远略策”失败。 二月二十二日（4月9日），足利三代木像枭首事件。 三月，将军德川家茂上京。孝明天皇行幸贺茂上社下社。 三月，新选组的前身——壬生浪士组组建。 四月十三日（5月30日），清河八郎被刺杀。 四月，孝明天皇行幸石清水八幡宫。 四月，长州藩井上馨、远藤谨助、山尾庸三、伊藤博文、井上胜、野村弥吉六人前往英国留学，十一月抵达伦敦。 五月十日（6月25日），幕府发布“攘夷令”。长州藩开始炮击外国船。 五月二十日(7月5日)，朔平门外之变，公卿姉小路公知被暗杀。 六月，美法海军炮打长州。 七月一日（8月14日），萨英战争爆发。 八月，下关教法寺事件。 八月，孝明天皇发布巡幸大和的诏书。 八月十五日（9月27日），天诛组之变。 八月十八日（9月30日），八月十八日政变。 九月，天诛组被镇压。 九月，新选组副长新见锦被责令切腹。 九月十六日（10月28日），新选组肃清芹泽鸭一派，确立近藤—土方体系。 十月，生野之变。 十月五日（11月15日），萨英达成协议。 十二月，朝廷组建“参预会议”。
文久四年 元治元年（是年二月改元元治）	1864年	三月，“参预会议”解体；德川庆喜出任禁里御守卫总督，京都建立“一会桑”体系。 三月二十七日（5月2日），天狗党之乱。 五月，幕府设立神户海军操练所。 六月五日（7月8日），池田屋事件。 七月十一日（8月12日），佐久间象山被暗杀。 七月十九日（8月20日），禁门之变；朝廷下达长州征伐令。 八月五日（9月5日），四国舰队炮击下关事件（下关战争）。 十月，伊东甲子太郎等人加入新选组。 十二月，天狗党被镇压。 十二月，第一次征长军解散。 十二月十五日(1865年1月12日)，高杉晋作发动“功山寺举兵”。
元治二年 庆应元年（是年四月改元庆应）	1865年	二月二十三日（3月20日），新选组山南敬助切腹。 五月，长州“俗论派”首脑椋梨藤太死，正义派取得长州政权；将军德川家茂抵达大坂准备征讨长州。 闰五月，英国公使巴夏礼抵达日本就职；土佐勤王党的武市半平太被责令切腹。 九月，五国公使在大坂要求开港；幕府获得征伐长州的敕命。 十月，孝明天皇敕准条约。 十一月，幕府开始建设横须贺制铁所。 是年，坂本龙马组织“龟山社中”。

日本纪年	公历年	事件
庆应二年	1866 年	一月二十一日（3 月 7 日），萨长同盟达成。 五月，“世直し一揆”爆发。 六月，幕府发起第二次征长战争。 七月二十日（8 月 29 日），将军德川家茂死，征长战争结束。 八月，廷臣二十二卿列参事件。 九月十二日（10 月 20 日），三条大桥制札事件。 十月，幕府与长州在宫岛达成协议。 十二月，德川庆喜被任命为征夷大将军。 十二月二十五日（1867 年 1 月 30 日），孝明天皇驾崩。 是年，法国经济使节团访问日本。 是年，箱馆五稜郭工程完工。 是年，福泽谕吉开始出版《西洋事情》。
庆应三年	1867 年	一月，明治天皇即位。 三月，新选组伊东甲子太郎等人脱队。 四月，岛津久光上京，组织“四侯会议”。 四月十四日（5 月 17 日），高杉晋作因肺结核病故。 五月，明治天皇敕准兵库开港。 六月，坂本龙马提出“船中八策”。 六月，新选组被承认为“幕臣”。 十月十四日（11 月 9 日），“大政奉还”；岩仓具视等秘密起草“讨幕密敕”。 十一月，坂本龙马提出“新政府纲领八策”。 十一月十五日（12 月 10 日），近江屋事件，坂本龙马与中冈慎太郎被暗杀。 十一月十八日（12 月 13 日），伊东甲子太郎被暗杀，油小路事件。 十二月八日（1868 年 1 月 2 日），王政复古。 十二月九日（1868 年 1 月 3 日），小御所会议。 十二月十三日（1868 年 1 月 7 日），德川庆喜离开京都。 十二月二十五日（1868 年 1 月 19 日），幕府烧毁江户萨摩藩邸。 是年，“不亦善哉”狂舞运动兴起。 十二月，萨摩藩士在江户发起挑衅。
庆应四年 明治元年（是年九月改元明治）	1868 年	一月，德川庆喜上《讨萨表》。 一月三日（1 月 27 日），伏见鸟羽战役。 一月五日（1 月 29 日），倒幕军获得官军名分。 一月七日（1 月 31 日），朝廷指定幕府为“朝敌”。 一月八日（2 月 1 日），德川庆喜逃离大坂，前往江户。 一月十一日（2 月 4 日），神户事件。 一月，“赤报队”组成。 二月，朝廷组织东征军，向江户进军。 二月，彰义队组成。 三月，奥羽镇抚总督进驻仙台。 三月，“赤报队”被镇压。 三月，明治政府发布“神佛分离令”。 三月六日（3 月 29 日），甲州胜沼之战。 三月十三日（4 月 5 日），明治政府发布《祭政一致布告》。 三月十四日（4 月 6 日），幕府与官军达成江户和平开城协议；明治政府公布“五条御誓文”。

日本纪年	公历年	事件
庆应四年 明治元年（是年九月改元明治）	1868 年	四月十一日（5 月 3 日），江户城“无血开城”。 四月二十五日（5 月 17 日），新选组近藤勇被处死。 四月，宇都宫城之战。 闰四月，奥羽列藩要求赦免庄内、会津两藩；世良修藏被杀。 闰四月三日（5 月 24 日），市川船桥之战。 闰四月二十一日（6 月 11 日），明治政府公布《政体书》，确立“太政官”制。同月，发行“太政官札”。 五月，奥羽越列藩同盟成立。 五月十五日（7 月 4 日），上野之战，彰义队被镇压。 五月三十日（7 月 19 日），新选组冲田总司病故。 七月十七日（9 月 3 日），江户改名东京。 八月，大村益次郎在京都设立兵学校，次年移大阪改称兵学寮，是为日本陆军士官学校前身。 八月二十七日（10 月 13 日），明治天皇举行即位大典。 九月八日（10 月 23 日），改元明治，并发布“一世一元诏”。 九月，奥羽战争结束。 十月二十一日（12 月 4 日），旧幕府军残余势力在北海道登陆。 十二月，日本通过对马藩向朝鲜发去国书。 十二月十五日（1869 年 1 月 27 日），“虾夷共和国”成立。 是年，福泽谕吉建立“庆应义塾”。 是年，明治天皇发布“御笔信”，提出“开拓万里之波涛，布国威于四方”。
明治二年	1869 年	一月五日（2 月 15 日），横井小楠遇刺。 三月十五日（5 月 6 日），宫古湾海战。 四月九日（5 月 20 日），政府军在北海道登陆。 五月十一日（6 月 20 日），新选组土方岁三阵亡。 五月十六日（6 月 25 日），中岛三郎助阵亡。 五月十七日（6 月 26 日），箱馆政权投降，戊辰战争结束。 六月十七日（7 月 25 日），版籍奉还。 七月，改革官制，实行“二官六省”制；政府宣布设立宣教使。 七月，设立北海道开拓使。 七月十二日（8 月 19 日），高轮谈判。 十一月五日（12 月 7 日），大村益次郎遇刺伤重而亡。 十一月，发行“民部省札”。 十二月一日（1870 年 1 月 2 日），长州奇兵队骚动。 是年，定都东京。
明治三年	1870 年	一月三日（2 月 3 日），颁布《宣布大教诏》，宣布神道教为日本国教。 三月，日本派佐田白茅与森山茂为使前往朝鲜。 八月，西乡从道、山县有朋考察欧洲兵制回国。 八月，发布“散发脱刀令”。 九月，规定平民可取苗字。 九月，日本派吉冈弘毅前往朝鲜。 十二月，大隈重信提出“全国一致论”建白书。 是年，设立“桦太开拓使”。 是年，富冈制丝厂设立。 是年，日本开始设立国有邮政。 是年末，《横滨每日新闻》创办。

日本纪年	公历年	事件
明治四年	1871 年	一月九日（2 月 27 日），广沢真臣遇刺。 二月，两公卿密谋事件。 二月，木户孝允创办《新闻杂志》。 四月，大阪造币寮开始运作。 四月，设立四镇台。 五月十日（6 月 17 日），发布“新货条例”，采用元、钱、厘。 六月，御亲兵设立。 六月二十五日（8 月 11 日），人事调动，大久保利通出任大藏卿。 七月，设立制度取调会。 七月十四日（8 月 29 日），废藩置县。 七月二十九日（9 月 13 日），《日清修好条规》签订。 七月，机构改革，设正院、左院、右院及八省。 八月，规定“四民平等”，废除身份制度，发布贱民“解放令”。 十月，宫古岛琉球岛民漂流到台湾遭难。 十一月十二日（12 月 23 日），岩仓使节团出发，当月抵达美国旧金山。 是年，日本设立“邮便汽船会社”。
明治五年	1872 年	一月二十一日（2 月 29 日），岩仓使节团抵达华盛顿。 二月，分兵部省为陆军省、海军省。 二月，“田畑永代壳買禁止令”废止。 二月，福泽谕吉开始发表《劝学篇》。 三月，小田县民漂流到台湾遭难。 四月，发行“明治通宝”。 六月五日（7 月 10 日），玛利亚·路斯号事件发生。 七月，岩仓使节团离美赴英，抵达伦敦。 七月，山城屋事件，山县有朋辞去近卫都督，由西乡隆盛出任。 八月，发布公告，开始以“金札交换公债证券”回收以往纸币。 八月三日（9 月 5 日），新学制颁布。 九月，日本派花房义质等前往接收草梁倭馆。 十月，发布《艺娼妓解放令》。 十一月十六日（12 月 16 日），岩仓使节团抵达巴黎，访问法国。 十一月，山县有朋发布“征兵令”。山城屋和助在陆军省自杀。 是年，《东京日日新闻》《邮便报知新闻》创办。 是年，东京—横滨铁路全线开通。 是年，神祇省改为教部省，推行“国民教化运动”。 是年，明治天皇发布《军人守则》。
明治六年	1873 年	1 月 1 日，改用公历。 1 月 10 日，征兵制正式实行。 2 月 17 日，岩仓使节团访问比利时。 2 月 24 日，岩仓使节团抵达荷兰访问。 3 月 9 日，岩仓使节团抵达柏林，访问德国。 3 月 30 日，岩仓使节团抵达俄国访问。 4 月，山县有朋辞去陆军大辅，后藤象二郎、江藤新平和大木乔任三人被增补为参议。 4 月 18 日，岩仓使节团抵达丹麦访问。 4 月 24 日，岩仓使节团抵达瑞典访问。

日本纪年	公历年	事件
明治六年	1873年	5月，井上馨辞职，江藤新平追查尾去泽铜山事件。 5月，“血税一揆”爆发。 5月9日，岩仓使节团经德国抵达意大利访问。 5月26日，大久保利通回国。 6月，山县有朋重新出任陆军卿。 6月3日，岩仓使节团抵达维也纳，访问奥地利。 6月19日，岩仓使节团抵达瑞士访问。 6月，副岛种臣出使中国。 7月，明六社创立。 7月23日，木户孝允回国。 7月28日，制定发布地租改正法。 8月17日，日本做出了派遣西乡隆盛出使朝鲜的决定。 9月13日，岩仓使节团回国。 10月14日，征韩论。 10月23日，岩仓上奏，取消西乡隆盛赴朝的任命。 10月24日，明治六年政变，西乡隆盛下台。 12月，开征家禄税和实行自愿家禄奉还。 是年，《海外杂志》和《文部省杂志》创办。 是年，设置内务省。 是年，日本参加维也纳的万国博览会。 是年，岩崎弥太郎将自己的海运企业定名“三菱商会”，开创三菱财阀。
明治七年	1874年	1月，板垣退助等成立爱国公党。 1月14日，喰违坂事件，岩仓具视遇刺受伤。 1月17日，起草《民选议院设立建白书》。 2月，佐贺之乱。 4月，日本设立“蕃地事务局”，准备“征台”。 4月，《明六杂志》发行。 4月13日，江藤新平被处死刑。 5月6日，西乡从道率日军在台湾登陆。 6月，西乡隆盛在鹿儿岛开设“私学校”。 8月，大久保利通抵达北京，开始就台湾问题谈判。 8月，黑田清隆任北海道开拓使长官。 10月20日，中日签订北京专条。 是年，福泽谕吉开始写作《文明论概略》。 是年，阪神线铁路竣工。
明治八年	1875年	1月—2月，大阪会议。 2月，规定平民必须取苗字。 5月，签订《千岛桦太交换条约》。 6月28日，发布《谗谤律》和《新闻纸条例》。 9月20日，江华岛事件（云扬号事件）。 10月，板垣退助辞职。 11月，《明六杂志》停刊。 是年，日本确认小笠原群岛为其所有。 是年，设立地租改正事务局，推动地租改正。 是年，板垣退助成立爱国社。 是年，日本在英国建造“扶桑”“金刚”“比叡”三舰。

日本纪年	公历年	事件
明治九年	1876 年	2 月 26 日，签订《日朝修好条规》(《江华条约》)。 3 月，颁布“废刀令”。 3 月，木户孝允辞去参议。 8 月 5 日，发布《金禄公债发行条例》。 8 月 24 日，签订《日朝修好条规》附件与贸易规则。 10 月 24 日，神风连之乱。 10 月 27 日，秋月之乱。 10 月 28 日，萩之乱。 是年，日本参加美国费城的万国博览会。 是年，井上馨成立三井物产。
明治十年	1877 年	1 月 29 日起，私学校蜂起。 2 月 15 日，西乡隆盛起兵，西南战争爆发。 2 月 19 日，熊本城大火。 3 月 1 日—3 月 31 日，田原坂之战。 4 月 14 日，熊本城解围。 5 月 26 日，木户孝允去世。 6 月，片冈健吉起草《开设国会建议书》。 8 月，高知县立志社叛乱被镇压。 8 月 15 日，和田越决战。 8 月 16 日—9 月 1 日，可爱岳突围。 9 月 24 日，西乡隆盛切腹，西南战争结束。 是年，地租减到 2.5%。 是年，原东京开成学校与东京医学校合并为东京大学。 是年，京阪线铁路竣工。 是年，日本加入万国邮政联盟。 是年，“国民教化运动”结束。
明治十一年	1878 年	5 月 14 日，纪尾井坂之变，大久保利通被刺杀。 5 月 17 日，大久保利通被授了国葬。 7 月 22 日，地方三新法发布。 9 月，爱国社第一次大会在大阪举行。 是年，参谋本部从陆军省独立出来，归属天皇直辖。 是年，明治天皇发布《军人训诫》。
明治十二年	1879 年	3 月，吞并琉球，设立冲绳县(琉球处分)。 3 月，爱国社第二次大会举行。 9 月，爱国社第三次大会举行。 是年，地租改革完成。 是年，福泽谕吉写成《国会论》。 是年，日本进行兵役制改革，延长兵役至十年。
明治十三年	1880 年	3 月，爱国社第四次大会举行，国会期成同盟成立。 4 月，发布《集会条例》。 10 月，黑田清隆与五代友厚达成协议，出售北海道官产。 11 月，国会期成同盟第二次大会在东京举行，提出建立自由党的主张。 是年，实行政府改革，参议与省卿分离。 是年，日本设立小笠原出张所，对小笠原群岛进行管辖。 是年，黄遵宪写成《朝鲜策略》。 是年，山县有朋上奏《邻邦兵备略》。

日本纪年	公历年	事件
明治十四年	1881 年	2 月，大隈密奏事件发生。 4 月，设立农商务省。 7 月，北海道开拓使出售官产一事被揭露。 10 月 12 日，明治十四年政变，大隈重信下台；天皇发布诏书，宣布在九年后开设国会。 10 月 18 日，自由党成立大会举行。 是年，日本开始大规模将官产出售给民间企业。
明治十五年	1882 年	3 月 1 日，福泽谕吉创办《时事新报》。 3 月，在政府支持下，立宪帝政党成立。 4 月，大隈重信组建立宪改进党。 4 月 6 日，岐阜事件，板垣退助遇刺受伤。 6 月，《自由新闻》创办，是为自由党的机关报。 6 月，政府修改《集会条例》。 7 月 23 日，朝鲜“壬午之乱”。 8 月 26 日，清军逮捕朝鲜大院君并送天津软禁。 8 月 30 日，《济物浦条约》签订。 11 月，福岛事件。 11 月，板垣退助赴欧洲考察。 是年，政府设立共同运输会社与三菱竞争。 是年，《日本银行条例》发布，松方财政政策开始实行。 是年，伊藤博文赴欧考察宪法。 是年，日本提出海军扩军计划。 是年，明治天皇发布《军人敕谕》。
明治十六年	1883 年	3 月，高田事件。 7 月 20 日，岩仓具视去世。 8 月，伊藤博文完成宪法考察回国。 9 月，立宪帝政党解散。 10 月，井上角五郎和牛场卓藏协助金玉均创办《汉城旬报》。 11 月，鹿鸣馆落成。 是年，日本进行兵役制改革，延长兵役至 12 年。
明治十七年	1884 年	3 月，成立制度取调局，研究宪法起草问题。 6 月，群马事件。 7 月，颁布《华族令》。 9 月，加波山事件。 10 月 29 日，自由党解散。 10 月 31 日—11 月 9 日，秩父事件。 12 月，大隈重信退出立宪改进党。 12 月 4 日—6 日，朝鲜“甲申之变”。
明治十八年	1885 年	1 月，日本与朝鲜签订《汉城条约》。 2 月，岩崎弥太郎去世，岩崎弥之助继承三菱。 3 月，福泽谕吉发表《脱亚论》。 4 月，日本与中国签订《天津条约》，就在朝驻军问题达成协议。 7 月 2 日，日本向中国提出《朝鲜办法八条》。 12 月，废除太政官制，实行内阁制度。 12 月 22 日，伊藤博文出任首任首相。 是年，日本自由党激进派制造“大阪事件”。 是年，日本邮船会社成立。

日本纪年	公历年	事件
明治十九年	1886 年	5 月，井上馨召集改约会议。 8 月 13 日—15 日，长崎事件。 10 月 24 日，“诺尔曼顿”号事件。
明治二十年	1887 年	2 月，小川又次提出《征讨清国策案》。 2 月 15 日，德富苏峰《国民之友》发行。 4 月，第一次修订新约草案形成。 10 月，片冈健吉等提出“三大事”，大同团结运动兴起。 12 月 26 日，政府发布《保安条例》，驱逐尾崎行雄、中江兆民、星亨、片冈健吉、林有造等人。 是年，日本建造“三景舰”。 是年，村田步枪配备全军。
明治二十一年	1888 年	2 月，大隈重信接任外务大臣。 4 月，宪法草案完成。 4 月，志贺重昂、杉浦重刚、三宅雪岭、井上圆了、辰巳小次郎等组建“政教社”。 4 月 30 日，伊藤博文出任枢密院议长，黑田清隆接任首相。 是年，实行市町村制。 是年，各镇台改为师团司令部。 是年，山县有朋提出《军事意见书》。
明治二十二年	1889 年	2 月 11 日，《大日本帝国宪法》发布。 2 月 12 日，森有礼遇刺身亡。 3 月，参谋本部制确定。 4 月，大隈重信修改案为《泰晤士报》披露。 5 月 10 日，大同团结派分裂，大同俱乐部、大同协和会组成。 5 月，海军军令部自海军省独立，归属天皇直辖。 10 月 18 日，大隈重信遇刺重伤。 10 月 25 日，黑田清隆内阁总辞职，三条实美暂代首相。 12 月 24 日，山县有朋组阁。
明治二十三年	1890 年	1 月，板垣退助组织爱国公党。 3 月，山县有朋发表《外交政略论》，提出“利益线”理论。 7 月 1 日，第一次众议院选举。 8 月，立宪自由党组成。 11 月 29 日，第一届帝国议会召开。 是年，明治政府发布《教育敕语》。
明治二十四年	1891 年	1 月 9 日，“内村鉴三不敬事件”。 2 月 20 日，山县内阁拉拢土佐派实现预算案的通过。 3 月 19 日—20 日，立宪自由党通过新党章，改名自由党。 5 月 6 日，山县有朋内阁辞职。松方正义组阁。 5 月 11 日，大津事件，俄国皇太子尼古拉遇刺。 11 月 21 日，第二届议会开幕。 12 月 25 日，松方正义解散议会。 是年，三宅雪岭发表代表作：《真善美的日本人》和《假恶丑的日本人》。

日本纪年	公历年	事件
明治二十五年	1892年	2月，第二次众议院选举，松方内阁干扰选举。 3月，内务大臣品川弥次郎因干扰选举一事辞职。 5月6日，第三届议会开幕。 6月，大井宪太郎退出自由党，另组东洋自由党。 8月8日，松方正义内阁辞职，伊藤博文再度组阁。 11月29日，第四届议会开幕。
明治二十六年	1893年	2月10日，天皇发布要求议会民党和政府“和衷共济”的诏书。 5月19日，日本颁布《战时大本营条例》。 7月，伊藤博文内阁改订新约的意见引起议会“硬六派”的反对。 11月28日，第五届议会召开。 12月30日，伊藤博文内阁解散议会。
明治二十七年	1894年	3月1日，第三次众议院选举。 5月15日，第六届议会召开。 5月，朝鲜爆发东学党起义。 6月2日，伊藤博文内阁解散议会；日本决定出兵朝鲜。 6月5日，日本成立战时大本营。 6月6日—7日，清政府与日本先后互发出兵照会。 6月10日，朝鲜政府与东学党起义军签订《全州和约》。 6月16日，日本提出“中日共同协助改革朝鲜内政”方案。 6月22日，日本向中国提出第一份“绝交书”。 7月14日，日本向中国发出第二份“绝交书”。 7月16日，《日英航海通商条约》签订，日本完成条约改正的第一步。 7月18日，日本组建联合舰队，任命伊东祐亨为联合舰队司令。 7月23日，驻朝日军发动政变。 7月25日，丰岛海战。 8月1日，中日宣战。 8月14日，日本组建第一军，以山县有朋为司令官。 8月20日，《日韩暂定合同条款》签订。 8月26日，《大日本大朝鲜两国盟约》签订。 9月1日，第四次众议院选举。 9月15日，平壤战役。 9月17日，大东沟海战。 9月21日，日本组建第二军，以大山岩为司令官。 10月18日，第七届议会召开。 10月24日，日军第二军开始在花园口登陆。 10月26日，日军袭占九连城，突破鸭绿江防线。 11月21日，旅顺陷落。 11月21日—24日，旅顺大屠杀。 11月22日，李鸿章派德璀琳赴日交涉。 12月，东学党起义被镇压。 12月20日，清政府派张荫桓和邵友濂赴日交涉。 12月24日，第八届议会召开。 是年，志贺重昂发表代表作《日本风景论》。

日本纪年	公历年	事件
明治二十八年	1895 年	1 月，朝鲜高宗发布“洪范十四条”。 1 月 20 日，日军在山东登陆。 2 月 2 日，威海卫陷落。 2 月 17 日，刘公岛陷落，北洋海军覆灭。 3 月 17 日，全琫准被处死。 3 月 19 日，李鸿章抵达日本谈判。 3 月 20 日，马关谈判开始。 3 月 23 日—24 日，日军侵占澎湖。 3 月 24 日，李鸿章遇刺。 4 月 17 日，《马关条约》签订。 4 月，三国干涉还辽。 5 月 8 日，《马关条约》生效。 5 月 10 日，日本任命桦山资纪为首任台湾总督。 5 月 25 日，台湾军民以“台湾民主国”的名义发起反对割台的运动。 8 月，松方正义辞去大藏大臣。 10 月 8 日，朝鲜“乙未政变”。 11 月 18 日，日军占领台湾。 12 月 28 日，第九届议会召开。
明治二十九年	1896 年	2 月 10 日，朝鲜高宗迁移到俄国使馆。 3 月，《造船奖励法》颁布。 3 月，立宪改进党改组为进步党。 3 月 30 日，八幡制铁所开始建设。 4 月，伊藤博文邀请板垣退助出任内务大臣。 5 月，《小村—韦贝备忘录》签订。 6 月 9 日，《山县—罗拔诺夫协定》签订。 7 月 21 日，《中日通商行船条约》签订。 9 月 18 日，伊藤博文内阁辞职，松方正义组阁。 12 月 25 日，第十届议会召开。 是年，日本提出“十年计划”。
明治三十年	1897 年	5 月 8 日，“京仁铁路承办组合”从美国人手里买下京仁铁路的路权。 8 月 24 日，陆奥宗光去世。 10 月，日本开始实行金本位制。 10 月，朝鲜高宗称帝，改国号“大韩帝国”。 11 月 6 日，大隈重信辞去外相，松方内阁与进步党的提携破裂。 12 月 24 日，第十一届议会召开，提出政府弹劾案，在一天内被解散。 12 月，改订新约完成。 是年，高山樗牛等组建“大日本协会”。

日本纪年	公历年	事件
明治三十一年	1898年	1月12日，松方正义内阁垮台，伊藤博文三度组阁。 3月15日，第五次众议院选举。 4月25日，《西—罗森协定》签订。 5月14日，第十二届议会召开。 6月10日，伊藤博文内阁解散议会。 6月22日，自由党和进步党组成宪政党。 6月30日，伊藤博文内阁辞职，大隈重信组阁。 8月10日，第六次众议院选举。 8月21日，尾崎行雄事件。 10月27日，尾崎行雄被迫辞职。 10月29日，宪政党解散，进步党系另组宪政本党。 11月8日，大隈重信内阁倒台，山县有朋组阁。 12月3日，第十三届议会召开。 12月30日，议会通过增征地租案。
明治三十二年	1899年	3月28日，《文官任用令》颁布。 4月，中日签订购买大冶铁矿石合同。 8月，日军在厦门登陆，划福建为势力范围。 11月22日，第十四届议会召开。 是年，义和团运动兴起。
明治三十三年	1900年	6月21日，清政府向列强宣战，列强组建八国联军。 8月14日，北京陷落。 8月20日，山县有朋提出《关于北清事变善后策》。 8月24日，日军侵犯厦门。 9月15日，伊藤博文组建“政友会”。 10月19日，山县有朋内阁辞职，伊藤博文第四次组阁。 12月25日，第十五届议会召开。 是年，军部大臣现役武官制确立。 是年，公布新选举法。
明治三十四年	1901年	6月2日，伊藤博文内阁辞职，桂太郎组阁。 9月7日，《辛丑条约》签订。 12月7日，日本政府决定缔结英日同盟。 12月10日，第十六届议会召开。 是年，中江兆民出版《一年有半》。
明治三十五年	1902年	1月30日，《日英同盟协约》签订。 8月10日，第七次众议院选举。 12月9日，第十七届议会召开。 12月28日，桂太郎内阁解散议会。
明治三十六年	1903年	3月1日，第八次众议院选举。 4月21日，无邻庵会议。 5月12日，第十八届议会召开。 6月10日，七博士上书事件。 7月13日，伊藤博文出任枢密院议长，西园寺公望接任政友会总裁。 12月6日，日本决定对俄作战。 12月10日，第十九届议会召开，提出政府弹劾案，桂太郎内阁次日解散议会。

日本纪年	公历年	事件
明治三十七年	1904 年	2 月 5 日，日本向俄国发去断交书。 2 月 8 日，日军在仁川登陆，日海军偷袭旅顺。 2 月 9 日，仁川海战、旅顺偷袭战。 2 月 10 日，日俄互相宣战。 2 月 12 日，清政府宣布中立。 2 月 23 日，《日韩议定书》签订。 2 月 24 日，第一次旅顺封堵作战。 3 月 1 日，第九次众议院选举。 3 月 8 日，马卡洛夫出任俄太平洋舰队司令。 3 月 18 日，第二十届议会召开。 3 月 27 日，第二次旅顺封堵作战。 4 月 13 日，马卡洛夫阵亡。 5 月 1 日，日军突破鸭绿江防线。 5 月 2 日，第三次旅顺封堵作战。 5 月 25 日—26 日，金州战役。 6 月 15 日，得利寺战役。 6 月 20 日，日本成立满洲军司令部。 8 月，《第一次日韩协约》签订。 8 月 10 日，黄海海战。 8 月 5 日—9 月 4 日，辽阳战役。 8 月 19 日，旅顺攻坚战开始。 10 月 8 日—13 日，沙河战役。 10 月 15 日，俄波罗的海舰队起航。 10 月 21 日，赫尔事件。 11 月 28 日，第二十一届议会召开。 12 月 5 日，日军夺取 203 高地。 12 月，俄太平洋舰队覆灭。
明治三十八年	1905 年	1 月 5 日，旅顺俄军投降。 1 月 25 日—28 日，黑沟台战役。 3 月 1 日—10 日，奉天战役。 5 月 27 日—28 日，对马海战。 7 月 7 日—31 日，库页岛战役。 7 月，《桂—塔夫脱协定》签订。 8 月 8 日，日俄谈判代表抵达美国朴次茅斯。 8 月 10 日，日俄开始和平谈判。 8 月 12 日，第二次日英同盟条约签订。 9 月 5 日，《朴次茅斯和约》签订；日比谷烧打事件。 10 月 14 日，日俄战争宣告结束。 11 月 17 日，《韩国保护条约》签订，朝鲜沦为日本保护国。 12 月 10 日，《中日会议东三省事宜》签订。

附录 人物谱

荻生徂徕（1666—1728），日本江户时期的政治家、思想家、儒学学者，在江户时代学术史上是“经世思想”的代表人物，著有政论作品《政谈》等。

大黑屋光太夫（1751—1828），江户时期人，天明二年（1782）在前往江户途中漂流到俄属阿拉斯加，在俄国谒见女皇叶卡捷琳娜二世，宽政四年（1792）被送还，其口述的《北槎闻略》为日本人了解西方提供了重要资料。

岛津齐彬（1809—1858），幕末大名，萨摩藩主，嘉永四年（1851）经“由罗骚动”后接任萨摩藩主，在位期间积极推动萨摩藩殖产兴业，设立集成馆，建造军舰，为萨摩藩在幕末的崛起奠定了基础，安政五年（1858）七月病逝。

锅岛直正（1815—1871），幕末佐贺藩主，原名齐正，号闲叟。天保元年（1830）接任藩主，积极推动佐贺藩改革，扩充藩校弘道馆以吸引人才，引入西洋先进军事技术。明治初期支持废藩置县，明治二年（1869）任初代虾夷（北海道）开拓使长官，未到任即转任大纳言，明治四年（1871）病故。

阿部正弘（1819—1857），幕末备后福山藩主，幕府老中首座。天保七年（1836）就任藩主，天保十四年（1843）升任老中，弘化二年（1845）取代水野忠邦成为老中首座。在任期间遭遇黑船来航，后积极推动幕政改革。安政二年（1855）因幕府内开国与攘夷之争，将老中首座位让给堀田正睦，两年后去世。

青木昆阳（1698—1769），江户时代中期的幕府御家人，兰学学者，曾任幕府的书物奉行，因在推广种植“萨摩芋”方面有卓越贡献，人称“甘薯先生”。

野吕元丈（1694—1761），江户时代中期的学者，生于伊势国，在京都学习医学，后受命学习荷兰语，和青木昆阳合作著《阿兰陀本草和解》，又翻译引进《阿兰陀畜兽虫鱼和解》一书，成为日本最早的西洋博物学者。

杉田玄白（1733—1817），江户时代兰学学者，早年为小浜藩的藩医，宝历四年（1754）在京都参与人体解剖实验，明和二年（1765）开始学习荷兰语。参与翻译《解体新书》，著有《兰学事始》，开设兰学塾“天真楼”。

前野良泽（1723—1803），江户时代兰学学者，丰前国中津藩藩医，师从青木昆阳，参与翻译《解体新书》。

大槻玄泽（1757—1827），江户时代兰学学者，师从杉田玄白和前野良泽，天明八年（1788）出版《兰学阶梯》，宽政元年（1789）在江户开设兰学塾“芝兰堂”，门下弟子有宇田川玄真、稻村三伯、桥本宗吉、三村才助等。

高野长英（1804—1850），江户时代兰学学者，就学于长崎德国人西博尔德的鸣泷塾，后在江户开设兰学塾，天保九年（1838）批评幕府的《异国船打拂令》，次年被卷入蛮社之狱，被判终身刑，弘化元年（1844）趁监狱火灾而越狱，嘉永三年（1850）在被抓获后又遭遇暴力对待，押送途中自戕。

渡边华山（1793—1841），江户时代画家、学者，田原藩士。本人虽非兰学学者，但积极支持开国，反对幕府的锁国政策，因此被称为“兰学的大施主”。因著《慎机论》批评幕府的“异国船打拂令”被定罪，天保十二年（1841）切腹自杀。

黑田长溥（1811—1887），福冈藩主，著名“兰癖”大名。生父为萨摩藩主岛津重豪，文政五年（1822）因与福冈藩主黑田齐清的女儿结婚，以婿养子身份出继黑田家，天保五年（1834）接任藩主，积极推进福冈藩的近代化。

江川英龙（1801—1855），江户时代幕臣，担任幕府的伊豆韮山代官，积极推动幕府的海防事业发展，引进西洋流炮术，启动建设韮山反射炉工程，安政二年（1855）病逝。

高岛秋帆（1798—1866），江户时代著名西洋炮术专家，“高岛流炮术”的创始者，在长崎任职期间，学习荷兰语和西洋炮术，天保十二年（1841）向幕府演示西洋炮术和洋枪阵型，获得幕府的认可和重用，次年卷入幕府政争被幽禁，佩里来航后被释放，提出开国的意见，并且负责幕府的军事训练，庆应二年（1866）去世。

中滨万次郎（ジョン万次郎，1827—1898），本名中滨万次郎，天保十二年（1841）漂流到伊豆群岛的无人岛上，被路过的美国捕鲸船救助，美国船员为之取英文名ジョン・マン（John Mung），因此取名“约翰万次郎”（ジョン万次郎）。在美学习英语、数学等，并在毕业后从事捕鲸工作，嘉永三年（1850）归国，次年在琉球登陆，得到萨摩藩的重用，在当时日本的军舰建造、海军人才培养上做出了重大贡献，明治后为开成学校（今东京大学）英语教师。

胜海舟（1823—1899），江户时代末期幕臣、政治家。幼名麟太郎，本名义邦，号海舟，明治以后改名安芳。早年学习兰学，安政二年（1855）加入长崎海军传习所，万延元年（1860）参加“咸临丸”渡美航行，归国后积极推进海军建设。庆应四年（1868）作为幕府方代表和新政府军谈判，实现江户“无血开城”，明治时期历任外务大丞、兵部大丞、海军卿等职，1899 年病逝。

吉田松阴（1830—1859），长州藩士，江户时代后期著名思想家、教育家。本名吉田寅次郎，字义卿，号松阴。早年学习“山鹿流”兵法。嘉永三年（1850）到江户师从佐久间象山，两年后脱藩，被判罪。嘉永七年（1854）因私自登上佩里黑船被逮捕。安政四年（1857）继承“松下村塾”，培养木户孝允、高杉晋作、伊藤博文、山县有朋等诸多名人，安政六年（1859）在“安政大狱”中被逮捕处死。

佐久间象山（1811—1864），松代藩士，江户时代后期著名思想家、教育家。

早年在江户跟随儒学学者佐藤一斋学习朱子学，开设“象山书院”，后转向西学，嘉永四年（1851）在江户开设“五月塾”，坂本龙马、胜海舟等一批人物投身门下，元治元年（1864）七月被暗杀。

井伊直弼（1815—1860），江户时代末期幕府大老，彦根藩主。嘉永三年（1850）继承藩主位，推动藩政改革，黑船来航后积极主张开国。安政五年（1858）就任幕府大老，发动“安政大狱”，安政七年（1860）在江户樱田门外被刺杀。

堀田正睦（1810—1864），江户时代末期老中首座，佐仓藩主，初名正笃。在佐仓藩推动藩政改革，奖励兰学，为著名的开国派。安政二年（1855）接替阿部正弘担任老中首座，安政五年（1858）被罢免，文久二年（1862）被朝廷和幕府两方同时判决蛰居处分。

德川家茂（1846—1866），江户幕府第14代将军，初名德川庆福，出生于纪州藩。嘉永二年（1849）继承藩主位，安政五年（1858）在将军继嗣之争中被推举为第14代将军，改名家茂，文久二年（1862）与和宫亲子内亲王成婚，庆应二年（1866）在征伐长州时病故于大坂。

德川齐昭（1800—1860），水户藩第9代藩主，在任期间，推动藩政改革，加强军事训练，向幕府提议开拓虾夷地和解禁大船建造，设立藩校弘道馆。佩里来航后坚持“攘夷论”，反对推进开国的井伊直弼，并作为“一桥派”首领主张让其子德川庆喜出任将军，失败后于安政六年（1859）被幕府下令永蛰居谨慎。

松平庆永（1828—1890），号春岳，越前福井藩主。田安德川家出身，天保九年（1838）入继越前松平家，接任福井藩主。安政五年（1858）因“不时登城”被处分，文久二年（1862）重新参与幕政，历任政事总裁职、京都守护职，明治维新后曾任民部卿、大藏卿，明治三年（1870）退出政坛。

桥本左内（1834—1859），福井藩士，号景岳。早年在大坂的适塾师从绪方洪庵，后游学江户，师从兰学学者坪井信良等人。在福井藩担任藩医、弘道馆学监等，因为介入将军继嗣之争，被斩首。

毛利敬亲（1819—1871），幕末长州藩主，天保八年（1837）接替藩主，任用村田清风、坪井九右卫门等推动藩政改革，明治初期响应“版籍奉还”，赐权大纳言，明治四年（1871）病逝。

长井雅乐（1819—1863），长州藩士，早年为藩主毛利敬亲的小姓，文久元年（1861）提出“航海远略策”，与藩内持尊攘观点的吉田松阴门下一派激烈对立，文久三年（1863）被责令切腹。

岛津久光（1817—1887），萨摩藩主岛津齐兴之子，岛津齐彬的异母兄，初名岛津忠教。安政五年（1858），岛津齐彬去世后，由岛津久光之子岛津忠义继承藩主位，因此以藩主父亲的身份掌握藩政。积极推动“公武合体”，后期转向倒幕。明治维新后任参议、内阁顾问、左大臣等，明治九年（1876）起隐居，西南战争中保持“中立”，叙位公爵。

松平容保（1836—1893），幕末会津藩主，高须藩出身，过继会津松平氏，嘉永五年（1852）继承藩主位，文久二年（1862）就任京都守护职，后任幕府陆军总裁、军事总裁职等。明治维新后因佐幕受到处分，后任日光东照宫宫司，明治二十六年（1893）去世。

德川庆喜（1837—1913），江户幕府末代将军，水户藩出身，弘化四年（1847）出继一桥德川家，安政六年（1859）因将军继任权争夺失败被处分，文久二年（1862）任将军后见职，元治元年（1864）任禁里御守卫总督，庆应二年（1866）接任将军，次年大政奉还。江户开城后移居骏府，戊辰战争结束后在静冈隐居，明治三十年（1897）移居东京，后为贵族院议员，大正二年（1913）去世。

高杉晋作（1839—1867），幕末长州藩士。早年就学于藩校明伦馆，安政四年（1857）入松下村塾，后游学江户。文久二年（1862）奉命随同幕府人员前往上海，著有《游清五录》，回国以后参与尊皇攘夷。下关战争失败后，奉命守御下关，设立奇兵队。文久四年（1864）在功山寺举兵，取得藩政，推动萨长同盟倒幕，庆应三年（1867）因肺结核病逝。

山内容堂（1827—1872），幕末土佐藩主，讳丰信，号容堂。嘉永元年（1848）就任藩主，重用吉田东洋等推动藩政改革，安政六年（1859）让出藩主位隐居，实际掌握藩政。积极参与幕府政治，后结成萨土同盟倒幕，明治维新后一度任内国事务总裁，明治五年（1872）去世。

伊达宗城（1818—1892），幕末伊予宇和岛藩藩主，天保十五年（1844）就任藩主，推动殖产兴业和军事改革，明治维新后历任议定、外国官知事、民部卿、大藏卿。明治四年（1871）一度出使中国，明治二十五年（1892）去世。

近藤勇（1834—1868），幕末幕臣，新选组局长。本名宫川胜五郎，后出继近藤家，更名近藤勇。武藏国多摩郡出身，天然理心流剑术道场“试卫馆”学徒，文久元年（1861）继承武馆。文久三年（1863）加入壬生浪士组，壬生浪士组八月十八日政变后被赐名“新选组”，其后排斥芹泽鸭派，掌握新选组，戊辰战争中坚决佐幕，庆应四年（1868）四月被政府军捕获，斩首。

久坂玄瑞（1840—1864），长州藩士，长州尊攘派核心人物。安政四年（1857）投入吉田松阴松下村塾门下，与高杉晋作并称松阴门下“双璧”。文久二年（1862），上《回澜条议》，力主尊皇攘夷，同年著《解腕痴言》，成为尊攘派的实践纲领。元治元年（1864）禁门之变中受伤后自杀。

真木和泉（1813—1864），久留米藩士，尊攘派核心人物。原名真木保臣，世袭官位从五位下和泉守，世称真木和泉。久留米藩水天宫神官家出身，弘化元年（1844）赴水户藩投身会泽正志斋门下，成为水户学尊王思想的代表人物。元治元年（1864）禁门之变中被会津藩和新选组追及，在天王山阵地自杀。

德川庆胜（1824—1883），幕末尾张藩主，尾张藩的支藩美浓高须藩出身，嘉永二年（1849）被拥立为尾张藩主。安政大狱期间被责令隐居谨慎，让出藩主位，文久二年（1862）遇赦，其后掌握藩政，元治元年（1864）担任第一次长州征伐的征长军总督，明治新政府成立后一度任新政府议定，后任名古屋藩知事，废藩置县后辞任藩知事，明治十三年（1880）隐居。

小栗忠顺（1827—1868），幕末幕臣，安政七年（1860）作为遣美使节目付登上美舰"波瓦坦"号前往美国，归国后就任外国奉行、勘定奉行。文久三年（1863）提出建立制铁所的提案，庆应元年（1865）开建，是为横须贺制铁所（后来的横须贺海军工厂），其后在法国军事顾问团的协助下进行幕府军队的近代化建设。庆应四年（1868）在上野国群马县东善寺被捕，被政府军斩首。

坂本龙马（1836—1867），幕末时期土佐藩乡士。黑船来航后曾短暂投身佐久间象山门下，后与武市半平太等人结成土佐勤王党。文久二年（1862）脱藩，在江户拜谒胜海舟，深受其影响，为神户海军传习所的设立而奔走。文久三年（1863）遇赦后任神户海军塾塾头。庆应元年（1865）设立亀山社中，在萨摩、长州之间周旋，促成萨长同盟。庆应三年（1867），亀山社中改组为海援队，同年六月提出著名的"船中八策"，十一月在京都近江屋被暗杀，葬于京都灵山护国神社。

小松带刀（1835—1870），本名肝付兼戈，后入继小松氏，更名小松清廉，通称带刀。曾担负萨摩藩的集成馆管理和货币铸造的重任，深受岛津久光的信任。萨英战争中担负复兴集成馆和与朝廷、幕府、诸藩交涉的任务，促成萨长同盟与萨土同盟。明治维新后任总裁局顾问等职，并促成萨摩的版籍奉还，明治三年（1870）病逝。

土方岁三（1835—1869），幕末新选组副长，因严格执行组内纪律，被称为"鬼之副长"。武藏国多摩郡农家出身，后加入近藤勇的"试卫馆"，随之进入新选组，成为副长。戊辰战争中代替负伤的近藤勇指挥新选组，近藤勇死后继续参加会津战争和箱馆战争，对抗新政府军，在北海道函馆战死。

榎本武扬（1836—1908），幕末幕臣，外交官，海军中将。早年求学于幕府的昌平坂学问所，安政元年（1854）随行视察虾夷地（北海道）和桦太（库页岛），安政二年（1855）进入长崎海军传习所学习，学成后任江户筑地军舰操练所教授。文久元年（1861）奉派前往美国留学，因美国发生南北战争，转向荷兰留学。江户开城后，率领幕府海军离开江户北上，当选为虾夷共和国总裁，失败后投降新政府。明治五年（1872）特赦出狱，在北海道开拓使任职，随后在明治七年（1874）出任驻俄公使，交涉《桦太千岛交换条约》，归国后历任海军卿、驻清（中国）公使、递信大臣、文部大臣、外务大臣、农商务大臣。明治四十一年（1908）病逝。

由利公正（1829—1909），幕末福井藩士，明治时期政治家、实业家。早年师从横井小楠，因财政才能成为藩主松平庆永的侧用人，担负藩财政再建的责任。明治维新后参与“五条御誓文”的起草，同时负责新政府的财政政策制定工作，因“太政官札”发行问题辞职下野。明治五年（1872）随同岩仓使节团出访，明治七年（1874）与板垣退助等共同提出《民选议院设立建白书》，后任贵族院议员，明治四十二年（1909）病逝。

横井小楠（1809—1869），幕末熊本藩士。早年奉藩命游学江户，天保十四年（1843）开设私塾“小楠堂”。安政四年（1857），福井藩主松平庆永派使节前来邀请。万延元年（1860）著《国是三论》，提出藩政改革主张，文久二年（1862）向幕府提出《国是七条》。在江户期间和坂本龙马、胜海舟等人多有交流。明治二年（1869）在京都遭遇暗杀身亡。

福冈孝弟（1835—1919），幕末土佐藩士，政治家，早年师从吉田东洋，积极协助山内容堂推动土佐藩改革。庆应三年（1867）促成萨土同盟。明治维新后参与“五条御誓文”和《政体书》的起草，后任司法大辅、文部卿、参议、枢密顾问官等职。

木户孝允（1833—1877），幕末长州藩士，明治初期政治家，维新三杰之一，又名桂小五郎，早年师从过吉田松阴，成为长州藩尊王攘夷派的核心人物，成为长州藩主持政务和外交的重要人物。明治维新后，起草“五条御誓文”，发布《政体书》，推动版籍奉还、废藩置县等一系列政策，参加岩仓使节团出访，为明治国家体制的确立做出了重大贡献，西南战争期间病逝。

西乡隆盛（1828—1877），幕末萨摩藩士，明治初期政治家，维新三杰之一。本为萨摩藩下级武士，被藩主岛津齐彬提拔，在岛津齐彬去世后两度遭到流放。萨长同盟后成为萨摩藩倒幕的重要领导者，促成江户的无血开城。明治维新后参与组建御亲兵，岩仓使节团出国后成为留守政府主持者，因“征韩论”下台。明治十年（1877）发动西南战争，战败后自杀。

大久保利通（1830—1878），幕末萨摩藩士，明治初期政治家，维新三杰之一。原为萨摩藩下级武士，受岛津久光赏识提拔，赐名一藏，后改名利通。作为萨摩藩的重要智囊参与了倒幕运动，明治维新后就任参议，参与版籍奉还、废藩置县等重要决策，并作为岩仓使节团副使出使。明治六年（1873）任初代内务卿，掌握政府实权，明治十一年（1878）纪尾井坂之变被暗杀。

岩仓具视（1825—1883），幕末公卿，明治初期政治家。京都公卿堀河家出身，出继为岩仓家养子。安政五年（1858）因反对《日美修好通商条约》的敕许，参与“八十八卿列参事件”。文久二年（1862）因亲幕府嫌疑被责令辞官。王政复古后复出，策划倒幕。明治政府成立后成为实质上的政府首脑，并率领使节团出访欧美诸国。明治十六年（1883）病逝。

大村益次郎（1824—1869），幕末长州藩医学和西洋学学者，日本陆军的建立者。早年师从著名学者梅田幽斋，后入适塾师从绪方洪庵，后受雇宇和岛藩翻译兵学和兰学著作，安政四年（1857）任江户幕府筑地讲武所教授。长州征伐和戊辰战争期间指挥长州军和新政府军。明治政府成立后，为初代兵部大辅，设立兵学校，提议征兵制，明治二年（1869）遇刺身亡。

大隈重信（1838—1922），佐贺藩士，明治初期政治家。早年学习儒学和兰学，并学习英语。明治维新后由小松带刀推荐担任外国事务局判事，后兼任会计官副知事，参与关于金融事务的高轮谈判。后历任大藏大辅、参议、大藏卿，为明治初期的殖产兴业做出重要贡献。明治十四年（1881）政变后下野，次年组建立宪改进党，开设东京专门学校（后来的早稻田大学）。明治二十一年（1888）任外务大臣，次年被玄洋社成员行刺失去右腿。明治三十一年（1898）与板垣退助合作组成宪政党，并出任首相，成立日本第一个政党内阁。4个月后辞职，明治四十年（1907）退出政界，担任早稻田大学总长。大正三年（1914）第二次出任首相，在任期间，日本对德宣战加入第一次世界大战，战后向袁世凯政府提出“二十一条”。大正五年（1916）辞职，大正十一年（1922）病逝。

山县有朋（1838—1922），幕末长州藩士，明治初期政治家，号称“日本近代军阀之祖”。早年入学吉田松阴的松下村塾，文久三年（1863）参与了长州奇兵队的创立，后成为奇兵队军监。参加了对抗幕府长州征伐的防卫战和戊辰战争。明治维新后出国考察各国兵制，归国后历任兵部少辅、兵部大辅，推动军事改革和征兵制。明治五年（1872）因山城屋事件辞职，旋即复任陆军卿。西南战争期间成为政府军实际的总指挥官。后任内务卿、内务大臣、陆军大臣，提出著名的“利益线”理论。明治二十三年（1890）任首相，甲午战争期间任第一军司令官。明治三十一年（1898）第二次组阁，日俄战争期间任参谋总长，晚年以“元老”身份操控政局，在日本政界和军界有重大影响，大正十一年（1922）病逝。

井上馨（1836—1915），长州藩士，明治初期政治家。早年入学吉田松阴的松下村塾，后参加长州藩尊王攘夷运动。文久三年（1863）与伊藤博文等人前往英国留学，留学后转向开国论。下关战争期间归国，明治维新后任长崎府判事、造币局知事，后进入大藏省，参与地租改正等重大改革。明治六年（1873）因尾去泽铜山事件辞职，组建先收会社（后来的三井物产），后任参议兼工部卿、外务卿、外务大臣、农商务大臣、内务大臣，元老。大正四年（1915）去世。

副岛种臣（1828—1905），幕末佐贺藩士，明治初期政治家。佐贺藩枝吉家出身，后为同藩副岛氏养子，早年接受尊攘思想，后在长崎设立的洋学馆学习英语。明治政府成立后任制度取调局判事，参与起草《政体书》。明治四年（1871）任外务卿，处置“玛利亚·路斯号事件”。明治六年（1873）以特命全权大使兼外务大臣身份前往北京交换《日清修好条规》，征韩论后下野，加入爱国公党，参与自由民权运动。后任枢密顾问官、枢密院副议长、内务大臣等职。

西乡从道（1843—1902），幕末萨摩藩士，明治初期军人、政治家，西乡隆盛的弟弟，一般将西乡隆盛称呼为“大西乡”，而将西乡从道称呼为“小西乡”。明治维新后与山县昌景共同赴欧洲考察兵制，归国后任兵部权大丞、陆军少将。西乡隆盛因征韩论下野后，西乡从道在政府中留任，并在明治七年（1874）出兵台湾时任蕃地事务总督，战后历任近卫都督、陆军卿、农商务卿、北海道开拓使长官。内阁制度建立后成为初代海军大臣，为日本海军建设奠定了基础。

板垣退助（1837—1919），幕末土佐藩士，明治时期自由民权运动领导者。土佐藩上士出身，早年学习荷兰骑兵技术，促成萨土同盟。戊辰战争中集结土佐勤王党组成迅冲队，担任总督，在甲州战役中击败新选组，明治政府成立后就任参与、参议。征韩论后下台，结成爱国公党，提出《民选议院设立建白书》，成为自由民权运动领袖人物。明治宪法颁布后任自由党党总理，明治三十一年（1898）和大隈重信进步党合作成立宪政党，并共同组阁，担任内务大臣。立宪政友会成立后退出政坛。

黑田清隆（1840—1900），幕末萨摩藩士，明治初期政治家。早年参加过萨英战争，戊辰战争中参与越后和箱馆战争，战后任北海道开拓使次官，负责桦太事务，明治四年（1871）接任北海道开拓使长官。江华岛事件后任对朝交涉大使，缔结《日朝修好条规》。明治十四年（1881）因明治政府决定废止北海道开拓使，发生了将开拓使资产廉价出售给政商的事件。内阁制度建立后任农商务大臣，明治二十一年（1888）任首相，在任期间发布《大日本帝国宪法》，后任枢密顾问官、递信大臣、枢密院议长等职务。

福泽谕吉（1835—1901），幕末中津藩士，兰学学者，明治初期启蒙思想家。

安政二年（1855），入学大坂的适塾。万延元年（1860），随同“咸临丸”渡美；文久元年（1861），跟随遣欧使节团前往欧洲。庆应四年（1868）将自己开设的兰学塾命名为“庆应义塾”（今庆应义塾大学前身），明治十五年（1882）创立《时事新报》，著有《劝学篇》《文明论概略》《西洋事情》《福翁自传》等。日本1万元面额纸币上印其肖像。

森有礼（1847—1889），幕末萨摩藩士，明治初期外交官、政治家。早年在萨摩进入藩立洋学校开成所，后留学英国，游历俄国、美国。归国后与福泽谕吉等人结成明六社，明治八年在东京开设商法讲习所（后来的一桥大学），后历任驻英国大使、文部大臣，明治二十二年（1889）遇刺身亡。

西周（1829—1897），明治初期哲学家、教育家、启蒙思想家。津和田藩出身，幕末担任幕府蕃书调所教授，后奉命留学荷兰，学习哲学、经济学、法学等。明治政府成立后担任各省官僚，起草《军人敕谕》，明治六年（1873）与森有礼等人结成明六社，翻译有众多西洋哲学著作。

津田真道（1829—1903），明治初期政治家、启蒙学者。津山藩出身，早年学习兰学，曾师从佐久间象山。安政四年（1857）任职蕃书调所，后公派荷兰留学。归国后译有《泰西国法论》，向日本推介西洋法学。明治初期担任司法省官僚，明治四年（1871）以外务权大丞身份前往中国参与缔结《日清修好条规》，明治二十三年（1890）任第一任众议院副议长。

加藤弘之（1836—1916），明治时代学者、教育家。出石藩出身，早年曾师从佐久间象山，万延元年（1860）任职蕃书调所，学习德语。明治政府成立后任外务大丞，后加入明六社，其后转向社会进化论，著有《国体新论》《人权新说》等。

伊藤博文（1841—1909），幕末长州藩士，明治时代政治家。安政四年（1857）进入松下村塾学习，后加入长州尊攘运动。文久三年（1863）与井上馨、山尾庸三、野村弥吉、远藤谨助、井上胜一同前往英国留学。元治元年（1864）下关战争期间回国。明治政府成立后，历任参与、外国事务局判事、民部少辅、工部卿等，积极推进殖产兴业。明治十八年（1885）出任第一任首相，后在 1892—1896 年、1898 年、1900—1901 年间三度组阁。明治三十三年（1900）创立立宪政友会，担任总裁，明治三十八年（1905）担任初代韩国统监，明治四十二年（1909）被朝鲜人安重根刺杀。

中江兆民（1847—1901），明治时代思想家，被称为"东洋卢梭"。土佐藩出身，早年学习荷兰语，明治政府成立后随岩仓使节团出访欧洲，归国后在东京开设法兰西学舍，明治八年（1875）任东京外国语学校校长，次年入职国宪取调局。明治十年（1877）辞职下野，参加自由民权运动，担任《东洋自由新闻》主笔，将卢梭的《社会契约论》翻译引进（译名为《民约译解》），明治二十三年（1890）当选第一届众议院议员，次年移居北海道小樽，创办《北门新报》，明治三十四年（1901）在大阪病逝。著有《三醉人经纶问答》《一年有半》《续一年有半》等。

后藤象二郎（1838—1897），幕末土佐藩士，明治初期政治家。早年求学于吉田东洋门下，后前往江户学习英语和航海技术。庆应二年（1866）奉派前往长崎，结识坂本龙马，并以其"船中八策"向幕府建议大政奉还。明治政府成立后任大阪府知事、参与、左院议长、参议、工部大辅，征韩论后下野，加入爱国公党。明治十四年（1881）推动大同团结运动，后任递信大臣、农商务大臣，明治三十年（1897）病逝。

松方正义（1835—1924），幕末萨摩藩士，岛津久光的侧近。明治初期担任日田县知事，被推举为民部大丞，后入职大藏省，参与地租改正和财政整理。明治十四年（1881）政变后任大藏卿，主持设立日本银行。内阁制度确立后任大藏大臣、内务大臣，明治二十四年（1891）组阁担任首相，明治二十九年（1896）再度组阁，晚年任日本赤十字社社长、内大臣，元老。

桦山资纪（1837—1922），幕末萨摩藩士，明治时期海军将领。曾参加过萨英战争和戊辰战争，明治初年参加征台之役和西南战争熊本城战役。战后转向海军，明治二十三年（1890）任海军大臣，次年在议会发表“蛮勇演说”。甲午战争中任海军军令部长，战后任第一任台湾总督，后担任枢密顾问官、文部大臣、内务大臣等职。

伊东祐亨（1843—1914），萨摩藩士，明治时期海军将领。早年在开成所学习，后因对海军产生兴趣，跟随江川英龙、胜海舟等学习航海和炮术，参加了萨英战争和戊辰战争。明治十年（1877）任“日进”舰舰长，明治十八年（1885）任横须贺镇守府次长，后为海军大学校校长、横须贺镇守府长官、常备舰队长官，甲午战争中任第一任联合舰队司令长官，战后任海军军令部长。

陆奥宗光（1844—1897），幕末纪州藩士，明治时期政治家、外交家。安政五年（1858）赴江户学习，在此期间结交伊藤博文。文久三年（1863）进入神户海军操练所，后加入坂本龙马的海援队。明治政府成立后任兵库县知事、神奈川县令、地租改正局长等。明治十年（1877）和土佐立志社密谋推翻政府，入狱五年。明治十六年（1883）出狱后，由伊藤博文支持赴欧洲留学。归国后任职外务省，任驻美公使兼驻墨西哥公使。后加入伊藤博文立宪政友会。明治二十五年（1892）出任外务大臣，完成“条约改正”，甲午战争后签订《马关条约》。

德富苏峰（1863—1957），明治到昭和时代著名的思想家、历史学家，本名猪一郎，号苏峰，肥后国熊本藩出身，其父曾师从横井小楠。幼年学习汉学，在熊本洋学校接触了《圣经》和基督教，明治初年进入东京英语学校和京都同志社英学校学习，接受基督教洗礼。明治十四年（1881）回乡开办大江义塾，并担任新闻报刊主笔，明治二十年（1887）创办《国民之友》，大正七年（1918）开始执笔《近世日本国民史》。昭和年间和军部势力勾结，鼓吹对外侵略，战后被占领军认定为甲级战犯，受到“公职追放”处分。1952 年完成《近世日本国民史》。1957 年死去。

内村鉴三（1861—1930），明治时期基督教思想家。高崎藩出身，明治初年进入东京外国语学校学习，明治九年（1876）前往北海道入学札幌农学院，明治十一年（1878）接受洗礼，明治十七年（1884）前往美国留学，归国后担任新潟县北越学馆教员。明治二十四年（1891），在担任第一高等中学校教员期间发生“不敬事件”，曾支持甲午战争，但日俄战争前夕发表“非战论”，反对战争，在基督教信仰上主张“无教会”，晚年致力于《圣经》研究。

桂太郎（1848—1913），幕末长州藩士，明治时期军人、政治家。早年加入长州藩选锋队，参加戊辰战争，明治初期留学德国，归国后进入陆军。甲午战争中任第三师团长，战后曾任台湾总督、陆军大臣。明治三十四年（1901）组阁，日俄战争后，于明治四十一年（1908）、大正元年（1912）两次组阁，与西园寺公望轮流执政，史称“桂园时代”。

小村寿太郎（1855—1911），明治时期外交家。明治初期前往美国留学，学习法律，归国后进入司法省工作，后转入外务省。明治二十六年（1893）任代理驻华公使，后任外务次官、驻美公使、驻俄公使，1900年前往北京签订《辛丑条约》。明治三十四年（1901）任外务大臣，促成日英同盟。日俄战争后作为日本全权大使，签订《朴次茅斯和约》。

加藤高明（1860—1926），明治时期外交家，尾张藩出身。明治十四年（1881）毕业于东京大学法学部，进入三菱会社工作。明治十九年（1886）与岩崎弥太郎之女结婚，后受大隈重信提携，担任秘书官、驻英公使。明治三十三年（1900）出任外务大臣，推进日英同盟。大正三年（1914）在任大隈内阁外务大臣期间，提出“对华二十一条”。大正十三年（1924）以第一党宪政会党首的身份组阁，担任首相，成为明治宪法体系下唯一选举产生的一位首相。

东乡平八郎（1848—1934），幕末萨摩藩士，明治时代海军将领，早年参加过萨英战争，戊辰战争中跟随新政府海军参加过箱馆战争和宫古湾海战。明治四年（1871）前往英国朴次茅斯留学，进入商船学校学习。归国后在甲午战争中任“浪速”舰舰长，战后任佐世保镇守府司令长官、舞鹤镇守府司令长官。日俄战争前担任常备舰队司令长官，并在联合舰队成立后担任联合舰队司令长官，在日本海海战中指挥击败俄国舰队。战后任海军军令部长。

乃木希典（1849—1912），长州藩支藩长府藩士，明治时代军人。第二次长州征讨期间，加入长府藩报国队。明治初期进入陆军，在东京镇台服役，参与西南战争。明治二十年（1887）赴德国留学。甲午战争期间任步兵第一旅团长，参加第二军在花园口登陆，战后任第二师团长，明治二十九年（1896）任台湾总督。日俄战争中任第三军司令官，指挥旅顺攻坚战。归国后任学习院长。大正元年（1912）在明治天皇大葬仪式当日和妻子一同自杀殉死。

儿玉源太郎（1852—1906），明治时代军人。长州藩出身，参加箱馆战争，明治初期担任熊本镇台参谋，辅佐镇台在西南战争中成功防御。甲午战争后，于1898年担任台湾总督，在任期间任用后藤新平为民政局长，镇压台湾的抵抗运动，推动殖民地统治。日俄战争期间，辞任内务大臣，降级出任参谋本部次长和满洲军总参谋长。战后任陆军参谋总长、南满洲铁道创立委员长。

西园寺公望（1849—1940），明治大正时期政治家。清华家德大寺家出身，出继为西园寺家养子，后成为明治天皇的近习，戊辰战争中参与会津征讨等战役。明治元年（1868）任新潟府知事，次年进入开成学校学习法语。明治三年（1870）赴法国留学，归国后担任《东洋自由新闻》社长。明治十四年（1881）得到伊藤博文赏识进入参事院，其后作为伊藤博文的亲信，先后担任驻奥匈帝国公使、驻德公使、驻教廷公使等外交官职务，明治二十四年（1891）归国。明治二十七年（1894）任文部大臣，后接替陆奥宗光担任外务大臣，明治三十六年（1903）接替伊藤博文任政友会总裁，明治三十九年（1906）组阁担任首相，明治四十三年（1912）再度组阁，大正元年（1912）因陆军要求增设师团的建议不被通过，陆军拒绝提供陆相人选，被迫辞职（大正政变），大正八年（1919）以元老身份代表日本出席巴黎和会，大正十三年（1924）成为日本最后一位元老。

附录　参考书目

[日] 新渡户稻造著，张俊彦译：《武士道》，第 13 页，商务印书馆 1993 年版。

[日] 大隈重信编：《日本开国五十年史》，上海社会科学院出版社 2007 年影印版。

戴季陶：《日本论》，九州出版社 2005 年版。

[日] 新井白石著，周一良译：《折焚柴记》，北京大学出版社 1998 年版。

[日] 升味准之辅著，董果良译：《日本政治史》，商务印书馆 1997 年版。

[日] 浜野洁、井奥成彦、中村宗悦等著，彭曦、刘姝含、韩秋燕译：《日本经济史：1600—2000》，南京大学出版社 2010 年版。

[日] 荻生徂徕著，龚颖译：《政谈》，中央编译出版社 2004 年版。

王青：《日本近世儒学家荻生徂徕研究》，上海古籍出版社 2005 年版。

[美] 安德鲁·戈登著，李朝津译：《日本的起起落落——从德川幕府到现代》，广西师范大学出版社 2008 年版。

[日] 加藤祐三著，蒋丰译：《日本开国小史——来自柏利的挑战》，中国社会科学出版社 1992 年版。

[日] 五百旗头真编著，周永生等译：《日美关系史》，世界知识出版社 2012 年版。

[日] 丸山真男著，王中江译：《日本政治思想史研究》，三联书店 2000 年版。

王青：《日本近世思想概论》，世界知识出版社 2006 年版。

[日] 源了圆著，郭连友译：《德川思想小史》，外语教学与研究出版社 2009 年版。

张崑将：《日本德川时代古学派之王道政治论：以伊藤仁斋、荻生徂徕为中心》，华东师范大学出版社 2008 年版。

张崑将：《德川日本"忠""孝"概念的形成与发展——以兵学与阳明学为中心》，华东师范大学出版社 2008 年版。

[日] 家永三郎著，刘绩生译：《日本文化史》，商务印书馆 1992 年版。

[日] 福泽谕吉著，马斌译：《福泽谕吉自传》，商务印书馆 1980 年版。

[日] 安川寿之辅著，刘曙野译：《福泽谕吉的战争论与天皇论》，中国大百科全书出版社 2013 年版。

[日] 柳田国男著，潘越、吴垠译：《明治维新生活史》，时代文艺出版社 2016 年版。

[加] 诺曼·赫伯特著，姚曾廙译：《日本维新史》，吉林出版有限责任公司 2008 年版。

[日] 井上清、铃木正四著，杨辉译：《日本近代史》，商务印书馆 1972 年版。

[日] 井上清著，姜晚成译：《日本军国主义》，商务印书馆 1983 年版。

[日] 永田广志著，陈应年、姜晚成、尚永清等译：《日本哲学思想史》，商务印书馆 1992 年版。

[日] 信夫清三郎编，天津社会科学院日本问题研究所译：《日本外交史》，商务印书馆 1980 年版。

[日] 井上清等著，松筠、高锡译：《日本农民运动史》，三联书店 1957 年版。

[德] 汉斯－乌尔里希·韦勒著，邢来顺译：《德意志帝国》，青海人民出版社 2009 年版。

[日] 村上重良著，聂长振译：《国家神道》，商务印书馆 1990 年版。

[日] 津田左右吉著，邓红译：《日本的神道》，商务印书馆 2011 年版。

吴晗编：《李朝实录中的中国史料》，中华书局 1980 年版。

[日] 伊原泽周著：《近代朝鲜的开港——以中美日三国关系为中心》，社会科学文献出版社 2008 年版。

[日] 坂本太郎著，汪向荣、武寅、韩铁英译：《日本史》，中国社会科学出版社 2008 年版。

[日] 井上清著，宿久高、林少华、刘小冷译：《日本帝国主义的形成》，人民出版社 1984 年版。

[日] 井上清著，闫伯纬译：《日本历史》，陕西人民出版社 2011 年版。

曹中屏：《朝鲜近代史》，东方出版社 1993 年版。

《甲午战争以前美国侵略台湾的资料辑要》，载《近代史资料》第 3 辑，科学出版社 1954 年版。

[日] 西里喜行著，胡连成等译，王晓秋审校：《清末中琉日关系史研究》，

社会科学文献出版社 2010 年版。

〔清〕王韬著：《台事纪闻》，载《近代史资料》第 94 辑，中国社会科学出版社 1998 年版。

[法] 卢梭著，何兆武译：《社会契约论》，商务印书馆 2003 年版。

[美] 罗兹·墨菲著，黄磷译：《亚洲史》，海南出版社、三环出版社 2004 年版。

《库页岛志略》，载沈云龙主编：《近代中国史料丛刊》第 48 辑，中国台湾文海出版社 1970 年版。

[日] 近代日本思想史研究会著，马采译：《近代日本思想史》，第一卷，商务印书馆 1983 年版。

[日] 福泽谕吉著，北京编译社译：《文明论概略》，商务印书馆 1959 年版。

[日] 南博著，邱琡雯译：《日本人论——从明治维新到现代》，广西师范大学出版社 2007 年版。

[日] 福泽谕吉著，群力译，东尔校：《劝学篇》，商务印书馆 1958 年版。

[日] 鹿野政直著，卞崇道译：《福泽谕吉》，三联书店 1987 年版。

[日] 远山茂树著，翟新译：《福泽谕吉》，中国社会科学出版社 1990 年版。

[日] 中江兆民著，滕颖译：《三醉人经纶问答》，商务印书馆 1990 年版。

[日] 大隈重信著，卞立强、依田憙家译：《东西方文明之调和》，中国国际广播出版社 1992 年版。

〔清〕黄遵宪著，陈铮编：《黄遵宪全集》，中华书局 2005 年版。

王家俭：《李鸿章与北洋舰队》，三联书店 2008 年版。

[日] 安冈昭男著，胡连成译：《明治前期日中关系史研究》，福建人民出版社 2007 年版。

陈秀武：《近代日本国家意识的形成》，商务印书馆 2008 年版。

姜鸣：《龙旗飘扬的舰队：中国近代海军兴衰史》，上海交通大学出版社 1991 年版。

陈悦：《北洋海军舰船志》，现代舰船杂志社 2006 年。

米庆余：《近代日本的东亚战略和政策》，人民出版社 2007 年版。

沈予：《日本大陆政策史》，社会科学文献出版社 2005 年版。

中国史学会编：《中国近代史资料丛刊——中日战争》，新知识出版社 1956

年版。

戚其章：《甲午战争史》，世纪出版集团、上海人民出版社 2005 年版。

[日]藤村道生著，米庆余译：《日清战争》，上海译文出版社 1981 年版。

[日]龟井兹明著，高永学、孙常信译：《血证——甲午战争亲历记》，中央民族大学出版社 1997 年版。

广西师范大学出版社编：《马关议和中之伊李问答》，广西师范大学出版社 2008 年版。

〔清〕思痛子：《台海思痛录》，载《近代史资料》第 51 辑，中国社会科学出版社 1983 年版。

〔清〕吴德功：《让台记》，载《近代史资料》第 44 辑，中国社会科学出版社 1981 年版。

[日]中江兆民著，吴藻溪译：《一年有半、续一年有半》，商务印书馆 1981 年版。

侨析生撰：《拳匪纪略》，载沈云龙主编：《近代中国史料丛刊》第 5 辑，中国台湾文海出版社 1967 年版。

[俄]谢·尤·维特著，吉林省哲学社会科学研究所翻译组译：《不得已的说明》，商务印书馆 1978 年版。

[俄]库罗帕特金著，中国社会科学院近代史研究所翻译室译：《俄国军队与对日战争》，商务印书馆 1980 年版。

[美]西里尔·E. 布莱克等著，周师铭、胡国成、沈伯根等译：《日本和俄国的现代化——一份进行比较的研究报告》，商务印书馆 1992 年版。

[苏]国家中央档案馆编，吉林省哲学社会科学研究所翻译组译：《日俄战争：库罗巴特金、利涅维奇日记摘编》，商务印书馆 1976 年版。

穆景元：《日俄战争史》，辽宁大学出版社 1993 年版。

辽宁省档案馆编：《日俄战争档案史料》，辽宁古籍出版社 1995 年版。

[苏]鲍·亚·罗曼诺夫著：《日俄战争外交史纲》，上海人民出版社 1976 年版。

[日]宇治敏彦编著，潘昊译：《日本首相列传——从伊藤博文到福田康夫》，中国文联出版社 2008 年版。